AWAKEN THE GIANT WITHIN : How to Take Immediate Control of Your Mental, Emotional, Physical & Financial Destiny! by Anthony Robbins

네 안에 잠든 거인을 깨워라

지은이 토니 로빈스
옮긴이 홍석윤
펴낸이 임상진
펴낸곳 (주)넥서스

초판 1쇄 발행 2023년 9월 15일
초판 28쇄 발행 2024년 10월 4일

출판신고 1992년 4월 3일 제311-2002-2호
주소 10880 경기도 파주시 지목로 5 (신촌동)
전화 (02)330-5500 팩스 (02)330-5555

ISBN 979-11-6683-625-1 03320

가격은 뒤표지에 있습니다.
잘못 만들어진 책은 구입처에서 바꾸어 드립니다.

www.nexusbook.com

네 안에 잠든
거인을 깨워라

네 안에 잠든 거인을 깨워라

토니 로빈스 지음 | 홍석윤 옮김

AWAKEN THE GIANT WITHIN

30주년 기념판

넥서스BIZ

추천의 글

《네 안에 잠든 거인을 깨워라》는 로빈스의 자기계발 무기고에 들어갈 또 다른 심오하고 강력한 도구다. 이 책은 사적으로나 공적으로나 내게 엄청난 활력과 통찰력의 원천이 되었다.

– 피터 구버, 전(前) 소니픽처스 회장

최고의 경지에서 끊임없이 개선하고 행동할 수 있는 사람만이 챔피언이 될 수 있다. 토니 로빈스는 남녀노소 누구라도 챔피언으로 길러낼 수 있는 '최고의 코치'이다.

– 팻 라일리, 미 프로농구NBA 명장

로빈스의 훌륭한 고전… 이 책은 위대한 성취를 열망하며 삶의 모든 영역에서 '10점 만점'에 도달하기를 원하는 사람들을 위한 책이다. 이 책을 통해 천재들은 새로운 방향으로 사고하고, 꿈꾸는 능력을 되찾고, 잠자고 있던 용기와 전력투구의 정신을 삶에서 실현하는 사람들이라는 것을 알게 될 것이다.

– 짐 한스버거, 《멋진 남자가 부자가 된다》의 저자

《네 안에 잠든 거인을 깨워라》는 삶의 질을 높이고 싶은 마음이 간절한 모든 사람의 필독서다. 토니 로빈스는 이 책에서 실용적인 조언뿐만 아니라 열정으로 독자를 자극한다.

–바바라 디 앤젤리스, 철학박사,
《항상 사랑하며 살려면》, 《여자들이 꼭 알아야 할 열 가지 비밀》의 저자

《네 안에 잠든 거인을 깨워라》는 당신이 진짜 자신을 기억하고 남은 인생에 특별한 기여를 하도록 열정적으로 이끌어준다.

–마틴 쉰, 영화배우

토니 로빈스의 책은 놀랄 만큼 신뢰성이 있다. 《네 안에 잠든 거인을 깨워라》는 처음부터 끝까지 과학적인 원칙과 기술로 가득 차 있다. 한 페이지 한 페이지가 목표 달성에 생각과 감정을 집중시키기 위해 즉시 실천 가능한 실용적인 지침으로 가득하다. 로빈스는 강력한 의사 소통자이며 '개인적 성공'이라는 주제에 관한 한 진정한 권위자다.

–스콧 디가모, 《석세스》 편집인 겸 발행인

토니 로빈스는 개인적 성취와 최고의 성과에 대한 심리학을 선도하는 사상가다. 《네 안에 잠든 거인을 깨워라》는 개인이 탁월한 성취를 이루는 데 필요한 모든 도구를 제공해줄 뿐만 아니라, 토니의 따뜻함, 열정, 헌신은 당신이 진정한 삶의 주인이 되고 그 과정에서 다른 사람들까지 감동시킬 수 있도록 영감을 줄 것이다.

–켄 블랜차드, 《칭찬은 고래도 춤추게 한다》의 저자

미국에서 개인적 성취와 진정한 성공이라는 주제에 대해 토니 로빈스보다 더 많이 아는 사람은 없다.

– 찰스 기븐스, 《안전하게 돈 버는 법》, 《재정 위기를 맞지 않으려면》의 저자

이 책의 모든 페이지는 새롭고 창조적인 이야기로 가득 차 있어 우리의 인식을 변화시킨다. 특히 '성공을 불러오는 말'이라는 제목의 9장은 돈으로 측정할 수 없는 귀중한 가치로 가득 차 있다.

– F. J. 굴드, 시카고대학교 응용수학 및 경영과학 교수

토니 로빈스는 우리 시대 최고의 영향력을 가진 인물이다. 《네 안에 잠든 거인을 깨워라》는 삶에서 제기되는 각종 문제의 본질을 꿰뚫고 있다. 어떻게 하면 진정으로 성공적인 삶을 살 수 있는지 그 확실한 방법을 제시하고 있다. 그는 헌신과 열정이 우리 삶에 얼마나 필요한지 깨우쳐준다.

– 스티븐 R. 코비, 《성공하는 사람들의 7가지 습관》의 저자

당신 안에 잠들어 있는 무한한 힘에 이 책을 바친다.
이제 더 이상 그 힘이 잠들게 내버려두지 마시기를.

무조건적인 사랑과 성원을 아낌없이 보여준 내 삶의 전부인 아내 베키에게

차례

서문

뉴욕 벨뷰 병원Bellevue Hospital의 수석 심리학자인 나는, 우리가 치료하는 정신질환 환자뿐만 아니라 그들을 치료하는 '정상적'이고 '건강한' 직원들에게서도 인간의 고통을 자주 목도한다. 또 내가 개인적으로 치료하는 상대적으로 성공한 축에 들며 소위 잘나가는 사람들에게서도 환자들 못지않은 불행을 발견한다. 그런 고통과 괴로움은 스스로 믿음, 감정, 행동에 대해 온전한 책임을 지고 삶을 바로잡을 때야 비로소 끝난다. 하지만 불행히도 대부분의 사람은 그렇게 하지 못한다. 그들은 그저 아무 행동도 하지 않고 기다리기만 하다가 나쁜 결과가 나오면 그 결과를 바꾸려 하거나, 정신과 의사에게 가서 자신의 끔찍한 삶에 대해 불평하거나, 어떤 식으로든 다른 누군가에 의해 '고쳐지기'를 바란다.

사람들에게 삶의 결과를 결정하는 것이 자신임을 깨닫게 하는 것은 쉽지 않다. 사실 매우 힘든 일이다. 그래서 나는 병원과 환자들에게 전달할 새로운 방법과 기술이 없는지 항상 모색해왔다. 그러던 중 토니 로빈스의 연구에 대해 처음 듣고 뉴욕에서 열린 그의 한 세미나에 참석한 것이 5년 전의 일이다. 기대했던 대로 정말이지 특별한 저녁이 되었다. 인간 행동과 소통의 영역에서 토니의 천재성을 발견한 것은 전혀 예상치 못한 일이었다. 그날 밤, 나는 토니가 기본적으로 분별력 있는 사람이라면 누구든지 자신의 삶을 완전히 통제하며 살 수 있다는 내 평소의 믿음과 생각을 같이한다는 것을 알게 되었다. 곧이어 나는 토니의 2주간의 인증 과정에 참석했고, 그곳에서 배운 많은 것을 동료들과 환자들에게 전수했다. 나는 그 과정을 '우리 삶의 기본 훈련'이라고 불렀다. 이후에도 나는 그의 테이프 시리즈와 그의 첫 번째 책《무한 능력》을 사람들에게 추천하기 시작했다.

내가 특별한 학문적 업적도 없는 젊은 작가의 책을 추천하면 불쾌해하거나 놀라는 동료도 간혹 있었지만, 실제로 토니의 책을 읽거나 그의 테이프를 들은 사람들은 그 이유를 금방 인정한다. 토니는 포괄적인 좋은 정보를 제공해줄 뿐만 아니라, 그 자료를 쉽게 이해시키는 재능과 설득력도 지니고 있다.

마침내 내 아내와 나는 토니가 최근 출시한《네 안에 잠든 거인을 깨워라》에 나오는 여러 가지 개념을 모두 담고 있는 〈운명과의 데이트〉Date With Destiny™ 과정을 수강했다. 그 과정을 통해 가치관, 규칙에 변화를 줄 수 있는 수단을 얻었고, 지난 2년 동안 우리의 삶은 훨씬 더 생산적이고 성취감을 느낄 수 있는 삶이 되었다.

나는 토니가 인생이라는 게임의 훌륭한 코치라고 생각한다. 그의 정확한 통찰력, 지성, 열정, 그리고 헌신은 항상 우리와 함께하며 영감을 준다. 이 책을 읽는 것만으로도 실제로 토니의 맞은편에 앉아 그와 흥미진진한 대화를 나누는 것처럼 느껴질 것이다. 우리 삶이 새로운 도전을 제시하거나 어느 길목에서 변화가 필요할 때마다 사용설명서처럼 반복해서 참고하기에 더없이 좋은 책이다. 우리 삶의 질을 풍부하게 해주는 교훈이 될 뿐만 아니라, 지속적인 변화를 위한 도구를 제공하는 무기고와도 같다. 사실 충분히 많은 사람이 이 책을 읽고 그 가르침을 진지하게 적용한다면, 나와 내 동료 같은 심리학자들은 문을 닫아야 할지도 모른다.

—프레데릭 L. 코반Frederick L. Covan, 심리학 박사

"인간의 깊은 내면에는 잠자고 있는 힘이 있다.
그 힘은 그가 소유하고 있으리라고는 꿈에도 생각하지 못한,
그 자신도 깜짝 놀랄 힘이다. 일단 그 힘을 깨워서 실행에 옮기면
그의 삶에 혁명을 불러일으킬 것이다."

오리슨 스웨트 마든(Orison Swett Marden), 《석세스》 창간자

PART 1

당신 안에 있는 힘을 깨워라

Unleash Your Power

1장

'운명'이라는 꿈

"한결같은 사람은 운명을 믿고, 변덕스러운 사람은 우연을 믿는다."

– 벤자민 디즈레일리Benjamin Disraeli

우리 모두는 꿈을 갖고 있다… 우리는 영혼 깊숙한 곳에서 우리가 특별한 재능을 가지고 있고, 삶을 변화시킬 수 있으며, 특별한 방법으로 다른 사람들을 감동시킬 수 있고, 세상을 더 나은 곳으로 만들 수 있다고 믿기를 원한다. 우리는 한때, 우리가 원하던 마땅히 누릴 만한 삶에 대한 비전을 갖고 있었다. 하지만 대개 사람들은 좌절에 부딪혀서 꿈이 무너지면 더 이상 꿈을 성취하기 위한 어떠한 노력도 하지 않게 된다. 그렇게 너무나 많은 사람이 꿈을 잃어버렸고, 자신의 운명을 개척하려는 의지마저 상실해버렸다. 많은 사람이 승자의 성취감을 불러일으키는 자신감을 잃어버렸다. 하지만 내 안의 자아는 그 꿈을 다시 회복해 현실로 만들어야 한다는 것을 한시도 잊은 적이 없다. 우리 모두는 우리 안에 잠들어 있는 무한한 힘을 기억하고 그 힘을 사용해야 한다.

내가 정말로 꿈꿨던 삶을 살고 있다는 것을 온몸으로 실감했던 날을 결코 잊지 못할 것이다. 어느 날 나는 로스앤젤레스에서 업무회의를 마치고, 헬리콥터를 타고 다음 세미나 장소인 오렌지카운티Orange County로 가는 중이었다. 글렌데일Glendale 상공을 지나다가 큰 건물 위를 잠시 맴돌았다. 헬기에서 지상을 내려다보니 그곳이 불과 12년 전에 내가 수위로 일했던 건물이라는 것을 알았다!

당시 나는 내가 타고 다니던 1960년식 고물 폭스바겐이 출근길 30분을 무사히 버티기만을 걱정하는 형편이었다. 내 관심은 오직 어떻게 살아남을 것인가뿐이었다. 두렵고 외로운 삶이었다. 하지만 그날 헬기로 하늘을 맴돌면서 든 생각은 '10년 만에 어떻게 이렇게 변할 수 있었을까!' 하는 것이었다. 물론 그때에도 꿈은 있었지만, 그 꿈이 실현될 것 같지 않았다. 그런데 이제 나는 내 모든 과거의 실패와 좌절이 지금 내가 누리고 있는 새로운 삶을 만들어낸 토대가 되었다고 믿게 되었다. 헬기가 해안을 따라 남쪽으로 날아가면서 돌고래들이 파도 속에서 서퍼들과 놀고 있는 광경이 보였다. 그 찰나는 아내 베키와 내가 인생의 특별한 선물처럼 소중히 여기는 장면이다. 마침내 어바인Irvine에 이르렀다. 아래를 내려다보니 세미나장으로 나가는 진출로가 1마일 넘게 자동차로 꽉 막혀 있었다. 그 광경을 보니 마음이 심란해져 이런 생각이 들었다. '이런, 오늘 밤 무슨 일이 있는진 모르겠지만 내 세미나에 오는 사람들이 늦는 일은 없었으면 좋겠군.'

하지만 헬기 착륙장으로 하강하면서 새로운 광경이 나타났다. 내가 착륙하려는 곳에 수천 명의 사람들이 경비원들에 의해 제지를 당하고 있던 것이다. 그제야 나는 상황을 파악하기 시작했다. 방금 전에 보았던 교통체증은 내 행사장에 가려는 사람들 때문에 생긴 일이었다! 우리는 약 2,000명 정도 참석할 것이라고 예상했지만, 5,000명밖에 수용하지 못하는 강당에 7,000명의 군중이 모인 것이다. 헬기장에서 강당으로 걸어가는 중에 나는 수백 명의 인파에 둘러싸였다. 그들은 어떻게든 나를 포옹하려 했고 내 강의가 그들의 삶에 얼마나 긍정적인 영향을 미쳤는지를 말하고 싶어 했다.

그들의 이야기들은 믿기 어려울 정도로 놀라웠다. 한 어머니는 '과잉행동'과 '학습장애'라는 딱지가 붙은 자신의 아들 이야기를 해주었다. 그녀는 이 책에서 설명한 '마음상태관리'state management 원칙을 활용해 아들이 복용하던 리탈린(Ritalin, 집중력 결핍 아동에게 투여하는 약 _옮긴이)을 끊었다고 했다. 그뿐 아니라, 캘리포니아로 전학을 간 후 다시 치른 시험에서 아들이 영재라는 평가를 받았다고도 했다. 그녀가 아들의 새 별명을 자랑스럽게 말했을 때 당신도 그 아이의 표정을 봤어야 하는데 말이다. 또 한 신사는 당신도 이 책에서 배우게 될 '성공훈련'Success Conditioning 기술을 사용해 자신이 어떻게 코카인으로부터 해방되었는지에 대해 이야기해주었다. 또 50대 중반의 한 부부는 결혼 15년 만에 이혼 직전까지 가서야 비로소 '개인준수원칙'personal rules을 배우고 이혼을 피할 수 있게 되었다고 말해주었다. 또 어떤 영업사원은 자신의 한 달 수입이 2,000달러에서 불과 6개월 만에 1만 2,000달러 이상으로 늘어났다고 했고, 또 한 사업가는 '품격질문'quality questions 원칙과 '감정관리'emotional management 원칙을 적용해 18개월 만에 회사 매출을 300만 달러(40억 원) 이상 증대시켰다고 말했다. 또 아름다운 한 젊은 여성은 자신의 예전 사진을 보여주며 이 책에 자세히 설명되어 있는 '지렛대'leverage 원칙을 사용해 체중을 52파운드(약 24kg)나 감량했다고 말했다.

나는 강당 안의 분위기에 감격해서 목이 메었고, 한동안 말을 잇지 못했다. 웃으며 환호하는 5,000명의 사랑스러운 얼굴들을 바라보다가, 언뜻 내가 지금 그동안 꿈꿔온 삶을 살고 있다는 것을 깨달았다! 이 모든 사람은 변화를 이루는 힘을 갖기를 절실하게 바랐다. 그런데 그 힘을 갖게 해주는 확실한 정보, 전략, 철학, 기술을 내가 가지고 있다니! 그것을 안다는 생각만으로도 얼마나 기분 좋은 일인지! 수많은 이미지와 감정이 내 머리를 스쳐 지나갔다. 그러고는 몇 년 전에 겪었던 일이 떠오르기 시작했다. 나는 캘리포니아 베니스Venice에 있는 11평 남짓한 독신자 아파트에 홀로 앉아 닐 다이아몬드Neil Diamond 노래를 들으며 울고 있었다. "내가 누구라고 아무리 말해도 거긴 아무도 없지. 내 말을 듣는 사람은 아무도 없으니까. 심지어 의자마저도 내 말을 듣지 않아. 내가 아무리 울고 외쳐도 소용없어. 나는 방황에 빠졌지. 왜 나를 이렇게 외롭게 내버려두는지 그 이유도 알 수 없다네." 나는 내 인생 따위는 전혀 중요하지 않다는 느낌이 들었다. 세상의 사건들이 나를 마음대로 조종하고 있다고 생각했다. 하지만 내 인생이 바뀐 순간도 생각났다. 그 순간 나는 마침내 이렇게 말했다. "이젠 더 이상 못 참아! 나는 지금의 내 모습보다 정신적으로나 감정적으로나 육체적으로나 훨씬 더 나은 존재야. 이젠 그걸 알게 되었어." 그 순간 나는 내 인생을 완전히 바꾸기로 결심했다. 내 인생의 모든 면을 바꾸기로 결심한 것이다. 내가 할 수 있는 것보다 더 못한 삶에는 절대 만족하지 않겠다고 결심했다. 그 결심으로 인해 이렇게 놀라운 순간을 맞게 될 줄 누가 상상이나 했겠는가?

그날 밤 세미나에 나는 모든 것을 쏟아부었다. 세미나가 끝나고 강당을 떠날 때 수많은 사람이 나를 배웅하기 위해 헬기장까지 따라왔다. 그날 밤 내가 경험한 것을 그저 감격했다고 말하는 것은 너무나 부족한 표현일 것이다. 눈물이 뺨을 타고 흘러내렸고 이런 멋진 선물을 주신 창조주에게 감사하지 않을 수 없었다. 헬리콥터가 이륙하며 달빛 속으로 날아오를 때, 몸을 꼬집어보았다. 이게 정말 현실이란 말인가? 불과 8년 전에 괴로움에 몸부림치고, 좌절하고, 외로움에 사로잡혀 일상조차 제대로 꾸려나갈 수 없었던 사람이 정녕 나였단 말인가? 살아남는 것조차 불확실했던 그 가난뱅이 뚱보가 나였단 말인가? 고등학교밖에 나오지 못한 나 같은 젊은이가 어떻게 이런 극적인 변화를 이룰 수 있었을까?

그 대답은 간단하다. 내가 '힘의 집중'이라고 부르는 원칙을 이용하는 법을

배웠기 때문이다. 대부분의 사람은 우리가 모든 자원을 삶의 한 영역에 집중시킬 때 그 즉시 구사할 수 있는 힘이 얼마나 엄청난지 잘 알지 못한다. 한 곳에 힘을 집중하면 마치 레이저 광선처럼 우리를 가로막는 그 어떤 장애물도 뚫을 수 있다. 어떤 분야에서든 개선에 일관되게 초점을 맞추면, 우리는 그 분야를 더 발전시킬 수 있는 독특한 차별적 방법을 개발하게 된다. 진정으로 원하는 것을 성취하는 사람이 그리 많지 않은 이유는 우리가 한 가지에 초점을 맞추지 않기 때문이다. 즉 우리의 힘을 집중하지 않기 때문이다. 대개는 어느 특정 분야에서 최고가 되려 하기보다는 그저 조금 해보다 마는 식으로 삶을 살아간다. 나는 대부분의 사람이 이것저것 사소한 것들에 손을 대기 때문에 인생에서 실패한다고 생각한다. 인생의 중요한 교훈 중 하나는 무엇 때문에 지금 하고 있는 일을 하는지를 이해하는 것이라고 생각한다. 무엇이 우리의 행동을 만드는가? 이 질문에 대한 답이 당신 자신의 운명을 결정짓는 중요한 열쇠를 제공할 것이다.

인생을 돌이켜보면 나는 내가 하고 싶어하는 딱 한 가지에 지속적으로 집중하며 살아왔다. 무엇이 우리 삶의 질의 차이를 만드는가? 배경도 형편없고 시작도 초라했던 사람들이 어떻게 그 모든 역경을 이겨내고 우리에게 영감을 주는 삶을 창조할 수 있었을까? 반대로 부유한 환경에서 태어나 성공에 유리한 자원을 모두 가진 사람들이 왜 비만이 되거나 절망에 빠지거나 마약 중독에 이르는가? 누군가의 인생은 본받을 만한 모범이 되고, 또 누군가의 인생은 나쁜 본보기가 되는 것은 무엇 때문일까? 많은 사람이 열정적이고 행복하며 감사한 삶을 살아가는 비결은 무엇일까? 반면에 왜 어떤 사람들은 "뭐 다른 재미있는 거 없나?" 하며 집중하지 못하는 삶을 사는 것일까?

내가 가치 있는 일에 집중할 수 있었던 것은 간단한 질문에서 시작되었다. "어떻게 하면 내 삶을 지금 당장 통제할 수 있을까? 내가 다른 사람들과 다르게 되려면, 그러니까 내 운명을 직접 결정할 수 있게 하려면 오늘 당장 할 수 있는 일이 무엇일까? 어떻게 하면 의미 있고 즐거운 방식으로 그 지식을 확장하고, 배우고, 성장시키고, 다른 사람들과 공유할 수 있을까?"

나는 어린 시절부터 우리가 사는 이유는 뭔가 독특한 것을 이루기 위한 것이며, 각자의 내면 깊숙한 곳에는 특별한 재능이 있다는 믿음을 키워왔다. 나는 우리 모두의 안에는 잠자는 거인이 있다고 생각한다. 각자의 재능, 다시 말해 우리는 자신만의 천재성을 가지고 있으며, 그 천재성은 당신이 깨워주기만을 기다리고 있다. 그것은 예술이나 음악에 대한 재능일 수도 있고, 사랑하는 사람들과 관계를 맺는 특별한 방법일 수도 있고, 자신이 운영하는 회사나 직장에서 제품을 판매하거나 혁신하거나 특별한 능력을 발휘하는 천재성일 수도 있다. 나는 우리의 창조주는 그저 자신이 하고 싶은 대로 하신 게 아니라, 우리 모두를 특별하게 창조하셨으며 삶을 최대한 경험할 수 있는 동등한 기회를 주셨다고 믿기로 했다. 그래서 몇 년 전, 살면서 할 수 있는 가장 중요한 일은 내 삶이 지난 후에도 지속될 수 있는 일에 투자하는 것이라고 생각했다. 그리고 어떻게든 내가 죽은 후에도 오래 지속될 수 있는 방식으로 세상에 기여해야겠다고 결심했다.

그 결과 오늘날, 나는 책, 테이프, TV 쇼를 통해 말 그대로 수백만 명의 사람과 내 생각과 감정을 공유할 수 있는 놀라운 특권을 갖게 되었다. 지난 몇 년간 나는 개인적으로 25만 명이 넘는 사람들과 함께 일했다. 국회의원, CEO, 기업대표, 국가지도자, 기업관리자, 심지어 학부모, 영업사원, 회계사, 변호사, 의사, 정신과 의사, 상담사, 프로 선수들을 도왔다. 또 공포증으로 불안해하는 사람들, 임상적으로 우울증을 앓고 있는 사람들, 다중인격을 가진 사람들, 그리고 스스로 개성이 없다고 생각하는 사람들과도 함께 일했다. 나는 내가 배운 것 중 가장 좋은 것을 사람들과 공유할 수 있는 특별한 행운을 얻었다. 내가 이런 기회를 얻게 된 것에 대해 진심으로 감사하며 흥분을 감출 수 없다.

나는 이 모든 것을 통해 우리에게 삶의 모든 것을 한순간에 변화시킬 수 있는 힘이 있다는 것을 끊임없이 인식해왔다. 꿈을 현실로 바꾸는 데 필요한 자원은 우리 자신 안에 있으며, 단지 그 힘은 우리가 깨워서 탄생시킬 날을 기다리고 있을 뿐이라는 것을 알게 되었다. 이 책을 쓴 이유는 하나다. 바로 삶에 헌신하는 사람들에게 도전의식을 불어넣어 하나님이 주신 힘을 깨우기 위한 자명종이 되고 싶다는 것이다. 이 책에는 당신 자신과 다른 사람들에게 구체적이고 측정 가능하며 지속 가능한 변화를 만들어낼 수 있도록 돕는 아이디어와 전략이 가득하다.

나는 당신이 정말로 어떤 능력을 지닌 사람인지 안다. 당신과 나는 영적 동지다. 삶을 확장하고 싶은 당신의 열망이 이 책을 손에 들게 했다. 당신이 이 책을 집어 들도록 이끈 것은 보이지 않는 손이다. 당신의 삶이 어떤 상황에 있든, 당신이 더 많은 것을 이루고 싶어한다는 것을 나는 잘 알고 있다! 당신의 삶이 지금까지 얼마나 잘 나갔는지, 아니면 어떤 어려움에 봉착해 있는지와 상관없이, 당신의 내면 깊숙한 곳에는 당신의 삶이 지금보다 훨씬 더 확장될 수 있을 것이라는 믿음이 있다. 당신이 직장인이든, 교사든, 사업가든, 아니면 평범한 어머니나 아버지든 당신의 운명은 자신만의 위대한 모습으로 성장하는 것이다. 가장 중요한 것은 당신이 그것을 믿는 것에만 그치지 않고 행동했다는 것이다. 그렇게 되기 위해 당신은 이 책을 사서 이미 읽기 시작했으니까 말이다! 통계에 따르면 이 책을 산 사람들 중 1장을 넘긴 사람은 10% 미만이라고 한다. 얼마나 끔찍한 낭비인가! 이 책은 당신 인생에서 위대한 결과를 만들어내는 데 도움을 줄 수 있는 위대한 책이다. 당신은 분명 그저 조금 해보다 마는 식으로 자신을 속이는 사람이 아니다. 이 책의 각 장에 있는 가르침을 꾸준히 실천하다 보면, 당신의 잠재력을 극대화할 수 있는 능력을 확인할 수 있게 될 것이다.

앞서 언급한 통계처럼 1장을 넘기지 못하는 사람보다는, 어떻게 해서든 이 책을 끝까지 읽고 매일 배운 것을 간단한 방법으로라도 실천할 것을 강력히 권한다. 그것이 이 책이 당신에게 약속한 결과를 실현하기 위해 반드시 필요한 중요한 단계이기 때문이다.

지속적으로 변화하려면

변화가 진정한 가치를 지니려면 지속적이고 일관성이 있어야 한다. 우리는 일시적인 변화는 결국 무너져서 실망만 느낀다는 것을 경험으로 알고 있다. 사실 많은 사람이 변화가 일시적인 것에 불과하다고 무의식적으로 믿기 때문에 변화를 시도하는 데 두려움과 불안함을 느낀다.

가장 대표적인 예가 다이어트를 시작해야 한다고 생각하면서도 계속 미루는 사람들이다. 그들이 계속 실행을 미루는 이유는 변화를 만들기 위해 견뎌내야 하는 고통이 그저 단기적인 보상을 가져다줄 뿐이라고 무의식적으로 생각하고 있기 때문이다. 나는 지금까지 살아오면서 '지속적인 변화를 이루기 위한 원칙'들을 추구해왔다. 다음 페이지부터 이 원칙들을 배우고 활용하는 방법을 배우게 될 것이다.

하지만 그보다 먼저, 우리 삶을 바꾸기 위해 즉시 사용할 수 있는 세 가지 기본적인 변화의 원칙을 나누고 싶다. 이 원칙들은 매우 간단하지만, 우리 삶에 잘 적용하면 그 힘은 매우 강력하다. 어느 한 개인이 성공을 위해 개인적 변화를 추구하는 것이든, 기업이 혁신을 통해 잠재력을 극대화하려는 것이든, 한 국가가 전 세계에 자국의 위상을 드높이려는 것이든, 이 변화의 원칙은 동일하게 적용된다. 사실 세계 공동체의 일원으로서 우리는 전 세계의 삶의 질을 보존하기 위해 변화를 추구해야 하기 때문이다.

1단계 – 기준을 높여라

당신이 진심으로 변화하고 싶다면, 가장 먼저 해야 할 일은 당신의 기준을 높이는 것이다. 도대체 8년 전에 무엇이 내 인생을 바꾸었느냐고 사람들이 물으면, 내가 내 자신에게 요구하는 기준을 바꾼 것이 절대적으로 가장 중요한 것이었다고 말한다. 나는 그때 내가 내 인생에서 더 이상 받아들여서는 안 되는 것, 더 이상 용납해서는 안 되는 것과 내가 되고 싶은 것을 모두 종이에 적었다.

자신의 기준을 높이고 높인 기준에 따라 행동하며 그 이하의 기준은 절대 용납하지 않겠다고 결심한 사람들이 얼마나 원대한 결과를 이룩했는지 생각해보라. 역사는 레오나르도 다빈치, 에이브러햄 링컨, 헬렌 켈러, 마하트마 간디, 마틴 루터 킹 주니어, 인권운동가 로사 파크스Rosa Parks, 알베르트 아인슈타인, 농민운동가 세자르 차베스César Chavez, 일본 혼다자동차 창업자인 혼다 소이치로(本田 宗一郎) 등, 자신의 기준을 높이는 강력하고 멋진 걸음을 내딛은 수많은 위대한 사람의 영감 있는 이야기를 기록하고 있다. 그들이 끌어냈던 그 힘을 당신도 끌어낼 수 있다. 당신이 스스로에게 그렇게 주장할 용기만 있다면 말이다. 조직, 회사 혹은 국가나 심지어 세계를 바꾸는 것도 자기 자신을 변화시키는 간단한 단계부터 시작되는 것이다.

2단계 – 당신의 능력을 의심하지 마라

기준을 높였으면서도 높인 기준을 실현할 수 있다고 정말로 믿지 않는다면, 당신은 이미 스스로를 방해하고 있는 것이다. 그러면 당신은 변화를 시도하지도 못할 것이다. 다시 말해 이 책을 읽으면서도 당신 안에 깊이 잠들어 있는 최고의 능력을 깨울 수 있다는 확신감이 부족한 것이다. 사실 우리가 무언가를 믿는다는 것은 우리 앞에 닥친 상황이 어떠하며, 무엇이 가능하고 무엇이 불가능하며, 무엇을 할 수 있고 무엇을 할 수 없는지를 말해주는 가장 확실한 명령과 같다. 우리의 믿음이 우리가 경험하는 모든 행동, 모든 생각, 모든 감정을 만들어낸다. 결국 삶에서 실질적이고 지속적인 변화를 만드는 데 가장 중요한 것은 우리의 신념체계를 바꾸는 것이다. 따라서 실제 행동에 들어가기 전에 새롭게 높인 기준을 능히 달성할 수 있다는 확신감을 길러야 한다.

이런 신념체계를 통제하지 않고 그저 원하는 대로 기준만 높인다면, 그 기준을 뒷받침할 확신감을 갖지 못할 것이다. 간디가 비폭력 저항의 힘을 온몸으로 믿지 않았다면, 과연 그가 이룬 것을 성취할 수 있었을까? 그가 내면의 자원에 접근하고, 확신에 차지 않은 사람들은 이겨내지 못했을 도전을 이겨낼 수 있었던 것은 그의 믿음이 흔들리지 않고 굳건했기 때문이다. 강력한 믿음, 즉 확신감이야말로 역사를 통틀어 모든 위대한 성공을 뒷받침한 힘이다.

3단계 – 전략을 바꿔라

당신과의 약속을 지키기 위해서는, 목적 달성을 위한 최고의 전략이 필요하다. 나의 핵심 신념 중 하나는, 더 높은 기준을 세우고 당신이 그 기준을 달성할 수 있다고 믿는다면, 이제 그 기준을 달성할 수 있는 전략을 확실히 찾아내야 한다는 것이다. 아마 그 방법을 찾는 데는 그리 어렵지 않을 것이다. 궁극적으로 이 책이 말하고자 하는 것도 바로 그것이기 때문이다. 이 책은 당신이 어떤 일을 해내기 위한 전략을 보여주는 책이다. 이제부터 나는 거의 모든 경우에 적용될 수 있는 최고의 전략은 당신이 바라는 결과를 이미 이룬 사람들, 즉 당신의 롤 모델을 찾아서 그들의 지식을 활용하는 것이라는 점을 이야기할 것이다. 그들이 무엇을 하고 있는지, 그들의 핵심 신념은 무엇인지, 그리고 그들이 생각하는 방법을 배워라. 그러면 더 효과적일 뿐만 아니라, 시행착오를 겪지 않아도 되기 때문에 시간을 크게 절약할 수 있다. 물론 당신은 그들의 방법을 정밀하게 가다듬고 변형시켜 더 좋은 방법을 만들 수도 있다.

이 책은 질적인 변화를 이루는 이 세 가지 기본 원칙을 준수하기 위한 정보와 자극제가 될 만한 것들을 제공할 것이다. 당신이 현재 따르는 기준이 무엇인지, 그리고 어떻게 바꿔야 하는지를 깨닫게 함으로써 기준을 높이는 데 도움을 줄 것이다. 또한 원하는 곳으로 가지 못하도록 당신을 가로막은 기존의 믿음을 변화시키고, 당신에게 이미 도움이 되었던 믿음을 향상시켜 줄 것이다. 또 이 책은 당신이 바라는 결과를 보다 우아하고 빠르게, 그리고 효율적으로 이루어낼 수 있는 일련의 전략을 개발하는 데도 도움이 될 것이다.

잘 알다시피, 인생에서 무엇을 해야 할지 알고 있는 사람은 많지만 실제로 자신이 알고 있는 것을 실천하는 사람은 거의 없다. 그러니까 무엇을 아는 것만으로는 충분하지 않다는 얘기다! 실행에 옮겨야 한다. 당신이 내게 기회를 준다면, 나는 이 책을 통해 기꺼이 당신의 개인 코치가 되어줄 것이다. 코치는 무슨 일을 하는 사람인가? 우선 그들은 당신에게 관심을 갖는 사람이다. 코치들은 특정 분야의 전문가로서 어떻게 하면 보다 신속하게 결과를 도출할 수 있는지에 대해 특별한 노력을 기울여왔다. 코치가 알려주는 전략을 활용하면, 당신도 극적으로 성과를 낼 수 있다. 당신의 코치는 때로는 새로운 것이 아니라 당신이 이미 알고 있는 것을 상기시키며 그것을 실행하게 도울 것이다. 그것이 바로 코치의 역할이다. 당신이 허락한다면, 내가 당신의 코치 역할을 기꺼이 맡을 것이다.

구체적으로 나는 당신을 위해 무엇을 코칭할 것인가? 우선 당신의 삶의 질을 지속적으로 향상시키는 힘의 탁월한 능력에 대해 설명할 것이다. 이제 당신과 나는 함께 내가 우리에게 가장 큰 영향을 미친다고 믿는 다섯 가지 삶의 영역을 어떻게 정복할 것인지에 대해 집중할 것이다(결코 그저 한 번 시도해보는 정도가 되어서는 안 된다). 그 다섯 가지 영역은 다음과 같다.

1. 감정 정복하기

감정 정복 수업만 마스터하면, 나머지 네 가지를 정복하기 위한 방법의 대부분을 마스터한 것이나 다름없다! 생각해보자. 왜 체중을 줄이고 싶은가? 단지 몸의 지방을 줄이기 위해서? 아니면 원치 않는 체중에서 해방되면 자신에게 더 많은 에너지와 활력을 주고, 다른 사람들에게 더 매력적으로 보이고, 자신감과 자존감을 한껏 높여준다고 생각하기 때문은 아닐까? **사실 우리가 할 수 있는 일이라고는 우리가 느끼는 방식을 바꾸는 것뿐이다.** 하지만 우리 대부분은 이를 빠르고 효과적으로 수행하는 방법에 대해 거의 또는 전혀 교육을 받지 못했다. 우리 각자가 이미 가지고 있는 수많은 선천적인 재능에 대해서는 잊은 채, 기껏 발휘할 수 있는 지능을 사용해 우리 자신을 형편없는 감정상태로 빠뜨리는 경우가 얼마나 많은지 생각하면 놀라울 지경이다. 너무나 많은 사람이 우리가 통제할 수 있는 감정은 조절하지 못하고, 우리가 통제할 수 없는 외부 사건에 자기 자신을 내맡기며 그저 단기적인 즉흥 처방에 의존한다. 미국의 인구는 세계 인구의 5%도 안 되지만, 전 세계 코카인의 50% 이상을 소비하고 있다는 사실을 어떻게 설명할 수 있을까? 또는 수십억 달러에 달하는 미국 국방 예산이 우리가 술 소비에 쓰는 돈과 맞먹는다는 사실이나 매년 1,500만 명의 미국인이 우울증 진단을 받고, 항우울제인 프로작Prozac을 처방받는 데 5억 달러가 넘는 돈을 쓰고 있다는 사실을 어떻게 설명할 수 있을까?

이 책에서 우리는 우리가 하고 있는 일을 하는 이유가 무엇인지, 그리고 우리가 가장 자주 겪는 감정을 일으키는 원인이 무엇인지를 발견하게 될 것이다. 그런 다음 어떤 감정이 우리를 격려하고 어떤 감정이 우리를 낙담시키는지, 그리고 어떻게 하면 두 가지 감정을 가장 잘 활용해서 그 감정이 방해가 되지 않고 최고의 잠재력을 끌어내는 강력한 도구가 될 수 있는지 알 수 있는 단계별 계획을 보게 될 것이다.

2. 육체의 건강 정복하기

당신이 꿈꿔온 모든 것을 갖게 된다 하더라도, 그것을 즐길 수 있는 육체적 건강을 누리지 못한다면 무슨 소용이 있겠는가? 당신은 매일 아침 일어날 때마다 활력에 넘치는 새로운 날을 맞이할 준비가 되어 있는가? 아니면 전날 밤의 피로가 그대로 쌓여 여기저기 아프지 않은 곳이 없고, 늘 똑같은 날이 반복되는 것에 짜증을 내며 잠에서 깨어나는가? 당신의 현재 생활방식이 다음과 같은 통계치에 일조하지는 않았는가? 통계수치에 따르면 미국인 2명 중 1명은 관상동맥질환으로 사망하고, 3명 중 1명은 암으로 사망한다고 한다. 17세기 내과의사 토마스 모펫Thomas Moffett은 일찍이 "우리는 치아로 무덤을 파내고 있다"라고 비유했다. 고지방에 영양가는 하나도 없는 음식을 우리 몸에 쑤셔넣고, 담배, 술, 약물로 내장기관을 중독시키고, TV 앞에 죽치고 앉아 시간을 보내고 있다는 얘기다. 육체의 건강 정복하기 수업은 당신의 신체 건강을 관리하는 데 도움을 줄 것이다. 이 수업을 마스터하면 보기에도 좋은 몸을 유지할 수 있을 뿐만 아니라, 기분도 좋아지고 자신의 삶을 통제하고 있다는 것을 알게 되며, 활기찬 삶을 살면서 원하는 바를 성취할 수 있게 될 것이다.

3. 관계 맺는 법 정복하기

앞서 언급한 감정 정복과 육체적 건강 정복 외에는 이번 단락에서 언급하는 관계 맺기, 즉 이성관계, 가족관계, 직장동료와의 관계, 사회적 관계를 맺는 법을 배우는 것보다 더 중요한 것은 없다. 배우고, 성장하고, 성공하고, 행복해지는 일을 자기 홀로 하고 싶은 사람이 누가 있겠는가? 세 번째 정복수업에서는 당신이 먼저 당신 자신과 그리고 그다음에는 다른 사람들과 어떻게 질적인 관계를 맺을 수 있는지 그 비결을 밝힐 것이다. 먼저 당신이 가장 높이 평가하는 것이 무엇인지, 당신이 기대하는 바는 무엇인지, 당신이 인생이라는 게임을 하는 데 지켜야 할 규칙은 무엇인지, 그리고 이 모든 것이 다른 사람들과 어떻게 연관되어 있는지를 발견하는 일부터 시작할 것이다. 그다음에는 이와 관련된 중요한 기술을 습득하면서 사람들과 깊이 관계를 맺는 방법, 이를 통해 우리가 다른 사람들의 삶도 변화시켜주었음을 깨닫는 기여도 등 우리가 원하는 보상을 받는 방법도 배울 것이다. 내 경우에는 가장 큰 자원이 관계라는 것을 알게 되었다. 내가 필요로 하는 모든 자원에 대한 문을 열어주는 것이 바로 관계이기 때문이다. 이 수업을 마스터하면, 당신이 성장하고 사회에 기여하는 데 필요한 무한한 자원을 얻을 수 있다.

4. 재정 문제 정복하기

대부분의 미국인은 65세가 되면 완전히 빈털터리가 되거나 죽는다. 그것은 은퇴라는 황금시대를 앞두고 있는 사람들이 상상하는 것과는 완전히 다른 모습이다. 하지만 실속 있는 인생 게임 플랜이 뒷받침된 재정적 평안을 누릴 수 있다는 확신이 없다면, 풍요로운 재정적 시나리오를 어떻게 현실로 이룰 수 있겠는가?

네 번째 정복 수업은 어떻게 하면 인생의 가을을 맞아 단순히 생존이라는 차원을 넘어 목표를 달성할 수 있는 삶을 살 수 있는지에 대한 방법을 가르쳐줄 것이다. 다행히 우리는 자본주의 사회에서 살게 된 행운 덕분에 각자의 꿈을 펼칠 수 있는 환경을 가지고 있다. 하지만 우리는 대부분 재정적 압박에 계속 시달리고 있으며, 돈만 더 있으면 그 압박에서 벗어날 수 있다고 생각한다. 이것은 엄청난 문화적 망상이다. 단언하건대, 돈을 더 많이 갖게 될수록 더 많은 압박을 느끼게 될 것이다. 중요한 것은 단순히 부를 추구하는 것이 아니라, 부에 대한 당신의 신념과 태도를 변화시키는 것이다. 즉 돈을 행복의 전부로 보는 것이 아니라 세상에 기여하기 위한 수단으로 보는 것이다.

재정적으로 풍요로운 운명을 맞이하기 위해서는 자신의 삶에서 부족한 것이 무엇인지에 대한 생각을 바꾸는 방법을 먼저 배운 다음(부족한 것은 돈이 아니라는 생각), 부를 얻고 유지하고 확장하는 데 필수적인 가치관, 신념, 감정을 일관성 있게 경험하는 방법을 배워야 한다. 그러면 당신은 삶의 목표를 재정의하고, 최고 수준의 부유한 삶을 성취하는 것을 목표로 삼는 꿈을 꾸며, 마음을 평온으로 채우고, 삶이 당신에게 베푸는 모든 가능성을 자유롭고 기쁜 마음으로 바라볼 수 있게 될 것이다.

5. 시간 정복하기

걸작이 탄생하기까지는 오랜 시간이 걸린다. 하지만 시간을 활용하는 법을 제대로 알고 있는 사람이 얼마나 될까? 나는 지금 시간 관리에 대해 말하는 것이 아니다. 실제로 시간을 들여 시간을 자유자재로 주무르고 다루면서 시간을 당신의 적이 아니라 친구로 만드는 것에 대해 이야기하고 있는 것이다. 이 책의 다섯 번째 정복 수업은 서둘러 급하게 내린 평가가 어떻게 장기적인 고통으로 이어질 수 있는지를 가르쳐줄 것이다. 이 수업에서 당신은 진정한 결정을 내리는 방법과 순간적인 만족에 대한 욕구를 관리하는 방법도 배우게 될 것이다. 그럼으로써 당신의 아이디어, 결과물, 심지어 당신의 잠재력까지도 완전한 결실을 맺을 수 있는 시간을 갖게 될 것이다. 그런 다음, 당신이 내린 결정에 따른 후속 조치에 필요한 지도와 전략을 설계해서 대대적인 행동을 개시하려는 의지, '지체되는 시간'을 감수하는 인내심, 필요할 때마다 접근방식을 자주 변경할 수 있는 유연성을 통해 그 결정을 현실로 만드는 방법을 배우게 될 것이다. 당신이 시간 정복을 마스터하고 나면, 대부분의 사람이 1년이라는 짧은 기간 안에 성취할 수 있는 일은 과대평가하고, 10년이라는 장기간의 노력 끝에 비로소 성취할 수 있는 일은 과소평가한다는 것이 정말로 사실임을 깨닫게 될 것이다.

당신과 함께 이 수업을 진행하면서 내가 모든 답을 가지고 있다든지, 내 삶이 완벽했다거나 순탄했다고 말하려는 것이 아니다. 나 역시 살아오면서 힘든 시간을 보냈다. 하지만 나는 이 모든 훈련을 통해 배우고 인내하며 성공을 거듭해왔다. 도전에 직면할 때마다 내가 배운 것을 활용하면서 내 삶을 새로운 차원으로 끌어올렸다. 그리고 이 다섯 가지 분야에 대한 나의 숙련도는 지금도 계속 확장 진행형이다. 물론 당신도 그렇게 될 것이다.

내 생활방식이 당신에게 답이 아닐 수도 있다. 내 꿈과 목표 또한 당신과 다를 수 있다. 하지만 꿈을 현실로 바꾸는 방법, 무형의 것을 유형의 현실로 만드는 방법에 대해 내가 배운 교훈은 누구를 불문하고 성공에 이르는 근본이라고 확신한다. **나는 이 책이 당신의 삶의 질과 즐거움을 배가할 수 있는 교과서이자 당신의 행동 지침서가 되기를 바란다.** 나의 첫 책《무한 능력》이 전 세계 사람들에게 미친 영향을 생각하면 너무나 뿌듯하지만, 이 책 또한 당신의 삶을 한 단계 끌어올릴 수 있는 새롭고 특별한 힘을 가져다줄 것이라고 믿어 의심치 않는다.

반복은 기술의 어머니라는 말이 있다. 그 교훈에 따라 우리는 이 책에서 몇 가지 기본적 내용을 되새겨볼 것이다. 나는 당신이 이 책을 여러 번 반복해서 읽고, 이 책이 이미 당신 안에 있는 답을 찾도록 당신을 자극하는 도구가 될 수 있기를 바란다. 물론 이 책을 읽으면서 이 책이 말하는 모든 것을 믿거나 사용할 필요는 없다. 당신이 유용하다고 생각하는 것들을 골라 마음속에 간직하고 즉시 실행에 옮기기만 하면 된다. 당신의 삶을 변화시키기 위해 이 책의 전략이나 도구를 하나도 빠뜨리지 않고 실행해야만 하는 것은 아니다. 다만 이 책의 모든 전략과 도구는 하나하나만으로도 우리 인생을 바꿀 수 있는 잠재력을 가지고 있지만, 함께 사용하면 더 폭발적인 결과를 얻을 수 있다는 점을 명심하라.

이 책은 당신이 원하는 성공을 이루기 위한 전략으로 가득 차 있다. 나는 이 책을 쓰면서 우리 문화권에서 가장 위대하고 흥미로운 사람들을 모델로 삼아 그들이 지켜온 원칙들을 총망라했다. 언론인이자 평화운동가인 노먼 커즌스Norman Cousins부터 팝의 제왕 마이클 잭슨까지, UCLA 농구부 감독으로 경이적인 기록을 남긴 존 우든John Wooden부터 금융계의 마법사로 일컬어지는 존 템플턴John Templeton까지, 그외 업계 최고 인물부터 심지어 택시 운전사까지 다양한 사람들을 만나고 인터뷰하며 모델로 삼을 수 있는 특별한 기회를 가졌다. 독자 여러분은 이 책에서 내 경험으로 얻은 교훈들뿐만 아니라, 지난 10년 동안 축적한 수천 권의 책, 테이프, 세미나, 인터뷰에서 얻은 교훈들도 만나게 될 것이다. 그리고 이 흥미진진한 탐구는 지금도 계속되고 있으며 나는 매일 조금씩 더 배우고 성장하고 있다.

이 책의 목적은 단순히 당신의 삶에서 그저 한 가지 변화를 추구하는 것을 돕는 데 그치는 것이 아니라, 당신의 삶 전체를 새로운 차원으로 끌어올리는 데 도움을 줄 수 있는 **전환점**pivot point이 되는 것이다. 이 책의 초점은 세상의 변화를 창출하는 데 있다. 이게 무슨 뜻이냐고? 당신은 이 책을 통해 두려움이나 공포를 극복하거나, 관계의 질을 높이거나, 미루는 습관을 극복하는 등 삶에서 변화를 만드는 법을 배울 수 있다. 사실 이 모든 것 하나하나는 사소한 것처럼 보이지만 믿을 수 없을 정도로 가치 있는 기술이다. 나의 첫 책《무한 능력》을 읽어보았다면, 당신은 이미 여러 기술을 배웠을 것이다. 그러나 이 책을 계속 읽다 보면, 작은 변화 하나가 말 그대로 당신 삶의 모든 측면을 변화시킬 수 있는 중요한 레버리지 포인트leverage points가 당신 안에 있다는 것을 알게 될 것이다.

이 책은 당신이 지금은 그저 상상만 하고 있을지 모르는 삶을 창조하고, 살고, 즐길 수 있도록 도움을 줄 수 있는 전략을 제공하기 위해 쓰였다. 당신은 이 책에서 **최소한의 노력으로 당신이 직면한 도전의 원인을 다루면서 그것을 바꿀 수 있는** 간단하고 구체적인 전략을 배우게 될 것이다. 예를 들어 습관적으로 사용하는 어휘 중 단어 하나만 바꿔도 삶의 감정 패턴을 즉시 바꿀 수 있다면 믿을 수 있겠는가? 당신이 의식적으로든 무의식적으로든 습관적으로 스스로에게 묻는 질문을 바꾸는 것만으로도 당신은 주요 관심사와 매일매일의 습관적 행동을 즉시 바꿀 수 있다. 또 습관적 믿음 하나만 바꿔도 행복의 수준을 강력하게 변화시킬 수 있다. 이제 다음 장에서는 이러한 기술을 습득하고 나아가 당신이 원하는 변화를 이루는 방법을 배우게 될 것이다.

당신과 인연을 맺으면서 우리 마음속 깊이 잠들어 있는 진정한 잠재력을 발견하고 실현시키는 여정을 함께 떠나게 되어 참으로 기쁘다. 당신에게 경의를 표한다. 우리 삶은 창조주의 선물이다. 삶은 우리에게 특권과 기회를 주지만, 우리가 더 크게 성공해서 이를 갚으라는 책임도 함께 부여하고 있다.

자, 이제 탐험의 여정을 떠나보자.

2장

결단 : 거인을 깨우는 길

"사람은 살려고 태어나는 것이지, 인생을 준비하기 위해 태어나는 것이 아니다."

– 보리스 파스테르나크Boris Pasternak

지미 카터 미국 대통령 시절, 영화 〈스타워즈〉가 빅히트를 기록하며 특이한 모습의 우주 종족 요다Yoda가 대유행했고, 일본의 비디오게임 시리즈 팩맨Pack Man과 브룩 실즈Brooke Shields가 광고 모델로 등장하는 청바지 캘빈Calvins의 열풍이 불었던 것을 기억하는가? 이란에서는 아야톨라 호메이니Ayatollah Khomeini가 권력을 잡으면서 미국 동포들을 인질로 잡았다. 폴란드에서는 그단스크Gdansk 조선소의 전기 기술자였던 레흐 바웬사Lech Walesa라는 사람이 누구도 상상하지 못했던 일을 벌였다. 그는 공산당 지배에 맞서기로 결심하고 동료들을 이끌고 파업을 벌였으며, 공산당이 직장을 폐쇄하자 공장 담벼락 위로 올라갔다. 그 이후로 세계 여러 곳에서 공산주의의 벽이 무너진 것은 역사가 보여준 그대로다.

비틀즈의 존 레논John Lennon이 살해되었다는 뉴스를 기억하는가? 또 세인트헬렌스산Mount Saint Helens이 폭발하면서 주변 150평방 마일을 초토화시켰던 일을 기억하는가? 약체로 알려진 미국 하키팀이 소련을 이기고 올림픽 금메달을 땄던 때를 기억하는가? 그때가 불과 10년 남짓 지난 1980년의 일이었다. (이 책을 쓰던 시점인 1990년대 초반 기준의 설명이다. _옮긴이)

잠시 생각해보자. 그때 당신은 어디 있었는가? 그때 당신의 모습은 어땠는가? 그때 누가 당신의 친구였는가? 그때 당신의 희망과 꿈은 무엇이었는가? 만약 누군가가 당신에게 "앞으로 10년 혹은 15년 후에 당신은 어디에 있게 될까요?"라고 묻는다면 당신은 뭐라고 대답할 것인가? 오늘 당신은 10년 전에 당신이 원했던 자리에 와 있는가? 10년이란 세월이 너무 빠르게 지나갔다고 생각하는가?

어쩌면 우리 스스로에게 이렇게 물어보는 것이 더 중요한 것인지 모른다. "**다음 10년 동안 삶을 어떻게 살아갈 것인가? 내가 약속한 내일을 만들기 위해서는 오늘을 어떻게 살아야 할 것인가? 내가 지금부터 목표로 삼아야 할 것은 무엇인가?** 나에게 지금 당장 중요한 것은 무엇이고, 장기적으로 중요한 것은 무엇인가? 오늘 어떻게 하느냐에 따라 내 운명이 결정된다면, 지금 당장 취해야 할 행동은 무엇인가?"

지금부터 10년 뒤는 반드시 오게 되어 있다. 따라서 지금 해야 할 질문은 다음과 같은 것들이다. "10년 뒤에 나는 과연 어디 있을까? 어떤 사람이 되어 어떤 삶을 살며 세상에 어떤 기여를 하고 있을까?" 그러니까 당신 인생의 다음 10년을 설계할 때는 시간이 지난 다음이 아니라 바로 지금이라는 얘기다. 우리는 지금 이 순간을 잡아야 한다. 우리는 이미 새로운 10년의 초반에 진입했다.

1980년 초에 나는 불과 19살의 앳된 청년이었다. 당시 나는 외로움과 좌절에 빠져 있었다. 모아놓은 돈은 물론, 나를 도와줄 성공 코치도 없었고, 성공한 친구나 멘토도 없었고, 더구나 명확한 목표도 없었다. 나는 그저 빈둥거리던 뚱보였다. 하지만 그로부터 몇 년 후에 하나의 힘을 발견했고, 그 힘을 사용해 내 삶의 거의 모든 영역을 변화시킬 수 있었다. 일단 그 힘을 사용하는 방법을 익힌 다음 그 힘을 사용했더니, 채 1년도 안 돼 내 삶에 혁명이 일어나기 시작했다. 그것은 마치 내 자신감을 극적으로 증가시키는 도구와 같아서, 나는 그 도구를 사용해 자신 있게 행동했고 가시적인 성과를 낼 수 있는 능력을 갖추게 되었다. 나는 그 도구를 사용하면서 육체적 주도권을 되찾아올 수 있었다. 체중을 무려 38파운드(17kg)나 줄였으니까 말이다! 결국 내가 꿈꾸던 여자를 만났고 그녀와 결혼해 내가 원하는 가정도 꾸리게 되었다! 또 이 힘을 사용해 입에 겨우 풀칠이나 하며 살던 형편에서 연간 100만 달러 이상을 버는 고소득자로 탈바꿈할 수 있었다. 마침내 나는 부엌이 따로 없어서 욕조에서 설거지를 해야 했던 작은 아파트에서 지금 우리 가족이 살고 있는 델 마르 캐슬Del Mar Castle로 이사할 수 있었다. 이 하나의 차이로 인해 나는 완전히 외롭고 보잘것없다고 생각했던 존재에서 전 세계 수백만 명의 사람들에게 무언가를 기여할 수 있는 기회에 감사하는 존재로 완전히 바뀌게 되었다. 물론 나는 아직도 그 힘을 계속 사용하고 있으며, 매일매일 새로운 운명을 만들어가고 있다.

첫 책《무한 능력》에서 나는 우리의 삶을 형성하는 가장 강력한 방법은 직접 행동을 취하는 것임을 강조했다. 사람들이 만들어내는 결과는 똑같은 상황에서라도 다른 사람들과 얼마나 다르게 행동했느냐에 따라 달라진다. 그러니까 **다른 행동이 다른 결과를 낳는다**는 것이다. 왜 그렇게 되느냐고? 어떤 행동이든 일단 실행되면 원인이 만들어지고 그로 인해 어떤 결과가 발생되고, 계속 그 결과에 따라 다른 결과가 일어나서 우리를 특정 방향으로 움직이게 하기 때문이다. 그리고 그 방향은 바로 궁극적인 목적지로 이어지는데, 우리는 그것을 운명이라고 부른다.

요컨대 우리의 삶을 원하는 방향으로 가게 하려면 일관된 행동을 통제할 수 있어야 한다는 것이다. 그러니까 우리의 삶을 형성하는 것은 우리가 어쩌다 가끔 하는 행동이 아니라 일관되게 하는 행동이라는 것이다. 그렇다면 여기서 가장 핵심적이고 중요한 질문은 이것이다. 우리의 모든 행동을 앞서서 지시하는 것은 무엇일까? 다시 말해 그 행동에 따라 우리가 어떤 사람이 되고 인생의 궁극적 목적지(운명)가 정해지는 것이라면, 우리가 행동하도록 결정하는 것은 무엇일까? 행동의 아버지는 과연 무엇일까? 라는 질문이다.

물론 답은 내가 지금까지 줄곧 암시한 바대로, 바로 **결단의 힘**power of decision이다. 당신의 삶에서 일어나는 모든 일, 즉 당신을 설레게 했던 일이나 힘들게 만들었던 일이나 모두 당신의 결단에서 시작되었다. **나는 바로 그 결단의 순간이 당신의 운명이 결정되는 순간이라고 생각한다.** 당신이 지금 내리는 결단은 당신의 오늘 감정을 좌우할 뿐만 아니라, 10년 후 당신이 어떤 사람이 될 것인지도 결정할 것이다.

지난 10년을 돌이켜보라. 그때 남들과 다른 결정을 내렸더라면 당신의 삶을 지금과는 근본적으로 다르게 변화시킨 순간이 있지는 않았는가? 좋은 쪽이든 나쁜 쪽이든 말이다. 그것은 당신의 인생을 바꾸는 직업에 관한 결정이었을 수도 있고, 어쩌면 잘못된 결정을 내렸을 수도 있다. 혹은 결혼이나 이혼에 관한 결정이었을 수도 있다. 어쩌면 당신은 결정에 도움이 될 책을 구입했다든지 세미나에 참석했을 수도 있고, 그 결과 신념과 행동이 바뀌었을 수도 있다. 혹은 아이를 갖기로 결정했거나, 아니면 직장 생활 때문에 아이 갖는 것을 미루는 결정이었을 수도 있다. 혹은 집이나 사업에 투자하는 결정이었을 수도 있고, 운동을 시작하거나 포기하기로 하는 작은 결정이었을 수도 있다. 담배를 끊기로 한 결정이었을 수도 있고, 어쩌면 다른 지역으로 이사를 가거나 세계 여행을 하기로 한 결정일 수도 있다. 그 모든 결정이 당신을 당신 인생의 현시점으로 이끈 것이다.

당신은 지난 10년 동안 슬픔, 좌절, 부당함, 절망의 감정을 경험하지는 않았는가? 나 역시 그런 경험을 했다. 그런 상황에서 당신은 어떻게 하기로 결정했는가? 한계를 넘어섰는가, 아니면 그냥 포기했는가? 그런 결정들이 당신의 인생을 어떻게 만들었는가?

"인간은 환경의 산물이 아니다. 오히려 인간이 환경을 만든다."

– 벤자민 디즈레일리 Benjamin Disraeli

나는 우리 운명을 결정하는 것은 우리 삶을 둘러싼 환경 조건이 아니라 우리 스스로의 결단이라고 생각한다. 우리는 여러 가지 장점을 타고난 사람들이 있다는 사실을 알고 있다. 그들은 유전적이나 환경적으로 우월하든지, 특별한 가족이나 인맥을 가지고 있다. 하지만 우리는 온갖 역경과 맞서 싸우며 자신의 삶에 새로운 결정을 내림으로써 조건의 한계를 넘어선 사람들에 대한 이야기도 많이 듣는다(실제로 그런 사람들을 직접 만나기도 한다). 그들은 인간 정신의 무한한 힘을 보여주는 본보기가 된다.

결정권이 우리에게 있다면, 우리도 우리의 삶을 다른 이에게 영감을 주는 본보기로 만들 수 있다. 어떻게 그럴 수 있느냐고? 간단하다. 앞으로 10년 동안 어떻게 살아갈지에 대해 결정하기만 하면 된다. 당신이 앞으로 어떻게 살 것인지에 대한 결정을 내리지 못한다면, 그 또한 그렇게 하기로 결정을 한 것이다. 그렇지 않은가? 당신은 스스로 자신의 운명을 결정하는 대신 환경을 받아들이기로 결정했으니 말이다.

내 경우에는 내 삶에 대한 결정을 한 후 단 하루 만에 삶 전체가 바뀌었다. 그날 나는 내 인생에서 단지 '무엇을 갖고 싶다거나 어떤 사람이 되고 싶다'라는 식의 소극적 바람이 아니라, **앞으로 반드시 무엇을 갖고 어떤 사**

람이 되는 데 전념하기로 굳게 결심했다. 이는 간단해보이지만 매우 중요한 차이다.

잠시 생각해보자. 무언가에 단지 관심을 두는 것과 그 일에 전념하는 것과는 어떤 차이가 있을까? 분명한 차이가 있다! 사람들은 대개 이렇게 말한다. "더 많은 돈을 벌면 정말 좋을 텐데"라거나 "아이들과 더 친해지고 싶어"라거나 "내가 세상을 바꾸고 싶어한다는 걸 알고 있지?"라는 식이다. 하지만 그런 종류의 말은 그 일에 전념한다는 의미가 결코 아니다. "내가 특별히 어떤 행위를 하지 않더라도, 이런 일이 일어나면 좋을 텐데"라고 말하는 것은 그저 바람을 말하는 것에 불과하다. 그런 말에는 절대로 힘이 없다! 그런 말은 그 일을 시작할 믿음도 없으면서 그저 입으로만 하는 나약한 기도일 뿐이다.

결정을 할 때는 어떤 결과에 대해 전념할 것인지뿐만 아니라 어떤 사람이 되려고 전념할 것인지도 결정해야 한다. 1장에서 언급했듯이, 당신 자신에 대해 용납할 수 있는 행동이라고 생각하는 수준의 기준을 세우고, 당신이 소중하게 여기는 사람들에게서 무엇을 기대해야 하는지 결정해야 한다. **당신이 삶에서 용납할 수 있는 기준을 세우지 않는다면, 당신의 행동과 태도 또는 삶의 질은 당신이 마땅히 지켜야 할 수준 이하로 떨어지기 쉽다는 걸 금방 알게 될 것이다.** 당신은 이런 기준을 세우고, 삶에서 어떤 일이 일어나더라도 그 기준을 지키며 살아야 한다. 당신이 가는 길에 비가 내리거나, 주식시장이 폭락하거나, 사랑하는 사람이 떠나거나, 당신을 도와주는 사람이 아무도 없거나, 모든 일이 잘못되더라도, 당신은 당신이 정한 기준에 따라 최고 수준의 삶을 살 것이라는 결정에 전념해야 한다.

안타깝게도 대부분의 사람은 그렇게 살지 못하면서 그저 변명하기에 급급하다. 그들이 목표를 이루지 못했거나 원하는 삶을 살지 못한다는 이유로, 부모가 그들을 그렇게 대했기 때문이라거나, 젊었을 때 그런 경험을 하지 못했기 때문이라거나, 그런 교육을 제대로 받지 못했기 때문이라거나, 그렇게 하기에는 너무 늙었거나 너무 어리기 때문이라고 변명한다. 그러나 이 모든 변명은 나약한 신념체계에 불과하다! 그런 신념체계는 당신을 제한할 뿐만 아니라 매우 해롭기까지 하다.

결단의 힘을 사용하면, 어떤 핑계도 극복할 수 있으며 삶의 모든 부분을 순식간에 바꿀 수 있다. 결단의 힘은 당신의 관계, 직업 환경, 몸 컨디션, 수입, 감정상태까지 변화시킬 수 있다. 심지어 행복할 것인지, 슬퍼할 것인지, 좌절할 것인지, 기뻐할 것인지, 환경의 노예가 될지 아니면 자유를 누릴지까지도 결정할 수 있다. 결단은 개인, 가족, 공동체, 사회, 우리 세계의 변화의 원천이다. 지난 몇 년 동안 동유럽의 모든 것을 바꾼 것이 무엇이었던가? 우리 같은 보통 사람들이 무엇을 지지할 것인지, 그리고 무엇을 받아들이고 무엇을 받아들이지 않을지, 그리고 더 이상 용납할 수 없는 것에 대해 새로운 결정을 내렸기 때문이다. 물론 고르바초프의 결단이 그 길을 여는 데 도움이 되었지만, 거대한 경제적·정치적 변화를 위한 길을 만든 것은 더 높은 기준에 대한 레흐 바웬사 같은 사람의 결단과 헌신이었다.

나는 자기 직업에 대해 불평하는 사람들에게 종종 이렇게 묻는다. "당신은 오늘 왜 출근했습니까?" 그들은 대개 "그래야 하니까요"라고 대답한다. 우리는 분명히 알아야 할 게 있다. 이 나라에서 우리가 반드시 해야 할 일은 사실상 아무것도 없다는 것이다. 단언컨대, 당신이 출근하는 것도 반드시 해야 할 일은 아니다. 미국에서는 그럴 필요가 없다! 당신이 특정한 날에 특정한 장소에서 꼭 일해야 하는 것은 아니다. 적어도 미국에서는 그렇다! 당신이 지난 10년 동안 해왔던 일도 꼭 해야 할 일은 아니었다. 당신은 오늘이라도 다른 일, 새로운 일을 하기로 결정할 수 있다. **당신은 지금 당장 결**

정을 내릴 수 있다. 학교로 돌아가 춤이나 노래를 배우거나, 헬리콥터 조종을 배우거나, 영감에 몰두하는 법을 배워 명상을 시작하거나, 사교댄스 학원이나 나사NASA의 우주 캠프에 등록하거나, 외국어를 배우거나, 자녀들에게 책을 더 많이 읽어주거나, 정원에서 더 많은 시간을 보내거나, 피지로 가서 섬 생활을 즐길 수도 있다. **당신이 그렇게 하기로 결정만 하면, 거의 모든 일을 할 수 있다.** 그러니 현재 맺고 있는 누군가와의 관계가 마음에 들지 않는다면 당장 그것을 바꾸기로 결정하라. 현재 직업이 마음에 들지 않는다면 당장 바꿔라. 당신 자신에 대한 느낌이 싫다면 그것도 바꿔라. 더 높은 수준의 육체적 활력과 건강을 원한다면 그 역시 바꿀 수 있다. 지금 이 순간, 당신은 역사를 세운 힘 못지않은 힘을 발휘할 수 있다.

내가 이 책을 쓴 이유도, 당신이 **결정이라는 거대한 힘을 일깨워서 무한한 힘과 눈부신 생명력, 기쁨에 찬 열정이 원래부터 당신 것이었음을 주장하도록** 격려하기 위해서다! 당신은 즉시 인생을 바꿀 새로운 결정을 지금 당장이라도 내릴 수 있음을 알아야 한다. 그 결정은 당신이 바꿔야 할 습관에 관한 것일 수도 있고, 당신이 터득해야 할 기술에 관한 것일 수도 있고, 당신이 사람들을 어떻게 대해야 할지에 관한 것일 수도 있고, 몇 년 동안 소식을 끊고 지냈던 누군가에게 전화를 거는 일일 수도 있다. 어쩌면 당신의 승진을 위해 누군가를 만나야 할 수도 있고, 매일매일 가장 긍정적인 감정을 느끼고 키워 나가기로 지금 당장 결정을 내릴 수도 있다(당연히 당신은 그런 감정을 느낄 자격이 있다). 더 많이 기뻐하고, 더 재미있게 살며, 더 많은 자신감을 갖고, 더 많은 마음의 평화를 선택하는 것이 정말 가능한 일일까? 물론 가능하다. 이 페이지를 넘기기도 전에, 당신은 당신 안에 이미 존재하는 그 힘을 활용할 수 있다. 그러니 성장과 행복을 원한다면, 새롭고 긍정적이고 강력한 방향으로 나아갈 수 있도록 지금 당장 결단하라.

"목숨을 걸고 목표를 달성하려는
인간의 의지를 막을 수 있는 것은 아무것도 없다."
- 벤자민 디즈레일리Benjamin Disraeli

새롭고 조화로운 헌신적 결단을 내리는 순간 당신의 삶이 바뀔 것이다. 조용하고 겸손한 성격의 평화주의 원칙주의자 변호사 한 명의 결단과 확신이 광대한 제국을 무너뜨릴 힘을 가지고 있을 것이라고 누가 생각이나 했겠는가? 그러나 영국의 인도 지배를 종식시키겠다는 마하트마 간디의 불굴의 결단은 강력한 화약고가 되어 일련의 사건들을 연달아 촉발시키며 세계를 지배하는 힘의 균형을 영원히 바꿔버렸다. 사람들은 그가 어떻게 목표를 달성할 수 있는지 보지 못했지만, 그는 오직 자신의 양심에 따라 행동했을 뿐이었다. 그는 다른 어떤 선택지도 생각하지 않았다.

1962년 쿠바 미사일 사태로 존 F. 케네디 대통령이 소련의 니키타 흐루쇼프Nikita Khrushchev와 대치하면서 3차 대전의 위기가 고조되었을 때, 케네디의 힘의 원천도 결단이었다. 마틴 루터 킹 주니어Martin Luther King, Jr. 목사가 더 이상 멸시당하고 싶지 않은 사람들의 좌절과 열망을 감동적으로 대변하면서 세계가 그를 주목했을 때도 그의 힘의 원천은 결단이었다. 도널드 트럼프Donald Trump가 미국 대통령이 되기 전 혜성같이 세계 금융계의 정상에 올랐다가 몰락한 것도 그 이면에는 결단이 있었다. 전설적 야구 선수 피트 로즈Pete Rose가 자신의 능력을 극대화하며 명예의 전당 후보에 세 차례나 올랐다가 결국 꿈을 이루지 못한 것도 결단 때문이었다. 결단은 놀라운 기쁨과 기회의 원천이 되지만 반대로 문제의 원인이 되기도 한다. 또 결단은 보이지 않는 것을 보이는 것으로 바꾸는 과정에서 불을 붙이는 힘이 되기도 한다. 진정한 결단이야말로 우리의 꿈을 현실로 바꾸는 촉매제가 될 것이다.

이 힘에 대해 이야기할 때 가장 고무적인 것은 우리가 그 힘을 이미 가지고 있다는 사실이다. 결단이 가져오는 폭발적인 추진력은 학력이 높거나, 돈이 많거나, 특별한 가족 배경이 있는 소수의 사람들에게만 해당되는 것이 아니다. 한 나라의 왕이든 평범한 노동자든 똑같이 그 힘을 이용할 수 있다. 물론 지금 이 책을 손에 들고 있는 당신도 마찬가지다. 당신이 그 힘을 가지고 있다고 주장할 용기만 있다면, 당신 안에 잠자고 있으면서 당신이 깨워주기를 기다리고 있는 이 강력한 힘을 순식간에 사용할 수 있다. 과연 오늘이 당신이 지금까지 보여온 것보다 훨씬 더 대단한 사람이라고 결단하는 날이 될 수 있을까? 과연 오늘이 마침내 당신의 삶을 당신이 생각하는 수준과 일치시키도록 결단하는 날이 될 수 있을까? 그렇다면 먼저 이렇게 선언하라. "이것이 진정한 내 모습이다. 이것이 바로 내 인생이다. 이것이 내가 하려는 일이다. 그 어떤 것도 내가 내 운명을 성취하는 것을 막지 못할 것이다. 누구도 나를 거부하지 못할 것이다!"

1955년 어느 날, 로사 파크스Rosa Parks라는 흑인 여성이 앨라배마주 몽고메리에서 버스에 올라탔다. 당시에는 버스에서 흑인은 백인에게 자리를 양보해야 한다고 법으로 명시되어 있었지만 그녀는 자리를 양보하지 않았다. 그녀의 조용한 행동은 논란의 불씨를 지폈고 다음 세대들이 따라야 할 본보기가 되었다. 결국 그녀의 결단은 인종, 신조, 성별과 관계없이 모든 미국인으로 하여금 평등, 기회, 정의의 의미를 다시 생각하게 만들었고, 오늘날까지도 우리가 씨름하고 있는 민권 운동의 시작이 되었다. 로사 파크스가 버스에서 자리 양보하는 것을 거부했을 때 그녀는 과연 자신의 미래가 어떻게 될 것인지를 생각해보았을까? 자신이 이 사회의 구조를 바꾸겠다는 숭고한 계획을 세우고 있었을까? 물론 그럴지도 모른다. 하지만 그보다는, 단지 더 높은 기준에 자신을 맞추겠다고 결단했고 그 결단이 그녀의 행동을 이끌었을 가능성이 더 높다. 한 여성의 결단이 이 세상에 이렇게 큰 영향을 미칠 수 있다!

혹시 당신이 "나도 그런 결단을 내리고 싶지만, 현실적으로 힘든 일이 많아서…"라고 생각한다면, 에드 로버츠Ed Roberts의 이야기를 들어보라. 그는 휠체어에 갇혀 살던 '평범한' 남자였지만, 남들이 보기에 명백한 한계를 넘어서기로 결단하면서 '비범한' 사람이 되었다. 에드는 14살 때부터 목 아래가 마비되는 고통을 겪었다. 그는 비록 밤에는 인공 허파에 의존할 수밖에 없지만, 낮에는 엄청난 역경을 무릅쓰고 호흡기 사용법을 터득해 '정상적인' 삶을 살고 있다. 그는 소아마비와도 싸우면서 몇 번이나 목숨을 잃을 뻔했으나, 자신의 고통에 집중하는 대신 다른 사람들을 돕기 위해 변화하기로 결단했다.

그러기 위해서 무슨 일을 할 수 있었을까? 변화하기로 결단하면서 그는 장애인들의 삶의 질 향상을 위해 자신을 경멸하는 세상과 정면으로 싸웠다. 15년 동안 신체장애가 있는 사람들의 능력에 대한 수많은 사회적 편견에 맞닥뜨리면서 그들의 편견을 바로잡기 위해 노력했고, 휠체어 진입로와 장애인 주차 공간 마련부터 장애인을 위한 가로 손잡이grab bar 설치의 제도화에 이르기까지 장애인을 위해 모든 제도를 정비하기 시작했다. 그는 사지마비 장애인으로서 캘리포니아대학교 버클리 캠퍼스의 첫 졸업생이 되었고, 마침내 캘리포니아주 재활국 국장 자리에 오르면서 장애인 역시 고위직까지 올라갈 수 있다는 것을 몸소 보여주는 개척자가 되었다.

에드 로버츠야말로 우리가 어디에서 시작하느냐보다는, 우리가 맞닥뜨리는 문제를 끝까지 해결하기로 결단하는 것이 더 중요하다는 것을 보여주는 강력한 살아있는 증거다. 그의 모든 행동은 단 한 번의 강력하고 헌신적인 결단의 순간을 토대로 행해진 것이었다. 당신도 에드 로버츠처럼 그렇게 결단한다면 당신 인생에서 할 수 없는 일이 무엇이겠는가?

많은 사람이 이렇게 말한다. "글쎄요, 나도 그런 결단을 내리고 싶지만 그렇다고 해서 내 인생을 바꿀 수 있을지는 모르겠네요." 사람들은 자신의 꿈을 현실로 바꾸는 방법을 정확히 알지 못한다는 두려움에 사로잡혀 있다. 그러면서 결국 자신의 삶을 마땅히 누려도 좋은 훌륭한 삶으로 만들 수 있는 결단을 내리지 못하고 있다. 사실 결과를 만들어내는 방법을 처음부터 알 필요는 없다. **중요한 것은 어떤 일이 있어도 그 방법을 찾아낼 것이라고 결단하는 것이다.** 나는《무한 능력》에서 '궁극적인 성공 공식'The Ultimate Success Formula에 대해 설명한 바 있다. 이 공식은 당신이 원하는 곳에 도달하기 위해 반드시 거쳐야 하는 절차로 다음 네 단계로 구성되어 있다. ① 당신이 원하는 것을 결정하라, ② 결정한 것을 실행에 옮기고, ③ 효과가 있는 행동이 무엇이고 효과가 없는 행동이 무엇인지에 주의를 기울이고, ④ 원하는 것을 성취할 때까지 접근방식을 계속 바꾼다. 결과를 만들어내기로 결단하면 여러 가지 이벤트가 활성화된다. 그러니까 당신이 원하는 것이 무엇인지 결정하고, 해내는 과정에서 배우며 접근방식을 바꾼다면, 당신이 원하는 결과를 성취할 수 있는 모멘텀이 생길 것이다. 당신이 무슨 일이 일어나도록 진정으로 전념하는 순간, 그 방법은 저절로 드러나게 되어 있다.

"시작과 창조의 모든 행동에는 한 가지 기본적인 진리가 있다.
우리가 무엇을 하겠다고 결단을 내린 순간, 하늘도 움직이기 시작한다는 것이다."
– **요한 볼프강 폰 괴테**Johann Wolfgang von Goethe

결단을 내리는 것이 그렇게 간단하면서도 강력한 것이라면, 왜 많은 사람은 '일단 해 봐'Just Do It라는 나이키의 조언을 따르지 않는 것일까? 가장 큰 이유는 우리 대부분이 진정한 결단을 내리는 것이 무엇을 의미하는지 제대로 인식하지 못하기 때문이다. 우리는 조화롭고 헌신적인 결단이 만들어내는 변화의 힘을 깨닫지 못한다. 문제는 우리가 오랫동안 '결단'이라는 단어를 너무 막연하게 마치 무슨 소원 목록을 말하는 것 같은 의미로 사용해왔다는 것이다. 그러니까 우리는 무슨 결단을 내린다고 말하는 게 아니라 무엇을 하고 싶다고 말한다. 예를 들어 진정한 결단은 "나는 담배를 끊고 싶다"라고 말하는 게 아니라 담배를 끊는 것 이외의 어떤 다른 가능성도 차단하는 것을 의미한다. 사실 '결단'decision이라는 단어는 '~로부터'from를 의미하는 라틴어 'roots de'와 '차단하다'to cut를 의미하는 라틴어 'caedere'에서 유래했다. **진정한 결단을 내린다는 것은 원하는 결과를 달성하기 위해 전념하고, 그 외의 다른 가능성으로부터 자기 자신을 차단하는 것을 의미한다.**

담배를 다시 피우지 않겠다고 진정으로 결단한다면, 그게 전부다. 이제 끝난 것이다! 더 이상 흡연의 가능성은 생각조차 하지 않는다는 의미다. 결단의 힘을 이런 식으로 써본 적이 있는 사람이라면 내 말 뜻을 정확히 알 것이다. 알코올 중독자는 몇 년 동안 완전한 금주를 지켜왔다 해도, 한 잔만 마시겠다는 생각으로 자신을 속이면 그동안의 금주가 허사가 된다는 사실을 잘 알고 있다. 진정한 결단을 내린 후에는 엄청난 안도감을 느끼게 된다. 그동안 실행하지 못했던 힘든 결단을 마침내 내렸기 때문이다! 그리고 명확하고 확실한 목표를 갖는 것이 얼마나 멋진 일인지 우리 모두는 너무나 잘 알고 있다.

이런 명쾌함이 우리에게 힘을 가져다준다. 그 힘으로 우리 삶에서 진정으로 원하는 결과를 만들어낼 수 있다. 그런데 그런 결단을 내려본 지가 너무 오래되어서 그것이 어떤 느낌인지 잊어버렸을 수도 있다. 우리의 의사결정 근육이 무뎌졌을 수 있으니까! 심지어 어떤 사람들은 저녁에 무엇을 먹을지 결정하는 데 어려움을 겪기도 한다.

그렇다면 이 의사결정 근육은 어떻게 강화시킬 수 있을까? 당연히 그 근육을 운동시키는 것이다! **이 근육이 더 나은 결단을 할 수 있게 하려면 결단을 많이 시켜보는 것이다.** 그런 다음, 적어도 단기적으로는 그리 효과가 없는 것처럼 보이는 결단을 포함한 모든 결단을 통해 교훈을 얻어야 한다. 당신이 내린 모든 결단은 앞으로 더 나은 평가와 더 나은 결단을 내리는 데 도움이 될 것이다. 당신이 개선하고 싶어하는 모든 기술과 마찬가지로 의사결정도 더 자주 할수록 더 나아진다는 것을 기억하라. 더 자주 결정을 내릴수록 당신의 삶을 더 잘 통제하게 된다는 점을 깨닫게 될 것이다. 앞으로 맞닥뜨리게 될 도전도 새롭게 대처하며 당신의 삶을 한 단계 더 발전시킬 수 있는 기회로 삼을 수 있을 것이다.

단 하나의 사소한 정보라 할지라도 당신의 삶의 방향을 바꾸는 데 사용되기만 한다면, 그 정보의 가치와 힘의 중요성은 아무리 강조해도 지나치지 않다. **정보는 행동으로 옮겨질 때 비로소 진정한 힘이 될 수 있다.** 그리고 실제로 행동으로 이어져야만 진정한 결단이라고 할 수 있다. 흥미로운 것은 그런 결단이 우리 삶에 언제 찾아올지 알 수 없다는 것이다! 내가 700권이 넘는 책을 읽고, 수많은 테이프를 듣고, 수많은 세미나를 찾아다니는 것도 바로 이 한 가지 힘을 이해하기 때문이다. 당신도 다음 장, 아니 다음 페이지에서 그 힘을 만나게 될지 모른다. 그 힘은 어쩌면 당신이 이미 알고 있는 것일 수도 있고, 지금 처음 알게 되어 이제 막 사용해보기 시작하는 것일 수도 있다. 앞서도 말했지만 **반복은 기술의 어머니**라는 것을 잊지 말라. 이 힘을 사용해 과거와 다르게 변화함으로써 우리는 더 나은 결정을 내릴 수 있고 우리 자신이 원하는 결과를 만들어낼 수 있다. 하지만 여전히 달라지지 않는다면 큰 고통을 겪을 수도 있다. 예를 들어 우리 문화에서 자신의 꿈을 이룬 사람들은 많지만, 심지어 유명인조차도 자기의 삶을 즐기지 못하고 있다. 그들은 꿈을 이루었으면서도 성취감을 느끼지 못하고 마약에 손을 댄다. 이런 일이 벌어지는 것은 그들이 자신의 목표를 달성하는 것과 가치관에 따라 사는 것을 구분하지 못하기 때문이다. 당신은 이 책을 읽어 나가면서 그 차이를 마스터하는 방법을 배우게 될 것이다. 또 다른 고통은 일상의 관계에서 생긴다. 그것은 우리가 자아를 발견하는 여정에서 중요한 요소인 삶의 규칙이 다르기 때문이다. 여전히 변화하지 않는 사람들은 모든 것에서 대가를 치를 수 있다. 그런 사람들은 열심히 운동하면서도 지방이 많은 음식을 계속 섭취하기 때문에 마침내 동맥이 막혀 심장 마비가 올 수 있다.

나는 지금까지 살아오면서 유명한 비즈니스 전문가 W. 에드워드 데밍W. Edwards Deming 박사가 말하는 소위 '심오한 지식'profound knowledge을 추구해왔다. 내게 있어 심오한 지식이란, 우리가 그것을 이해하는 즉시 삶의 질을 높이기 위해 적용할 수 있는 간단한 차별화, 전략, 믿음, 기술, 도구를 일컫는다. 내 삶은 물론, 이 책도 우리의 개인적 또는 직업적 삶을 개선하는 데 보편적으로 적용될 수 있는 심오한 지식을 추구하기 위해 전력을 기울이고 있다. 나는 이 심오한 지식을 사람들과 어떻게 소통해야 그들이 정신적 · 정서적 · 육체적 · 재정적 운명을 개선하는 데 도움을 줄 수 있을지 끊임없이 그 방법을 찾고 있다.

"당신이 결단하는 순간, 당신의 운명이 결정된다."

– 토니 로빈스

인생의 매순간마다 내리는 세 가지 결단이 당신의 운명을 좌우한다. 이 세 가지 결단이 당신이 알아야 할 것, 느끼는 감정, 해야 할 행동을 결정하고, 나아가 당신이 무엇으로 세상에 기여할지, 그리고 당신이 어떤 사람이 될 것인지까지 결정한다. 그러므로 이 세 가지 결단을 통제하지 못한다면, 당신은 삶을 통제하지 못하는 셈이다. 이 세 가지 결단을 통제할 수 있을 때 비로소 당신은 진정한 삶의 경험을 조각해 나갈 수 있다.

여러분의 운명을 좌우하는 세 가지 결단은 다음과 같다.

1. **무엇에 초점을 맞출 것인가**에 대한 결단
2. **당신이 처한 상황을 어떻게 받아들일 것인가**에 대한 결단
3. **원하는 결과를 만들기 위해 무엇을 해야 하는가**에 대한 결단

당신이 어떤 사람이 되느냐를 결정하는 것은, 지금 당신에게 일어나고 있는 일이나 과거에 일어난 일이 아니다. **당신의 궁극적인 운명을 결정하는 것은, 무엇에 초점을 맞출 것인지, 당신이 처한 상황을 어떻게 받아들인 것인지, 그리고 그 상황에서 당신이 무엇을 할 것인지에 대해 당신이 어떤 결단을 내리느냐에 달려 있다.** 어느 분야에서든 당신보다 더 큰 성공을 거둔 사람들은 분명 어떤 맥락이나 상황에서 당신과는 다르게 이 세 가지 결단을 내리고 있음을 명심하라. 에드 로버츠도 그와 같은 상황에 처한 대부분의 사람과는 다르게 행동하는 데 집중하기로 선택했다. 그는 자신이 어떻게 변화를 만들 수 있는지에 초점을 맞췄다. 그의 신체적 어려움은 그에게 '도전'을 의미했다. 그는 자신과 비슷한 상황에 처한 다른 사람들의 삶을 더 편안하게 만들겠다고 결단했다. 그리고 실제로 몸이 불편한 사람들의 삶의 질을 향상시키기 위해 환경을 바꾸는 일에 전적으로 헌신했다.

"나는 의식적인 노력으로 우리 삶을 끌어올릴 수 있는 분명한 능력이 우리에게 있다는 사실보다 더 힘이 되는 이야기를 들어보지 못했다."

– **헨리 데이비드 소로**Henry David Thoreau

너무 많은 사람이 의식적으로 결단을 하지 않으려고 한다. 특히 앞서 말한 세 가지 중요한 결단은 더욱 그렇다. 결국 결단을 피함으로써 우리는 큰 대가를 치른다. 사실 대부분의 사람은 내가 **나이아가라 증후군**The Niagara Syndrome이라고 부르는 삶을 살고 있다. 우리 삶을 강이라고 생각해보자. 대부분의 사람은 어디로 가고 싶은지 결정하지도 않은 채 인생의 강으로 뛰어든다. 그래서 얼마 가지 않아 급류(현재 맞닥뜨린 사건, 두려움, 도전들)에 휘말린다. 갈림길을 만나도 어디로 가고 싶은지 또는 어느 방향이 자신에게 옳은 길인지 의식적으로 결정하지 않는다. 그저 '물줄기를 따라 흘러갈' 뿐이다. 그들은 자신의 가치관에 따라 사는 것이 아니라 환경이 지시하는 대로 살아간다. 그 결과 자신의 삶을 통제할 수 없다고 느낀다. 그렇게 무의식적인 상태에 머물다가 어느 날 맹렬한 물소리에 정신이 번쩍 든다. 그러고는 노가 없는 배를 타고 나이아가라 폭포 바로 몇 미터 앞까지 다다른 것을 발견한다. 그때서야 비로소 큰 소리로 외친다. "오, 이럴 수가!" 하지만 이미 너무 늦었다. 그들은 폭포 아래로 추락하고 만다. 때로는 감정적인 추락일 수도 있고, 때로는 신체적 추락일 수도 있다. 또 때로는 재정적인 추락일 수도 있다. **당신의 삶에서 현재 맞닥뜨린 도전이 무엇이든 간에, 상류에서 더 나은 결단을 내렸다면 피할 수 있었을 것이다.**

일단 맹렬한 강물의 기세에 휘말리면 상황을 반전시키기 어렵다. 미친 듯이 새로운 방향으로 노를 저어도 이미 때는 늦다. 그러니 미리 계획을 세우기로 결단하라. 당신이 정말로 가고 싶은 코스를 결정하고, 그 길을 가면서 계속 좋은 결정을 할 수 있도록 계획을 세우고 지도를 그려야 한다.

생각해본 적이 없을지도 모르지만, 당신의 뇌는 결정을 내리기 위한 내부 시스템을 이미 구축해 놓고 있다. 이 시스템은 보이지 않는 힘처럼 작용하며, 좋든 나쁘든 매순간 당신의 생각, 행동, 감정을 지휘한다. 그 힘은 주로 잠재의식에 의해 움직이며, 당신이 삶에서 부딪히는 모든 상황을 어떻게 받아들일 것인지를 조절한다. 안타까운 것은 대부분의 사람이 이 시스템을 의식적으로 스스로 설정하지 않는다는 것이다. 그 시스템은 지난 수년 동안 당신의 부모, 친구, 교사, TV, 광고 그리고 다양한 문화에 의해 좌우되었다. 이 시스템은 다섯 가지 요소로 구성되어 있다. ① **당신의 핵심 신념과 당신이 무의식적으로 따르는 규칙**, ② **당신의 삶의 가치관**, ③ **당신의 삶의 기준**, ④ **당신이 스스로에게 묻는 습관적인 질문들**, ⑤ **당신이 매순간 경험하는 감정적 상태.** 이 다섯 가지 요소가 상호작용하며 당신이 어떤 행동을 하도록 자극하거나 멈추게 하고, 당신의 미래에 대해 기대하거나 걱정하게 하고, 당신이 사랑받고 있다거나 거부당하고 있다는 감정을 느끼게 하고, 당신이 성공과 행복의 수준을 좌우하는 역할을 한다. 이 시스템은 또 왜 당신이 지금 하고 있는 일을 하는지, 혹은 해야 한다는 것을 알고 있으면서 왜 하지 않는지를 결정한다.

핵심 신념이든, 규칙이든, 가치관이든, 기준이든, 질문이든, 감정상태든 이 다섯 가지 요소 중 어느 하나라도 바꾸기만 하면, 당신 삶에서 강력하고 측정 가능한 변화를 만들어낼 수 있다. 가장 중요한 것은 결과가 아니라 원인을 다루어야 한다는 것이다. 당신이 습관적으로 과식을 한다면, 진짜 원인은 대부분 음식 자체(결과)의 문제라기보다는 가치관이나 신념의 문제(원인)라는 것을 알아야 한다. 나는 이 책을 통해 당신이 **의사결정을 터득하는 시스템**을 발견하도록 단계별로 안내할 것이며, 당신은 간단한 변화를 통해 더 이상 과거의 상황에 의해 통제되지 않고 자신이 원하는 대로 삶을 통제할 수 있게 될 것이다. 당신은 이제 당신이 진짜 누구인지, 당신이 하고 있는 일을 왜 하는지를 발견하는 매혹적인 여정을 시작했다. 당신은 이제 회사 동료, 배우자, 그외 사랑하는 사람들이 어떤 의사결정 시스템을 사용하고 있는지 이해할 수 있게 될 것이다. 그리고 마침내 지금까지는 볼 수 없었던 그들의 '매력적인' 행동도 이해할 수 있게 될 것이다!

좋은 소식은 우리가 이런 의식적인 의사결정을 함으로써, 삶의 모든 순간에 이 시스템을 우선적으로 사용할 수 있다는 것이다. **우리는 더 이상 과거의 프로그램이 현재와 미래를 통제하도록 허용해서는 안 된다.** 이 책을 통해서 당신의 신념과 가치관이 당신의 삶을 원하는 방향으로 이끌어나가도록 체계적으로 정리함으로써 당신의 삶을 변화시킬 수 있다.

"비록 폐기되는 잘못된 시도라도 또 다른 진전이 될 수 있기 때문에 나는 낙담하지 않는다."

– **토머스 에디슨**Thomas Edison

결정의 힘을 실제로 활용하는 데에는 마지막 장애가 있다. 바로 잘못된 결정을 내릴지 모른다는 두려움을 극복해야 한다는 것이다. 우리는 살면서 잘못된 결정을 내리기도 한다. 물론 그로 인해 일을 망칠 수도 있다! 나 역시 살면서 항상 올바른 결정을 내린 것은 아니다. 전혀 그렇지 않다. 실제로 항상 올바른 결정을 내릴 것이라고 기대하지도 않았다. 앞으로도 마찬가지다. 하지만 나는 어떤 결정을 내리든 그 결과에 대해 유연하게 대처하고, 그로부터 배우고, 앞으로 더 나은 결정을 내리기 위한 교훈으로 삼기로 했다. **명심하라. 성공은 좋은 판단의 결과이고, 좋은 판단은 경험의 결과이고, 경험**

은 대개 잘못된 판단에서 얻는다! 겉으로 보기에 잘못되었거나 고통스러워 보이는 경험들이 때로는 가장 중요한 법이다. 사람들은 성공했을 때 파티를 열지만, 실패했을 때는 심사숙고하면서 삶의 질을 향상시킬 새로운 변화를 비로소 추구하기 시작한다. 실패했을 때 우리 자신을 책망하기보다는 실수로부터 배우는 데 전념해야 한다. 그렇지 않으면 앞으로도 같은 실수를 다시 반복할 운명에서 벗어나지 못할 것이다.

개인적인 경험 못지않게 중요한 것은 당신이 본받아야 할 롤 모델이 될 사람을 찾는 것이다. 당신보다 먼저 험한 급류를 항해하고, 당신이 따라갈 수 있는 좋은 지도를 만든 사람들이 바로 그런 사람들이다. 당신은 재정 부문에서, 인간관계에서, 건강, 직업 부문에서, 또는 당신이 배우고 있는 삶의 모든 측면에서 그런 롤 모델이 될 사람을 찾을 수 있다. 그들을 따른다면 수년 동안 힘든 길을 가지 않을 수 있고, 폭포 밑으로 떨어지는 것을 피할 수 있다.

거센 강물을 혼자 건너려면 스스로 중요한 결정을 내려야 할 때를 여러 번 만나게 될 것이다. 하지만 좋은 소식이 있다. 당신이 (잘못 판단한) 경험으로부터 배울 수 있다면 힘든 시기라고 생각했던 시간조차도 좋은 경험이 될 수 있다는 것이다. 그런 경험들로부터 배운 교훈이 미래에 더 나은 의사결정을 내리는 데 **소중하게 사용될 수 있기** 때문이다. 실제로 아주 크게 성공한 사람이 자신이 남보다 더 크게 성공할 수 있었던 이유를 솔직하게 말한다면 이렇게 말할 것이다. "나쁜(실패한) 결정을 당신보다 훨씬 더 많이 내렸기 때문이지요." 내 세미나에 참석한 사람들은 종종 이런 질문을 한다. "당신이 말하는 이 특별한 기술을 완전히 익히려면 얼마나 걸릴까요?" 그러면 나는 망설이지 않고 이렇게 대답한다. "얼마나 걸리기를 원하나요?" 다른 사람들이 이 새 기술을 익히는 연습을 한 달에 한 번 할 때 당신이 하루에 열 번 연습한다면, 남들의 10달치를 하루에 하는 것이니 학습 경험도 10배가 될 것이다. 그러면 사람들은 아마도 당신을 '재능도 있고 운도 좋은' 사람이라고 여길 것이다.

나는 듣는 사람만 있다면 1주일에 한 번이 아니라 하루에 세 번이라도 연설하기로 스스로에게 다짐했기 때문에 오늘날 뛰어난 대중 연설가가 될 수 있었다. 우리 회사의 어떤 이들은 1년에 48건의 연설 일정을 잡지만, 나는 단 2주에 그 정도의 일정을 소화한다. 그러니까 나는 한 달 만에 그 사람이 2년 동안 하는 경험을 한다. 그렇기 때문에 나는 1년이면 다른 사람이 10년은 족히 걸릴 성장을 이룬다. 내 동료들이 나더러 '천부적인' 재능을 타고났다고 말할 때마다 그들에게 이런 말을 해주고 싶었다. "어떤 일을 마스터하는 데에는 당신이 원하는 만큼의 시간이 걸린답니다." 바로 이 말이 지금 당신에게도 해주고 싶은 말이다. 그렇다면 내 연설은 모두 훌륭했을까? 천만의 말씀이다! 하지만 분명한 것은 내가 그 모든 경험을 통해 배웠고 계속 발전해 나갔다는 것이다. 나는 마침내 아무리 큰 강당이라도 일단 들어가서 연단에 서기만 하면 각계각층의 다양한 사람들에게 가까이 다가갈 수 있게 되었다.

당신이 얼마나 준비가 되어 있든 관계없이 한 가지 확실하게 말할 수 있는 것은, 당신이 인생이라는 강을 건널 때 몇 개의 바위에 부딪히리라는 사실이다. 부정적으로 말하려는 게 아니라 정확한 사실을 말하는 것이다. 중요한 것은 당신이 좌절에 빠졌을 때 그 '실패' 때문에 자신을 책망하지 말고 인생에 영원한 실패는 없다는 것을 명심해야 한다는 것이다. 영원한 실패는 있을 수 없으며 다만 '안 좋은' 결과만 있을 뿐이다. 당신이 지금 원하는 결과를 얻지 못했다면, 이 경험을 통해 기꺼이 배워라. 그러면 앞으로 더 나은 결정을 내릴 수 있는 방법에 대한 좋은 정보를 얻는 효과를 거둘 것이다.

"둘 중 하나다. 길을 찾거나, 만들거나."

– **한니발**Hannibal

장기적인 행복을 누리기 위해 내릴 수 있는 가장 중요한 결단 중 하나는, **매순간 삶이 우리에게 주는 것이 무엇이든 그것을 받아들이기**로 결정하는 것이다. 분명한 진실은 ① 당신이 절대적으로 전념해야 하는 일이 무엇인지 분명히 결단하고, ② 그 일을 본격적으로 행동으로 옮기고, ③ 실행함에 있어서 어떤 방법이 효과가 있고 어떤 방법이 효과가 없는지 깨닫고, ④ 어떤 상황에서든 원하는 것을 성취할 때까지 접근방식을 계속 바꾼다면, 당신이 세상에서 이루지 못할 일이 없다는 것이다.

크게 성공한 사람은 누구나 이 네 단계를 밟으며 '궁극적인 성공 공식'을 따른 사람들이다. 내가 좋아하는 '궁극적인 성공 이야기' 중 하나는 자신의 이름을 따 회사를 설립한 혼다 소이치로Honda Soichiro의 사례다. 성공한 모든 기업과 마찬가지로 혼다자동차도 결과를 창출하겠다는 결단과 열정적인 열망을 품고 출발한 회사다.

1938년, 아직 학생 신분이던 혼다는 자신이 갖고 있는 모든 것을 투자해 피스톤 링을 개발하는 공장을 차렸다. 그는 자신이 개발한 피스톤 링을 도요타자동차에 팔고 싶었다. 팔꿈치까지 기름투성이가 되며 공장에서 밤을 지새우기 일쑤였고, 언젠가는 결과를 낼 수 있을 것이라는 믿음을 버리지 않았다. 그는 공장을 꾸려가기 위해 아내의 귀금속까지 전당포에 잡혔다. 하지만 그가 마침내 피스톤 링을 완성하고 도요타에게 제품을 제시했을 때, 도요타는 그 제품이 회사의 기준에 미치지 못한다고 말했다. 절망에 빠진 그는 다시 학교로 돌아가 남은 2년을 마치기로 한다. 그러나 학교에서도 교사들과 동료 학생들로부터 자신의 피스톤 링 설계가 엉터리였다는 조롱을 들어야 했다.

그러나 그는 그런 고통스러운 경험에 신경 쓰기보다는 자신의 목표에 계속 집중하기로 결단했다. 마침내 2년 후, 도요타와 꿈에 그리던 계약을 맺을 수 있었다. 그는 자신이 무엇을 원하는지 알았고, 그것을 행동으로 옮겼으며, 무엇이 잘못되었는지 깨닫고 원하는 것을 얻을 때까지 접근방법을 계속 바꿔 나갔다. 결국 그의 열정과 믿음이 결실을 맺게 된 것이다. 그런데 새로운 문제가 생겼다.

당시 일본 정부는 전쟁 준비에 한창이어서 그에게 공장을 짓는 데 필요한 콘크리트를 공급해주지 않았다. 그가 거기서 포기했을까? 물론 아니다. 아니면 정부의 조치가 얼마나 부당한지 주장하는 일에 매달렸을까? 그는 그 상황을 꿈이 사라졌다고 받아들였을까? 물론 절대로 그렇지 않았다. 그는 이번에도 그 경험을 활용하기로 결심하고 또 다른 전략을 개발했다. 그와 직원들은 콘크리트를 만드는 공정을 발명했고 마침내 콘크리트 공장을 지었다. 그러나 전쟁 때 공장이 두 차례 폭격을 받으면서 중요한 시설이 파괴되고 말았다. 이번에는 어떻게 대응했을까? 혼다는 즉시 직원들을 다시 결집시켜 미군 전투기들이 버린 휘발유통을 끌어모았다. 그는 이것을 '트루먼 대통령이 준 선물'이라고 불렀다. 당시 일본에서는 구할 수 없는 자재들이었고, 나중에는 그의 공장에 꼭 필요한 원자재가 되었기 때문이다. 혼다는 이 모든 고난을 딛고 살아남았으나 이번에는 지진이 그의 공장을 무너뜨리고 말았다. 그는 결국 피스톤 사업을 도요타에 매각하기로 결단을 내렸다.

혼다는 성공하겠다는 결단을 강력하고도 분명하게 내린 사람이었다. 그는 자신이 하고 있는 일에 대한 열정과 믿음이 있었고, 훌륭한 전략이 있었으며, 본격적으로 행동에 들어갔다. 그는 자신의 접근방식을 계속 바꾸어나갔고, 그가 스스로 약속한 결과를 쟁취하지는 못했지만 계속 인내하기로 결단했다.

전쟁이 끝나고 일본은 엄청난 휘발유 부족 사태를 겪었다. 혼다는 가족에게 먹일 음식을 사러 가는 데에도 휘발유가 없어 차를 운행하지 못했다. 그런 절망 속에서도 혼다는 자전거에 작은 모터를 다는 아이디어를 생각해냈다. 얼마 지나지 않아 이웃들로부터 '모터바이크'를 만들어 달라는 문의가 들어오기 시작하더니 머지않아 문의가 쇄도하기 시작했고, 결국 모터가 없어서 모터바이크를 만들지 못할 지경에 이르렀다. 그는 이 새로운 발명품을 만들기 위해 모터를 생산하는 공장을 짓기로 결심했다. 그러나 안타깝게도 그에게는 자본이 없었다.

하지만 예전에도 그랬듯이 그는 어떤 일이 있어도 방법을 찾겠다고 결심했다! 그가 생각해낸 해결책은 일본 전역에 있는 1만 8,000곳의 자전거 가게 주인들에게 각각 개인적으로 편지를 써서 호소하는 것이었다. 그는 편지로 자신의 발명품이 사람들의 기동성을 향상시켜주면 일본 전역을 활성화시키는 역할을 할 것이라고 그들을 설득했고, 마침내 그들 중 5,000명에게서 필요한 자본을 모금할 수 있었다. 하지만 그의 모터바이크는 너무 무겁고 커서 열성적인 자전거광들에게만 팔렸다. 그는 마지막으로 제품을 더 다듬어 훨씬 가볍고 크기도 줄인 모터바이크를 만들었고, '슈퍼 컵'Super cup이라는 이름을 붙였다. 이 모터바이크가 크게 히트하면서 말 그대로 '하룻밤 사이에' 대성공을 거두었고 일본 왕이 주는 상까지 받았다. 그후 유럽과 미국의 베이비붐 세대에게 이 모터바이크를 수출하기 시작했고, 70년대에는 자동차를 만드는 회사로 발전했다.

오늘날 혼다는 미국과 일본 양국에서 각각 10만 명 이상의 직원을 고용하고 있다. 일본 국내에서는 가장 큰 자동차 제조 왕국의 하나가 되었고, 미국에서 도요타 다음가는 자동차 판매 실적을 기록하고 있다. 혼다가 이처럼 성공할 수 있었던 것은 진정으로 전념하겠다는 결단의 힘을 이해하고, 어떤 상황에도 꾸준히 행동을 포기하지 않은 혼다라는 한 사람이 있었기 때문이었다.

빗나간 예측

엄청나게 성공한 유명한 책들이 처음에는 냉혹한 비판을 받았다.

조지 오웰 George Orwell**의 《동물농장》**

"미국에서 동물 이야기를 파는 것은 불가능하다."

안네 프랑크 Anne Frank**의 《안네 프랑크의 일기》**

"그 소녀는 그 책을 단지 '호기심' 수준 이상으로 끌어올릴 만한 특별한 인식이나 느낌을 가지고 있지 않은 것 같다."

윌리엄 골딩 William Golding**의 《파리 대왕》**

"우리가 보기에 당신은 확실하게 유망한 아이디어를 쓰는 데 그다지 성공한 것 같지는 않소."

D.H. 로렌스D.H. Lawrence**의 《차탈리 부인의 사랑》**Lady Chatterley

"이 책을 출판하지 않는 게 당신을 위해 좋을 거요."

어빙 스톤 Irving Stone**의 《빈센트 반 고흐, 열정의 삶》**

"한 미술가에 관한 길고 지루한 소설."

혼다는 결단을 내리고 행동에 옮길 때, 단기적으로 효과가 없는 것처럼 보일 수 있다는 사실을 분명히 알고 있었다. **성공하기 위해서는 장기적인 안목을 지녀야 한다.** 도중에 압도당하는 느낌을 받거나 꿈을 포기하게 될 때 과식, 음주, 흡연에 빠지고 마는 대부분의 문제들은 모두 단기적인 효과에만 집중하기 때문에 생기는 것들이다. 성공과 실패는 하루아침에 결판나는 일이 아니다. 실패는 우리가 하지 않는 작은 결정들이 모여서 생긴 것이다. 그것은 어떤 일을 끝까지 마무리하지 못한 것일 수도 있고, 행동으로 옮기지 못한 것일 수도 있고, 인내하지 못한 것일 수도 있고, 정신적, 감정적 상태를 관리하지 못한 것일 수도 있고, 집중해야 할 것을 제대로 조절하지 못한 것일 수도 있다. 반대로 성공은 우리가 실행한 작은 결정의 결과다. 우리는 더 높은 기준에 따르기로 결정했고, 세상에 기여하기로 결정했고, 환경이 우리를 통제하게 하기보다는 우리의 마음을 키우기로 결정했다. 이런 작은 결정들이 우리가 성공이라고 부르는 인생 경험을 만들어낸 것이다. 개인이든 조직이든 단기적인 효과에 집중해서 성공하는 경우는 없다.

우리가 현재 겪고 있는 국가적 문제도 대부분 우리가 내린 결단의 잠재적인 결과를 생각하지 않았기 때문이다. 금융 시장의 저축대부조합 위기 S&L Crisis, 무역 불균형 문제, 재정 적자, 교육 문제, 마약과 알코올 문제 등 오늘날 우리가 겪는 위기는 모두 단기적 사고의 결과다. 이런 것들이 커지면 국가적 차원의 나이아가라 증후군이 된다. 강의 급류에 휩쓸려가며 언제 부딪힐지 모를 바위에만 신경 쓰다가 앞을 제대로 보지 못하고 폭포 아래로 떨어지고 마는 것이다.

사회적 차원에서도 마찬가지다. 순간적인 만족에 사로잡혀 단기적 해결책에만 급급하다가 장기적인 문제에 직면하게 된다. 예를 들어 우리 아이들은 비디오 게임, TV 광고, MTV 같은 것에 지속적으로 노출되어 순간적인 만족감을 얻는 데 중독되었기 때문에 오래 생각하고, 외우고, 배워야 하는 학교 공부에 주의를 기울이는 데 어려움을 겪는다. 무엇이든 빨리 해결하려는 욕구(패스트푸드, 인스턴트 푸딩, 전자레인지로 만든 초코케이크) 때문에 오늘날 역사상 가장 많은 수의 비만 아동이 생겨났다.

기업에게도 이런 식의 단기적 처방은 치명적일 수 있다. 엑손 발데즈호Exxon Valdez 원유 유출 참사를 둘러싼 모든 논란은 작은 결정 하나만 제대로 했어도 피할 수 있었다. 엑손은 유조선이 충돌해도 기름 유출을 막을 수 있는 사전 조치인 이중 선각(二重船殼)만 장착했어도 사고를 피할 수 있었다. 그러나 엑손은 장기적인 이익보다는 눈앞의 이익만 생각해서 이중 선각을 장착하지 않았다. 결국 선박 충돌로 인한 유출사고가 발생한 이후, 엑손은 알래스카와 주변 지역의 엄청난 생태계 파괴는 말할 것도 없고, 그로 인해 야기된 경제적 피해에 대한 보상으로 11억 달러(1조 6,000억 원)라는 거액의 배상금을 내야 했다.

단기적인 해결책보다 장기적인 결과에 전념하기로 결단하는 것은 당신이 일생 동안 내릴 어떤 결단 못지않게 중요하다. 당신이 이 같은 결단을 하지 않으면 앞으로 엄청난 재정적, 사회적 고통뿐만 아니라 때로는 극도의 개인적인 고통까지 감수해야 할 수 있다.

우리가 한 번쯤 그 이름을 들어봤을 법한 한 젊은이 이야기를 해보자. 그는 학교 교육을 통해서는 유명한 음악가가 되겠다는 자신의 꿈을 빨리 이룰 수 없다고 생각하고, 더 이상 기다릴 수 없다며 고등학교를 중퇴했다. 하지만 그 꿈은 그의 생각대로 빨리 실현되지 않았다. 22세가 되자, 그는 비로소 자신이 잘못된 결정을 내렸음을 후회하며 아무도 자신의 음악을 좋아하지 않을 것이라는 두려움에 빠졌다. 그는 술집에서 피아노를 연주했지만, 집도 없는 빈털터리 신세를 면치 못해 빨래방에서 숙식을 해결했다. 그나마 그를 지탱해주었던 여자친구마저 곁을 떠나자, 그의 삶은 벼랑 끝에 내몰리게 되었다. 그렇게 예쁜 여자는 다시 못 만날 것 같았다. 이제는 인생이 끝난 것 같았고, 결국 자살까지 결심하기에 이르렀다. 그러나 다행히도 자살을 시도하기 전에 자신의 선택을 다시 생각해보았다. 그리고 마침내 자살하는 대신 정신병원에 입원하기로 결단했다. 그곳에서 시간을 보내면서 그는 자신의 삶에서 진짜 문제가 무엇인지에 대한 새로운 기준을 생각하게 되었다. 나중에 그는 이때를 이렇게 회상했다. "오, 다시는 그렇게 끔찍한 삶을 살지는 않을 거야." 그는 이제 이렇게 선언한다. "이후 나는 내 삶에 어떤 일이 일어나도 내 자신을 불쌍히 여기지 않기로 했습니다. 그것은 내가 한 일 중 가장 잘한 일이었지요. 그 이후 어떤 문제를 만나도 다른 사람들이 겪는 고통에 비하면 아무것도 아니라는 것을 알게 되었습니다."* 스스로 한 약속을 되살리고 자신의 꿈을 장기적으로 좇으면서, 그는 마침내 자신이 원하는 모든 것을 갖게 되었다. 그가 누구냐고? 바로 미국을 대표하는 피아노 맨 빌리 조엘Billy Joel이다.

수백만 명의 열성 팬이 있고, 슈퍼모델 크리스티 브링클리Christie Brinkley와 결혼한 이 남자가 자신의 음악적 소질에 대해 걱정하고, 떠나간 여자친구만큼 아름다운 여성을 찾지 못할까봐 실의에 빠졌던 사람이었다는 것이 상상이나 되는가? 다시 한번 강조하거니와, 단기적으로는 불가능해 보였던 것도 장기적으로는 성공과 행복이 넘치는 경이적인 사례로 바뀔 수 있다는 점을 명심하라. 빌리 조엘은 삶의 모든 순간을 통제하는 세 가지 결단으로 삶의 방향을 전환하면서 비참함에서 벗어날 수 있었다. 바로 우리를 제한할 것처럼 보이는 상황에서도 무엇에 집중할 것인가, 맞닥뜨린 상황을

* 《플레이보이》, 1982년 5월호, 인터뷰 기사 중에서

어떻게 받아들일 것인가, 그리고 무엇을 할 것인가를 결단하는 것이다. 그는 자신의 기준을 높였고, 새로운 신념으로 그 기준을 따랐으며, 반드시 해야 한다고 생각하는 전략들을 실행했다.

내가 극한의 어려움 속에서도 이를 헤쳐 나가기 위해 발전시킨 믿음은 바로 이것이다. 신은 시기를 늦출 뿐, 우리의 성취를 거절하는 분이 아니라는 것이다. 종종 단기적으로는 불가능해 보이는 것도 인내하며 계속 나아가면 장기적으로는 이룰 수 있다. 성공을 원한다면, 지속적이며 장기적으로 생각할 수 있도록 스스로를 단련시켜야 한다. 이 교훈을 상기시키기 위해 자주 사용하는 비유는 인생의 오르막길과 내리막길이 계절의 변화와 같다는 것이다. 영원히 지속되는 계절은 없다. 모든 생명은 심고, 수확하고, 쉬고, 다시 시작하는 순환을 거친다. 겨울은 무한하지 않다. 비록 오늘 힘든 시기를 겪고 있더라도, 봄이 오는 것을 결코 포기해서는 안 된다. 누군가에게 겨울은 동면을 의미할 수 있지만, 다른 누군가에게 겨울은 봅슬레이와 스키의 계절이기도 하다! 시간이 가는 대로 계절을 그냥 흘려보낼 수 있지만, 기억할 만한 시간으로 만들면 더 좋지 않겠는가?

결단의 힘 활용하기

이제 결단의 힘을 활용하는 여섯 가지 효과적인 방법을 다시 정리해보자. 이 힘이 삶의 모든 순간, 당신의 경험을 만들어줄 것이다.

1. 결단의 진정한 힘을 기억하라. 결단은 삶 전체를 변화시키기 위해 언제

든 사용할 수 있는 도구다. 당신이 새로운 결단을 내리는 순간, 당신의 삶에 새로운 원인, 결과, 방향, 목적지를 설정하는 것이다. 새로운 결단을 내리는 순간, 말 그대로 당신의 인생이 바뀌기 시작할 것이다. 삶에서 심한 압박을 느끼거나, 다른 선택의 여지가 없다고 느끼거나, 나쁜 상황이 일어나고 있을 때, 단지 그런 상황이 일어나는 것을 멈추게 하기로 결단하기만 하면, 당신은 그 모든 것을 바꿀 수 있다. 그리고 진정한 결단은 당신이 새로운 행동을 취했을 때 비로소 측정될 수 있다. 당신이 아무런 행동을 취하지 않는다면, 실제로 결단하지 않은 것이다.

2. **어떤 일을 성취하는 데 가장 어려운 단계가 진정한 약속, 즉 진정한 결단을 내리는 것이다.** 대개는 약속을 이행하는 일이 결단 자체보다 훨씬 더 쉽다. 그러므로 현명하고 가급적 빠르게 결단을 내리는 것이 좋다. 그 일을 어떻게 할 것인지, 과연 해낼 수 있을지에 대해 길게 고민하지 마라. 연구에 따르면, 가장 성공한 사람들은 자신들의 가치관과 자신의 삶에서 원하는 것이 명확하기 때문에 결단을 내리는 데 주저하지 않는다. 또 웬만해서는 한 번 내린 결단을 바꾸지 않는다. 반면 실패하는 사람들은 대개 결단을 내릴 때는 느리고, 항상 경거망동하며 생각을 빨리 바꾼다. 그러니 일단 결단을 내려라!

결단도 그 자체로 일종의 행위이기 때문에 결단을 '행동의 근거가 되는 정보'라고 정의할 수 있다. 그 정보를 근거로 행동이 이어질 때, 비로소 진정으로 결단을 내린 것이다. 그러니까 그 정보가 행동의 원인이 된 것이다. 따라서 일단 결단을 하게 되면 더 큰 목표를 달성하는 데 도움이 된다. 나는 나 스스로를 위해 중요한 규칙을 세웠다. **바로 결단을 실현하기 위한 구체적인 행동을 취하지 않고 결단의 현장을 떠나는 일은 결코 없다는 것이다.**

3. 자주 결단하라. 당신이 결단을 많이 내릴수록 더 능숙해진다. 우리 근육이 사용할수록 강해지는 것처럼, 의사결정 근육도 사용할수록 강해진다. 그동안 미뤄왔던 결단들이 있다면 지금 당장 결단을 내려서 그 힘을 발휘해보라. 그 힘이 앞으로 당신 삶에서 만들어낼 에너지와 흥분을 결코 상상하지 못할 것이다!

4. 결단을 통해 배워라. 무슨 일을 하든 되는 일이 없을 때가 있다. 그럴 때는 방법이 없다. 하지만 그런 일이 생길 때, 자신을 책망하지 말고 그 일로부터 **배울 것이 없는지** 찾아보라. 스스로에게 물어보라. "이 일에서 좋은 점은 무엇인가? 이 일에서 배울 점은 무엇인가?" 당신이 앞으로 더 나은 결정을 내리기 위해 사용한다면 '실패'는 놀라운 선물이 될 수도 있다. 단지 지금 '실패'라는 모습으로 가장하고 있는 것인지 모른다. 단기적인 좌절에 초점을 맞추기보다는 그 좌절을 통해 시간과 돈을 절약하고 고통을 줄일 수 있는 교훈, 미래에 성공할 수 있는 능력을 줄 수 있는 교훈을 배우기로 선택하라.

5. 결단에 전념하되, 유연하게 접근하라. 예를 들어 당신이 어떤 사람이 되겠다고 결단했으면 그 목표를 달성하기 위한 수단에 집착할 필요는 없다. 우리가 원하는 것은 최종적인 결과지, 수단이 아니다. 많은 사람이 자신이 원하는 것을 결정할 때 그 당시에 자신이 알고 있는 가장 좋은 방법을 선택하면서 다른 방법에 대해서는 열린 자세를 갖지 않는다. 당신의 접근방식에 얽매이지 말고 유연성의 기술을 키워라.

6. 결단 내리는 일을 즐겨라. 결단을 내리는 순간 당신의 삶의 방향이 영원

히 바뀐다는 것을 명심하라. 당신이 줄을 설 때 바로 앞에 있는 사람, 비행기에서 바로 옆자리에 앉은 사람, 당신 바로 다음에 통화하는 사람, 당신이 바로 다음에 보는 영화나 바로 다음에 보는 책이 그동안 굳게 닫혔던 수문을 여는 도화선이 될 수 있다. 바로 당신이 그동안 기다리던 모든 것들이 이제야 제대로 풀리는 계기가 될 수 있다.

정말로 당신의 삶을 열정적인 것으로 만들기 원한다면 이런 것을 기대하는 태도로 살아갈 필요가 있다. 몇 년 전 나는 아주 작은 결정을 했는데, 그것이 내 삶을 강력하게 바꾸어놓았다. 나는 콜로라도 덴버에서 세미나를 하기로 했다. 그 결정으로 베키라는 여성을 만나게 되었다. 그녀의 성은 이제 로빈스가 되었고(내 아내가 되었고), 내 인생 최대의 선물이 되었다. 그 여행에서 나는 내 첫 번째 책《무한 능력》Unlimited Power을 쓰기로 결정했는데, 그 책은 현재 전 세계 11개의 언어로 출판되었다. 그로부터 며칠 후 나는 텍사스에서 세미나를 열기로 결정했다. 이 세미나 프로그램을 진행하기 위해 1주일을 열심히 일했는데, 그 세미나를 주관한 프로모터가 세미나 비용을 지불하지 않고 도망쳐버렸다. 호소할 사람은 그와 함께 일하던 홍보 담당자뿐이었지만, 그녀 역시 월급을 받지 못한 처지였다. 나중에 그녀는 나의 출판 대리인이 되어 내 첫 책의 출판을 도왔다. 그래서 오늘 당신과 이런 이야기도 나눌 수 있는 특권을 누리게 된 것이다.

한때 나는 동업자를 구한 적이 있었다. 그런데 그 동업자의 성품을 미리 파악하지 않은 것은 큰 잘못이었다. 그는 1년도 안 돼 25만 달러를 유용했고, 내가 200회가 넘는 세미나를 뛰는 동안 회사를 75만 8,000달러의 빚더미에 올려놓았다. 하지만 다행스럽게도 나는 내 잘못된 결정으로부터 배웠고 이후에 더 나은 결정을 내릴 수 있었다. 당시 주변 전문가들조차 파산을 신청하라고 조언했지만, 나는 상황을 반전시킬 방법을 찾기로 결정했고, 결국 내 인생에서 가장 큰 성공 중 하나를 이때 거둘 수 있었다. 마침내 나는 회사를 전혀 새로운 차원으로 끌어올렸고, 그 경험을 통해 배운 교훈으로 장기적인 비즈니스 성공을 이루었을 뿐 아니라, 당신도 이 책에서 배우게 될 신경연상회로 조건화Neuro- Associative Conditioning™와 새 운명 창조기술Destiny Technologies™이라는 새로운 기술을 개발할 수 있었다.

"인생은 대담한 모험이거나 아무 쓸모 없는 것이거나 둘 중 하나다."

– **헬렌 켈러**Helen Keller

그렇다면 이 장에서 배워야 할 가장 중요한 것은 무엇일까?

바로 당신의 운명을 결정하는 것은 주어진 환경이 아니라 당신이 내리는 결단이라는 사실을 깨닫는 것이다. 살면서 매일매일 생각하고 느끼는 방법을 바꾸는 기술을 배우기 전에, 당신이 이 책이나 다른 책, 테이프, 세미나에서 아무리 많은 것을 읽고 들었어도 **그것을 사용하기로 결단하지 않는다면** 아무 소용이 없다는 것을 기억하길 바란다. 진정으로 실행하기로 약속한 결단만이 당신의 삶을 바꾸는 힘이 될 수 있다는 것을 명심하라. 당신이 그것을 사용하기로 결심만 한다면, 언제든지 그 힘을 사용할 수 있다.

그러니 이제 당신이 결단했다는 것을 스스로 증명해보라. 당신이 그동안 미뤄왔던 것 한두 개 정도를 지금 결정해보라. 하나는 좀 쉬운 것으로 하고 다른 하나는 좀 더 어려운 것으로 하라. 당신의 능력을 보여줄 기회다. 지금까지 미뤄왔던 일에 명확한 결정을 내려라. 그리고 그것을 달성하기 위한 첫 번째 행동을 시도하라. 마음을 다시 바꿔서는 결코 안 된다! 그러면 이제 당신 삶 전체를 바꿀 의지를 굳건히 할 근육을 키우게 될 것이다.

물론 당신과 나는 앞으로 도전에 직면하게 될 것이라는 사실을 잘 알고 있다. 하지만 레흐 바웬사와 동유럽 사람들이 배웠던 것처럼, 당신을 가로막는 벽을 통과하기로 결단한다면, 벽을 넘을 수도 있고, 벽을 뚫고 지나갈 수도 있고, 그 아래로 터널을 뚫을 수도 있고, 통과하는 문을 찾을 수도 있다. 아무리 오래된 벽이라 하더라도, 벽이 무너질 때까지 끈질기게 노력하기로 결심한 인간의 힘을 견뎌낼 벽은 이 세상에 없다. 인간의 정신은 결코 무너뜨릴 수 없다. 하지만 이기겠다는 의지, 성공하겠다는 의지, 자신의 삶을 바꾸겠다는 의지는 우리가 삶에서 무엇을 원하는지 결단하고, 어떤 도전, 어떤 문제, 어떤 장애물도 우리를 막을 수 없다고 믿을 때 비로소 발휘될 수 있다. 당신의 삶이 환경이 아니라 당신의 결단에 의해 형성된다는 강한 믿음을 갖는 순간, 당신의 삶은 영원히 바뀔 것이다. 당신 스스로 당신 삶을 통제하는 힘을 갖게 될 것이다.

3장

삶을 바꾸는 힘

"인간은 주로 유머와 열정에 따라 살지만, 간혹 이성이 작동하기도 한다."

– 토마스 브라운 경Thomas Browne, 영국 작가

그 일이 일어났을 때 그녀는 이제 막 30분 정도 조깅을 하고 있던 참이었다. 십여 명의 어린 소년들이 갑자기 달려들었다. 무슨 일이 일어나고 있는지 알아차리기도 전에 그들은 그녀를 덮치더니 덤불 속으로 끌고 들어가 쇠 파이프로 내리치기 시작했다. 한 소년이 그녀의 얼굴을 계속 발로 차서 그녀의 얼굴은 피범벅이 되었다. 그런 다음 그들은 그녀를 성폭행하고 노상에 방치해 결국 죽음으로 내몰았다.

상상하기도 어려운 이 끔찍한 범죄는 몇 년 전 뉴욕 센트럴 파크에서 실제로 일어났던 일이다. 그 사건이 일어난 날 밤, 나도 뉴욕에 있었다. 나는 그 공격의 야만성에 놀랐을 뿐만 아니라, 그 공격자들이 누구인지 듣고 나서는 더욱 놀라지 않을 수 없었다. 그들은 14~17세의 소년들이었다. 흔히 그럴 것이라는 고정관념과 달리, 그들은 가난하지도 학대받는 가정 출신도 아니었다. 그들은 사립학교에 다니며 리틀 리그(소년부 야구)에도 참여하고 튜바(tuba) 레슨도 받는 이른바 부유층 자녀들이었다. 이 소년들은 마약에 중독된 것도 아니었고, 인종차별이나 원한 문제도 아니었다. 그들은 단지 한 가지 이유, 즉 재미로 이 28세 여성을 폭행했고 살해했다. 심지어 자신

들이 저지른 일을 '야성적 행동'이라고 부르기까지 했다.

워싱턴에서 250마일도 떨어지지 않은 내셔널 공항에서 제트 여객기 한 대가 눈보라가 몰아치는 날씨에 이륙하던 중 추락했다. 그 비행기는 도로가 가장 복잡한 출퇴근 시간대에 포토맥 다리를 덮쳤다. 교통이 마비되었고 긴급 구조대가 현장에 출동하는 등, 다리는 혼란과 공포로 아수라장이 되었다. 소방대원과 구급대원들은 끔찍한 현장에 숨이 막힐 지경이었지만 희생자들을 구하기 위해 포토맥강으로 계속 뛰어들었다.

그런 아수라장을 뚫고 비행기 잔해 속에서 구명장비를 찾아 위험에 처한 다른 사람들에게 계속 전해주는 사람이 있었다. 하지만 그는 많은 생명을 구했으면서도 정작 자신의 목숨은 구하지 못했다. 구조 헬기가 그에게 도착했을 때, 그는 얼음으로 뒤덮인 수면 아래로 미끄러지고 있었다. 이 남자는 전혀 모르는 사람들을 구하기 위해 자신의 목숨을 바쳤다! 무엇이 그로 하여금 전혀 알지도 못하는 사람들의 목숨을 그렇게 중요하게 여기게 만들었을까? 도대체 무엇 때문에 전혀 모르는 사람들을 위해 기꺼이 자신의 목숨을 바친단 말인가?

어떤 사람은 전혀 모르는 사람을 구하기 위해 기꺼이 자신의 목숨을 바치는데, 어떤 사람은 센트럴 파크에서의 청소년들처럼 '좋은 배경'을 가졌으면서도 야만적이고 무자비한 행동을 한다. 무엇이 사람을 때로는 이 사회의 영웅으로 만들고, 때로는 비열한 범죄자로 만드는 것일까? 그 차이를 만드는 것은 도대체 무엇일까? 나는 평생 이 질문에 대한 답을 찾기 위해 부지런히 노력해왔다. 한 가지 분명한 사실은, 하나님은 인간을 제멋대로 사는 피조물로 만들지는 않으셨다는 것이다. 우리가 하는 모든 일에는 이유가 있다. 그 이유를 의식적으로 알지 못할 수도 있지만, 인간의 모든 행동 뒤에는 하나의 원동력이 있다는 사실은 분명하다. 이 힘은 우리가 살면서 맺는 모든 관계부터 재정 문제, 육체, 뇌에 이르기까지 우리 삶의 모든 측면에 영향을 미친다. 지금 당신을 지배하고 있고 앞으로도 평생 당신에게 영향을 미칠 그 힘은 무엇인가? **그것은 바로 고통을 피하고 기쁨을 얻고자 하는 힘이다!** 우리가 하는 모든 일의 이유는 고통을 피하고 기쁨을 얻고자 하는 욕망 때문이다.

나는 사람들이 자신의 삶을 바꾸고 싶다고 말하는 것을 자주 듣는다. 하지만 그들은 끝까지 실천하지 못한다. 그들은 행동을 취해야 한다는 것을 알고 있으면서도, 스스로 실천에 옮기지 못하는 자신에게 좌절하고 압도당하고, 때로는 화까지 치밀어 오른다. 그들이 그렇게 하지 못하는 데에는 한 가지 기본적인 이유가 있다. 행동의 이면에 있는 근본적 원인을 다루지 않고 자신의 행동, 즉 결과만을 바꾸려고 노력하기 때문이다.

하지만 모든 행동의 근원인, 고통을 피하고 쾌락을 얻으려는 힘을 제대로 이해하고 활용한다면 당신 자신과 당신이 아끼는 사람들에게서 일어나길 바라는 지속적인 변화와 발전을 만들어낼 수 있을 것이다. 이 힘을 이해하지 못하면, 인간은 동물이나 기계같이 그저 주어진 환경에 반응하며 살면서 불행한 미래를 맞게 될 수밖에 없을 것이다. 이 말이 지나치게 단순한 비유로 들릴지도 모르지만, 한번 생각해보라. 당신은 왜 해야만 한다고 생각하는 일들을 하지 않는가?

결국 결단을 미룬다는 것은 무엇을 의미하는가? 그것은 무언가를 해야 한다는 것을 알면서도 여전히 하지 않는 것이다. 왜 행동하지 못할까? 답은 간단하다. 어느 시점에서 당신은 그 순간 행동을 취하는 것이 그냥 미루는 것보다 더 고통스러울 것이라고 믿기 때문이다(이런 잘못된 믿음에 대해서는 '4장 믿음체계: 창조하는 힘과 파괴하는 힘'에서 다룬다). 하지만 어떤 일을 너무 오랫동안 미루다가 갑자기 압박감을 느껴서 즉시 그 일을 처리해본 적이 있지 않은가? 그때 무슨 일이 생겼던 것일까? 당신은 그 순간 고통과 쾌락의 우선순위를 바꾼 것이다. 그 순간, 당신은 아무 행동을 취하지 않는 것이 그 일을 미루는 것보다 더 고통스러워졌을 것이다. 이것이 많은 미국인이 매년 4월 14일쯤(미국은 4월 15일이 세무신고 마감일이다. _옮긴이)에 경험하는 흔한 일이다!

"필요하기도 전에 미리부터 고통을 겪는 사람은

필요 이상으로 고통을 겪는 것이다."

- 세네카 Seneca

당신이 꿈꾸던 이성에게 접근하는 데 방해되는 것은 무엇인가? 몇 년 동안 계획해온 새로운 사업을 시작하지 못하게 만드는 것은 무엇인가? 왜 자꾸 다이어트를 미루는가? 왜 논문을 마무리 짓지 못하는가? 왜 투자 포트폴리오를 통제하지 못하는가? 무엇이 당신의 삶을 원하던 대로 정확하게 만들기 위해 필요한 일들을 하지 못하게 했는가?

당신은 이 모든 행동이 당신에게 이익이 될 것이라는 사실을 알면서도, 그리고 그런 행동들이 당신의 삶에 기쁨을 가져다줄 수 있다는 걸 확실하게 알면서도, 단지 그 시점에서 필요한 일을 하는 것이 기회를 놓치는 것보다 더 고통스럽다고 생각하기 때문에 행동하지 못한다. 그러니까 꿈에 그리던 사람에게 접근했다가 거부당하면 어떻게 하지? 새로운 사업을 시작했다가 실패하고 괜히 안전한 직장만 잃으면 어떻게 하지? 어렵게 다이어트를 시작하며 굶는 고통도 마다하지 않았는데 다시 살이 찌면 어떻게 하지? 투자했다가 돈만 날리면 어떻게 하지? 그렇다면 뭐 하러 굳이 시도한단 말인가?

대부분의 사람은 이익에 대한 욕망보다 손실에 대한 두려움이 훨씬 더 크다. 지난 5년 동안 번 10만 달러의 돈을 누군가가 훔치지 못하도록 안전하게 지키는 것과 앞으로 5년 동안 10만 달러를 벌 수 있는 기회를 갖는 것 중 어느 것이 더 흥미로운가? 대부분의 사람은 자신의 삶에서 진정으로 원하는 것을 얻기 위해 필요한 위험을 감수하기보다는, 자신이 가진 것을 지키기 위해 훨씬 더 열심히 일한다.

"성공의 비결은 고통과 기쁨에 의해 좌지우지되지 말고
오히려 그 고통과 기쁨을 활용하는 방법을 배우는 것이다.
그렇게 하면 당신이 삶을 통제할 수 있게 되지만
그렇게 하지 못하면 삶이 당신을 통제하게 될 것이다."
- 토니 로빈스

우리를 움직이는 이 상반되는 두 가지 힘에 대해 이야기를 하다보면 흥미로운 질문이 떠오른다. 사람들이 고통을 겪으면서도 변하지 않는 이유는 무엇일까? 그것은 그들이 아직 충분한 고통을 겪지 않았기 때문이다. 그들은 이른바 **감정 한계치**emotional threshold에 도달하지 않았다. 당신이 심각한 관계의 파괴를 경험하고 나서 드디어 당신 내면에 있는 개인의 힘을 끌어내 행동에 돌입하며 당신의 삶을 바꾸기로 결단한 적이 있다면, 그것은 아마도 그때 당신이 겪은 고통을 더 이상 다시 되풀이하고 싶지 않았기 때문일 것이다.

우리는 살면서 "지긋지긋해. 더 이상은 안 돼. 이젠 바뀌어야 해"라고 말했던 때가 있었을 것이다. 그때가 바로 **고통이 우리의 친구가 되는 마법의 순간**이다. 그때 우리는 비로소 새로운 행동을 취하고 새로운 결과를 만들어낸다. 그리고 그 순간에 변화가 우리의 삶에 큰 기쁨을 가져다줄 것이라고 기대하기 시작하면서 훨씬 더 강력한 행동을 취하게 될 것이다.

물론 이런 일은 비단 인간관계에만 국한되는 것은 아니다. 아마도 당신은 몸 건강에서도 이런 한계치를 경험해본 적이 있을 것이다. 살이 너무 쪄서 비행기 좌석에 비집고 들어갈 수도 없고, 제대로 맞는 옷을 찾기도 어렵고, 계단을 오르는 것도 힘들게 느껴진다. 마침내 당신은 "이제 더는 못 참아!"라고 말하며 결단을 내린다. 당신의 그런 결정에 동기를 부여한 것은 과연 무엇이었을까? 그것은 당신의 삶에서 더 이상의 고통은 없으며, 다시 한번 기쁨을 얻고 싶다는 강력한 욕망이다. 자부심, 스스로에 대한 위로, 자존감이라는 기쁨, 그리고 당신이 설계한 대로 삶을 살겠다는 기쁨에 대한 욕망이다.

물론 고통과 기쁨에는 여러 단계가 있다. 예를 들어 굴욕감은 다소 강한 형태의 감정적 고통이다. 불편함, 지루함도 고통이다. 이런 고통은 강도가 비교적 낮지만, 그래도 의사결정 방정식의 인수가 될 수 있다. 기쁨도 그 강도에 따라 의사결정 과정에 영향을 미친다. 삶에서 우리를 움직이게 하는 많은 동기들은 우리의 행동이 우리를 보다 강력한 미래로 이끌고, 오늘의 노력은 그만한 가치가 있으며, 기쁨이라는 보상이 가까이 와있을 것이라는 기대에서 나온다. 하지만 기쁨에도 여러 단계가 있다. 예를 들어 대부분의 사람은 황홀경의 기쁨이 매우 강렬하다고 생각하지만, 편안함의 기쁨을 더 중요시하는 사람들도 있다. 그것은 전적으로 개인의 관점에 달려 있다.

점심시간에 공원을 지나가고 있는데 베토벤 교향곡이 들린다고 상상해보자. 당신은 잠시 걸음을 멈추고 음악에 귀를 기울일 것인가? 그것은 전적으로 당신이 클래식 음악에 어떤 의미를 부여하느냐에 달려 있다. 베토벤 교향곡 제3번 에로이카 교향곡Eroica Symphony의 웅장한 곡조를 들을 수만 있다면 어떤 일이든 하던 일을 멈추는 사람이 있을 것이다. 그런 사람들에게 베토벤의 음악은 순전한 기쁨이다. 하지만 클래식 음악을 듣는 것을 지루하게 생각하는 사람도 있다. 그런 사람들에게 음악을 끝까지 듣는 것은 고통일 것이다. 그래서 그런 사람들은 서둘러 공원을 지나 회사로 돌아갈 것이다. 그런데 클래식 음악을 좋아하는 사람들 중에도 멈춰서 듣지 않는 사람들이 있다. 아마도 그런 사람들은 회사로 돌아가는 시간이 늦어질지 모른다는 고통이 좋아하는 음악을 듣는 기쁨보다 더 크기 때문일 것이다. 아니면 대낮에 하던 일을 멈추고 음악을 듣는 것은 소중한 시간을 낭비하는 일이며, 따라서 어리석고 부적절한 일(시간을 낭비하는 일)을 하는 고통이 음악이 가져다주는 기쁨보다 더 크다는 믿음을 가지고 있기 때문인지도 모른다. 우리의 삶은 매일 마음속에서 이런 식의 협상을 하느라 바쁘다. 우리는 끊임없이 우리 자신이 하려는 행동과 그 행동이 우리 삶에 미칠 영향을 저울질하고 있다.

삶이 우리에게 주는 가장 중요한 교훈

도널드 트럼프와 테레사 수녀는 정확히 같은 힘에 의해 행동했다. "이봐요, 작가 양반. 지금 제정신으로 하는 말이요? 세상에 그들처럼 확실하게 다른 사람이 어디 있단 말이요!" 물론 그 두 사람의 가치관이 정반대인 것은 분명하지만, 내 말은 두 사람 다 고통과 기쁨에 따라 행동했다는 것이다. 두 사람의 삶 모두 그들이 어떤 행동에서 기쁨을 얻어야 한다고 배웠는지, 그리고 어떤 행동에서 고통이 온다고 배웠는지에 따라 형성되었다는 뜻이다. 삶이 우리에게 주는 가장 큰 교훈은 고통을 안겨주는 것이 무엇이고 기쁨을 가져다주는 것이 무엇인지 깨닫게 해준다는 것이다. 이 교훈은 개인마다 다르며, 따라서 우리의 행동도 다르게 나타난다.

도널드 트럼프가 평생 추구한 것은 무엇인가? 그는 가장 크고 비싼 요트를 소유하고, 가장 호화로운 건물을 구입하고, 가장 약삭빠른 거래를 하는 등, 가장 크고 좋은 물건들을 쌓아 놓아야만 기쁨을 얻는다고 배웠다. 그는 고통과 관련해서는 어떻게 배웠을까? 그는 인터뷰에서 어떤 일에서든 둘째가 되는 것이 가장 큰 고통이라고 말했다. 그는 남에게 지는 것을 실패라고 여겼다. 사실 성취에 대한 그의 가장 큰 추진력은 이런 고통을 피하려는 강박관념에서 나왔다고 할 수 있다. 그것이 기쁨을 얻으려는 욕망보다 훨씬 더 강력한 동기가 되었을 것이다. 그가 이룬 경제 제국의 상당 부분이 붕괴되면서 그가 겪은 고통은 그의 경쟁자들에게는 큰 기쁨이었다. 내 말은 그를, 또는 당신을 포함한 어느 누구를 판단하려는 것이 아니라, 사람을 움직이는 것이 무엇인지 이해하고, 그가 겪는 명백한 고통에 대해서는 연민을 갖는 것이 더 중요하다는 얘기다.

반면 테레사 수녀를 보라. 그녀는 다른 사람들에 대한 사랑이 너무 깊다 보니 그들의 고통을 보고 자신도 고통을 겪는다. 인도 카스트 제도의 부당함을 보고 그녀도 상처를 입었다. 그녀는 그들을 돕고자 할 때, 그들의 고통뿐만 아니라 자신의 고통도 함께 사라진다는 것을 발견했다. 테레사 수녀에게 삶의 궁극적인 의미는 '기쁨의 도시'(City of Joy, 캘커타의 빈민가를 다룬 도미니크 라피에르의 소설에서 유래 _옮긴이)라고 불리는 캘커타의 가장 가난한 지역에서 찾을 수 있다. 이곳은 굶주리고 병든 난민 수백만 명이 들끓는 곳이다. 그녀에게 무릎까지 차는 진흙, 하수, 오물을 헤치고 지저분한 오두막집을 찾아다니며 콜레라와 이질에 시달리는 아기들과 어린이들을 돌보는 것이 기쁨일지 모른다. 그녀는 다른 사람들을 고통에서 벗어나게 돕는 것이 자신의 고통을 더는 일이며, 그들이 더 나은 삶을 살도록 도움으로써 그들에게 기쁨을 주는 것이 자신에게도 기쁨이라는 생각에서 강력한 삶의 동기를 얻는다. 그녀는 다른 사람들을 위해 자신의 삶을 바치는 것이 최고의 선이라고 배웠다. 그녀는 그런 삶만이 진정한 의미를 갖는 삶이라고 생각했다.

테레사 수녀의 숭고하고 겸손한 삶과 도널드 트럼프의 물질주의를 비교하는 것이 무리일 수는 있지만, 중요한 것은 두 사람 모두 고통과 기쁨을 토대로 운명을 형성했다는 것이다. 물론 그들의 배경과 환경이 그들의 선택에 영향을 주었겠지만, 그들은 궁극적으로 자신의 삶에서 어떤 것에 보상을 주어야 하고 어떤 것에 벌을 줄 것인지에 대해 스스로 의식적인 결단을 내렸다.

고통과 기쁨을 무엇과 연결시키는가

내 삶의 질에 엄청난 차이를 만든 한 가지 결정은, 내가 어린 시절부터 놀라운 기쁨을 배움과 연결시키기 시작했다는 것이다. 나는 인간의 행동과 감정 형성에 도움이 되는 아이디어와 전략을 발견하는 것이야말로 내 삶에서 내가 원하는, 거의 모든 것을 줄 수 있다는 사실을 일찌감치 깨달았다. 그것은 고통에서 벗어나 기쁨으로 들어가는 비밀의 길이었다. 내 행동 이면에 숨겨진 비밀을 푸는 법을 배우자, 나는 더 건강해졌고, 기분도 좋아졌으며, 내가 아끼는 사람들과 더 깊게 연결될 수 있었다. 그런 깨달음은 남에게 베푸는 마음을 갖게 해주었고, 주변 사람들에게 진정으로 가치 있는 무언가를 기여할 수 있는 기회를 주었다. 동시에 내게 기쁨과 성취감도 가져다주었다. 나는 훨씬 더 강력한 형태의 기쁨을 발견했고, 내가 배운 것을 다른 사람들과 열정적으로 공유하면서 그 기쁨을 얻을 수 있었다. 게다가 내가 다른 사람들과 공유하는 것들이 그들의 삶의 질을 높이는 데 도움이 된다는 것을 알기 시작했을 때, 나는 그야말로 최고의 기쁨을 만끽할 수 있었다! 그리고 마침내 내 삶의 목적도 진화하기 시작했다.

당신의 삶을 형성한 고통과 기쁨의 경험으로 어떤 것들이 있는가? 예를 들어 당신이 고통을 잊고 기쁨을 얻기 위해 마약을 사용했다면, 그 마약은 확실히 당신의 운명에 영향을 미친다. 당신은 담배나 술, 관계, 심지어 다른 사람을 신뢰하거나 베푸는 것에도 당신이 배운 감정을 연결시킨다.

당신이 의사라면, 수년 전 왜 의사가 되기로 결단했는지를 떠올려보라. 의사가 되면 기분이 좋아질 것이라는 믿음으로 동기부여되지 않았던가? 내가 만나본 의사들은 대개 다른 사람들을 돕는 일, 그러니까 다른 사람의 고통을 덜어주고, 병을 치료해주고, 생명을 구하는 일에 큰 기쁨을 연결시킨 사람들이다. 물론 의사가 사회의 존경을 받는 직업이라는 자부심도 동기부여의 원인이기도 하지만 말이다. 음악가들은 음악만큼 자신들에게 기쁨을 주는 것이 거의 없었기 때문에 음악에 전념했다. 최고 회사의 CEO들은 독특한 것을 만들고 지속적으로 사람들의 삶에 기여할 수 있는 강력한 결정을 내리는 일을 기쁨과 연결시켜야 한다고 배운 사람들이다.

존 벨루시John Belushi, 프레디 프린즈Freddie Prinze, 지미 헨드릭스Jimi Hendrix, 엘비스 프레슬리Elvis Presley, 재니스 조플린Janis Joplin, 짐 모리슨Jim Morrison 같은 유명 배우나 가수들도 자신의 고통과 기쁨을 특정한 대상에 연결시켰다. 이들은 마약을 고통에서 벗어나 일시적인 쾌락으로 가는 빠른 해결책이자 탈출구로 연결시키며 자신의 삶을 추락시켰다. 이들은 자신의 마음과 감정을 올바른 가치로 이끌지 못한 것에 대해 궁극적인 대가를 치렀다. 그들이 수백만 명의 팬들에게 끼친 악영향을 생각해보라.

나는 애당초 마약이나 술을 배운 적이 없다. 내가 너무 똑똑해서 그랬을까? 천만의 말씀이다. 단지 운이 좋았기 때문이다. 내가 술을 입에 대지 않는 이유 중 하나는 어렸을 때 내 가족 중에 술에 취하면 볼썽사납게 행동하는 사람들이 두어 명 있었기 때문이다. 그 이후 나는 술을 마시는 일을 극심한 고통과 연관시켰다. 내 가장 친한 친구의 어머니에 대한 이미지는 아직까지 생생하다. 그녀는 몸무게가 300파운드(136kg)에 가까울 정도로 극도로 비만이었고, 술을 입에 달고 살았다. 술을 마실 때마다 그녀는 나를 껴안으려 했고 내 얼굴에 침을 흘렸다. 나는 지금까지도 누구의 입에서 술 냄새가 나는 것을 극도로 싫어한다.

그러나 맥주의 경우는 좀 다르다. 12살 무렵부터 나는 맥주를 술이라고 생각하지 않았다. 아버지도 맥주를 마셨지만, 전혀 '불쾌하다'거나 '역겹다'고 여기지 않았다. 솔직히 말하자면, 맥주 몇 잔 마신 아버지는 좀 더 재미있는 사람처럼 보였다. 게다가 나는 늘 아버지처럼 되고 싶었기 때문에 맥주를 마시는 것을 기쁨과 연결시키게 되었다. 맥주를 마신다고 해서 내가 아버지처럼 될 수 있을까? 물론 그렇지 않다. 하지만 우리는 삶에서 고통이나 기쁨을 가져오는 것이 무엇인지에 따라 우리의 신경계는 부적절한 연관성(신경연상, neuro-associations)을 형성하기도 한다.

언젠가 어머니에게 맥주에 대해 물어본 적이 있다. 어머니는 맥주가 몸에 좋지 않은 것이라고 주장하셨지만, 이미 내 마음에는 맥주가 좋은 것이라는 생각이 자리를 잡고 있었고, 맥주를 마시는 아버지의 모습을 관찰해 볼 때 어머니의 주장은 모순돼 보였으므로, 결국 나를 설득하려는 어머니의 노력은 전혀 효과를 발휘하지 못했다. 우리는 우리가 듣는 것을 믿지 않는다. 오히려 듣는 것보다 우리가 인식하고 있는 것이 더 정확하다고 확신한다. 어머니의 말씀을 듣고도 나는 맥주를 마시는 것이 내 개인적인 성장에 필요한 단계라고 확신했다. 어머니는 내게 잊지 못할 특별한 경험이 생기지 않는다면, 내가 성장해서 아마 어딘가에 가서 맥주를 마시리라는 것을 그때 이미 알고 계셨을 것이다. 하지만 또 다른 차원에서 어머니는 맥주를 뭔가 좋은 것으로 연상하는 내 태도를 바꿔야 한다는 것도 알고 계셨을 것이다. 그래서 어머니는 내게 이렇게 말씀하셨다. "좋아, 너도 맥주를 마시면서 아버지처럼 되고 싶다고? 그렇다면 정말 아버지처럼 맥주를 마셔야 한다." 내가 그게 무슨 뜻이냐라고 묻자 어머니는 "여섯 캔이 든 한 팩은 다 마실 수 있어야 해"라고 말씀하셨다. 나는 "그 정도야 문제없어요"라고 답했다.

어머니가 "그럼 지금 당장 마셔보렴"이라고 말씀하셨기 때문에 나는 처음으로 맥주 한 모금을 마셔 보았다. 하지만 내 기대와는 달리 역겨운 맛이 났다. 물론 내 자존심이 걸려 있었기 때문에 그것을 인정하지 않고 몇 모금 더 마셨다. 한 캔을 다 마시고 나서 "엄마, 정말 배가 부른데요"라고 말했다. 하지만 어머니는 "무슨 소리야, 여기 또 있는데"라고 하시면서 또 다른 캔을 따주셨다. 서너 캔을 마시자 속이 메스꺼워지기 시작했다. 다음에 무슨 일이 일어났는지는 말하지 않아도 알 것이다. 내 온몸과 식탁에 토를 하고 말았다. 토한 것도 끔찍했지만 토사물을 치우는 것도 매우 역겨웠다. 그 일이 있던 후부터 나는 맥주 냄새를 구토와 끔찍한 감정에 연관시키게 되었다. 나는 더 이상 맥주 마시는 것으로부터 지적인 연상을 하지 않았다. 지금도 내 신경계에는 감정적인 연관성, 즉 **직관에 따른 신경연상**이 자리 잡고 있다. 그 연상이 내 미래의 결정을 명확하게 이끌 것이다. 어쨌든 그 사건

이후로 나는 맥주 한 모금도 마시지 않았으니까!

고통과 기쁨을 무엇과 연결시키느냐가 우리의 삶에 연쇄적인 영향을 미칠까? 물론 그렇다. 맥주에 대한 내 부정적인 신경연상은 내 삶의 많은 결정에 영향을 미쳤다. 내가 학교에서 누구와 어울릴 것인지에도 영향을 미쳤고, 무엇으로부터 기쁨을 얻어야 하는지 배우는 데에도 영향을 미쳤다. 나는 기쁨을 얻기 위해 배움, 웃음, 스포츠를 사용했다. 술은 결코 사용하지 않았다. 나는 또 다른 사람들을 돕는 것에서 놀라운 기쁨을 느꼈고, 학교의 많은 친구들이 문제가 생기면 내게 도움을 청하러 왔다. 그들의 문제를 해결해주면 그들은 물론 나 자신도 기분이 좋아졌다. 이런 태도는 세월이 흘러도 변하지 않았다!

나는 마약에 손을 댄 적이 없다. 내가 3, 4학년 때, 경찰서에서 학교로 찾아와 마약에 연루되면 어떻게 되는지를 보여주는 영화를 상영했다. 나는 사람들이 마약 주사를 맞고는 의식을 잃고 멍한 상태에서 창문 밖으로 뛰어내리는 장면을 보았다. 어린 시절에 이 영화를 본 후, 나는 '마약'을 추악함, 죽음과 연상시켰고, 그 때문에 마약을 시도할 엄두조차 내지 않았다. 경찰서에서 보여준 영화 덕분에 내가 마약에 대해 고통스러운 신경연상을 하게 된 것은 행운이었다. 어쨌든 그 영화를 본 이후 나는 마약을 시도할 가능성도 생각해본 적이 없다.

우리는 여기서 무엇을 배울 수 있을까? **바로 어떤 행동이나 감정적인 패턴을 극심한 고통과 연결시킨다면, 어떻게 해서든 그런 행동이나 감정에 빠지지 않을 수 있다는 단순한 교훈이다. 이 사실을 이해하면, 고통과 기쁨의 힘을 이용해 결단을 미루는 습관이나 약물 사용 등 우리 삶의 거의 모든 것을 바꿀 수 있다.** 어떻게 그렇게 할 수 있느냐고? 예를 들어 당신의 아이들이 마약에 손대지 못하게 하고 싶다고 생각해보자. 아이들에게 그것을 가르치려면, 아이들이 마약을 시도하기 전에, 최소한 누군가가 그들에게 마약이 기쁨이라는 잘못된 연관성을 가르치기 전에 방법을 강구해야 한다.

아내 베키와 나는 우리 아이들이 절대 마약을 하지 않게 하는 가장 강력한 방법은 아이들이 마약을 엄청난 고통과 연결시키도록 하는 것이라고 생각했다. 우리가 그들에게 마약이 정말로 얼마나 나쁜 것인지 가르쳐주지 않는다면, 다른 누군가가 우리보다 먼저 그들에게 마약이 고통을 피하는 효과적인 방법이라고 가르칠 수 있을 테니까 말이다.

이 일을 위해 나는 구세군 정위(正尉, Captain)로 종사하고 있는 내 오랜 친구 존 론던John Rondon에게 도움을 청했다. 나는 수년 동안 뉴욕의 범죄지구로 잘 알려진 사우스 브롱크스South Bronx와 브루클린 일대에서 노숙자들이 삶의 기준을 높이고 제한된 믿음을 바꾸는 생활 훈련을 하도록 돕는 일을 하는 존의 사역을 후원하고 있었다. 베키와 나는 길거리 노숙자들이 우리가 가르친 것을 사용해 거리의 삶을 청산하고 자신들의 삶의 질을 높이는 것을 보고 큰 자부심을 느꼈다. 나는 그들을 찾아갈 때마다 남에게 무언가를 베풀 수 있는 내가 얼마나 행운아인지 상기하곤 했다. 내가 그런 특권을 누리는 삶을 살 수 있게 된 것에 대해 항상 감사하게 생각한다. 또 그런 활동 덕분에 내 삶의 균형 감각을 유지할 수 있었다.

나는 존에게 내 의도를 설명했고, 그는 내 아이들이 결코 잊지 못할 투어를 하도록 주선해주었다. 그 투어는 우리 아이들에게 마약이 인간의 정신에 어떤 영향을 미치는지에 대해 명확한 경험을 하게 해주었다. 우리는 쥐가 들끓고 다 썩어가는 아파트를 방문하는 것으로 투어를 시작했다. 그 아파트에 들어서자마자 우리 아이들은 오줌에 젖은 바닥에서 나는 악취를 맡아야 했고, 누가 보든지 말든지 마약 주사를 맞는 중독자들의 모습과 행인을 호객하는 어린 소녀 매춘부들을 목격했으며, 방치된 채 우는 아이들의 울음소리를 들어야 했다. 이 투어를 통해 우리 아이들은 마약을 정신적, 정서적, 육체적 파괴와 연결시키는 법을 배웠다. 그것이 4년 반 전의 일이다. 우리 아이들은 그 이후에도 여러 번 마약에 노출되었지만, 결코 마약에 손대지 않았다. 이런 강력한 신경연상이 그들의 운명을 형성하는 데 상당한 영향을 미쳤을 것이다.

"당신이 외부의 어떤 것으로 인해 고통받고 있다면,
그 고통은 외부의 그것에서 오는 것이 아니라 그것에 대한 당신의 생각에서 오는 것이다. 그러므로 당신은 언제든 그 고통에서 벗어날 힘을 가지고 있는 것이다."
– 마르쿠스 아우렐리우스 Marcus Aurelius

지구상에서 인간만큼 풍요로운 내적 삶을 영위하는 존재는 없다. 따라서 우리에게 가장 중요한 것은 외부의 사건 자체가 아니라 우리가 그 사건을 어떻게 해석하느냐 하는 것이다. 그 해석이 우리가 우리 자신에 대해 어떻게 생각하고, 미래에 어떻게 행동할 것인가를 결정하기 때문이다. 우리를 특별한 존재로 만드는 것은 환경에 적응하고, 변화하고, 사물이나 개념에서 더 즐겁고 유용한 것을 만들어내는 우리의 놀라운 능력이다. 우리의 적응 능력 중 가장 으뜸이라 할 수 있는 것은 삶에서 겪는 생생한 경험을 다른 경험들과 연관시키고, 그것으로부터 세상의 다른 모든 사람들과는 다른 우리 자신만의 만화경을 만들어내는 능력이다. 예를 들어 육체적 고통마저도 기쁨이라고 생각할 수 있도록 우리의 연상을 바꿀 수 있는 존재는 오직 인간뿐이다.

감옥에 갇혀 단식 투쟁하는 사람을 생각해보라. 대의를 위해 단식 투쟁을 하는 그는 아무것도 먹지 않고 30일을 버텨낸다. 물론 그가 겪는 육체적 고통은 엄청나지만, 세계의 관심을 그의 대의명분에 집중하게 만들면서 고통은 기쁨으로 승화된다. 이런 특별한 경우가 아니더라도, 개인적이고 일상적인 차원에서도 이와 비슷한 상황을 볼 수 있다. 어떤 사람들은 자신의 몸을 조각상처럼 멋지게 만들기 위해 강도 높은 체력 훈련을 하며 육체적 고통에 기쁨의 감정을 연결시키는 법을 배운다. 그들은 체력단련의 고통을 개인적 성장이라는 만족으로 전환시켰다. 이것이 그들이 일관되게 행동하는 이유다! 그리고 그들의 일관된 행동은 어김없이 일관된 결과를 가져다준다.

이제 우리는 정신력을 통해 이상을 포기하게 만드는 정신적 고통과 굶주림 같은 육체적 고통을 기쁨으로 바꿀 수 있다. 그럼으로써 우리는 더 높은 의미를 창조할 수 있다. 우리는 '스키너의 상자'*에서 벗어나 스스로를 통제할 수 있다. **하지만 우리가 고통과 기쁨에 대한 연상을 조절하지 못한다면, 우리는 환경에 반응하면서 그저 되는대로 삶의 방향과 질이 결정되도록 허용하는 동물이나 기계와 다를 바 없을 것이다.** 이는 다시 스키너의 상자 안으로 되돌아가는 것이다. 마치 수많은 일반 사용자들이 마음대로 접근해 조작할 수 있는 공용 컴퓨터처럼 말이다!

의식적이든 무의식적이든 우리 행동은 어린 시절 친구들, 부모, 교사, 코치, 영화나 드라마의 주인공 등 수많은 사람(그 목록은 지금도 계속 늘어나고 있다)의 고통과 기쁨에 의해 영향을 받아왔다. 그들의 영향이 언제부터 우리 몸에 들어와 프로그래밍되고 조건화되었는지 알 수도 있고 모를 수도

* 스키너의 상자(Skinner box): 유명한 행동 과학 선구자인 B.F. 스키너(B.F. Skinner)가 고안한 자발 학습 실험 장치. 상자 안쪽 벽에 지렛대가 있어 그것을 누르면 밑에 있는 먹이통에서 먹이가 나온다. 이 보상을 얻는 것이 강화(强化)되면서 쥐는 지렛대 누르기를 학습하게 된다. 스키너는 이 실험을 통해 자극- 반응 행동 이론을 정립했는데, 편의와 과학이라는 명목으로 자신의 딸을 생후 11개월 동안 아기 침대 크기의 상자에 가두어놓은 걸로도 악명이 높다.

있다. 그것은 누군가가 우리에게 한 말일 수도 있고, 학교에서 일어난 사건들일 수도 있고, 상을 받은 운동 경기나 창피했던 순간일 수도 있고, 전 과목 수 또는 낙제점을 받은 성적표일 수도 있다. 이 모든 것이 당신의 운명에 영향을 미쳐 오늘의 당신이 되게 만들었다. **고통과 기쁨을 무엇에 연결하느냐가 우리의 운명을 결정짓는다는 것은 의심의 여지가 없다.**

삶을 되돌아보며, 당신이 어떤 신경연상을 형성해서 오늘날의 자신이 되었는지 그 과정을 기억할 수 있는가? 당신은 당신의 삶에서 만난 상황들에 어떤 의미를 부여했는가? 당신이 미혼이라면, 결혼을 어떻게 생각하는가? 인생의 동반자와 함께할 즐거운 모험으로 보는가, 아니면 당신의 삶을 구속하는 무거운 족쇄라는 두려운 시각을 가지고 있는가? 오늘의 저녁식사가 당신의 몸에 에너지를 공급하는 기회라고 생각하는가, 아니면 그저 식탐에 빠져 먹는 즐거움으로만 생각하는가?

"여성들뿐만 아니라 남성들도
지성보다는 감성에 이끌리는 경우가 훨씬 더 많다."
- 체스터필드 경 Lord Chesterfield

인정하고 싶지는 않지만, **우리의 행동이 지적 계산이 아니라 고통과 기쁨에 대한 본능적인 반응에 의해 일어난다**는 것은 여전히 변치 않는 사실이다. 예를 들어 이성적으로는 초콜릿을 먹는 것이 우리 몸에 나쁘다고 생각하지만, 우리는 여전히 초콜릿에서 손을 떼지 못한다. 왜 그럴까? 바로 우리 행동이 우리가 지적으로 알고 있는 것에 의해 일어나는 것이 아니라, 고통과 기쁨을 우리 신경계에 어떻게 연결시키느냐에 따라 일어나기 때문이다. 따라서 우리가 어떤 행동을 할 것인가를 결정하는 것은 이성이 아니라 우리의 신경연상, 즉 우리가 신경계에 설정한 연상이다. 우리를 움직이는 것이 우리의 지성이라고 믿고 싶지만, 대부분의 경우 우리를 정말로 움직이게 만드는 것은 우리의 감정, 즉 우리의 생각에 연결시킨 감각들이다.

하지만 우리는 자주 이 시스템을 무시하려고 시도한다. 예를 들어 우리는 한동안은 열심히 다이어트를 한다. 과체중으로 너무 많은 고통을 겪었기 때문에 극단적인 다이어트를 하며 우리 자신을 벼랑 끝까지 몰고 간다. **그렇게 해서 당장은 문제를 해결했지만, 문제의 원인을 완전히 제거하지 못하면 문제는 다시 떠오르게 되어 있다.** 변화가 지속되게 하기 위해서는 우리의 옛 습관을 고통과 연결하고 새로운 결심과 행동을 기쁨과 연결해 그것이 지속될 때까지 조건화시켜야 한다. 인간은 기쁨을 얻기 위해서보다는 고통을 피하기 위해 더 많은 것을 한다는 사실을 기억하라. 극단적인 다이어트를 하며 오직 의지력으로 단기간에 우리의 고통을 무시하는 노력은 오래 지속될 수 없다. 기름진 음식을 포기하는 것을 여전히 고통과 연결시키고 있기 때문이다. 변화를 장기적으로 지속하기 위해서는 그런 음식의 포기가 아니라 그런 음식을 섭취하는 것을 고통과 연결시켜야 한다. 그러면 더 이상 그런 음식들을 먹고 싶어하는 대신, 영양가 있는 음식을 먹는 것을 기쁘게 생각하게 된다. 튼튼하고 건강한 사람들은 날씬하다는 느낌만큼 더 좋은 음식은 없다고 생각한다! 그들은 물론 단지 맛있는 기름진 음식보다 영양가 있는 음식을 더 좋아한다. 심지어 그들은 접시의 음식을 다 먹지 않고 남기는 것을 기쁨과 연결 짓는다. 그것은 그들이 자신의 삶을 통제하고 있다는 것을 상징적으로 보여주는 행위다.

진실은 마음, 몸, 감정을 조건화시켜 고통이나 기쁨에 우리가 선택한 것을 연결시키는 법을 배울 수 있다는 것이다. 고통과 기쁨에 연결시키는 것을 바꾸면 우리는 즉시 우리의 행동을 변화시킬 수 있다. 예를 들어 담배를 끊으려 한다고 해보자. 가장 먼저 해야 할 일은 담배를 피우는 것을 고통에 연결하고, 담배를 끊는 것을 기쁨에 연결하는 것이다. 물론 당신은 지금 당장 그렇게 할 수 있는 능력을 가지고 있지만, 그동안 당신의 몸이 담배 피우는 것을 기쁨과 연결하도록 훈련시켰기 때문에, 또는 담배를 끊으면 너무 고통스러울까봐 두려워서 이 능력을 제대로 발휘하지 못할지도 모른다. 하지만 이미 담배를 끊은 사람을 만나보라. 그런 잘못된 행동들이 하루아침에 바뀔 수 있다는 점을 알게 될 것이다. 담배를 피우는 것이 기쁨이 아니라 고통이라고 생각을 바꾼 바로 그날에 말이다.

스스로 인생 계획을 세우지 못한다면 자신의 삶을 통제할 수 없다

미국 광고업계는 우리가 무엇을 고통과 기쁨에 연결시키는지에 지대한 영향을 미친다. 광고주들은 우리를 움직이는 것이 우리의 지성이 아니라 우리가 그들의 제품과 연결시키는 감각이라는 것을 너무나 잘 알고 있다. 그들은 우리를 특정한 감정상태에 빠지게 하기 위해 필요에 따라 자극적이거나 잔잔한 음악, 날카롭거나 우아한 이미지, 밝거나 어두운 색 등 다양한 요소들을 시기적절하게 구사하는 전문가들이다. 마침내 우리의 감정이 최고조에 달하면, 그들은 자신들의 제품 이미지를 계속 비추면서 우리의 감정을 그 제품에 연결시킨다.

펩시는 최대 라이벌인 코카콜라와의 경쟁에서 수익성 좋은 청량음료 시장의 점유율을 높이기 위해 이 전략을 멋지게 사용했다. 펩시는 마이클 잭슨이 평생 동안 자신의 목소리, 몸, 얼굴, 심지어 몸짓까지 사용해 사람들의 감정을 고조시키며 놀라운 성공을 거두고 있다는 것을 발견했다. 사람들은 마이클이 노래하고 춤추는 것을 보고 믿을 수 없을 정도로 기분이 좋아졌고, 그 감정을 되살리기 위해 너도나도 그의 앨범을 구매했다. 펩시는 이 같은 마이클 잭슨 현상을 보고 '저런 감각을 우리 제품에 전달할 수 있는 방법은 없을까?'라는 질문을 품기 시작했다. 펩시는 만일 사람들이 마이클 잭슨에게서 느끼는 즐거운 감정을 펩시에 연결시킨다면, 그들이 마이클의 앨범을 사는 데 열광적이었던 것처럼 펩시를 살 것이라고 생각했다. 어느 제품이나 아이디어에 새로운 감정을 연결시키는 과정은 기초적인 조건화의 필수적인 과정인데, 이 신경연상 조건화라는 과학에 대해서는 6장에서 자세히 다룰 것이다. 우선 지금은 이것만 생각하라. **우리가 강렬한 감정상태에 있을 때, 그러니까 고통이나 기쁨을 강렬하게 느끼고 있을 때, 어떤 독특한 일이 생기면 그 일은 신경회로에 연결된다.** 따라서 시간이 흐른 뒤에 그 독특한 일이 다시 일어나면, 그때의 감정도 되살아난다는 것이다.

러시아 과학자 이반 파블로프Ivan Pavlov가 19세기 말에 수행했던 조건반사실험에 대해 들어본 적이 있을 것이다. 개에게 먹이를 줄 때마다 종을 울려 개의 침샘을 자극했다는 바로 그 유명한 실험이다. 이 실험은 개의 감각을 종소리에 연결시킨 일종의 신경연상 실험이었다. 이런 조건화 과정을 계속 반복했더니 나중에는 종소리만 들려도 개가 침을 흘린다는 점을 발견한 것이다. 실제로 먹이를 주지 않았는데도 말이다.

파블로프의 실험이 펩시와 무슨 상관이냐고? 펩시는 마이클 잭슨을 활용해 소비자의 감정상태를 최고조로 만들었다. 그리고 소비자의 감정이 최고조에 달한 순간, 제품을 잠깐 보여준다. 이 과정을 지속적으로 반복해 수백만 명의 마이클 잭슨 팬들에게 감정적인 연결고리를 만든 것이다. 마이클 잭슨이 실제로 펩시를 마시는 장면은 나오지도 않는다! 심지어 마이클 잭슨이 펩시 캔을 손에 들고 있는 장면도 없다! 당신은 이렇게 생각할지도 모른다. '이 회사 미친 거 아냐? 1,500만 달러의 광고료를 지불하고 모델로 기용한 사람이 정작 제품을 마시지도 않고 제품을 손에 든 장면 하나 없다니! 광고 모델이 어떻게 그럴 수 있단 말인가! 이건 정말 미친 생각이야!' 하지만 이 광고는 너무나 훌륭한 아이디어였다. 펩시의 매출은 급증했고, 스포츠화 브랜드 LA 기어L.A. Gear도 2,000만 달러를 주고 마이클 잭슨을 광고 모델로 기용했다. 마이클은 오늘날까지도 사람들의 감정을 바꿀 수 있는 능력이 있어서(이런 능력이 있는 사람을 나는 '상태 유발자'state inducer라고 부른다) 소니와 CBS는 그와 10년간의 앨범 제작 계약을 체결했는데, 이 계약은 무려 10억 달러 이상의 가치가 있다는 평가가 나오기도 했다. 사람들의 감정상태를 변화시킬 수 있는 그의 능력이 그를 그렇게 몸값 비싼 인물로 만든 것이다.

이 모든 것이 특정 행동과 즐거운 느낌을 연결시키는 데에 기초하고 있다. 그런 광고를 보고 어느 특정 제품을 사기만 하면 그런 즐거운 감정을 느끼게 될 것이라는 환상에 빠지는 것이다. 광고주들은 우리가 BMW를 타면 마치 특별한 취향을 가진 사람이 되는 것처럼 우리를 가르쳐왔다. 현대차를 몰면 지적이고 검소하다는 느낌을 갖게 되고, 폰티악을 타면 짜릿한 흥분을 느낄 것처럼 말이다. 도요타를 타면 과연 얼마나 기분이 좋아질까? 당신이 옵세션Obsession 향수를 쓰면 과연 광고처럼 양성의 매력을 발산하게 될까? 힙합 가수 M.C. 해머M.C. Hammer를 응원한다고 해서 꼭 펩시를 마셔야 할까? 또 '좋은' 엄마가 되려면 식품회사 호스티스Hostess의 광고처럼 아이들에게 이 회사에서 나오는 과일 파이, 컵케이크, 트윙키(Twinkies, 이 회사의 대표 제품 중 하나인 노란색 케이크 _옮긴이)만 먹여야 할까?

광고주들은 소비자들이 충분한 만족과 기쁨을 누릴 수 있다면, 고통에 대한 두려움은 간과한다는 사실을 잘 알고 있다. 광고업계에서는 '성'을 잘 이용하면 제품이 잘 팔린다는 말이 있다. '성'을 잘 활용한 인쇄물이나 TV 광고의 기쁨 연상 작용이 잘 먹히는 것은 분명한 사실이다. 청바지 판매 트렌드를 예로 들어보자. 청바지란 게 뭔가? 사실 예전에는 그저 작업복 바지에 불과했다. 그야말로 볼품없는 기능성 옷이었다. 하지만 오늘날 어떻게 바뀌었는가? 오늘날 청바지는 전 세계적으로 섹시함, 유행, 젊음의 상징이 되었다. 리바이스 501Levi's 501 청바지 광고를 본 적이 있는가? 기억나는 것 하나만 말해보라. 그 광고가 이해되는가? 무슨 소리를 하는 건지 전혀 모르겠다. 하지만 광고가 끝나면 우리 바로 옆에서 섹스가 벌어졌다는 인상을 깊게 받는다. 이런 전략이 정말로 청바지 판매를 끌어올렸을까? 물론이다! 오늘날 리바이스는 미국 최고의 청바지 회사로 자리매김하였다.

우리의 연상을 형성하는 조건화의 힘이 청량음료, 자동차, 청바지 같은 제품에만 국한되는 것일까? 물론 그렇지 않다. 지극히 평범한 상품인 작은 건포도를 예로 들어보겠다. 1986년에 캘리포니아 건포도 자문위원회는 대풍작이 예상되는 데도 불안에 빠지기 시작했다. 해마다 매출이 1%씩 감소하고 있었기 때문이다. 절망에 빠진 그들은 광고회사를 찾아가 어떻게 해야 할지를 물었다. 해결책은 간단했다. 건포도에 대해 사람들이 갖고 있는 감정을 바꾸는 것이었다. 건포도 자문위원회 이사였던 로버트 피니Robert Phinney에 따르면, 대부분의 사람은 건포도에 대해 무기력함, 외로움, 따분함 같은 느낌을 갖고 있는 것으로 나타났다.* 이제 무엇을 해야 할지는 분명해졌다. 쪼글쪼글한 모습의 이 과일에 건강함이라는 감정적 매력을

* Hillkirk, John, and Gary Jacobson, Grit, Guts and Genius, Boston: Houghton Mifflin Company, ©1990

불어넣는 것이었다. 건포도에 사람들이 갖고 싶어하는 감각을 연결시키자. '쪼글쪼글함'이나 '말린 것'이라는 이미지는 대부분의 사람이 삶에서 좋은 기분을 연상하는 감각이 아니었다. 건포도 재배자들은 생각을 거듭했다. 사람들이 정말로 사고 싶게 만들려면 건포도에 어떤 감정을 연결시킬 수 있을까?

때마침 "풍문으로 들었소"* 같은 추억의 모타운** 히트곡이 전국적으로 다시 인기를 끌고 있었다. 건포도 재배자들은 '많은 사람의 기분을 좋게 만드는 이런 감각을 건포도와 연결시켜 건포도를 최신 유행처럼 보이게 하면 어떨까?'라는 생각을 하게 되었다. 그들은 윌 빈튼Will Vinton이라는 혁신적인 만화작가를 고용했고, 그는 뚜렷한 개성을 가진 약 30개의 점토 건포도 인형을 만들어 모타운 가락에 맞춰 춤을 추게 했다. 캘리포니아 건포도가 탄생하는 순간이었다. 그러자 그들의 첫 번째 광고가 즉각적인 감각을 형성했다. 건포도 재배자들이 바랐던 감각을 광고에 성공적으로 연결시킨 것이다. 사람들은 작은 건포도 인형이 최신 유행하는 춤을 추는 것을 보면서, 한때는 그저 따분하다고 생각했던 말린 과일에 재미, 유머, 기쁨이라는 강한 감정을 연결시켰다. 따분하던 건포도가 캘리포니아 매력의 진수로 재탄생되었다. 이 광고들은 소비자들이 건포도를 먹는다면 최신 유행을 따르고 있는 것이라는 메시지를 은연중 강조하고 있었다. 결과는 어떻게 되었을까? 건포도업계는 끔찍한 슬럼프에서 벗어나 매출이 연간 20% 성장하는 산업으로 회복되었다. 건포도 재배자들은 사람들의 연상을 바꾸는 데 성공

* I Heard It Through the Grapevine '풍문으로'를, 영어로 through the grapevine '포도 덩굴을 통해'라고 표현함. _옮긴이

** Motown, 60~70년대 유행한 흑인 음악 _옮긴이

했다. 건포도에 연상되었던 따분함이라는 감정을 즐거움과 재미의 감정으로 바꾸는 법을 배운 것이다!

물론 조건화의 한 형태로 광고를 사용하는 것은 물리적 제품에만 국한되지 않는다. 다행인지 불행인지 모르지만 우리는 정치에서도 TV와 라디오를 지속적으로 동원해 선거에 나오는 후보에 대한 연상을 바꾸기 위해 노력하는 것을 흔히 볼 수 있다. 아마도 정치 분석가이자 여론 주도자인 로저 에일리스Roger Ailes보다 이에 대해 더 잘 아는 사람은 없을 것이다. 그는 1984년 대선에서 공화당의 로널드 레이건Ronald Reagan이 민주당의 월터 먼데일Walter Mondale을 이겼을 때, 그리고 1988년 대선에서 조지 부시George Bush가 마이클 듀카키스Michael Dukakis를 이겼을 때 선거 캠페인을 주도한 인물이다. 특히 듀카키스와 싸울 때, 그는 듀카키스에 대해 세 가지 부정적인 메시지를 구사하는 전략을 세웠다. 듀카키스가 국방, 환경, 범죄에 지나치게 유약한 입장을 취하고 있음을 부각시켜 사람들로 하여금 그로부터 고통스러운 감정을 연상케 하는 전략을 적용한 것이다. 한 광고에서는 듀카키스를 탱크 타고 '전쟁놀이를 하는 아이'로 묘사했고, 또 다른 광고에서는 보스턴 항구의 오염에 대해 듀카키스를 비난하는 듯한 장면을 선보였다. 아마도 가장 말이 많았던 것은 범죄자들이 회전문을 통해 매사추세츠 교도소에서 풀려나는 장면이 담긴 광고일 것이다. 이는 '윌리 호튼 사건'으로 인해 전국적으로 널리 퍼진 부정적인 여론을 이용한 광고였다. 듀카키스가 대선후보가 되기 전에 주지사로 있었던 매사추세츠주에서는 범죄자들에게 주말 외출제도를 허용하고 있었는데, 흑인 죄수 윌리 호튼이 주말 외출을 나갔다가 돌아오지 않고 젊은 부부를 위협해 부인을 강간하고 남편을 폭행하는 등 범죄를 저지르다가 10개월 후에 다시 체포된 사건이 바로 윌리 호튼 사건이다. 에일리스는 이를 범죄에 대한 듀카키스의 미적지근한 대응 탓으로 부각시킨 것이다.

예상대로 많은 사람이 이 광고를 보고 듀카키스에 대해 부정적인 연상을 하게 되었다. 내 개인적으로는 에일리스의 이런 광고 전략이 매우 교활하다고 생각하지만, 사람들은 기쁨을 얻기 위해서보다 고통을 피하기 위해 더 많은 노력을 기울인다는 사실에 비추어볼 때, 그 광고 전략의 성공 여부에 대해 논하기는 어렵다. 에일리스의 말처럼, "부정적인 광고는 더 빨리 퍼진다. 사람들은 (이런 종류의 광고에) 더 많은 관심을 기울이는 경향이 있다. 사람들은 고속도로를 달리면서 아름다운 목가적인 경치를 만나면 이를 보기 위해 속도를 늦추거나 지나치기도 하지만, 자동차 사고 장면을 보면 여지없이 속도를 늦춘다."* 과연 에일리스의 전략은 효과를 발휘했다. 부시는 열세를 이기고 미국 대통령 선거인단 투표 역사상 가장 압도적인 차로 대통령에 당선되었다.

세계의 여론을 형성하고 소비자의 구매 습관을 이끌어내는 힘도 우리의 행동을 형성하는 이 힘과 같은 힘이다. 이 힘을 통제하고 우리의 행동을 의식적으로 결정하는 것은 전적으로 우리 자신의 몫이다. 스스로의 생각을 통제하지 못한다면, 우리의 삶은 자기들이 원하는 대로 행동하도록 우리를 조건화하는 다른 누군가의 영향 아래 놓이게 될 것이다. 그런 행동들은 때로는 우리가 선택한 것일 수도 있고 아닐 수도 있다. 앞서 말했듯이, 광고주들은 우리가 그들의 제품을 연상하는 감각을 바꾸는 것처럼, 고통과 기쁨을 연결하는 대상을 바꾸는 방법을 매우 잘 알고 있다. 삶을 통제하고 싶다면, 우리는 우리 마음을 향해 '광고'하는 방법을 배워야 한다. 이를 배우는 데에는 긴 시간이 필요하지 않다. 어떻게 배울 수 있느냐고? **우리가 끊고 싶**

* Hillkirk, Grit, Guts and Genius.

은 행동에 아주 강렬한 강도의 고통을 연결시켜 더 이상 그러한 행동을 생각 조차 하고 싶지 않게 만들면 된다. 당신은 앞으로 결단코 하지 않겠다고 맹세한 행동이 있는가? 당신이 그런 행동에 어떤 감정을 연결시키고 있는지 생각해보라. 이제 당신이 피하고자 하는 행동에 바로 그런 감정을 연결시키면 당신은 다시는 그 행동을 하지 않을 것이다. 그런 다음 **당신이 하고 싶은 새로운 행동에 기쁨을 연결시켜라.** 이 과정을 반복하면 감정의 강도가 강해지고, 그 행동이 조건화되어 자동으로 나오게 될 것이다.

그렇다면 변화를 만드는 첫 번째 단계는 무엇일까? 첫 번째 단계는 고통과 기쁨이 우리의 모든 결정, 우리가 취하는 모든 행동에 영향력을 미치고 있다는 사실을 인식하는 것이다. 그 영향력을 인식하기 위해서는 생각, 아이디어, 단어, 이미지, 소리, 고통과 기쁨의 감각 등 이 모든 것 사이에 연결이 끊임없이 발생하고 있음을 깨달아야 한다.

"나는 더 큰 고통을 주는 기쁨은 피해야 하며,
더 큰 기쁨을 주는 고통은 감수해야 한다고 생각한다."
– 미셸 드 몽테뉴 Michel de Montaigne

문제는 대부분의 사람이 장기적인 것보다 단기적인 고통이나 기쁨에 근거해서 행동을 결정한다는 것이다. 하지만 우리가 중요시하는 일들을 성공적으로 수행하기 위해서는 장기적인 기쁨을 얻기 위해 단기적인 고통의 벽을 돌파할 수 있어야 한다. 당신은 우리 삶에서 스쳐 지나가는 공포와 유혹의 순간들에 치우치지 말고, 장기적으로 가장 중요한 것, 즉 당신의 가치관과 개인적인 기준에 집중해야 한다. **우리를 움직이는 것은 실제 존재하는 고통이 아니라 어떤 것이 고통으로 이어질 것이라는 두려움이며, 실제 존재하**

는 기쁨이 아니라 어떻게든 특정 행동을 취하며 노력하면 기쁨으로 이어진다는 믿음, 즉 확신이다. 다시 말하면, 우리를 움직이는 것은 실제의 현실이 아니라 현실에 대한 우리의 인식이라는 뜻이다.

안타깝게도 많은 사람은 어떻게 하면 단기적으로 고통을 피하고 기쁨을 얻느냐에 초점을 맞춘다. 그래서 장기적인 고통을 스스로 초래한다. 예를 들어 살을 빼고 싶어하는 사람이 있다고 하자. (이 일이 당신에게 벌어졌다는 뜻이 아니라, 그냥 예를 드는 것이다!) 이 사람은 한편으로는 살을 빼야 할 많은 훌륭한 이유들을 모두 열거한다. 더 건강해진다든가, 더 활기차다고 느껴진다든가, 옷이 더 잘 어울릴 것이라든가, 이성을 사귀는 데 더 자신감을 갖게 될 것이라든가 등등. 또 다른 한편으로는 살을 빼지 말아야 할 이유도 적지 않다. 힘들게 다이어트를 해야 한다든가, 배고픔을 참아야 한다든가, 기름진 음식을 먹고 싶은 충동을 거부해야 한다든가, 명절이 지난 뒤에 시작해도 되지 않을까 등등.

사람들은 이 두 가지 방향의 이유들을 비교하면서, 다이어트로 인해 배고픔을 참아야 한다는 단기적인 고통을 날씬한 몸매를 가질 수 있다는 미래의 기쁨보다 더 크게 생각하고 체중을 줄이겠다는 계획을 미루는 쪽으로 마음이 기운다. 이런 단기적 결정에 따라 배고픔을 참아야 하는 고통을 피하기 위해 감자칩 몇 조각 먹는 건 우리 자신에게 한 조각의 즉각적인 기쁨을 주지만, 그 기쁨은 오래 지속되지 않는다. 장기적으로 우리의 건강을 악화시키는 것은 물론, 결단을 미루는 우리 자신에 대한 기분도 점점 더 나빠진다.

가치 있는 것을 원한다면, 장기적인 기쁨을 얻기 위해 단기적인 고통을 극복해야 한다는 점을 기억하라. 멋진 몸매를 원한다면, 몸을 단련시켜야 하고, 그러려면 단기적인 고통을 이겨내야 한다. 하지만 이를 장기간 지속하면 운동이 즐거워진다. 다이어트도 마찬가지다. 사업, 관계, 자신감, 체력, 재정 등 모든 분야에서 어떤 훈련을 하든 고통을 돌파해야 한다. 고통을 극복하고 목표를 달성할 수 있는 동기를 얻으려면 어떻게 해야 할까? 가장 먼저 해야 할 일은 고통을 극복하겠다는 결단을 내리는 것이다. 우리는 항상 그 순간의 고통을 무시하기로 결단할 수 있고, 우리 자신을 조건화함으로써 이 결단의 후속 행동을 취할 수 있다. 이에 대한 자세한 내용은 6장에서 배울 것이다.

오늘날 미국이 직면하고 있는 저축대부조합 위기(S&L Crisis, 아마도 단일 건으로는 미국 정부 역사상 가장 큰 금융 실패. 1986~1995년까지 3,234개의 저축대부조합 중 1,043개가 도산한 상황을 말함. 이후 미국이 저금리 기조에서 벗어나 금리를 인상하면서 한국을 포함한 아시아 지역에서 IMF 사태가 벌어졌음. 2008년 글로벌 금융 위기 이전의 일임 _ 옮긴이)도 우리가 이런 단기적 결과에 초점을 맞추다가 추락한 대표적인 예다. 추정치에 따르면 납세자들이 5,000억 달러의 대가를 치러야 할 것이라고 하지만, 대부분의 미국인은 그 원인이 무엇인지 전혀 알지 못한다.* 이 문제는 남녀노소를 불문하고 이 나라의 모든 사람들, 심지어 다음 세대까지 고통을 안길 것이다. 나는 이 문제에 대해 정리신탁공사RTC와 연방예금보험공사FDIC의 회장을 역임했던 L. 윌리엄 세이드먼L. William Seidman과 대화를 나눈 적이 있다. 그는 내게 "이런 큰 실수에도 살아남을 수 있을 만큼 부유한 나라는 미국밖에 없을 거요"라고 말했다. 무엇 때문에 이런 엄청난 금융 혼란이 일어났을까? 바로 원인을 해결하지 않고 코앞의 고통을 없애는 데에만 급급하다가 문제를 더 키운 전형적인 예다.

* 좀더 자세히 알고 싶다면, 내 친구 폴 필저(Paul Pilzer)의 책《다른 사람들의 돈》(Other People's Money)을 적극 추천한다.

이 모든 것은 70년대 후반과 80년대 초반부터 발생하기 시작한 예금과 대출 문제에서 시작되었다. 은행과 저축대부조합(우리나라의 지방 단위농협이나 새마을금고 같은 금융기관 _옮긴이)들은 주로 기업 금융과 소비자 금융 시장을 기반으로 사업을 구축하고 있었다. 은행이 이익을 챙기는 방법은 기업에게 대출을 해주면서 대출이자를 예금이자보다 높게 책정하는 것이었다. 그런데 몇몇 시장에서 문제에 직면했다. 금융기관이 아닌 일반 기업들이 은행의 영역이었던 대출시장에 뛰어들면서 전통적인 금융기관들이 타격을 받기 시작한 것이다. 대기업들은 서로에게 대출을 해주면서 은행보다 낮은 이자를 적용했고, 이것이 이른바 기업어음(Commercial Paper, 시장 신용도가 높은 우량기업이 자금조달을 목적으로 발행하는 단기의 무담보 단명어음 _옮긴이) 시장으로 발전했다. 이 시장이 크게 성장하면서 은행의 수익을 크게 잠식했다.

또한 소비자 금융 부문에서도 새로운 변화가 일어났다. 전통적으로 소비자들은 자동차나 대형 가전제품을 구입하기 위해 대출을 요청하면서 은행의 대출 담당자를 만나는 것을 그리 달가워하지 않았다. 소비자들이 대출 허락을 받으려면 엄격한 재무조사를 받아야 했는데, 대부분의 사람에게 그것은 매우 고통스러운 경험이었기 때문이다. 그런 조사를 받으면서 소비자들은 자신들이 은행으로부터 '가치 있는 고객'으로 대접받지 못한다고 느꼈을 것이다. 자동차 회사들은 소비자들의 그런 기분을 눈치챌 만큼 충분히 똑똑했고, 결국 고객들에게 대출을 제공하기 시작하면서 새로운 수익원을 창출했다. 그들은 자동차 판매뿐만 아니라 자금 대출을 통해 새로운 수익을 창출하는 동시에, 은행보다 더 낮은 금리를 제공함으로써 고객에게 편리함까지 제공했다. 물론 고객을 대하는 그들의 태도도 은행원들과는 확연히 달랐다. 그들은 대출이 필요한 고객을 은행보다 더 빨리 알 수 있었다.

오래지 않아 고객들은 편리함, 유연성, 낮은 이자 등 여러 유리한 점이 있음을 발견하고 전통적인 금융기관에서 대출을 받는 것보다 자동차 회사에서 대출받는 것을 더 선호하게 되었다. 은행원보다 더 친절한 사람이 대출에 필요한 모든 업무를 한곳에서 처리해주었으니 말이다. 마침내 자동차회사 GM의 금융자회사 GMACGeneral Motors Acceptance Corporation는 미국에서 가장 큰 자동차 금융회사가 되었다.

은행 대출의 마지막 보루 중 하나였던 부동산 시장마저도 인플레이션으로 인해 대출 금리가 1년 만에 최고 18%까지 치솟으면서, 아무도 그 이자율을 감당하며 대출을 받으려 하지 않았다. 결과적으로 부동산 시장의 붕괴를 예상하는 것은 그다지 어려운 일이 아니었다.

마침내 은행들은 기업 금융 부문의 기업 대출 고객, 소비자 금융 부문의 자동차 대출 고객, 그리고 주택 대출의 상당 부분까지 잃기 시작했다. 게다가 예금자들은 인플레이션 때문에 더 높은 예금 이자를 요구했지만 많은 은행들이 여전히 낮은 대출 금리를 적용해야 하는 대출 상품들을 보유하고 있던 탓에 은행의 적자가 하루가 다르게 늘어나면서 은행은 치명적인 타격을 입게 되었다. 결국 은행들은 자신들의 생존이 위태롭다고 보고 두 가지 일을 하기로 결정했다. 첫 번째는 대출 자격 심사 기준을 낮추는 것이었다. 왜냐고? 대출 조건을 낮추지 않는다면, 대출받으려고 할 사람들이 아무도 없을 것이라고 생각했기 때문이다. 대출을 해주지 못한다면 이익을 낼 수 없고 결국 고통을 겪을 게 뻔하기 때문이다. 돈을 갚을 수 있는 사람들에게 돈을 빌려줄 수만 있다면, 그보다 좋은 일은 없을 것이다. 게다가 위험도 거의 없었다. 돈을 대출받은 다음 상환 의무를 이행하지 않는다면, 우리 같은 납세자들이 어떻게든 그들을 구제해줄 것이기 때문이다. 결국 은행 입장에서 고통을 겪거나 자기 자본이 위험에 처할 가능성은 거의 없는 셈이다.

두 번째는 은행과 저축대부조합들이 파산하지 않도록 의회에 압력을 넣는 일이었는데, 실제로 일련의 변화가 생겨났다. 대형 은행들은 자본을 필요로 하는 외국에도 돈을 빌려줄 수 있게 되었다. 대부조합들은 한 국가에 5,000만 달러 이상을 대출해줄 수 있었다. 수백만 명의 소비자를 상대해야 달성할 수 있는 금액이었다. 이로 인한 은행들의 이익은 상당했다. 은행 관리자와 대출 담당자들은 외국과의 대출을 성사시키면서 상당한 금액의 보너스까지 챙겼다. 이제 그들에게 대출의 질은 더 이상 문제가 아니었다. 브라질 같은 나라가 대출금을 갚을 수 있느냐 없느냐는 그들의 관심사가 아니었다. 그리고 사실, 그것을 심각하게 걱정하는 사람은 많지 않았다. 그들은 자신들 뒤에 연방예금보험공사가 있다는 것을 잘 알고 있었다. 거액을 대출해주고 거액의 이자를 챙길 수 있으면 크게 성공하는 셈이고, 설령 돈을 떼이더라도 연방예금보험공사가 갚아주겠다고 약속했기 때문이다. 은행들은 이런 시나리오에서 땅 짚고 헤엄치기를 한 셈이었다.

외국에 대출할 정도의 자금력이 없는 소규모 은행들은 차선책으로 미국 내 건설업자들을 대상으로 하는 대출 시장에 나서기 시작했다. 게다가 대출 기준도 낮춰서 건설업자들에게 담보금으로 20%를 남겨놓아야 했던 기존의 조건도 없애버렸다. 건설업자들의 반응은 어땠을까? 그들은 아무 리스크 없이 돈을 빌릴 수 있게 되었다. 자기 자본 한 푼 없이 다른 사람들의 돈으로만 사업을 할 수 있게 되었고, 의회는 상업용 건물에 높은 세금 혜택까지 부여해주었다. 건설업자들은 그야말로 밑져야 본전인 상황이었다. 돈을 빌리면서 시장이 건전한지, 건물의 위치나 규모는 적절한지 더 이상 분석할 필요가 없었다. 건설업자들의 유일한 '문제'는 누가 더 많은 세금 공제를 받느냐 하는 것이었다.

결국 건설업자들은 닥치는 대로 건물을 지었고, 이는 과잉 공급으로 이어졌다. 공급이 수요를 훨씬 초과하면 시장은 무너지게 되어 있다. 건설업자들은 은행에 '대출금을 갚을 수 없다'고 통보했고, 은행들은 예금자들에게 '예금을 지불해줄 수 없는' 상황이 되었다. 안타깝게도 이런 상황에서 그 누구에게도 도움을 청할 수 없었다. 게다가 이런 상황에서도 이득을 챙기는 사람이 언제나 있게 마련이라는 것을 사람들은 잘 알고 있었다. 돈 버는 사람을 보면 분명히 누군가를 착취했을 것이라고 생각하게 되었다. 이런 생각은 많은 사람에게 일자리를 제공하며 꿈을 이루도록 돕는 기업인들을 부정적인 시각으로 보게 만들었다. 이 모든 혼란은 고통과 기쁨의 역학을 제대로 이해하지 못하고 오직 단기적인 관점으로 장기적인 문제를 해결하려 했던 어리석음 때문이었다.

고통과 기쁨은 또 글로벌 드라마를 야기하기도 한다. 지난 수십 년 동안 미국은 소련과 군비 경쟁을 벌여왔다. 두 나라는 '너희가 우리를 공격한다면 우리는 더 크게 보복할 것'이라고 서로 위협하며 무력을 증강해왔다. 이런 대치상태가 계속되면서 초당 1만 5,000달러를 무기에 소비할 정도로 국방비는 계속 늘어났다. 그러던 차에 고르바초프가 갑자기 군축 재협상을 제안했다. 왜 그랬을까? 바로 고통 때문이었다. 그는 미국의 군사력 증강과 경쟁해야 한다는 생각을 엄청난 고통으로 생각하기 시작했다. 우선 재정적으로 어려움에 봉착했다. 소련은 국민들을 먹여 살리기에도 돈이 부족했다! 사람들이 먹지 못하면 총보다 음식에 더 신경을 쓸 수밖에 없다. 소련 국민들에게는 국가의 국방비보다는 당장 자신들이 먹고사는 것이 더 큰 관심사가 되었다. 국가의 돈이 불필요하게 쓰이고 있다고 생각하면서 그들은 변화를 주장하기 시작했다. 고르바초프가 평화를 사랑하는 훌륭한 사람이기 때문에 입장을 바꿨을까? 물론 그럴지도 모른다. 하지만 분명한 건, 그에게 다른 선택의 여지가 없었다는 것이다.

"자연은 인간을 고통과 기쁨이라는 두 통치권자의 관할 하에 두었다…
두 통치권자는 우리가 말하고 생각하고 행동하는 모든 일을 지배한다.
우리는 그들로부터 벗어나기 위해 노력하지만
결국은 우리가 그들의 통치를 받는다는 사실을 더 확인시켜줄 뿐이다."

– **제러미 벤담**Jeremy Bentham

왜 사람들은 부부관계의 문제에서 해결책을 찾거나 아니면 관계를 끝내려고 하지 않고 그냥 불만족 상태로 참으며 살아가는 것일까? 그 이유는 새로운 변화를 시도한다고 해도 결과를 알 수 없고, 그 미지의 결과가 어쩌면 과거보다 더 고통스러울지 모른다고 생각하기 때문이다. 마치 "모르는 천사보다는 아는 악마가 더 낫다"라거나 "손안의 새 한 마리가 숲속의 새 두 마리보다 낫다"라는 속담처럼 말이다. 바로 이런 고착된 믿음들이 우리가 삶을 바꿀 수도 있는 행동을 하지 못하게 한다.

친밀한 관계를 맺길 원한다면, 우리는 거절과 약점 노출에 대한 두려움을 극복해야 한다. 새로운 사업을 시작할 계획이라면, 안전한 삶을 잃어버리는 것에 대한 두려움을 기꺼이 극복해야 한다. 사실 우리의 삶에서 가치 있는 것들은 대부분 우리의 신경계에 고착화되어 있는 기본적인 조건들을 거스르도록 요구한다. 우리는 이같이 조건화된 일련의 반응들을 무시함으로써 우리의 두려움을 극복하고 그 두려움을 힘으로 변화시켜야 한다. 실제로 우리를 통제하던 두려움이 현실이 되는 경우는 거의 없다. 예를 들어 사람들이 비행기 타는 것을 고통과 연결시킬 수는 있지만, 사실 비행기 공포증은 논리적 실체가 없는 것이다. 과거나 상상 속 미래의 고통스러운 경험에 대한 반응일 뿐이다. 예를 들어 신문에서 비행기 사고에 관한 기사를 읽은 후에 비행기를 타는 것을 피하게 되었을지 모른다. 하지만 그것은 그 두려움이 자신을 통제하도록 허용하는 것이다. 우리는 현재의 삶을 살면서, 과거에 겪은 두려움이나 상상 속의 두려움에 반응하지 말고, 오직 현재에 존재하는 것에 대해서만 반응해야 한다. 우리가 피해야 할 것은 현재의 고통이지, '앞으로 고통이 될지 모른다고 생각하는 것'이 아니다.

지금 당장 변화하라

첫째, 당신이 그동안 미뤄왔던 4가지 행동을 적어보라. 몸무게를 줄이는 것일 수도 있고, 담배를 끊는 것일 수도 있고, 사이가 좋지 않았던 사람과 다시 소통하는 것일 수도 있고, 그동안 소식이 끊겼던 사람에게 다시 연락하는 것일 수도 있다.

둘째, 위에 적은 각 행동에 대해 다음 질문을 하고 그 답을 적는다. 나는 왜 그동안 이 행동을 하지 않았을까? 이 행동에 어떤 고통을 연결시켰는가? 이런 질문에 대한 답을 쓰다 보면, 당신은 그 행동을 취하는 것이 취하지 않는 것보다 더 고통스러울 것이라고 생각했음(그래서 행동을 취하지 않았다)을 이해하게 될 것이다. 이 답을 쓸 때는 스스로에게 정직해야 한다. 당신이 '나는 그 행동을 고통과 연결시킨 적이 없다'라고 생각한다면, 좀 더 숙고해보라. 어쩌면 당신이 생각한 고통이 그저 바쁜 일정에서 시간을 내는 것 같은 매우 단순한 것이었는지도 모른다.

셋째, 그런 부정적인 패턴에 빠져 있었을 때 당신이 누렸던 기쁨을 모두 적어보라. 예를 들어 당신은 살을 빼야 한다고 생각하면서도 아몬드 초콜릿, 감자칩 한 봉지, 탄산음료를 손에서 내려놓지 않았다. 왜 그랬을까? 당신은 살을 빼기 위해 그런 음식을 먹지 말아야 한다는 고통을 피하고 싶었고, 동시에 그렇게 하는 것이 당신을 기분 좋게 만들어주기 때문에 그것을 즐겼다. 그러니까 그렇게 하는 것이 당신에게 기쁨을 주었기 때문이다! 비록 순간적인 기쁨이지만, 그런 감정을 포기하고 싶지 않다! 지속적인 변화를 추구하고 싶다면, 이런 부정적인 행동(계속 먹는 것)을 수반하지 않고 동일한 기쁨을 줄 수 있는 새로운 방법을 찾아야 한다. 당신이 무엇으로부터 기쁨을 얻는지 정확히 알면 그 방법을 찾는 데 도움이 될 것이다.

넷째, 지금 바꾸지 않으면 어떤 대가를 치르게 될지 적어보라. 당신이 지금처럼 많은 설탕과 지방을 먹는 것을 멈추지 않는다면 무슨 일이 일어날까? 담배를 끊지 않으면? 꼭 전화해야 할 사람에게 전화를 걸지 않으면? 오늘부터 매일 꾸준히 운동을 시작하지 않으면? 이 질문에 대해서도 스스로에게 정직해야 한다. 지금 바꾸지 않는다면 앞으로 2년 후, 3년 후, 4년 후, 5년 후 어떤 대가를 치르게 될까? 감정적으로는 어떤 대가를 치러야 할까? 이미지 측면에서는 어떤 대가를 치르게 될까? 당신의 육체적 에너지 수준과 자존심 때문에 치러야 할 대가는? 재정적으로는 물론, 당신이 사랑하는 사람들과의 관계에서 치러야 할 대가는? **이뿐만 아니라 당신이 느끼는 감정은 어떨까?** '돈이 좀 들겠지'라거나 '살이 안 빠지겠지'라는 식으로만 말해서는 안 된다. 그것만으로는 충분하지 않다. 반복하거니와, 우리를 움직이는 것은 우리의 이성이 아니라 감정이다. 그러니 변화하겠다는 결단으로 감수하게 되는 고통을 새로운 차원의 성공으로 당신을 이끌어줄 친구라고 생각하라.

마지막 단계는 당신이 지금 당장 변화를 위한 행동을 실천해 나가면 어떤 기쁨을 얻을 수 있는지 적어보는 것이다. 당신을 감정적으로 고조시키고 흥분하게 만들 수 있는 긴 목록을 만들어보라. "이 모든 행동을 취하면, 내 삶을 통제하고, 내 삶에 대해 스스로 책임지고 있다는 느낌을 갖게 될 것이다. 새로운 차원의 자신감을 얻게 될 것이다. 육체적으로도 활력과 건강을 얻게 될 것이다. 주위 모든 사람과의 관계도 좋아질 것이다. 삶의 다른 모든 영역에서 사용할 수 있는 의지력을 더 많이 개발할 수 있을 것이다. 내 삶이 모든 면에서 더 나아질 것이다. 앞으로 2년, 3년, 4년, 5년 후에는 내가 꿈꾸던 삶을 살게 될 것이다…." 현재에 미치는 영향뿐 아니라 미래에 장기적으로 미칠 모든 긍정적인 영향을 생각해보라.

지금 당장이라도 이 연습을 시작하고, 이 책을 읽으면서 구축한 큰 모멘텀을 최대한 활용하는 시간을 보내길 바란다. 카르페 디엠Carpe diem! 오늘 최선을 다하라! 지금보다 더 좋은 때는 없다. 하지만 다음 장으로 가기 위해 1초도 더 기다릴 수 없다면, 그렇게 하라. 대신 나중에 반드시 이 연습으로 돌아와야 한다. 그리고 당신이 고통과 기쁨 두 가지 힘을 스스로 통제할 수 있다는 것을 보여주길 바란다.

지금까지 이 장에서 고통과 기쁨을 무엇에 연결시키느냐가 우리 삶의 모든 측면을 형성하는 것이며, 우리는 그 연상을 바꿈으로써 우리의 행동과 운명을 바꿀 수 있는 힘을 가지고 있다는 것을 거듭 강조했다. 이제 그 힘에 대해 더 자세히 알아보자.

4장

믿음체계 : 창조하는 힘과 파괴하는 힘

"우리가 생각하는 한, 우리가 믿는 모든 것은 우리 영혼의 궁극적인 베일처럼 살아있다."

– 안토니오 마차도Antonio Machado, 스페인 시인

그는 비정하고 잔인한 알코올 중독자이자 마약 중독자였고, 자살도 여러 차례 시도했다. 그는 주류 판매점 점원이 길을 막았다며 살해한 죄로 종신형을 선고받고 복역 중이다. 그에게는 11개월 간격으로 태어난 두 아들이 있었는데, 동생은 성장해서 '아버지와 똑같은' 길을 걸었다. 그도 마약 중독자였고 도둑질과 협박을 일삼다가 살인 미수로 감옥에 갔다. 하지만 형은 전혀 다른 삶을 살았다. 그는 세 아이를 키우며 행복한 결혼생활을 하고 있는 평범한 남자다. 유명 대기업의 지역 매니저로 일하면서 도전적이고 보람 있는 직장에 다니고 있다. 그는 신체적으로도 건강하고, 술이나 마약은 입에도 대지 않는다! 이 형제는 거의 같은 환경에서 성장했는데, 어떻게 그렇게 다른 삶을 살게 되었을까? 두 사람에게 각각, 상대방 모르게 다음과 같은 질문을 했다. "당신은 어떻게 그런 삶을 살았습니까?" 놀랍게도 형제의 대답은 똑같았다. "그런 아버지 밑에서 자랐는데 어떻게 다른 삶을 살 수 있었겠습니까?"

우리는 삶에서 일어나는 사건들이 우리 삶을 통제하고, 우리의 환경이 지금의 우리를 형성했다고 믿는 경향이 있다. 하지만 이보다 더 큰 거짓말

은 없다. **우리를 형성하는 것은 우리 삶의 사건들이 아니라, 그 사건들을 어떻게 받아들이느냐 하는 우리의 믿음이다.**

베트남 전쟁에서 두 명의 미군이 탄 비행기가 격추되어 악명 높은 호아로Hoa Lo 수용소에 수감되었다. 그들은 서로 격리되었고, 수갑에 채워진 채 콘크리트 바닥에 쇠사슬로 묶여 구타를 당했다. 두 사람은 똑같은 고문을 당했지만, 자신이 처한 현실에 대해 전혀 다른 믿음을 형성했다. 한 사람은 자신의 인생은 거기서 끝났다고 생각하고 더 이상의 고통을 받느니 차라리 죽음을 택하겠다며 자살했다. 다른 사람은 그런 끔찍한 상황에서도 자기 자신, 동료, 그리고 창조주에 대한 더 깊은 믿음을 끌어냈다. 그가 바로 제럴드 커피Gerald Coffee 미 해군 대위다. 그는 이 경험을 책(《생존을 넘어》Beyond Survival)으로 남겨 전 세계인에게 어떤 고통이나 도전도 극복할 수 있는 인간 정신의 힘을 상기시켜주었다.

삶에 일어난 사건을 다르게 받아들인 두 명의 70대 여성이 있다. 한 사람은 자신의 생이 거의 끝나가고 있다는 것을 '알고' 있다. 그녀에게 70대의 삶이란 몸이 망가지는 시기이며, 생을 마무리할 때라고 생각한다. 반면 다른 사람은 어떤 나이든 믿음만 있으면 할 수 없는 일은 없다고 생각하고 자신에게 더 높은 기준을 적용한다. 그녀는 등산이 70세에 시작하기에 좋은 스포츠가 될 수 있다고 확신한다. 그후 25년 동안 그녀는 이 새로운 모험을 즐기면서 세계 최정상 봉우리를 차례로 정복했다. 90대의 훌다 크룩스Hulda Crooks는 후지산을 오른 최고령 여성이 되었다.*

이제 당신도 알게 되었겠지만, 우리 삶을 형성하는 것은 환경이 아니다. 삶의 사건도 아니다. 우리가 삶의 사건을 어떻게 해석하느냐에 따라 오늘

* 훌다 크룩스는 1997년 102세로 사망했다. _옮긴이

의 나, 내일의 나가 결정된다. 내가 어떤 믿음을 가지고 있느냐가 평생을 즐겁게 기여하며 살 것인지, 불행하고 황폐하게 살 것인지를 결정한다. 어떤 믿음을 가지고 있느냐에 따라 모차르트 같은 천재 음악가가 될 수도 있고 찰스 맨슨Charles Manson처럼 음악가의 길을 걷다가 희대의 살인마가 될 수도 있다. 자신의 믿음 하나로 영웅이 되기도 하고 '절망의 삶'을 사는 사람이 되기도 하는 것이다.

우리의 믿음은 어떻게 만들어질까? 믿음은 무엇이 고통이 되고, 무엇이 기쁨이 되는지를 우리에게 말해주는 힘이다. 당신의 삶에서 어떤 일이 일어날 때마다 당신의 뇌는 두 가지 질문을 한다. ① 이 사건이 내게 고통이 될 것인가, 기쁨이 될 것인가? ② 고통이 되는 것을 피하고, 기쁨이 되게 만들려면 지금 무엇을 해야 하는가? 이 두 질문에 대한 답은 우리가 어떤 믿음을 가지고 있느냐에 달려 있다. 우리가 무엇이 고통이 되는 것이라고 배웠는지, 그리고 무엇이 기쁨이 되는 것이라고 배웠는지가 일반화되면서 우리의 믿음이 형성된다. 우리가 배운 것이 일반화되면서 우리의 모든 행동에 영향을 미치고 그에 따라 우리 삶의 방향과 질이 결정되는 것이다.

일반화는 매우 유용하다. 사실 일반화란 우리가 배운 것에 유사한 패턴이 있다는 것을 깨닫는 것에 불과하다. 예를 들어 당신은 어떻게 문을 열 수 있는가? 손잡이를 내려다보면, 비록 그 손잡이가 전에 본 적 없는 형태라 하더라도, 손잡이를 오른쪽이나 왼쪽으로 돌리거나, 밀거나 당기면 열 수 있다는 것을 일반적으로 확실하게 알 수 있다. 어떻게 확신하느냐고? 그동안 문을 열어본 당신의 경험은 당신의 생각대로 하면 문을 열 수 있다는 확신을 줄 정도로 충분했기 때문이다. 이러한 확신감이 없다면, 우리는 집을 떠나거나, 자동차를 운전하거나, 전화기를 사용하거나, 우리가 거의 매일 하는 수십 가지 일을 할 수 없을 것이다. 이처럼 일반화는 우리의 삶을 단순화하고 우리가 무언가를 쉽게 할 수 있게 해준다.

하지만 우리 삶의 더 복잡한 영역에서는 일반화가 우리의 믿음을 지나치게 단순화하거나 때로는 제한하기도 한다. 아마 당신은 지금까지 살아오면서 여러 차례 실패했고, 그 때문에 자신이 무능하다는 믿음을 일반화했을 수 있다. 그런 믿음을 진실이라고 믿게 되면, 그것은 자기실현적 예언이 되어 실제로 무능한 사람처럼 여길 수 있다. 당신은 이렇게 말할지도 모른다. "어차피 끝까지 해내지도 못할 텐데 뭐 하러 시도한단 말입니까?" 또는 사업이나 관계에서 몇 차례 잘못된 결정을 내리면, 운명이 당신이 하려는 일을 '방해한다'고 해석할 수도 있다. 또는 학교에서 다른 아이들만큼 빨리 배우지 못한다면, 당신에게는 다른 학습 전략이 필요하다고 생각하기보다는 스스로를 '학습 장애자'라고 단정했을 수도 있다. 실제로 또 다른 차원에서 특정 사건을 전체 집단에 대한 전반적인 현상으로 일반화함으로써 인종적 편견이 더 조장되지 않았던가?

믿음과 관련한 이런 문제들이 당신이 미래에 어떤 사람이 되고 무엇을 할 수 있는지에 대한 결정을 제한할 수 있다. **대부분의 믿음이라는 것이 고통스럽거나 즐거웠던 과거의 경험에 대한 우리의 해석을 일반화한 것임을 기억하라.** 여기에는 세 가지 문제가 있다. ① 대부분의 사람은 무엇을 믿을 것인지 의식적으로 결정하지 않는다. ② 우리의 믿음은 과거 경험의 잘못된 해석에 따라 형성되는 경우가 많다. ③ 일단 믿음이 형성되면, 우리는 그것이 단지 과거 경험에 대한 해석일 뿐이라는 것을 잊어버리고, 그 믿음이 마치 진실인 것처럼, 마치 복음이라도 되는 것처럼 생각한다. 그래서 오래된 믿음에 의문을 제기하는 경우는 거의 없다. 다시 한번 강조하거니와, 사람들이 지금 하고 있는 일을 왜 하는지 궁금하다면, 하나님이 인간을 제멋대로 사는 피조물로 만들지는 않으셨다는 것을 기억하라. 우리의 모든 행동은 우리가 갖고 있는 믿음의 결과다. 우리가 무슨 행동을 하든, 그것은 무엇이 기쁨이 되고 무엇이 고통을 피하는 것인지에 대한 우리의 의식적 또는 무의식적 믿음에서 나오는 것이다. 그러므로 당신의 행동에서 장기적이고 일관된 변화를 만들고 싶다면, 당신을 붙잡고 있는 믿음을 바꿔야 한다.

믿음은 창조하는 힘도 되고 파괴하는 힘도 될 수 있다. 인간은 삶의 모든 경험을 통해서 자신을 좌절하게 만들 수도 있고 생명을 구할 수도 있는 의미를 창조하는 놀라운 능력이 있다. 어떤 사람들은 고통을 겪고 난 다음 오히려 이렇게 말한다. "다른 사람들이 나 같은 고통을 당하지 않도록 도울 겁니다. 내가 강간당한 경험이 있기 때문에 다른 사람들이 그런 상처를 받게 내버려두지 않을 거예요." 또는 "자녀를 잃은 경험이 있기 때문에 세상을 바꿀 수 있었습니다." 비록 그들이 원한 것은 아니었지만, 그들은 이런 믿음을 선택하고 자신의 삶에 힘을 불어넣었다. 우리는 모두 우리 자신에게 용기를 줄 수 있는 능력이 있지만, 안타깝게도 대부분의 사람은 그 능력을 이용하지 못하거나 심지어 인식하지도 못한다. 우리가 이해할 수 없는 삶의 비극에도 창조주의 이유가 있을 것이라는 믿음을 갖지 않는다면, 우리는 진정한 삶을 살 수 있는 능력을 파괴하는 것이다.

정신과 의사 빅토르 프랭클Viktor Frankl은 나치의 참혹한 아우슈비츠 집단 수용소에서 살아남으면서, 삶의 가장 고통스러운 경험에서도 의미를 창조할 수 있어야 한다는 것을 발견했다. 프랭클은 그런 '지상의 지옥'에서 살아남을 수 있었던 극소수의 사람들에게서 발견할 수 있는 한 가지 공통점이 극심한 고통 속에서도 삶의 의미를 발견하고 참고 견디며 자신을 변화시키는 능력이라고 말했다. 그들은 그런 고통 속에서도 살아남아 사람들에게 이야기를 전해야만 다시는 누구도 그런 고통을 받지 않을 것이라는 확고한 믿음을 가지고 있었던 것이다.

믿음은 우리의 감정이나 행동에 영향을 미치는 데 그치지 않는다. 믿음은 말 그대로 우리의 신체도 순식간에 변화시킬 수 있다. 나는 예일대 교수이자 베스트셀러 작가인 버니 시겔Bernie Siegel 박사와 인터뷰하며 믿음의 힘에 대한 이야기를 나누었다. 버니 박사는 다중인격장애가 있는 사람들을 대상으로 한 연구에 대해 이야기해주었다. 이들에게 자신들이 완전히 다른 사람(정상적인 사람)이 되었다는 믿음을 갖게 하자, 놀랍게도 그 믿음의 힘이 그들의 신경계에 변화하라는 명령을 내렸는데, 그 명령이 너무나 명백해서 생화학적으로 측정이 가능했다는 것이다. 어떻게 되었을까? 연구자들이 보는 앞에서 말 그대로 그들의 몸이 변화를 보이며 새로운 정체성이 나타나기 시작했다. 연구 보고서는 몸이 변화하면서 환자의 눈 색깔이 바뀌고, 신체의 특정 자국이 사라졌다가 다시 나타나는 등 놀라운 일들이 실제로 일어났음을 기록하고 있다. 심지어 당뇨병이나 고혈압 같은 질병도 환자의 믿음에 따라 증상이 분명하게 변화하는 것으로 나타났다.

믿음은 심지어 약물이 신체에 미치는 영향까지 무시할 수 있는 능력도 있다. 마약이 치유 효과가 있다고 믿는 사람도 있지만, 정신신경면역학이라는 새로운 과학 분야의 연구(몸과 마음의 상관관계)는 사람들이 수세기 동안 의심해온 것을 증명하기 시작했다. 즉 질병과 치료에 대한 우리의 믿음이 치료 자체 못지않게, 심지어는 더 중요한 역할을 한다는 것이다. 하버드대학교의 헨리 비처Henry Beecher 박사는 광범위한 연구를 통해 실제로 병을 치료한 것은 환자가 갖고 있는 믿음인데도 우리는 약물 때문에 병이 나았다고 생각한다는 것을 명백하게 보여주었다.

그는 이를 증명하기 위해 100명의 의대생들이 두 가지의 신약 실험에 참여하는 획기적인 실험을 수행했다. 그는 학생들에게 빨간 캡슐의 약은 강력 흥분제이고, 파란 캡슐의 약은 강력 안정제라고 설명했다. 그는 학생들에게 알리지 않고 캡슐의 내용물을 서로 바꿔넣었다. 빨간 캡슐에는 신경안정제인 바르비투르산염을 넣었고, 파란 캡슐에는 흥분제인 암페타민을 넣은 것이다. 하지만 학생들의 절반은 그들의 예상치와 일치하는 신체적인 반응을 보였다. 실제 약물이 일으켜야 할 반응과는 정반대의 화학 반응을 보인 것이다! 학생들은 위약(전혀 약효가 없는 가짜약 _옮긴이)을 먹은 것이 아니라 실제 약물을 섭취했다. 하지만 그들의 믿음(예상치)은 약물이 몸에 미치는 화학적 영향마저 무시한 것이다. 비처 박사는 실험이 끝나고 다음과 같이 말했다. "약물의 유용성은 약물의 화학적 특성뿐만 아니라, 약물의 유용성과 효과에 대한 환자의 믿음이 만들어낸 결과다."

"치유에 약이 항상 필요한 것은 아니지만, 믿음은 언제나 필요하다."

– **노먼 커즌스**Norman Cousins

유명한 언론인이자 평화운동가인 노먼 커즌스를 거의 7년 동안 알고 지낸 것도 영광인데, 운 좋게도 그가 작고하기 한 달 전에 인터뷰를 할 기회가 있었다. 마지막 인터뷰에서 그는 우리의 믿음이 우리 신체에 얼마나 강하게 영향을 미치는지에 관한 이야기를 들려주었다. 예컨대 로스앤젤레스 교외의 몬테레이 파크Monterey Park에서 열린 축구 경기에서 여러 명이 식중독 증세를 보였다. 이들을 검사한 의사는 증세를 보인 사람이 모두 식중독 증세를 보이기 전에 자동판매기에서 특정 청량음료를 구입한 사실을 발견하고 이 청량음료를 식중독의 원인으로 추정했다. 곧 그 자판기의 음료를 먹고 증상이 이러저러한 식중독 환자가 발생했으니 해당 청량음료를 사먹지 말라는 장내 방송이 나갔다. 그러자 토를 하고 기절하는 사람이 속출했고 관중석은 대혼란에 빠졌다. 심지어 그 자판기 근처에 가지도 않은 사람들조차 식중독 증세를 보였다! 결국 인근 지역 병원들의 구급차들이 경기장의 환자들을 실어 나르느라 북새통을 이루었다. 나중에 자판기 음료가 원인이 아니라는 사실이 밝혀지자 '환자였던' 사람들이 즉각 회복되는 '기적'이 나타났다.

이 이야기에서 볼 수 있듯이, 믿음은 우리를 병들게 하기도 하고, 한순간에 다시 회복시키기도 한다. 실제로 믿음은 우리의 면역체계에 영향을 미치는 것으로 입증되었다. 무엇보다 중요한 것은, 믿음은 우리가 어떤 행동을 하도록 결심하게 할 수도 있고, 반대로 우리의 결심을 약화시키고 파괴할 수도 있다는 것이다. 지금 이 순간에도 믿음은 당신이 방금 읽은 것에 어떻게 반응할지, 그리고 이 책에서 배운 것을 가지고 무엇을 할 것인지에 영향을 미칠 것이다. 우리는 때로 어떤 특정한 맥락 안에서 우리를 제한하거나 반대로 힘을 불어넣어주는 믿음을 발전시킨다. 예를 들어 당신이 어떻게 해서 노래를 잘 부르는 능력, 춤을 잘 추는 능력, 자동차를 잘 고치는 능력, 수학 문제를 잘 푸는 능력을 갖게 되었는지 생각해보라. 또 어떤 믿음들은 우리 경험 속에서 완전히 일반화되어서, 부정적이든 긍정적이든 사실상 우리 삶의 모든 측면을 지배한다. 나는 이런 믿음들을 **보편적 믿음**이라고 부른다.

보편적 믿음은 우리 삶의 모든 것, 즉 우리의 정체성, 다른 사람들, 일, 시간, 돈, 그리고 우리 삶 자체에 대해 가지고 있는 거대한 믿음이다. 이 거대한 일반화는 대개 '인생이란 이런 거야'라든가, '나는 이런 사람이야'라든가, '사람들은 늘 어떠어떠해'라는 식으로 표현된다. 이런 식의 막연한 믿음이 우리 삶의 모든 측면을 형성하고 전반에 영향을 미친다. 이런 보편적 믿음의 긍정적인 점은 당신이 현재 가지고 있는 제한적인 보편적 믿음에서 하나만 바꾸어도 삶의 대부분을 한순간에 바꿀 수 있다는 것이다! **일단 그**

변화가 받아들여지면, 우리의 믿음은 신경계에 확실한 명령을 내리며 우리의 현재와 미래의 가능성을 확장하거나 파괴하는 힘을 갖는다.

다시 한번 강조하거니와, 우리 자신의 삶을 지휘하고 싶다면 우리의 믿음을 의식적으로 통제할 수 있어야 한다. 그렇게 하기 위해서는 먼저 믿음이란 것이 정말로 무엇이며 어떻게 형성되는지 이해할 수 있어야 한다.

믿음이란 무엇인가?

그렇다면 믿음이란 도대체 무엇일까? 우리는 살아가면서 그 의미를 명확하게 알지 못한 채 이야기하는 경우가 많다. 대부분의 사람은 믿음을 무언가에 대한 **확신감**이 들 때 생기는 실체라고 생각한다. 당신이 자신을 똑똑하다고 '믿는다'라고 말할 때, 그것은 엄밀한 의미에서 '나는 내가 똑똑하다고 확신한다'라고 말하는 것에 불과하다. 그리고 그런 확신이 모든 자원을 활용해 똑똑한 결과를 만들어낸다. 우리는 실제로 거의 모든 것에 대한 답을 가지고 있다. 적어도 다른 사람들을 통해서라도 필요한 답에 접근할 수 있다. 다만 믿음이 부족하면, 그러니까 확신이 없으면 우리 안에 있는 능력을 사용하지 못할 뿐이다.

믿음을 이해하는 가장 간단한 방법은 믿음을 구성하는 기본요소인 '아이디어'에 대해 생각해보는 것이다. 우리는 생각은 하면서도 실제로는 믿지 못하는 '아이디어'가 많다. 예를 들어 당신이 섹시하다는 아이디어를 갖고 있다고 하자. 잠시 멈추고 스스로에게 "난 섹시해"라고 말해보라. 자, 그 생각이 단순한 아이디어인지 믿음인지는 당신이 그 말을 할 때 당신이 느끼

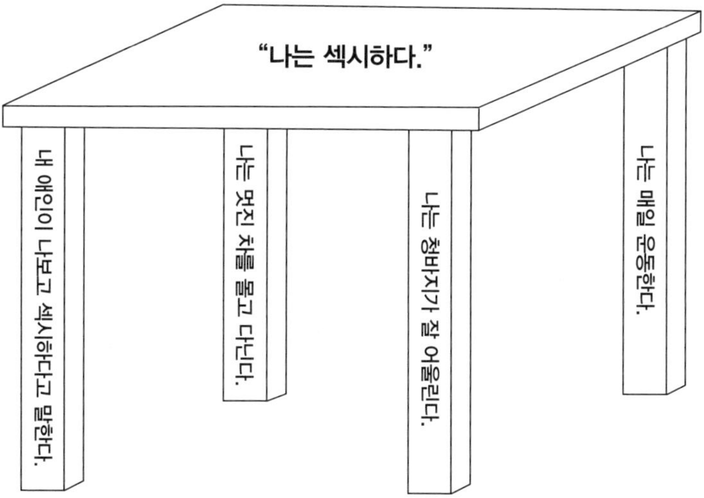

는 확신의 양에 따라 결정된다. 당신이 마음속으로 '글쎄, 사실은 섹시하지 않은데'라고 생각한다면, 당신은 "나는 내가 섹시하다고 확신하지 않아"라고 말하고 있는 것이다.

그렇다면 어떻게 하면 이 아이디어를 믿음으로 바꿀 수 있을까? 그 과정을 설명하기 위해 간단한 비유를 들어보겠다. 어떤 아이디어를 다리가 없는 탁자라고 생각해보자. 그러면 왜 그 아이디어가 믿음만큼 확실하다고 느껴지지 않는지 쉽게 이해할 수 있을 것이다. 다리가 없으면, 탁자의 상판만으로는 제대로 설 수 없다. 반면 믿음이라는 탁자는 다리가 있다. 당신이 정말로 "나는 섹시하다"라고 믿는다면, 당신은 자신이 섹시하다는 것을 어떻게 아는가? 바로 그 아이디어를 뒷받침할 수 있는 몇 가지 근거(다리)가 있기 때문이다. 이 다리들이 탁자의 상판을 견고하게 지탱하듯이 당신의 믿음을 확실하게 만들어주는 것이다.

그렇다면 당신이 갖고 있는 근거(경험)는 무엇인가? 많은 사람이 당신에게 섹시하다고 말했을 것이다. 혹은 거울을 보고 사람들이 섹시하다고 말하는 사람들과 비교해보며 '나도 그들과 비슷한데!'라고 생각했을 것이다. 혹은 길을 지나는 낯선 사람들이 내게 환호성을 지르며 손을 흔들었을 수도 있다. 이 모든 경험은 당신이 섹시하다는 아이디어로 정리하지 않으면 의미가 없다. 이런 경험들이 다리가 되어 아이디어에 대해 확고함을 느끼게 되고 당신은 그것을 믿기 시작한다. 당신은 섹시하다는 확신을 갖게 되고 이제 그것은 믿음이 된다.

이 비유를 이해하면, 당신의 믿음이 어떻게 형성되는지 알 수 있을 것이다. 그리고 어떻게 아이디어를 믿음으로 바꿀 수 있는지에 대한 힌트를 얻을 수 있을 것이다. 여기서 가장 중요한 것은 근거가 될 만한 다리가 충분하면, 삶의 모든 것, 그러니까 좋은 믿음과 나쁜 믿음을 모두 개발할 수 있다는 사실을 깨달아야 한다는 것이다. 생각해보라. 당신은 이미 삶에서 충분한 경험을 가지고 있거나, 사람들과의 관계에서 힘든 시간을 겪은 사람들을 충분히 알고 있을 것이다. 그리고 대부분의 사람은 비도덕적이어서 기회만 되면 당신을 이용할 것이라는 믿음도 쉽게 가질 수 있다. 당신이 비록 이것을 믿고 싶지 않다고 하더라도, 앞서 말했듯이 믿음은 우리를 좌절시키는 힘도 있기 때문에 당신이 원하기만 하면 그런 부정적인 아이디어도 얼마든지 확신감이 드는 믿음으로 발전하는 경험을 해봤을 것이다. 물론 당신이 정말로 사람들을 아끼고 잘 대해준다면, 그들도 선한 사람이고 당신을 돕고 싶어할 것이라는 아이디어가 충분한 근거로 뒷받침되는 경험도 해봤을 것이다.

이 좋은 믿음과 나쁜 믿음 중 어느 것이 진짜 믿음일까? 답은 어느 것이 진짜 믿음인지는 중요하지 않다는 것이다. 중요한 것은 어느 믿음이 당신에게 힘을 불어넣느냐 하는 것이다. 그런데 우리는 우리의 믿음을 지지하고 그것을 확신하게 해주는 누군가를 찾는 경향이 있다. 그것이 우리 자신을 합리화하는 방법이기 때문이다. 다시 한번 강조하거니와, 중요한 것은 어느 믿음이 일상생활에서 우리에게 힘을 불어넣고 어느 믿음이 우리를 좌절시키느냐 하는 것이다. 그렇다면 우리 삶에서 믿음을 뒷받침하는 근거의 출처는 무엇일까? 물론 우리 자신의 개인적 경험에서 그 근거를 찾을 수 있다. 때로는 다른 사람들로부터 또는 책, 테이프, 영화 등으로부터 얻은 정보가 근거가 될 수 있다. 그리고 때로는 상상의 생각에서 근거를 찾기도 한다. 물론 이런 다양한 출처로부터 얻는 근거에 대한 감정의 강도가 탁자 다리의 힘과 너비에 영향을 미친다는 것은 분명하다. 가장 강하고 단단한 다리는 고통스럽거나 즐거운 경험이었을 가능성이 높다. 즉 감정의 강도가 높은 것은 개인적인 경험이라는 의미다. 감정의 강도를 결정하는 또 다른 요인은 우리 삶에서 그 근거가 얼마나 자주 등장했느냐 하는 것이다. 아이디어를 뒷받침하는 근거가 되는 경험이 많을수록, 우리 믿음은 더 강해질 것이다.

하지만 그 근거가 모두 정확해야만 되는 걸까? 답은 '그렇지 않다'이다. 그 근거는 실제 일어난 것일 수도 있지만 상상의 생각일 수도 있다. 따라서 정확할 수도 있고 부정확할 수도 있다. 사실 우리가 확실하다고 느끼는 개인적 경험조차도 우리의 개인적인 관점에 의해 왜곡되기도 한다.

인간은 이처럼 자신의 경험을 왜곡할 수도 있고 새로운 생각을 만들어낼 수도 있기 때문에 우리의 믿음을 형성하는 근거가 될 다리는 사실상 제한이 없다. 다만 문제는 그 근거가 어디서 왔든 간에, 일단 그것을 진짜로 받아들이면 더 이상 그것에 대해 의문을 제기하지 않는다는 것이다! 이것은 우리가 받아들인 믿음에 따라(그 믿음이 부정적인 것인 경우), 매우 강력한 부정적인 결과를 초래할 수 있다. 물론 우리는 상상에서도 근거를 찾아 꿈을 향해 나아갈 수 있는 능력을 가지고 있다. 사람들은 마치 실제로 경험한 것처럼 무언가를 생생하게 상상함으로써 성공에 이르기도 한다. 사실 우리의 뇌는 우리가 생생하게 상상한 것과 실제로 경험한 것을 구별하지 못하기 때문이다. **감정의 강도가 높고 계속 반복되면, 우리의 신경계는 그것이 아직 일어나지 않은 일인데도 실제 일어난 일처럼 받아들인다.** 내가 인터뷰한 모든 위대한 성취자들은 그들 이전에 누구도 성취하지 못한 일을 성취할 수 있다는 확신을 가지고 있었다. 그들은 어떤 근거도 존재하지 않는 곳에서 근거를 만들어냈고, 마침내 불가능해 보였던 것을 성취해냈다.

'마이크로소프트'라는 회사를 누구나 다 알 것이다. 하지만 그 회사의 공동 창업자인 빌 게이츠Bill Gates가 단지 억세게 운 좋은 천재가 아니라, 자신의 믿음을 뒷받침할 근거가 전혀 없는 상황에서도 목숨 걸고 노력한 사람이라는 것을 아는 사람은 거의 없다. 그는 앨버커키Albuquerque라는 회사가 기본 소프트웨어(BASIC software, 컴퓨터 제조사가 사용자에게 제공하는 체계화된 범용 소프트웨어 _옮긴이)가 필요한 '개인용 컴퓨터'를 개발 중이라는 것을 알았을 때, 아무것도 준비되지 않은 상태에서 앨버커키에 전화를 걸어 필요한 소프트웨어를 만들어주겠다고 약속했다. 그는 일단 약속을 해놓고 방법을 찾아야 했다. 그러나 확신감을 만들어내는 능력을 보면, 그는 확실히 천재였다. 게이츠만큼 똑똑한 사람은 많았지만, 그는 모든 자원을 사용할 수 있다는 확신을 가지고 있었으며, 마침내 몇 주도 안 돼 파트너와 함께 소프트웨어를 개발하는 데 성공했고, 개인용 컴퓨터를 현실로 만들었다. 빌 게이츠는 목숨을 걸고 방법을 찾았다. 그는 사업하는 방식을 바꾸었고, 나이 서른에 억만장자가 되었다. 할 수 있다는 확신이 성공의 힘이 되었음은 두말할 나위가 없다!

'마의 벽 4분'four- minute mile이라는 이야기를 들어본 적이 있는가? 사람들은 지난 수천 년 동안 인간이 1마일(1.6km)을 4분 이내에 달리는 것은 불가능하다고 믿었다. 그러나 1954년 로저 배니스터Roger Bannister라는 육상 선수가 이 불멸의 벽을 깼다. 그는 육체적 훈련뿐만 아니라 마음속으로 이 4분의 벽을 깨겠다는 연습을 수없이 반복하며 감정의 강도를 고조시켜 생생한 근거를 만들었고, 이는 그의 신경계에 결과를 만들어내겠다는 확고한 명령으로 전달되었다. 그러나 많은 사람은 그가 기록을 깬 진정한 의미가 그 자신뿐만 아니라 다른 사람들에게도 있었다는 사실을 잘 몰랐다. 아무도 4분의 벽을 깰 수 없을 것 같았지만, 로저가 마의 벽을 깬 지 1년 만에 37명의 다른 선수들이 그 벽을 깬 것이다. 그의 경험이 다른 선수들에게 자신들도 '불가능해 보이는 일을 할 수 있다'라는 확신을 갖게 하는 강력한 근거가 되었기 때문이다. 그리고 그 이듬해에는 무려 300명의 선수들이 마의 벽 4분을 깼다!

"진리에 대한 믿음 덕분에 나는 내 힘을 최대한 활용할 수 있다.
그것은 내 미덕을 실행에 옮길 수 있는 최고의 수단이다."

– **앙드레 지드**Andre Gide

사람들은 자신이 어떤 사람이고 앞으로 무엇을 할 수 있는지에 대한 확신을 갖지 못하는 경우가 많다. 과거에 성공하지 못했기 때문에 앞으로도 성공하지 못할 것이라고 생각한다. 실패로부터 겪은 고통에 대한 두려움 때문에 '가능성'보다는 '현실적'인 것에 집중한다. 사실 "현실적이 되자"라고 늘 말하는 사람들은 또 실패로 실망할까봐 겁을 내며 두려움 속에서 살고 있는 것이다. 그들은 또 실패할지 모른다는 두려움 때문에 주저하면서 최선의 노력을 기울일 수 없다는 잘못된 믿음을 갖게 되고, 결과적으로 제한된 결과를 얻는다.

위대한 리더는 거의 '현실적'인 사람이 아니다. 그들은 똑똑하고 정확하지만, 다른 사람들의 기준으로 볼 때 현실적이지 않다. 그러나 어느 특정인에게 현실적이라고 해서 다른 사람에게도 현실적이라는 얘기는 전혀 아니다. 예를 들어 간디는 대영제국에 격렬하게 반대하지 않고도 인도를 위한 자치권을 얻을 수 있다고 생각했다. 하지만 지금까지 그렇게 생각한 사람은 없었다. 그는 현실적이지는 않았지만, 자신이 옳다는 것을 확실하게 증명했다. 간디처럼 현실적이지 않은 사람이 또 있었다. 오렌지 밭 한가운데에 테마파크를 짓고 입장료까지 받으면서 세상을 행복하게 만들 수 있다고 믿는 사람을 누가 현실적이라고 말할 수 있겠는가! 그 당시에는 지구상에 그런 테마파크는 없었다. 그러나 월트 디즈니Walt Disney는 지금까지 누구도 갖지 못한 확신을 품고 있었고, 그의 낙관주의는 세상을 바꾸었다.

당신이 실수를 할 생각이라면, 인생을 위태롭게 만들지 않는 한, 가급적 당신의 능력을 과대평가하는 실수를 하라. 그런데 사실 그런 실수를 하기는 쉽지 않다. 인간의 능력은 우리가 생각하는 것보다 훨씬 더 크기 때문이다. 비관적인 사람들과 극도로 낙관적인 사람들의 차이에 관한 연구는 많이 나와 있다. 새로운 기술을 배울 때, 비관론자들은 자신이 어떻게 했는지 항상 정확하게 알고 있다. 반면 낙관론자들은 자신이 한 행동이 실제 그런 것보다 더 효과적이라고 생각한다. 자신의 성과에 대한 이런 비현실적인 평가가 그들의 성공의 비결이다. 결국 낙관론자들은 항상 해당 기술을 익히는 데 성공하지만, 비관론자들은 실패한다. 왜 그럴까? 낙관주의자들은 성공할 수 있다는 근거는 없고 실패한다는 근거만 있더라도, 그런 근거를 무시하고 '실패했다'라거나 '성공할 수 없다' 같은 믿음으로 굳어지지 않도록 부정적 인지의 상판에 다리를 조립하지 않는다. 그들은 대신 상상력을 소환해 다음에는 다르게 시도해 성공하는 모습을 그리며 믿음의 근거를 만들어낸다. 그들이 끝까지 인내하며 마침내 정상에 오를 수 있는 것은 바로 이런 특별한 능력이 있기 때문이다. 많은 사람이 성공하지 못하는 이유는 과거에 성공한 근거가 많지 않기 때문이다. 그러나 낙관주의자는 **'미래는 결코 과거와 같지 않다'**라는 믿음을 가지고 있다. 모든 위대한 리더들, 삶의 어떤 분야에서라도 성공을 거둔 사람들은 비록 성공에 이르는 방법에 대한 세부적인 내용을 모르더라도 그들의 비전을 지속적으로 추구하는 힘이 무엇인지 알고 있다. **강력한 믿음이 주는 절대적인 확신감을 기른다면, 설령 그것이 다른 사람들이 불가능하다고 확신하는 것이라 하더라도 무엇이든 성취할 수 있다.**

"모든 진실은 인간의 상상력 속에서만 부정할 수 없는
확실한 자신의 존재를 발견한다.
인생에 관한 한, 최고의 기술 장인은 발명품이 아니라 상상력이다."
– **조지프 콘래드**Joseph Conrad

삶에서 만나는 가장 큰 도전 중 하나는 '실패'를 해석하는 방법을 배우는 것이다. 인생의 '패배'를 어떻게 다루고 어떤 결정을 하느냐에 따라 우리의 운명이 결정되기 때문이다. 그러므로 **역경과 도전에 어떻게 대처하느냐가 그 어떤 것보다 우리 삶에 더 많은 영향을 미친다는 것을 알아야 한다.** 때로는 고통과 실패에 대한 근거를 너무 많이 듣다 보면, 그런 것들이 모여서 무슨 일을 해도 상황을 나아지게 할 수 없다는 잘못된 믿음이 되기도 한다. 그래서 어떤 사람들은 인생의 모든 게 무의미하고 소용없으며 가치가 없다고 생각하거나, 무엇을 해도 어차피 실패할 것이라고 생각한다. 인생에서 성공하고 성취하기를 기대한다면, 결코 이런 잘못된 믿음에 빠져서는 안 된다. 이런 잘못된 믿음은 우리가 가지고 있는 힘을 빼앗을 뿐만 아니라 우리의 행동 능력을 파괴한다. 심리학에서는 이런 파괴적 사고방식을 '학습된 무력감'learned helplessness이라고 부른다. 사람들이 여러 번 실패를 경험하다 보면(어떤 사람은 실패를 그렇게 많이 하지 않았는데도) 자신의 노력이 헛되었다고 생각하고 학습된 무력감에 빠져 낙담하게 된다.

펜실베이니아 대학교의 마틴 셀리그먼Martin Seligman 박사는 무엇이 우리를 학습된 무력감에 빠지게 하는지에 대해 집중적으로 연구를 수행했다. 그는 저서《학습된 낙관주의》(Learned Optimism, 21세기북스, 2008)에서 우리로 하여금 무력감을 느끼게 하고 실제로 우리 삶의 모든 측면을 파괴하는 믿음에는 **세 가지 구체적인 속성이 있다고 지적했다. 바로 오래 지속되는 경향이 있고**permanence, **무차별적으로 모든 것을 파괴하며**pervasiveness, **나쁜 일은 자신의 잘못 때문에 일어난다고 생각한다**personal**는 것**이다.

위대한 성취자들은 큰 문제와 장벽에 부딪혔는데도 성공을 이뤄냈다. 그런 성취자들과 포기하는 사람들의 차이는 부딪히는 문제를 얼마나 영속적permanence으로 보느냐에 달려 있다. 성취자들은 대개 그 문제들이 영원히 지속된다고 보지 않는 반면, 실패하는 사람은 작은 문제라도 영원히 지속된다고 생각한다. 이런 사람들은 지금까지 뭔가를 바꿔본 적이 없기 때문에 뭔가를 바꾸기 위해 할 수 있는 게 하나도 없다는 믿음을 받아들이면서 자신의 시스템에 해로운 독을 불어넣기 시작한다. 8년 전(이 책을 쓴 시점인 90년대 초반 기준으로 80년대 중반 _옮긴이), 내가 인생의 가장 밑바닥까지 떨어져 다시는 회복할 수 없다는 절망감에 빠졌을 때, 나는 내가 처한 문제들이 끝없이 지속될 것이라고 생각했다. 나는 정서적으로 거의 죽음에 이르렀다. 하지만 그런 절망적인 믿음을 고통과 연결시키는 법을 배웠고, 마침내 그 믿음을 없앨 수 있었다. 이후 다시는 절망적 믿음에 빠지지 않았다. 당신도 그렇게 해야 한다. 당신 자신이나 당신이 사랑하는 사람이 어떤 문제가 영구적으로 지속될 것이라고 믿고 있다면, 즉시 그 믿음을 떨쳐버리게 해야 한다. 당신의 인생에서 어떤 힘든 일이 일어나든 **"이 또한 지나가리라"**This, too, shall pass라고 믿을 수 있어야 하고, 그렇게 인내하다 보면 방법을 찾을 수 있게 될 것이다.

성공자와 실패자, 즉 낙관적인 사람과 비관적인 사람의 두 번째 차이점은 부딪히는 문제를 얼마나 확산적pervasiveness으로 보느냐에 달려 있다. 성취한 사람들은 하나의 문제가 다른 모든 것으로 확산된다고 보지 않는다. 즉, 하나의 문제가 그들의 삶을 지배한다고 보지 않는 것이다. 그들은 항상 그 문제를 '음, 그건 단지 내 식습관의 작은 문제일 뿐이야'라고 생각한다. '내 과식하는 습관 때문에 내 모든 삶이 파괴될 거야'라는 식으로 문제를 확대 해석하지 않는다. 반면 비관적인 사람들, 그러니까 '학습된 무력감'을 갖고 있는 사람들은 어느 한 분야에서 망쳤기 때문에 그들의 인생을 망쳤다는 믿음을 키운다! 그들은 경제적으로 어려웠기 때문에 삶 전체가 파괴되었다고 믿는다. 그래서 아이들도 제대로 보살핌을 받지 못했고, 배우자도 떠났다고 생각한다. 그러고는 모든 상황이 어쩔 수 없었기 때문에 자신이 완전히 무너질 수밖에 없었다는 생각을 일반화한다. 문제를 영속적이고 확산적이라고 보는 것이 어떤 결과를 가져왔을지 상상해보라. 이에 대한 해결책은 당신이 삶에서 통제할 수 있는 것이 무엇인지 찾아내서 그 방향으로 행동을 취하는 것이다. 그러면 그런 부정적 믿음 중 상당 부분이 사라질 것이다.

셀리그먼이 무력감을 느끼게 하는 마지막 범주로 분류한 개인적personal이라는 속성은 모든 나쁜 일을 자신의 개인적 탓으로 돌리는 것이다. 실패를 우리의 접근방식을 수정하기 위한 도전으로 보지 않고, 우리 자신에 대한 문제, 즉 성격 결함으로 본다면 우리 삶 전체가 압도당할 수밖에 없다. 삶 전체를 바꾸려면 어떻게 해야 할까? 당연히 '삶 전체를 바꾸는 것'은 '어느 특정 분야에서 행동을 바꾸는 것'보다 훨씬 더 어렵게 느껴진다. 그러니 어떤 문제를 만났을 때 그것이 당신 때문이라고 믿지 않도록 주의하라. 자책감을 갖게 되면 영감을 얻을 수 없다!

이런 부정적 믿음을 갖는 것은 평소 독극물을 아주 조금씩 섭취하더라도 시간이 지나면 몸에 축적되어 치사량이 되는 것과 같다. 비록 즉시 죽지 않는다고 해도, 그런 믿음을 받아들이는 순간 우리는 정서적으로 죽기 시작한다. 그러므로 어떻게 해서든 그런 믿음을 피해야 한다. 당신이 무언가를 믿으면 당신의 두뇌가 (자동 조종 장치를 작동시켜) 그 믿음을 합리화하기 위한 근거를 찾는다는 사실을 기억하라. 이는 부정적인 믿음도 마찬가지다.

"병을 고치거나, 불행하게 되거나 행복하게 되거나,
부자가 되거나 가난뱅이가 되는 것은 전적으로 마음에 달려 있다."
– 에드먼드 스펜서 Edmund Spenser

부정적 믿음을 바꾸려면

모든 개인적 돌파구는 믿음을 바꾸는 것에서 시작된다. 그렇다면 믿음을 바꾸려면 어떻게 해야 할까? 가장 효과적인 방법은 당신의 뇌가 그런 잘못된 낡은 믿음을 큰 고통에 연결시키도록 하는 것이다. 그 믿음이 과거의 당신에게 고통을 줬을 뿐만 아니라 현재에도 고통을 주고 있으며 미래에도 고통을 줄 수 있다는 것을 직관적으로 느낄 수 있어야 한다. 그런 다음, 당신에게 힘을 주는 새로운 믿음에 큰 기쁨을 연결시켜야 한다. 이것이 우리 삶을 변화시킬 때 반복적으로 시도해야 할 기본 패턴이다. 우리가 하는 모든 일은 고통을 피하기 위한 것이거나, 기쁨을 얻기 위한 것 둘 중 하나다. **어떤 일에 충분한 고통을 연결시킨다면, 우리는 반드시 변하게 되어 있다.** 우리가 무언가를 믿는 유일한 이유는, 그것을 믿지 않는 것은 큰 고통이고(고통과 연결시켰고) 그것을 믿는 것이 기쁨이라고 생각했기(기쁨과 연결시켰기) 때문이다.

믿음을 바꿨다면 이제 당신이 과거의 믿음을 의심하게 된 이유를 찾아보라. 솔직히 수년 전만 해도 당신이 열성으로 옹호했던 믿음 중에 오늘날에는 거의 입에 담기도 부끄러운 것은 없는가? 그동안 무슨 일이 일어난 걸까? 어쨌든 당신은 그것을 의심하고 그 믿음을 바꿨다. 과거의 믿음을 의심하게 만든 것은 무엇인가? 아마도 새로운 경험을 했거나, 과거의 믿음을 반증하는 일이 일어났을 수도 있다. 어쩌면 당신이 증오하던 러시아인 몇 명을 만나 보니 그들도 '악의 제국'에서 온 사람이 아니라 당신과 다름없는 평범한 사람들이라는 것을 알게 되었을지도 모른다. 나는 오늘날 많은 미국인들이 옛 소련 사람들에 대해 진정한 동정심을 느끼고 있다는 것을 알고 있다. 그들도 자신의 가족을 돌보기 위해 애쓰는 걸 보면 미국인들과 다를 바 없다고 생각하기 때문일 것이다. 아마도 미국인들의 인식을 바꾼 데에는 실제로 러시아인들을 만나보고 그들이 우리와 크게 다르지 않은 사람들이라는 것을 보여준 교환 프로그램이 큰 기여를 했을 것이다. 우리는 새로운 경험을 하게 되면, 기존의 믿음에 의문을 갖게 되고, 기존의 확신감에 동요가 일어나고, 근거가 되는 탁자의 다리가 흔들리기 시작한다.

그러나 새로운 경험을 했다고 해서 반드시 믿음의 변화가 일어나는 것은 아니다. 사람들은 과거의 믿음에 정면으로 반하는 경험을 하더라도, 자신들이 원하는 방식으로 경험을 재해석함으로써 오히려 기존의 믿음을 강화할 수 있다. 가장 대표적인 예가 사담 후세인Saddam Hussein이 걸프 전쟁에서 이라크 영토가 파괴되는데도 자신이 여전히 이기고 있다고 주장한 것이다. 개인적인 예를 들자면, 내 세미나에 참석한 한 여성이 아주 이상한 감정상태에 빠져서 내가 나치의 일원이고 세미나장의 에어컨 통풍구를 통해 보이지 않는 가스를 방출시켜 방 안의 사람들을 독살시키고 있다고 주장했다. 내가 누군가의 긴장을 풀어주려고 할 때 흔히 하는 것처럼 말하는 속도를 늦추며 그녀를 진정시키려고 하자, 그녀는 "이것 봐. 벌써 혀가 꼬부라지고 있어!"라고 소리쳤다. 내가 무슨 행동을 해도, 그녀는 내 행동을 내가 사람들을 독살시키려 하고 있다는 그녀의 확신을 뒷받침하기 위한 근거로 생각했다. 물론 나는 그녀의 행동 패턴을 깨트릴 수 있었다. 어떻게 했을까? 그에 대해서는 다음 장에서 살펴보기로 하자.

새로운 경험은 그것이 우리의 과거 믿음에 의문을 갖게 할 때만 변화를 촉발한다. 하지만 우리는 어떤 것을 일단 믿으면 더 이상 어떤 식으로든 그에 대해 의심하지 않으려 하는 성향이 있다. 그러니까 어떤 새로운 것을 믿는다고 해서 언제나 과거의 믿음을 의심하는 것은 아니라는 얘기다. 그러나 과거의 믿음에 정직하게 의문을 제기하기 시작하는 순간, 우리는 더 이상 그 믿음을 절대적으로 확신하지 못한다. 우리는 이미 인지라는 탁자의 근거 다리를 흔들기 시작했고, 그에 따라 절대적인 확신감도 흔들리기 시작했다. 당신은 무슨 일을 할 수 있는 자신의 능력을 의심해본 적이 있는가? 어떨 때 그런 느낌이 들었는가? 아마도 "이 일을 망치면 어떡하지?" 같은 부정 탄 질문을 스스로에게 했을 것이다. "잘 안 되면 어떡하지?", "그들이

나를 좋아하지 않으면 어떡하지?" 등등. 마찬가지로 우리가 과거에 무턱대고 받아들였을지도 모르는 믿음에 대해서도 이 같은 질문을 던진다면 엄청난 힘이 생길 수 있다. 사실 우리가 믿는 것 중 상당수는 과거 어느 시점에 제대로 질문도 해보지 못하고 다른 사람들로부터 받아들인 정보에 의해 생긴 것들이다. 우리가 그런 믿음들을 다시 면밀하게 조사해본다면, 지난 몇 년 동안 무의식적으로 믿어왔던 것이 잘못된 전제에 기초하고 있다는 사실을 발견할 수 있을 것이다.

당신이 타자기나 컴퓨터를 사용한다면, 이 예가 적절할 것이다. 전 세계 모든 타이프라이터 자판이나 컴퓨터 키보드의 99%가 전통적인 문자, 숫자, 기호 배열을 사용하고 있는 이유는 무엇일까? 이 배열은 키보드의 왼쪽 상단 행이 QWERTY 순으로 되어 있어 QWERTY 배열이라고 부른다. 이 배열은 타이핑 속도를 높이기 위한 가장 효율적인 구성으로 고안된 것으로 알려져 왔다. 대부분의 사람은 여기에 별다른 의문을 제기하지 않는다. 그래서 QWERTY 배열은 120년 동안 이어져 왔다. 하지만 실제로는 QWERTY가 매우 비효율적인 구성이라고 한다! 사실 드보락 간소화 키보드Dvorak simplified keyboard 같은 다른 프로그램들이 실수도 줄이고 속도도 획기적으로 높이는 것으로 나타났다. QWERTY와 관련된 진실은 이렇다. 타자기 부품의 속도가 아주 느리던 시절, 작업자의 타이핑 속도가 너무 빠르면 엉킬 수 있기 때문에 타이핑 속도를 늦추기 위해 의도적으로 설계되었다는 것이다.

그런데도 왜 QWERTY 키보드가 120년 동안 변하지 않았을까? 1882년, 대부분의 사람이 독수리 타법으로 타이핑을 하던 시절, 여덟 손가락을 사용하는 타이핑 방법을 개발한 한 여성이 타이핑 대회에서 다른 교사의 도전을 받았다. 그녀는 자기 대신 대회에 참가시키기 위해 QWERTY

키보드를 완전히 외운 전문 남성 타이피스트를 고용했다. 키보드를 모두 암기하고 여덟 손가락을 사용한 그는 양손의 엄지 검지 네 손가락만으로 QWERTY가 아닌 다른 키보드를 사용한 경쟁자를 무난히 이길 수 있었다. 그 이후부터 QWERTY 키보드가 '속도'의 표준이 되었고, QWERTY가 가장 빠른 배열이라는 것을 검증해야 한다는 의문을 더 이상 제기하지 않았다. 일상에서 당신이 어떤 사람인지, 무엇을 할 수 있고 무엇을 할 수 없는지, 어떻게 행동해야 하는지, 당신의 자녀들이 어떤 능력을 가지고 있는지 등 아무런 의문을 제기하지 않고 받아들이는 믿음이 얼마나 많이 있는가? 당신의 삶을 제한하는 그런 부정적인 믿음을 받아들이면서도 그것을 의식조차 하지 못하고 있다는 걸 아는가?

무엇이든 충분히 질문하며 의심하면, 결국 그에 대해 다시 생각해보게 될 것이다. 그동안 당신이 한 점 의심 없이 절대적으로 믿었던 것도 예외가 아니다. 몇 년 전, 나는 미 육군과 함께 일할 특별한 기회를 가진 적이 있다. 나는 미 육군과 전문 분야에 대한 특수 훈련 시간을 단축하는 계약을 협상하고 있었다. 그 작업은 매우 성공적이어서 나는 1급 비밀 취급 인가를 받았고, 말단직에서 고위직까지 오른 CIA 고위 관리 중 한 명을 모델로 삼을 기회를 갖게 되었다. 그런 사람들이 다른 사람의 믿음을 흔들고 자신의 믿음을 바꾸기 위해 개발한 기술들은 정말 놀라운 것이었다. 그들은 사람들이 아무런 의심 없이 으레 믿어왔던 것을 의심하도록 환경을 만들었고, 새로운 믿음을 과감히 받아들이도록 돕는 참신한 아이디어와 경험을 계속 제공해주었다. 그들이 다른 사람의 믿음을 바꾸는 속도는 거의 무서울 정도였지만, 강력하고도 매력적이었다. 나는 그 기술들을 내게 사용하는 법을 배웠고, 그것을 이용해 나를 낙담시키는 부정적 믿음을 버리고 힘을 불어넣어주는 믿음으로 대체할 수 있었다.

우리의 믿음들은 정서적 확신감과 강도가 모두 다르기 때문에 그 믿음들이 정말로 얼마나 강렬한지 아는 것이 매우 중요하다. 실제로 나는 믿음을 **의견**opinions, **믿음**beliefs, **신념**convictions의 세 가지 범주로 분류한다. **의견**은 우리가 비교적 확실하다고 느끼긴 하지만 그 확실성이 쉽게 바뀔 수 있는 일시적 확신이다. 의견이라는 인지 탁자 상판의 근거 다리들은 검증되지 않은 채 지탱되어 불안정하다. 예를 들어 많은 사람이 처음에는 조지 부시의 목소리를 듣고 그를 '소심한 인물'로 생각했다. 그러나 그가 사담 후세인의 쿠웨이트 침공에 적극적이고 효과적으로 대처하며 전 세계 지도자들의 지지를 이끌어내는 것을 보고, 여론 조사는 분명한 변화를 보였다. 부시의 인기는 현대 역사상 어떤 대통령보다도 높이 치솟았다. 하지만 당신이 이 책을 읽을 때쯤이면, 그런 문화적 의견은 또 다르게 바뀌었을지 모른다. 의견의 본질이 원래 그렇기 때문이다. 의견은 어느 인물이 어느 순간에 한 몇 마디 말에 근거를 두기 때문에 쉽게 흔들린다. 반면, **믿음**은 우리가 인지 상판을 더 크고 강한 정서를 지닌 근거 다리로 지탱시킬 때 형성된다. 이런 근거들이 우리에게 절대적인 확신을 주기 때문이다. 앞서 언급했지만, 이런 근거들은 다양한 형태로 나타난다. 우리의 개인적인 경험에서부터 다른 출처로부터 얻은 정보, 그리고 우리가 생생하게 상상하는 것에서도 나올 수 있다.

믿음을 가진 사람들은 매우 강한 확신감이 있어서 새로운 외부 입력을 차단하는 경향이 있다. 그러나 그들과 잘 소통하기만 하면, 방어 패턴을 무너뜨리고 그 믿음에 의문을 제기하게 하는 등 새로운 정보 입력을 허용하게 할 수도 있다. 이로 인해 오래된 근거를 의심하고 불안하게 만들어 새로운 믿음을 위한 공간을 만든다. 그러나 **신념**은 한 사람이 어떤 아이디어에 연결하는 감정적인 강도가 믿음을 훨씬 능가한다. 어떤 아이디어에 대해 신념을 가진 사람은 확신을 느끼는 데 그치지 않고, 자신의 신념에 의문이 제기되면 화를 낸다. 그래서 신념을 가진 사람은 단 한 순간이라도 자신이 믿는 근거에 의문이 제기되는 것을 용납하지 않는다. 그들은 강박관념이라고 할 정도로 새로운 정보 입력에 저항한다. 예를 들어 어느 특정 종교의 광신도들은 오랜 세월 신에 대한 자기들의 견해만이 옳다는 신념을 가지고 있었고, 믿음을 지키기 위해 살인까지 저질렀다. 이런 광신도들은 성스러운 가면을 쓰고 살인 의도를 숨겨온 자칭 구세주에 의해 이용당하기도 했다. 남미 가이아나Guyana에서 자신이 메시아임을 자처한 미치광이 교주 짐 존스Jim Jones의 지시로 광신도들과 그 자녀들에게 독극물인 청산가리를 탄 음료를 마시게 해 자살을 강요한 사건이 바로 그 예다.

물론, 이런 광신도들에게서만 열광적인 신념이 발견되는 것은 아니다. 어떤 아이디어, 원칙, 대의명분에 고도로 집중하는 사람들에게서도 그런 신념을 볼 수 있다. 예를 들어 지하 핵실험을 강력하게 반대하는 사람은 그저 믿음을 가진 정도라고 할 수 있지만, 핵 시설에서 항의 시위를 하는 등, 다른 사람들이 동참하거나 동의하지 않더라도 직접 행동에 나서는 사람은 신념을 가진 사람이다. 공교육의 현 세태를 한탄하는 사람은 믿음을 가진 사람이라 할 수 있지만, 문맹 퇴치 프로그램에 자원하여 변화를 시도하는 사람은 신념을 가진 사람이다. 아이스하키팀을 소유하는 것을 꿈꾸는 사람은 자신의 욕망에 대해 의견을 가지고 있는 사람이지만 팀을 사기 위해 필요한 자원을 모으고 위해 무슨 일이든 하려는 사람은 신념을 가진 사람이다. 뭐가 다른가? 기꺼이 행동에 나서느냐가 바로 차이다. 신념을 가진 사람은 자신의 믿음에 대해 너무 열정적이어서, 자신의 신념을 위해서라면 어떤 거절도 무릅쓰거나 스스로를 바보로 만들기도 한다.

믿음과 신념을 구분하는 가장 큰 요인은, 신념은 대개 중요한 감정적 사건들에 의해 촉발되어 왔으며, '이것을 믿지 않는다면 엄청난 고통을 겪을 거야' 혹은 '이 믿음을 바꾼다면 내 모든 정체성, 즉 오랫동안 지탱해온 삶의 모든 것을 포기하게 될 거야'라는 생각에 뇌가 연결되어 있는 상태다. 따라서 신념을 유지하는 것은 그 사람의 생존이 달려 있을 정도로 중요하다. 하지만 이것은 매우 위험할 수 있다. 우리의 신념이 잘못될 수 있다는 가능성을 아예 생각조차 하지 않을 경우, 우리 신념이 옳다는 고집 때문에 장기적인 실패에 빠질 수 있기 때문이다. 따라서 때로는 고집스러운 신념보다는 적당한 믿음을 갖는 것이 더 적절할 수도 있다.

하지만 긍정적인 측면에서 보면, 신념(우리에게 영감을 주는 열정)은 우리가 행동하도록 강요하기 때문에 우리에게 힘을 불어넣어줄 수 있다. 예일대학교 심리학 및 정치학 교수인 로버트 P. 아벨슨Robert P. Abelson 박사에 따르면, "믿음이 보통 소유물이라면 신념은 목표, 프로젝트, 소망, 욕망의 개인적 또는 집단적 완성을 위해 열정적으로 일하게 만드는 더 소중한 소유물"이다.*

삶의 어떤 영역을 완전 마스터하길 원한다면 신념의 수준까지 믿음을 높여야 한다. 신념은 당신을 행동으로 이끌며, 어떤 종류의 장애물도 뚫고 나갈 수 있는 힘을 가지고 있다. 물론 믿음에도 그런 힘이 있지만, 삶의 어떤 영역에서는 단순한 믿음보다는 더 높은 강도의 감정적 신념을 요구할 수 있다. 예를 들어 절대로 비만 상태가 되지 않겠다는 신념을 갖고 있다면, 그 신념이 건강한 생활방식을 계속 유지하도록 강요할 것이고, 삶에서 더 많은 기쁨을 얻을 수 있게 할 것이며, 나아가 심장마비를 예방할 수도 있다. 당신이 삶에서 부딪히는 역경을 반전시킬 방법을 찾을 수 있을 만큼 현명

* Buffington, Perry W., "Say What You Mean, Mean What You Say." Sky, October 1990.

한 사람이라는 확신을 갖고 있다면, 인생에서 가장 힘든 시기를 헤쳐가는 데 큰 도움이 될 것이다.

그렇다면 어떻게 하면 신념을 만들 수 있을까? ① 기본적인 믿음에서 시작한다. ② 새롭고 더 강력한 근거를 덧붙여서 믿음을 강화한다. 예를 들어 당신이 다시는 고기를 먹지 않기로 결정했다면, 당신의 결심을 강화하기 위해 채식주의자나 채식으로 생활하는 사람들에게 당신의 결심을 말해보라. 그들이 어떻게 식단을 바꿨는지, 그리고 그 이후 건강과 삶의 다른 영역에 어떤 결과가 일어났는지 알아본다. 한 발짝 더 나아가, 동물성 단백질의 생리적 영향에 관해 연구해보라. 더 많은 근거를 개발해서 감정적 근거가 더 많아지면 당신의 신념은 더 강해질 것이다. ③ 이제 신념을 촉발시킬 사건을 찾거나 스스로 그럴 사건을 만든다. "내가 이 일을 하지 않으면 앞으로 어떤 대가를 치르게 될까?"라는 질문을 스스로에게 해보라. 당신의 감정적 강도를 높일 수 있는 질문을 계속해보라. 예를 들어 당신이 결코 마약을 입에 대지 않겠다는 신념을 기르고 싶다면, 관련된 영화를 보거나 보호소를 방문해 마약 중독이 초래한 파괴를 직접 목격함으로써 마약의 고통스러운 결과를 현실로 느껴보라. 담배를 끊겠다고 다짐했다면, 병원 중환자실을 방문해 산소실에 갇힌 폐기종 환자를 관찰하거나 검은색으로 변한 흡연자의 폐 엑스레이 사진을 보라. 이런 경험을 해봄으로써 더 이상 금연 결심을 피할 수 없도록 막다른 골목까지 밀어붙여 진정한 신념을 확립할 수 있는 힘을 갖게 될 것이다. ④ 마지막 단계는 행동으로 옮기는 것이다. 당신이 취하는 모든 행동이 당신의 결심을 강화하고 감정적인 강도와 신념의 수준을 높여줄 것이다.

강한 신념을 갖는 데 있어서 한 가지 문제는 당신의 믿음에 대한 다른 사람들의 열정도 당신의 신념에 영향을 미친다는 것이다. 우리는 다른 사람들이 믿기 때문에 같이 믿는 경우가 많다. 심리학에서는 이를 사회적 증거social proof라고 하는데, 사실 사회적 증거가 항상 정확한 것은 아니다. 사람들은 무엇을 해야 할지 확신이 서지 않을 때 다른 사람들에게 조언을 구한다. 로버트 치알디니 박사는 저서 《설득의 심리학》(Influence, 21세기북스, 2013)에서 한 고전적 실험을 다음과 같이 묘사하고 있다. 이 실험에서 한 사람이 피실험자를 위해 "강간이다! 도와주세요!"라고 소리치고, 다른 두 사람(심리 테스트를 위해 동원된 사람들)은 도움을 청하는 외침을 무시하고 그냥 지나간다. 사람들은 도움을 요청하는 소리에 대응해야 할지 말아야 할지 확신하지 못하는 가운데, 두 사람이 아무렇지도 않은 척 그냥 지나가는 것을 보고 그 외침이 대수롭지 않다고 판단하고 그냥 무시해버린다.

사회적 증거를 따르는 것은 당신의 삶을 제한하기 쉽다. 당신의 삶을 다른 사람들과 똑같이 만들기 때문이다. 사람들이 가장 잘 따르는 사회적 증거는 소위 '전문가 의견'이라는 정보다. 하지만 과연 전문가들이 항상 옳을까? 최근 몇 년 동안 소위 전문가들이 치료에 효험이 있다고 말한 것들을 생각해보라. 가장 최신 정보에 의존한다는 의사들이 거머리의 치료 효과를 주장했던 게 불과 얼마 전의 일이다! 그리고 오늘날에도 의사들이 임신부들에게 입덧을 완화시켜주는 약으로 벤덱틴Bendectin(발음도 축복을 의미하는 benediction과 비슷하다)을 처방했는데, 이 약이 선천적 결손증을 유발하는 것으로 밝혀졌다. 물론 의사들은 그 약이 최고의 약이라는 제약회사들의 말을 믿고 처방했다. 이로부터 어떤 교훈을 얻을 수 있는가? 전문가 의견이라고 해서 맹목적으로 믿는 것은 옳지 않다는 뜻이다. 내 말도 맹목적으로 받아들이지 말라! 당신 삶의 맥락에서 모든 것을 바라보라. "그것이 내게 합당한가?"

코페르니쿠스의 이야기가 주는 교훈처럼, 당신의 감각이 확신하는 증거도 믿을 수 없다. 코페르니쿠스 시대에는 모든 사람이 태양이 지구 주위를 돈다고 생각했다. 왜냐고? 누구나 밖에 나가 하늘을 가리키며 이렇게 말했기 때문이다. "보라! 태양이 하늘을 가로질러 움직였다. 지구가 우주의 중심이라는 것이 확실하지 않은가!" 그러나 1543년에 코페르니쿠스는 태양을 중심으로 하는 태양계의 정확한 모형을 처음으로 발견했다. 그는 시대를 앞서가는 다른 거인들과 마찬가지로 전문가들의 '지혜'에 도전할 용기를 가졌고, 마침내 그의 이론이 사실이라는 것이 일반 대중에게 받아들여졌다. 비록 사후의 일이었지만 말이다.

고통은 믿음을 변화시키는 최고의 도구

다시 강조하지만, 고통은 믿음을 바꾸는 가장 강력한 방법이다. 이를 가장 잘 보여주는 예를 하나 들어보겠다. TV 토크쇼 프로그램 〈샐리 제시 라파엘쇼〉Sally Jessy Raphael Show에서 한 용감한 여성이 세계의 청중이 지켜보는 가운데 자신이 속했던 백인우월주의를 표방하는 극우비밀결사단체인 KKK단에서 탈퇴하겠다고 발표했다. 아이러니하게도 그녀는 불과 한 달 전에 같은 쇼에 KKK단을 대변하는 여성 패널로 출연해서 다른 인종 간의 결혼과 출산이 교육적으로나 경제적으로나 사회적으로 국가와 국민의 몰락이 될 것이라고 격렬하게 화를 내며 외친 인물이었다. 도대체 불과 한 달 사이에 무엇이 그녀의 믿음을 그렇게 극적으로 바꾸어놓았을까? 세 가지 이유가 있었다. 첫 번째는 처음에 쇼가 진행되는 동안 청중석에 있던 한 젊은 여성이 일어서더니 울며 간청하는 일이 벌어진 것이다. 그녀의 남편과 아이는 히스패닉(라틴계 미국인)이었는데, 그녀는 특정 집단의 사람들을 그렇게 혐오하는 것을 믿을 수 없다며 오열한 것이었다.

두 번째는 쇼를 마치고 집으로 돌아가는 비행기에서 그녀가 쇼에 함께 출연했던 아들을 크게 꾸짖은 일이었다. 아들이 자신의 의견에 동의하지 않아 망신당했다고 생각했기 때문이었다. 쇼에 출연했던 그녀의 동료들도 그녀의 역성을 들었다. 그들은 성경에도 "부모를 공경해야 한다"라는 말이 있다면서 그를 비난했다. 그러자 열여섯 살 난 아들은 성경의 그 구절이 어머니가 주장하는 악을 존중하라는 말은 아니라고 대답하고는 다시는 집에 오지 않겠다며 중간에 달라스에서 내려버리는 일이 벌어졌다. 그녀는 집으로 돌아오면서 그날 벌어진 일을 생각하며 마음이 심란해지기 시작했다. 마지막으로 세 번째는 그녀의 조국이 중동에서 전쟁을 벌이고 있다는 사실이었다. 그날 TV 쇼에서 한 청중이 그녀에게 한 말이 생각났다. "지금 전쟁터에 나가 싸우고 있는 유색인종 젊은이들은 그들 자신뿐만 아니라 당신을 위해서 싸우고 있는 겁니다." 그녀는 아들에 대해 생각하기 시작했다. 그녀가 아들을 얼마나 사랑했는지, 그런데도 아들에게 얼마나 심술궂게 대했는지. 과연 아들과의 관계가 몇 마디 말로 이렇게 끝나게 내버려둬야 한단 말인가? 생각만 해도 견딜 수 없을 만큼 고통스러웠다. 그녀는 즉시 변화를 주어야 했다.

이런 일련의 경험을 하고 나서 한 달이 지난 후, 다시 같은 쇼에 출연한 그녀는 청중에게 신으로부터 KKK단을 떠나 모든 사람을 형제자매처럼 동등하게 사랑하라는 메시지를 받았다고 말했다. 그녀는 분명 옛 동료들을 그리워할 것이다. 아마 그들로부터 축출당할 것이다. 하지만 그녀는 이제 자신의 영혼이 깨끗해졌고, 맑아진 양심으로 새로운 삶을 시작할 것이라고 말했다.

과연 우리의 믿음과 그 믿음이 가져오는 결과가 우리에게 정말로 힘을 불어넣어주고 있는가? 우리가 어떤 믿음을 가져야 하는지 어떻게 알 수 있는가? 이 물음에 대한 답은 삶에서 진정 원하는 결과를 만들어낸 사람을 찾아보는 것이다. 그 사람들이야말로 당신이 찾는 답을 줄 수 있는 롤 모델이다. 성공한 모든 사람 뒤에는 힘을 실어주는 믿음이 반드시 있을 테니까 말이다.

우리의 삶을 확장하는 방법은 이미 성공하고 있는 사람들의 삶을 모델로 삼는 것이다. 그것은 강력하고 재미있는 방법이며, 당신 주변에서도 그런 사람을 찾을 수 있을 것이다. 그저 그들에게 이렇게 물어보기만 하면 된다. "무엇이 당신을 다르게 만들었다고 생각합니까? 당신을 사람들과 다르게 만든 믿음은 무엇입니까?" 몇 년 전 《놀라운 사람들과의 만남》(Meetings with Remarkable Men, 샨티, 2012)이라는 책을 읽고 나서 그 책을 내 삶을 형성하는 주제로 삼았다. 이후 우리 문화에서 탁월한 성취를 이룬 리더들을 찾아 나서며 그들의 믿음, 가치관, 전략을 추구하기 시작했다. 마침내 2년 전, 나는 그동안 이 거인들과 인터뷰한 내용을 바탕으로 월간 오디오 매거진 《파워토크》POWER-Talk!™를 발간했다. 사실 이 책에서 당신과 함께 나누고 있는 주요 내용 중 상당 부분은 자신의 분야에서 최고의 성과를 이룬 사람들과 인터뷰하면서 얻은 것들이다. 나는 내 자신을 발전시키고 다른 사람들에게 힘을 불어넣어주기 위해 그동안의 인터뷰 내용, 최근의 생각들, 그리고 매달 전국 베스트셀러의 요점들을 독자에게 전달하기 위한 일련의 계획을 세웠다. 이 프로그램을 통해 당신이 성공한 사람들을 모델링하는 데 도움을 줄 수 있다면 더없이 기쁠 것이다. 다만 이 책에만 국한해서는 안 될 것이다. 당신이 모델링할 사람은 당신 주변에 얼마든지 있다.

"우리는 우리가 생각하는 대로 되는 존재다.
현재의 우리가 되게 만든 모든 것은 우리의 생각에서 생겨난다.
이 세상도 우리의 생각으로 만들어진다."
–석가모니

나는 내가 주관하는 〈건강한 삶〉Living Health™ 세미나에서 거의 10년 동안 동물성 단백질 섭취가 많은 전형적인 미국 식단에 기인한 것이며 이는 미국에서 가장 높은 사망 원인 두 가지(심장병과 암)와도 상관관계가 있다고 강조해왔다. 이 세미나에서 나는 지난 35년 동안 미국인의 육체적 운명을 가장 크게 형성한 믿음체계 중 하나인 이른바 '4대 기본 식품군'에 정면으로 반박했다. 미국에서는 그동안 소고기, 닭고기, 생선 등 네 가지 기본 식품을 매일 충분히 섭취해야 한다고 권장해왔다. 그러나 오늘날 과학자들 사이에서 동물성 단백질을 많이 섭취할수록 심장병이나 암에 걸릴 위험이 높아진다는 데에는 거의 이견이 없다. 실제로 회원이 3,000명이 넘는 '책임 의료를 위한 의사회'Physicians Committee for Responsible Medicine는 농무부에 일일 권장허용식품에서 고기, 생선, 가금류, 달걀, 유제품을 빼달라고 요청했다. 또 정부도 4개의 기본 식품군을 6개로 바꾸는 방안을 고려하고 있으며, 육류, 닭고기, 생선의 비중을 낮추고 있다. 그러나 정부의 이 같은 급격한 믿음체계의 변화는 다방면에서 분노를 일으켰다. 나는 이런 변화가 역사와 문화를 통해 반복되고 있다고 생각한다. 바로 다음과 같은 양상이다.

독일의 철학자 아르투르 쇼펜하우어Arthur Schopenhauer가 말했듯이, 모든 진실은 세 가지 단계를 거친다.

첫째, 조롱당한다.

둘째, 격렬한 반대에 부딪힌다.

셋째, 마침내 명백한 진실로 받아들여진다.

동물성 단백질 섭취를 줄여야 한다는 생각도 처음에는 조롱을 받았다. 지금도 격렬한 반대에 부딪히고 있는 중이다. 언젠가는 받아들여질 것이다. 하지만 많은 양의 동물성 단백질이 몸에 좋다는 잘못된 믿음 때문에 훨씬 더 많은 사람이 아프거나 죽고 나서야 이 생각이 받아들여질 것이다.

경제에서도 마찬가지다. 우리는 경제적 좌절의 길로 우리를 이끄는 잘못된 믿음들을 가지고 있다. 이러다가는 재앙을 만날 것이라고 우려하는 사람들도 있다. 실제로 우리 경제는 모든 분야에서 도전에 직면했다. 왜 그럴까? 나는 1991년 3월호 〈포브스〉 기사에서 단서 하나를 발견했다. 이 기사는 크라이슬러의 플리머스 레이저Plymouth Laser와 미쓰비시의 이클립스Eclipse에 대해 설명하고 있었다. 크라이슬러는 딜러당 평균 13대의 판매량을 보이고 있는 반면, 미쓰비시는 평균 100대가 넘는 판매량을 기록하고 있었다. 당신은 이렇게 말할지도 모른다. "그게 어떻다는 거죠? 자동차 판매에 관한 한 일본 회사가 미국 회사를 압도하고 있지 않나요?" 하지만 이 두 모델은 브랜드만 다르지 실제로는 완전히 같은 차다. 두 회사가 제휴해서 생산하고 각자의 모델로 판매하고 있을 뿐이었다. 두 모델이 서로 다른 것은 제조사 이름과 모델명뿐이다. 그런데 어떻게 판매량의 차이가 그렇게 크게 난단 말인가? 짐작했겠지만, 소비자 설문조사 결과 사람들이 일본 차를 사는 이유는 일본 차가 품질이 더 좋다고 믿기 때문이라는 것이 밝혀졌다. 문제는 그것이 잘못된 믿음이라는 것이다. 미국 회사의 차 역시 똑같은 품질의 자동차였다.

그렇다면 소비자들은 왜 그렇게 믿는 것일까? 그것은 일본 회사가 품질에 관한 한 좋은 평판을 만들어냈고, 그에 대해 어떤 의문도 품지 않을 만큼 수많은 근거를 제공했기 때문이다. 하지만 품질을 높이려는 일본의 노력이 실제로는 미국인인 W. 에드워즈 데밍 박사 때문이라는 것을 아는가? 품질관리 전문가인 에드워즈 박사는 태평양 전쟁이 끝난 1950년에, 전화 통화도 제대로 할 수 없을 정도로 황폐해진 전후 일본의 산업을 되살리려는 맥아더 장군의 초청으로 일본 땅을 밟았다. 일본 과학기술자연합의 요청으로 데밍 박사는 자신의 전사적 품질관리원칙을 일본인에게 가르치기 시작했다. 데밍이 가르친 것이 실제 제품의 품질을 검사하는 작업이었을까? 전혀 그렇지 않았다. 데밍이 일본인들에게 가르친 것은, 크게 성공한 일본의 다국적 기업들이 오늘날까지 모든 결정의 기초로 삼고 있는 14가지 품질 원칙과 품질에 관한 기본적인 핵심 믿음이었다.

이들이 품었던 핵심 믿음은 바로 사업의 질을 지속적으로 높이겠다는 약속을 실천하면 언젠가는 세계 시장을 지배할 수 있는 힘이 생길 것이라는 믿음이었다. 데밍 박사는 품질이 단지 어느 기준을 충족시키는 데 그치는 것이 아니라, 끊임없이 살아숨쉬는 개선과정이라고 가르쳤다. 그는 일본이 자신이 가르친 원칙을 따른다면 5년 안에 일본의 좋은 제품이 세계 시장에 넘쳐나게 되고, 10~20년 후에는 세계를 지배하는 경제 강국이 될 것이라고 약속했다.

많은 사람이 데밍의 주장을 미친 소리라고 생각했다. 그러나 일본인들은 그의 말을 그대로 믿었고, 오늘날 그는 '일본 기적'의 아버지로 추앙받고 있다. 실제로 1950년 이후 일본은 매년 최고의 기업에 내셔널 데밍 상National Deming Prize을 수여하고 있다. 이 상의 시상식은 전국 TV로 중계되며, 수상 기업은 제품, 서비스, 경영 및 직원 지원에서 최고 수준의 품질 향상을 이룬 회사로 인정받는다.

1983년에는 미국의 포드자동차가 데밍 박사를 고용해 일련의 경영 세미나를 진행했다. 세미나 참석자 중 한 명인 도널드 피터슨Donald Petersen은 나중에 포드의 회장이 되어 회사 업무 전반에 걸쳐 데밍의 원칙을 실천하면서, "우리 회사가 회복하기 위해서는 데밍 박사가 절대적으로 필요하다"라고 말했다. 당시 포드는 연간 수십억 달러의 손실을 보고 있었다. 데밍이 회사에 영입되자마자 '어떻게 하면 생산량을 늘리고 비용은 줄일 수 있을까?'라고 생각하는 서구 회사의 고정관념을 '어떻게 하면 우리가 하고 있는 일의 품질을 높여서 장기적으로 비용이 줄어들게 만들 수 있을까?'라는 개념으로 바꾸어놓았다. 포드는 회사 전체가 집중해야 할 일들을 재구성해 품질을 최우선 순위로 삼았고(당시 광고에도 '품질이 최우선'이라는 슬로건이 들어갔을 정도였다), 데밍의 원칙을 실천하면서 3년이 채 지나지 않아 적자에서 벗어나 60억 달러의 이익을 내며 자동차 업계의 리더로서의 위상을 회복할 수 있었다!

어떻게 이런 일이 가능했을까? 그들은 일본 차에 대한 미국인들의 인식이 달갑지는 않았지만 배워야 할 게 많다는 것을 깨달았다. 포드는 생산량을 늘리기 위해 하나의 차종을 선정해 일본 회사와 변속기의 절반을 제작하는 계약을 체결했다. 그 과정에서 포드는 미국 소비자들이 일본산 변속기를 선호한다는 사실을 발견했다. 미국 소비자들은 일본산 변속기가 달린 차량의 가격이 더 비싼데도 그 차량을 구매하기 위해 대기자 명단에 이름을 올리는 것을 마다하지 않았다. 포드의 임원들은 이에 대해 분개하며 처음에는 "이건 단지 미국인들의 잘못된 믿음일 뿐이야. 이런 식으로 반응하도록 조건화되어 있기 때문일 뿐이라고"라는 반응을 보였다. 하지만 데밍의 감독 하에 진행된 변속기 실험에서, 포드의 변속기가 소음도 크고 자주 고장이 나므로, 고장도 없고 진동도 없고 소음도 없는 일본산 변속기보다 반품률이 훨씬 더 높다는 것을 알았다. 데밍은 포드의 직원들에게 품질을 높이는 것이 비용을 줄이는 길이라는 것을 가르쳤다. 이는 엄청난 비용을 써야 만이 높은 품질을 달성할 수 있다는 그동안의 믿음과는 정반대의 논리였다. 전문가들이 포드 변속기를 분해해서 모든 부품을 측정해보니, 그 부품들은 모두 포드 매뉴얼에 명시된 기준을 충족하는 것으로 나타났다. 일본 회사에 보낸 것과 같은 기준이었다. 전문가들이 일본의 변속기를 측정해보았지만, 특별한 차이를 발견할 수 없었다. 그래서 그들은 변속기를 실험실로 가져와 현미경으로 정밀측정하고 나서야 비로소 차이점을 찾아냈다.

일본 회사는 왜 계약서가 요구하는 것보다 더 높은 수준의 품질을 적용했을까? 그들은 높은 품질의 제품을 만들면 고객들을 만족시킬 뿐만 아니라 충성스러운 고객들은 가격이 더 높더라도 기꺼이 줄을 서서 기다리며 자신의 제품을 살 것이기 때문에 결과적으로 비용이 줄어든다는 믿음을 가지고 있었다. 그런 믿음으로 회사를 운영한 결과, 그들은 세계 시장에서 최고의 자리에 오를 수 있었다. 고객을 위해 끊임없이 품질을 개선하고 향상시켜야 한다는 믿음. 사실 **그 믿음은 미국인인 데밍 박사가 일본에 수출한 것이었다. 앞으로 미국 경제의 방향을 바꾸기 위해서는 이 믿음을 다시 미국으로 가져와야 한다고 생각한다.**

한 국가의 경제력을 파괴하는 해로운 믿음이 하나 있다. 바로 비용을 줄이고 수입을 늘려야 이익이 생긴다고 보는 전통적 기업 믿음이다. 데밍은 이를 '눈에 보이는 숫자로만 회사를 경영하는 것'이라고 비판했다. 이런 경영의 대표적인 예가 자동차 업계가 불황에 빠졌을 때 린 타운센드Lynn Townsend가 크라이슬러를 맡으면서 벌어진 일이다. 타운센드는 물론 회사의 수입을 늘리기 위해 노력했지만, 그가 더 중요하게 생각한 것은 비용을 줄이는 일이었다. 어떻게 비용을 줄였을까? 그는 기술직원의 3분의 2를 해고했다. 단기적으로는 옳은 결정처럼 보였다. 인건비가 줄어들자 수익이 상승했고 그는 영웅이 되었다. 그러나 크라이슬러는 몇 년도 안 돼 다시 재정난에 빠졌다. 무슨 일이 일어났을까? 물론 한 가지 이유 때문만은 아니었다. 하지만 장기적 관점에서 볼 때, 타운센드가 기술직원을 대폭 감축한 결정은 회사의 성공이 달린 품질 기반을 완전히 파괴한 결정이었는지 모른다. 때로는 회사에 피해를 주는 사람들이 단기적 성과를 냈다고 해서 보상을 받는 경우가 있다. 우리는 어떤 문제를 해결한다고 하면서 오히려 문제의 원인을 키우기도 한다. 따라서 어떤 결과를 해석할 때는 신중해야 한다. 크라이슬러와는 반대로 포드의 경우, 회사를 회생시키는 데 가장 중요한 역할을 한 것은 토러스Taurus라는 새 모델을 탄생시킨 설계부 직원들이었다. 토러스의 품질은 포드의 새로운 기준이 되었고, 많은 소비자가 그 차를 구입했다.

여기서 우리는 무엇을 배울 수 있을까? 사업에서나 삶에서나 우리가 가지고 있는 믿음이 우리의 모든 결정, 즉 우리의 미래를 통제한다. 동서고금을 막론하고 우리가 가져야 할 가장 중요한 믿음은, 성공하고 행복하기 위해서는 삶의 질을 끊임없이 향상시켜 계속 성장하고 확장해나가야 한다는 것이다.

일본 사람들은 이 원리를 잘 이해한다. 데밍의 영향을 받은 일본에서 사업이나 관계에 대해 말할 때 빠지지 않고 거론되는 말이 있다. 바로 '개선'(改善, 일본어 발음으로 '카이젠')이라는 말이다. 이 말은 문자 그대로 '끊임없이 나아지는 것'을 의미하며, 일본인들은 이 말을 그들의 대화에서 매우 자주 사용한다. 무역 적자를 개선해야 한다, 생산 라인을 개선해야 한다, 사람들과의 관계를 개선해야 한다 등등. 그리고 그들은 개선하는 방법을 끊임없이 모색하고 있다. 개선이란 원래 점진적이고 단순한 향상이라는 원칙적 의미를 가지고 있다. 그러나 일본인들은 작은 향상이 매일 쌓이면서 사람들이 꿈도 꾸지 못할 엄청난 발전이 이루어지기 시작한다는 사실을 잘 알고 있다. 일본 속담에 "누군가 3일 동안 보이지 않았다면, 친구들이 그를 잘 살펴보고 그에게 무슨 변화가 일어났는지 알아보아야 한다"라는 말이 있다. 놀랍게도(사실 그리 놀랄 일은 아니지만), 영어에는 '카이젠'과 같은 의미의 단어가 없다.

일본 기업 문화에 카이젠이라는 말이 미친 영향을 보면서, 나는 그 말이 내 자신의 삶에도 엄청난 영향을 주었다는 것을 깨달았다. 삶의 질을 끊임없이 향상시키고 기준을 높이겠다는 약속이 결과적으로 나를 행복하고 성공하게 만들었기 때문이다. 나는 우리도 '결코 끝나지 않는 지속적인 개선'에 초점을 맞추고 집중할 수 있는 말이 필요하다고 생각했다. 그런 단어를 만든다는 것은 우리에게 그런 의미를 새기게 하고 그런 사고방식을 하도록 만드는 일이다. 우리가 삶에서 일관되게 사용하는 단어들이 우리가 생각하는 방식을 구성하고 우리의 의사결정에도 영향을 미치기 때문이다.

이런 이해를 바탕으로, 나는 CANI(Constant And Never-ending Improvement, 결코 끝나지 않는 지속적인 개선, '쿤 아이'라고 발음한다)라는 연상 단어를 만들었다. 나는 우리 삶에서 얼마나 성공하느냐는 CANI에 얼마나 전념하느냐에 달려 있다고 생각한다. CANI는 단순히 사업에만 국한되는 것이 아니라 우리 삶의 모든 측면과 관련된 원칙이다. 일본 사람들은 전사적 품질관리라는 말을 자주 사용한다. 나는 미국인들도 회사 일에서뿐만 아니라 개인적인 관계, 영적 관계, 건강 문제, 그리고 재정 문제에서도 CANI에 집중해야 한다고 생각한다. 어떻게 하면 이 모든 영역에서 결코 끝나지 않는 지속적인 개선을 이룰 수 있을까? CANI에 집중하면, 우리 삶은 항상 다음 단계를 바라보며 떠나는 놀라운 모험이 된다.

CANI는 진정한 훈련이다. 그것은 가끔 하고 싶을 때 그냥 연습하듯 하는 것이 아니다. 그것은 **행동으로 뒷받침되는 지속적인 약속**이어야 한다. CANI의 본질은 점진적이고 지속적인 향상을 통해 오랜 기간에 걸쳐 거대한 걸작의 일부를 조각하는 것과 같다. 점진적이고, 심지어 사소한, 지속적인 개선이다. 그랜드캐니언에 가본 적이 있다면 내 말이 무슨 말인지 이해할 것이다. 그곳에서 수백만 년 동안의 점진적인 변화가 만들어낸 장엄한 광경을 보라! 콜로라도강과 수많은 지류들이 오랫동안 끊임없이 바위를 깎아내면서 세계 7대 자연경관 중 하나를 만들어낸 것을 목도할 수 있을 것이다.

대부분의 사람은 직장을 잃을까, 이미 가지고 있는 돈을 잃을까, 배우자를 잃을까, 건강을 잃을까 등등의 걱정거리에 늘 노심초사하면서 불안해한다. **매일매일 어떤 식으로든 자신을 향상시키고 있고, 현재 삶의 질을 높이고 있으며, 회사, 친구, 가족에게 가치 있는 존재라는 것을 알 때 우리는 비로소 안정감을 느낀다. 나는 내 삶의 질을 유지하느라 걱정하지 않는다. 오히려 매일 내 삶을 개선하기 위해 노력한다.** 나는 다른 사람들의 삶에 가치를 더하는 방법을 배우고 그들의 삶을 더 새롭고 강력하게 만들기 위해 끊임없이 노력한다. 이런 노력은 내가 언제나 배울 수 있고, 언제나 확장할 수 있고, 언제나 성장할 수 있다는 확신을 갖게 해준다.

당신이 CANI를 한다고 해서 삶에 어떤 문제도 생기지 않는다는 뜻은 아니다. 사실 뭔가를 개선하는 것은 그것이 옳지 않다는 것과 아직 일정 수준에 미치지 못한다는 것을 깨달았을 때 가능하다. CANI의 목적은 문제가 위기가 되기 전에 문제가 생기는 과정을 발견하고 이를 미리 처리하는 것이다. '괴물'을 죽이기 가장 좋은 시기는 괴물이 아직 어릴 때이기 때문이다.

CANI를 실천하기 위한 개인적 약속을 지키기 위해, 나는 매일 하루가 끝나면 스스로에게 다음과 같은 질문을 한다. 오늘 나는 무엇을 배웠는가? 오늘 나는 세상에 무슨 기여를 했고 무엇을 개선했는가? 오늘 나는 무엇을 즐겼는가? 당신의 삶을 즐기는 능력을 매일 끊임없이 향상시킨다면, 당신은 다른 사람들이 꿈도 꾸지 못하는 풍요로움을 경험하게 될 것이다.

조금씩 좋아지는 것이야말로 달성 가능한 믿음직한 목표다!

미국 프로농구NBA 로스앤젤레스 레이커스의 감독이었던 팻 라일리Pat Riley는 NBA 역사상 가장 많은 승리를 거둔 사람이다. 운 좋게 팀에 좋은 선수들이 많았기 때문이라고 평가절하하는 사람들도 있다. 물론 팀에 훌륭한 선수들이 많이 있었던 것은 사실이지만, 성공할 수 있는 자원이 있다 해도 좋은 성적을 그렇게 계속 낼 수 있는 사람은 많지 않다. 팻이 그렇게 할 수 있었던 것은 그가 CANI에 전념했기 때문이다! 그는 1986년 시즌이 시작하기 전에 큰 문제가 있었다고 말했다. 전년도에 최고의 시즌을 보냈지만 많은 선수들이 여전히 보스턴 셀틱스에 대해서는 패배감을 느끼고 있었다. 그래서 팻은 선수들에게 자신감을 불어넣을 수 있는 확실한 계획을 찾다가 작은 개선이라는 주제를 생각해냈다.

팻은 경기 품질을 자신이 생각하는 최고 수준보다 1%만 더 높여도 시즌에 큰 변화를 가져올 것이라고 선수들을 설득했다. 1%는 극히 작아 보이지만, 12명의 선수가 5개의 포지션에서 각자의 실력을 1% 늘린다면 모두 합해 전보다 60% 더 효과적인 팀이 만들어질 것이라고 생각했다. 사실 전체적으로 10%만 나아져도 한 번 더 우승하기에는 충분하리라고 생각했다. 그러나 이 철학의 진정한 가치는 팀 선수 모두가 그렇게 할 수 있다고 믿었다는 것이다. 모든 선수들이 그들이 맡은 5개 포지션에서 각자의 최고 능력보다 1% 더 향상시킬 수 있다고 확신했고, 그 확신은 그들이 훨씬 더 큰 잠재력을 끄집어낼 수 있게 만들었다. 결과는 어떻게 되었을까? 대부분의 선수들은 최소한 자신의 최고 능력을 5% 이상 끌어올렸고, 심지어 50%까지 끌어올린 선수도 많았다. 팻 라일리는 1987년이 오히려 가장 쉬운 시즌이었다고 회고했다. 당신도 CANI에 전념한다면 반드시 효과를 볼 수 있을 것이다.

성공의 열쇠는 확신감, 그러니까 당신이 한 개인으로서도 더 확장하고, 당신과 주변 사람들의 삶도 훨씬 더 멋지게 만드는 행동을 취하게 해주는 믿음을 발전시키는 것이다. 비록 어떤 것이 현재에는 변치 않는 사실인 것처럼 보이더라도, 세월이 가고 성장함에 따라 우리는 새로운 경험에 노출될 수밖에 없다. 그리고 한때 확신했던 믿음을 버리고 더 큰 힘을 실어주는 믿음을 새롭게 발전시킬 수 있다. 새로운 근거들이 쌓이면서 우리의 믿음도 바뀔 수 있다. 그러니 현재 가지고 있는 믿음이 당신에게 힘을 주는지 아니면 당신을 좌절하게 하는지 주의 깊게 살펴보라. 오늘부터 당신의 모든 믿음이 어떤 결과를 가져오는지 집중하는 습관을 길러라. 당신의 믿음이 당신을 원하는 방향으로 행동하도록 이끌며 스스로의 기반을 강화하고 있는가, 아니면 당신의 발목을 잡고 있는가?

"그 마음의 생각이 어떠하면 그 위인도 그러한즉"

– 잠언 23:7

지금까지 믿음에 대해 많은 것을 설명했지만, 우리의 삶을 진정으로 통제하기 위해서는 우리가 지금의 자리에 오기까지 어떤 믿음을 가졌는지 돌아보아야 한다.

그러니 지금 당장, 하고 있는 다른 모든 것을 멈추고 10분 정도 편안한 시간을 가져보자. **그동안 당신이 믿어왔던 모든 믿음을 브레인스토밍해보라. 당신에게 힘을 주는 믿음과 당신을 좌절시키는 믿음**, 전혀 중요해 보이지 않는 사소한 믿음과 큰 변화를 가져다준 보편적 믿음을 망라하라. 다음과 같은 믿음은 반드시 포함시켜야 한다.

- **조건부 믿음:** "내가 전력을 다한다면 성공할 거야"라든가 "내가 이 사람에게 완전히 빠진다면 사람들이 나를 떠날 거야" 같은 믿음.
- **보편적 믿음:** "사람들은 원래 선한 성품을 타고났어"라든가 "사람들은 원래 고통스러운 존재야" 같은 사람에 대한 믿음, 자신에 대한 믿음, 기회에 대한 믿음, 시간에 대한 믿음, 가난과 풍요에 대한 믿음 등.

이제 10분 동안 생각나는 대로 가능한 한 많이 적는다. 이 연습은 당신에게 큰 선물이 될 것이다. 이 연습이 끝나면, 어떻게 하면 힘을 실어주는 믿음은 강화시키고 좌절하게 만드는 믿음은 없앨 수 있는지 알려줄 것이다. 지금 당장 시작하라.

힘을 주는 믿음

좌절시키는 믿음

힘을 주는 믿음과 좌절시키는 믿음, 이 두 가지 목록을 충분히 작성했는가? 그렇지 않다면 돌아가서 다시 더 생각해보라!

이 목록을 작성하면서 무엇을 배웠는가? 잠시 멈추고 당신의 믿음을 다시 한번 살펴보라. **힘을 주는 믿음 가운데 가장 중요한 세 가지를 골라 동그라미로 표시하라.** 그 믿음들은 당신에게 어떻게 힘을 실어주는가? 그 믿음들은 어떻게 당신의 삶을 강화해주는가? 그 믿음들이 당신에게 끼친 긍정적 영향들에 대해 생각해보라. 나도 몇 년 전에 이 목록을 만들었는데, 내가 최선을 다하지 않았다는 생각을 확인하면서 이 작업이 매우 중요하다는 것을 깨달았다. 그러니까 **'내가 전념하기만 하면 상황을 반전시킬 수 있는 방법은 항상 있다'**라는 생각을 하게 된 것이다. 나는 목록을 읽으면서 '이 믿음은 더욱 강화시켜서 신념으로 발전시켜야 한다'라는 생각을 하게 되었다. 그리고 실제로 이를 실천하게 되어 너무 기뻤다. 약 1년 후, 주변의 모든 것이 가라앉고 있는 것처럼 보이던 아주 힘든 시기에 그 신념이 나를 구해준 생명의 은인이 되었으니까 말이다. 그 신념 덕분에 나는 다시 정신을 차릴 수 있었고, 개인적으로나 사업적으로 내게 가장 힘들었던 문제를 해결할 수 있었다. 주변의 모든 사람이 불가능하다고 말했지만, 이 하나의 믿음, 즉 하나의 확신 덕분에 그 상황을 반전시킬 수 있는 방법을 찾을 수 있었다. 단지 상황을 반전시킨 차원을 넘어, 가장 큰 위기를 가장 큰 기회로 전환하는 데 성공했다. 그러니 당신도 할 수 있다! 이 목록을 다시 잘 살펴보고, 그 믿음들이 진짜이고 실제라는 확신감을 강화시켜 앞으로 당신의 행동을 이끌게 하라.

이제 당신을 제한하는 부정적 믿음을 살펴보자. 그 믿음들이 가져온 결과가 어떠했는가? **당신을 가장 좌절시키는 믿음 두 가지에 동그라미 표시를 하라.** 그리고 지금 당장, 그 믿음 때문에 당신이 치른 대가를 더 이상 치르지 않겠다고 결심하라. 그 믿음들을 의심하고 타당성에 의문을 제기하기만 하면, 당신은 그 믿음의 근거 다리를 뒤흔들어 다시는 당신에게 영향을 미치지 못하게 할 수 있다. **다음 몇 가지 질문을 스스로에게 던져보라.** 그러면 당신을 좌절시키는 믿음을 떠받치고 있는 다리를 부술 수 있다.

1. 이 믿음이 도대체 얼마나 터무니없고 어리석은 것인가?
2. 내게 이 믿음을 가르쳐준 사람은 과연 이 분야에서 모델로 삼을 만한 사람인가?
3. 지금 이 믿음을 버리지 않는다면 내가 감정적으로 치러야 할 대가는 무엇일까?
4. 지금 이 믿음을 버리지 않는다면 내가 관계에서 치러야 할 대가는 무엇일까?
5. 지금 이 믿음을 버리지 않는다면 내가 육체적으로 치러야 할 대가는 무엇일까?
6. 지금 이 믿음을 버리지 않는다면 내가 재정적으로 치러야 할 대가는 무엇일까?
7. 지금 이 믿음을 버리지 않는다면 내 가족/사랑하는 사람들이 치러야 할 대가는 무엇일까?

이 질문들에 대해 정밀하게 조사하고 충분히 생각했다면, 이 믿음들의 힘이 이제 크게 약해졌다는 것을 발견했을 것이다. 이 믿음들로 인해 당신이 그동안 어떤 대가를 치러왔는지, 당신이 여전히 변하지 않는다면 앞으로 얼마나 더 대가를 치를지 생각해보라. 이 믿음들을 다시는 겪고 싶지 않은 강한 고통과 연결시켜라. 이제 지금 당장 실천하기로 결심하라.

결론은 우리를 좌절시키는 믿음을 새로운 믿음으로 대체하지 않고는 그것에서 벗어날 수 없다는 것이다. 그러니 지금 당장 **당신이 방금 없애버린 제한적 믿음 두 가지를 대체할 수 있는 믿음을 적어보라.** 그 믿음과 반대되는 믿음은 무엇인가? 예를 들어 당신이 '나는 여자라서 성공할 수 없다'라는 믿음을 가지고 있다면, 그 믿음을 대체할 새로운 믿음은 '나는 여자이기 때문에 어떤 남자도 꿈꿀 수 없는 자원을 가지고 있다!'가 될 것이다. 이 생각을 뒷받침하고 확신감을 가질 수 있는 근거로는 무엇이 있을까? 당신이 새 믿음을 더 굳건하게 강화하면, 새 믿음이 완전히 새롭고 힘을 불어넣어주는 방식으로 당신의 행동을 바꾸기 시작할 것이다.

당신이 삶에서 원하는 결과를 얻지 못했다면, 스스로에게 이런 질문을 해보라. "여기서 성공하려면 어떤 믿음을 가져야 할까?" "이 분야에서 이미 성공한 사람은 누구이고, 성공에 대한 그들의 믿음이 내 믿음과 어떻게 다른가?" "성공하기 위해 내게 추가로 필요한 믿음은 무엇인가?" 이런 질문을 하다 보면, 당신이 그동안 몰랐던 중요한 믿음을 발견하게 될 것이다. 당신이 지금 고통을 겪고 있다면, 또는 문제에 직면해 좌절하고 분노를 느낀다면, "내가 어떤 믿음을 가지고 있기에 이 상태가 되었을까?"라고 자문해보라. 이 간단한 과정을 연습하다 보면, 당신은 이미 가지고 있으면서 미처 알지 못했던 믿음을 발견하는 기적을 경험하게 될 것이다. 예를 들어 당신이 우울함을 느끼고 있다면 "내가 무엇을 믿고 있기에 이처럼 우울한 걸까?"라고 자문해보라. 그런 믿음을 가지고 있는 한, 미래에 대해 생각할 때도 '상황이 결코 나아지지 않을 거야'라거나 '더 이상 희망이 없어' 같은 말을 하게 될 것이다. 당신 입으로 그렇게 말하는 것을 직접 듣는다면, 다음과 같이 생각할 수 있다. "나는 그것을 믿지 않아! 비록 지금 기분이 좋지 않지만 영원히 나쁘지는 않을 거야. 이 또한 지나갈 테니까" 혹은 "이 문제가 영원히 없어지지 않는다고 믿는다면 내 삶이 완전히 파괴될 거야. 그러니 다시는 그렇게 생각하지 않을 거야"라고 결심할 수 있다.

당신을 제한하는 부정적 믿음을 조사하는 동안, 당신의 감정이 어떻게 변하는지 살펴보라. 당신이 마음속으로 기억하고 있는 과거의 사건에 대한 의미를 바꾼다면 그에 대한 당신의 느낌을 즉시 바꾸게 될 것이고, 그것이 다시 당신의 행동을 바꾸게 될 것이고, 마침내 당신의 운명을 바꾸게 될 것임을 깨닫고 믿으라. 사건의 의미를 바꾸면, 당신이 내리는 결정도 바꿀 수 있다. **인생의 모든 사건에는 당신이 부여한 의미만 있을 뿐, 다른 의미는 있을 수 없다.** 그러므로 당신이 스스로 선택한 운명과 가장 일치하는 의미를 의식적으로 부여하도록 하라.

믿음은 무엇을 창조할 수도 있고 파괴할 수도 있다. 당신이 이 책을 선택한 이유는, 당신이 할 수 있는 최고의 결과를 내지 못하면 만족하지 않기로 마음속 깊이 결정했기 때문일 것이다. 당신의 꿈을 파괴하기보다는 당신이 원하는 비전을 창조하기 위해 믿음의 힘을 사용하고 싶지 않은가? 그렇다면 당신에게 힘을 실어주는 믿음을 선택하는 법을 배워라. 당신을 최고의 운명으로 이끄는 확신감을 만들어라. 당신의 가족, 당신의 회사, 당신이 속한 사회, 당신이 사는 나라는 충분히 그럴 자격이 있다.

리더십과 믿음의 힘

리더는 힘을 실어주는 믿음에 따라 살면서, 사람들에게 그들을 제한해온 부정적인 믿음을 바꾸고 자신의 능력을 최대한 발휘할 수 있도록 가르치는 사람들이다. 내게 감동을 준 위대한 리더는 마르바 콜린스Marva Collins라는 교사다. 아마 〈60분〉60 Minutes이라는 TV 프로그램이나 그녀를 다룬 다큐멘터리 영화에서 그녀를 본 적이 있을 것이다. 마르바는 30년 전에 아이들의 삶을 바꿔 그들이 더 나은 미래를 누릴 수 있도록 온 힘을 다해 자신의 인생을 바치기로 결심했다. 시카고의 빈민가에 있는 학교에 교사로 처음 부임했을 때, 그녀가 맡은 2학년 학생들은 아무것도 배우려 하지 않았다. 하지만 마르바는 이 아이들의 삶을 어루만져 주는 것이 자신의 사명이라고 생각했다. 그녀는 그저 아이들을 돕겠다는 단순한 생각을 가진 것이 아니라, 아이들의 삶을 영원히 변화시키겠다는 열정적이고 뿌리 깊은 신념을 가지고 있었다. 아이들의 삶을 바꾸는 일이라면 어떤 일도 마다하지 않았다. 그녀 앞에는 난독증이나 각종 학습장애와 행동장애가 있는 아이들이 있었지만, 그녀는 아이들이 문제가 아니라 그들을 어떻게 가르치느냐가 더 중요하다고 생각했다. 그동안 그들에게 그런 노력을 기울인 사람이 아무도 없었기 때문에 이 아이들에게는 자신에 대한 믿음을 가질 기회도 없었다. 그들은 삶의 돌파구를 찾거나, 자신이 진짜 누구인지 그리고 무엇을 할 수 있는지 알 수 있는 근거도 없었다. 하지만 인간은 도전에 맞서 싸우게 되어 있다. 그녀는 이 아이들에게 무엇보다도 그들에게 맞는 가르침이 필요하다고 생각했다.

그래서 그녀는 '빨리 배우는 법'See Spot run을 표방하는 옛 책들은 모두 버리고 대신 아이들에게 셰익스피어, 소포클레스, 톨스토이를 가르쳤다. 다른 교사들은 모두 그녀를 조롱했다. "이 아이들이 어떻게 그런 책을 이해한단 말인가?" 짐작할 수 있다시피, 많은 사람이 마르바가 오히려 아이들의 삶을 망칠 것이라며 그녀를 비난했다. 하지만 마르바의 학생들은 그 책들을 이해했을 뿐만 아니라 매우 재미있어 했다. 왜 그랬느냐고? 그녀는 아이들이 독특한 정신을 소유하고 있고, 무엇이든 배울 수 있는 능력이 있다는 것을 믿어 의심치 않았다. 그녀는 공감과 사랑으로 아이들과 소통하면서 아이들이 자신에 대한 믿음을 갖게 해주었다. 짧은 인생이었지만 그들에게 그런 경험은 난생처음이었다. 그렇게 수십 년 동안 그녀가 꾸준히 만들어낸 결과는 실로 놀라운 것이었다.

나는 마르바가 시카고 공립학교 시스템과 별개로 세운 사립학교인 웨스트사이드 초등학교Westside Preparatory School에서 그녀를 만나 인터뷰를 했다. 그녀를 만난 다음, 학생 몇 명을 인터뷰하기로 했다. 처음 만난 아이는 놀랄 만큼 멋진 미소를 짓는 4살짜리 남자아이였다. 나는 그 아이와 악수를 했다.

"안녕, 난 토니 로빈스야."

"안녕하세요, 로빈스 씨. 제 이름은 탈마지 E. 그리핀Talmadge E. Griffin이고, 나이는 네 살입니다. 무엇을 알고 싶으신가요?!"

"음, 탈마지 군. 요즘 무슨 공부를 하고 있는지 말해주겠니?"

"여러 가지 공부하고 있습니다, 로빈스 씨."

"그럼, 최근에 읽은 책이 뭐지?"

"존 스타인벡의《생쥐와 인간》Of Mice and Men을 막 끝냈습니다."

여기서 깊은 감동을 받았음은 두말할 나위도 없다. 나는 그에게 그 책이 무엇에 관한 책이냐고 물었다. 나는 그가 으레 조지George와 레니Lenny라는 두 사람에 관한 이야기라고 대답할 것이라고 생각했다.

그는 "주인공main protagonist은 누구누구고…"라고 말을 시작했다.

그가 main character라는 말 대신 main protagonist라는 고급 어휘를 쓰는 걸 보고 나는 이미 그에게 반해버렸다! 그다음에는 그 책에서 무엇을 배웠느냐고 물었다.

"로빈스 씨, 이 책은 제게 어떤 교훈 이상의 의미가 있었습니다. 완전히 제 영혼 깊숙이 스며들었으니까요permeate."

나는 어린아이가 그런 어려운 단어를 쓰는 걸 보고 웃음이 나왔다. 그래서 "permeate라는 말이 무슨 뜻이니?"라고 물었다.

그는 "내 몸 전체로 퍼졌다는 뜻입니다"라고 대답했다. 그보다 더 완벽한 설명은 없을 것이다.

"이 책에서 무엇이 너를 그렇게 감동시켰니, 탈마지?"

"로빈스 씨, 저는 이 책에서 아이들은 절대 피부색으로 다른 사람을 판단하지 않는다는 것을 알았습니다. 어른들만 그럴 뿐이지요. 비록 저도 언젠가 어른이 되겠지만 어른이 되어도 이 아이들의 교훈을 절대 잊지 않을 거예요."

탈마지의 말에 나는 눈에 눈물이 고이기 시작했다. 마르바 콜린스가 이 어린이들에게 현재뿐만 아니라 평생 이들의 결정을 형성할 강력한 믿음을 심어주었다는 사실에 감동했기 때문이었다. 마르바는 내가 이 책의 서두에 언급한 세 가지 기본 원칙을 사용해 학생들의 삶의 질을 높여주었다. 바로 더 높은 기준을 세우고, 오래된 부정적 믿음을 깨고 힘을 불어넣어주는 새로운 믿음을 갖도록 돕고, 평생 성공적인 삶을 유지할 수 있는 구체적 기술과 전략으로 뒷받침해주었던 것이다. 결과는 어땠을까? 그녀의 학생들은 자신감을 갖게 되었을 뿐 아니라 실제로 능력을 키워나갔다. 짧은 기간 동안 학업 성적이 좋아진 것도 놀라웠지만, 그 과정에서 그들의 일상에서 일어난 효과가 더 큰 의미가 있다고 할 수 있을 것이다.

마지막으로 탈마지에게 물었다. "콜린즈 선생님이 가르쳐준 것 중에 가장 중요한 게 무엇일까?"

그의 대답은 이러했다. "콜린즈 선생님이 우리에게 가르쳐주신 것 중 가장 중요한 것은, **사회가 내 운명을 멋대로 예측할 수는 있지만 그것을 결정하는 것은 나 자신**이라는 교훈이지요!"

어쩌면 이 아이들의 교훈은 우리 모두가 기억해야 할 교훈일지 모른다. 어린 탈마지가 당차게 표현한 믿음은 그 아이뿐만 아니라 마르바가 가르친 학교 아이들 모두 갖고 있었다. 이 아이들은 자신이 소망하는 미래를 창조할 수 있도록 인생을 이끌어가게 될 것이다. 그들에게 미래는 결코 두려운 것이 아닐 테니까 말이다.

지금까지 배운 것을 복습해보자. 이제 우리 안에 깨워야 할 힘이 있다는 것을 확실히 알게 되었다. 그 힘은 우리의 운명을 형성하는 결정을 의식적으로 내리는 능력을 키우는 것에서 시작된다. 하지만 이를 위해 반드시 필요한 믿음이 있는데, 그 믿음은 바로 다음 질문에 대한 당신의 답변 속에 들어 있다.

5장

지금 당장 변화하라

"보라 내가 너희에게 비밀을 말하노니 우리가 다 잠잘 것이 아니요

마지막 나팔에 순식간에 홀연히 다 변화되리니"

– 고린도전서 15:51

나는 항상 다른 사람들이 자신의 삶을 바꿀 수 있도록 돕는 능력을 갖추게 해달라고 기도해왔다. 어릴 적부터 다른 사람들이 변화하도록 도우려면 나 먼저 변화할 수 있어야 한다는 것을 본능적으로 알고 있었다. 그래서 중학교에 들어가면서, 인간의 행동과 감정을 변화시키는 기본적인 방법을 가르쳐주는 책과 테이프들을 탐독하며 관련 지식을 쌓기 시작했다.

물론 내 삶의 특정 부분을 개선하고 싶었기 때문이다. 나는 그런 도구들을 통해 동기를 부여받고 싶었고, 그 가르침을 따라 행동을 취하며 삶을 즐기는 방법을 배우고, 사람들과 연결되어 유대감을 형성하는 방법을 배우고 싶었다. 왜 그런지 모르겠지만, 나는 다른 사람들의 삶의 질을 변화시켜주는 방법을 배우고 함께 나누며, 그들이 내게 감사하고 나를 좋아하게 되는 일련의 일들을 즐거움과 연결시켰다. 그랬더니 고등학교 다닐 무렵에 내 별명은 '해결사'가 되었다. 사람들은 문제가 있으면 나를 찾았고, 나 역시 내가 그런 사람으로 여겨지는 것에 자부심을 느꼈다.

더 많이 배울수록 배우는 것이 좋아졌다. 나는 사람의 감정과 행동에 영향을 미치는 방법을 배우는 것에 완전히 푹 빠져버렸다. 더구나 속독 수업을 듣고 나서는 닥치는 대로 책을 읽었다. 불과 몇 년 동안 700권 정도의 책을 읽었는데, 대부분이 자기계발, 심리학, 영향력 같은 책들이었다. 나는 삶의 질을 높일 수 있는 방법에 대해 모든 것을 알고 싶었고, 이를 다른 사람들과 공유하고 나 자신에게도 즉시 적용하려고 노력했다. 물론 그 와중에도 책 읽는 일을 멈추지 않았다. 나는 동기부여 테이프라면 가리지 않고 다 들었고, 고등학생임에도 돈을 모아 각종 자기계발 세미나에 참석했다. 하지만 짐작한 대로, 그 많은 세미나에서 하는 말들이 거의 비슷비슷하다는 것을 눈치채는 데에는 그리 오래 걸리지 않았다. 새로운 게 없는 것 같았고, 슬슬 지겨워졌다.

그러던 중 21살 생일이 막 지났을 무렵, 사람들의 삶을 전광석화처럼 변화시킬 수 있는 일련의 기술을 알게 되었다. 바로 게슈탈트 심리요법Gestalt therapy 같은 간단한 기술과 에릭슨 최면술Ericksonian hypnosis과 신경 언어 프로그래밍Neuro- Linguistic Programming 같은 영향력 있는 도구들을 배우게 된 것이다. 이런 도구들이 예전에는 몇 달, 몇 년, 심지어 수십 년이 걸렸던 변화를 불과 몇 분 안에 이뤄내는 것을 보고 나는 그 방법들의 전도사가 되었다. 나는 이 기술들을 마스터하는 데 내 모든 자원을 쏟기로 결심했다. 그리고 물론 배우는 데 그치지 않고 배운 것을 즉시 삶에 적용했다.

신경언어 프로그래밍 교육을 받던 첫 주를 결코 잊지 못할 것이다. 우리는 시작한 지 한 시간도 안 돼 평생을 괴롭혀온 공포증을 없애는 방법 등을 배웠다. 내로라하는 수많은 전통적 치료방법들로는 5년 넘게 걸리는 일이었다! 5일째 되는 날, 나는 같이 공부하던 심리학자들과 정신과 의사들을 향해 이렇게 말했다. "여러분, 이제 나가서 공포증 환자를 찾아 치료해줍시다!" 모두 나를 미친 사람 보듯 쳐다보았다. 그제야 나는 환자를 치료할 수 있으려면 6개월간의 인증 프로그램을 이수해야 하고 시험도 합격해야 한다는 것을 알게 되었다. 그 과정을 모두 성공적으로 마쳐야만 비로소 배운 것을 사용해 환자를 치료할 수 있게 되는 것이었는데 고작 5일 만에 그런 소리를 했으니!

하지만 나는 더 기다릴 생각이 없었다. 그래서 캐나다 전역에 방송되는 라디오와 TV 프로그램에 출연해 사람들의 삶을 변화시키는 일을 직업으로 삼기 시작했고, 마침내 방송에도 출연하게 되었다. 나는 방송에서 삶을 변화시킬 수 있는 이 기술들에 대해 이야기했고, 삶을 바꾸기로 마음만 먹으면, 우리를 좌절시키는 습관이든 몇 년 동안 우리를 괴롭혀온 공포증이든 그 행동이나 감정적 패턴을 몇 분 안에 바꿀 수 있다고 강조했다. 비록 이전에도 변화를 시도하려 했다가 실패했어도 말이다.

너무 급진적으로 들리는가? 그럴 수 있다. 하지만 나는 **모든 변화는 한순간에 이루어진다**는 사실을 열정적으로 강조했다. 많은 사람은 우리가 마침내 변화하기로 결정하기 위해서는 어떤 특별한 일이 일어나야 한다고 생각한다. 하지만 뇌가 어떻게 작동하는지를 진정으로 이해한다면, 어떤 일이 우리에게 일어난 이유를 끊임없이 분석만 하면서 행동하지 않는 습관을 멈출 수 있을 것이다. 우리가 고통과 기쁨에 연결시키는 것을 바꿀 수만 있다면, 그동안 우리의 신경계가 조건화되어왔던 방식을 바꾸고 즉시 삶을 직접 통제할 수 있게 될 것이다. 하지만 짐작할 수 있듯이, 박사학위도 없는 새파란 젊은이가 라디오에 나와 이런 논쟁적인 주장을 하는 것을 전통적 교육을 받은 정신건강 전문가들이 좋아할 리 없었다. 그래서 몇몇 정신과 의사들과 심리학자들이 나를 공격하기 시작했다.

그래서 나는 기술과 도전이라는 두 가지 원칙을 바탕으로 사람들을 변화시키는 직업으로서의 경력을 쌓아가기로 했다. 나는 내가 뛰어난 기술을 가지고 있다는 것을 알고 있었다. 그것은 인간의 행동에 대한 중요한 이해를 바탕으로 변화를 만들어내는 뛰어난 기술이었다. 대부분의 심리학자는 훈련받지 못한 기술이었다. 거기에 나 자신과 나와 함께 일하는 사람들에게 충분한 도전의식을 불어넣어주면 웬만한 문제는 변화시킬 수 있는 방법을 찾을 수 있을 것이라고 생각했다.

한 정신과 의사가 전화한 적이 있는데 나를 사기꾼이자 거짓말쟁이라면서 내가 거짓 주장을 하고 있다고 비난했다. 하지만 그것이 내게 도전의식을 불어넣어주었다. 나는 그 의사에게 비난을 멈추고 그가 몇 년 동안 치료한 후에도 바꿀 수 없었던 환자 한 명을 소개해달라고 부탁했다. 너무 대담한 요구라고 생각했는지, 그 의사는 처음에는 내 요구에 응하지 않았다. 그러나 약간의 지렛대(다음 장에서 다룰 기술)를 사용했더니 마침내 한 명의 환자를 소개해 주었다. 나는 그 환자에게 내 무료 행사에 직접 찾아와 달라고 부탁했고 그렇게 그 환자와 함께 같은 방에 앉을 수 있었다. 그 여자가 뱀에 대해 가지고 있던 공포증을 없애는 데 걸린 시간은 단 15분이었다. 그 환자는 나를 비난한 정신과 의사에게 7년 넘게 치료를 받고 있었다. 그 의사는 놀라지 않을 수 없었다. 하지만 더 중요한 것은, 이 사건이 내 믿음의 확실한 근거가 되었고 내가 할 수 있다는 확신감을 갖게 되었다는 것이다. 내 말이 급진적이라고 했던가? 말 그대로 정말 급진적인 사람이 된 것이다! 나는 전국을 돌며 사람들에게 얼마나 빨리 변화가 일어날 수 있는지를 실제로 입증했다. 어디를 가든 사람들은 처음에는 회의적이었지만, 내가 그들의 눈앞에서 실제로 가시적인 결과를 보여주자, 그들은 관심을 보일 뿐만 아니라 내가 가르친 것을 자신들의 삶에 기꺼이 적용하려고 노력했다.

왜 사람들은 변화가 오래 걸린다고 생각하는 것일까? 가장 큰 이유는 변화하겠다는 의지력을 가지고 여러 번 시도하다가 실패했기 때문이다. 그래서 중요한 변화를 만들어내는 것은 시간도 오래 걸리고 실천하기도 어려운 일이라고 생각하는 것이다. 하지만 실제로는 어떻게 변화해야 하는지 모르기 때문에 어려울 뿐이다! 우리는 변화를 만들어내기 위한 효과적인 전략을 가지고 있지 않다. 의지력만으로는 충분하지 않다. 당신이 지속적인 변화를 이루길 원한다면 의지력만으로는 불가능하다.

우리가 빠르게 변화하지 못하는 두 번째 이유는, 우리 자신 안에 있는 내면의 능력을 발휘할 수 없다는 일련의 믿음을 가지고 있기 때문이다. 문화적인 영향 때문인지 우리는 변화를 부정적인 개념과 연결시킨다. 사람들은 즉각적인 변화는 아무 문제가 없어야 가능하다고 생각한다. 그렇게 쉽다면 왜 1주일 전, 1달 전, 1년 전에 불평을 멈추고 변화하지 못했겠느냐고 생각하는 것이다.

예를 들어 사랑하는 사람을 잃은 상실감을 얼마나 빨리 회복하고 변화를 만들어낼 수 있을까? 물리적으로 우리는 바로 그다음 날 아침에 그렇게 할 수 있다. 하지만 그렇게 하지 못한다. 왜 그럴까? 사랑하는 사람을 잃으면 일정 기간 슬퍼해야 한다는 문화적 믿음이 있기 때문이다. 얼마나 오랫동안 슬퍼해야 하느냐고? 모든 것은 당신 자신이 어떻게 조건화되었느냐에 달려 있다. 생각해보라. 만일 당신이 사랑하는 사람을 잃은 다음 날 슬퍼하지 않는다면, 더 큰 고통이 생기지 않겠는가? 우선 사람들은 즉시, 당신이 잃어버린 그 사람을 정말로 사랑하지 않았다고 생각할 것이다. 그리고 그런 문화에 조건화되었다면 당신 자신마저 그 사람을 사랑하지 않았다고 믿기 시작할지 모른다. 사랑하는 사람의 죽음을 그렇게 쉽게 잊어버린다는 것 자체가 더 고통스럽다. 그래서 우리는 감정을 전환하기(슬픔을 즉시 잊기)보다는, 그동안 따라왔던 규칙과 문화적 기준이 적절히 충족되었다고 만족할 때까지 계속 슬퍼하는, 더 적은 고통을 선택한다.

사실 미국에서는 누군가 죽으면 그 죽음을 축하하는 문화가 있다! 왜 그럴까? 미국인들은 하나님은 우리가 이 땅을 떠날 때를 언제나 알고 계시며, 죽음은 단지 현생을 졸업하는 것이라고 생각한다. 그래서 누군가의 죽음을 슬퍼한다면 그것은 삶을 제대로 이해하지 못하는 것이며 오히려 이기심을 보여주는 것일 뿐이라고 생각한다. 죽은 사람은 더 좋은 곳으로 간 것이므로 슬퍼할 일이 아니라는 것이다. 그들은 죽음을 기쁨과 연결시키고 슬픔을 고통과 연결시키기 때문에 슬픔은 그들의 문화가 아니라고 생각한다. 슬픔이 나쁘다거나 잘못되었다는 말이 아니다. 고통에서 회복되려면 그만큼 오랜 시간이 걸린다는 뜻이다.

나는 미국 동부 끝에서 서부 끝까지 전국을 다니며 강연하면서, 30분 이내에 삶을 변화시킬 수 있다고 사람들을 격려했다. 내가 논란을 일으킨 것은 분명하지만, 더 많은 성공을 거둘수록 확신은 더 크고 강렬해졌다. 솔직히 말하자면, 아마도 내가 매우 논쟁적이고 어느 정도는 건방지게 보였을 것이다. 하지만 나는 내 방식으로 사람들을 치료했고 사람들이 변화하도록 도왔으며, 그런 다음에 세미나를 시작했다. 그리고 몇 년 지나지 않아 4주 중 3주는 출장을 다녀야 할 만큼 세미나는 인기를 끌었다. 짧은 시간 안에 가급적 많은 사람에게 긍정적인 영향을 미칠 수 있는 능력을 키우기 위해 내가 할 수 있는 최선의 노력을 다했다. 내가 이룬 성과는 전설이 되었다. 마침내 정신과 의사들과 심리학자들은 내게 공격하는 것을 멈췄고, 오히려 내 기술을 배워 그들의 환자들에게 사용할 수 있는지 관심을 보이게 되었다. 그러면서 내 태도도 바뀌었고 나는 더 균형 잡힌 사람이 되었다. 하지만 가능한 한 많은 사람을 돕고 싶은 내 열정은 여전했다.

내 첫 책《무한 능력》이 처음 발간된 지 얼마 되지 않았을 때, 나는 샌프란시스코에서 세미나를 마친 후 내 책을 사는 사람들에게 사인을 해주고 있었다. 그러면서 고등학교 시절부터 스스로에게 한 약속, 즉 성장하고, 확장하고, 세상에 기여하고, 그렇게 함으로써 내 삶을 변화시키겠다는 약속을 실천하면서 얼마나 놀라운 보상을 받았는지 되돌아보게 되었다. 사람들이 웃는 얼굴로 한 명씩 내게 다가올 때마다, 내가 그들의 삶을 바꾸도록 도울 수 있는 기술을 갖게 된 것이 얼마나 감사한 일인지 새삼 느낄 수 있었다.

마지막 남은 사람들이 거의 흩어지기 시작하자 한 남자가 다가와 "나를 알아보겠소?"라고 물었다. 나는 한 달에 수천 명의 사람들을 만나기 때문에 그가 누군지 기억하지 못했다. 그는 "좀 더 생각해보시오"라고 말했다. 그를 잠시 바라보다가 갑자기 무언가가 번뜩 머리를 스쳤다. 내가 "맞아, 우리 뉴욕에서 본 적이 있어요. 그렇지요?"라고 말하자 그가 "맞소"라고 대답했다. "그래요, 담배를 끊도록 도운 적이 있지요." 그가 다시 고개를 끄덕였다. "이런, 벌써 몇 년이 지났네요. 그동안 어떻게 지내셨나요?" 그는 호주머니에서 말보로 담배 한 갑을 꺼내더니 책망하는 듯한 표정으로 내게 말했다. "당신은 실패한 거요!" 그는 내가 그를 효과적으로 변화시키지 못했다며 장황하게 이야기를 늘어놓기 시작했다.

솔직히 그 순간 매우 당혹스러웠다. 사실 나는 모든 걸 바치겠다는 절대적인 의지, 나와 다른 사람들에게 도전의식을 불어넣겠다는 약속, 속전속결로 지속적이고 효과적인 변화를 만들어내기 위해 무엇이든 헌신하겠다는 마음가짐으로 이 일을 해왔다. 그런데 자신이 담배를 끊게 하지 못했다고 비난하는 남자의 말을 들으며, 나는 무엇이 잘못되었는지 궁금했다. 내가 내 능력과 기술을 지나치게 믿은 것은 아닐까? 그러다가 나 자신에게 더 나은 질문을 하기로 했다. 이 상황에서 무엇을 배울 수 있을까? 도대체 무슨 일이 있었던 것일까?

나는 그가 내 치료를 받고 나서 1주일쯤 지난 뒤 담배를 다시 피우기 시작했다는 말을 들을 것이라고 예상하면서 이렇게 물었다. "내 치료를 받은 후에 무슨 일이 있었나요?" 하지만 그는 내게 한 시간도 안 되는 치료를 받고 나서 거의 2년 반 동안 담배를 끊었다는 것이다! 그런데 어느 날 우연히 담배 한 모금을 피웠다가 금방 하루에 4갑씩 피우는 예전의 상태로 돌아갔다는 것이다. 그러면서 금연이 중단된 것은 치료가 잘못되었기 때문이라며 내게 책임을 돌렸다.

나는 그의 말에 충격을 받았다. 그의 말이 완전히 틀린 것은 아니었기 때문이다. 어쨌든 나는 신경언어 프로그래밍이라는 것을 가르쳤다. '프로그래밍'이라는 말을 생각해보라. 당신은 나한테 오기만 하면 돼, 내가 당신을 프로그래밍하면 모든 게 다 잘 될 거야, 당신은 아무것도 할 필요가 없어! 나는 사람들을 근본적으로 돕고 싶은 욕망에 사로잡혀 자기계발 업계의 리더들이 흔히 저지르는 실수를 저지르고 만 것이었다. 그때부터 나는 사람들의 변화에 대한 책임을 누가 져야 하는지 생각하기 시작했다.

그날, 나는 그동안 그 책임이 전혀 엉뚱한 사람, 바로 '나'에게 있다고 생각해왔다는 것을 깨달았다. 나를 비난한 그 남자나 그동안 내가 치료했던 수천 명의 다른 사람들 모두 그들의 변화에 대한 책임이 '나'에게 있다고 생각했기 때문에 어려운 문제에 부딪히면 쉽사리 예전 습관으로 되돌아갔던 것이다. 일이 잘 안 되면(내 치료를 받고도 변화에 실패하면) 편의상 비난할 누군가가 있어야 했다. 그래야 자신의 책임을 피할 수 있고, 새로운 행동을 따르지 않았다는 고통도 피할 수 있을 터였다.

이런 사실을 깨닫고 나서 나는 내가 가르치는 기술의 이름을 바꾸기로 했다. 물론 신경언어 프로그래밍NLP이라는 기술을 계속 사용하지만 '프로그래밍'이라는 단어는 더 이상 사용하지 않는다. 정확하지 않다고 생각하기 때문이다. 장기적인 변화를 지칭하는 더 좋은 이름은 '조건화'다. 며칠 후 아내가 새 피아노를 조율하기 위해 조율사를 불렀을 때 나는 이 말을 더 확신하게 되었다. 그는 진정한 장인이었다. 완벽한 진동을 만들기 위해 피아노의 모든 현의 장력을 일일이 적절한 수준으로 조율하느라 몇 시간이 걸렸다. 결국 그날 저녁이 다 되어서야 피아노는 완벽한 소리를 낼 수 있게 되었다. 내가 그에게 얼마냐고 물었더니, 그는 "다음에 올 때 청구서를 드릴게요"라고 하는 것이었다. 내가 "다음에 또 오신다고요? 무슨 뜻이죠?"라고 묻자 그는 "내일도 올 거고, 앞으로 한 달 동안 1주일에 한 번은 들를 겁니다. 그다음에는 1년 동안 석 달에 한 번은 와야 해요. 선생님 댁이 바닷가니까요."

"무슨 말인지 모르겠군요. 피아노의 조율은 이미 다 끝나지 않았나요? 아직 덜 끝난 건가요?"

"네, 조율은 다 끝났지요. 하지만 이 현들은 아주 강해서 완벽한 장력을 유지하기 위해서는 계속 그 수준을 유지할 수 있도록 조건화시켜야 하거든요. 이 현들이 그 수준을 유지할 때까지 정기적으로 와서 계속 다시 조여야 합니다."

나는 "이 사람, 정말 대단한 사업을 하고 있군!"이라고 생각하며 그날 정말 좋은 교훈을 얻었다.

이것이 바로 우리가 장기적인 변화를 이루기 위해 반드시 해야 할 일이다. **일단 변화가 일어나기 시작하면, 곧바로 그것을 강화해야 한다. 그러니까 우리의 신경계가 변화를 한 번 받아들이는 데 그치지 않고 변화가 일관되게 성공적으로 지속되도록 조건화해야 한다는 말이다.** 당신은 에어로빅 수업에 단 한 번 갔다 오고 나서 "됐어, 이젠 멋진 몸을 갖게 되었으니 평생 건강하게 살 수 있을 거야!"라고 말하지는 않을 것이다. 우리의 감정과 행동도 마찬가지다. 우리가 성공하길 원한다면, 누군가를 사랑하려 한다면, 혹은 두려움을 극복하길 원한다면, 우리 자신을 조건화시켜야 한다. 반복적인 훈련을 통해 조건화시키면, 평생 지속될 수 있는 성공으로 우리를 자동적으로 이끄는 패턴을 개발할 수 있다.

고통과 기쁨이 우리의 모든 행동을 형성하고, 고통과 기쁨이 우리의 행동을 변화시킬 수 있다는 사실을 기억하라. 우리를 조건화시키려면, 고통과 기쁨을 사용하는 방법을 알아야 한다. 우리는 이 장에서 우리는 인생에서 원하는 모든 변화를 이루어내기 위해 내가 개발한 과학을 배우게 될 것이다. 바로 **신경연상회로 조건화™** Neuro- Associative Conditioning™, NAC라는 과학이다. 그게 뭐냐고? NAC는 **인생에서 지속적인 성공을 거두기 위해서는 지속적인 노력이나 의지력 없이도, 계속 앞으로 나아가고 싶은 것에는 기쁨을 연상하고 피해야 할 것들에는 고통을 연상하도록 우리의 신경계를 조건화시키는 단계적 과정이다.** 우리의 신경계, 즉 신경연상회로가 어떤 감정을 연상하도록 조건화되어 있느냐가 우리의 감정과 행동을 결정하는 것임을 기억하라.

신경연상을 통제할 수 있다면, 우리의 삶을 통제할 수 있다. 이 장에서 우리가 행동을 취하도록 힘을 불어넣어주고, 우리가 항상 꿈꿔왔던 성과를 이룰 수 있도록 신경연상회로를 조건화하는 방법에 대해 배울 것이다. 이 장은 평생 지속되는 변화를 이룰 수 있는 기술을 당신에게 알려주도록 설계되어 있다.

"세상은 변하지 않는다. 변하는 것은 우리 자신이다."

- 헨리 데이비드 소로 Henry David Thoreau

모든 사람이 자신의 삶에서 바꾸고 싶어하는 두 가지 변화가 있다. 바로

① 어떤 상황에서 우리가 느끼는 감정을 바꾸기 원하고 ② 그 상황에서 우리의 행동을 바꾸고 싶어한다는 것이다. 예를 들어 누군가 비극적인 삶을 살아왔다면(어렸을 때 학대와 성폭력을 당했다거나, 사랑하는 사람을 잃었거나, 자존감이 없는 삶을 살았거나), 그 사람은 그런 사건들이나 상황들과 연결된 감정에서 벗어날 때까지 고통 속에서 살았을 것이다. 마찬가지로 누군가 과식, 음주, 흡연, 심지어 마약을 하고 있다면, 그런 사람들은 반드시 바뀌어야 할 일련의 행동을 가지고 있는 셈이다. 그런 행동을 바꿀 수 있는 유일한 방법은 그런 옛 습관을 고통에 연결시키고 새로운 행동을 기쁨에 연결시키는 것이다.

이것은 아주 간단해 보이지만, 사실 진정한 변화를 창조하기 위해서는 그동안 당신과 내가 변화를 창조하기 위해 배운 모든 기술을 활용할 수 있는 구체적인 시스템을 개발하지 않으면 안 된다. 그런 기술에는 여러 가지가 있다. 나는 매일 다양한 분야의 과학에서 새로운 기술과 기법들을 습득하고 있다. 이 일을 시작했을 때부터 NLP와 에릭슨 최면술을 계속 사용하고 있는데, 이 기술들은 이제 절정에 달해 있다. 하지만 나는 그 기술을 사용하는 데 항상 NAC과학의 기본 6단계에 충실한다. 나는 변화를 위해 모든 기술을 사용하기 위한 방법으로 NAC를 개발했다. NAC는 모든 기술을 사용해 장기적인 변화를 창출하는 구체적 문법(명령과 순서)을 제공한다.

내가 1장에서 장기적인 변화를 만드는 핵심요소 중 하나는 믿음을 바꾸는 것이라고 말했던 것을 기억할 것이다. **당신이 빠른 변화를 만들고자 한다면, 가져야 할 첫 번째 믿음은 지금 당장 변화할 수 있다는 믿음이다.** 다시 반복하지만, 대부분의 사람은 무의식적으로, 빠르게 변화하는 것은 고통스러운 일이라고 생각해왔다. 우리는 한편으로는 빠르게 변화하고 싶어하면서도, 다른 한편으로는 변하지 않아도 애당초 아무 문제가 없기 때문이라고 간주하는 문화에서 살아왔다. 어쩌면 허세를 부리거나 게으른 것인지도 모른다. 그러므로 우리는 한순간에 변화할 수 있다는 믿음을 가져야 한다. 한순간에 문제가 생길 수 있다면, 해결책도 한순간에 만들 수 있다! 사실 우리는 마음만 먹으면 순식간에 변화할 수 있다는 것을 이미 알고 있다. 그렇지 않은가? 우리 인생에는 변화가 일어나는 순간이 있다. 그 순간이 지금 당장이 아니라는 법이 어디 있단 말인가? 사람들은 변화를 하기 위해서는 준비하는 시간이 필요하다고 말한다. 아마 다음과 같은 농담을 들어보았을 것이다.

> **질문 :** 전구를 바꾸려면 정신과 의사가 몇 명이나 필요할까?
>
> **대답 :** 한 명이면 충분하지. 하지만 꽤 비싸고 시간도 오래 걸릴걸. 그래도 전구는 바꿔야 하니까.*

말도 안 되는 이야기다! 우리는 우리 자신을 변화시킬 준비가 되어 있어야 한다. 우리 삶을 완전히 통제하고 진찰해줄 사람은 우리 자신밖에 없다.

장기적인 변화를 이루기 위해 가져야 할 두 번째 믿음은 우리의 변화에 대한 책임은 다른 누구도 아닌 우리 자신에게 있다는 믿음이다. 실제로 장기적인 변화를 만들어내는 책임이 나 자신에게 있다는 믿음에는 구체적으로 다음 세 가지 믿음이 있다.

① **첫째는 '반드시 변해야 한다'는 믿음이다.** 단지 '변해야겠다'의 정도가 아니라 '절대적으로 변해야 한다'라는 강력한 믿음이어야 한다. 나는 사람들이 "몸무게를 줄여야 해" "미루는 것은 나쁜 습관이야" "관계를 개선해

* 전구를 바꾸는 사소한 일에 정신과 의사까지 동원하는 거창한 짓을 할 필요가 없다는 비유 _옮긴이

야 해"라고 말하는 것을 종종 듣는다. 하지만 당신도 알다시피, 우리가 아무리 그렇게 말해봐야 우리 삶은 여전히 변하지 않는다! '반드시 변해야 한다'라고 생각할 때 비로소 삶의 질을 바꾸기 위해 필요한 행동의 과정을 시작할 수 있다.

② **둘째는 단순히 상황이 바뀌어야 한다는 믿음에 그치지 않고 '내가 그 상황을 바꾸고야 말겠다'는 강한 믿음이다.** 변화의 원천은 다른 누구도 아닌 우리 자신이다. 그렇게 생각하지 않는다면, 항상 우리를 변화시켜줄 다른 누군가를 찾게 될 것이고, 변화가 제대로 이루어지지 않으면 다른 사람을 책망하게 된다. 변화가 지속되려면 우리가 변화의 근원이 되어야 한다.

③ **셋째는 '나는 할 수 있다'는 믿음이다.** 앞장에서도 설명했지만, 우리가 변화할 수 있다는 것을 믿지 못한다면 우리가 원하는 것을 이행할 가능성은 거의 없을 것이다.

이 세 가지 중요한 믿음을 갖지 못한다면, 설령 변화한다 하더라도 일시적일 가능성이 높다. 하지만 내 말을 오해하지는 말라. 당신이 공포증을 극복하거나 담배를 끊거나 살을 빼는 데 좋은 코치(전문가, 치료사, 상담사, 이미 다른 사람들을 변화시킨 사람)들의 적절한 도움을 받는 것은 결코 잘못된 일이 아니다. 분명한 것은 **궁극적으로는 당신이 변화의 원천이 되어야 한다**는 것이다.

그날 다시 담배를 피우게 된 흡연자와 함께 시간을 보내고 난 후, 나 자신에게 변화의 원천에 대해 새로운 질문을 하게 되었다. 나는 지난 몇 년 동안 많은 사람의 변화를 도왔다. 하지만 다른 사람을 변화시키려고 노력한 사람들이 모두 다 나처럼 성과를 내지는 못했다. 그들과 내가 다른 점은 무엇이었을까? 그리고 나 역시 다른 사람을 변화시키려고 노력했지만 실패한 경우가 있었다. 왜 그랬을까? 그 사람들을 돕는 데 전념했지만 왜 그들을 변화시키지 못했을까?

이제 나는 더 큰 질문을 하기 시작했다. "어떤 치료에서든, 그들을 정말로 변화하게 만드는 것이 무엇일까?" 왜 어떤 때에는 효과가 있던 치료법이 다른 때에는 효과가 없을까? 나는 곧 두 가지 흥미로운 사실에 주목하기 시작했다. 하나는 내가 신통치 않다고 생각하는 치료사들에게 치료를 받았는데도 짧은 시간 안에 원하는 변화를 이루어낸 사람들이 있다는 것이고, 또 다른 하나는 내가 훌륭하다고 생각하는 치료사들에게 치료를 받았는데도 같은 기간 내에 원하는 변화를 이루지 못한 사람들이 있다는 것이다.

몇 년 동안 수천 명의 변화를 지켜보며 공통분모를 찾기 위해 노력한 끝에 마침내 깨달은 것은 이것이다. 몇 년에 걸쳐 우리의 문제를 분석한다 해도 우리의 신경계가 느끼는 경험에 어떤 감정을 연결시킬 것인가를 바꾸기 전에는 아무것도 변하지 않지만, 우리 뇌의 힘을 이해한다면 빠르고 강력하게 변화할 수 있는 능력을 갖게 된다는 사실이다.

뇌의 힘

우리는 모두 훌륭한 재능을 타고났다! 나는 두뇌가 우리가 원하는 거의 모든 것을 성취하도록 도울 수 있다는 것을 알게 되었다. 우리 뇌의 능력은 헤아릴 수 없다. 그래서 대부분의 사람은 뇌가 어떻게 작용하는지 잘 알지 못한다. 이제 이 무한한 힘의 그릇이 얼마나 큰지, 그리고 우리 삶에서 원하는 결과를 지속적으로 이루기 위해 뇌를 어떻게 조건화할 수 있는지에 대해 간략하게 알아보기로 하자.

두뇌는 당신이 요구하는 어떤 것이든 수행할 준비를 하고, 당신의 모든 명령을 간절히 기다리고 있다. 두뇌에 필요한 것은 소량의 연료, 즉 혈액 속의 산소와 약간의 포도당뿐이다. 그러나 그 정교함과 능력은 현대의 가장 뛰어난 컴퓨터 기술을 능가한다. 우리 뇌는 초당 최대 300억 비트의 정보를 처리할 수 있으며 6,000마일의 배선 및 케이블과 맞먹는 성능을 자랑한다. 일반적으로 인간의 신경계에는 약 280억 개의 뉴런(자극을 수행하기 위한 세포)이 배치되어 있다. 뉴런이 없다면, 우리의 신경계는 감각기관을 통해 들어오는 정보를 해석할 수도 없고, 그것을 뇌에 전달할 수도 없으며, 무엇을 행하라는 뇌의 지시도 수행할 수 없을 것이다. 280억 개에 달하는 뉴런 하나하나에 100만 비트의 정보를 처리할 수 있는 슈퍼컴퓨터가 들어 있는 셈이다.

이 뉴런들은 각각 독립적으로 작동하지만, 동시에 10만 마일에 달하는 놀라운 신경섬유 네트워크를 통해 다른 뉴런들과 소통한다. 가장 빠른 컴퓨터라도 한 번에 하나씩만 연결할 수밖에 없지만 뉴런 하나의 반응은 0.02초도 안 되는 찰나의 시간 동안 수십만 개의 다른 뉴런으로 확산되기 때문에 정보를 처리하는 두뇌의 힘은 가히 경이적이라고 할 수 있다. 이해를 돕기 위해 설명하자면, 0.02초는 당신이 눈을 깜빡이는 시간보다 10배 더 짧은 시간이다.

뉴런이 신호를 보내는 데에는 일반적인 컴퓨터 스위치보다 100만 배 더 오래 걸리지만, 뇌가 아는 얼굴을 인식하는 데에는 1초도 안 걸린다. 이는 가장 강력한 컴퓨터의 능력을 크게 뛰어넘는 것이다. 이런 속도가 가능한 이유는 일을 단계적으로 처리하는 컴퓨터와는 달리 뇌는 수십억 개의 뉴런이 동시에 문제를 공략할 수 있기 때문이다.

이런 엄청난 힘을 가지고 있는데, 왜 우리는 행복하지 않을까? 왜 우리는 흡연, 음주, 과식, 미루는 일 같은 나쁜 행동을 바꾸지 못하는 것일까? 왜 우리는 당장 우울증과 좌절감을 떨쳐버리지 못하고 매일매일의 삶을 즐겁게 누리지 못하는 것일까? 물론 우리는 그렇게 할 수 있다! 우리는 지구상에서 가장 강력하고 놀라운 컴퓨터를 마음대로 사용할 수 있지만, 안타깝게도 그 컴퓨터를 사용하는 설명서를 갖고 있지 못하다. 대부분의 사람은 우리 뇌가 실제로 어떻게 작동하는지 잘 알지 못하기 때문에 우리의 행동이 물리적 연결, 즉 신경연상의 형태로 우리의 신경계에 굳은 믿음으로 뿌리박혀 있는 상태에서 변화를 시도하다가 실패하는 것이다.

신경과학 :
지속적인 변화를 위한 열쇠

신경생물학(뇌가 어떻게 작용하는지에 대한 연구)과 컴퓨터 과학이라는 두 가지 완전히 다른 분야의 과학이 만나면서, 우리는 인간의 마음을 이해하는 놀라운 돌파구를 열게 되었다. 이 두 과학의 통합으로 **신경과학**이라는 새로운 분야의 과학이 탄생했다.

신경과학자들은 신경연상이 어떻게 발생하는지를 연구한 끝에 복잡한 도로 위의 꽉 막히는 자동차와는 달리, 뉴런들이 **신경경로**를 가로질러 끊임없이 전기화학적 메시지를 주고받는다는 사실을 발견했다. 이런 소통이 동시에 일어나고, 말 그대로 수십억 개의 다른 자극들이 제각각의 방향으로 이동하면서 모든 사고나 기억이 신경경로를 따라 움직이고 있는 것이다. 이런 작용에 의해 우리는 비 온 뒤의 상록수 숲의 소나무 냄새에 대한 기억, 좋아하는 브로드웨이 뮤지컬의 잊히지 않는 멜로디, 공들여 마련한 사랑하는 사람들과의 멋진 저녁 시간, 이제 막 태어난 아기의 작고 귀여운 엄지손가락에서 전해지는 촉감을 마음속으로 연상할 수 있는 것이다.

우리가 세상의 아름다움을 즐기며 아름다운 세상 속에서 계속 살아남을 수 있는 것도 전적으로 이 복잡한 신경 시스템 덕분이다. **우리 삶에서 헤아릴 수 없을 만큼 많은 고통과 기쁨을 경험할 때마다 우리의 뇌는 그 원인을 찾아 그것을 신경계에 기록하고 우리가 앞으로 무엇을 해야 할지에 대해 더 나은 결정을 내릴 수 있게 해준다.** 예를 들어 우리 뇌의 신경연상이 타오르는 불에 손을 집어넣으면 화상을 입는다는 사실을 상기시켜주지 않는다면, 우리는 계속 이런 실수를 반복해 늘 화상을 입을 것이다. 신경연상은 이처럼 불이 뜨겁다는 과거의 기억에 접근해서 뇌에 빠르게 그 신호를 전달해줌으로써 우리가 안전하게 살아갈 수 있도록 해주는 것이다.

"마음에 활기가 없으면 모든 자연이 무기력하게 보이지만
마음이 밝게 빛나면 온 세상이 생기 있게 타오르며 반짝인다."

– **랄프 왈도 에머슨**Ralph Waldo Emerson

우리가 어떤 일을 처음 할 때는 신경 가닥에 실제로 연결을 형성하기 때문에, 나중에 그 일을 다시 할 때 그 감정에 다시 접근하게 된다. 그리고 그 행동을 반복할 때마다 연결은 더욱 강화된다. 애초의 신경 연결에 다른 가닥을 추가하기 때문이다. 반복이 계속되고 감정의 강도가 높아지면 많은 가닥이 추가되어 이 행동이나 감정에 '굵은 신경 가닥'이 생겨서 그 감정이나 행동 패턴의 인장 강도가 증강된다. 그래서 우리가 같은 일을 다시 하게 되면 기억된 감정을 느끼거나 그런 식으로 일관되게 행동해야 한다고 우리

복잡한 사고체계

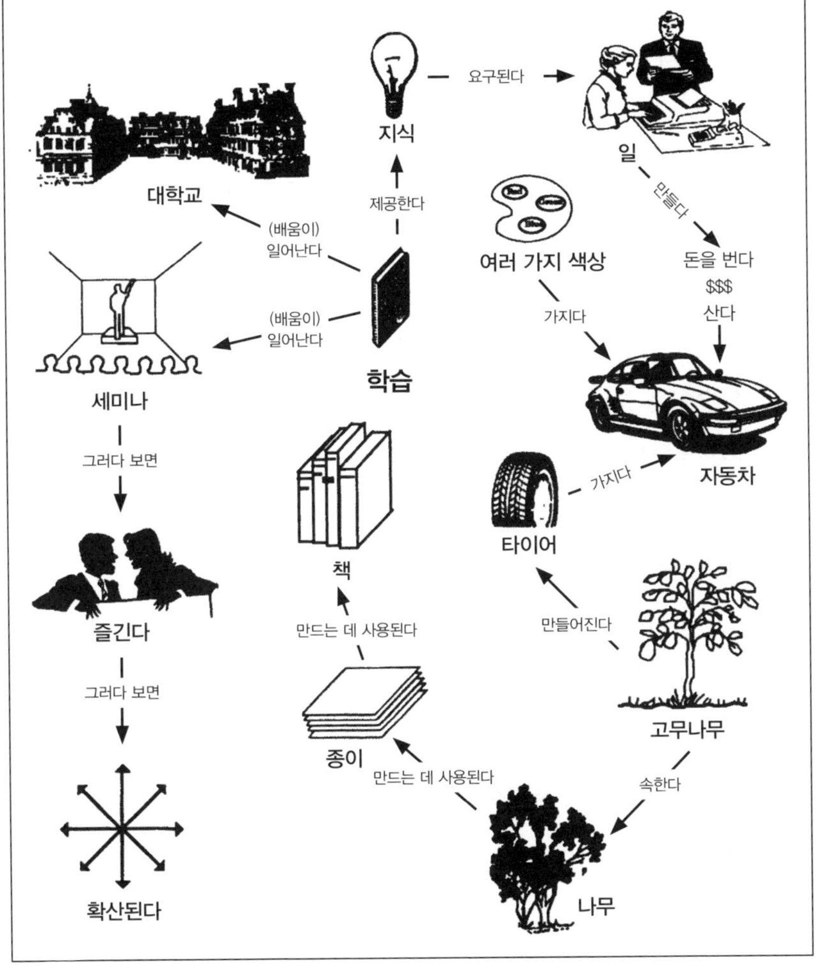

자신을 설득하게 되는 것이다. 좀 알기 쉽게 표현하자면, 연결된 신경 가닥이 굵어져서(나는 이를 '초고속 신경도로'라고 부른다) 우리를 자동적이고 일관된 행동으로 이끄는 것이다.

이 신경연상은 실제로 일어나는 생물학적 현상이다. 다시 강조하지만, 변화하겠다는 우리의 생각이 대개 성과를 내지 못하는 것은 바로 이 신경연상 때문이다. 신경연상은 무형의 '기억'으로서가 아니라 실제로 연결되어 우리의 신경계에 고정되는 것으로, 우리가 살아가는 데 꼭 필요한 도구다. 캘리포니아 대학교 샌프란시스코 캠퍼스의 마이클 머츠니크Michael Merzenich 교수는 우리가 어떤 행동 패턴에 습관적일수록 그 패턴이 더 강해진다는 것을 과학적으로 증명했다.

머츠니크 교수는 원숭이의 특정 손가락을 만졌을 때 활성화되는 원숭이 뇌의 영역을 지도로 만들었다. 그리고 먹이를 받을 때 그 손가락을 사용하도록 원숭이를 훈련시켰다. 훈련 후에 원숭이의 뇌가 활성화되는 영역을 다시 지도로 만들어보니, 크기가 거의 600% 확장되었다. 이제 원숭이는 먹이에 대한 신경경로가 매우 강하게 형성되었기 때문에 먹이를 받지 않을 때도 그 손가락을 사용하는 행동을 반복했다.

인간의 행동에서도 같은 현상이 나타난다. 예를 들어 담배를 끊은 사람은 더 이상 담배를 피우지 않지만 여전히 담배를 피우고 싶은 충동을 느낀다. 왜 그럴까? 그 사람은 담배를 피우고 싶다는 생각에 실제로 연결되어 있기 때문이다. 그렇기 때문에 과거의 감정 패턴이나 행동에 변화를 일으키는 것을 어렵게 느끼는 것이다. 그저 단순한 '습관'이 아니라, 당신의 신경계 내에 이미 강한 신경연상 네트워크를 형성했기 때문이다.

우리는 무의식적으로 어떤 감정이나 행동에 습관적으로 빠져듦으로써 이런 신경연상을 발전시킨다. 당신이 분노의 감정을 느끼거나 가족들에게 소리를 지르는 행동을 반복하면 할수록, 당신의 신경연상은 강화되어 앞으로도 그런 감정을 느끼고 행동할 가능성이 높다. 하지만 좋은 소식이 있다. 연구결과, 원숭이에게 강제로 그 손가락을 사용하지 못하게 했더니 그 신경 연결을 구축한 뇌의 영역이 실제로 줄어들기 시작했고 결국 신경연상이 약해졌다는 것이다.

습관을 바꾸고 싶은 사람들에게 이보다 좋은 소식은 없을 것이다. 당신이 오랫동안 빠져 있던 습관적인 특정 행동이나 감정을 멈춘다면, 오랜 시간 동안 당신의 신경경로를 사용하던 패턴을 중단한다면, 당신의 신경 연결은 약해지고 위축될 것이다. 그리고 당신을 좌절시키는 감정 패턴이나 행동도 함께 사라질 것이다. 하지만 열정이 없다면 그 힘도 줄어든다는 것을 명심하라. 용기도 사용하지 않으면 줄어든다. 약속도 실천하지 않으면 시들해진다. 사랑도 나누지 않으면 사라진다.

"무슨 일을 하겠다고 생각하는 것만으로는 충분하지 않다. 중요한 것은 그 생각을 제대로 실천하는 것이다."

- 르네 데카르트 René Descartes

신경연상 조건화 과학에서는 당신을 좌절시키는 패턴을 깨고 행동을 변화시키기 위해 특별히 고안된 여섯 단계를 제공한다. 하지만 먼저, 우리의 뇌가 맨 처음에 어떻게 신경연상을 만드는지 이해할 필요가 있다. **우리가 어떤 고통이나 기쁨을 경험할 때마다 우리 뇌는 즉시 그 원인을 찾는다.** 이때 우리 뇌는 다음 세 가지 기준을 사용한다.

1. 뇌는 독특하게 보이는 것을 찾는다. 원인의 범위를 좁히기 위해, 뇌는 해당 상황과는 잘 맞지 않는 특이한 것을 구별하려고 노력한다. 당신이 평소와는 다른 감정을 느끼고 있다면 분명 평소와는 다른 원인이 있을 것이라고 보는 게 일리 있으니까 말이다.

2. 뇌는 어떤 감정이 동시에 일어났는지 찾는다. 이것은 심리학계에서 '신근(新近)의 법칙'으로 알려진 것이다. 강렬한 기쁨이나 고통을 느끼는 순간,

거의 동시에(또는 그에 가까운 시점에) 일어난 일이 아마도 그 감정의 원인이라고 보는 것이 옳지 않겠는가?

3. 뇌는 일관성을 찾는다. 당신이 어떤 고통이나 기쁨을 느끼게 되면, 당신의 뇌는 당신 주변의 어떤 것이 독특해 보이고 동시에 어떤 일이 일어나고 있는지 즉시 알아차리기 시작한다. 이 두 가지 기준을 모두 충족하는 어떤 요소가 당신이 고통이나 기쁨을 느낄 때마다 지속적으로 발생하는 것으로 보인다면, 당신의 뇌는 그것이 원인이라고 판단할 것이다. 물론 여기에도 문제는 있다. 우리가 어떤 고통이나 기쁨을 느낄 때, 우리는 일관성을 일반화하는 경향이 있다. 예를 들어 당신이 어떤 일을 실제로는 처음 했는데도 사람들이 "넌 항상 그렇구나"라고 말하는 것을 들어본 적이 있을 것이다. 어쩌면 당신도 당신 자신에게 그렇게 말했을지 모른다.

신경연상을 형성하는 이 세 가지 기준은 매우 부정확하기 때문에 잘못된 해석의 희생양이 되기 쉽고 거짓 신경연상을 만들어내기 쉽다. 그래서 그 **거짓 신경연상**false neuro- associations이 우리의 무의식적인 의사결정 과정 속에 들어와 자리를 잡기 전에 맞게 연결된 것인지 평가해야 한다. **우리는 때로 엉뚱한 원인 탓을 하면서 실제 해결책을 차단해버리는 우를 범한다.** 나는 아주 성공한 여성 화가와 알고 지낸 적이 있는데, 그녀는 12년 동안 남자를 사귀지 않았다. 그녀는 자신이 하는 일에는 매우 열정적이었고, 물론 그랬기 때문에 성공적인 화가가 되었을 것이다. 그러다가 그녀는 사귀던 남자와 헤어지면서 엄청난 고통에 빠지게 되었다. 그녀의 뇌는 즉시 원인을 찾기 시작했다. 위의 세 원칙 중 첫 번째 원칙대로 남자와의 관계에서 독특한 것이 무엇이었는지 찾아내기 시작한 것이다.

그녀의 뇌는 남자와의 관계에서 그녀가 매우 열정적이었다는 것에 주목했다. 그 열정이 남자와의 관계에 있어 아름다운 부분 중 하나로 여기지 않고, 관계가 끝난 원인이라고 생각하기 시작했다. 또 그녀가 그 남자와 헤어지고 난 후 고통에 빠졌을 때 그와 동시에 어떤 일이 일어났는지 찾았다. 그러고는 그 남자와 헤어지기 직전에 뜨거운 열정이 있었다는 것에 다시 주목했다. 또 그녀가 무엇이 일관된 것인지를 찾았을 때, 이번에도 열정이 지목되었다. 결국 열정이 세 가지 기준을 모두 충족했다고 판단한 그녀의 뇌는 열정이 그녀가 그 남자와 고통스럽게 헤어지게 된 이유임이 틀림없다고 결론 내렸다.

결국 열정을 헤어짐의 원인으로 연결시킨 그녀는 다시는 누구와도 열정적인 관계를 맺지 않기로 결심했다. 이것이 바로 거짓 신경연상의 전형적인 예다. 그녀는 자신이 처한 상황을 잘못된 원인에 연결했고, 그 잘못된 연결로부터 잘못된 행동이 이어졌고, 결국 미래에 더 나은 관계를 맺을 수 있는 잠재력을 아예 무력하게 만들어버린 것이다. 그녀와 남자친구가 헤어진 진짜 이유는 그녀와 그 남자가 서로 다른 가치관과 원칙을 가지고 있었기 때문이다. 그런데 그녀는 자신의 열정을 고통과 연결시켰기 때문에 관계에서뿐만 아니라 작품 활동에서도 무슨 수를 써서든 열정을 피하려고 애썼다. 결국 그녀의 모든 삶의 질이 나빠지기 시작했다. 이것은 우리가 우리 자신을 이상한 방식으로 잘못 연결하는 것을 완벽하게 보여주는 사례다. 우리는 우리의 뇌가 어떻게 연관성을 만드는지 올바로 이해해야 하며, 우리의 삶을 제한하는 많은 부정적 연결에 의문을 제기해야 한다. 그렇지 않으면 우리의 개인의 삶에서 직장 생활에서도 성취감을 느끼지 못하고 좌절할 수밖에 없을 것이다.

우리를 파괴하는 것

신경연상회로가 혼돈을 일으키면 우리는 더 함정에 빠지게 된다. 이런 **혼란스러운 신경연상**mixed neuro- associations은 전형적인 자기파괴의 근원이다. 당신이 무언가를 성취하기 시작하다가 갑자기 파괴되는 것을 경험했다면, 대개 뒤섞인 신경연상 때문이다. 예를 들어 당신의 회사가 잘 나가다가 갑자기 휘청거리며 비틀거린 적이 있었다면, 똑같은 상황을 때로는 기쁨에, 때로는 고통에 연결시켰기 때문이다. 사람들이 쉽게 이해할 수 있는 돈을 예로 들어보자. 사람들은 부에 대해 여러 가지 복합적인 연상을 한다. 물론 돈을 원한다는 데에는 의심의 여지가 없다. 사람들은 돈이 더 많은 자유와 더 많은 안정감, 그리고 사회에 대해 더 많이 기여하고 더 많은 여행을 하고 더 많이 배우고 더 크게 확장할 수 있는 기회를 가져다줄 것이라고 생각한다. 그러나 동시에 사람들은 어느 정도 수준 이상의 소득 안정권을 넘으려 하지 않는다. 그들 마음 깊은 곳에서는 '과도한 부'를 부정적인 것에 연결시키기 때문이다. 그들은 '과도한 부'를 탐욕, 심판, 스트레스, 부도덕 또는 영적 결핍 등과 연결시킨다.

내가 진행하고 있는 〈재정적 운명〉Financial Destiny™ 세미나에서 나는 참가자들에게 부와 관련된 모든 긍정적인 연상과 부정적인 연상을 브레인스토밍해보라고 요구한다. 그러면 대개 긍정적인 면에는 자유, 소비, 사회공헌, 행복, 안전, 여행, 기회, 차별적인 삶 등을 적는다. 그리고 부정적인 면(대체로 더 많다)에는 배우자와의 다툼, 스트레스, 죄책감, 불면증, 힘든 노력, 탐욕, 천박함, 안일함, 심판, 세금 등을 적는다. 이 두 가지 신경연상 중에서 어느 쪽이 더 강도가 높은지 알겠는가? 어느 쪽이 더 강한 영향을 미치리라고

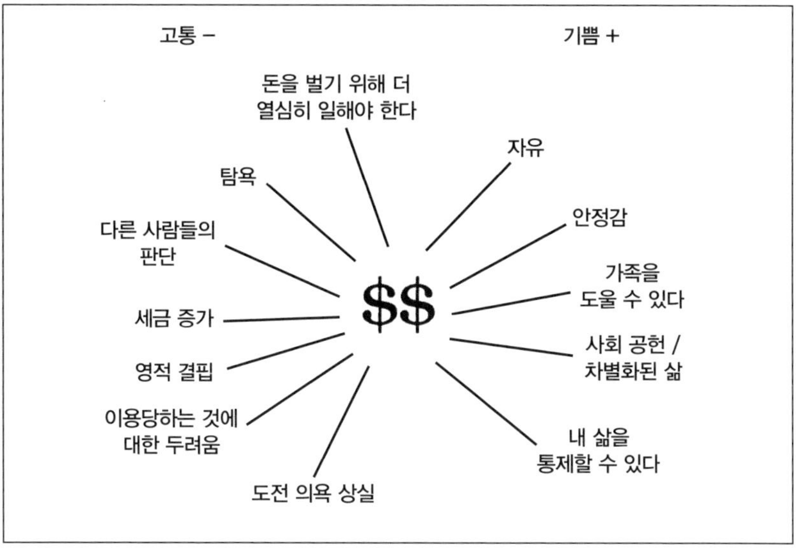

생각하는가?

우리가 무엇을 해야 할지 결정할 때, 어느 것이 얼마나 큰 고통이고 어느 것이 얼마나 큰 기쁨인지에 대한 명확한 신호를 받지 못한다면 뇌는 과부하로 혼란을 겪는다. 그러면 우리는 원하는 것을 얻을 수 있는 단호한 행동을 취할 힘과 추진력을 상실하게 된다. **우리 뇌에 혼란스러운 메시지가 보내지면, 당연히 결과도 혼란스러울 수밖에 없기 때문이다.** 뇌의 의사결정 과정을 무게를 재는 저울과 같다고 생각해보라. "만약 내가 이 일을 한다면, 그게 고통일까, 아니면 기쁨일까?"를 가르쳐주는 저울 말이다. 앞서 우리는 부에 대해 긍정적인 면과 부정적인 면을 나열했지만, 이 저울은 얼마나 많은 단어가 나열되었는지가 아니라 각각의 단어가 지니는 무게를 잰다. 당신이 돈에 대해 연상할 때 부정적인 연상(고통)보다 긍정적인 연상(기쁨)을 더 적었다고 해도, 부정적인 연상 중 하나가 매우 강렬하다면 그 하나의 부정적 연상이 재정적으로 성공할 수 있는 당신의 능력을 모조리 앗아갈 수 있다.

연속적 고통 장벽

어떤 일을 하기로 결정하든 우리가 선택한 일마다 고통으로 이어진다면 어떻게 될까? 나는 이것을 **연속적 고통 장벽**pain- pain barrier이라고 부른다. 이런 일이 일어나면 우리는 무슨 일을 해야 할지 모르는 행동장애에 빠지게 된다. 우리는 가장 고통이 적은 대안이라고 생각되는 것을 선택하지만, 그래도 고통에 완전히 압도되어 학습된 무력감을 경험한다.

그러나 NAC의 6단계를 통해 당신은 이런 무력화 패턴을 물리칠 수 있다. 당신은 단지 원하지 않는 행동이 '사라지기를 바라거나' 단기적으로 무시하는 차원이 아니라, 완전히 새로운 길을 창조하게 될 것이다. 실제로 새롭고 힘을 주는 선택과 일치하는 감정과 행동으로 당신 자신을 재연결할 수 있게 될 것이다. 다시 말하거니와, 당신의 신경계가 어떤 감정과 행동에 고통과 기쁨을 연상하는지를 바꾸지 않고는 어떤 변화도 지속되지 않는다.

이제 다음 장에서 소개하는 NAC 6단계를 읽고 숙지한 후에는 지금 당장 당신의 삶에서 바꾸고 싶은 것을 선택하도록 도전해볼 것이다. 이 장은 읽는 것에 그쳐서는 안 되고, 이 장에서 배운 각 단계별 행동을 따르고 실천해야 한다. 자, 이제 배워보기로 하자.

6장

인생의 모든 것을 바꿀 수 있다

"습관은 처음에는 잘 보이지 않는 가는 실처럼 보이지만, 그 행동을 반복하다 보면 가닥이 점점 강해지고 다른 실까지 더해져서 굵은 밧줄이 되어 우리의 생각과 행동을 단단하게 묶어버린다."

-오리슨 스웨트 마든Orison Swett Marden

우리의 행동을 바꿀 수 있는 효과적인 방법은 오직 하나뿐이다. 바로 지금 당장 우리의 과거 행동에 견딜 수 없을 정도의 고통을 연결시키고, 새로운 행동에 놀라울 정도의 기쁨을 연결시키는 것이다. 이런 식으로 생각해보라. 우리는 인생의 경험 속에서, 고통에서 벗어나 기쁨으로 가기 위해서는 특정한 생각과 행동 패턴이 있다는 것을 배웠다. 우리는 지루함, 좌절, 분노, 압박감 같은 감정을 경험하면서 그런 감정을 끝내기 위한 나름의 전략을 개발한다. 쇼핑을 하는 사람도 있고, 음식이나 섹스로 해결하려는 사람도 있고, 개중에는 술이나 마약을 이용하는 사람도 있고, 그 감정에서 벗어나기 위해 아이들에게 소리치는 사람도 있다. 의식적이든 무의식적이든 그런 행동을 통해 그들의 신경경로가 그들의 고통을 덜어주고 그 순간 어느 정도의 위로(기쁨)를 받는다는 것을 알고 있다.

당신이 어떤 전략을 사용하든 그 전략을 바꾸려면, 간단한 6단계를 거쳐야 한다. 6단계의 목표는 신경경로 고통에서 벗어나 기쁨으로 직접 가는 길을 찾는 것이다. 이 길은 우리에게 힘을 불어넣는 길이며 더 효과적이고 우아한 길이다. 이 NAC 6단계는 우리를 좌절시키는 우여곡절 없이 고통에서 기쁨으로 직접 빠르게 가는 고속도로가 될 것이다.

NAC 마스터 1단계

당신이 진정으로 원하는 것은 무엇인지, 지금 당장 그것을 갖지 못하도록 방해하는 것은 무엇인지 확실하게 규명한다.

개인적인 문제로 치료를 받기 위해 나를 찾은 사람들이 얼마나 많은지 알면 놀랄 것이다. 그런데 내가 그들에게 무엇을 원하는지 물으면, 그들은 원하는 것을 말하는 게 아니라 거의 20분 동안 원하지 않는 것, 더 이상 경험하고 싶지 않은 것만 장황하게 늘어놓곤 한다. 우리는 무엇이 됐든 우리가 집중하는 것을 얻는다는 것을 알아야 한다. 우리가 원하지 않는 것에 계속 집중한다면, 우리는 원하지 않는 것만 더 갖게 될 것이다. **변화를 만드는 첫 번째 단계는 당신이 무엇을 원하는지를 확실하게 결정하고 앞으로 나아가야 할 목표를 분명히 하는 것이다.** 원하는 것이 구체적일수록 더 명확한 목표를 갖게 되고, 원하는 것을 더 빨리 성취하기 위해 더 많은 힘을 구사할 수 있게 될 것이다.

우리는 또 우리가 원하는 것을 갖지 못하도록 방해하는 것이 무엇인지 알아야 한다. 이번에도 마찬가지로, 우리가 변화하지 못하는 것은 변화를 고통에 연결시키고 있기 때문이다. 즉 지금 현 상태로 있는 것보다 변화하는 것이 더 고통스럽다고 생각하는 것이다. 사람들은 '내가 변한다면 고통을 겪을 거야' 같은 믿음을 가지고 있거나 변화가 가져올 미지의 것을 두려워한다.

NAC 마스터 2단계

지렛대 효과를 활용하라

지금 당장 변화하지 않는 것에 엄청난 고통을 연상시키고, 새로운 경험에 엄청난 기쁨을 연상시켜라!

사람들은 자신이 정말로 변화하고 싶어한다는 것을 알고 있으면서도 좀처럼 자신을 변화시키지 못한다! **하지만 변화는 대개 능력의 문제가 아니라 거의 대부분 동기부여의 문제다.** 누가 당신의 머리에 총을 들이대며 "당장 우울한 상태에서 벗어나서 지금 행복해지는 게 좋을걸"이라고 위협한다면, 그런 상황에서는 거의 모든 사람이 자신의 감정상태를 바꿀 방법을 찾을 것이다.

하지만 문제는 앞서도 말한 것처럼 당신은 그저 '변화해야지' 하면서도 '반드시 변화하겠다'라고 생각하지 않는다는 것이다. 또는 설령 '반드시 변화하겠다'라고 생각한다 하더라도 지금이 아니라 '나중에 언젠가 해야지' 라고 생각한다. **우리가 지금 당장 변화할 수 있는 유일한 방법은 너무 강렬해서 따를 수밖에 없는 긴박감을 만드는 것이다.** 거듭 강조하지만 진정으로 변화하고 싶다면, 우리가 변화할 수 있느냐는 능력의 문제가 아니라 변화하겠다는 의지가 있느냐의 문제라는 것을 깨달아야 한다. 의지가 있느냐 없느냐는 결국 얼마나 동기부여되느냐의 문제로 귀결되는데, 그것은 결국 우리의 삶을 형성하는 두 가지 힘, 즉 고통과 기쁨 중 어느 것에 연결하느냐의 문제로 귀결된다.

당신이 인생에서 이룬 모든 변화는 무엇이 고통을 의미하고 무엇이 기쁨을 의미하는지에 대한 당신의 신경연상을 바꾼 결과다. 하지만 우리는 변화에 대해 혼란스러운 감정을 가지고 있기 때문에 우리 자신을 변화시키는 데 어려움을 겪는다. 그러니까 우리는 마음 한편으로 변화하고 싶어한다. 예를 들면, 흡연으로 인해 암에 걸리고 싶지 않다. 통제할 수 없는 불같은 성질 때문에 개인적인 관계를 잃고 싶지 않다. 아이들을 가혹하게 대해서 아이들이 사랑받지 못한다고 느끼게 하고 싶지 않다. 과거에 일어났던 어떤 일 때문에 남은 인생을 우울하게 보내고 싶지 않다. 더 이상 피해의식을 품고 싶지 않다.

또 다른 한편으로는 변화를 두려워한다. "기껏 담배를 끊었는데도 암으로 죽는다면 괜히 담배가 주는 즐거움만 포기하는 것은 아닐까?" "애써 성폭력 당한 것에 대한 부정적인 감정을 떨쳐버렸는데 그런 일이 다시 일어난다면?" 변화에 대해 고통과 기쁨을 동시에 연결하면서 이처럼 혼란스런 감정을 갖게 되면 우리의 뇌는 무엇을 해야 할지 확신을 갖지 못하게 되고, 우리가 전력을 다하기만 하면 한순간에 변화를 일으킬 수 있는데도 그런 변화를 이루기 위해 모든 자원을 활용하지 못하도록 방해한다.

그렇다면 이런 상황을 어떻게 바꿀 수 있을까? 가장 효과적인 방법 중 하나는 고통의 한계점까지 가보는 것이다. 이것은 당신이 이제는 변화하지 않으면 안 되겠다고 생각할 만큼 강렬한 고통을 경험하는 것을 의미한다. 그 지점에서 당신의 뇌는 이렇게 말할 것이다. "이제 충분히 겪었어. 이제 이런 감정으로는 단 하루도 단 한 순간도 더 살 수 없어."

예를 들어 당신은 부부관계에서 이런 경험을 해본 적이 있는가? 참을 만큼 참았어. 정말 고통스러웠고 불행했지만 어쨌든 참고 살았지. 왜냐고? 그러면 언젠가는 더 나아질 것이라고 합리화했지. 관계를 개선하기 위해 아무것도 하지 않으면서 말이야. 그렇게 고통스러웠으면 왜 진작 떠나지 않았지? 불행하게 살면서도 미지에 대한 두려움이 더 컸던 거야. 스스로 불행하다고 생각하면서도 지금 이 사람을 떠나고 나서 다른 사람을 찾지 못하면 어떻게 하지? 적어도 현재 상태에서는 지금의 고통을 어떻게 다뤄야 할지 알고 있잖아?

바로 이런 생각 때문에 사람들은 변화하지 못하는 것이다. 하지만 마침내 어느 날, 그런 불행한 관계에서 버티는 고통이 미지에 대한 두려움보다 더 커진다. 한계점에 다다라 마침내 변화하지 않을 수 없게 된다. 아마도 당신의 몸과 관련해서도 이 같은 경험을 할 수 있다. 당신은 마침내 비만에 대해 무언가를 하지 않고는 하루도 더 보낼 수 없다고 생각한다. 당신이 고통의 한계점까지 이른 경험은 당신이 가장 좋아하는 청바지를 더 이상 입을 수 없게 되었거나, 뒤뚱거리며 계단을 올라갈 때 살찐 양 허벅지가 서로 맞닿는 느낌이었을 수 있다! 어쩌면 옆구리에 찐 살이 늘어져 겹치는 것을 보았을 때일 수도!

개 사료 먹기 다이어트

얼마 전, 세미나에 참석한 한 여성이 살을 빼기 위한 확실한 전략을 개발했다고 말했다. 그녀는 친구와 함께 살을 빼겠다고 여러 차례 다짐했지만 매번 성공하지 못했다. 마침내 그들은 살을 빼지 않으면 안 될 한계점에 이르렀다. 내게 배운 것을 토대로 그들은 자신들을 한계로 몰아넣을 지렛대가 필요했다. 그들은 이번에도 실패한다면 그 실패야말로 상상도 할 수 없는 고통이 될 것이라는 생각을 개발해야 했다.

그래서 그들은 서로에게뿐만 아니라 주변 친구들에게도, 이번에도 실패한다면 유명한 알포Alpo 개 사료 통조림을 통째로 먹겠다고 공언하기로 했다! 그러고는 또다시 포기하고 싶은 생각이 들지 않게 하기 위해, 모든 사람에게 자신들의 결심을 공개하고 결심을 잊지 않도록 캔을 항상 눈에 보이는 곳에 두었다. 그들은 배고프다는 생각이 들 때마다 캔에 붙어 있는 라벨을 읽었다. 라벨의 성분표에는 '말고기 덩어리'라고 큼지막하게 적혀 있었기 때문에 그 둘은 이번에는 어렵지 않게 다이어트에 성공할 수 있었다. 마침내 무사히 목표를 달성한 것이다!

지렛대는 우리가 쉽게 들어올릴 수 없는 큰 짐을 들어올리거나 옮기기 위해 사용하는 장치다. 이런 지렛대의 힘은 흡연, 음주, 과식, 욕설과 같은 부적절한 행동이나 우울감, 걱정, 두려움, 부적응 같은 감정 패턴에서 자유로워지고 변화를 추구하는 데 매우 중요하다. 변화하기 위해서는 변화해야 한다는 사실을 지식적으로 아는 것만으로는 부족하다. 진정한 변화를 위해서는 당신의 가장 깊고 근본적인 감정 차원에서 '반드시 변화해야 한다'라는 것을 깨달아야 한다. 당신이 변화하기 위해 여러 번 시도했지만 성공하지 못했다면, 그것은 **변화하지 않았을 경우 고통의 정도가 충분히 강렬하지 않았음을 의미한다.** 그러니까 지렛대의 힘을 이용해 고통의 한계점까지 이르지 못했기 때문이다.

나는 개개인을 치료할 때, 사람들이 몇 년 동안 이루지 못한 변화를 단번에 이끌어낼 수 있도록 가급적 가장 큰 지렛대를 찾는 것을 중요하게 생각한다. 나는 모든 세션을 시작할 때마다 지금 당장 변화하겠다고 약속하지 않는 사람과는 함께할 수 없다고 먼저 말한다. 나는 보통 한 세션에 3,000

달러의 수강료를 받는데, 이렇게 비싼 수강료를 받는 것은 지금 당장 변화하겠다고 약속하지 않는 사람이 원하는 결과를 얻지도 못하면서 그만한 돈을 투자하기를 원치 않기 때문이다. 그들은 멀리서 비행기를 타고 온 사람들이다. 내가 지금 당장 약속하지 않은 사람은 문제를 상담하지 않고 도로 돌려보낸다고 하니까, 고객들은 장장 30분에 걸쳐 정말로 변화하기로 약속했고 지금 당장 변화하기 위해 무엇이든 할 것이라고 나를 설득하기 시작했다. 이제 이런 식의 지렛대를 사용해 변화를 도모하는 것은 당연한 일이 되었다. 철학자 니체의 말에 따르면, 변화에 대한 강력한 이유가 있는 사람은 어떤 방법이든 견뎌낸다. 나는 모름지기 변화하기 위해서는 방법을 아는 것이 20%만큼 중요하다면, 강력한 이유가 있는 것이 80%만큼 중요하다는 것을 알게 되었다. 우리가 변화해야 할 강력한 이유들을 모두 모은다면, 몇 년 동안 변화시키지 못한 것을 1분 안에 변화시킬 수 있다.

"충분히 긴 지렛대와 충분히 강한 버팀목이 있다면
지구도 한 손으로 들어올릴 수 있다."
– 아르키메데스 Archimedes

당신을 위해 만들 수 있는 가장 큰 지렛대는 바깥이 아닌 안에서 오는 고통이다. 당신이 세운 삶의 기준대로 살지 못했다는 사실을 아는 것이야말로 고통의 극치라고 할 수 있다. 우리가 우리 자신에 대해 세운 관점대로 행동하지 못한다면, 우리의 행동이 우리가 세운 기준(우리 자신에 대해 가지고 있는 정체성)과 일치하지 않는다면, 우리의 행동과 우리 정체성과의 괴리가 우리를 변화시킨다.

기준과 행동 사이의 불일치를 파악하고 만든 지렛대는 우리가 변화하는 데 놀라운 효과를 발휘할 수 있다. 그것은 외부 세계에서 오는 압박이 아니라 우리 내부에서 스스로 가하는 압박이다. **인간의 성정에서 가장 강력한 힘 중 하나는 자신의 온전한 정체성을 보존하려는 힘이다.**

많은 사람이 모순되는 행동을 하는 것처럼 보이는 이유는 모순이 무엇인지를 인식하지 못하기 때문이다. 당신이 누군가를 돕고 싶다면 그들이 틀렸다거나 모순된다고 지적하기보다는 그들 스스로 모순을 깨닫도록 질문하는 방식을 취해야 한다. 이것이 그들을 공격하는 것보다 훨씬 더 강력한 지렛대이기 때문이다. 밖에서 가해지는 압박은 밀어낼 수 있지만, 안에서의 압박은 거의 저항하기 어렵다.

이처럼 안에서의 압박은 당신 스스로 사용할 수 있는 소중한 도구다. 사람은 현실에 안주하면 정체되기 마련이다. 당신이 현재의 행동 패턴에 대해 극도로 불만을 품지 않는 한, 변화를 위해 동기부여하기 어렵다. 인간이라는 동물은 압박에 반응한다는 사실을 명심하라.

그렇다면 왜 사람들은 변화해야 한다는 것을 알고 그래야 한다고 생각하면서 변하지 못하는 것일까? 그 이유는 바로 **변하지 않는 것보다 변화하는 것이 더 고통스럽다고 생각하기 때문이다.** 우리 자신은 물론 다른 사람을 변화시키려면, 이 생각을 바꿔야 한다. 그러니까 변화하지 않는 것은 매우 고통스러운 일이고(참을 수 없을 만큼 고통스럽다) 변화하는 것은 매력적이고 즐거운 일이라고 생각하는 것이다!

진정한 지렛대 효과를 얻으려면, 먼저 스스로에게 **고통을 유도하는 질문**을 해보라. "내가 지금 변하지 않는다면 앞으로 얼마나 큰 대가를 치러야 할까?" 우리는 대개 변화의 대가를 예상하느라 분주하지만, 반대로 변하지 않을 때 치러야 할 대가가 무엇인지 생각해보아야 한다. "내가 지금 변하지 않는다면 궁극적으로 내 인생에서 무엇을 잃을 것인가?" 행여나 정신적으로, 정서적으로, 육체적으로, 재정적으로, 그리고 영적으로 이미 대가를 치르고 있지는 않은가? 변하지 않을 경우의 고통이 매우 현실적이고, 강렬하고, 즉각적인 느낌이 되도록 하라. 그러면 그 행동을 더 이상 미룰 수 없을 것이다.

그래도 효과가 없다면, 그 고통이 사랑하는 사람, 당신의 자녀, 당신이 아끼는 다른 사람들에게 어떻게 영향을 미치는지 생각해보라. 우리는 대개 우리 자신보다는 다른 사람들을 위해 더 많은 일을 한다. 그러므로 당신이 변화하지 않을 경우, 그것이 당신에게 가장 중요한 사람들에게 얼마나 부정적인 영향을 미칠지 머릿속으로 자세히 그려보라.

지렛대 효과를 얻기 위한 두 번째 단계는 **기쁨을 연상시키는 질문**을 사용해 긍정적인 감정을 변화에 연결시키는 것이다. "내가 지금 변한다면, 나 스스로를 어떻게 생각하게 될까? 내 인생에서 지금 이것을 바꾼다면 어떤 모멘텀을 만들 수 있을까? 내가 오늘 변했다면 지금보다 어떤 다른 것을 성취할 수 있었을까? 내 가족과 친구들은 기분이 어떨까? 그리고 지금 나는 얼마나 더 행복해할까?"

중요한 것은 변화가 미래의 어느 때가 아니라 지금 당장 일어나야 하는 그럴듯하고 강력한 이유를 가능한 한 많이 만드는 것이다. 지금 변화할 원동력을 얻지 못한다면 지렛대의 힘을 사용하지 못하게 될 것이다.

지금 당신의 신경계에서 변화하지 않는 것에 고통을 연결하고 변화하는 것에 기쁨을 연결했다면, 이제 당신은 변화의 원동력을 갖게 된 것이다. 이제 NAC의 세 번째 마스터 단계로 가보자.

NAC 마스터 3단계

당신을 제한하는 부정적 패턴을 깨뜨려라

같은 이미지와 같은 생각에 집중하고 스스로에게 같은 질문을 반복하는 사고 패턴을 발달시키면 어떤 특정 방식을 지속적으로 느낄 수 있다. 문제는 대부분의 사람이 새로운 결과를 원하면서도 계속 같은 방식으로 행동한다는 것이다. 나는 어리석음을 '계속 똑같은 일을 반복하면서 새로운 결과를 기대하는 것'이라고 정의하는 것을 들은 적이 있다.

오해하지 말라. 당신이 틀렸다는 게 아니다. 당신에게 문제가 있다는 게 아니다. (당신에게 이런 비유를 대는 사람과는 상종하지 마라!) 변화를 위해 필요한 모든 자원은 지금 당신 안에 있다. 단지 당신은 당신의 능력을 충분히 활용하지 못하게 만드는 일련의 신경연상을 습관적으로 하고 있을 뿐이다. 당신이 해야 할 일은 신경경로를 다시 조정해서 좌절과 두려움보다는 소망의 방향으로 당신을 일관되게 이끌도록 하는 것이다.

우리 삶에서 새로운 결과를 얻기 위해서는 단지 우리가 무엇을 원하는지 알고 있다거나 지렛대를 갖고 있는 것만으로는 충분치 않다. 변화하고 싶은 동기가 크다고 해도 같은 부적절한 패턴을 계속하면서 같은 행동만 반복한다면, 우리 삶은 변하지 않을 것이며 여전히 더 많은 고통과 더 많은 좌절만 맛보게 될 것이다.

방에 갇힌 파리를 본 적이 있는가? 방에 갇힌 파리는 밝은 빛만 찾아다니기 때문에 몇 시간이고 계속 창문에 머리를 부딪친다. 사람들도 마찬가지다. 변화에 대한 강한 동기를 갖고 있고, 강력한 지렛대도 가지고 있다 해도, 닫힌 창문으로 계속 나가려고 한다면 모든 동기부여가 아무런 도움이 되지 않을 것이다. 당신은 접근방식을 바꿔야 한다. 한 걸음 물러서서 다른 출구를 찾는 파리만이 나갈 기회를 잡는다.

우리가 늘 같은 패턴을 반복한다면, 같은 결과만 얻을 뿐이다. 레코드 음반은 연속적인 홈groove 패턴에 소리가 인코딩되어 있기 때문에 계속 같은 소리를 낸다. 하지만 그 레코드에 바늘로 수십 번 흠집을 내면 어떻게 될까? 계속 흠집을 내면 어느 시점부터는 홈의 패턴이 망가져서 레코드가 다시는 같은 소리를 내지 못하게 될 것이다. 이처럼 우리의 부정적 행동이나 감정의 패턴을 깨뜨리는 것만으로도 삶을 완전히 바꿀 수 있다. 그렇게 함으로써 지렛대의 힘이 생기기 때문이다. NAC의 이 두 단계(부정적 패턴의 중단과 지렛대 형성)만으로도 사실상 바꾸지 못할 것은 없다. NAC의 다음 단계는 그 변화가 지속되게 하고, 즐겁고 힘을 불어넣는 새로운 선택을 개발하는 방법일 뿐이다.

최근 시카고에서 3일간 주최한 〈무한 능력〉 세미나에서 재미있는 패턴 깨뜨리기 방법을 생각해냈다. 한 남성이 초콜릿 먹는 습관을 버리고 싶다고 주장했는데, 나는 오히려 그가 '초콜릿 중독자'라는 정체성으로부터 큰 기쁨을 얻고 있다는 사실을 알아챘다. 실제로 그는 "나는 세상을 원해, 하지만 초콜릿만 있으면 돼"라고 쓰인 티셔츠를 입고 있었다. 이런 걸 보면 그가 초콜릿 먹는 것을 중단하고 싶다고 말은 하면서도 그 습관을 유지하면서 많은 '부차적 이익'을 취하고 있는 것이 분명했다.

물론 사람들은 어떤 행동이나 감정적 패턴이 그들에게 고통을 주기 때문에 변화하고 싶어한다. 하지만 그들이 바꾸려고 하는 바로 그것에서 이익을 취하는 사람들도 있다. 예를 들어 부상을 입었더니 갑자기 주위 사람들이 자신의 시중을 들며 많은 관심을 보인다면, 그 사람은 부상이 빨리 낫지 않기를 바라게 된다는 것이다. 그들은 고통이 끝나기를 원하지만, 한편으로는 무의식적으로 사람들이 자신에게 관심을 두는 기쁨을 더 누리고 싶어하는 것이다.

물론 당신은 잘 해내겠지만, 부수적 이익의 맛이 너무 강하면 변화하지 못하고 다시 이전으로 돌아갈 수도 있다. 이런 부수적 이익을 경험한 사람들은 변화에 대해 혼란스러운 감정을 갖게 된다. 그들은 변하고 싶다고 말하면서도, 무의식적으로 과거의 행동이나 감정 패턴을 유지하면 다른 방법으로는 얻을 수 없는 기쁨을 얻을 수 있다고 생각한다. 그런 이유로 그들은 비록 고통스럽지만 우울한 감정을 포기하려 하지 않는다. 자신들이 우울해하고 있으면 주변의 관심을 끌 수 있기 때문이다. 그들은 우울한 감정을 느끼길 원하지 않으면서도, 주변의 관심을 받기를 원한다. 결국 주변의 관심에 대한 욕구가 승리하면 그들은 우울한 상태를 계속 유지한다. 주변의 관심은 부수적 이익의 한 형태일 뿐이다. 이 문제를 해결하기 위해서는 그 사람에게 변화해야 할 충분한 지렛대를 제공해야 함은 물론이고, 그들의 요구를 충족시킬 수 있는 새로운 방법도 함께 보여주어야 한다.

그 남자는 초콜릿을 끊어야 한다는 것을 알고 있었지만, 한편으로는 이 기회를 이용해 주변의 관심을 받고 싶었을 것이다. 부차적 이익이 수반되면 지렛대의 힘을 더 높여야 하는데, 나는 이를 위해 부정적 패턴 깨뜨리기 전략을 활용하기로 했다. 그래서 그 남자에게 이렇게 말했다. "선생님! 지금 저에게 초콜릿을 포기할 준비가 되었다고 말하셨지요? 잘하셨습니다. 그 오래된 패턴을 영원히 없애버리기 전에 한 가지 해야 할 일이 있습니다." 그가 물었다. "그게 뭐지요?" 나는 "선생님이 원하시는 몸매를 만들려면 앞으로 9일 동안 초콜릿만 먹도록 하세요. 초콜릿 외에는 어떤 것도 먹으면 안 됩니다"라고 말해주었다.

방청석에 있던 사람들이 킥킥거리기 시작했고, 그 남자는 나를 의심의 눈초리로 쳐다보며 물었다. "음료를 마시는 건 괜찮나요?" 내가 대답했다.

"네, 물은 마실 수 있어요. 단 하루에 네 잔뿐입니다. 그러고는 초콜릿만 먹어야 합니다." 그는 어깨를 으쓱하며 웃었다. "좋아요, 토니. 그게 원하는 거라면. 그 정도야 굳이 습관을 바꾸지 않아도 할 수 있는 거니까요. 하지만 당신을 바보로 만들고 싶진 않군요!" 나는 미소를 지으며 세미나를 계속 진행했다.

그다음에 무슨 일이 일어났는지 당신이 봤다면 놀랐을 것이다! 마치 마술처럼 세미나 참가자들의 주머니, 지갑, 가방 속에서 수십 개의 초콜릿 바와 사탕이 쏟아져 나와 그에게 전달되었다. 점심시간이 되자 그의 앞에는 베이비 루스Baby Ruths, 버터핑거Butterfingers, 스니커즈Snickers, 밀키웨이Milky Ways, M&M, 아몬드 조이스Almond Joys, 패니 파머Fanny Farmer 등 온갖 초콜릿들이 넘쳐났다.

세미나장 밖 로비에서 그를 만났더니, 허쉬Hershey의 키세스Kisses 초콜릿을 까서 입에 넣으면서 마치 이 게임은 자기가 이겼다는 듯이 말했다. "고마워요, 토니. 아주 멋진 게임이에요." 하지만 그는 이것이 나와 경쟁하는 게임이 아니라는 사실을 깨닫지 못했다. 그는 내가 아니라 자기 자신과 경쟁하고 있는 것이다! 나는 그저 그의 몸을 이용해 지렛대를 만들어 그의 패턴을 깨뜨리려고 했을 뿐이다.

설탕을 먹으면 얼마나 목마르게 되는지 알고 있는가? 하루가 끝날 무렵 그 남자의 목구멍은 완전히 빨갛게 달아올랐고, 사람들이 계속 허쉬의 크라켈Krackel 초콜릿 바를 그의 주머니에 넣어주고 씬 민트Thin Mints 쿠키를 그의 손에 쥐여주었지만, 초콜릿에 대한 열정은 이제 없어진 게 분명했다. 이틀째가 되자 그의 유머 감각은 사라졌지만 아직 패배를 인정할 정도는 아닌 것 같았다. 내가 "초콜릿 좀 더 드시죠"라고 말하자 그는 쓰리머스킷티어스Three Musketeers 초콜릿을 까며 나를 노려보았다.

사흘째 아침, 그는 마치 밤새 토한 사람처럼 몸을 질질 끌며 세미나장에 나타났다. 내가 "아침식사는 잘 드셨나요?"라고 묻자 사람들이 웃었다. 그가 힘없이 대답했다. "별로 좋지 않았어요." 내가 말했다. "초콜릿을 좀 더 드시지요!" 뒤에 앉아 있는 누군가가 그에게 또 다른 초콜릿을 건넸지만 그는 뜯거나 쳐다보지도 않았다. 내가 물었다. "왜 그러세요? 벌써 질렸나요?" 그가 고개를 끄덕였다. "자, 힘내세요. 선생님은 초콜릿 챔피언이잖아요!" 나는 그를 더 부추겼다. "좀 더 드세요! 최고의 초콜릿이잖아요? 마운즈 바Mounds Bars 어때요? 땅콩 M&M은요? 로키 로드Rocky Road 캔디도 한 상자 있는데. 그냥 맛 보지 그래요? 입에 침이 고이지 않나요?"

내가 더 부추길수록 그의 안색은 더 창백해졌다. 내가 "좀 더 드시죠!"라고 말하자 마침내 그는 폭발했다. "더 이상 강요하지 마세요!" 그가 자기가 한 말을 깨닫자 청중이 크게 웃었다. 내가 상황을 정리했다. "이제 됐습니다. 초콜릿은 내버려두고 자리에 앉읍시다."

나는 그가 초콜릿 대신 그에게 힘을 불어넣어주는 대안을 선택하도록 도와주었다. 그는 초콜릿이 몸에 좋지 않다는 사실을 이미 알고 있었고, 그래서 초콜릿을 더 이상 먹지 않는 것을 기쁨과 연결시키는 새로운 신경통로를 만든 것이다. 나는 이런 새로운 연상을 조건화시킴으로써 그를 치료하기 시작했고, 그의 오랜 초콜릿 중독을 파워 호흡, 운동, 수분이 풍부한 음식, 적합한 식단 등과 같은 건강한 행동으로 대체하도록 도왔다.*

내가 이 남자에게 사용한 지렛대는 무엇이었을까? 당신이 누군가를 변화시키기 위해 그들의 몸에 고통을 주었다면, 그것이 바로 명백한 지렛대

* 이 원칙들에 대한 자세한 내용은 내 〈건강한 삶〉 세미나, 내 다른 저서 《무한 능력》의 10장 '에너지: 최고의 원천'을 참조하라.

다. 그들은 고통에서 벗어나기 위해 무엇이든 할 것이기 때문이다. 나는 그에게 고통을 주었을 뿐만 아니라 그의 패턴도 깨뜨렸다. 다른 상담자들은 모두 그에게 초콜릿을 그만 먹으라고 했을 것이다. 하지만 나는 그에게 초콜릿을 먹으라고 요구했다! 그로서는 전혀 예상하지 못한 일이었고, 그의 패턴을 완전히 깨뜨려버렸다. 그는 초콜릿을 먹는 것에 자신이 느낀 고통의 감정을 빠르게 연결시켜 하룻밤 사이에 새로운 신경 고속도로가 깔렸고, 그가 과거에 깔아놓았던 '허쉬 초콜릿 고속도로'는 이제 형체를 알아볼 수 없을 정도로 폭격을 당했다.

사람들은 개인 치료를 위해 내 사무실에 찾아와 자신들의 문제가 무엇인지 털어놓는다. "내 문제는…"이라고 말하면서 걷잡을 수 없이 울음을 터뜨리는 사람도 있다. 이런 상황이 생기면 나는 일어나서 버럭 소리를 지른다. "여보세요!" 그러면 그들은 깜짝 놀란다. 내가 "우리 아직 시작도 안 했다고요!"라고 말하면 그들은 대개 "아, 정말 죄송합니다"라고 대답하면서 곧바로 자신의 감정을 추스르고 자제력을 되찾는다. 사실 그들이 울음을 터트리는 것은 일종의 히스테리다. 하지만 그들이 곧바로 자제력을 되찾을 수 있다는 것은 자신의 삶을 통제할 수 없다고 느끼면서도 자신의 감정을 변화시키는 방법을 이미 알고 있음을 보여주는 것이다!

어떤 사람의 패턴을 깨뜨리기 위한 가장 좋은 방법은 그들이 예상하지 못한 일, 즉 그들이 과거에 경험한 것과는 전혀 다른 경험을 하게 하는 것이다. 당신이 과거에 좌절하고 걱정하고 압박을 느끼던 패턴을 깨뜨릴 수 있는 가장 즐겁고 혁신적인 방법이 무엇이었는지 생각해보라.

그런 다음 다시 우울해지면, 하늘을 향해 높이 뛰어오르며 가장 바보 같은 목소리로 이렇게 외쳐보라. "할- 렐- 루- 야! 오늘은 발 냄새가 안 난다네!" 이런 어리석고 바보같이 보이는 행동이 당신의 관심사와 마음상태를 확실하게 바꿔줄 것이다. 그리고 당신이 더 이상 우울하지 않다는 것을 깨닫기 시작하면, 당신 주위에 있는 모든 사람들의 마음상태까지 확실하게 변화시킬 것이다. 이 얼마나 멋진 일인가!

당신이 자주 과식을 해서 이를 멈추고 싶다면, 그리고 반드시 그렇게 하겠다고 약속한다면 확실한 효과가 있는 기술을 알려주겠다. 다음에 식당에서 과식하는 자신을 발견하면, 즉시 식당 한가운데로 가서 뛰어오르면서 당신이 앉았던 의자를 가리키며 목청껏 외쳐보라. "이 돼지야!" 공공장소에서 이런 행동을 서너 번 하면 결코 더 이상 과식하지 않을 것이다! 이 창피한 행동에 큰 고통을 연결시킬 것이기 때문이다! 옛 패턴을 깨뜨리는 방식은 터무니없을수록 효과가 크다는 사실을 잊지 말라.

패턴을 깨뜨리는 전략에서 가장 중요한 것은 그 패턴이 다시 일어나는 순간에 즉시 깨뜨려야 한다는 것이다. 패턴 깨뜨리기는 우리 일상에서 매일 발생할 수 있다. 예를 들어 "방금 무슨 생각을 하고 있었는지 까먹었네"라고 말하는 경우가 있는데, 이는 무언가 또는 누군가 당신의 집중 패턴을 방해했기 때문이다. 친구와 한참 대화를 나누고 있는데 누군가 끼어들어 대화가 중단되었다가 다시 대화를 이어나가려 할 때 "우리가 어디까지 얘기했지?"라고 했던 적이 있었을 것이다. 패턴 방해의 대표적인 예다.

변화하고 싶은데, 당신이 과거에 일련의 부정적인 결과에서 기쁨, 즉 부차적 이익을 얻은 경험이 있다면 즉시 그 패턴을 깨뜨려야 한다. 우리는 그런 경험을 완전히 지워버리고 새로운 패턴을 찾아(이것이 다음 단계다) 그것이 우리의 일관된 접근방식이 될 때까지 계속 조건화시켜야 한다.

부정적인 감정과 행동 패턴을 깨는 방법

다시 말하지만, 과거의 패턴을 여러 번 깨뜨리다 보면 그 누구라도 변화시킬 수 있다. 패턴을 깨뜨리는 간단한 방법은 우리 기억에 연결된 감정을 지워버리는 것이다. 우리가 어떤 일에 화를 내는 이유는 우리가 그 일을 우리 마음속에 특정 방식으로 기억하고 있기 때문이다. 예를 들어 상사가 큰 소리로 당신을 나무라면, 그 기억이 하루 종일 마음속에 남아서 상사가 당신에게 소리 지르는 모습이 계속 떠올라 당신의 기분은 점점 더 나빠진다. 왜 그 기억이 당신에게 계속 악영향을 미치도록 내버려두는가? 그 기억을 마음속에서 수차례 지워버리고 더 이상 그런 감정을 느끼지 않게 할 수는 없을까? 어쩌면 그저 재미있는 기억 정도로 생각할 수도 있을 것이다!

지금 당장 연습해보자. 당신이 슬퍼하고 좌절하고 화났던 상황을 떠올려보라. 먼저 앞서 살펴본 NAC의 처음 두 단계를 실행한다. 지금도 그 상황이 기분이 나쁘다면, 그 상황에 대해 어떤 감정이 들기를 원하는가? 왜 그렇게 느끼고 싶은가? 당신이 그렇게 느끼지 못하는 것은 당신이 이미 이 상황과 연결시킨 감정 때문이다. 오히려 그 상황을 기분 좋게 느낄 수 있다면 얼마나 좋을까? 이제 당신 자신에게 지렛대를 사용할 때가 되었다. 그 상황에 대한 당신의 감정을 바꾸지 않는다면, 당신은 여전히 기분 나쁜 감정에서 벗어날 수 없을 것이다. 그러면 끔찍하겠지! 그 상황(또는 어떤 사람)에 대한 부정적인 감정을 계속 달고 다니거나 계속 화를 내며 그 대가를 다 치를 셈인가? 지금 당장 그 감정을 바꾸기만 하면 기분이 훨씬 더 나아질 텐데 말이다!

부정적 패턴 재구성하기

당신은 이제 충분한 지렛대를 가지고 있다. 당신을 좌절시켰던 감정이 더 이상 생기지 않을 때까지 지금 당장 지워버려라. 다음 단계를 잘 읽고 따라 해보라.

① **당신을 괴롭혔던 상황을 마음속에서 그려보라.** 그것을 당신과 상관없는 영화라고 생각해보라. 그 상황에 대해 속상해하지 말고, 일어난 모든 일을 과거의 일로 바라보라.

② **똑같은 상황을 만화영화로 만들어보라.** 의자에 앉아 실없이 웃으며 크게 숨을 몰아쉬고, 일어났던 일의 영상을 가능한 빠른 속도로 거꾸로 돌려보라. 누군가가 무슨 말을 하는 모습도 거꾸로 돌리면 말을 삼키는 것으로 보일 것이다! 일어났던 영상을 빠른 속도로 되돌려 보았다면, 이제 더 빠른 속도로 다시 앞에서부터 돌려본다. 영상의 색상을 바꿔서 모든 사람의 얼굴을 무지개색으로 예쁘게 칠하라. 당신을 화나게 하는 특정 인물이 있다면 그 사람의 귀를 미키마우스처럼 크게 그리거나 코를 피노키오처럼 길게 그려보라.

적어도 앞뒤로 10번 이상 돌려보라. 빠른 속도로 돌리면서 유머를 가미해 기억의 이미지를 마음대로 바꿔보라. 그러면서 마음속에 음악도 넣어보라. 당신이 가장 좋아하는 노래여도 좋고 어디선가 본 만화영화 음악이어도 좋다. 그리고 이 재미있는 소리를 당신을 괴롭혀온 옛 이미지와 연결해보라. 그러면 그 상황에 대한 당신의 감정을 뚜렷하게 바꿀 것이다. 이 모든 과정에서 가장 중요한 것은 이미지를 뒤로 돌리는 속도와 그것에 얼마나 멋진 과장된 유머 감각을 연결시키느냐 하는 것이다.

③ **이제 당신을 괴롭혔던 상황을 다시 생각해보고, 느낌이 어떻게 달라졌는지 보라.** 이 작업이 효과적으로 진행되었다면, 당신은 이제 과거의 패턴을 쉽게 깨뜨릴 수 있으며 다시는 예전의 부정적 감정으로 돌아가지 않을 수 있다는 것을 알게 될 것이다. 오랫동안 당신을 괴롭혔던 일들에 대해서도 이 작업을 적용할 수 있다. 어떤 상황의 이유를 일일이 분석하고 따지는 방식으로는 당신이 그 상황에 연결시켜 놓은 감정을 바꾸지 못한다. 하지

만 이 작업은 상황을 시시콜콜하게 분석하는 것보다 훨씬 더 큰 효과적인 접근방식이다.

단순해 보이지만, 이처럼 과거의 상황을 재구성해보는 것은 대부분의 경우에, 특히 트라우마가 있는 기억에 대해서도 효과를 발휘한다. 어째서 그러냐고? **우리의 모든 느낌은 마음속에 집중하고 있는 이미지, 그 특정 이미지와 연결시킨 소리나 감정과 관련 있기 때문이다.** 과거의 기억에 대한 이미지와 소리를 바꿈으로써 과거의 기억에 대한 느낌까지 바꿀 수 있는 것이다. 이 작업을 반복해서 조건화시키면, 다시는 예전의 패턴으로 돌아가지 않을 수 있다.

패턴을 깨뜨리는 한 가지 방법은 '마약을 끊듯' 그동안 해오던 습관을 한 순간에 끊는 것이다. 그동안 해오던 패턴을 중단하는 일을 계속 반복하다 보면, 그 일을 생각하는 신경경로가 점차 사라진다. 신경 연결은 처음 한 번 만들어질 때 뇌가 길을 만들지만, 그 길을 사용하지 않으면 잡초가 자라 나중에는 그 길을 잃어버린다.

이제 당신의 발목을 잡았던 패턴을 깨뜨렸으니, 다음 단계로 가보자.

NAC 마스터 4단계

당신에게 힘을 불어넣는 새 대안을 만들어라

변화를 장기적으로 지속하는 데에는 네 번째 단계가 절대적으로 중요하다. **대부분의 사람이 변화를 시도해도 변화가 오래가지 못하는 이유는 고통에서 벗어나 기쁜 감정을 느낄 수 있는 대안을 찾지 못하기 때문이다.** 많은 사람이 '반드시 변해야 한다'라고 생각하는 지점까지는 잘 도달한다. 옛 패턴을 고통에 연결시키고 새로운 변화를 기쁨에 연결시켰기 때문이다. 이 지점에서 그들은 옛 패턴을 깨뜨리기도 한다. 하지만 문제는 그 후에 옛 패턴을 대체할 새로운 패턴이 없다는 것이다!

우리의 모든 신경 패턴은 우리가 고통에서 벗어나 기쁨으로 들어가도록 설계되어 있다. 이 패턴들은 아주 잘 확립되어 있지만 때로는 부작용도 있다. 잘 길들여진 습관이 우리를 고통에서 벗어나게 해줄 수 있다는 것을 배웠다 해도, 당신이 원하는 감정을 느낄 수 있는 더 나은 방법을 찾지 못한다면 당신은 계속해서 다시 옛 패턴으로 되돌아가고 말 것이다.

지금까지 모든 단계를 하나하나 잘 따라왔다면, 이제 당신 삶에서 원하는 것이 무엇이고, 그동안 당신을 방해해온 것은 무엇인지 분명히 알게 되었을 것이다. 그리고 당신에게 사용할 지렛대도 갖게 되었고, 옛 패턴도 깨뜨렸다. 이제 남은 것은 부작용 없이 당신에게 기쁜 감정을 줄 일련의 새로운 선택으로 옛 패턴의 자리를 채우는 일이다. 예를 들어 당신이 담배를 끊었다면, 담배를 피우던 옛 패턴에서 누렸던 즐거움을 대체할 새로운 방법을 가급적 많이 생각해내야 한다. 옛 감정이나 행동에서 누렸던 즐거움이 새 감정이나 행동에서도 부작용 없이 여전히 보존되어야 하기 때문이다. 당신은 예전의 걱정거리를 무엇으로 대체했는가? 목표를 달성하기 위해 세운 계획을 강력하게 실천하고 있는가? 당신이 과거에 우울증에 시달렸다면 우울증으로 고통받고 있는 다른 사람들을 돕는 것으로 대체될 수 있을 것이다.

당신이 흡연, 음주, 근심 걱정, 그외 다른 바람직하지 못한 감정이나 행동에 빠져 있던 고통에서 벗어나 그것들을 대체할 기쁜 감정을 누릴 방법이 확실하지 않다면, **스스로 변화를 이룬 사람들을 모델로 삼으면 쉽게 답을 찾을 수 있다.** 지속적인 변화를 이룬 사람들을 찾아라. 그들은 옛 행동을 대체할 대안을 분명히 가지고 있을 것이다.

내 친구 프랜 타켄튼Fran Tarkenton이 좋은 예다. 프랜과 내가 처음에 〈개인의 무한한 힘〉이라는 TV 쇼를 함께 시작했을 때 나는 그의 한 가지 습관을 보고 매우 놀랐다. 그가 씹는 담배에 중독되어 있었기 때문이다. 예컨대 언젠가 회의 도중에 그가 갑자기 몸을 돌리더니 침을 뱉는 것이었다. 에너지 넘치고 우아한 사람이라고 생각했던 이미지와는 전혀 어울리지 않는 모습이었다. 하지만 그것은 20년 넘은 그의 습관이었다.

나중에 프랜은 내게 씹는 담배가 인생의 가장 큰 즐거움 중 하나라고 말했다. 씹는 담배는 그에게 친한 친구 같은 존재였다. 혼자 여행하거나 외롭다고 느낄 때 담배를 씹으면 더 이상 외로움을 느끼지 않았다. 실제로 그는 친구들에게 섹스와 씹는 담배 중 하나를 택하라면 씹는 담배를 택할 것이라고 말했을 정도다! 거짓 신경연상도 이 정도면 대단하지 않은가? 그는 신경회로에 씹는 담배 고속도로를 만들어놓고 그것을 고통에서 벗어나 기쁨으로 가는 길로 삼았다. 그 도로를 오랫동안 지속적으로 사용하면서 그 신경회로는 기쁨으로 연결되는 굵은 가닥이 되었다. 그런데 그는 자신이 가장 좋아하는 이 길을 바꾸었다.

무엇이 그의 행동을 변화시켰을까? 그는 자신에게 지렛대를 사용했다. 어느 날 한 친구(바로 나)의 작은 도움으로, 그는 씹는 담배가 그가 되고자 하는 인간으로서의 품격과는 전혀 어울리지 않는다는 것을 알기 시작했다. 그는 담배를 씹는 모습이 삶에 대한 통제력이 부족하다는 것을 드러내는 것이라고 생각했다. 자신의 삶을 책임져야 한다는 것은 프랜이 가장 소중하게 생각하는 가치였기 때문에 그것은 결코 훼손시킬 수 없는 기준이었다. 그 가치를 훼손한다는 것은 그에게 너무 고통스러운 일이었다. 그래서 그는 씹는 담배가 구강암의 원인이 될 수 있다는 데 생각을 집중하기 시작했다. 그리고 그 생각을 생생하게 그림으로 떠올리면서 씹는 담배에 대한 생각이 멀어지게 했다. 그러자 그렇게 즐겼던 씹는 담배의 맛이 역겹게 느껴지기 시작했다. 그런 이미지들이 자신에게 적용하는 지렛대가 되었고, 마침내 씹는 담배를 기쁨으로 연결시켰던 옛 패턴을 깨뜨릴 수 있었다.

하지만 정말 중요한 것은 그다음이었다. 프랜은 씹는 담배보다 훨씬 더 효과적으로 기쁨을 얻을 수 있는 새로운 방법을 찾아낸 것이다. 그는 이전과는 달리 사업에 전력을 기울였고, 그 결과 나리지웨어KnowledgWare라는 자신의 회사를 월가에서 가장 성공적인 컴퓨터 소프트웨어 회사 중 하나로 키워냈다. 더 짜릿한 것은 그가 진실한 여성을 만나야겠다고 생각했는데, 정말로 꿈꾸던 여성을 찾은 것이다. 그리고 그녀와 사귀면서 다른 무엇에서도 얻을 수 없는 감정과 느낌을 얻는 법을 배우게 되었다는 것이다.

우리가 오래된 패턴을 기꺼이 깨뜨리면, 대개 우리의 뇌는 자동적으로 우리가 원하는 감정을 주기 위해 대체 패턴을 찾는다. 흡연 패턴을 깨뜨린 사람들이 살이 찌는 경우가 많은 것도 바로 이 때문이다. 뇌가 예전의 흡연과 같은 기쁜 감정을 주는 새로운 방법을 찾다가 많은 양의 음식을 먹게 하는 것이다. 여기서 핵심은 과거의 패턴을 끊고 난 후에는 의식적으로 기존의 행동이나 감정을 대체할 새로운 행동이나 감정을 찾아야 한다는 것이다.

변화에 관한 연구

마약 중독자들이 치료를 받고 어느 정도 재활하는지를 평가하기 위한 통계학자 낸시 만Nancy Mann의 연구에 따르면, 인간의 변화라는 복잡한 분야에서도 **대체 행동이 있느냐가 큰 영향을 미치는 것으로 나타났다.*** 이 연구에서 첫 번째 그룹은 일반적인 사법 체계에서 흔히 볼 수 있는 외부적인 강압을 통해 강제적으로 마약을 끊게 했다. 지렛대의 힘을 언급할 때 이야기했듯이, **외부적인 강압으로 인한 변화가 지속되는 경우는 거의 없다.** 아니나 다를까. 이 그룹의 사람들은 강압이 풀리자마자, 즉 감옥에서 풀려나자마자 예전의 습관으로 되돌아갔다.

두 번째 그룹은 본인들 스스로 마약을 끊고 싶어하고 실제로 그렇게 하려고 애쓰는 사람들로 구성되었다. 이들의 지렛대는 주로 마음속에서 비롯되었다. 그 결과, 이들의 행동 변화는 훨씬 더 오래 지속되었다(대개 2년 동안은 지속되었다). 첫 번째 그룹보다는 변화가 지속되었지만 결국 다시 되돌아간 것은 마약을 중단하면서 엄청난 스트레스를 겪고 있었기 때문이다. 스트레스가 심해지자 그 고통에서 벗어나 쾌락으로 돌아가는 방법으로, 다시 마약 습관으로 되돌아간 것이다. 왜 그랬을까? 바로 오랫동안 그들을 통제해 온 신경경로를 대체할 새로운 경험을 찾지 못했기 때문이다.

세 번째 그룹은 그들이 마약 중독 전부터 추구했던 것, 즉 마약으로부터 얻은 기쁨보다 더 큰 기쁨을 주는 **새로운 대안을 갖게 했다.** 이들은 기쁨이 충만한 관계, 영적인 깨달음, 열정을 다 바칠 수 있는 직업을 찾도록 했다. 그 결과 **많은 사람이 다시 옛 습관으로 돌아가지 않았고 대부분의 경우, 변화가 평균 8년 이상 지속되었다.**

마약 습관을 끊는 데 성공한 사람들은 우리가 지금까지 배운 NAC의 네 단계를 잘 따랐다. 그렇기 때문에 성공한 것이다. 하지만 그들 중 일부는 변

* Mann, Nancy, "A Diagnostic Tool with Important Implications for Treatment of Addiction: Identification of Factors Underlying Relapse and Remission Time Distributions," The International Journal of the Addictions, 1984.

화가 8년밖에 지속되지 않았다. 왜 그랬을까? 바로 이제부터 배울 중요한 단계인 NAC의 다섯 번째 단계를 활용하지 않았기 때문이다.

NAC 마스터 5단계

새 패턴이 지속될 때까지 조건화시켜라

조건화는 당신이 시작한 변화가 일관되게 오래 지속되도록 하는 방법이다.* 조건화시키는 가장 간단한 방법은 신경경로가 만들어질 때까지 계속해서 반복하는 것이다. 대안을 찾았다면 그 일을 통해 고통에서 벗어나 기쁨을 느낄 때까지 그 일을 하는 것을 상상하라. 그러면 당신의 뇌가 일관되게 그런 결과를 만드는 새로운 길을 연상하기 시작할 것이다. 당신이 이 작업을 하지 않으면 다시 옛 패턴으로 돌아갈 가능성이 크다.

당신에게 힘을 불어넣는 이 새로운 대안을 **감정의 강도**를 높여 계속 반복해서 연습한다면, 당신의 길을 개척할 수 있을 것이다. 그런 감정으로 계속 반복하다 보면 그 신경경로는 새로운 결과를 얻을 수 있는 고속도로가 될 것이며, 결국 당신의 새로운 습관이 될 것이다. **우리의 뇌는 우리가 생생하게 상상하는 것과 실제 경험하는 것을 구별할 수 없다는 것을 기억하라.** 당신이 조건화되면 당신은 자동적으로 새 길을 따라 이동할 수 있으며, 항상 다니던 '출구'(옛 습관)를 만나더라도 그 출구를 빠른 속도로 지나칠 수 있다. 사실 이제는 다시 그 출구로 나갈 일이 없다.

조건화의 힘은 아무리 강조해도 지나치지 않다. 나는 최근, 미 프로농구

* 《무한 능력》 17장 '성공의 비결: 자극 심기' 참조

팀 보스턴 셀틱스Boston Celtics의 위대한 선수 래리 버드Larry Bird가 점프 슛을 실패하는 장면이 담긴 청량음료 광고를 찍었다는 기사를 읽었다. 그런데 골을 넣지 못하는 장면을 찍어야 하는데 무려 9번이나 연속해서 골을 넣어버렸다는 것이다! 그만큼 그는 공을 던지면 들어가도록 자신을 강하게 조건화시킨 것이다. 공이 그의 손에 닿기만 하면 자동적으로 공을 골대에 집어넣는 패턴이 조건화된 것이다. 래리 버드의 뇌를 검사한다면 분명히 공을 던지는 동작에 꽤 굵은 신경경로가 연결되어 있다는 것을 발견할 수 있을 것이다. 우리도 감정의 강도를 높여 계속 반복해서 연습한다면 우리 안에서 일어나는 모든 행동을 조건화시킬 수 있다.

다음 단계는 당신의 새 행동을 강화하기 위한 계획을 세우는 것이다. 당신은 어떤 일을 잘 해낸 자신에게 어떻게 보상해주는가? 담배를 끊었다면 금연기간이 1년이 될 때까지 기다리지 마라. 담배 피우지 않고 하루를 보냈으면 바로 자신에게 보상을 주어라! 살을 빼기로 작정했다면 목표했던 35kg이 다 빠질 때까지 기다리지 마라. 1kg이 빠질 때까지도 기다리지 마라. 접시를 다 비우지 않고 음식을 남긴 순간, 당신의 등을 두드리며 스스로 격려하라. 하나의 긴 목표가 아니라 여러 개의 짧은 목표를 설정하고 각 목표를 달성할 때마다 즉시 자신에게 보상하라. 당신이 우울증을 앓고 있거나 근심 걱정이 많은 사람이라면, 당신이 걱정을 대신할 행동을 취할 때마다, 또는 누군가가 안부를 물을 때 "네, 아주 잘 지내고 있답니다"라고 웃으며 말할 때마다 당신에게 보상하라. 당신은 이미 장기적인 성공에 필요한 작은 변화를 이미 시작한 것이다.

이런 식으로 당신의 신경계는 변화를 큰 기쁨에 연결시키는 법을 배운다. 살을 빼기로 했다고 해서 항상 즉각적인 결과를 얻는 것은 아니다. 그러니까 몇 kg을 감량했다고 해서 당신이 엘 맥퍼슨Elle McPherson이나 멜 깁슨

Mel Gibson 같은 영화배우처럼 되는 것은 아니다. 그렇기 때문에 어떤 특정한 행동을 취하거나 긍정적인 감정적 진보를 했다면, 예를 들어 식욕을 참지 못해 가까운 맥도널드 가게로 달려가는 대신 동네 한 바퀴를 뛰었다면, 그 즉시 자신에게 보상해주는 것이 중요하다. 당신이 수시로 자신에게 보상해주지 않는다면, 당신은 "이제 겨우 1kg 빠졌지만 여전히 뚱뚱해. 시간이 오래 걸릴 거야. 갈 길이 너무 멀어…"라고 말하면서 짧은 기간의 변화에 만족하지 못하고 이를 다시 폭식의 핑계로 삼을 수 있다.

새 행동을 강화시켜야 할 필요성을 이해하면 새로운 패턴을 조건화하는 과정이 빨라진다. 나는 최근, 조건화에 대해 더 자세히 공부하고 싶은 사람들에게 강력하게 추천할 만한 좋은 책을 읽었다. 캐런 프라이어Karen Pryor의 《긍정의 교육학》(Don't Shoot the Dog!, 리앤북스, 2005)이라는 제목의 책으로, 저자는 이 책에서 동물의 행동을 교정하는 몇 가지 간단한 방법을 제시하고 있는데, 내가 인간의 행동을 교정하기 위해 지난 몇 년 동안 사용한 방법과 너무나 흡사하다.

재미있는 것은 행동을 이끌어내는 힘은 동물이나 인간이나 매우 비슷하다는 점이다. 조건화의 기본을 이해하면 우리는 그 힘을 통제하고 우리의 운명을 선택할 수 있다. 우리는 환경이나 주위 사람들에 의해 조종되는 동물처럼 살 수도 있고, 아니면 반대로 환경과 주위 사람들을 활용해 우리의 잠재력을 최대한 발휘하며 살 수도 있다. 프라이어는 이 책에서 동물을 훈련시키기 위해 고통을 어떻게 활용했는지를 설명한다(사자에게는 채찍과 의자를, 말에게는 재갈을, 개에게는 목줄을 사용했다). 하지만 그녀는 돌고래와 함께 일하면서 고통을 사용하는 데 어려움을 겪었다. 그녀가 돌고래에게 고통을 주려고 하자 돌고래들이 그냥 도망가 버렸기 때문이다! 이 경험을 통해 그녀는 **긍정적인 강화 훈련**의 힘을 더 확실하게 이해할 수 있었다.

"훈련으로 안 되는 것은 없다. 훈련으로 이루지 못할 것도 없다. 훈련은 부도덕한 사람을 선한 사람으로 바꿀 수도 있고, 나쁜 원칙을 파괴하고 좋은 원칙으로 재창조할 수도 있으며, 인간을 천사처럼 끌어올릴 수도 있다."

– 마크 트웨인 Mark Twain

어떤 형태든 '성공적인 조건화'의 첫 번째 운영 원칙은 새 행동을 강화시키는 것이다. 변화된 행동이나 감정이 지속적으로 일어나게 하기 위해서는 조건화된 패턴을 만들어야 한다. 모든 패턴은 감정과 행동이 강화된 결과다. 우리의 감정과 행동을 지속시키기 위한 열쇠는 바로 그것들을 조건화시키는 것이다.

강화의 법칙

어떤 감정이나 행동 패턴이 지속적으로 강화되면 그 패턴은 자동적인 조건 반응이 된다. 반면 강화되지 못한 감정이나 행동은 결국 소멸된다.

우리는 긍정적 강화를 통해 우리 자신이나 다른 사람의 행동을 강화할 수 있다. 즉, 우리가 원하는 행동을 할 때마다 우리 자신에게 보상을 주는 것이다. 칭찬, 선물, 새로운 자유 등이 보상이 될 수 있다. 반대로 부정적 강화를 할 수도 있다. 이는 우리 자신에게 눈살을 찌푸리거나, 큰 소리로 나무라거나, 체벌을 줄 수도 있다. 하지만 그런 보상이나 처벌이 강화와 같은 의미는 아니다. **처벌이나 보상은 행동이 발생하고 한참 지난 후에야 해주는 것이지만, 강화는 행동이 발생한 직후에 반응하는 것이다.**

타이밍이 가장 중요하다

적절한 타이밍이야말로 효과적인 조건화에 절대적으로 중요하다. 농구

경기에서 팀이 완벽한 플레이를 했을 때, 감독이 그 자리에서 바로 "잘했어!"라고 외치는 것이 나중에 경기가 끝나고 라커룸에서 품평할 때 말해주는 것보다 훨씬 효과적인 것처럼 말이다. 왜 그럴까? 우리는 항상 지금 발생하고 있는 패턴에 강화의 감정을 연결하는 것을 좋아하기 때문이다.

오늘날 사법제도의 문제 중 하나는 사람들이 범죄 행위를 저질러도 몇 년이 지나도록 처벌하지 않는다는 것이다. 범죄자가 처벌받아야 한다는 것을 머리로는 다 알고 있지만, 범죄를 저지른 행위에 대한 처벌이 지연되고 있는 것이다. 몇 년 후 판결이 내려지기까지 그 행동 패턴은 여전히 바뀌지 않았고, 그래서 그들은 자신의 행위에 대해 어떤 고통도 연결시키지 않은 것이다.

우리의 행동과 감정을 장기적으로 변화시키려면, 우리는 머리가 아니라 신경학적으로 효과적인 방법으로 우리의 뇌를 훈련시켜야 한다. 물론 우리는 대부분 우리가 사회생활을 하면서 서로를 조건화시키고 끊임없이 서로의 행동에 영향을 미친다는 것을 깨닫지 못한다. 때로는 서로를 긍정적이기보다는 부정적으로 조건화시키기도 한다.

내 딸 졸리와 그녀의 전 남자친구 사이에서도 이런 부정적인 조건화가 일어났다. 졸리는 학업, 춤, 연극에 참여하느라 매우 바쁘게 지내고 있었다. 그런데 남자친구는 졸리가 매일 자신에게 전화해주기를 원했다. 그녀가 바쁜 나머지 며칠 지나서 전화하면 그는 졸리를 매우 압박하며 엄청난 고통을 주었다. 그의 의도는 졸리가 더 자주 전화하도록 하는 것이었겠지만 그의 강화 전략은 여자친구를 괴롭히고 나무라는 것에 불과했다.

당신도 이런 식으로 남을 괴롭게 한 적이 있는가? 남자친구, 여자친구, 배우자 또는 다른 중요한 사람이 당신에게 더 자주 전화하기를 원한다면, 그들에게 전화하라고 잔소리를 하는 것이 얼마나 효과적일 것이라고 생각하는가? 그러다가 그들이 마침내 당신에게 전화를 했을 때 당신은 다음과 같이 비아냥대지는 않는가? "오, 마침내 전화를 주셨군요! 해가 서쪽에서 뜨겠네? 항상 내가 먼저 전화하곤 했는데 말이지."

당신이 이렇게 한다면, 그것은 상대방이 당신에게 전화하지 않도록 훈련시키는 것과 같다! 상대방은 당신이 원하는 대로 전화를 했는데, 거기에 대고 고통을 주고 있는 것이다. 이제 어떤 일이 일어날 것 같은가? 그들은 당신에게 전화하는 것을 고통과 연결시키기 시작한다. 그래서 당신에게 전화하는 일을 앞으로 오히려 더 피하게 될 것이다. 졸리의 경우, 남자친구의 그런 패턴이 몇 달 동안 계속되자 더 이상 견딜 수 없는 지경에 이르렀다. 그에게 전화하지 않는 것도 고통, 전화하는 것도 고통이었다. 그런 부정적인 강화 패턴은 그들 관계 전체로 확산되었고, 결국 예상대로 그들의 관계는 끝이 났다.

정말로 누군가가 당신에게 전화하기를 원한다면, 그들이 막상 전화했을 때 당신은 기쁨으로 화답해야 한다. 당신이 그들을 얼마나 그리워하고, 얼마나 사랑하고, 그들과 대화하는 것이 얼마나 감사한지 말한다면, 그들이 당신에게 전화하고 싶은 생각이 더 강해지지 않겠는가? 그러니 누군가가 반복해주기를 원하는 행동에 기쁨을 연결시켜라.

미국의 여러 회사들과 컨설팅을 진행하면서 나는 대부분의 회사들이 처벌에 대한 두려움을 주요 동기 요인으로 삼는 부정적인 강화 전략을 구사한다는 사실을 알게 되었다. 이 방법은 단기적으로는 효과가 있을지 모르지만 장기적으로는 효과가 없다. 그런 방식을 자주 사용하는 회사들은 머지않아 동유럽의 문제에 직면하게 될 것이다. 동유럽 사람들은 오랜 세월을 두려움 속에 살다가 마침내 폭동을 일으켰다!

회사들이 구사하는 두 번째 주요 전략은 금전적 인센티브다. 이것은 좋은 생각이고 보통 높이 평가되지만, 그 효과에는 한계가 있다. 모든 인센티브 방식은 어느 시점이 되면 실제로 더 나은 근무 성과를 유도하지 못하고 그 효과가 떨어지게 되어 있다. 실제로 많은 회사들이 인센티브 방식에 한계가 있다는 것을 인정하고 있다. 그리고 직원들에게 계속 돈으로만 보상한다면 그들은 어떤 가치 있는 일을 할 때마다 즉각적인 경제적 이익을 기대하면서, 금전적 보상이 있을 때만 열심히 일하고 금전적 보상이 없으면 아무것도 하지 않으려 할 것이다. 결국 회사는 직원들의 금전적 요구를 계속 감당할 수 없게 될 것이다.

세 번째이자 가장 강력한 방법은 개인의 발전을 통해 동기를 부여하는 것이다. 회사가 직원들이 개인적으로 성장하고 확장될 수 있도록 지원하면 그들은 인생, 다른 사람들과의 관계, 일에 대해 열정을 느끼기 시작하고, 더 많은 기여를 하고 싶게 된다. 인간은 외부로부터의 압박보다는 개인적인 자부심에 의해 더 큰 영향을 받는다. 물론 그렇다고 해서 모든 인센티브 프로그램이 필요 없다는 뜻이 아니다. 정말로 사람들이 확장하고 성장할 수 있도록 돕는 강력한 인센티브여야 한다는 것이다.

"선과 악, 보상과 처벌은 이성적 동물인 인간에게 동기를 부여하는 유일한 것이다. 그것은 인류가 어떤 일을 시작하고 계속 이어가는 박차이자 고삐 역할을 한다."

– **존 로크** John Locke

지속적인 변화를 위한 강화 계획을 세워라

새로운 행동이나 감정 패턴을 만들었으면, 이제 그 새로운 패턴을 강화하는 것이 매우 중요하다. 처음에는 당신이 바람직한 행동을 할 때마다(예를 들어 접시의 음식을 다 먹지 않고 남길 때마다) 그런 행동을 한 자신을 인정해주는 것부터 시작하라. 이런 강화는 당신이 진정으로 감사하고 즐길 수 있는 강화 유형이라고 할 수 있다. 하지만 똑같은 행동을 매번 같은 식으로 보상한다면, 당신은 그 보상에 더 이상 감사하지 않게 될 것이고 결국 그런 보상도 더 이상의 효과를 낼 수 없을 것이다. 한때는 특별하고 즐거운 행동이었지만 이제 충분히 예견할 수 있는 표준이 되었기 때문이다.

나는 도움이 필요한 사람들을 돕겠다고 약속했기 때문에 공항을 다닐 때마다 구걸하는 사람이 있으면 기꺼이 적선한다. 내가 자주 가는 공항 터미널의 한 곳에 터를 잡고 구걸하던 남자가 있었다. 나는 그곳을 지날 때마다 그에게 얼마라도 돈을 건네곤 했다. 어느 날 아침, 나는 매우 바쁘게 서둘러 그곳을 지나고 있었고 마침 주머니에 돈이 없었다. 그래서 그에게 미소를 지으며 이렇게 말했다. "안녕하세요! 미안하지만 오늘은 돈이 없네요." 그는 언제나처럼 돈을 받을 거라고 즐거운 마음으로 기대했다가 돈을 받지 못하자 화를 냈다.

기대하지 않은 기쁨은 인간이 가질 수 있는 즐거운 경험 중 하나다. 그리고 그 경험은 우리가 인식하는 것보다 훨씬 더 의미가 있다. 그래서 새로운 행동이 장기간 지속되기를 원한다면, 이른바 **융통성 있는 강화 계획**variable schedule of reinforcement을 이해하고 활용하는 것이 매우 중요하다.

돌고래 훈련을 예로 들어보자. 조련사들은 돌고래에게 처음 점프 훈련을 시킬 때는 돌고래가 스스로 점프하기를 기다린다고 한다. 그리고 점프를 하는 돌고래에게는 보상으로 먹이(물고기)를 준다. 돌고래가 스스로 점프할 때마다 먹이를 주면, 돌고래는 자신이 점프를 하면 먹이를 얻을 수 있다는 신경연상을 만들어낸다. 조련사는 자신이 원하는 행동을 즐거움에 연결시킴으로써 돌고래가 계속 점프를 하도록 조건화시키는 것이다.

그러다가 돌고래가 좀 더 높이 점프해야만 물고기를 준다. 조련사는 점점 더 기준을 높임으로써 새로운 행동을 형성시키는 것이다. 이것이 바로 핵심이다. **돌고래가 점프를 할 때마다 항상 보상을 받는다면 거기에 익숙해져서 노력을 100% 다 하지 않는다.** 그래서 조련사는 어느 때는 첫 번째 점프 후에, 또 어느 때에는 다섯 번째 점프 후에, 또는 두 번째 점프 후에 보상을 준다. 그러면 돌고래는 언제 보상을 받을지 확신하지 못한다. 언제 보상을 받을지 확신하지 못하기 때문에 돌고래는 매번 점프할 때마다 기대감을 가지고 지속적으로 최대한 노력을 다한다. 그리고 보상을 당연하게 여기지 않는다.

사람들이 도박에 빠지는 것도 같은 이치다. 사람들이 도박을 하면서 한 번 이기면(보상을 받으면) 그 보상에 강한 기쁨을 연결하게 되고, 그런 흥분과 기대감 때문에 도박을 계속하게 되는 것이다. 그러다가 한동안 보상을 받지 못했는데도 언젠가는 보상을 받을 것이라는 훨씬 더 강한 기대감을 갖는다. 이들을 움직이는 것은 다시 이길 수 있다는 가능성이다. 도박을 하면서 전혀 보상을 받은 적이 없다면 도박을 포기할 것이다. 하지만 겨우 몇 번의 작은 보상, 그러니까 겨우 몇 번 이겨서 몇 푼의 돈을 회수한 경험이 언젠가 대박을 터뜨릴지 모른다는 기대감을 갖게 하는 것이다.

또 나쁜 습관(흡연이나 도박 등)을 몇 달 동안 끊었다가 '마지막으로 딱 한 번만 더 해보자'고 생각하고 다시 손을 댄 사람들이 오히려 옛 패턴을 더 강화하고 평생 그 습관을 끊지 못하는 것도 같은 이유 때문이다. 마지막으로 한 번 더 피운 담배가 당신의 신경계로 하여금 앞으로 이런 식으로 보상을 받을 것이라고 기대하도록 자극하는 것이다. 오히려 옛 행동 패턴에 대한 신경연상을 활성화시켜 옛 습관을 다시 강화시키고 있는 것이다!

당신의 새 행동을 장기적으로 강화시키기 위한 두 번째 중요한 일은 **변동 없는 일관된 강화 계획**variable schedule of reinforcement의 한계를 이해하고 활용하는 것이다. 캐런 프라이어도《긍정의 교육학》에서 돌고래에게 10번의 점프를 시키는 훈련에 대해 언급하고 있다. 캐런은 돌고래가 지속적으로 10번의 점프를 하게 하려면 매번 10번째 점프에서 보상(먹이)을 주어야 한다고 생각하기 쉽다. 강화가 일어나기 전에 너무 많은 행동을 요구해서는 안 되지만, 돌고래가 매번 10번째 점프에서만 보상을 받는다면, 돌고래는 이전의 9번의 점프에는 큰 노력을 기울이지 않아도 된다는 것을 알아채고 높이 뛰지 않을 것이다.

이 같은 반응은 2주마다 월급을 받는 사람들에게서도 쉽게 찾아볼 수 있다. 그들은 정기적으로 보수를 받을 것이라는 사실을 확실하게 알고 있다. 문제는 예상치 않은 일이 벌어지는 경우 없이 늘 그런 상황에 젖어 있기 때문에 보수를 받는 데 필요한 최소한의 일만 하도록 학습하게 된다는 것이다. 물론 모든 직장에서 보수는 예상되는 일이다. 하지만 정기적 보수가 유일한 보상이라면, 근로자들은 늘 예상되는 일, 즉 그들이 받는 보수만큼 최소한의 일만 할 것이다.

그러나 직장에서 표창, 보너스, 승진 등과 같은 깜짝 선물이 있을 경우, 그들은 추가적인 보상과 인정을 받을 수 있다는 희망과 기대감으로 추가적인 노력을 기울이게 될 것이다. 물론 이런 깜짝 선물이 누구나 예측할 수 있거나 효과적이지 못하거나 당연하게 여겨지는 것이어서는 안 된다. 사람들이 기대감을 가질 수 있어야 추가적인 행동을 하게 되기 때문이다. 이런 깜짝 보상을 다양화하면, 당신 자신뿐 아니라 당신이 관리하고 있는 사람들에게서 큰 변화를 일으킬 수 있을 것이다.

행동 강화를 위한 세 번째 도구는 이처럼 때때로 '깜짝 선물'jackpot을 제공하는 것이다. 깜짝 선물 제공은 행동 강화 촉진에 도움이 될 수 있다. 예를 들어 돌고래에게 아주 가끔, 물고기 한 마리가 아니라 서너 마리를 준다면, 돌고래는 추가적인 노력을 기울인다면 예상을 뛰어넘는 엄청난 보상이 있을 것이라는 기대를 더 많이 하게 된다. 결국 돌고래는 예상을 뛰어넘는 보상을 기대하면서 지속적으로 더 높이뛰기 위해 자발적으로 노력하는 것이다.

인간의 반응도 이와 비슷하다. 기업들도 가끔씩 예상보다 더 큰 보상을 제공하면, 직원들이 그런 기대를 품고 계속해서 더 많은 노력을 할 수 있도록 지속적으로 동기를 부여할 수 있다. 이 원칙은 당신의 자녀에게도 마법처럼 효과를 발휘할 것이다!

도약의 계기를 만들어라

'깜짝 선물' 원리는 결과를 만들어낼 동기가 전혀 없는 사람에게도 적용될 수 있다. 다시 말하지만, 돌고래 조련사들은 돌고래처럼 동기부여를 할 수 없을 것 같은 동물에 대해서도 12마리의 물고기를 사용할 것이다. 비록 그 동물이 물고기를 얻기 위해 아무 일도 하지 않더라도 말이다. 그렇게 함으로써 그 동물의 옛 패턴을 깨뜨리고 훈련을 받을 수 있을 만큼 즐거운 상태로 만들 수 있다. 다시 말하지만, 인간도 비슷하다. 예를 들어 어떤 일도 제대로 해내지 못할 것처럼 보이는 사람에게 단지 동정심과 보살핌으로 갑자기 보상을 제공하면, 새로운 수준과 유형의 행동을 하고 성과를 이루도록 그들을 자극할 수 있다.

그러나 조건화하는 데 있어서 가장 중요한 것은 원하는 행동을 즉시 강화하는 것이다. 과거에 당신을 좌절시켰던 일에 이제는 고통스럽지 않게 반응하게 되었다면, 그 순간 즉시 그 행동을 강화해야 한다. 행동을 반복하면서 그로부터 더 많은 즐거움을 얻도록 하라. 그 행동을 하면서 웃어보는 것도 좋다. 긍정적이든 부정적이든 당신이 강한 감정을 느낄 때마다 당신은 그 감정을 신경계에 연결시키고 있는 것이다. 강한 감정을 느끼게 하거나 당신을 웃게 만든 이미지를 시각화하면서 그 패턴을 계속해서 반복하다 보면, 앞으로 그런 상황이 닥칠 때 강한 감정을 갖거나 그에 대해 웃는 일이 더 쉬워졌다는 것을 알게 될 것이다. 그러면 새로운 패턴이 제대로 자리를 잡게 될 것이다.

당신이나 당신이 강화시키고 싶은 사람이 올바른 행동을 하면, 그 즉시 그 행동에 대해 즉각적인 보상을 하도록 하라. 당신이나 그 사람이 개인적으로 가장 원하는 종류의 보상을 주면서 지속적으로 그 행동을 강화하라. 목표를 달성하면 미소를 지으며 바라보거나 당신이 좋아하는 음악을 들려주는 등의 감정적 보상도 좋다. **조건화는 매우 중요하다. 그것이 우리가 일관된 결과를 내는 방법이기 때문이다. 다시 한번 강조하거니와, 당신이 어떤 감정적 행동 패턴을 지속적으로 강화하거나 보상을 제공하면, 그 패턴이 조건화되고 자동화된다. 어떤 패턴도 계속 강화시키지 못하면 결국에는 다시 사라지고 말 것이다.**

이제 첫 다섯 단계까지 모두 배웠으니 마지막 단계로 넘어가 보자.

NAC 마스터 6단계

지금까지 배운 것을 시험해보자

지금까지 배운 것을 복습해보자. 당신은 당신이 원하는 감정이나 행동에 대한 새로운 패턴이 무엇이어야 하는지 결정했고, 그것을 얻기 위해 지렛대를 사용했다. 그리고 옛 패턴을 깨뜨리고 새로운 대안을 찾았다. 그리고 그것이 지속될 때까지 조건화시켰다. 이제 마지막 단계는 새로운 패턴이 앞으로 잘 작동할 것인지 확인하기 위해 테스트를 해보는 것이다.

신경언어 프로그래밍에서 배운 테스트 방법 중 하나는 '미래를 그려보는 것'future pacing이다. 이 방법은, 예를 들어 당신이 과거에 좌절했던 상황을 떠올려보고 그 상황이 지금도 당신을 좌절시키는지 아니면 당신이 개발한 '매력적'인 새로운 감정 패턴이 그것을 대체했는지 실제로 확인해보는 것이다. 당신이 압박감을 느낄 때마다 아직도 담배를 피우고 싶은 충동이 일어난다면, 그런 압박감을 느끼는 상황에서도 이제는 책을 읽는다거나 달리고 싶다거나 당신이 조건화시킨 새로운 대안이 있는지 확인해보라. 옛 감정이나 행동을 촉발시켰던 자극을 떠올려보면서, 이제는 그런 상황에서도 당신에게 힘을 불어넣어주는 새로운 대안이 자동적으로 일어날 것이라는 확신을 하게 되면, 그 새로운 패턴이 앞으로 당신에게 효과가 있을 것임을 알게 될 것이다.

당신이 방금 일으킨 변화의 생태계도 테스트해보아야 한다. '생태계'라는 단어는 당신이 일으킨 변화로 인해 생긴 결과에 대해서도 연구해야 한다는 것을 의미한다. 당신 마음에서 일으킨 변화들이 당신 주변 사람들에게는 어떤 영향을 미칠 것인가? 그 변화가 당신의 사업과 개인 관계에도 도움이 될 것인가? 당신의 현재 생활방식, 믿음, 가치관에 새로운 패턴이 적절한지 확인하라.

당신이 개발한 새로운 성공 패턴이 지속적이고 적절한지 확인할 수 있는 간단한 체크리스트가 있다.

새 패턴을 만들려는 당신의 시도가 지속되지 못한다면 당신은 1단계로 다시 돌아가야 한다. 1단계, **당신이 무엇을 원하는지, 왜 그것을 원하는지가 정말로 확실한가?** 2단계, 성공적으로 변화를 시도하지 못한 사람들은 대개 충분한 지렛대를 사용하지 않았기 때문이다. 당신 자신에게 **더 많은 지렛대**

를 사용하기 위해서는 당신의 결심을 공개적으로 약속해야 할 수도 있다. 당신이 약속을 지키지 않을 경우 당신을 힘들게 만들 사람들에게 지렛대를 사용하라!

충분한 지렛대를 사용했다고 생각한다면 3단계를 확인하라. 당신이 원하는 것을 확실히 알고 있고 지렛대도 충분히 사용했는데도변화에 성공하지 못했다면, 당신은 창문에 반복적으로 부딪히는 파리와 같이 행동했을 가능성이 매우 크다. 당신은 같은 일을 계속해서 열심히 해왔지만 접근방식을 바꾸지 않았다. **무엇보다 옛 패턴을 깨뜨려야 한다.**

생태계 점검

1. 옛 패턴에 고통을 완전히 연결시켰는지 확인한다.

예전 행동이나 감정을 생각할 때, 이제는 더 이상 즐겁지 않고 고통스러운 느낌이 드는가?

2. 새 패턴에 즐거움을 완전히 연결시켰는지 확인한다.

새로운 행동이나 감정을 생각할 때, 고통이 아니라 즐거운 느낌이 드는가?

3. 새 행동과 감정을 당신의 가치관, 믿음, 옳다고 생각하는 규칙과 일치시켜라.

새로운 행동이나 감정이 당신 인생의 가치관, 믿음, 규칙과 일치하는가? (이에 대해서는 뒷장에서 더 논의할 것이다.)

4. 옛 패턴에서 느끼던 편안함이 계속 유지되고 있는지 확인한다.

새 행동이나 느낌이 아직도 옛 패턴에서 느끼던 편안함(이익과 즐거움)을 대체하지 못하고 있는가?

5. 미래 그리기 : 새로운 방식으로 행동하는 자신을 상상해보라.

옛 패턴을 갖게 한 계기가 무엇이었는지 떠올려보고, 이제는 옛 패턴 대신 새 패턴을 사용할 수 있다는 확신을 가져라.

3단계까지 제대로 수행되었다고 생각되면 4단계로 이동하라. 변화하겠다는 당신의 노력이 여전히 성공하지 못했다면, 당신은 4단계를 빠트린 게 분명하다. **고통에서 벗어나 즐거움으로 들어가려는 새로운 대안, 즉 옛 패턴 못지않게 당신에게 힘을 주고 편안하게 느껴지는 대안을 찾아라.** 여기까지 성공적으로 도달했다면, 당신은 이제 좀 더 창의적일 수 있는 기회를 갖게 된 것이다. 롤 모델, 즉 당신이 바꾸고 싶은 습관이나 부정적인 감정들을 없애줄 수 있는 다른 사람을 찾아라.

당신이 변화하기 시작했으면서도 그 변화가 지속되지 않았다면, 당신은 충분히 즐거운 마음으로 새 패턴을 강화하지 않은 것이다. 따라서 5단계, 즉 조건화가 반드시 뒤따라야 한다. **융통성 있는 강화 계획과 변동 없는 일관된 강화 계획을 모두 활용해 당신에게 힘을 불어넣어주는 새 패턴이 지속되게 해야 한다.**

NAC의 6단계는 관계와 관련된 문제, 사업에서 부딪히는 문제, 자녀들에게 소리치는 나쁜 습관 등 모든 변화가 지속되지 않을 때 사용될 수 있다. 예를 들어 당신이 통제할 수 없는 것들에 대해 너무 많이 걱정한다고 가정해보자. 우리를 좌절시키는 이런 패턴을 바꾸려면 NAC 6단계를 어떻게 사용해야 할까?

① 스스로에게 물어보라. '나는 걱정 대신 무엇을 하고 싶은가?'

② 당신 자신에게 지렛대를 사용해 어떤 걱정거리가 당신의 삶을 파괴하고 있는지 파악하고 한계점까지 가보라. 당신이 삶에서 실제로 얼마나 대

가를 치르고 있는지 알게 되면 더 이상 그런 대가를 치르고 싶지 않을 것이다. 이 나쁜 습관을 완전히 내려놓으면 얼마나 완전한 자유를 누릴 수 있을지 그 즐거움에 대해 상상해보라!

③ 옛 패턴을 깨뜨려라! 걱정이 들 때마다 완전히 엉뚱한 행동을 함으로써 그 패턴을 깨뜨려라. 예를 들어 손가락으로 콧구멍을 막는다든지, 큰 소리로 "오, 정말 아름다운 아침이야!"라고 외친다든지 해보라.

④ 당신에게 힘을 불어넣는 대안을 만들어라. 걱정 대신 무엇을 할 수 있는가? 수첩을 꺼내 즉시 할 수 있는 일의 계획을 써보라. 나가서 달리기를 할 수도 있고, 달리다가 새로운 해결책을 생각해낼 수도 있다.

⑤ 새로운 패턴을 조건화하라. 그 새로운 생각, 행동이나 감정 패턴을 생생하게 상상하고 엄청난 강도와 반복으로 연습해서 자동적으로 나오게 하라. 가장 먼저 해야 할 일은 자신을 강화하는 것이다. 당신이 성공하는 모습을 계속 마음속으로 그려보라. 결과를 미리 상상해보면 원하는 기쁨을 얻을 수 있다. 강한 감정 강도로 반복함으로써 새로운 패턴이 지속될 때까지 조건화시킨다.

⑥ 새로운 패턴이 잘 작동하는지 테스트해보라. 당신을 걱정하게 만들었던 상황을 떠올려보고 똑같은 상황에서 이제는 더 이상 걱정하지 않는지 확인해보라.

계약을 협상하는 데에도 NAC 마스터 6단계를 사용할 수 있다.

① 첫 단계는 먼저 기초를 다지는 것이다. 당신이 무엇을 원하는지, 그동안 당신이 그것을 하지 못하도록 방해한 것이 무엇이었는지 명확히 이해한다. 또 상대방이 원하는 건 무엇이고, 이 계약이 쌍방에게 가져다주는 이익은 무엇인가? 성공적인 계약을 맺었다는 것을 어떻게 알 수 있는가?

② 지렛대를 사용해 상대방이 계약을 성사시키지 못하는 것을 고통과 연결시키게 하고, 계약을 성사시키는 것을 기쁨과 연결시키도록 하라.

③ 계약을 진행하지 못하게 방해하는 믿음이나 생각의 패턴을 깨뜨려라.

④ 쌍방이 이전에는 생각하지 못했던, 쌍방 모두의 요구를 충족시킬 수 있는 대안을 만들어라.

⑤ 그 대안이 가져다줄 기쁨과 긍정적인 영향을 지속적으로 강화하라.

⑥ 그 대안이 쌍방 모두에게 효과적으로 윈-윈 상황이 되는지 확인하라. 그렇다면 성공적인 결론을 내릴 수 있도록 협상을 진행한다.

이 원칙은 또 아이들에게 방을 청소하게 하거나, 결혼생활이나 회사업무의 질을 높이고 싶거나, 직장 일에서 더 많은 즐거움을 얻고 싶거나, 당신의 나라를 더 살기 좋은 곳으로 만들고 싶을 때도 사용될 수 있다.

때로는 우리 아이들도 우리에게 이 6단계를 약식으로 사용하기도 한다. 내가 지금까지 강조한 것을 기억하라. 충분한 지렛대를 사용해 옛 패턴을 확실하게 깨뜨렸다면, 새로운 패턴을 찾아내고 그것을 조건화시켜야 한다고 말했다. 내 친구는 담배를 끊기 위해 그가 알고 있는 거의 모든 방법을 시도했지만 옛 패턴을 깨뜨리지 못하고 있었다. 어느 날 그가 담배에 불을 붙이려 하는데, 6살 난 딸이 걸어 들어왔다. 딸아이는 자신이 무엇을 원하는지 정확하게 알고 있었고, 확실한 지렛대를 가지고 있었다. 딸아이가 울며 소리쳤다. "아빠, 제발 아빠를 죽이는 일을 당장 멈추세요!" 딸아이의 이 울부짖음으로 그는 옛 패턴을 깨뜨릴 수 있었다.

그가 깜짝 놀라서 말했다. "얘야, 무슨 말을 하는 거야? 무슨 일 있니?" 하지만 딸아이는 계속 울며 똑같은 말을 반복했다. 그는 "얘야, 아빤 자살하지 않아"라고 말했다. 딸아이는 고개를 끄덕이면서도 담배를 가리키며 계속 울었다. "아빠, 제발 아빠를 죽이는 일을 멈추세요! 내가 결혼할 때까지 살아계셔야 해요."

그는 그동안 수십 번 담배를 끊으려 했지만 그때까지 한 번도 성공하지 못했다. 그러나 그날 이후로 그는 담배를 피우지 않았다. 딸아이는 작은 손으로 아빠의 손을 잡은 채 아빠의 심금을 울렸고, 즉시 자신이 원하는 것을 얻었다. 그 이후로 그는 담배가 주는 것과 똑같은 즐거운 느낌을 주는 여러 대안을 찾아냈다.

사실 NAC의 첫 세 단계만 수행해도 엄청난 변화를 일으키기는 충분하다. 당신이 원하는 것이 무엇인지 결정하고, 지렛대를 사용하여 옛 패턴을 깨뜨리기만 한다면, 삶은 당신에게 세상을 보는 새로운 방법을 제공할 것이다. 그리고 지렛대가 충분히 강하다면, 당신은 새로운 패턴을 찾고 그것을 조건화시킬 수 있을 것이다. 그리고 세상은 당신이 그것을 시험할 수 있도록 허용할 것이다.

이제 당신은 변화를 위한 NAC 6단계를 모두 알았다! 이제 중요한 것은 사용하는 것이다. 하지만 목적이 없다면 당신은 그것을 사용하지 않을 것이다. 그러니 당신이 진정으로 원하는 것이 무엇인지 알아야 한다. 반드시 찾아야 한다.

7장

정말로 원하는 것을 얻으려면

"당신의 용기를 북돋아주고 당신을 기쁘게 하는 모든 감정은 순수하다. 하지만 당신이라는 존재의 한쪽 면에만 매달려 당신을 왜곡시키는 감정은 불결하다."

-라이너 마리아 릴케

"빨리 첫 번째 처방을 줘."* 히트곡 〈하트브레이크 호텔〉Heartbreak Hotel을 불렀던 로큰롤의 제왕 엘비스 프레슬리는 항상 격렬한 밤 공연이 끝나면 잠들기 위해 이런 식의 해괴한 통과의례를 매일 거쳐야 했다. 엘비스의 비서는 첫 번째 봉투를 열고 그에게 '늘 같은 것'을 건넸다. 그 봉투에는 무지개 색깔의 신경안정제(아미탈Amytal, 카브리탈Carbrital, 넴뷰탈Nembutal 또는 세코날Seconal), 퀘일루드(Quaaludes, 수면진통제), 발륨(Valium, 안정제), 플라시딜(Placidyl, 수면진정제)이 들어 있었다. 그러고는 곧바로 그의 어깨뼈 바로 밑에 데모롤(Demerol, 마약성 진통제) 주사 세 방을 꽂아넣었다.

거의 24시간 근무해야 하는 엘비스의 주방 직원들은 엘비스가 잠들기 전까지 항상 대기해야 했다. 이 로큰롤의 제왕이 잠들기 전에 얼마나 많은 음식을 먹는지 보는 것은 그들에겐 반드시 참가해야 하는 경주와 같았다. 그는 대개 잠들기 전에 치즈버거 세 개와 바나나 예닐곱 조각은 거뜬히 먹

* Goldman, Albert, "Down at the End of Lonely Street", Life magazine, June 1990.

어 치우곤 했으니까. 비서들이 그가 질식하는 것을 막기 위해 그의 목구멍에서 음식을 빼내는 일도 심심찮게 벌어졌다. 그 소동을 치르고 나서야 비로소 잠이 들었다가 4시간 후에 다시 깨곤 했다.

비몽사몽간에 화장실에 다녀오고 나서는 비서의 옷자락을 힘없이 잡아당기며 두 번째 처방을 요청한다. 엘비스는 혼자서 약을 먹을 수 없었기 때문에 비서가 알약을 입에 넣고 조심스럽게 물을 먹여준다.

세 번째 처방은 요청하지 않아도(사실 말할 힘도 없는 상태지만) 비서가 알아서 복용량을 투여하고 오후 중반까지 계속 자게 내버려둔다. 늦은 오후가 되어서야 제왕은 퉁퉁 부은 얼굴로 일어나 덱세드린(Dexedrine, 식욕감퇴제)를 마시고 코카인이 젖은 면봉을 코에 대고 들이쉬고 난 다음 무대로 향한다.

사망하던 날에도 엘비스는 맨정신으로 세 번에 나눠 먹어야 할 약을 한 번에 복용했다. 치사량이었다. 전 세계적인 사랑을 받고 있고, 모든 것을 다 가진 것처럼 보이는 남자가 왜 자신의 몸을 학대하고 그렇게 끔찍한 방식으로 목숨을 끊었을까? 엘비스의 이복동생인 데이비드 스탠리David Stanley에 따르면, 엘비스는 의식이 깨어 있는 상태에서 비참한 것보다 차라리 약에 취해 몽롱한 상태에 있는 것을 더 좋아했다고 한다.**

불행히도 예술과 비즈니스 분야에서 정상에 있는 유명인 중에 직간접적으로 스스로 생을 마감한 다른 사례를 찾기는 그리 어렵지 않다. 어니스트 헤밍웨이와 실비아 플라스Sylvia Plath 같은 작가들, 윌리엄 홀든William Holden과 프레디 프린즈Freddie Prinze와 같은 배우들, 마마 캐스 엘리엇Mama Cass Elliot과 재니스 조플린Janis Joplin 같은 가수들을 생각해보라. 이 사람들의 공

** Goldman, Albert, "Down at the End of Lonely Street",

통점은 무엇이겠는가? 첫째, 그들은 더 이상 이 세상 사람이 아니다. 우리 모두는 그들을 잃어버리는 상실감을 경험했다. 둘째, 그들은 한결같이 "언젠가는, 어떤 사람이 되어서, 어떻게든, 무슨 일을 하면, 행복해질 거야"라고 외치던 사람들이다. 하지만 그들이 정작 성공을 거두었는데도, 마침내 풍족한 삶을 누리게 되었는데도, 아메리칸 드림을 직접 누렸는데도 그들은 여전히 행복하지 않다는 것을 발견하고 계속 행복을 추구했다. 그 과정에서 존재의 고통을 잊기 위해 술을 마시고, 담배를 피우고, 폭식을 하며 자신이 갈망했던 것이 무엇인지 망각하기에 이르렀다.

이들이 증명한 것은 우리 모두가 너무나 잘 아는 것들이다. ① 그들은 자신의 삶에서 진정으로 원하는 것이 무엇인지 알지 못했기 때문에 그저 이런저런 인위적인 기분 전환으로 방탕하게 살았다. ② 그들은 신경경로를 고통으로 이어지는 고속도로로 만들어버렸다. 그러고는 습관적으로 매번 그 고속도로를 따라 내려갔다. 한때 꿈꿨던 성공을 거두고 수백만 명의 팬들의 사랑과 환호에 둘러싸여 있는데도 그들은 늘 고통을 호소했다. 고통으로 가는 신경경로를 튼튼하게 구축해놓았기 때문에 쉽고 빠르게 고통에 빠질 수 있었다. ③ 그들은 어떻게 해야 기분을 좋게 만드는지 알지 못했다. 그들은 현재 부딪히는 문제를 다루기 위해 외부의 힘에 의지하려고 했다. ④ 그들은 의식적으로 마음을 통제하는 방법을 배우지 못했다. 그들은 자신을 직접 통제하기보다는 고통과 기쁨이라는 환경이 자신을 통제하도록 허용했다.

자, 이들의 이야기와 내가 최근에 한 여성에게서 받은 편지와 비교해보라. 그녀는 내게서 배운 것을 활용해 자신의 삶의 질을 완전히 바꾸었다.

친애하는 토니 선생님께

저는 어린 시절부터 최근 두 번째 남편이 사망할 때까지 평생 심한 학대를 받으며 살았습니다. 이런 학대와 심한 트라우마로 인해 무려 49가지의 다른 성격을 가진 다중인격장애MPD라는 정신질환을 앓게 되었지요. 49가지 인격 중 어느 인격도 나머지 다른 인격을 알지 못했고, 다른 인격 속에서 무슨 일이 일어났는지 전혀 알지 못했답니다.

다중 인격으로 49년을 살아오면서 얻은 것이라고는 오직 자해 행위뿐이었어요. 이상하게 들릴지 모르겠지만, 자해를 할 때는 안도감이 생기곤 했습니다. 자살 시도를 여러 번 하다가 한 번은 병원에 입원해 의사의 치료를 받게 되었습니다. 다중 인격들을 하나로 통합하기 위해 각각의 특성을 만들어낸 원래의 트라우마로 돌아가야 했는데, 그러기 위해서는 모든 트라우마를 일일이 기억하고, 다시 끄집어내서 느껴야 했지요. 제 안의 각각의 인격들은 트라우마를 선별적으로 기억하는 특별한 기능과 그 트라우마에 얽힌 한 가지 감정만을 가지고 있었으니까요. 저와 함께 이 작업을 진행한 다중인격장애 전문의는 제가 49개의 인격을 하나로 통합할 수 있도록 도와주었습니다. 49개의 인격을 하나하나 다루는 동안 내내, 저는 제 안의 많은 다른 인격들이 매우 불행했고 그 때문에 제 삶이 매우 혼란스러워졌다는 느낌을 받았습니다. (그동안 나머지 다른 인격이 무엇을 하고 있는지 전혀 몰랐기 때문에 우리는 제 인격이 바뀔 때마다 제가 기억하지 못하는 모든 상황과 장소를 하나하나 찾아내야 했지요.) 우리는 그 인격들을 하나로 통합시키면 행복해질 것이라고 생각했습니다. 그것이 우리 작업의 궁극적인 목표였지요.

그런데 그것은 제 착각이었어요. 너무나 큰 충격이었지요! 지옥 같은 1년이었답니다. 나는 매우 불행했던 내 인격 하나하나가 너무 안쓰러웠습니다.

그래서 그 인격 모두가 그리웠고 그때로 돌아가고 싶을 때도 있었지요. 그때가 너무 힘든 시기여서 나는 그해에 세 번 더 자살을 기도했다가 다시 병원에 입원해야 했습니다.
그런데 지난 1년 동안 우연히 TV에서 선생님의 프로그램을 보고 30일 과정 테이프 시리즈 〈개인의 무한한 힘〉을 주문했어요. 할 수 있는 한 모든 내용을 이해하기 위해 그 테이프를 반복해서 들었습니다. 그러다가 오디오 매거진 〈파워토크〉를 듣기 시작하면서 돌파구가 생겨났습니다. 다중인격자로서는 전혀 배우지 못했던 많은 것을 단일 인격체로서 선생님께 배우게 된 것이지요. 나는 50년 만에 처음으로 행복이 우리 외부가 아니라 우리 내면에서 나온다는 것을 알게 되었습니다. 이제는 단일 인격체로서 49개의 인격들이 각각 겪었던 공포에 대해 기억할 수 있게 되었습니다. 이 기억들이 떠오르면 나는 그것을 담담히 바라보면서, 그것들이 다시 내게 위압적으로 다가와도 선생님께 배운 것처럼 제 초점을 바꿀 수 있게 되었지요. 그 기억들은 더 이상 예전처럼 분열되지 않았습니다. 이제는 더 이상 기억을 상실하는 혼수상태에 빠지지도 않고 다른 인격으로 바뀌지도 않는답니다.
저는 이제 저 자신에 대해 점점 더 많이 알아가고 있고, 단일 인격체로 살아가는 법도 배우고 있습니다. 앞으로 가야 할 길이 멀고 탐구해야 할 것도 많다는 것을 잘 알고 있습니다. 그래서 목표를 정리하고 어떻게 달성할지 계획을 짜고 있습니다. 일단 살을 빼기 시작했는데, 크리스마스까지는 목표 체중에 도달할 계획입니다(제게 좋은 크리스마스 선물이 될 것입니다). 저는 또 건강하고 폭력적이지 않은 남자와 사귀고 싶습니다. 병원에 입원하기 전에 저는 IBM에서 정규직으로 일했고, 4개의 사업체를 운영한 경험이 있습니다. 지금은 새 회사를 운영하고 있는데 퇴원한 이후 매출 증가를 실감하고 있습니다. 상태가 좋아진 이후, 내 아이들과 손자들에 대해 더 많이 알아가고 있고, 가장 중요한 것은 나 자신에 대해 점점 많이 알아가고 있다는 것입니다. 감사합니다.*

– 엘리자베스 피트르작Elizabeth Pietrzak

당신이 정말로 원하는 것은

당신이 인생에서 진정으로 원하는 것이 무엇인지 스스로에게 물어보라. 행복한 결혼생활을 원하는가? 자녀들에게 존중받길 원하는가? 많은 돈, 빠른 자동차, 번창하는 사업, 언덕 위의 집을 원하는가? 세계를 여행하며 이국적인 곳을 방문하거나 유서 깊은 유물들을 직접 보고 싶은가? 엘비스 프레슬리처럼 록가수가 되어 수많은 사람의 우상이 되고 싶은가? 혹은 할리우드의 스타 배우와 어깨를 나란히 하는 유명 연예인이 되고 싶은가? 타임머신을 발명해 후손 대대로 이름을 남기고 싶은가? 테레사 수녀와 함께 일하면서 세상을 구제하고 싶은가? 환경 보호에 기여하는 특별한 역할을 하고 싶은가?

당신이 원하거나 갈망하는 것이 무엇이든, 당신은 스스로에게 이렇게 물어보아야 한다. "내가 그런 것들을 원하는 이유는 무엇인가?" 예를 들어 당신이 멋진 자동차를 갖고 싶은 이유는 그것이 가져다주는 성취감과 우월감 때문 아닌가? 당신이 멋진 가족생활을 원하는 이유는 무엇인가? 그것이 가

* 이 편지는 허락을 받아 수록하였다. 이 용기 있는 여성은 현재 직장에 복귀했을 뿐 아니라 병원 자원봉사자로도 활동하고 있다.

져다주는 사랑, 친밀감, 유대감, 따뜻한 감정 때문 아닌가? 당신이 세상을 구제하고 싶은 이유는 그것이 가져다주는 기여감, 더 나은 사람이 된다는 느낌 때문 아닌가? 그렇다면 결국 당신이 무언가를 진정으로 원하는 이유는 당신이 느끼는 감정을 변화시키고 싶기 때문이라고 할 수 있지 않겠는가? **결론은 당신이 이 모든 결과를 원하는 이유는 그런 것들이 당신이 원하는 특정한 느낌, 감정, 상태를 성취하기 위한 수단이 된다고 생각하기 때문이다.**

누군가가 당신에게 키스할 때, 그 순간 왜 기분이 좋아지는가? 단지 촉촉한 살점이 서로 닿는 느낌 때문에 기분이 좋아지는 걸까? 물론 그렇지 않을 것이다. 만약 그렇다면 개에게 입을 맞춰도 짜릿한 느낌이 들 테니 말이다! 우리의 모든 감정은 단지 우리의 뇌에서 일어나는 생화학적 돌풍에 불과하기 때문에 우리는 언제든 그 감정을 자극할 수 있다. **그러나 우리는 무의식적으로 감정에 반응하며 사는 대신, 의식적으로 감정을 통제하는 방법을 먼저 배워야 한다.** 사실 대부분의 감정적 반응은 환경에 대한 학습된 반응이다. 어떤 반응들은 우리가 의도적으로 따라 한 것이고, 또 어떤 반응들은 우연히 생겨났다.

이런 요인들을 아는 것만으로도 **감정상태**의 힘을 이해할 수 있다. 우리가 하는 모든 일은 당연히 고통을 피하고 기쁨을 얻기 위한 것이지만, 우리의 초점을 바꾸고 정신-감정-생리학적 상태를 바꾸면 우리가 그동안 고통이나 기쁨에 연결시켰던 것들을 즉시 바꿀 수 있다.《무한 능력》3장에서 나는 상태에 대해 다음과 같이 설명한 적 있다.

> 감정상태는 우리 안에서 일어나는 수백만 개의 신경처리 과정이 결집된 것이라고 정의할 수 있다. 대부분의 감정상태는 우리의 의식적인 지시와는 상관없이 일어난다. 무언가를 보면 즉시 그에 반응해

특정 감정상태에 빠지게 되는 것이다. 뭔가 풍부하고 유용한 상태일 수도 있고 뭔가 부족하고 제한된 상태일 수도 있지만, 그것을 통제하기 위해 할 수 있는 일은 거의 없다.

친구의 이름조차 생각나지 않은 적이 있지 않은가? 또는 '집' 같은 쉬운 단어도 생각이 안 나 제대로 쓸 수 없었던 적이 있지 않은가? 그런 일이 왜 생기는 것일까? 분명히 답을 알고 있는데도 말이다. 우리가 바보라서? 천만의 말씀이다. 단지 그 순간 당신이 바보 같은 상태에 빠져 있었기 때문이다! **잘못된 행동을 하는 것과 훌륭한 행동을 하는 것의 차이는 당신의 능력 때문이 아니라 그 순간에 당신이 어떤 마음(또는 몸) 상태에 있었느냐에 달려 있다.** 당신도 장애인들의 위대한 교사 마르바 콜린스Marva Collins의 용기와 결단력, 뮤지컬 코미디 배우 프레드 아스테어Fred Astaire의 우아함과 재능, 전설적인 야구선수 놀런 라이언Nolan Ryan의 힘과 인내력, 천재 과학자 알버트 아인슈타인의 연민과 지성을 타고났을 수 있다. 하지만 당신이 계속해서 부정적인 상태에 빠져 있다면 타고난 탁월함을 제대로 발휘할 수 없을 것이다.

그러나 당신 마음의 가장 풍성한 상태에 접근할 수 있는 비결을 안다면, 말 그대로 놀라운 일을 할 수 있다. 특정 순간의 당신의 상태가 현실에 대한 인식을 결정하며, 결과적으로 당신의 판단과 행동을 결정한다. 그러니까 **당신의 행동은 당신의 능력의 결과가 아니라, 당신이 지금 이 순간 당신이 처해 있는 상태의 결과라는 것이다.** 그러므로 당신의 능력을 바꾸려면, 당신의 상태를 바꿔야 한다. 당신 안에 있는 풍부한 자원을 마음껏 발휘해 당신 자신을 풍성하고 기대감이 넘치는 상태로 만들어라. 그리고 기적이 일어나는 것을 지켜보라!

그렇다면 어떻게 우리의 감정상태를 바꿀 수 있을까? 요령은 당신의 상태가 TV처럼 작동한다고 생각하는 것이다. 예를 들어 '밝고 선명한 색상에 웅장한 소리를 내게 하려면' 먼저 플러그를 꽂고 전원을 켜야 하는 것처럼, 당신의 생리기능을 켜는 것은 그것이 작동하는 데 필요한 전기를 공급하는 것과 같다. 전기 공급이 없다면 TV 화면에 그림도 소리도 없고 그저 검은 화면만 보이는 것처럼, 당신이 온몸을 사용해 생리 상태의 전원을 켜지 않는다면, 정말로 '집'이라는 쉬운 글자도 생각나지 않을 수 있다. 아침에 일어나면 몸도 비틀거리고 생각이나 행동이 뚜렷하지 않을 것이다. 몸은 기지개를 켜고 움직여서 온몸에 혈액순환이 제대로 이루어지면서 제 컨디션을 찾는다. 일단 '멍한' 상태가 사라지면, 비로소 생기를 찾고 아이디어가 떠오르기 시작한다. 하지만 당신이 계속 잘못된 상태에 머물러 있다면, 아무리 좋은 아이디어를 가지고 있어도 어떤 생각도 수신되지(떠오르지) 않을 것이다.

일단 플러그를 꽂은 후에는 당신이 원하는 것을 보기 위해 당신이 원하는 채널을 맞춰져야 한다. 이때 마음속에서 당신에게 힘을 불어넣는 것에 초점을 맞춰야 한다. 당신은 당신이 맞춘 채널에서(당신이 초점을 맞춘 것에서) 더 강렬한 힘을 느낄 것이다. 만일 당신이 지금 하는 일이 마음에 들지 않는다면, 어쩌면 채널을 바꿀 때일지도 모른다.

우리 삶에서 사물을 바라보는 감정이나 방식은 무한하다. 당신은 언제든 당신이 원하는 감정을 사용할 수 있다. 당신이 해야 할 일은 올바른 채널을 맞추는 것뿐이다. 감정상태를 바꾸는 데에는 두 가지 중요한 방법이 있다. 하나는 당신의 몸을 사용하는 방법을 바꾸는 것이고, 다른 하나는 당신의 **초점**을 바꾸는 것이다.

생리 기능:
우리를 움직이게 하는 힘

지난 10년 동안 내 삶의 가장 큰 변화 중 하나는 바로 **'감정은 우리 몸의 움직임에서 생겨난다'**라는 믿음을 갖게 된 것이었다. 우리가 느끼는 모든 것은 우리가 어떻게 몸을 사용했느냐의 결과다. 우리의 표정이나 몸짓의 아주 작은 변화조차도 그 순간에 우리가 느끼는 방식을 바꾸며, 결과적으로 우리 삶을 평가하는 방식, 즉 우리가 생각하고 행동하는 방식을 바꾼다.

재미있는 실험을 해보려고 한다. 당신이 다소 따분하고 유머가 없는 교향악 지휘자라고 가정해보자. 당신은 아주 느린 속도로 리드미컬하게 팔을 좌우로 흔들고 있다. 흥분하지도 않고, 아주 일상적인 일을 하는 것처럼 얼굴에는 지루한 표정이 역력하다. 자, 이제 어떤 느낌인지 주목해보라. 이번에는 두 손을 들어 격렬하게 박수를 치고, 얼굴에는 바보같이 큰 미소를 지으며 가능한 한 빠른 속도로 두 손을 흔든다! 엄청나게 큰 폭발적인 소리를 내는 발성 동작을 하면서 그 행동을 강화해보라. 가슴, 목, 입을 통해 들어오고 나가는 공기의 움직임이 당신의 기분을 훨씬 더 격정적으로 변화시킬 것이다. 당신의 몸과 성대가 만들어낸 그 움직임과 속도는 당신이 느끼는 방식을 즉시 바꿔놓을 것이다.

당신이 느끼는 모든 감정은 호흡, 움직임의 패턴, 표정 등 그 감정에 연결된 생리적 기능을 동반한다. 우울증이 있는 사람을 보면 이를 확실히 알 수 있다. 나는 내 다른 책《무한 능력》에서도 우울증의 신체적 특징, 즉 그들의 시선이 어디를 향하는지, 그들의 자세는 어떤지 등에 대해 언급한 적 있다. 당신이 특정한 감정상태에 있을 때 몸을 어떻게 사용하는지를 알게 되면, 단순히 생리기능을 바꾸는 것만으로도 그런 상태로 돌아가거나(좋은 상태일 때) 그 상태를 피할 수 있다(나쁜 상태일 때). 문제는 우리가 습관적인 생리기능 패턴으로 우리 자신을 제한시킨다는 것이다. 우리는 그런 생리기능들이 우리의 행동을 형성하는 데 그때마다 얼마나 큰 역할을 하는지 깨닫지 못하기 때문에 그저 자동적으로 그런 생리기능을 받아들인다.

우리 얼굴에는 80개 이상의 다른 근육이 있다. 이 근육들이 우울함, 지루함, 좌절감 등을 표현하는 데 익숙해지면, 이 습관적인 근육 패턴이 말 그대로 우리의 신체적인 특성은 물론 우리의 감정상태까지 지시하기 시작한다. 나는 〈운명과의 데이트〉 세미나를 진행할 때마다 참가자들에게 1주일 동안 느꼈던 모든 감정을 적어보라고 요청한다. 그러면 그들이 쓰는 감정의 종류는 무수한 감정 중 대개 12가지 이하로 축약된다. 왜 그럴까? 대부분의 사람은 제한된 생리기능 패턴을 가지고 있어서, 그 표현 패턴도 제한되어 있기 때문이다.

1주일 동안 느끼는 감정의 종류

스트레스 좌절 분노 불안 외로움 지루함 비참함

행복함 안도감 사랑 흥분 기쁨

우리의 감정상태는 수천 가지이지만 우리가 선택한 감정의 종류는 몇 가지에 불과하다. 그러니 그런 몇 가지 목록에 자신을 제한하지 않도록 주의하라! 나는 당신에게 이 모든 감정상태를 뷔페 음식처럼 마음껏 이용할 것을 제안한다. 새로운 것을 먹어보고 세련된 미각을 길러라. 위에 언급한 몇 가지 감정 이외에도 더 많은 열정, 매료됨, 쾌활함, 장난기, 흥미로움, 관능, 욕망, 감사, 황홀감, 호기심, 창의성, 유능함, 자신감, 터무니없음, 대담함, 배려, 친절, 부드러움, 유머러스함 등등 다양한 감정을 경험해보라. 그리고 당신만의 긴 목록을 만들어보라.

단지 당신의 몸을 사용하는 방법을 바꾸는 것만으로도 이 모든 감정을 경험할 수 있다! 예를 들어 어떤 강렬한 감정을 느낄 때 평소와는 달리 웃을 수 있다. 그렇게 웃는 것만으로도 당신의 상태가 어떠하든 1분 안에 바꿀 수 있다. "세월이 흐른 뒤에는 지금 이 일을 생각하면 그저 웃음만 나올 거야"라는 옛 속담을 들어본 적이 있을 것이다. 그게 맞는 얘기라면, 지금 당장 웃지 못할 이유가 무엇이란 말인가? 왜 그때까지 기다린단 말인가? 당신의 몸을 깨워라, 지금 무슨 일이 일어나든 당신의 기분을 좋은 상태로 만드는 법을 배워라. 어떻게 그렇게 하느냐고? 어떤 일을 계속 반복해서 생각하며 에너지를 만들어내면, 당신이 미래에 그 상황에 연결할 감정을 바꿀 수 있다.

당신의 몸을 나약한 방식으로 반복해서 사용하면, 그러니까 항상 어깨를 축 늘어뜨리고 피곤한 모습으로 돌아다니면 당신은 진짜 피로감을 느끼게 된다. 어떻게 달리 행동할 수 있을까? **당신의 몸이 당신의 감정을 이끈다는 것을 기억하라.** 그러면 당신이 처한 감정상태가 다시 당신의 몸에 영향을 미치기 시작하며 악순환이 반복된다. 지금 당장 자세를 고쳐 앉고, 이 원칙을 읽고 마스터하면서 당신의 몸에 더 많은 에너지를 만들어내라.

당신의 감정상태를 바꾸기 위해(결과적으로 당신의 기분과 행동을 바꾼다) 지금 당장 할 수 있는 일들은 무엇인가? 코로 숨을 깊게 들이마신 다음 입으로 강하게 내쉬어보라. 얼굴에 환한 미소를 띠고 아이들을 보고 활짝 웃어보라. 당신이 정말로 삶을 바꾸고 싶다면, 앞으로 7일 동안 1분씩 하루에 5번, 거울을 보고 입이 귀에 닿도록 웃어보라. 우습게 들릴지 모르지만 이런 신체적 행동이 뇌의 한 부분을 계속 자극하면서 기쁨으로 가는 신경경로를 만들어 이를 습관화시킬 것이다. 그러니 당장 그렇게 하라. 그리고 그것을 즐겨라!

조깅하는 것보다는 제자리 뛰기가 더 낫다. 특히 줄넘기는 다음 네 가지 장점 때문에 감정상태를 변화시키기에 매우 강력하다. ① 그 자체로 훌륭한 운동이다. ② 달리는 것보다 몸에 스트레스를 덜 가한다. ③ 줄넘기를 하면서 굳은 표정을 지을 수 없다. ④ 지나가며 당신을 보는 사람도 즐겁게 만든다! 다른 사람들을 웃게 만들기 때문에 다른 사람들의 감정상태도 변화시킬 수 있다.

웃음도 매우 강력하다! 내 아들 조슈아에게는 매트라는 친구가 있다. 매트는 웃는 일이 너무나 쉽고 전염성이 있다는 것을 잘 아는 친구다. 그래서 그의 말을 듣는 사람들도 곧잘 웃는다. 당신이 정말로 당신의 삶을 향상시키고 싶다면, 웃는 법을 배워라. 매일 다섯 번씩 웃되, 앞으로 1주일 동안 매일 세 번씩은 아무 이유 없이 그냥 웃어보라.

대중문화 잡지 《엔터테인먼트 위클리》Entertainment Weekly가 실시한 여론조사에 따르면, 사람들이 영화를 보러 가는 이유로 82%가 웃고 싶어서, 7%가 울고 싶어서, 3%는 소리를 지르고 싶어서로 나타났다. 이는 우리가 다른 많은 감정보다 웃음의 감정을 더 중요하게 생각하고 있음을 보여준다. 평화운동가 노먼 커즌스Norman Cousins, 대체의학의 선구자 디팩 초프라 박사Dr. Deepak Chopra, 버니 S. 시겔Bernie S. Siegel 박사 같은 사람들의 책을 읽어보았거나 정신신경면역학을 조금이라도 공부했다면, 웃음이 우리 몸에 어떤 작용을 해서 면역체계를 자극하는지 잘 알 것이다.

잘 웃는 사람을 찾아서 그를 따라 해보는 것도 좋다. 재미있을 것 같지 않은가? 그에게 가서 이렇게 말해보라. "부탁 좀 들어주시겠어요? 당신 정말 잘 웃으시는군요. 나도 따라 해볼게요. 코치 좀 부탁해요." 그런 부탁을 한다고 해서 다툼이 일어날 일은 절대 없을 것이다! 그들이 숨 쉬는 대로 숨

쉬고, 그들의 자세와 몸동작을 따라 하고, 같은 표정을 지어보고, 같은 소리를 내보라. 처음 시작할 때는 어색하겠지만 곧 그 행동에 빠져서 우스꽝스러운 서로의 모습을 보고 웃음을 참지 못할 것이다. 하지만 그 과정에서 당신은 습관적으로 웃게 만드는 신경 네트워크를 구축하게 될 것이다. 이 행동을 계속 반복하다 보면 당신도 어느새 쉽게 웃으며 즐거워하는 사람이 되어 있을 것이다.

"우리는 아는 지식에 비해 느끼는 감정이 너무 빈약하다.
적어도 우리는 행복한 삶이 솟아나는 창조적인 감정들을 너무 느끼지 못한다."
– **버트랜드 러셀**Bertrand Russell

이미 기분이 좋은 상태에 있거나 잘 나가고 있을 경우, 그 기분을 계속 유지하기는 그리 어려운 일이 아니다. 또 그렇게 시간이 걸리는 일도 아니다. 하지만 우리 삶에서 정말 중요한 것은 기분이 좋지 않을 때도 기분 좋게 만드는 일이다. 감정상태를 변화시키는 도구로 당신 몸을 사용함으로써 이것도 즉시 할 수 있다. 특정 감정상태에 연결된 생리기능을 알아두면 그 생리기능을 사용해 원하는 감정상태를 이끌어낼 수 있다. 나는 몇 년 전에 가수 존 덴버John Denver와 일한 적이 있다. 그의 음악적 능력뿐만 아니라 개인적 성격도 그의 대중적 이미지와 너무나 일치했기 때문에 그에게서 깊은 인상을 받았다. 그가 성공한 이유는 명백하다. 그는 놀라울 정도로 따뜻하고 자상한 인성을 지닌 사람이다.

그와 함께 일했던 이유는 당시 그가 작곡가로서의 영감이 끊어진 것 같은 경험을 하고 있었기 때문이었다. 우리는 그가 언제 최고의 노래를 썼는지를 알아보다가, 그가 어떤 육체적인 활동을 하고 있을 때 영감이 일어났다는 것을 발견했다. 주로 산에서 스키를 타거나, 제트기나 쌍날개 비행기를 즐기거나, 스포츠카를 타고 달릴 때 노래를 만들었다. 대개 스피드를 즐기는 활동을 하거나 자연의 아름다움에 초점을 맞추면서 육체적 아드레날린이 솟구칠 때 그의 창작 작업이 이루어졌던 것이다. 그러나 나와 상담하던 시기에는 삶의 어느 영역에서 몇 가지 좌절을 경험하고 있었고, 예전과 같은 야외 활동을 하지 않고 있었다. 그래서 당시의 무력한 상황에 변화를 주고 예전의 활발한 생리적 기능으로 되돌아가는 것만으로도 즉시 창작 능력을 확실하게 회복할 수 있었다. **우리도 그처럼 언제든 이런 변화를 만들 수 있는 능력을 가지고 있다.** 단지 우리의 생리적 기능을 바꾸는 것만으로도 충분히 성과를 낼 수 있다. 우리의 능력은 항상 우리 안에 있고, 우리가 해야 할 일은 우리 자신을 언제든 그 능력에 접근할 수 있는 상태에 두는 것뿐이다.

성공의 열쇠는 자신감, 강인함, 유연성, 우리 내부의 힘에 대한 자각, 즐거움을 만들어내는 행동 패턴을 만드는 것이다. 행동이 뒤따르지 않으면 우리 삶은 정체된다. '더 이상 돌아다닐 수 없을' 정도로 나이 든 사람을 상상해보라. 하지만 늙는다는 것은 단지 나이의 문제만은 아니다. 행동하지 않는 것이 바로 늙는 것이다. 행동하지 않는 것은 곧 죽음을 의미한다.

비가 온 후에 어린아이들이 거리를 걷고 있는데, 그들 앞에 물웅덩이가 있다고 하자. 웅덩이에 도착하면 아이들이 맨 먼저 어떤 행동을 할 것 같은가? 망설이지 않고 뛰어들 것이다! 그들은 웃고 첨벙거리며 즐거운 시간을 보낼 것이다. 하지만 어른이라면 무슨 행동을 할까? 웅덩이를 피해 갈까? 아니, 어른들은 단지 웅덩이를 피해갈 뿐만 아니라 가면서 계속 불평을 늘어놓을 것이다! 우리는 과거와 다르게 살고 싶어한다. 웃으면서 인생의 길을 경쾌하게 걷고 싶어한다. 그렇다면 유쾌함, 짓궂음, 명랑함을 당신 삶의 새 우선순위로 삼아라. 즐거운 마음으로 앞날을 기대하라. 기분이 좋아지는 데 무슨 이유가 필요한가? 당신이 살아있는 것만으로 충분하다. 그 외에 어떤 이유도 필요 없다!

초점 :
집중의 힘

마음만 먹으면 당장이라도 우울해질 수 있을까? 과거에 있었던 끔찍한 일에 **초점을 맞춘다면** 그럴 수 있을 것이다. 우리는 누구나 아주 나쁜 과거의 경험들을 가지고 있다. 그 기억에 초점을 맞추고 그 장면을 계속 떠올린다면 그때의 기분도 그대로 느낄 수 있을 것이다. 아주 무서운 영화를 본 적이 있는가? 그 끔찍한 영화를 수백 번 다시 보고 싶던가? 물론 그렇지 않을 것이다. 왜 그럴까? 그 영화를 보면 기분이 좋아질 리가 없을 테니까! 그런데도 왜 그 무서운 영화 생각이 자주 나는 것일까? 왜 당신이 가장 싫어하는 일을 했던 기억이 자꾸 떠오르는 것일까? 왜 사업상 실패나 회사에서 결정을 잘못했던 기억이 자꾸 되살아나는 것일까? 물론 이런 삼류영화 같은 일은 당신의 과거 경험에만 국한되는 것은 아니다. 바로 지금 당신이 놓쳤다고 생각하는 무언가에 초점을 맞추며 나쁜 기분에 빠질 수 있다. 심지어 아직 일어나지 않은 일에 초점을 맞춤으로써 미리 기분이 나빠질 수도 있다! 당신은 이런 지적을 비웃을지 모르지만, 안타깝게도 우리 대부분이 매일 맞이하는 현실이다.

반대로 마음만 먹으면 당장이라도 황홀경을 느낄 수 있을까? 물론 이번에도 그럴 수 있다. 과거에 완전히 황홀경에 빠져 있던 시간을 기억하거나 거기에 초점을 맞출 수 있는가? 그때 당신의 몸이 느꼈던 기분에 초점을 맞출 수 있겠는가? 당신이 그 감정을 다시 완전히 연상할 수 있을 만큼 구체적으로 생생하게 기억할 수 있겠는가? 그럴 수 있을 것이다. 또 나쁜 기억과 마찬가지로 과거의 기억뿐만 아니라 바로 지금 당신의 삶에서 멋지다고 생각하는 황홀한 것에 초점을 맞출 수도 있다. 또한 아직 일어나지 않은 일에 초점을 맞춤으로써 미리 기분이 좋아질 수도 있다. 이것이 목표가 우리에게 주는 힘이다(목표의 힘에 대해서는 12장에서 집중적으로 다룰 것이다).

당신이 맞춘 초점이 전부는 아니다

이 세상에 절대적인 것은 거의 없다. 당신이 어떤 상황에 대해 느끼는 감정이나 특정 경험의 의미는 단지 당신이 그 상황에 얼마나 집중하고 있느냐에 달려 있다. 다중인격장애를 앓고 있던 엘리자베스라는 여성은 평생 고통을 겪었다. 그녀는 감정적으로 대처해야 하는 사건이 일어날 때마다 고통에서 벗어나기 위해 새로운 인격을 만들어냈다. 그녀는 '다른 사람'의 눈을 통해 문제를 봄으로써 초점을 바꾸려 한 것이다. 하지만 나중에 다중인격을 통합시킨 후에도 여전히 고통을 느꼈다. 그녀는 의식적으로 생리기능과 초점을 바꾸면서 자신의 상태를 통제하는 법을 배우고 나서야 비로소 자신의 삶을 통제할 수 있었다.

우리가 초점을 맞추고 있는 것이 진정한 현실은 아니다. 그것은 하나의 관점에 불과할 뿐이다. 단지 실제 상황에 대한 하나의 인식일 뿐이다. 관점, 즉 우리가 초점을 맞추는 것의 힘을 카메라 렌즈라고 생각해보라. 카메라 렌즈는 당신이 초점을 맞추고 있는 각도에서의 모습만 보여줄 뿐이다. 그렇기 때문에 당신이 찍은 사진들은 큰 그림의 일부만 보여줌으로써 진짜 현실을 왜곡하기 쉽다.

예를 들어 당신이 카메라를 들고 파티에 가서 한쪽 구석에 앉아 논쟁하는 한 무리의 사람들에게 초점을 맞추었다고 가정해보자. 이 사진을 보면 사람들은 그 파티에 대해 어떻게 생각할까? 즐거운 시간을 보내는 사람은 하나도 없고 모두가 싸움만 하는 불쾌하고 짜증나는 파티라고 생각할 것이다. 우리가 어떤 상황을 마음속으로 어떻게 표현하느냐가 그 상황에 대한 우리의 감정을 결정한다. 반대로 당신이 파티의 다른 방에서 사람들이 웃고 농담하며 즐거운 시간을 보내고 있는 모습에 카메라의 초점을 맞추었다면 그 파티가 어떻게 보일까? 모든 사람들이 사이좋게 잘 지내는 최고의 파티로 보일 것이다!

이것이 바로 '자기 멋대로 쓴'unauthorized 인물 전기가 많은 혼란을 야기하는 이유다. 그런 전기는 어떤 인물의 삶에 대한 한 개인의 인식일 뿐이다. 그리고 대개 이런 식의 관점은 그 인물에 대한 질투심으로 상황(그 인물의 삶)을 의도적으로 왜곡하려는 사람들에 의해 시도된다. 문제는 그 전기의 시각이 저자의 '카메라 렌즈 각도'에만 국한되어 있다는 것이다. 하지만 우리는 카메라가 현실을 왜곡할 수 있고, 클로즈업하면 실제보다 더 크게 보이게 만들 수 있다는 것을 잘 알고 있다. 거기에 전문적인 조작기술이 더해지면 카메라는 현실의 중요한 부분을 최소화하거나 흐리게 할 수 있다. 랄프 왈도 에머슨의 말을 빌리자면, "우리는 다른 사람을 볼 때 저마다 자신의 마음속에 품고 있는 그 사람을 본다."

어디에 초점을 맞추느냐가 중요하다

비즈니스 미팅을 잡았는데 상대방이 제시간에 오지 않았을 경우, 당신의 기분은 전적으로 당신이 어디에 초점을 두고 있느냐에 달려 있다. 상대방이 늦은 이유가 부주의했기 때문이라고 생각하는가, 아니면 뭔가 불가피한 어려움이 있었을 것이라고 생각하는가? 어느 쪽에 초점을 맞추든 그에 따라 당신의 기분은 달라질 것이다. 부주의해서 늦었다고 생각하고 화가 나 있었는데, 나중에 당신에게 제출할 사업 제안서에 더 좋은 가격을 써넣기 위해 애쓰느라 늦었다는 것을 알게 되었다면? 무엇에 초점을 맞추든 그것이 우리의 기분을 결정한다는 것을 다시 한번 기억하라. 그러므로 성급하게 결론을 내리는 것은 금물이다. 무엇에 초점을 맞출지 매우 신중하게 선택해야 한다.

당신이 무엇에 초점을 맞추고 있느냐에 따라, 당신이 현실을 좋은 것으로 인식할지 나쁜 것으로 인지할지, 또는 당신이 행복하게 느낄지 슬프게 느낄지가 결정된다. 이에 대한 가장 좋은 비유가 자동차 경주다. 자동차 경주는 내게 열정 그 자체다. 포뮬러 경주용 자동차를 운전하는 것은 제트 헬리콥터를 조종하는 것처럼 아주 멋진 경험이다! 경주용 자동차를 운전하면, 단 한 순간도 성적을 의식하지 않을 수 없다. 현재에만 집중해서도 안 되며 과거에 얽매일 수도 없고 그렇다고 미래에 대해 지나치게 신경 쓸 수도 없다. 현재 위치를 정확히 파악하고 있으면서 동시에 잠시 후 무슨 일이 일어날지 예상할 수 있어야 한다.

이것이 내가 레이싱 교육을 시작했을 때 배운 첫 번째 교훈 중 하나였다. 강사들은 나를 '스키드 카'skid car라는 차에 태웠다. 이 자동차는 안에 컴퓨터가 장착되어 있어 강사의 신호에 따라 유압 리프트로 언제든 바퀴를 지면에서 들어 올릴 수 있도록 설계되어 있다. 그들이 경주용 자동차 운전에서 가르치는 가장 기본적인 것은 **두려워하는 것에 초점을 맞추지 말고 가고자 하는 곳에 초점을 맞추라는 것이다.**

통제력을 잃고 차가 미끄러지기 시작하면 대개는 가려는 곳을 보지 못하고 벽을 보게 되지만, 가려고 하는 곳에 계속 초점을 맞추고 있으면 마침내 정확히 그곳에 도착하게 될 것이다. 운전자들은 자신이 보고 있는 곳으로 자동차가 움직인다는 것을 알고 있다. 즉 자신이 초점을 두고 있는 방향으로 자동차는 가게 되어 있다. 두려움을 극복하고 믿음을 가지고 가고 싶은 곳에 초점을 맞춘다면 당신의 그 행동이 당신을 그 방향으로 이끌 것이고, 방향을 바꾸고 싶다면 또한 그렇게 할 수 있을 것이다. 하지만 당신이 두려워하는 것에 초점을 맞춘다면, 당신에게 기회는 없다. 사람들은 언제나 '충돌하면 어떻게 하지?'라고 걱정한다. 정답은 자신이 초점을 맞추는 쪽으로 결과가 나타날 가능성이 높다는 것이다. 그러므로 솔루션에 초점을 맞추는 것이 항상 당신에게 이익이다. 벽의 방향으로 전속력으로 달리다가 충돌 직전에 문제에 집중하는 것은 당신에게 전혀 도움이 되지 않는다.

레이싱 강사들이 처음 내게 이에 관해 설명했을 때, 나는 고개를 끄덕이며 자만했다. "물론이지! 그런 것쯤이야 다 알고 있다고. 내가 바로 그런 걸 가르치는 사람이니까." 하지만 차를 몰고 도로에 올라서자 나는 내내 소리를 질렀고, 나도 모르는 사이 갑자기 강사가 버튼을 눌렀다. 나는 통제력을 잃고 미끄러지기 시작했다. 내 눈이 어디를 향하고 있었을까? 역시나 벽을 바라보고 있었다! 마지막 몇 초 동안, 나는 벽에 부딪힐 줄 알고 잔뜩 겁을 먹었다. 강사는 내 머리를 잡고 왼쪽으로 잡아당기며 억지로라도 내가 가야 할 방향을 바라보게 했다. 우리는 계속 미끄러졌고, 나는 여전히 부딪힐까 두려웠지만 강사가 내 머리를 강제로 돌린 덕분에 가려는 방향을 바라볼 수 있었다. 그래서 그 방향을 바라보면서 핸들을 그쪽으로 꺾을 수밖에 없었다. 마지막 순간에야 자동차가 제 자리를 잡았고 우리는 빠져나올 수 있었다. 그 순간 얼마나 안도했는지!

여기서 알게 된 유용한 사실은 우리가 초점을 바꾸더라도 즉시 방향이 바뀌지는 않는다는 것이다. 인생에서도 마찬가지다. 우리가 초점을 바꾸어도 우리의 몸과 삶 전체의 경험이 방향 전환을 따라잡을 때까지는 어느 정도 시간차가 생긴다. 그렇기 때문에 우리는 가급적 빨리 원하는 것에 초점을 맞추어야 하고, 문제 해결을 더 이상 미뤄서는 안 되는 것이다.

일단 이 첫 경험에서 나는 어떤 교훈을 얻었을까? 아쉽지만 아직 없었다. 좋은 경험은 했지만 충분히 강력한 신경연상은 만들지 못했다. 나는 새로운 패턴으로 나 자신을 조건화시켜야 했다. 아니나 다를까, 다음번 시도에서 내가 다시 벽 쪽으로 미끄러졌을 때 강사는 다시 큰소리로 목표를 바라보라고 외쳐야 했다. 마침내 세 번째 시도에서 나는 의식적으로 목표를 향해 고개를 돌렸다. 나는 그 방법을 신뢰했고 실제로 효과가 있었다. 그 훈련을 충분히 하고 나니 이제는 미끄러져도 가려는 방향으로 머리를 돌릴 수 있었고, 핸들을 정확히 돌리면 자동차는 올바른 방향으로 따라왔다. 이제 초점을 맞추기만 하면 항상 성공할 수 있을까? 그렇지는 않다. 하지만 성공할 확률이 100배는 높아질 것이다!

인생도 마찬가지다. 다음 장에서 우리는 당신의 초점이 긍정적이 되도록 조건화시킬 수 있는 몇 가지 방법을 배울 것이다. 우선 지금은 마음을 훈련시켜야 한다는 것만 알아두어라. 마음을 통제하지 못한다면 마음이 당신을 속일 것이다. 그러니 늘 마음의 방향에 초점을 맞춰라. 그것이 당신을 돕는 가장 좋은 친구다.

"구하라 그리하면 너희에게 주실 것이요 찾으라 그리하면 찾아낼 것이요
문을 두드리라 그리하면 너희에게 열릴 것이니"
– 마태복음 7:7

초점을 조절하는 가장 강력한 방법은 질문을 사용하는 것이다. 무슨 질문을 하든 당신의 뇌가 당신이 찾는 답을 만들 것이기 때문이다. "왜 이 사람은 나를 이용하려 할까?"라고 질문을 한다면 당신은 그것이 사실이건 아니건 당신이 어떻게 이용당하고 있는지에 대해 초점을 맞출 것이다. 하지만 '어떻게 하면 이 상황을 바꿀 수 있을까?'라고 질문한다면 당신은 더 강력한 답을 얻을 수 있을 것이다. 질문은 당신의 삶을 바꿀 수 있는 매우 강력한 도구다. 다음 장에서 전적으로 이 한 가지 주제에 관해 설명할 것이다. 질문은 당신이 실제로 어떤 상황에 대해 느끼는 방식을 바꾸고, 결과적으로 삶의 방향을 한순간에 바꿀 수 있는 가장 강력하고 간단한 방법이다. **질문은 무한한 가능성을 열어주는 열쇠다.**

이것을 가장 잘 보여주는 사례를 들어보겠다. 앨라배마에서 자란 한 젊은이의 이야기다. 약 15년 전, 학교의 7학년(한국의 중학교 1학년 _옮긴이) 불량배가 싸움을 걸어오더니 주먹으로 때려 그를 기절시켰다. 이 소년은 정신을 차린 뒤, 그 불량배를 죽이겠다며 복수를 다짐했다. 그는 집으로 가서 어머니가 가지고 있던 22구경 권총을 집어 들고 그 불량배를 찾아 나섰다. 이 소년의 운명이 그 순간 기로에 서게 된 것이다.

마침내 그 불량배가 사정권에 들어왔고, 소년이 권총을 쏘기만 하면 그 불량배는 죽음을 피할 수 없었다. 그러나 그 순간, 그는 자신에게 이런 질문을 던졌다. '내가 지금 방아쇠를 당기면 앞으로 나는 어떻게 될까?' 그러고는 마음속에 한 이미지가 떠올랐다. 몹시 고통스러워하는 자신의 모습이었다. 자신의 운명이 판가름 날 그 짧은 순간에 자신이 감옥에 가는 모습이 소름 끼치도록 뚜렷하게 떠올랐다. 그리고 이어서 감옥에서 밤새 잠을 이루지 못하는 자신의 모습이 떠올랐다. 그 고통은 복수를 하겠다는 기대감보다 훨씬 더 컸다. 결국 그는 목표물을 바꿔 나무에 총을 쐈다.

이 소년이 바로 훗날 미식축구와 야구에서 뛰어난 활약을 보인 보 잭슨Bo Jackson이다. 그는 자서전에서 이 장면을 묘사하면서, 절체절명의 기로에서 감옥을 연상함으로써 받는 고통이 복수한다는 명분으로 다른 소년을 죽이는 만족감보다 의심의 여지없이 훨씬 더 강력했다고 토로했다. 마음의 초점을 바꾸고 고통과 기쁨 중에서 하나를 결정함으로써 이 소년은 미래가 없을 뻔했던 삶 대신 우리 시대의 가장 위대하고 성공적인 운동선수의 삶을 살 수 있게 된 것이다.

"화살을 만드는 장인이 화살을 다듬어 똑바로 만들듯이
마음을 다스리는 사람은 빗나간 생각을 옳은 방향으로 이끈다."
–석가모니

'어디에 초점을 맞추느냐'뿐 아니라 '어떻게 맞추느냐'도 중요하다

우리의 세상 경험은 오감을 통해 들어오는 정보가 취합되어 만들어진다. 그러나 우리는 자신이 좋아하는 감각적 양식modality을 더 발전시키는 성향이 있다. 예를 들어 어떤 사람들은 시각에 더 많은 영향을 받는다. 그들의 시각 시스템이 다른 감각보다 더 우세하게 작용하는 것이다. 반면 어떤 사람들은 소리가 가장 크게 경험을 좌우하기도 하고, 또 어떤 사람들은 기분이 경험의 주요 기반이 된다.

그리고 이런 여러 양상 내에서도 경험의 강도를 더 강화하거나 약화시키는 이미지, 소리, 감정 같은 특정 요소들이 있다. 이런 기본 요소들을 성분은 **하위 양식**submodalities이라고 부른다.* 예를 들어 마음속에 어떤 이미지를 떠올린 다음, 그 이미지의 어느 특정 측면(하위 양식)을 바꾸면 그 기억에 대한 느낌을 바꿀 수 있는 것이다. 그 이미지를 밝게 만들어 그 경험에 대한 감정의 강도를 즉시 변경하는 식이다. 이를 '하위 양식 조절'이라고 한다. 아마도 하위 양식 분야에서 가장 잘 알려진 전문가는 신경언어 프로그래밍의 공동 창시자인 리처드 밴들러Richard Bandler일 것이다. 이 분야의 전문가 계보는 아리스토텔레스의 오감에 대한 기초 연구까지 거슬러 올라간다. 아리스토텔레스는 이 연구에서 이미 인지 모형perception models을 분류하고 있다. 우리는 하위 양식을 조작함으로써 어떤 상황에 대한 감정의 강도를 크게 높이거나 낮출 수 있다. 그렇게 함으로써 어떤 상황에 대한 우리의 감정, 즉 기쁨, 좌절, 경이로움, 절망감을 느끼도록 영향을 미치는 것이다. 이것을 제대로 이해해야 우리 삶의 특정 경험에 대해 느끼는 감정을 바꿀 수 있을 뿐만 아니라, 그것이 당신에게 주는 의미, 그리고 그에 대해 어떻게 대처해야 할지도 바꿀 수 있다.

내가 아주 유용하다고 생각한 한 가지 이미지는 식료품점의 바코드를 하위 양식으로 생각해보는 것이다. 오늘날 우리가 애용하는 슈퍼마켓의 거의 모든 상품에는 가격표 대신 작고 검은 선들로 코드가 새겨져 있다. 대수롭지 않아 보이지만, 계산대 스캐너로 그 코드를 읽으면 그 제품이 무엇인지,

* 하위 양식에 대한 자세한 내용은《무한 능력》6장 및 8장 참조하라.

가격은 얼마인지, 그 제품이 판매되면 재고가 얼마나 남는지 등을 컴퓨터에 알려준다. 하위 양식도 이와 같은 방식으로 작동한다. 우리가 뇌라고 부르는 컴퓨터의 스캐너가 하위 양식을 읽으면, 그것이 무엇인지, 그것에 대해 어떤 느낌이 드는지, 그리고 무엇을 해야 할지를 뇌에 알려주는 것이다. 당신에게는 당신만의 바코드가 있다. 거기에는 바코드 목록이 있고, 그중에서 어떤 바코드를 사용할 것인지 묻는 질문도 함께 들어 있다.

예를 들어 당신이 시각적 양식에 초점을 맞추는 경향이 있다면, 당신이 특정 기억으로부터 얻는 기쁨의 정도는 아마도 당신이 만든 시각적 이미지의 크기, 색상, 밝기, 거리, 움직임 같은 하위 양식의 직접적인 결과물일 것이다. 당신이 그 경험을 청각적 하위 양식으로 표현한다면, 당신의 느낌은 그 경험에 그 경험에 부여하는 음량, 템포, 음조 등의 요소에 따라 달라질 것이다. 예를 들어 어떤 사람들은 동기부여를 느끼기 위해 먼저 특정 채널을 선택할 것이다. 좋아하는 채널이 시각적인 것이라면, 그 상황의 시각적인 요소에 집중하는 것이 더 강한 감정을 느낄 수 있을 것이다. 물론 청각이나 운동 감각 채널을 좋아하는 사람도 있을 것이고, 번호 자물쇠처럼 여러 감각을 짜 맞추는 것을 좋아하는 사람도 있을 것이다. 먼저 시각 자물쇠를 맞춘 다음, 청각 자물쇠를 맞추고 그다음 운동 감각 자물쇠를 맞추는 식이다. 이 경우 자물쇠가 열리려면 세 개의 다이얼이 모두 올바른 위치와 올바른 순서로 정렬되어 있어야 한다.

이 이치를 알게 되면, 당신은 사람들이 어떤 시스템과 하위 양식을 맞추고 있는지 알려주는 단어를 그들의 일상 언어에서 계속 사용하고 있다는 것을 깨닫게 될 것이다. 그들이 자신의 경험을 설명하는 방식에 귀를 기울이면서 그 말을 문자 그대로 받아들여라. (예를 들어 나는 지금 마지막 두 문장에서는 '맞춘다'tuning in라는 말과 '귀 기울인다'라는 단어를 사용했다. 이는 내가 청각적 요소를 사용하고 있음을 분명하게 보여주는 것이다.)

당신은 사람들이 "내가 그런 일을 하는 모습은 상상할 수도 없어!"라고 말하는 것을 얼마나 많이 들어봤는가? 그들은 무엇이 문제인지 당신에게 말하고 있는 것이다. 그러니까 그 일을 하는 모습을 상상할 수 있다면, 실제로 그 일을 하고 싶어하는 마음상태가 될 것이라고 말하고 있는 것이다. 당신은 또 사람들이 "뻥치고 있네"라고 말하는 것을 들은 적이 있을 것이다. 당신이 아주 흥분된 상태라면 그게 사실일지도 모른다. 우리는 대개 마음속의 어떤 이미지를 훨씬 더 크게 만들어 그 경험을 강화시키는 경향이 있으니까. 또 사람들이 "이 일에 대한 심적 부담이 너무 커요"라고 말한다면, 당신은 그들이 그 상황을 좀 더 가볍게 느끼고 좀 더 잘 대처할 수 있도록 도울 수 있다. 또 사람들이 "너희에겐 관심 없어"라고 말한다면, 그들이 마음상태를 바꿔 다시 관심을 보이도록 해야 한다. **우리가 느끼는 방식(감정)을 바꿀 수 있느냐는 전적으로 우리의 하위 양식을 바꿀 수 있느냐에 달려 있다.** 우리는 우리의 경험을 나타내는 다양한 요소들을 통제하고 경험을 뒷받침하는 방식으로 그 요소들을 바꾸는 방법을 배워야 한다. 예를 들어 당신은 어떤 문제가 생겼을 때 '잠시 그 문제와 거리를 두어야지'라고 생각한 적이 있을 것이다. 그럴 때 나는 이렇게 해보기를 권한다. 현재 당신이 직면하고 있는 문제를 생각해보라. 마음속에 그 문제의 이미지를 그린 다음, 그 이미지를 당신에게서 점점 더 멀리 밀어내고 있는 모습을 상상한다. 이제 위에서 새로운 시각으로 그 문제를 내려다보라. 그 문제에 대한 감정 강도에 어떤 변화가 생겼는가? 대부분의 경우, 감정 강도가 크게 떨어졌을 것이다. 이미지가 점점 더 희미해지거나 작아지면 이제 작아진 문제의 사진을 찍어서 다시 더 크고, 더 밝고, 더 가깝게 당겨보라. 그러면 감정 강도가 다시 강화되는 것처럼 보인다. 다시 문제를 밀어내고 태양이 그 문제를 녹이는 걸 직접 지켜보라. 여기서 요소들 중 어느 하나를 바꿔보라. 이는 레시피의 재료를 바꾸는 것처럼 간단한 일이다. 그러면 당신의 몸이 최종적으로 느끼는 감정을 확실하게 바꿀 수 있다. 《무한 능력》에서 하위 양식에 대해 자세히 설명했지만, 여기서 다시 반복하는 이유는 독자들이 그 효과를 확실하게 이해하길 바라는 마음에서다. 그래야만 이 책에서 다룰 다른 많은 일들을 이해할 수 있기 때문이다.

이처럼 하위 양식을 바꾸면 어떤 상황에 대해 느끼는 감정을 즉시 바꿀 수 있다. 한 번 더 연습해보자. 어제 일어난 일을 생각해보라. 마음속으로 그 경험의 이미지를 그린 다음, 그 이미지를 뒤로 민다. 이미지가 어둠 속에서 작고 희미하게 될 때까지 계속 뒤로 밀어낸다. 어제 일처럼 느껴지는가, 아니면 오래전의 일처럼 느껴지는가? 좋은 기억이라면 다시 앞으로 가져오고, 나쁜 기억이라면 거기 그대로 보이지 않게 놔둬라. 앞으로 다시 그 기억에 초점을 맞출 일은 없을 테니까. 반대로 당신의 인생에서 믿을 수 없을 정도로 멋진 경험을 한 적도 있을 것이다.

각 하위 양식에서 자주 사용하는 표현

시각적 하위 양식

정말 내 앞날을 환히 밝혀주네 That really brightens my day.

그것 덕분에 훨씬 더 나아 보이는걸 That puts things in a better perspective.

그게 최우선이야 That's a top priority.

그의 과거는 파란만장해 This guy has a checkered past.

큰 관점으로 봅시다 Let's look at the big picture.

이 문제가 눈에서 떠나질 않아 This problem keeps staring me in the face.

청각 하위 양식

그 친구, 나를 계속 비난해대는군 He's constantly giving me static about that.

그 문제로 시끄럽게 구네 The problem is screaming at me.

자네 말 잘 알아들었어 I hear you loud and clear.

그것 때문에 우리가 하던 모든 일이 멈췄어 It brought everything we were doing to a screeching halt.

그 녀석 정말 괴짜군 The guy is really offbeat.

그거 좋은데 That sounds great.

운동 감각 하위 양식

그 친구 날씬하네 That guy is slimy.

마음이 가벼워지다/무거워지다 The pressure's off/the pressure's on.

이 문제 때문에 괴로워요 This thing is weighing on me.

내가 모든 걸 짊어진 기분이야 I feel like I'm carrying this whole thing on my back.

이 콘서트 정말 대단한걸! This concert is really hot!

이 프로젝트에 푹 빠졌어요 I'm absolutely immersed in this project.

지금 당장 오래전에 일어났던 그 일을 생각하고 그 이미지를 떠올려보라. 그 이미지를 가져와 당신 앞에 놓아라. 그리고 더 크고, 밝고, 다채롭게, 입체적으로 만들어라. 그때로 돌아간 것처럼 당신의 몸속으로 들어가 그 경험을 지금 하는 것처럼 느껴보라. 오래전 일처럼 느껴지는가, 아니면 지금 즐기고 있는 일처럼 느껴지는가? 이제 하위 양식을 바꿈으로써 시간의 경험도 바꿀 수 있다는 것을 알게 되었을 것이다.

당신만의
청사진을 만들어라

당신의 하위 양식을 발견하는 것은 즐거운 과정이다. 이 작업을 혼자 할 수도 있지만, 다른 사람과 함께하면 더 재미있을 것이다. 다른 사람과 함께 하면 정확성을 기할 수도 있고, 그들도 이 책의 독자라면 이 책에서 가르치는 것을 얼마나 마스터했는지에 대해 서로 이야기를 나눌 수도 있을 것이다. 자, 이제 당신 인생에서 매우 즐거운 경험을 했던 때를 떠올리고 다음과 같이 따라 해보라. 우선 그 즐거움에 0점에서 100점 사이의 점수를 매겨보라. 물론 0은 전혀 즐겁지 않은 것이고 100은 최고의 즐거움을 나타낸다. 당신의 경험이 80점이라고 해보자. 이제 다음 페이지의 〈하위 양식 체크리스트〉에서 어떤 요소가 다른 요소보다 더 많은 즐거움을 주었는지, 또는 고통의 감정이 아니라 기쁨의 감정을 주었는지 찾아보라.

체크리스트에 있는 질문을 자신의 경험에 대입해 점수를 매겨보라. 예를 들어 당신의 경험을 떠올리고 **시각적 하위 양식**에 초점을 맞추면서 그 기억이 '동영상인지, 정지 화면인지' 질문해본다. 동영상이라면 어떤 느낌인지 물어본다. 좋은 감정인가? 이제 반대로 기억을 정지 화면으로 만들고 어떤 변화가 생기는지 주시해보라. 즐거움의 정도가 낮아졌는가? 얼마나 낮아졌는가? 몇 퍼센트나 떨어졌는가? 예를 들어 기억을 정지 화면으로 전환했더니 점수가 80점에서 50점으로 떨어졌다면, 이런 변화가 어떤 영향을 미쳤는지 기록해두라. 나중에 그 차이를 활용할 수 있을 것이다.

이제 이미지를 다시 처음 상태로 되돌린다. 원래의 동영상으로 되돌려 놓고 80점의 점수에서 시작한다. 체크리스트의 다음 질문으로 넘어가보자. 그 동영상이 천연색으로 보이는가, 흑백으로 보이는가? 흑백이라면, 어떤 느낌이 드는가? 자, 다시 반대로 천연색으로 만들면 어떤 변화가 생기는지 주시한다. 천연색으로 바꾸니 즐거움의 강도가 80점을 넘었는가? 이것이 당신의 감정에 미친 영향을 기록해놓는다. 95점까지 올라갔다면 앞으로 계속 기억해야 할 가치가 있는 것일지도 모른다. 예를 들어 평소에 피하고 싶은 일에 대한 기억일 경우, 그 이미지에 색상을 넣어 천연색으로 만들었을 때 즉시 긍정적인 감정 강도가 높아진다는 것을 알게 될 것이다. 이제 이미지를 다시 흑백으로 전환한다. 그리고 당신의 감정 강도에 무슨 일이 일어났는지, 그 차이가 얼마나 큰지 주시하라. 다음 질문으로 넘어가기 전에 이미지를 항상 원래 상태로 복원하는 것을 잊지 마라. 이미지에 색상을 다시 주입한다. 전보다 더 밝고 선명하게 만든다.

사실 이미지의 밝기는 중요한 하위 양식이다. 밝게 만들면 대개 감정이 강화된다. 기분 좋은 경험일 경우, 그 색상을 점점 더 밝게 하면 기분이 더 좋아질 것이다. (물론 예외도 있다. 로맨틱한 순간의 기억을 음미하고 있는데 갑자기 모든 불을 밝히면 오히려 분위기를 완전히 깨뜨릴 수 있다.) 반대로 이미지를 어둡고 흐릿하게 만들면 어떻게 될까? 그것은 사람들의 기분을 우울하게 만든다. 그러니 당신의 기억 이미지를 밝고 눈부시게 만들어라!

하위 양식 체크리스트

시각

1. 동영상/정지 화면 : 이미지가 동영상인가, 정지 화면인가?
2. 컬러/흑백 : 이미지가 천연색인가, 흑백인가?
3. 오른쪽/왼쪽/가운데 : 이미지의 위치가 오른쪽인가, 왼쪽인가, 가운데인가?
4. 위/중간/아래 : 이미지가 위에 있는가, 중간에 있는가, 아래에 있는가?

5. 밝음/흐릿함/어두움 : 이미지가 밝은가, 흐릿한가, 어두운가?

6. 실물 크기/더 큼/더 작음 : 이미지의 크기는 실물 크기인가, 실물보다 더 큰가, 실물보다 더 작은가?

7. 근접성 : 이미지는 당신에게 얼마나 가까이 있는가?

8. 빠름/중간/느림 : 이미지의 속도가 빠른가, 중간인가, 느린가?

9. 특정 초점 : 이미지가 특정 요소에 일관되게 초점을 맞추고 있는가?

10. 당신의 위치 : 당신은 이미지 속에 들어 있는가, 아니면 멀리서 바라보고 있는가?

11. 단칸/파노라마 : 한 컷 짜리 단칸 이미지인가, 아니면 파노라마 이미지인가?

12. 3D/2D : 3차원 입체 이미지인가, 2차원 평면 이미지인가?

13. 특정 색상 : 당신에게 큰 영향을 미치는 색상이 있는가?

14. 보는 방향 : 어느 방향에서 본 이미지인가? 위에서 내려다본 이미지인가, 아래에서 위로 바라본 이미지인가, 옆에서 바라본 이미지인가?

15. 특정 자극 : 이외에 강한 감정을 자극하는 다른 것이 있는가?

청각

1. 자신/타인 : 당신이 직접 말하고 있는가, 아니면 다른 사람에게서 듣고 있는가?

2. 내용 : 구체적으로 무엇을 말하거나 듣고 있는가?

3. 방식 : 어떻게 말하거나 듣고 있는가?

4. 음량 : 말소리는 얼마나 큰가?

5. 음조 : 어떤 음조인가?

6. 템포 : 말의 속도는 얼마나 빠른가?

7. 위치 : 말소리가 어디에서 나는가?

8. 화음/소음 : 조화로운 소리인가, 아니면 불협화음인가?

9. 규칙적/불규칙적 : 소리가 규칙적으로 나는가, 불규칙적으로 나는가?

10. 억양 : 목소리에 억양이 있는가?

11. 특정 단어 : 강조하고 있는 특정 단어가 있는가?

12. 지속 시간 : 소리는 얼마나 오래 지속되고 있는가?

13. 독특함 : 소리의 독특한 점은 무엇인가?

14. 특정 자극 : 이외에 강한 감정을 자극하는 다른 것이 있는가?

운동 감각

1. 온도 변화 : 온도 변화가 있었는가? 뜨거운가, 차가운가?

2. 촉감 변화 : 촉감 변화가 있었는가? 거친가, 매끄러운가?

3. 단단함/유연함 : 단단한가, 유연한가?

4. 진동 : 진동이 있는가?

5. 압력 변화 : 압력의 증가나 감소가 있었는가?

6. 압력의 위치 : 압력이 가해지는 자리는 어디인가?

7. 긴장/편안함 : 긴장이나 편안함의 정도가 높아졌는가?

8. 움직임/방향 : 움직임이 있었는가? 그렇다면 그 방향과 속도는 어떤가?

9. 호흡 : 숨이 가빴는가? 어디에서 시작해서 어디에서 끝났는가?

10. 무게 : 무거운가, 가벼운가?

11. 지속적/간헐적 : 감정이 지속적이었는가 간헐적이었는가?

12. 크기/모양 : 크기나 모양이 바뀌었는가?

13. 방향 : 감정이 몸으로 들어왔는가, 몸에서 밖으로 나갔는가?

14. 특정 자극 : 이외에 강한 감정을 자극하는 다른 것이 있는가?

시각적 하위 양식 목록 중 중 어떤 것이 당신의 감정 강도를 가장 크게 변화시키는지 기록하면서 다음 목록으로 계속 내려가라. 이제 청각적 하위 양식을 살펴볼 차례다. 경험을 머릿속에서 다시 떠올리면 어떻게 들리는가? 볼륨을 높이는 것이 당신이 느끼는 기쁨 수준에 어떤 영향을 미치는가? 또 템포를 빠르게 하는 것이 당신의 기쁨에 어떤 영향을 미치는가? 얼마나 큰 영향을 주는가? 그것을 모두 기록하며 다음 요소로 이동한다. 당신의 기억 속에서 들리는 소리가 누군가의 목소리라면, 억양과 강약의 조절에 따라 당신의 기쁨에 어떤 영향을 미치는지 주시하라. 부드럽고 잔잔한 목소리를 거칠고 거슬리는 목소리로 바꾸면, 어떤 일이 일어날까? 이번에도 계속해서 당신에게 기쁨을 줄 수 있도록 소리를 원래의 상태로 다시 복원시켜 놓는 것을 잊지 마라.

마지막으로 **운동감각의 하위 양식**에 초점을 맞춘다. 즐거운 경험을 기억할 때, 이 운동감각 요소를 다양하게 바꾸는 것이 당신의 기쁨을 얼마나 높이거나 떨어뜨리는가? 온도를 높이면 기분이 더 편안해지는가, 아니면 더 괴로워지는가? 이번엔 호흡에 집중해본다. 어떻게 호흡하고 있는가? 빠르고 얕은 호흡에서 길고 깊은 호흡으로 바꾸면 당신의 경험에 어떤 영향을 미치는가? 이것이 얼마나 큰 차이를 만드는지 주시하고 그것을 기록하라. 이미지의 촉감은 어떤가? 이미지의 촉감을 마음대로 상상해보라. 부드럽고 푹신푹신한 것에서 축축한 진흙으로, 끈적끈적하게 달라붙는 것으로 마음대로 바꿔보라.

이처럼 감각적 변화를 줄 때 당신의 몸은 그 변화를 어떻게 느끼는가? 그것을 기록하라. 하위 양식의 전체 체크리스트 실험이 끝나면, 처음으로 돌아가서 가장 즐거운 이미지가 다시 나타날 때까지 조정한다. 그 이미지를 실제로 손으로 만지고 즙을 짜낼 수 있는 것처럼 현실적으로 만들어라!

이 연습을 계속하다 보면 이 하위 양식들 중 어떤 것이 다른 것보다 당신에게 더 강력한지 금방 알게 될 것이다. 우리는 모두 달라서 경험을 표현하는 데 저마다 다른 방법을 가지고 있다. 지금까지 한 실험은 사실, 당신의 뇌가 어떻게 연결되어 있는지 보여주는 청사진을 만드는 작업이었다. 기록한 것을 잘 보관하라. 언젠가는 유용하게 사용될 것이다. 어쩌면 오늘일 수도 있다! 어떤 하위 양식이 당신을 자극하는지 알면, 긍정적인 감정을 높이고 부정적인 감정을 낮추는 방법도 터득하게 될 것이다.

예를 들어 당신이 기억 이미지를 크고 밝게, 그리고 가까이 확대하면 감정 강도를 크게 강화시킬 수 있다는 것을 안다면, 당신은 이미지를 그 기준에 맞게 바꿈으로써 어떤 일을 하도록 동기를 부여할 수 있다. 또 문제가 되는 것들은 가급적 크고 밝게, 그리고 가까이 확대시키지 말아야 한다는 것도 알게 될 것이다. 그렇게 하면 문제에 대한 부정적 감정을 강화시킬 테니까 말이다! 당신은 스스로를 제한하는 상태에서 벗어나 활력을 북돋우는 상태로 즉시 전환하는 방법을 알게 될 것이다. 그리고 당신 안에 있는 힘을 깨우기 위한 여정을 더 잘 준비할 수 있다.

현실 경험에서 하위 양식이 얼마나 큰 역할을 하는지 알면 문제를 해결하는 데 결정적인 도움이 된다. 예를 들어 현재 혼란스럽다는 느낌이 드느냐, 아니면 계획대로 잘 진행되고 있다는 느낌이 드냐 하는 것도 전적으로 하위 양식의 문제다. 혼란스럽다는 느낌이 들 때, 그 경험을 그림으로 표현했는지, 동영상으로 표현했는지 기억하라. 그런 다음, 그 이미지를 무언가 잘 이해하고 있다는 느낌이 들었던 때와 비교해보라. 대개의 경우, 사람들이 혼란스러움을 느끼는 것은 누군가가 너무 큰 소리로 빠르게 말하는 바람에 머릿속의 여러 이미지들이 혼란스럽게 뒤섞이기 때문이다. 반대로 들어오는 정보가 너무 느릴 때 혼란스러워하는 사람들도 있다. 이런 사람들은 이미지를 동영상 형태로 떠올려서 정보들이 서로 어떻게 연관되어 있는지 파악해야 한다. 그렇지 않으면 이해하는 과정이 각각 분리되어 계속 혼란을 느낄 수밖에 없다. 이제 사람들의 하위 양식을 이해하면 그들을 훨씬 더 효과적으로 가르칠 수 있다는 것을 이해하겠는가?

문제는 우리가 자신을 제한하는 패턴을 더 크고, 더 밝고, 더 가깝고, 더 시끄럽고, 더 무거운 하위 양식으로 만든다는 것이다. 그래 놓고는 왜 압박감을 느끼는지 궁금해한다! 당신이 그런 상태에서 벗어난 적이 있다면, 그것은 아마도 당신이 그 이미지를 바꾸고 초점을 다른 곳에 맞추었기 때문일 것이다. 그러고는 "아, 그거 별거 아니야"라고 말하거나, 문제의 일부만 다루면서 그것을 큰 문제로 여기지 않았을 것이다. 이 방법들은 모두 간단한 전략으로,《무한 능력》에서 이미 충분히 다루었다. 이 장에서 더 흥미를 느끼고 완전하게 이해했기를 바란다.

감정상태를 바꾸면 인생이 바뀐다

감정상태를 바꿀 수 있는 방법은 아주 많다. 그리고 전혀 어렵지 않다. 호흡만 바꿔도 생리기능을 바꿀 수 있다. 초점을 맞출 대상, 초점을 맞출 순서, 초점을 맞추는 방법을 판단하면서 초점을 바꿀 수 있다. 또 하위 양식을 바꾸는 방법도 있다. 당신이 지금까지 최악의 상황에 지속적으로 초점을 맞추어 왔다면 더 이상 계속 그렇게 해서는 안 된다. 이제 최선의 결과에 초점을 맞춰라.

인생에서 중요한 것은 삶을 이끄는 방법을 가능한 한 많이 찾아서 삶을 예술로 만드는 것이다. 문제는 많은 사람이 자신의 마음상태를 바꿀 수 있는 방법을 몇 가지밖에 갖고 있지 않다는 것이다. 그들은 과식, 과음, 늦잠, 과소비, 흡연, 마약 같은 방법을 사용하기도 하지만, 이중 어느 것도 우리에게 힘을 불어넣지 못하며 오히려 비참하고 끔찍한 결과를 초래한다. 더 큰 문제는 이런 나쁜 결과들은 서서히 누적되기 때문에 나중에 그 위험을 알아차려도 이미 때는 늦었다는 것이다. 엘비스 프레슬리가 그랬고, 안타깝게도 다른 많은 사람에게 이런 일이 매일 일어나고 있다. 주전자의 끓는 물속에서 서서히 죽어가는 불행한 개구리의 모습을 생각해보라. 개구리가 끓는 냄비에 갑자기 떨어졌다면, 개구리는 뜨거움에 놀라 즉시 뛰쳐나왔을 것이다. 그러나 물이 서서히 뜨거워졌기 때문에 개구리가 위험에 처한 것을 알았을 때는 이미 너무 늦어 뛰쳐나올 수 없었다.

2장에서 언급한 나이아가라 폭포에서 떨어지는 비극도 당신이 마음상태를 통제하지 못하면서 시작되는 것이다. 마음상태를 통제하지 못하면 행동도 통제할 수 없기 때문이다. 앞으로 성취해야 일들이 많이 남아있는데도 동기부여가 되지 않는다면, 당신이 적절한 마음상태에 있지 않은 것임을 알아야 한다. 그것은 변명해서 될 일이 아니다. 반드시 수행해야 하는 명령 같은 것이다! 생리기능을 바꾸는 것이든, 초점을 바꾸는 것이든, 마음상태를 바꾸기 위해 필요한 모든 일을 해야 한다는 것은 우리가 우리 자신에게 내리는 확실한 명령이다. 한때 나는 책을 써야 한다는 압박을 받는 상태에 놓인 적이 있었다. 그때만 해도 책을 쓴다는 것은 어쩐지 불가능하다고 생각했다! 하지만 그런 마음상태를 바꿀 방법을 찾아야 했다. 내가 그렇게 하지 못했다면, 독자들이 오늘 이 책을 읽지 못했을 것이다. 결국 나는 내 마음상태를 창의적이고 열성적인 상태로 만들었다. 당신이 다이어트를 하고 싶은데, 마음이 두렵고, 걱정스럽고, 실망적인 상태에 있다면 아무런 효과를 내지 못할 것이다. **성공하려면 단호한 마음상태를 가져야 한다.** 직장에서 더 좋은 성과를 내기 원한다면, 지능조차도 상태의 문제라는 것을 알아야 한다. 비록 능력이 다소 부족해도 새로운 마음상태를 갖기만 하면, 지붕을 찌를 듯한 재능을 발견하게 될 것이다. 나는 난독증이 있는 사람들과 일하면서 이것을 여러 번 입증했다. 난독증은 우리의 시각 능력 문제이기도 하지만, 동시에 우리의 정신적, 감정적 상태의 문제이기도 하다. 난독증이 있는 사람들이 무언가를 읽을 때 매번 문자나 단어를 거꾸로 보는 것은 아니다. 대부분 그렇게 하기는 하지만 항상 그런 것은 아니다. 비록 가끔이지만 그들이 명확하게 읽을 수 있을 때와 평소에 글자를 거꾸로 읽을 때의 차이는 바로 마음상태에서 나온다. 마음상태를 바꾸면 글을 읽는 능력도 즉시 개선된다. 난독증뿐만 아니라 마음상태 때문에 생기는 다른 문제가 있는 사람이라면, 누구나 이 전략을 사용해 스스로를 바꿀 수 있다.

행동은 우리의 감정을 즉시 바꿀 수 있기 때문에 한 번의 행동으로 우리의 마음상태를 바꿀 수 있는 여러 방법을 만들어낼 수 있다. 나는 몇 년 전에 내 인생을 가장 강력하게 바꿀 수 있는 한 가지 방법을 처음 배웠다. 캐나다에서 가라테로 송판을 격파하는 남자를 알게 되었다. 그 기술을 배우려면 1년 반 내지 2년간의 무술 훈련을 받아야 했지만, 나는 무술 훈련을 받는 대신 그가 무엇에 집중하고 있는지, 어떻게 집중하고 있는지(앞서 설명한 어떤 하위 양식을 사용하고 있는지), 그의 신념은 무엇인지, 신체적 전략은 무엇인지 등 그가 구체적으로 자신의 몸을 어떻게 사용해 송판을 격파하는지 알아냈다.

나는 엄청난 감정적 강도로 그의 육체적 움직임을 반복해서 똑같이 따라 연습하면서 내 뇌에 깊은 확신감을 보냈다. 물론 코치가 내 동작을 계속 지도해주었다. 쾅! 마침내 송판 한 장을 격파하는 데 성공했고 이어서 두 장,

세 장, 네 장까지 격파할 수 있었다. 이 일을 성취하는 데 내가 한 일을 살펴보자. ① 기준을 높이고 송판을 격파하는 일을 '반드시' 성공해야 할 목표로 삼았다. 예전의 나라면 그저 할 수 없는 일이라고 생각했을 것이다. ② 감정 상태를 확신감으로 바꾸면서 이 일을 해낼 수 없다는 나의 부정적 믿음을 바꿨다. ③ 결과를 도출하기 위해 효과적인 전략을 따라 했다.

결국 행동이 내 온몸의 힘과 확신감을 변화시켰다. 나는 그동안 할 수 없다고 생각해왔던 다른 일들을 성취하기 위해 '송판 격파'라는 확신감을 사용하기 시작했고, 마침내 미루거나 쉽게 두려워하는 습관을 깨뜨릴 수 있었다. 이후 몇 년 동안 이런 확신감을 계속 사용하며 강화시켰다. 나 자신뿐만 아니라 다른 사람들, 특히 11~12세 소녀들에게도 그들이 할 수 없다고 생각하는 일을 해내는 경험을 하게 함으로써 그들의 자존감을 높이는 방법을 가르치기 시작했다. 급기야 이 방법을 우리 가맹사업체에서 활동하고 있는 전 세계 자기계발 컨설턴트들이 진행하는 〈무한 능력〉 동영상 세미나의 일부로 사용하기 시작했다. 그들은 대개 30분 내에 참가자들이 두려움을 극복하도록 돕고, 삶에서 자신을 방해하는 모든 것을 돌파하는 법을 배울 수 있게 해주었다. 일단 송판을 격파하는 데 성공하고 나면, 참가자들은 인생에서 성취하고 싶은 것을 추구하는 데 필요한 확신감을 갖기 위해 이 경험을 어떻게 사용해야 하는지에 대해 배운다. 이 세미나에서 힘만 있으면 다할 수 있다고 생각하는 덩치 큰 남성이 올라가서 격파에 실패하고, 그 남자의 절반밖에 안 되는 여성이 단숨에 격파에 성공하는 것을 보면 정말 재미있다. 그 여성은 분명히 자신의 능력에 확신감을 한껏 키워놓았을 것이다.

"경험은 단지 우리에게 일어난 일을 말하는 것이 아니라
우리에게 일어난 일에 대해 우리가 어떤 행동을 했느냐를 말하는 것이다."
–올더스 헉슬리 Aldous Huxley

마음의 흐름을 의식적으로 통제해야 한다는 것을 깨달아야 한다. 마음을 자신의 의도대로 통제하지 못하면 주변에서 일어나는 일에 따라 이리저리 휘둘리게 된다. 우선 당신은 가장 먼저, 주위 환경이 어떠하든, 그리고 당신이 두려움이나 좌절에 빠졌든 상관없이, 당신의 마음상태를 즉시 바꾸는 기술을 숙달시켜야 한다. 이 기술은 내 세미나 참가자들이 개발하는 기초 기술 중 하나다. 그들은 두려워하거나 할 수 없다고 생각하는 마음상태를 효과적인 행동을 통해 능히 할 수 있다고 생각하는 마음상태로 즉시 바꾸는 법을 배운다. 이런 경험은 당신 삶에 엄청난 힘을 주지만, 직접 시도해보지 않으면 제대로 알 수 없을 것이다.

당신이 숙달시켜야 할 두 번째 기술은 어떤 환경에서도 바꾼 마음상태를 지속적으로 유지하는 것이다. 비록 예전에는 불편하게 느꼈던 환경일지라도 마음상태를 바꾸는 일을 계속 반복하다 보면 나중에는 조건화되어서 어떤 상황에서든 좋은 기분을 느낄 수 있게 될 것이다. 세 번째 기술은 당연히 생리기능과 초점을 사용하는 것을 습관화함으로써 의식적인 노력 없이도 지속적으로 기분이 좋아지도록 하는 것이다. 나는 **성공이란 기쁨은 많이, 고통은 적게 느끼는 삶을 사는 것**이며, 그런 삶을 통해 당신뿐 아니라 주변 사람들까지 고통보다 기쁨을 더 많이 느끼도록 돕는 것이라고 정의한다. 많은 것을 성취했다 하더라도 항상 고통의 감정 속에서 살고 있거나 늘 고통 속에 있는 사람들에게 둘러싸여 있다면, 그것은 진정한 성공이라고 할 수 없다. 네 번째 기술은 다른 사람들의 마음상태를 즉시 바꿀 수 있도록 돕는 것이다. 어떤 환경에서도 자신의 상태를 즉시 바꿔서 평생 그 좋은 상태를 유지하도록 하는 것이다. 이것이 내 가맹사업자들이 세미나와 일대일 상담에서 하는 일이다.

그렇다면 이 장에서 반드시 기억해야 할 것은 무엇일까? **우리가 인생에서 정말로 배워야 할 것은 우리의 감정을 바꾸는 것이라는 사실이다.** 다시 강조하거니와, 모든 감정은 뇌 속의 생화학적 돌풍에 불과하며 당신은 언제든 그 감정을 통제할 수 있다. 당신은 원한다면 지금 당장 황홀함을 느낄 수도 있고, 고통이나 우울함이나 압박감을 느낄 수도 있다. 모든 것은 당신 자신에게 달려 있다. 그렇게 하기 위해서 필요한 것은 마약 같은 게 아니다. 훨씬 더 효과적인 방법들이 있다. 믿음체계를 다룬 4장에서 배운 것처럼, 당신이 체내에서 만드는 화학 물질(감정)이나, 초점과 생리기능을 사용하는 방법을 바꾸는 것이 얼마든지 마약을 능가할 수 있다. 이 화학 물질은 외부에서 투입하는 어떤 물질보다 훨씬 더 강력하다.

"세계 역사의 위대하고 장엄한 순간은 모두 열정의 승리다."

– 랄프 왈도 에머슨 Ralph Waldo Emerson

기분 좋게 만드는 방법을 아는가?

토론토에 출장을 갔는데 심한 허리통증 때문에 큰 스트레스를 받았다. 비행기가 하강할 때부터 나는 호텔에 도착하자마자 무엇을 해야 할 것인지 생각하기 시작했다. 시간은 이미 밤 10시 30분이었고, 게다가 다음 날 아침 일찍 세미나를 진행해야 했다. 도착하자마자 뭔가를 먹을까 생각했지만(그날 하루 종일 아무것도 먹지 못했다), 시간이 너무 늦었다. 서류 작업이나 뉴스를 볼까도 생각했다. 그 순간 나는 이 모든 행동이 단지 고통에서 벗어나 약간의 기쁨으로 가기 위한 전략일 뿐이라는 것을 알아차렸다. 사실 그 어떤 것도 딱히 하고 싶은 생각이 들지 않았다. 나는 생각을 더 확장해 시간과 장소에 구애받지 않고 기쁨을 경험할 수 있는 방법들을 찾아야 했다.

당신은 자신을 기분 좋게 만드는 방법을 알고 있는가? 바보 같은 질문처럼 들리는가? 지금 당장 당신의 기분을 좋게 만들 수 있는 구체적이고 강력한 방법을 가지고 있는가? 음식, 술, 마약, 담배, 그 외 중독성 있는 것들을 사용하지 않고 말이다. 물론 몇 가지 정도는 가지고 있을지 모르지만 이제 그 목록을 더 확대해보자. 당신을 기분 좋게 만들기 위해 이미 가지고 있는 긍정적인 방법 몇 가지를 찾아보자. **지금 바로 앉아서 기분을 바꾸기 위해 당신이 현재 사용하고 있는 방법들의 목록을 적어보라.** 목록을 만들면서 마음상태를 긍정적으로 바꾸기 위해 지금까지 시도하지 않았던 새로운 방법을 추가하는 것도 좋다.

즉시 기분이 좋아질 수 있는 방법을 최소한 15가지 쓸 때까지 멈추지 마라. 25가지 이상을 쓸 수 있다면 바람직하다. 이 연습은 수백 가지의 방법을 가질 때까지 계속 반복해야 할 훈련이다!

나도 이 목록을 작성하면서 음악을 연주하는 것이 내 마음상태를 바꿀 수 있는 가장 강력한 방법 중 하나라는 것을 알게 되었다. 독서도 내 초점을 바꾸어주면서 기분을 좋게 만드는 방법이었다. 나는 또 배우는 것을 좋아한다. 특히 교훈적이고 정보를 제공해주는 책을 읽으면 내 삶에 즉시 적용한다. 또 내 몸의 움직임에 변화를 주는 것도 내 마음을 제한적인 상태에서 풍성한 상태로 만들기 위해 즉시 할 수 있는 방법이다. 그래서 음악을 크게 틀어놓고 계단 오르기 운동기구 스테어마스터StairMaster™를 사용해 운동하거나, 트램펄린에서 점프를 하거나, 오르막길을 5마일(8km) 달리거나, 수영을 즐긴다.

이외에도 많다. 춤을 추기도 하고, 좋아하는 CD를 틀어놓고 따라 부르기도 하고, 코미디 영화를 보거나 콘서트에 가기도 하고, 정보를 얻을 수 있는 오디오 테이프를 듣기도 한다. 욕조에 뜨거운 물을 받아놓고 목욕하거나, 아내와 사랑을 나누거나, 가족 모두 식탁에 앉아 가장 중요한 이야기를 나누며 저녁식사를 함께하거나, 아이들과 아내를 끌어안고 입을 맞추거나, 아내와 함께 〈사랑과 영혼〉Ghost 같은 영화를 보면서 실컷 우는 것도 좋은 방법이다. 새로운 아이디어, 새로운 사업, 새로운 개념을 구상하기도 하고, 현재 하고 있는 모든 일을 보완하거나 개선하기도 하고, 무엇이든 만들어 보기도 하고, 친구들과 농담을 즐기기도 하고, 사회에 기여하는 일을 하기도 하고, 규모가 큰 세미나(내가 가장 좋아하는 하위 양식 중 하나임)를 진행하기도 하고, 최근이나 과거에 겪었던 멋진 경험을 생생하게 기억하며 일기장에 기록하면서 내 기억력을 연마시키기도 한다.

고통에서 기쁨으로, 기분을 바꿔주는 나만의 방법

1.
2.
3.
4.
5.
6.
7.
8.
9.
10.
11.
12.
13.
14.
15.
16.
17.
18.
19.
20.
21.
22.

기쁨을 위한 계획이 없으면 고통이 찾아온다

중요한 것은 당신 자신을 기분 좋게 만드는 방법을 가능한 한 많이 만드는 것이다. 마약 같은 파괴적인 방법에 눈을 돌릴 필요가 없다. 그런 파괴적인 습관에 고통을 연결시키고, 당신에게 힘을 불어넣는 것들에 기쁨을 연결시키면, 거의 항상 기쁨과 연결되는 일에 접근할 수 있다는 것을 알게 될 것이다. 이 방법들을 실행하라. 매일매일 기쁨을 위한 계획을 세워라. 어떻게든 기쁜 일이 생기겠지 하고 막연하게 바라지 말고, 황홀함이 솟아나게 하라. 당신의 삶에 황홀함이 들어갈 자리를 만들어라!

다시 말하지만 당신의 신경계, 몸, 마음의 초점을 조건화시켜서 어떻게 하면 삶의 모든 것이 당신에게 도움이 될지 끊임없이 탐색하라. 당신이 계속해서 자신을 제한하는 부정적 감정 패턴을 가지고 있다면, 그것은 당신 몸을 습관적으로 부정적으로 사용하고 있거나, 무기력한 방식으로 초점을 맞추고 있기 때문이다. 초점을 바꿔야 한다면, 즉시 초점을 바꿀 수 있는 놀라운 도구가 하나 있다. 8장에서 이에 대해 알아보자.

8장

질문이 답을 만든다

"질문하는 사람은 답을 피할 수 없다."

– 카메룬 속담

그들에게는 어떤 이유도 없었다. 단지 유대인이라는 이유만으로 수용소에 왔을 뿐이다. 나치가 집으로 쳐들어와 온 가족을 체포했다. 그들은 소떼처럼 기차에 실려 크라쿠프Krakow에 있는 죽음의 수용소로 보내졌다. 가장 끔찍했던 악몽은 자신의 눈앞에서 가족들이 총에 맞는 것을 보아야 했다는 것이다. 아들은 '샤워장'(가스실)에서 목숨을 잃었는데, 여기저기 흩어진 아들의 옷을 보는 공포를 어떻게 견딜 수 있단 말인가?

하지만 그는 어떻게든 계속 살았다. 어느 날 그는 주변의 끔찍한 일들을 바라보며 피할 수 없는 진실에 직면했다. 그곳에 하루라도 더 머물면 죽을 것만 같았다. 그는 탈출해야 한다고 결단을 내렸다. 그것도 즉시! 그러나 방법을 몰랐다. 하지만 어떻게든 탈출해야 한다는 생각은 확고했다. 이후 몇 주 동안 그는 다른 수감자들에게 "어떻게 하면 이 끔찍한 곳을 탈출할 수 있겠소?"라고 물었다. 하지만 그가 늘 같은 대답만 들을 뿐이었다. "바보 같은 소리 하지 마쇼. 여기서 도망칠 방법은 없소! 그런 질문해 봐야 당신 영혼만 괴로울 뿐이요. 그저 열심히 시키는 일이나 하면서 살아남기만 기도하시구려." 하지만 그는 그럴 수 없었다. 그는 결코 그렇게 하지 않을 것이다. 그는 여전히 탈출해야겠다는 생각을 떨쳐버리지 않았고 그의 대답(탈출 방법)이 말이 되지 않을 때도 계속해서 물었다. "어떻게 하면 탈출할 수 있을까? 반드시 방법이 있을 거야. 어떻게 하면 당장 오늘이라도 무사히 여길 나갈 수 있을까?"

성경에 "구하라 그러면 받을 것이요"라는 구절이 있다. 마침내 그는 이날 답을 얻었다. 아마도 그의 질문이 너무 강렬했거나, '지금이 바로 탈출할 때'라는 확신감이 너무 강했기 때문이었는지 모른다. 어쩌면 간절한 질문에 대한 답에 계속적으로 집중했기 때문이었을 수도 있을 것이다. 어떤 이유에서든, 이 남자에게서 인간의 마음과 정신의 거대한 힘이 깨어난 것이다. 답은 그가 생각지도 못한 곳, 바로 인간의 살점이 썩어가는 역겨운 냄새에서 나왔다. 그는 자신의 작업장에서 불과 몇 피트 떨어진 곳에 거대한 시체 더미가 트럭 뒤에 실려 있는 것을 보았다. 가스실에서 죽은 남자와 여자와 아이들이었다. 나치는 시신에게서 금니를 다 뽑아냈고, 귀금속류나 옷가지 등 시신의 모든 소지품도 남김없이 다 벗겨냈다. 스타니슬라브스키 레히Stanislavsky Lech라는 이 남자는 "나치는 어떻게 저렇게 비열하고 잔인하단 말인가? 신이 어떻게 저런 사악한 존재를 창조할 수 있단 말인가? 신은 왜 내게 이런 고통을 주는가?"라고 묻지 않고 다른 질문을 했다. **"어떻게 하면 이 기회를 이용해 이곳을 탈출할 수 있을까?"** 그리고 곧 답을 얻었다.

그날 하루 일과가 끝나고 작업자들이 다시 막사로 돌아가는 틈을 타, 레히는 트럭 뒤에 몸을 숨겼다. 그러고는 아무도 보지 않는 사이에 옷을 벗어 던지고 나체 상태로 시체 더미 속으로 뛰어들었다. 시체가 그의 위로 계속 쌓이면서 압사당할 뻔했지만, 그 속에서 꼼짝하지 않고 죽은 척을 했다.

살점이 썩어가는 악취가 진동하고, 뻣뻣하게 굳어버린 시신이 사방을 에워쌌다. 그러나 그는 아무도 시체 더미에서 자신을 발견하지 못하기를 바라며, 트럭이 떠나기만을 기다리고 또 기다렸다.

마침내 엔진 시동 소리가 들렸다. 그리고 트럭이 움직이는 것을 느꼈다. 그 순간, 그는 시신들 사이에 누워 희망이 싹트는 것을 느꼈다. 잠시 후 트럭이 비틀거리며 멈추는 것을 느꼈고, 곧이어 수십 명의 시신 속에 끼여 수용소 밖의 거대한 구덩이 속에 버려졌다. 레히는 밤이 될 때까지 그곳에서 몇 시간을 더 기다렸다. 마침내 주위에 아무도 없다는 확신이 들었을 때, 그는 시체 더미 속에서 빠져나와 벌거벗은 몸으로 자유를 향해 25마일(40km)을 달렸다.

스타니슬라브스키 레히와 집단수용소에서 죽음을 맞이한 다른 많은 사람과는 어떤 차이점이 있었을까? **물론 여러 요인이 있지만, 한 가지 결정적인 차이점은 그가 다른 질문을 했다는 것이다.** 그는 언젠가는 답을 얻을 수 있다는 기대감을 가지고 포기하지 않고 끈질기게 질문했고, 그의 뇌는 해결책을 생각해냈으며 결과적으로 목숨을 구했다. 그날 크라쿠프 수용소에서 그가 자신에게 던진 질문(어떻게 하면 이곳을 탈출할 수 있을까?)이 자신의 운명에 중대한 영향을 미치는 행동으로 이어지는 순간적 결정을 내리게 만든 것이다. 그가 마침내 답을 얻은 것은 그런 결정을 하고 행동을 취하기 전에 먼저 자신에게 올바른 질문을 했기 때문이었다.

우리는 앞서 우리의 믿음이 우리의 결정, 행동, 삶의 방향, 그리고 궁극적인 운명에 어떻게 영향을 미치는지 배웠다. 하지만 이 모든 영향은 결국 생각의 산물이며, 생각은 우리 뇌가 그동안 살아오면서 의미를 평가하고 만들어온 방식이다. 그러므로 우리가 매일 어떻게 우리의 현실을 창조하는지 근본적으로 이해하려면, **"어떤 생각을 할 것인가?"라는 질문에 대답할 수 있어야 한다.**

질문이
생각을 결정한다

어느 날, 나는 나 자신의 삶과 내가 살면서 마주쳤던 사람들의 삶에서 일어났던 중요한 사건들에 대해 생각하고 있었다. 나는 행복한 사람과 불행한 사람, 성공한 사람과 실패한 사람 등 수많은 사람을 만났다. 성공한 사람들은 무엇 때문에 위대한 일을 성취할 수 있었고, 반면에 그들과 비슷하거나 오히려 더 나은 배경을 가진 사람들이 오히려 왜 성공하지 못하고 나이아가라 폭포로 떨어졌는지 알고 싶었다. 그래서 나 자신에게 이렇게 물었다. "내 인생에서 내가 얼마나 성공하고, 어떤 인간이 되고, 앞으로 어떻게 될 것인지를 판가름하는 데 가장 중요한 것은 무엇일까?" 내가 생각해낸 답은 바로 이것이다(이미 4장에서 당신에게 말했다). **"내 감정과 행동을 결정하는 것은 내 삶을 형성하는 사건이 아니라, 내 인생 경험을 어떻게 해석하고 평가하느냐에 달려 있다.** 어떤 사건에 어떤 의미를 부여하느냐가 내가 내리는 결정, 행동, 그리고 나의 궁극적인 운명을 결정한다." 하지만 나는 스스로에게 이렇게 묻는다. "평가를 하려면 어떻게 해야 하지? 평가한다는 게 정확히 무엇을 말하는 거야?"

이 질문에 대해 나는 이렇게 생각했다. "글쎄, 지금 내가 하고 있는 게 평가 아닐까? 평가가 무엇인지 설명하는 방법을 평가하려고 애쓰고 있으니까. 이게 평가가 아니라면 내가 지금 뭘 하고 있는 것이란 말인가?" 그러고 나서 나는 내가 방금 나 자신에게 일련의 질문을 던졌다는 것을 깨달았다. 바로 다음과 같은 질문이었다.

평가를 하려면 어떻게 해야 하지?

평가란 정확히 무엇을 말하는가?

지금 내가 하고 있는 게 평가 아닌가?

내가 지금 뭘 하고 있는 거지?

이번엔 이런 생각이 들었다. **'평가라는 게 결국 질문하는 것 아닐까?'** 나는 웃으며 생각했다. '음, 평가라는 게 질문하는 거란 말이지?' **나는 생각한다는 것 자체가 질문하고 대답하는 과정이라는 사실을 깨닫기 시작했다.** 이 책을 읽고 나서 "이 책의 내용은 사실이야"라거나 "사실이 아니야"라고 생각하려면, 의식적으로든 무의식적으로든 스스로에게 다음과 같은 질문을 해야 한다. "이 책의 내용이 사실일까?" 설령 당신이 "사실인지 아닌지 생각해봐야겠는걸"이라고 생각했다 해도, 실제로는 "그에 대해 나 자신에게 몇 가지 물어봐야 하니 잠시 생각해볼게요"라고 말하고 있는 셈이다. 그리고 잠시 생각해본 다음 질문을 시작하게 될 것이다. 결국 우리가 매일 하는 일의 대부분은 질문하고 대답하는 것이다. 그러므로 삶의 질을 바꾸고 싶다면, 우리는 **습관적인 질문**을 바꿔야 한다. 그 질문들이 우리가 무엇에 초점을 맞출 것인지, 그리고 우리의 생각과 감정을 지시하기 때문이다.

물론 질문의 달인은 아이들이다. 그들은 자라면서 우리에게 끊임없이 수백만 개의 질문을 퍼붓지 않았던가? 당신은 아이들이 왜 그렇게 한다고 생각하는가? 그냥 어른들을 괴롭히려고? 아이들이 끊임없이 질문을 하는 이유는 사물이 무엇을 의미하고, 자신들이 무엇을 해야 하는지에 대해 끊임없이 평가하고 있기 때문이다. 자신들의 미래를 이끌 신경연상을 만들기 시작한 것이다. 그들은 배우는 기계와 같다. 학습하고, 생각하고, 새로운 연결을 만드는 방법은 바로 우리가 자신이나 다른 사람들에게 던지는 질문들에 의해 시작된다.

이 책과 내가 그동안 해온 모든 연구는 우리가 왜 지금 하는 일을 하고 있고, 어떻게 하면 전보다 더 빠르고 쉽게 변화를 만들어낼 수 있는지에 대해 질문을 던진 결과다. 질문은 모든 것을 배우는 중요한 방법이다. 사실 소크라테스식 문답법(고대 그리스 철학자 소크라테스가 사용한 문답식 교수법)은 교사는 질문하고 학생들이 어디에 초점을 맞출지 지시할 뿐, 답은 학생들 스스로 내놓게 하는 방법이다.

나는 질문이 우리의 생각과 경험에 대한 모든 반응을 형성하는 놀라운 힘이 있다는 것을 깨닫고, '질문에 대한 탐구'에 본격 착수했다. 그리고 우리 사회에서 질문이 얼마나 많이 등장하는지 알게 되었다. 트리비얼 퍼수트Trivial Pursuit, 제퍼디Jeopardy!, 스크러플스Scruples 같은 퀴즈 게임들이 한때 대유행했고, 삶과 가치에 대해 생각하게 만드는 질문으로 가득한 책《세상의 모든 질문》The Book of Questions은 베스트셀러에 올랐다. TV와 인쇄물의 광고 문구에도 "누가 최고의 전설이 되는가?" "당신은 안도라는 단어를 쓸 수 있습니까?" "시간 다 됐나요?" 같은 질문이 많이 등장한다. 영화감독 스파이크 리Spike Lee는 나이키의 에어 조던 농구화 TV 광고에서 마이클 조던에게 "그것도 신발이야?"라고 묻는다.

나는 우리 사회에서 우리가 어떤 질문을 하고 있는지 알고 싶었을 뿐만 아니라, 사람들의 삶을 변화시키는 질문들을 발견하고 싶었다. 그래서 세미나에서, 비행기 안에서, 각종 회의에서 내가 만나는 모든 사람에게 질문을 던졌다. 고층 빌딩에서 일하는 CEO부터 거리의 노숙자에 이르기까지, 그들의 일상의 경험을 만들어내는 질문을 찾으려고 노력했다. 그리고 마침내 어느 분야에서든 성공한 사람들과 그렇지 못한 사람들의 가장 큰 차이점을 알게 되었다. 바로 **성공한 사람들은 더 나은 질문을 던졌고, 결과적으로 더 나은 답을 얻었다는 것**이다. 그들은 자신들이 처한 상황에서 원하는 결과를 만들기 위해 무엇을 해야 하는지 정확히 알 수 있도록 힘을 불어넣어주는 답을 찾았다.

좋은 질문이 좋은 삶을 만들어낸다. 당신은 이 생각을 깊이 새겨두어야 한다. 이 책에서 배울 다른 어떤 것 못지않게 중요하다. 기업은 자신의 운명을 좌우하는 결정을 내리는 사람들이 시장이나 전략, 제품라인에 대해 올바른 질문을 할 때 성공할 수 있다. 인간관계도 마찬가지다. 잠재적인 갈등이 어디에 존재하는지, 그리고 서로 분열하는 대신 어떻게 하면 도울 수 있는지에 대해 올바른 질문을 할 때 관계가 번창한다. 정치인들은 명시적이든 암묵적이든, 자신들이 제기하는 질문이 자신과 그들의 지역사회에 기여하는 답을 제공할 때 선거에서 승리한다.

자동차 시대 초창기에 많은 사람이 자동차를 만드는 데 급급했지만, 헨리 포드는 스스로에게 "어떻게 하면 자동차를 대량 생산할 수 있을까?"라는 질문을 던졌다. 수백만 명이 공산주의 치하에서 시달렸지만, 레흐 바웬사는 "어떻게 하면 모든 노동자의 삶의 수준을 높일 수 있을까?"라고 물었다. 질문은 연쇄 효과를 일으키며 상상을 초월하는 영향력을 미친다. 우리의 한계에 대해 질문을 던짐으로써 사업의 벽, 관계의 벽, 그리고 국가 간의 벽을 허물 수 있다. 나는 인간의 모든 진보는 그에 앞서 새로운 질문이 있었기 때문이라고 믿는다.

"사람들은 사물을 있는 대로 보고 '왜?'라고 말한다.

하지만 나는 존재하지 않았던 것을 꿈꾸며 '안 될 게 뭐 있어?'라고 말한다."

– **조지 버나드 쇼**George Bernard Shaw

질문의 힘

우리는 특별한 능력이 있는 사람이나 인생의 문제를 다루는 초인적인 능력을 갖춘 사람을 보면 이렇게 생각한다. "정말 운 좋은 사람들이군! 비상한 재주를 가졌어! 분명히 그런 팔자를 타고난 거야!" 하지만 실제로 인간의 뇌는 나노초(10억분의 1초) 안에 계산하는 오늘날의 최첨단 컴퓨터보다 더 빨리 답을 만들 수 있는 능력을 지니고 있다. 우리 두뇌의 저장 용량을 수용하기 위해서는 세계 최고층 빌딩 전체가 필요할 것이다. 하지만 3파운드(1.36kg)에 불과한 이 회색 물질 덩어리(뇌)는 문제에 대한 해결책을 생각해내고 강력한 감정을 만들어내는 데 (인간이 만들어낸 그 어떤 기술보다도) 더 많은 화력을 제공할 수 있다.

하지만 대용량 컴퓨터와 마찬가지로 저장된 모든 것을 불러내서 활용하는 방법을 이해하지 못한다면, 뇌의 용량은 아무런 의미가 없다. 실제로 우리 주변에도 새 컴퓨터 시스템을 구입해놓고도 사용하는 방법을 몰라서 전혀 사용하지 않고 있는 사람들을 흔히 볼 수 있지 않은가? 컴퓨터에 있는 중요한 정보 파일에 접근하려면 적절한 명령을 사용해 적절한 질문을 함으로써 데이터를 검색하는 방법을 알아야 한다. 마찬가지로 뇌라는 데이터뱅크에서 당신이 원하는 것을 얻으려면 질문이라는 강력한 힘을 구사할 수 있어야 한다.

"아름다운 질문을 하는 사람이 언제나 아름다운 답을 얻는다."

– E.E. 커밍스E. E. Cummings**, 미국 시인**

다시 강조하거니와, **성공한 사람과 그렇지 못한 사람의 차이는 그들이 어떤 질문을 끊임없이 던지느냐에 달려 있다.** 어떤 사람들은 수시로 우울해한다. 왜 그럴까? 앞장에서 살펴보았듯이, 제한된 상태에서 벗어나지 못했기 때문이다. 그들은 제한된 행동을 하고 신경기능도 무력화되어 있다. 게다가 그들은 과중한 부담과 압박감을 느끼는 일에 초점을 맞춘다. 그들이 초점을 맞추고 평가하는 패턴이 삶에서의 감정적 경험을 심각하게 제한시킨다. 이런 사람도 즉시 기분을 바꿀 수 있을까? 물론이다. 마음의 초점만 바꾸면 된다.

그렇다면 초점을 바꾸는 가장 빠른 방법은 무엇일까? 간단하다. 새로운 질문을 던지기만 하면 된다. 사람들이 우울함을 느끼는 것은 힘이 빠지게 하는 질문을 수시로 하기 때문일 가능성이 높다. 예를 들면 "해봐야 무슨 소용이 있겠어? 어차피 안 될 텐데 애쓸 필요가 있나? 왜 하필 나란 말인가?" 같은 질문들이다. **구하는 대로 받는다는 말을 기억하라. 당신이 끔찍한 질문을 한다면 끔찍한 답을 얻을 것이다. 당신의 마음속 컴퓨터는 언제든 당신을 위해 봉사할 준비가 되어 있으므로, 당신이 어떤 질문을 하든 당신이 구하는 답을 내놓을 것이다.** 당신이 "왜 나는 성공할 수 없을까?"라는 부정적 질문을 한다면, 마음속 컴퓨터는 비록 지어내는 말일지라도 다음과 같은 답을 내놓을 것이다. "그건 네가 어리석기 때문이지." 또는 "어쨌든 넌 성공할 자격이 없으니까."

그러면 훌륭한 질문이란 어떤 것일까? 내 멋진 친구 W. 미첼의 경우를 보자. 《무한 능력》에도 그의 이야기가 실려 있다. 그는 몸의 3분의 2에 화상을 입었으면서 어떻게 살아남을 수 있었을까? 그리고 어떻게 여전히 좋은 기분을 유지하며 살 수 있었을까? 게다가 몇 년 뒤 비행기 사고를 당해 다리마저 잃고 휠체어에 의지해야 하는 상황에서 어떻게 이를 이겨내고 기쁜 마음으로 다른 사람들에게 헌신하는 삶을 살 수 있었을까? 바로 올바른 질문을 함으로써 초점을 통제하는 법을 배웠기 때문이다.

그가 병원에서 정신을 차렸을 때 그의 몸은 형체를 알아볼 수 없을 정도로 불에 탄 상태였다. 병동에 있는 주변의 많은 환자들은 자신의 신세를 한탄하며 이렇게 물었다. "하나님, 왜 하필 저인가요? 어떻게 내게 이러실 수 있습니까? 인생이 왜 이렇게 불공평합니까? '불구자'로 사는 것이 무슨 의미가 있습니까?" 하지만 미첼은 다른 질문을 했다. **"이 사고를 어떻게 이용할 수 있을까? 이 사고로 인해 다른 사람들에게 어떤 기여를 할 수 있을까?"** 이것이 바로 운명의 차이를 만든 질문이다. '왜 하필 나입니까?'라는 질문에서는 긍정적인 결과가 나올 수 없지만 '이 기회를 어떻게 이용할 수 있을까?'라는 질문은 어려운 상황일지라도 우리 자신과 세상을 더 좋게 만드는 동력으로 바꾼다. 미첼은 상처받고, 화내고, 좌절하는 것이 자신의 삶을 바꿀 수 없다는 것을 깨달았다. 그래서 갖고 있지 않은 것을 구하는 대신, 스스로에게 이렇게 질문했다. "아직도 나는 얼마나 많은 것을 가지고 있는가? 망가진 몸과 상관없이 나의 본 모습은 어떤 사람인가? 내 몸이 나의 전부인가, 아니면 그 이상의 가치가 있는 사람인가? 지금 이 상황에서 내가 지금 할 수 있는 것은 무엇인가? 예전보다 더 잘 할 수 있는 건 없는가?"

비행기 사고 후 하반신이 불구가 된 채 병원 생활을 하는 동안 미첼은 믿을 수 없을 정도로 매력적인 여성을 만났다. 애니Annie라는 이름의 간호사였다. 얼굴 전체에 화상을 입고 하반신까지 마비된 그는 대담하게도 스스로 이런 질문을 했다. "어떻게 하면 그녀와 데이트를 할 수 있을까?" 그의 친구들은 이렇게 말했다. "너 미쳤구나. 꿈 깨." 하지만 1년 반 후, 그와 애니는 사귀기 시작했고 애니는 그의 아내가 되었다! 이것이 우리에게 힘을 불어넣는 질문의 아름다움이다. 그런 질문은 다른 어디서도 얻을 수 없는 답과 해결책을 우리에게 가져다준다.

인간관계에서 돈 문제에 이르기까지 인생의 모든 것이 질문에 의해 결정된다. 예를 들어 사람들은 의심을 불러오는 질문을 계속 던짐으로써 관계 맺는 데 실패한다. 바로 이런 질문들이다. "지금 만나는 사람보다 더 나은 사람이 있지 않을까? 지금 이 사람과 사귀기로 약속했다가 다른 사람을 놓치면 어쩌지?" 정말 형편없는 질문들이다! 이런 질문들이 항상 남의 떡이 더 커 보인다는 의혹을 부채질하고 당신이 이미 가지고 있는 것을 즐길 수 없게 만드는 것이다. 이런 사람들은 심지어 다음과 같은 더 끔찍한 질문을 하며 기존의 관계를 파괴한다. "당신은 왜 항상 나를 이렇게 대하는 거지? 왜 고마워할 줄 몰라? 나는 지금 당장이라도 당신과 헤어질 수 있어. 그럼 당신 기분은 어떨까?" 이런 질문들을 다음 질문들과 비교해보라. "내 인생에서 당신을 만난 게 얼마나 행운인지 알까? 내 반려자의 가장 좋은 점은 무엇일까? 우리가 앞으로 잘 지내면 우리 삶은 얼마나 더 풍요로워질까?"

금전 문제로 자신에게 습관적으로 묻는 질문을 생각해보라. 당신이 재정적으로 잘 풀리지 않는다면, 그것은 그 질문들이 당신 삶에서 큰 두려움을 만들어내고 있기 때문이다. 그 두려움 때문에 처음부터 투자하지 못했거나 재무 지식을 습득하지 못한 것이다. 그들은 "궁극적인 재정 목표를 달성하기 위해 어떤 계획이 필요한가?"라고 질문하는 대신 "지금 무엇을 갖고 싶은가?" 같은 질문을 한다. 당신이 어떤 질문을 하느냐에 따라 당신의 초점과 생각과 감정이 달라진다. 당신의 재정 상태를 바꾸고 싶다면, 당신에게 더 높은 기준을 적용하고, 어떤 일이든 할 수 있다는 믿음을 갖고, 더 나은 전략을 개발해야 한다. 오늘날 재정적으로 크게 성공한 사람들을 모델링하면서 깨달은 것 중 하나는, 그들은 일반 사람들과는 다른 질문을 꾸준히 한다는 것이다. 이들의 질문 중에는 일반적으로 널리 알려진 '돈 버는 지혜'와는 다른 것도 꽤 있다.

도널드 트럼프는 어떻게 부를 이루었을까? (대통령이 되기 전 사업가 시절의 이야기임 _옮긴이) 여러 이유가 있겠지만 사실상 모든 사람이 인정하는 것은 70년대 중반 뉴욕시가 파산에 직면했을 때 대부분의 개발업체가 "이 도시가 망하면 우리는 어떻게 살아남을 수 있을까?"라는 질문을 하며 초조해하고 있을 때, 트럼프는 남들과는 다른 질문을 했다는 것이다. "다른 모든 사람이 두려워하는 이 시기에 어떻게 하면 부자가 될 수 있을까?" 이 한 가지 질문이 그가 여러 사업 결정을 하는 데 도움을 주었고 마침내 오늘날의 지배적 위치에 오를 수 있었다.

트럼프는 거기서 멈추지 않았다. 그는 또 다른 멋진 질문을 했다. 당신이 투자를 한다면 투자하기 전에 참고할 만한 질문이다. 어느 프로젝트에서 큰 경제적 이익을 낼 수 있을 것이라는 확신이 들면 이렇게 질문했다. "그 프로젝트의 단점은 무엇인가? 일어날 수 있는 최악의 상황은 무엇이며, 내가 감당할 수 있을까?" 최악의 시나리오를 감당할 수 있다는 것을 안다면, 긍정적인 측면도 작동할 것이므로 거래를 해야 한다는 것이 그의 신념이었다. 그렇게 빈틈없는 질문을 한 그에게 어떤 일이 일어났을까?

트럼프는 경제적으로 어려운 시기에 다른 사람은 전혀 생각지도 못했던 거래를 성사시켰다. 그는 옛 코모도어 건물을 인수해서 그랜드 하얏트로 바꾸었다(그의 첫 번째 성공작이었다). 경제가 다시 호전되면서 그는 큰돈을 벌었다. 그런데 다시 재정난에 빠지고 말았다. 왜 그렇게 되었을까? 사람들은 그가 투자를 결정할 때 고려했던 초점을 바꿨기 때문이라고 말한다. 전에는 "가장 수익성이 좋은 거래는 무엇일까?"라는 질문을 했지만 나중에는 "무엇을 소유하면 더 좋을까?"라는 질문으로 바뀌었다는 것이다. 게다가 트럼프는 자신이 천하무적이라고 믿기 시작했고, 그 결과 '불리한 점'을 묻는 질문은 더 이상 하지 않게 되었다는 것이다. 자신에게 묻는 질문에서 평가 절차 한 가지만 바뀌었을 뿐이지만, 이로 인해 트럼프는 재산의 상당 부분을 잃었을 것이다. **당신의 운명을 결정짓는 것에는 당신이 묻는 질문뿐만이 아니라 당신이 묻지 않은 질문도 포함된다는 것을 명심하라.**

오늘날 성공한 사람들의 핵심 신념과 전략을 탐구하면서 배운 점은 **탁월한 평가가 탁월한 인생을 만들어낸다**는 것이다. 우리는 모두 탁월한 결과를 낼 수 있는 평가 능력을 가지고 있다. 당신은 '천재'라는 단어를 들으면 어떤 생각이 드는가? 대개는 즉시 알버트 아인슈타인의 모습이 떠오를 것이다. 하지만 고등학교 교육도 제대로 받지 못한 아인슈타인이 어떻게 위대한 인물이 되었을까? 의심할 여지없이 아인슈타인도 탁월하게 잘 짜인 질문을 했기 때문이다.

아인슈타인이 처음 시간과 공간의 상대성 이론을 탐구하면서 한 질문은 "동시에 일어나는 것처럼 보이는 것들이 실제로는 그렇지 않을 수도 있지 않을까?"라는 것이었다. 예를 들어 우리가 굉음을 내는 초음속 비행기로부터 몇 마일 떨어진 곳에 있다면, 우리는 그 소리가 우주에서 발생하는 순간 그 소리를 듣는 것일까? 아인슈타인은 그렇지 않다고 추정했다. 즉 소리는 당신이 그 소리를 듣는 순간에 발생한 것이 아니라, 조금 전에 이미 발생했다는 주장이다. 그는 일상생활에서 시간이란 개념도 우리가 어떤 생각을 하고 있느냐에 따라 상대적인 것이라고 추론했다.

아인슈타인은 다음과 같이 말한 적이 있다. "아름다운 여성과 함께 있으면 한 시간도 1분처럼 느껴진다. 하지만 뜨거운 난로 위에 1분 동안 앉아 있으라고 한다면 1분이 1시간보다 길게 느껴질 것이다. 그것이 바로 상대성이다." 그는 물리학의 영역에 대해 더 깊이 추론했다. 그는 빛의 속도는 일정하다고 믿으면서도 다음과 같은 질문을 던졌다. "로켓에 빛을 실을 수 있다면 빛의 속도가 그만큼 더 빨라질까?" 그는 이런 흥미로운 질문들을 던지고 답하는 과정에서 그 유명한 상대성 이론을 정립했다.

"중요한 것은 질문을 멈추지 않는 것이다.
호기심이 존재하는 데는 나름대로 이유가 있다. 영원의 신비, 생명의 신비,
현실의 놀라운 구조의 신비에 대해 생각할 때 우리는 경외심을 금할 수 없다.
이 신비를 조금이라도 이해하려고 매일 노력한다면 그것으로 충분하다.
이런 성스러운 호기심을 절대 잃어버려서는 안 된다."
– 알버트 아인슈타인 Albert Einstein

아인슈타인이 다른 사람과 다른 점도 일련의 질문들에서 비롯되었다. 간단한 질문이었지만 그 효과는 강력했다. **그렇게 간단하면서도 강력한 질문을 함으로써 무슨 힘을 발휘할 수 있느냐고?** 질문은 우리의 마음속의 지니가 우리의 소망을 들어주도록 해주는 마법의 도구다. **질문이 우리 마음속에서 잠자는 거인의 능력을 깨워주는 역할을 하는 것이다.** 구체적이고 잘 계획된 형태로 질문할 수 있다면, 우리가 원하는 것을 성취할 수 있다. **진정한 삶의 질은 좋은 질문을 지속적으로 하는 데서 나온다.** 당신의 뇌는 지니처럼 당신이 요구하는 모든 것을 가져다줄 것이다. 그러니 신중하게 부탁해야 한다. 설령 나쁜 것이라도 무엇이든 요구하는 대로 들어줄 것이기 때문이다.

우리 마음속에 이 모든 능력이 있다면 왜 더 많은 사람이 '행복하고, 건강하고, 부유하고, 현명하지' 못한 것일까? 왜 그렇게 많은 사람이 좌절하고, 삶에 답이 없다고 생각하는 것일까? 그에 대한 한 가지 대답은 그들이 질문을 할 때 답을 얻을 것이라는 확신을 갖고 있지 않다는 것이다. 가장 중요한 것은 스스로에게 힘이 되는 질문을 하지 않기 때문이다. 그들은 믿음 부족으로 점화시키지 못한 힘에 대해 미리 생각하거나 세심하게 살피지 못하고 중요한 과정을 간과해버린다.

이에 대한 대표적인 예가 바로 살을 빼고 싶어하면서도 '하지 못하는' 사람이다. 사실은 그들이 '하지 못하는' 게 아니라 무엇을 먹어야 할지 평가하는 계획으로 그 결심을 뒷받침하지 않았기 때문이다. 그들은 "무얼 먹으면 배가 든든할까?" "달콤하고 풍부한 음식이 없을까?" 같은 질문을 한다. 이런 질문들이 지방과 설탕으로 가득한 음식을 먹도록 유도하며 더 큰 불행을 자초한다. 이런 질문 대신 "정말로 영양가 있는 음식은 무엇인가?" "많이 먹지 않고도 활력 넘치게 하는 음식은 무엇인가?" "이 음식이 내 몸을 깨끗하게 해줄까 아니면 더 막히게 할까?"라는 질문을 해보면 어떨까? 한 걸음 더 나아가 "내가 이 음식을 먹으면 내 목표(체중감량)를 이루기 위해 뭔가를 포기해야 하는 것은 아닐까? 지금 이 유혹을 물리치지 못하면 궁극적으로 어떤 대가를 치르게 될까?" 같은 질문을 하면 더 좋을 것이다. 이런 질문을 하다 보면 과식하는 것을 고통에 연결시키게 되고, 즉시 행동을 바꾸게 될 것이다.

당신의 삶을 더 좋게 바꾸려면, 습관적인 질문들을 바꿔야 한다. 당신이 지속적으로 질문하는 패턴이 당신의 삶을 무기력하게 만들 수도 있고 기쁨이 넘치게 만들 수도 있다. 당신을 분노하게 만들 수도 있고 영감을 줄 수도 있다. 비참한 삶을 살게 할 수도 있고 마법 같은 삶을 살게 할 수도 있다. 그러니 당신의 사기를 높여주고 훌륭한 인물이 되는 길로 인도하는 질문을 하라.

질문이 작동하는 방식

질문은 구체적으로 다음 세 가지 역할을 수행한다.

1. 질문은 우리의 초점을 즉시 변화시키고 그로 인해 우리의 감정을 바꿔준다. "나는 왜 이렇게 우울할까?" 또는 "왜 아무도 나를 좋아하지 않을까?" 같은 질문을 계속한다면, 당신은 당신이 우울하고 사랑받지 못하는 그럴 만한 이유가 있다는 생각을 뒷받침하는 근거에 초점을 맞추며 그런 근거를 찾게 될 것이며, 결과적으로 일종의 지혜 결핍 상태에 빠지게 될 것이다. 반면 "어떻게 하면 내 마음상태를 바꿔서 더 행복해지고 더 사랑스러워질 수 있을까?"라고 질문한다면, 당신은 그 답을 찾는 데 초점을 맞추게 될 것이다. 처음에는 뇌가 "내가 할 수 있는 건 없어요"라고 반응하지만, 스타니슬라브스키 레히나 W. 미첼처럼 당신도 모든 어려움 속에서도 확신감과 기대감을 품고 끈기 있게 계속 그런 질문을 한다면, 마침내 마땅히 받을 만한 답을 얻게 될 것이다. 당신은 우울한 이유가 아니라 기분이 좋아진 이유를 생각해낼 것이고, 당신이 그런 생각에 초점을 맞추면 당신의 감정상태도 즉시 그 뒤를 따를 것이다.

질문은 확언과는 큰 차이가 있다. 당신이 스스로에게 "난 행복해, 난 행복해, 난 행복해"라고 반복해서 말하면서(확언하면서), 충분한 감정 강도를 만들어내고 생리기능을 바꾸고 그럼으로써 마음상태를 바꾼다면, 행복한 감정을 느끼게 될지 모른다. 하지만 실제로는 하루 종일 그렇게 확언을 하더라도 실제 기분이 바뀌는 것은 아니다. 당신의 감정을 실제로 변화시키려면 이런 질문을 해야 한다. "지금 나를 행복하게 만드는 것은 무엇인가? 내가 원한다면 무엇이 나를 행복하게 만들 수 있을까? 그 일에 대해 어떤 감정이 드는가?" 이런 질문을 계속한다면, 계속 당신을 실제로 행복하게 만드는 이유에 초점을 맞추기 시작할 것이고, 실제 근거를 찾게 될 것이다. 그리고 정말 행복하다고 확신하게 될 것이다.

질문은 그저 '당신의 기분을 고조시켜주는 것'이 아니라 당신이 그런 감정을 느낄 수 있는 실제 이유를 제공한다. **생각의 초점을 바꾸는 것만으로도 감정을 순식간에 바꿀 수 있다.** 대부분의 사람은 기억 관리의 힘을 깨닫지 못한다. 누구나 소중했던 기억들이 있다. 당신이 그 기억에 초점을 맞추고 그에 대해 생각만 했는데도 금방 기분이 다시 좋아지지 않던가? 아마도 아이의 탄생, 당신의 결혼식 날, 당신의 첫 데이트에 대한 기억이 바로 그런 순간일 것이다. 좋은 질문은 바로 그런 순간들로 당신을 안내한다. "내가 가장 소중히 여기는 기억은 무엇인가?" 또는 "지금 내 인생에서 정말 위대한 것은 무엇인가?" 같은 질문을 스스로에게 던지면서 진지하게 그 질문을 생각해본다면, 정말로 경이로웠던 경험들이 떠오를 것이다. 그 경이로운 감정상태에서는 기분이 좋아지는 것은 물론, 주위 사람들에게 더 많은 기여를 하게 될 것이다.

여기서 문제는 대부분의 사람이 잘못된 습관을 무의식적으로 반복한다는 것이다. 습관적으로 하는 질문을 의식적으로 통제하지 못하기 때문에 감정의 범위를 크게 제한하고, 따라서 우리의 자원조차 제대로 활용하지 못하는 것이다. 해결방법은 무엇일까? 6장에서 살펴본 바와 같이, 첫 번째 단계는 자신이 원하는 것을 분명하게 인식하고 자신을 제한하는 옛 패턴을 발견하는 것이다. 다음 단계는 다음과 같은 질문을 함으로써 지렛대를 사용하는 것이다. "만약 내가 이것을 바꾸지 않는다면, 궁극적으로 치러야 할 대가는 무엇인가? 장기적으로 어떤 대가를 치르게 될 것인가?" "지금 당장 이 일을 한다면 내 인생 전체가 어떻게 바뀔까?" 다음 단계는 옛 패턴을 중단하는 것이다. (옛 패턴을 중단한 후, 과거의 고통이 사라지고 더 이상 느껴지지 않는다면, 옛 패턴 중단이 얼마나 효과적인지 알 것이다.) 다음 단계는 일련의 더 나은 질문을 당신에게 힘을 불어넣는 새 대안을 만드는 것이다. 그런 다음, 새 대안을 계속 연습하고 조건화시켜서 당신 삶의 일부가 되게 만든다.

강력한 질문의 기술

1. **위기의 순간에 힘을 실어주는 질문을 하는 법을 배운 것은 내 인생에서 가장 힘든 시기를 헤쳐 나가게 해준 중요한 기술이다.** 나는 내 전 동료가 세미나를 하면서 내가 개발한 자료를 자신이 만들었다고 주장했다는 사실을 알게 된 순간을 잊을 수 없다. 내 첫 번째 반응은 "어떻게 그가 감히! 도대체 무슨 배짱으로 이런 짓을 한단 말인가?" 같은 질문을 하는 것이었다. 하지만 나는 곧, 이런 식의 대답할 수 없는 질문에 휘말리는 것은 나를 격분시킬 뿐이며, 탈출구 없는 끝없는 악순환을 만들어낼 뿐이라는 것을 깨달았다. 어차피 물은 엎질러졌다. 나는 내 변호사들이 고통-기쁨의 원칙을 적용하여 그를 바로잡도록 그냥 내버려두어야 한다는 것을 깨달았다. 내가 왜 잠시나마 화난 감정상태에 빠져야 한단 말인가? 나는 계속 전진하며 인생을 즐기기로 결심했다. "어떻게 그가 내게 이럴 수 있단 말인가?"라는 질문을 계속하는 한, 나는 부정적인 감정상태에 계속 머물러 있게 될 것이다. 내 감정상태를 바꾸는 가장 빠른 방법은 새로운 질문들을 계속하는 것이다.

그래서 나 자신에게 이런 질문들을 계속 던졌다. "이 친구의 존경할 점은 무엇인가?" 내 뇌는 처음에는 "아무것도 없어!"라고 소리쳤지만, 나는 "내가 원한다면 존경할 만한 것이 있지 않을까?"라고 물었고 마침내 답을 찾아냈다. "그래, 그의 태도가 수동적이지 않다는 점은 인정할 만해. 적어도 그는 내가 그에게 가르친 것을 사용하고 있는 거야!" 이 답은 나를 웃게 만들었고 나는 그를 비난하는 패턴을 깨뜨릴 수 있었다. 마침내 나는 내 마음상태를 바꿔서 내 선택을 재평가하고 새로운 선택에 만족할 수 있었다.

삶의 질을 높이기 위해 내가 발견한 또 다른 방법은 **정말로 존경하는 사람들의 습관적인 질문을 본받아 따라 하는 것이었다.** 대단히 행복한 사람이 있다면 그에겐 분명히 이유가 있다. 그런 사람은 자신을 행복하게 만드는 일에 지속적으로 초점을 맞추고 있고, 그럼으로써 그들이 행복에 관한 질문을 하기 때문일 것이다. 그들의 질문을 찾아서 당신도 그런 질문들을 활용하라. 그러면 당신도 그들과 같은 감정을 느끼게 될 것이다.

우리가 전혀 생각지도 못한 질문들도 있다. 예를 들어 월트 디즈니는 그의 회사가 성공할 수 있을지 여부에 대한 어떤 질문도 하지 않았다. 하지만 그렇다고 해서 이 마법의 왕국의 창조자가 질문을 현명한 방식으로 사용하지 않았다는 말은 아니다. 내 할아버지 찰스 쇼스Charles Shows는 유명 카툰 작가 해나 바베라Hanna- Barbera와 함께 요기 베어Yogi Bear나 허클베리 하운드Huckleberry Hound 같은 만화 캐릭터를 개발하기 전에 디즈니에서 작가로 일했다. 할아버지는 새로운 프로젝트나 원고 작업을 할 때마다 디즈니는 독특한 방식을 사용했다고 말씀하셨다. 디즈니는 벽 하나를 통째로 지정해 프로젝트, 원고, 아이디어를 게시하도록 했고, 회사의 모든 사람이 그 벽을 보고 "어떻게 하면 이것을 개선할 수 있을까?"라는 질문에 답을 적도록 했다. 직원들이 적은 해결방안이 벽을 빼곡히 채우면, 디즈니는 질문에 대해 직원들이 적은 답을 일일이 검토한다는 것이다. 이런 식으로 월트 디즈니는 회사의 모든 직원의 지식에 접근했고, 그들이 적어 넣은 답의 수준에 상응하는 결과를 만들어냈다고 한다.

우리가 받는 대답은 우리가 얼마나 기꺼운 마음으로 질문하느냐에 달려 있다. 예를 들어 당신이 정말로 화가 나 있는데 누군가가 "이게 뭐가 그리 대단해?"라고 묻는다면 당신은 대답하고 싶지 않을 것이다. 하지만 당신이 배움을 높이 평가한다면, "이 상황에서 무엇을 배울 수 있을까? 이 상황을 어떻게 이용할 수 있을까?"라는 자신의 질문에 기꺼이 대답할 것이다. 당신이 새롭게 변화하기를 원한다면, 시간을 들여 진지하게 답을 찾을 것이고, 그렇게 함으로써 당신의 초점, 마음상태, 그리고 당신이 얻는 결과를 바꿀 수 있을 것이다.

지금 바로 당신 자신에게 힘을 불어넣는 질문을 하라. **지금 당신의 삶에서 진정으로 행복을 느끼는 것은 무엇인가?** 오늘 당신의 삶에서 정말 멋진 것은 무엇인가? **당신이 진심으로 감사해하는 것은 무엇인가?** 이 질문에 대한 답을 생각해보고, 당신이 지금 당장 기분이 좋아져야 할 합당한 이유가 있다는 것을 안다는 사실이 얼마나 기분이 좋은 일인지 생각해보라.

2. 질문은 우리가 기억에서 무엇을 지워야 할지를 바꿔준다. 인간은 놀라운 '망각의 동물'이다. 우리 주변에는 지금 당장 초점을 맞추어야 할 수백만 가지 일들이 벌어지고 있다. 물론 그중에는 중요한 일도 사소한 일도 있다. 그러나 우리가 의식적으로 동시에 초점을 맞출 수 있는 일은 불과 몇 가지뿐이다. 우리의 마음은 무의식적으로 모든 종류의 일을 할 수 있지만, 의식적으로 동시에 초점을 맞출 수 있는 일의 수는 한계가 있다. 그래서 뇌는 무엇을 주목해야 하는지, 무엇을 주목하지 말아야 하는지(이게 더 중요하다), 즉 무엇을 '잊어버려야' 하는지 우선순위를 정하는 데 많은 시간을 보낸다.

당신이 매우 슬프다면 이유는 단 하나다. 기분이 좋을 수 있는 이유를 모두 지워버리기 때문이다. 반대로 당신이 매우 기분이 좋다면, 초점을 맞추고 있었던 나쁜 일들을 모두 지워버렸기 때문이다. 누군가 당신에게 질문을 한다면, 당신은 무엇에 초점을 맞출지, 무엇을 지워버릴지를 바꿔버린다. 예를 들어 누군가 당신에게 "당신도 이 프로젝트에 대해 나처럼 실망했나요?"라고 묻는다면, 실망하지 않았더라도 이미 지워버린 것에 다시 초점을 맞추기 시작하면서 기분도 나빠질 것이다. 누군가 당신에게 "당신 인생에서 정말 마음에 들지 않는 것은 무엇인가요?"라고 묻는다면, 당신은 그 질문이 터무니없다고 생각되더라도 어쩔 수 없이 대답하게 될 것이다. 당신이 의식적으로 대답하지 않는다고 해도 그 질문은 무의식적으로 당신의 마음에 남을 것이다.

반대로 "당신 인생에서 정말 좋았던 것은 무엇인가?"라는 질문을 받는다면 그 대답에 초점을 맞추게 되고 기분도 무척 좋아질 것이다. 누군가 "이 프로젝트는 정말 훌륭하지요? 우리가 이 프로젝트를 통해 이룬 것이 얼마나 좋은 영향을 미칠지 생각해본 적 있나요?"라고 묻는다면, 당신은 힘들게 수행한 프로젝트로부터 영감을 받게 될 것이다. **질문은 인간 의식을 꿰뚫는 레이저와 같다. 질문은 우리의 초점을 강화하고 우리의 감정과 행동을 결정한다.** 잠시 하던 일을 멈추고 방을 둘러보면서 이런 질문을 해보라. "이 방에 있는 갈색 물건은 무엇인가?" 주위를 둘러보고 갈색을 찾는다. 그리고 다시 시선을 이 책으로 향한다. 다른 곳을 보지 말고 방에 있는 초록색 물건을 생각하라. 당신이 잘 아는 방이라면 쉽게 생각할 수 있을 것이다. 하지만 낯선 방이라면 초록색보다는 갈색 물건들을 훨씬 많이 기억할 것이다. 이제 눈을 들어 어떤 녹색 물건이 있는지 확인해보라. 이번에는 녹색 물건이 더 많이 보이는가? 낯선 방이라면 당연히 그럴 것이다. 여기에서 무엇을 배울 수 있는가? 무엇이든 찾기만 하면 발견할 수 있다는 것이다.

당신이 화가 난 상태라면, 스스로에게 할 수 있는 가장 좋은 질문은 이것이다. "이런 일이 다시 일어나지 않게 하려면 이 문제에서 무엇을 배워야 할까?" 이것이 좋은 질문의 예다. 이런 질문이 당신을 현재의 문제에서 벗어나게 하고 앞으로는 같은 고통을 겪지 않을 수 있는 지혜를 얻게 해줄 것이다. 이 질문을 하지 않는다**면 이 문제가 실제로 기회가 될 가능성을 지워버리는 것이다**.

전제의 힘

질문은 우리의 믿음에 영향을 미치는 힘을 가지고 있다. 그래서 어떤 일은 가능하다고 생각하고 어떤 일은 불가능하다고 생각한다. 4장에서 배운 것처럼, 날카로운 질문은 근거 다리를 약화시켜서 과거의 믿음을 해체하고 보다 강력한 새 믿음으로 대체할 수 있다. 하지만 우리가 선택한 특정한 단어들과 우리가 질문에서 사용하는 단어들의 순서에 따라, 어떤 믿음은 당연하게 여기면서 어떤 믿음은 생각도 할 수 없다는 것을 알고 있는가? 이것을 **전제의 힘**이라고 하는데, 잘 알아두어야 한다.

전제는 사실일 수도 있고 아닐 수도 있는 것을 우리가 받아들이도록 프로그래밍하는 것으로, 다른 사람이 우리에 대해 추정할 수 있고 심지어 잠재의식 중 우리 자신이 우리에게 추정하기도 한다. 예를 들어 어떤 일이 실망스럽게 끝난 뒤에 스스로에게 "왜 나는 항상 그 모양일까?"라는 질문을 던진다면, 당신은 실제로 당신을 그런 사람인 것처럼 간주하며 자기충족적 예언을 실행하는 것이다. 왜냐고? 이미 말했듯이, 당신의 뇌는 당신이 무엇을 요구하든 당신이 요구하는 답을 순순히 내놓을 것이기 때문이다. 그 일을 얼마나 잘 해냈느냐가 아니라 그 일을 망친 이유에 초점을 맞추기 때문에 당신이 일을 망쳤다는 것을 당연하게 여기는 것이다.

1988년 미국 대통령 선거에서 일어났던 일을 예로 들어보자. 조지 부시가 댄 퀘일Dan Quayle을 러닝메이트로 발표한 직후, 한 TV 뉴스가 전국적인 여론 조사를 실시하면서 사람들에게 다음과 같은 질문을 하며 900번으로 전화해 답을 해달라고 요청했다. "댄 퀘일이 가족의 영향력을 이용해 베트남 참전을 피하고 주 방위군에 들어간 것이 옳다고 생각하나요?" 물론 이 질문은 댄 퀘일이 불공정한 이익을 위해 가족의 영향력을 이용했다는 추정이 사실처럼 전제되어 있다. 하지만 사람들은 그 전제가 당연한 것처럼 반응했다. 그들은 그 전제에 의문을 제기하지 않았고 자동적으로 받아들였다. 더구나 전화를 한 대부분의 사람은 자신의 분노를 표시하기 위해 전화를 했다는 것이다. 그 전제가 사실로 입증되지도 않았는데 말이다! 불행하게도 이런 일은 너무 자주 일어난다. 우리는 다른 사람뿐만 아니라 우리 자신에게도 이런 추정을 한다. 다른 사람에게든, 자신에게든 당신을 무력하게 만드는 전제를 받아들이는 함정에 빠지지 마라. 여러분에게 힘을 불어넣는 새로운 믿음을 뒷받침할 수 있는 근거를 찾아라.

3. 질문은 우리가 이용할 수 있는 자원을 바꾼다. 약 5년 전 힘든 일정을 마치고 집에 돌아오는 길에 회사 직원 한 명이 25만 달러를 횡령하고 회사를 75만 8천 달러의 빚더미 위에 올려놓았다는 것을 알고는 내 인생의 중대한 기로에 서게 되었다. 내가 처음 이 사람을 고용했을 때 중요한 질문을 제대로 하지 않았기 때문에 이 지경에 이르게 되었고, 이제 내 운명은 내가 어떤 새로운 질문을 하느냐에 달리게 된 셈이었다. 주위 사람들은 모두 파산 선

고를 하는 것 외에는 다른 방법이 없다고 조언했다.

그들은 곧바로 "무얼 먼저 내다팔아야 할까? 직원들에게는 누가 이 사실을 알려야 할 것인가?" 같은 질문을 하기 시작했다. 그러나 나는 패배를 인정하고 싶지 않았다. 무슨 일이 있어도 회사를 되살릴 방법을 찾겠다고 결심했다. 그리고 나는 여전히 지금도 회사를 운영하고 있다. 주변 사람들로부터 훌륭한 조언을 받았기 때문이 아니라, **"어떻게 하면 이 상황을 반전시킬 수 있을까?"**라는 더 나은 질문을 던졌기 때문이다.

그다음에는 훨씬 더 영감을 주는 질문을 했다. "어떻게 하면 회사를 되살리고, 한 단계 더 끌어올려 예전보다 더 큰 영향을 미칠 수 있을까?" 나는 더 나은 질문을 하면 더 나은 답을 얻을 수 있다는 것을 알고 있었다.

물론 처음에는 내가 원하는 답을 얻지 못했다. 사고가 처음 터졌을 때는 '상황을 되돌릴 방법이 없다'라고 생각했지만 나는 강렬한 기대감을 품고 계속 질문을 던졌다. "어떻게 하면 잠자는 동안에도 더 많은 가치를 창출하고 더 많은 사람을 도울 수 있을까? 어떻게 하면 내가 직접 세미나를 여는 방식을 넘어 더 많은 사람에게 다가갈 수 있을까?" 이런 질문들을 하다 보니 프랜차이즈 운영에 대한 아이디어가 떠올랐다. 전국에 걸쳐 프랜차이즈를 운영하면 더 많은 사람을 도울 수 있을 것이었다. 1년 후에는 TV를 통해 정보를 제공하는 광고를 제작하자는 아이디어가 떠올랐다. 이 또한 나의 강도 높은 질문으로부터 얻은 답이었다.

그 이후로 우리는 7백만 개가 넘는 테이프를 만들어 전 세계에 배포했다. 강도 높은 질문을 한 덕분에 좀처럼 만나거나, 알거나, 접촉할 기회가 없었던 전 세계 사람들과 관계를 발전시킬 수 있는 답을 얻은 것이다.

특히 사업 경영에서도 질문은 새로운 세계를 열어주고 평소에 깨닫지 못한 자원에 접근할 수 있게 해준다. 포드자동차의 사장이었던 도널드 피터슨Donald Petersen은 "어떻게 업무를 개선할 수 있을까?"라는 질문을 끊임없이 한 것으로 유명하다. 한 번은 피터슨이 디자이너인 잭 텔낵Jack Telnack에게 이런 질문을 했다(이 질문이 포드의 수익성을 성공의 길로 이끄는 계기가 되었음은 말할 것도 없다). "자네는 자네가 디자인한 차가 마음에 드나?" 텔낵은 이렇게 대답했다. "아뇨, 사실은 제 마음에 들지 않습니다." 그러자 피터슨이 결정적인 질문을 했다. "경영진의 눈치는 보지 말고 자네가 갖고 싶은 차를 디자인해보지 않겠나?"

텔낵은 사장의 말을 곧이곧대로 믿고 1983년에 선더버드Thunderbird를 디자인했고, 선더버드는 이후 포드의 최고 히트작인 토러스Taurus와 세이블Sable의 탄생에 영감을 주었다. 1987년, 질문의 제왕 피터슨이 이끄는 포드는 수익성에서 제너럴 모터스를 앞질렀고, 지금까지도 토러스는 가장 훌륭한 모델 중 하나로 기억되고 있다.

도널드 피터슨은 질문의 힘이 얼마나 놀라운지를 실제로 보여준 사람이다. 그는 간단한 질문 하나로 포드자동차의 운명을 완전히 바꾸어놓았다. **우리도 하루의 매순간 똑같은 힘을 발휘할 수 있다. 언제든 우리 스스로에게 던지는 질문이 우리가 누구인지, 어떤 능력을 가지고 있는지, 꿈을 이루기 위해 무엇을 할 수 있는지에 대한 우리의 인식을 형성할 수 있다.** 어떤 질문을 할 것인지 의식적으로 통제하는 법을 배운다면 우리의 궁극적인 운명을 성취하는 데 다른 무엇보다도 더 큰 도움이 될 것이다. 어떤 질문을 하느냐에 따라 우리가 쓸 수 있는 자원이 달라진다는 것을 기억하라.

또 한 가지 중요한 것은 우리의 믿음이 우리가 고려할 질문에 영향을 미친다는 것이다. 사람들이 "어떻게 하면 상황을 반전시킬 수 있을까?"라는 질문을 하는 것은 단지 주변 사람들이 모두 불가능하다고 말했기 때문만은 아니다. 그 일이 시간과 에너지의 낭비라고 느꼈기 때문이다. 그러므로 당신을 제한하는 질문을 하지 않도록 주의하라. 제한된 질문을 하면 제한된 답변을 받을 뿐이다. 당신의 질문을 제한할 수 있는 것은 무엇이 가능한지에 대한 당신의 믿음뿐이다. 나의 개인적, 직업적 운명을 형성한 핵심적인 믿음은 어떤 질문이든 계속 던지면 그에 대한 답을 받을 것이라는 사실이다. 우리가 해야 할 일은 더 나은 질문을 만드는 것뿐이다. 그러면 더 나은 답을 얻을 것이다. 나는 인생은 그저 제퍼디(Jeopardy!, 설명문에 해당하는 키워드를 질문 문장으로 답하는 퀴즈게임 _옮긴이) 게임 같다는 비유를 자주 사용한다. 모든 답은 이미 나와 있다. 당신이 해야 할 일은 승리를 위한 올바른 질문을 생각해내는 것뿐이다.

문제를 해결하는 질문

중요한 것은 당신에게 힘을 불어넣는 일관된 질문 패턴을 개발하는 것이다. 살면서 어떤 일에 종사하든 '문제'라고 부르는 것, 그러니까 개인적으로나 직업적으로나 우리의 발전을 가로막는 장애물을 만날 때가 있다는 것을 우리는 잘 알고 있다. 삶의 어느 단계에 와있든 간에 우리는 이런 특별한 '선물'을 다룰 수 있어야 한다.

진짜 문제는 어떤 문제가 생길 것이냐가 아니라 문제가 생겼을 때 어떻게 대처하느냐다. 우리는 도전에 대처하는 체계적인 방법을 알아야 한다. 그래서 나는 마음상태를 즉시 바꿔주고 자원과 해결책에 접근할 수 있게 해주는 질문의 힘을 깨닫고, 성공한 사람들을 인터뷰하기 시작했다. 그러면서 그들이 어떻게 문제에서 벗어날 수 있었는지 물어보기 시작했다. 그리고 나는 그들이 어느 정도 일관된 특정 질문을 한다는 것을 알아냈다. 이제 여기 소개하는 다섯 가지 질문은 어떤 유형의 문제가 발생하든 사용할 수 있는 질문들이다. 실제로 이 질문들이 내 삶의 질을 완전히 바꾸어놓았다. 당신도 이 질문을 사용한다면, 똑같은 결과를 얻을 수 있을 것이다.

나는 내 마음상태를 바꾸기 위해 이 질문들을 처음 사용했던 때를 결코 잊지 못한다. 그때 나는 120일 중 거의 100일을 집을 비울 정도로 바쁜 일정을 소화하면서 완전히 녹초가 되어 있었다. 여러 기업 임원들로부터 답장을 요청하는 '긴급' 메모가 쌓여 있었고 개인적으로 회신해야 할 전화 목록도 100건이 넘었다. 단지 나를 만나고 싶다는 전화가 아니라 가까운 친구, 사업 동료, 가족의 중요한 전화였다. 나는 그 상황에서 정신이 없었기 때문에 믿기 힘들 정도로 맥 빠지는 질문을 하기 시작했다. "왜 이렇게 시간이 없는 걸까? 사람들은 왜 날 그냥 내버려두지 않는 거야? 그들은 내가 기계가 아니라는 걸 모르나? 왜 나는 쉴 틈이 없는 거야?" 그때 내가 어떤 감정상태에 있었을지 상상할 수 있을 것이다.

문제를 해결하는 질문

1. 이 문제에서 어떤 좋은 점을 찾을 수 있을까?
2. 아직 완벽하지 않은 것은 무엇인가?
3. 내가 원하는 방향으로 나아가려면 무슨 일을 해야 할까?
4. 내가 원하는 방향으로 나아가려면 그만둬야 할 일은 무엇일까?
5. 어떻게 하면 내가 원하는 방향으로 나아가는 데 필요한 일을 하면서 그 과정을 즐길 수 있을까?

다행히도 그 와중에 나는 다시 제정신을 차리고 옛 패턴을 깨뜨릴 수 있었다. 그리고 화를 낸다고 해서 더 나아지는 것이 아니라 더 나빠질 뿐이라는 것을 깨달았다. 내 불안한 마음상태가 끔찍한 질문을 하게 만든 것이었다. 나는 더 나은 질문을 던져서 내 상태를 바꿀 필요가 있었다. 그래서 문제를 해결하는 질문으로 눈을 돌렸다.

1. **"이 문제에서 어떤 좋은 점을 찾을 수 있을까?"** 다른 때와 마찬가지로 이 질문에 대한 내 첫 반응은 "좋은 점은 전혀 없다"라는 것이었다. 하지만 잠시 생각해보니 불과 8년 전만 해도 전국적인 영향력과 능력을 갖춘 직장 동료나 친구 100명은 고사하고, 단 20명만 있었으면 더 이상 바랄 게 없다고 생각했었다는 사실을 기억해냈다. 기억을 떠올리니 웃음이 나왔고, 옛 패턴을 깨뜨릴 수 있었다. 그러자 내가 아무리 녹초가 되도록 힘들어도 나와 함께 시간을 보내고 싶어하는 존경하고 사랑하는 사람이 너무 많다는 데 감사하기 시작했다.

2. **"아직 완벽하지 않은 것은 무엇인가?"** 확실히 내 살인적인 일정을 조정해야 할 필요가 있었다. 혼자만의 시간이 너무 없고 삶의 균형이 깨진 것 같다는 느낌이 들었다. 이 질문의 전제조건을 생각해보자. "아직 완벽하지 않은 것은 무엇인가?"라고 묻는다는 것은 지금은 다소 완벽하지 않지만 보완하기만 하면 모든 것이 완벽해질 수 있다는 것을 암시한다. 따라서 이 질문은 당신에게 새로운 답을 제공해줄 뿐만 아니라 동시에 당신을 안심시키는 질문이다.

3. **"내가 원하는 방향으로 나아가려면 무슨 일을 해야 할까?"** 그 상황에서 나는 내 삶과 일이 좀 더 균형을 이루도록 조정하기로 결심했다. 그리고 어떤 일들은 좀 줄이고 때로는 거절하는 법을 배우기로 결심했다. 또 내가 운영하는 여러 회사 중 한 곳에 내 업무를 대신 감당할 수 있는 새 CEO를 고용하기로 했다. 그러면 가족과 함께 더 특별한 시간을 보낼 수 있을 것이다.

4. **"내가 원하는 방향으로 나아가려면 그만두어야 할 일은 무엇일까?"** 나는 사람들이 피곤할 정도로 나를 열광적으로 좋아한다고 해서 그것이 불공평하다거나 나를 괴롭히는 일이라고 푸념하거나 불평해서는 안 된다는 것을 알았다.

5. **"어떻게 하면 내가 원하는 방향으로 나아가는 데 필요한 일을 하면서 그 과정을 즐길 수 있을까?"** 마지막이자 가장 중요한 질문을 하면서, 나는 힘들고 귀찮다고 생각했던 일을 재미있게 만드는 방법을 찾아보았다. "어떻게 하면 100통의 전화를 즐겁게 할 수 있을까?" 책상에 앉아만 있어서는 정신적으로나 감정적으로나 좋은 아이디어가 떠오르지 않았다. 그런데 그러고 보니 지난 6개월 동안 한 번도 기포가 나오는 욕조에 들어가지 않았다는 생각이 문득 들었다. 나는 재빨리 수영복으로 갈아입고 노트북과 스피커폰을 들고 욕조로 향했다. 나는 욕조가 있는 뒤뜰에 판을 벌리고 전화를 걸기 시작했다. 뉴욕에 있는 회사 동료 몇 명과 전화하면서 시시콜콜한 잔소리를 주고받았다. "음, 거긴 춥다고? 여기 캘리포니아는 정말 바빠. 나 지금 욕조에 앉아서 전화하는 거야!" 우리는 통화를 즐겼고 나는 그 따분한 통화를 재미있는 게임으로 만들 수 있었다. (목록에 있는 통화를 다 마쳤을 때는 몸이 물에 불어 쪼글쪼글해져서 마치 400살 먹은 노인처럼 보였을 것이다!)

기포 욕조는 언제나 우리 집 뒤뜰에 그대로 있지만, 그것을 자원으로 활용하려면 올바른 질문이 필요하다는 것을 명심하라. 이 다섯 가지 질문을 당신 앞에 써놓고 수시로 사용하라. 그러면 초점을 즉시 바꿔주고 당신이 필요한 자원에 접근할 수 있는 새로운 패턴이 생기면서 문제를 해결할 수 있게 될 것이다.

"질문하지 못하는 사람은 살아갈 수 없다."

– 옛 격언

우리는 매일 아침, 잠에서 깨어나면 습관적으로 스스로에게 질문을 한다. 당신은 시계 자명종이 울리면 자신에게 어떤 질문을 하는가? "지금 꼭 일어나야 하나?" "왜 하루는 24시간밖에 없지?" "알람을 멈추고 조금만 더 자면 안 될까?" 따위의 질문을 하는가? 그리고 세수하러 욕실에 들어가서도 무슨 질문을 하는가? "꼭 출근해야 하나?" "교통체증이 얼마나 심할까?" "오늘은 어떤 일이 들이닥칠까?" 이런 질문 대신 의식적으로 매일 올바른 마음가짐을 갖게 하고, 하루가 얼마나 감사하고, 행복하고, 신나는지를 상기시키는 질문 패턴을 습관 들이면 어떨까? 이런 긍정적인 감정상태를 유지하면 하루가 어떻게 바뀌겠는가? 당연히 당신의 기분에 영향을 미칠 것이다.

이 사실을 깨닫고 나서 나는 매일 '성공을 기원하는 의례'가 필요하다고 생각하고 매일 아침 스스로에게 질문하는 일련의 질문 목록을 만들었다. 아침에 스스로에게 질문하는 습관의 장점은 샤워할 때나 면도할 때나 머리를 말릴 때나 언제든 할 수 있다는 것이다. 그리고 기왕에 질문을 할 거면 제대로 된 질문을 해야 하지 않겠는가? 나는 행복하고 성공적인 삶을 살기 위해서는 특정한 감정을 키워야 한다는 것을 알게 되었다. 하루를 보내면서 그날의 점수를 기록하지 않거나 그날 하루가 얼마나 운이 좋았는지 생각해보지 않는다면, 당신은 승리의 하루를 보내고도 패배감을 맛볼 수 있다. 그러니 지금 당장 다음 질문을 해보라. 그리고 각 질문에서 느껴지는 감정을 깊게 경험해보라.

당신에게 힘을 주는 아침 질문

삶의 경험은 우리가 무엇에 초점을 맞추느냐에 달려 있다. 다음 질문들은 당신이 살아가면서 매일 더 많은 행복, 설렘, 자부심, 감사, 기쁨, 헌신, 사랑을 경험할 수 있도록 고안된 것이다. 좋은 질문이 좋은 삶을 만든다는 것을 명심하라.

모든 질문에 두세 가지 답을 생각해내고 완전히 몰입하라. 답을 찾는 게 어렵다면 단정적인 단어 대신 '할 수 있다'는 가능성을 상상해보라. 예를 들면 '지금 내 인생에서 가장 행복한 것은 무엇인가?' 대신 '지금 내 인생에서 큰 행복을 느낄 수 있다면 무엇 때문인가?'라고 바꾸면 된다.

1. 지금 내 인생에서 행복한 것은 무엇인가?

그것이 나를 행복하게 만드는 이유는 무엇인가? 그것에 대해 나는 어떤 기분이 드는가?

2. 지금 내 인생에서 나를 설레게 하는 것은 무엇인가?

그것이 나를 설레게 만드는 이유는 무엇인가? 그것에 대해 나는 어떤 기분이 드는가?

3. 지금 내 인생에서 자랑스러운 것은 무엇인가?

내가 그것을 자랑스럽게 생각하는 이유는 무엇인가? 그것에 대해 나는 어떤 기분이 드는가?

4. 지금 내 인생에서 감사해야 할 것은 무엇인가?

내가 그것을 감사하게 생각하는 이유는 무엇인가? 그것에 대해 나는 어떤 기분이 드는가?

5. 지금 내 인생에서 기쁜 일은 무엇인가?

그것이 나를 기쁘게 만드는 이유는 무엇인가? 그것에 대해 나는 어떤 기분이 드는가?

6. 지금 내 인생에서 전념해야 할 일은 무엇인가?

내가 그 일에 전념하는 이유는 무엇인가? 그 일에 대해 나는 어떤 기분이 드는가?

7. 지금 내가 사랑하는 사람은 누구인가? 그리고 나를 사랑하는 사람은 누구인가? 우리가 서로 사랑하는 이유는 무엇인가? 그것에 대해 나는 어떤 기분이 드는가?

저녁 질문도 아침 질문과 같을 수 있지만, 다음 세 가지 질문을 추가해도 좋다.

당신에게 힘을 주는 저녁 질문

1. 오늘은 무엇을 기부했는가?

오늘은 어떤 방식으로 기부했는가?

2. 오늘 배운 것은 무엇인가?

3. 오늘은 내 삶에 어떤 보탬이 되었는가, 혹은 오늘 미래를 위해 어떤 투자를 했는가?

아침 질문을 반복한다(선택사항).

당신이 정말로 삶을 변화시키고 싶다면, 아침저녁 질문하는 습관을 개인적인 성공을 위한 '하루 의례'로 삼아라. 이런 질문을 꾸준히 하다 보면, 당신에게 힘을 불어넣어주는 감정 상태로 수시로 접근하게 되고, 당신의 신경 경로에 행복, 설렘, 자부심, 감사, 기쁨, 헌신, 사랑의 감정으로 가는 고속도로가 만들어질 것이다. 이제 당신은 아침에 눈을 뜨면 이런 질문들을 습관적으로 자동으로 시작하고, 힘을 불어넣는 질문들을 계속하는 훈련을 스스로 함으로써 삶에서 더 풍부한 경험을 할 수 있게 될 것이다.

다른 사람에게도 질문을 선물하라

힘을 불어넣어주는 질문을 하는 방법을 알게 되면, 이제 당신 자신뿐만 아니라 다른 사람들도 도울 수 있다. 당신은 이것을 다른 사람들에게 선물로 줄 수도 있다. 한번은 뉴욕에서 사업 동료인 친구를 만나 점심을 함께했다. 그는 출판 전문 변호사로, 사업 감각이 뛰어나 젊은 시절부터 많은 실적을 쌓아온 터여서 내가 존경하는 친구이기도 했다. 그런데 그날 그의 파트너가 회사를 떠나면서 그에게 엄청난 비용부담을 남겼기 때문에 큰 타격을 입은 상황이었다. 게다가 상황을 반전시킬 특별한 아이디어도 떠오르지 않았다.

그가 그날 초점을 맞추고 있었던 것은 그 상황이 자신에게 어떤 의미인지를 판단하는 것이었다는 점을 기억하라. 우리는 어떤 상황에서든 우리에게 힘을 불어넣어주는 것에 초점을 맞출 수도 있고, 우리를 좌절시키는 것에 초점을 맞출 수도 있다. 우리가 무엇을 찾든지 찾는 것은 발견하게 되어 있다. 그의 문제는 그가 잘못된 질문을 하고 있다는 것이었다. "내 파트너가 어떻게 나를 이런 식으로 버릴 수 있단 말인가? 내가 어려움에 빠지는 것을 전혀 신경 쓰지 않는단 말인가? 이것이 내 삶을 파괴하고 있다는 것을 모른단 말인가? 자기가 없으면 내가 제대로 일을 해나가지 못한다는 걸 모른단 말인가? 더 이상 사업을 계속할 수 없다는 것을 고객에게 어떻게 설명해야 한단 말인가?" 이 모든 질문은 파트너가 떠남으로써 그의 삶이 크게 파괴될 것이라는 전제로 가득했다.

그의 일에 개입할 수 있는 여러 방법이 있었지만, 우선 몇 가지 질문부터 해보기로 했다. "최근에 간단한 질문 기술을 개발했답니다. 나 자신에게 적용해보니 효과가 아주 좋더군요. 덕분에 꽤 어려운 상황에서 벗어났으니까요. 당신에게도 효과가 있는지 알아보기 위해 몇 가지 질문을 해도 될까요?" 하지만 그는 "좋아요, 하지만 지금 당장 도움이 될 것 같진 않군요"라고 대답했다. 그래서 '아침 질문'을 먼저하고 다음에 '문제를 해결하는 질문'을 던져보기로 했다.

먼저 지금 행복하게 생각하는 것이 무엇이냐고 물었다. "어리석고 지나친 낙관주의로 들릴지 모르겠지만 지금 행복하게 느껴지는 것은 무엇인가요?" 그의 첫 대답은 "아무것도 없어요"였다. 그래서 나는 "행복해지기를 원한다고 가정하고, 지금 당장 행복하다고 느낄 수 있는 것을 떠올려보세요"라고 했다.

그가 대답했다. "아내와 지내는 게 행복합니다. 그녀와는 지금도 아주 잘 지내고 있으니까요. 우리 사이는 여전히 가깝지요."

내가 다시 물었다. "아내와 잘 지내고 있는 걸 생각하면 어떤 기분이 드나요?"

그가 대답했다. "그건 내 삶에서 가장 놀라운 선물이지요."

"그녀는 정말 당신에게 특별한 사람이군요. 그렇지요?"

그러자 그는 아내에게 초점을 맞추며 경이로움을 느끼기 시작했다.

내가 그의 주의를 돌렸다고 지적하는 사람도 있을지 모르겠다. 그렇지 않다. 나는 그가 더 나은 마음상태를 갖도록 도움을 준 것뿐이다. 더 나은 마음상태에 이르면, 문제를 해결하기 위한 더 나은 방법을 생각해낼 수 있다. 나는 먼저 그의 옛 패턴을 깨뜨리고 긍정적인 감정상태를 만들어주어야 했다.

나는 행복하게 생각하는 것이 또 없느냐고 물었다. 그는 작가들이 첫 책 거래를 성사시키는 것을 도왔을 때, 그리고 작가들도 매우 기뻐하는 것을 볼 때 행복하다고 이야기하기 시작했다. 나는 그에게 자부심을 느끼냐고 물었더니 그렇지 않다는 답이 돌아왔다. 그래서 그에게 다시 물었다. "당신이 자부심을 느낀다면, 어떤 기분이 들까요?" 그는 그것이 얼마나 좋을지 생각하기 시작했고, 그의 마음상태가 즉시 바뀌기 시작했다.

"당신이 자랑스러워할 만한 일이 무엇이 있을까요?"

"저는 제 아이들이 정말 자랑스럽습니다. 정말 특별하지요. 직장에서도 성공을 거두었고, 다른 사람들도 잘 배려합니다. 훌륭한 성인으로 잘 자라난 것을 자랑스럽게 생각합니다. 아이들은 제 유산의 일부입니다."

내가 다시 그에게 물었다. "당신이 자녀들에게 그런 영향을 미쳤다는 것을 생각하면 어떤 기분이 드나요?"

자신의 인생이 끝났다고 생각했던 친구에게서 다시 생기가 돌았다. 나는 그에게 살면서 감사해야 할 일은 무엇이냐고 물었다. 그는 신참 변호사로서 힘든 시기를 잘 이겨낸 것에 대해, 밑바닥부터 경험을 쌓으면서 아메리칸 드림을 이룬 것에 대해 정말 감사하게 생각한다고 말했다. 나는 다시 당신을 설레게 만드는 것이 무엇이냐고 물었다.

"파트너가 떠난 지금이 내가 변화할 수 있는 기회라고 생각하니 마음이 설레는군요."

그는 처음으로 현재 상황을 긍정적으로 생각하기 시작했다. 이는 전적으로 그의 마음상태를 과감하게 바꾸었기 때문이었다. 내가 다시 물었다. "지금 당신이 사랑하고 있는 사람은 누구며, 당신을 사랑하고 있는 사람은 누구인가요?" 그는 자신의 가족이 서로를 얼마나 사랑하고 가깝게 지내고 있는지 이야기하기 시작했다.

나는 계속 질문을 이어나갔다. "파트너가 떠난 일이 당신에게 좋은 점은 무엇일까요?" 그가 대답했다. "이해하시겠지만 이제 그를 만나기 위해 뉴욕까지 오지 않아도 된다는 점이지요. 저는 뉴욕에 오는 걸 좋아하지 않았거든요. 이제 코네티컷에 있는 제 고향에서 마음껏 일할 수 있게 되었네요." 그러고는 "덕분에 모든 것을 새로운 방식으로 볼 수 있게 되었습니다"라고 덧붙였다.

그에게 새로운 가능성이 잇따라 열리기 시작했다. 그는 코네티컷에 있는 그의 집에서 5분도 안 걸리는 곳에 새 사무실을 열고, 아들을 자기 회사로 불러들이고, 뉴욕 맨해튼으로 오는 전화는 자동응답기가 받도록 처리하기로 했다. 그는 너무 흥분한 나머지 즉시 새 사무실을 찾아보러 나섰다.

불과 몇 분 동안에 몇 가지 강력한 질문이 마법을 부린 것이다. 사실 그는 언제든 이 문제를 해결할 수 있는 자원이 있었다. 하지만 자신에게 맥 빠지는 질문만 던진 까닭에 그 힘에 접근하지 못하고, 그동안 이룬 모든 성과를 망친 노인네로 보이게 만들었던 것이다. 실제로 삶은 그에게 엄청난 선물을 주었지만, 제대로 된 질문을 하기 전까지 그 사실을 모르고 있었을 뿐이었다.

운명을 바꾸는 질문

내가 좋아하는 사람이자 가장 열정적인 사람 중 한 명이 바로 《러브》

(Love, 도솔, 1994) 등 인간관계 분야에서 뛰어난 저서를 남긴 레오 버스카글리아Leo Buscaglia다. 레오의 훌륭한 점 중 하나는 어렸을 때 아버지가 가르쳐준 질문을 계속하고 있다는 점이다. 그의 아버지는 매일 저녁 식탁에서 "레오, 오늘은 무엇을 배웠니?"라고 묻곤 했다. 레오는 언제나 대답을 갖추고 있어야 했다. 그것도 그냥 보통의 대답이 아니라 훌륭한 대답이어야 했다. 그날 학교에서 흥미롭게 배운 것이 없으면 도서관에 달려가 백과사전에서 아버지에게 대답할 거리를 찾곤 했다. 그는 오늘날까지도 뭔가 가치 있는 새로운 것을 배우기 전에는 잠자리에 들지 않는다고 말한다. 그 습관 덕분에 끊임없이 자신의 마음을 자극할 수 있었다. 배움에 대한 그의 열정과 사랑은 수십 년 전에 시작된 이 반복적 질문에서 비롯되었다.

당신은 자신에게 어떤 유용한 질문을 수시로 하는가? 내가 가장 좋아하는 질문은 두 가지다. 매우 단순하지만 내 인생에서 일어날 수 있는 모든 문제적 상황을 반전시키는 데 정말 도움이 되는 질문들이다. 바로 "이 일에서 어떤 좋은 점을 찾을 수 있는가?"와 "이 기회를 어떻게 사용할 수 있는가?"라는 질문이다. 어떤 상황에서든 그 상황이 가져올 좋은 점이 무엇이냐는 질문을 함으로써 항상 강력하고 긍정적인 의미를 발견하게 되고, 그 기회를 어떻게 사용할 수 있는지 질문함으로써 어떤 문제도 유리하게 바꿀 수 있다. 당신의 감정상태를 바꾸거나 당신이 정말로 원하는 자원을 얻기 위해 사용할 수 있는 두 가지 질문은 무엇인가? 앞서 소개한 아침 질문에 그 두 가지를 더해서 당신 개인의 감정적 요구사항을 충족시키는 맞춤 질문을 만들어보라.

다음은 우리가 살면서 던져야 할 가장 중요한 질문들이다. "내 인생의 진정한 의미는 무엇인가?" "내가 정말 전념해야 할 것은 무엇인가?" "나는 왜 사는가?" "나는 누구인가?" 이 질문들의 힘은 믿을 수 없을 정도로 강력하지만, 완벽한 답을 얻기 위해 기다리기만 하는 것은 문제가 있다. 당신은 이런 질문에 대한 감정적이고 직관적인 반응을 믿고 그 믿음에 따라 행동해야 한다. 이것이 내가 이 장에서 당신에게 강조하고 싶은 마지막 요점이다. 하지만 **당신이 계속 발전하기 위해서는 질문을 중단해야 하는 시점이 있다.** 질문만 계속하다 보면 불확실해진다. 확실한 행동만이 확실한 결과를 만들어낼 수 있다. 그래서 **어느 시점에서는 평가를 멈추고 행동해야 한다.** 그렇다면 어떻게 해야 할까? 적어도 어느 순간에서 당신에게 가장 중요한 것이 무엇인지 확실히 결정하고, 내면의 개인적인 힘을 따라가야 한다. 그러다 보면 삶이 바뀌기 시작할 것이다.

여기서 질문 하나. 일상의 감정을 즉시 바꾸기 위해 지금 당장 취할 수 있는 한 가지 행동이 있다면, 그게 무엇인지 알고 싶지 않은가? 그럼 어서 다음 장으로 가보자.

9장

성공을 불러오는 말

"올바른 말 한마디가 당신의 강력한 에이전트다.

아주 올바른 단어 하나를 발견할 때마다 물리적으로뿐만 아니라

정신적으로도 전기에 감전된 것처럼 즉각적인 효과를 가져다줄 것이다."

– 마크 트웨인

말은 우리를 웃게 만들기도 하고 울게 만들기도 한다. 말은 또 우리에게 상처를 주기도 하고 우리를 치유하기도 한다. 말은 또 우리에게 희망을 주기도 하고 우리를 파괴하기도 한다. 말은 또 우리의 가장 고귀한 의도를 표현하기도 하고 가장 깊은 욕망을 드러내기도 한다.

인류 역사의 위대한 지도자들과 사상가들은 말의 힘을 빌려 우리의 감정을 변화시키기도 하고 그들의 대의명분에 우리를 동참하게 만들기도 하며 인류의 운명을 형성해왔다. 말은 감정만 만들어내는 게 아니라 우리의 행동까지 유발한다. 그리고 그 행동으로부터 우리의 삶이 흘러나온다. 패트릭 헨리Patrick Henry가 미국 독립운동 대표들 앞에 서서 "다른 사람들은 어떤 길을 갈지 모르지만, 나의 길은 분명하다. 자유가 아니면 죽음을 달라!"라고 선언했을 때, 그의 말은 오랫동안 자신을 억압한 폭정에 맞써 싸우려는 우리 선조들의 뜨거운 열망에 불을 붙였다.

미국 국민으로서 오늘날 우리가 갖게 된 선택, 즉 우리 마음속에 자리 잡고 있는 특별한 유산(독립선언서)은 독립운동의 아버지들이 후대의 행동을 위해 선택한 다음과 같은 말로 시작된다.

인류의 역사에서 한 민족이

다른 민족과의 정치적 결합을 해체하는 것이 필요하게 되었을 때…

몇 개의 말로 구성된 이 단순한 독립선언서가 한 국가의 변화를 주도한 것이다.

말이 이처럼 큰 영향력을 보인 것은 비단 미국의 경우만이 아니다. 영국이라는 국가의 생존이 위태로웠던 제2차 세계대전 당시, 한 사람의 말이 영국인들의 마음을 움직였다. 윈스턴 처칠은 영국인의 전쟁 참여를 독려하는 말을 구사하는 능력이 있었다고 전해진다. 전투에 참여하는 지금이야말로 가장 '명예로운 시간'이라는 그의 유명한 호소는 모든 영국인에게 용맹무쌍한 용기를 내게 만들었고, 무적의 전쟁 무기를 앞세운 히틀러의 세계 정복 망상을 완전히 무너뜨렸다.

우리의 믿음은 대개 어떤 말을 듣고 형성되기 때문에 다른 말을 들으면 바뀌기도 한다. 인종 평등에 대한 미국의 관점은 분명히 행동에 의해 형성되었지만, 그런 행동들 역시 열정적인 말의 영감을 받았다. 마틴 루터 킹 주니어 목사가 "나에게는 꿈이 있습니다. 언젠가 이 나라가 모든 인간은 평등하게 태어났다는 것을 자명한 진실로 받아들이고, 그 진정한 의미를 신조로 살아가게 되는 날이 오리라는 꿈입니다"라는 연설을 했을 때의 진한 감동을 누가 잊을 수 있겠는가?

우리는 역사에서 위대한 연설가들이 우리의 마음을 움직이게 한 말의 강력한 힘을 잘 알고 있으면서도, 우리도 똑같은 힘을 이용해 우리 자신을 감정적으로 움직이게 하고, 도전하게 하고, 용기를 내게 하고, 정신을 강화시키고, 행동으로 옮기게 함으로써, 인생이라는 선물을 더 풍요롭게 할 수 있다는 것은 깨닫지 못한다.

우리 삶의 경험을 잘 묘사하는 효과적인 말을 선택하면 우리에게 힘을 실어주는 감정을 고조시킬 수 있다. 하지만 단어를 잘못 선택하면 빠르고도 확실하게 우리를 파괴하기도 한다. 그런데도 우리는 우리가 사용하는 말을 무의식적으로 선택한다. 우리에게 힘을 실어줄 수도 있고 우리를 파괴할 수도 있는 미로를 비몽사몽간 중 걷는 셈이다. **우리가 사용하는 말을 현명하게 선택하기만 해도 그 말이 큰 힘을 발휘한다는 것을 명심하라.**

우리가 사용하고 있는 이 단순한 상징symbol은 얼마나 큰 선물인가! 우리는 독특하게 생긴 문자(말로 표현되는 경우 그 소리)로 특별하고 풍요로운 경험의 융단을 짠다. 문자와 소리는 우리의 경험을 표현하고 다른 사람들과 공유할 수 있는 수단을 제공한다. 그러나 안타깝게도 우리는 **습관적으로 선택하는 말이 우리 자신과의 소통, 그리고 우리 경험의 표현에 얼마나 많은 영향을 미치는지** 깨닫지 못한다.

말은 우리의 자아에 상처를 주기도 하고 우리의 마음을 고조시키기도 한다. 우리는 우리가 느끼고 있는 감정을 설명하기 위해 단지 새로운 말을 선택하는 것만으로도 경험에 대한 감정을 즉시 바꿀 수 있다. 하지만 말을 사용하는 법을 터득하지 못하거나, 엄격한 판단에 따라 선택해야 할 말을 무의식적인 습관에 따라 함부로 선택한다면, 삶의 경험 전체를 폄하하게 될 수도 있다. 당신이 굉장히 멋진 경험을 단지 '아주 좋았다'pretty good라는 평범한 말로 표현한다면, 경험의 풍요로운 느낌이 부적절한 어휘 사용으로 그저 보통의 경험으로 퇴색될 것이다. **어휘력이 부족한 사람들은 삶에 대한 감정도 메마르기 쉽고, 어휘력이 풍부한 사람들은 다른 사람들에게는 물론**

그들 자신에게도 자신의 경험을 표현할 다양한 색상의 팔레트를 가지고 있는 셈이다.

그러나 대부분의 사람은 의식적으로 알고 있는 어휘의 수가 얼마나 많으냐 적느냐보다는 어떤 어휘를 사용할 것인가 하는 판단에서 문제에 직면한다. 사람들은 대개 평소에 잘 알고 있는 쉬운 단어short cut를 주로 사용하지만, 그런 쉬운 단어들은 우리의 감정을 제대로 대변하지 못한다. 우리의 삶을 의식적으로 통제하기 위해서는 우리가 평소에 사용하는 어휘를 의식적으로 평가해보고 개선해야 한다. 그래야만 그 말들이 우리가 피하고 싶은 감정이 아니라 우리가 전달하고 싶은 감정을 제대로 전달하는지 확인할 수 있다. 우리는 우리가 사용하는 언어(영어)에는 문자 그대로의 원래 의미 외에 전혀 다른 감정적 강도를 전달하는 단어들이 수두룩하다. 예를 들어 당신이 무언가가 '싫다'hate라는 말을 사용하는 습관이 있다면(머리 모양이 '마음에 안 든다', 회사 일이 '싫다', 해야 할 일이 많은 게 '싫다' 등), 당신의 부정적 감정상태를 그처럼 노골적으로 표현하는 것보다는 '나는 그것보다는 다른 것이 더 좋아' 같은 우회적 표현이 더 낫다고 생각하지 않는가?

감정이 제대로 담긴 말을 사용하면 당신 자신뿐 아니라 다른 사람의 감정상태를 마법처럼 변화시킬 수 있다. '기사도'chivalry라는 말을 생각해보자. 그 말이 '공손함'politeness이나 '신사다움'gentlemanliness 같은 평범한 단어와는 다른 이미지를 떠올리게 하고 더 강한 느낌이 들게 하지 않는가? 적어도 내게는 그렇다. 기사도라는 말을 들으면 나는 백마 탄 용감한 기사가 검은 머리의 귀부인을 보호하는 모습이 연상된다. 또 기사도란 말은 영혼의 고결함, 원탁에 둘러앉은 명예로운 사람들, 아서 왕의 신사도, 그리고 아서 왕의 궁이 있던 카멜롯Camelot의 경이로움이 느껴진다. 또 '흠잡을 데 없는'impeccable이나 '고결함'integrity이라는 단어도 그렇다. '잘 수행한'well done

이나 '정직한'honesty 같은 평범한 단어와는 다르게 느껴지지 않는가? '탁월함의 추구'pursuit of excellence라는 말도 '일을 더 잘하기 위해 노력하다'trying to make things better라는 말보다 더 강렬함이 느껴지는 말이다.

나는 여러 해 동안 사람들과 의사소통을 하면서 핵심 단어 하나만 바꿔도 얼마나 달라지는가를 직접 목도했고, 그것이 사람들의 감정과 행동방식까지 즉시 변화시킨다는 점을 주목했다. 수십만 명의 사람들을 통해 경험했으니 나는 자신 있게 말할 수 있다. 처음에는 믿기 어렵겠지만, **습관적인 어휘 즉 당신이 삶의 감정을 묘사하기 위해 평소에 사용하던 단어 몇 개만 바꿔도 당신의 생각, 당신의 감정, 당신의 인생까지 즉시 바꿀 수 있다는 것을 말이다.**

나는 몇 년 전 한 회의에서 이 사실을 처음 깨달았다. 회의에는 두 사람이 참석했는데, 한 사람은 내가 고용한 우리 회사 CEO였고 다른 사람은 내 친구이자 협력 파트너였다. 회의 도중에 우리는 다소 불쾌한 소식을 들었다. 우리가 협상하고 있던 한 상대방이 명백하게 '불공평한 이득을 취하려' 하면서 합의를 위반했는데, 진행되는 상황이 그에게 유리해 보였다. 속상하고 화가 났다. 나는 그런 상황에 속에서 내 옆의 두 사람이 같은 상황에서 얼마나 다르게 반응하는지 볼 수 있었다.

CEO는 주체할 수 없을 정도로 화를 냈지만 내 친구는 거의 동요하지 않았다. 그 상대방의 위반 행위는 우리 세 사람 모두에게 동일한 영향을 미치는 일이었지만(우리 세 사람이 그 협상에 동일한 지분을 가지고 있었으므로), 같은 이야기를 듣고도 어떻게 이렇게 다른 반응을 보일 수 있을까? 솔직히 그 상황에 대한 CEO의 반응은 좀 지나쳐 보였다. 그의 얼굴은 시뻘겋게 달아올랐고 이마와 목의 핏줄이 두드러지게 튀어나온 모습으로 자신의 분노를 여과 없이 드러냈다.

그는 분노의 행동을 고통을 없애거나 기쁨을 얻는 것 중 하나에 연결시키고 있음이 분명했다. 내가 화를 내는 것이 그에게 어떤 의미인지, 왜 그렇게 심한 반응을 보이는지 묻자 그는 이를 악물며 이렇게 말했다. "분노할 때 내가 더 강해진다는 느낌이 듭니다. 내가 강해져야 무슨 일이든 할 수 있지 않겠습니까? 어떤 상황에서든 말이지요." 그는 분노의 감정을, 고통의 경험에서 벗어나서 회사를 제대로 관리할 수 있는 즐거움을 느끼게 해주는 자원으로 간주한 것이다.

이번에는 다음 질문을 떠올렸다. 내 친구는 어떻게 큰 동요 없이 반응할 수 있었을까? 그래서 그에게 물었다. "자네는 전혀 아무렇지도 않은 것처럼 보이는데 화가 나지 않나?"

CEO도 옆에서 거들었다. "이 판국에 화가 안 난단 말입니까?"

친구의 대답은 간단했다. "전혀. 화낼 가치도 없는 일이니까."

그가 이렇게 말하는 것을 보면서, 나는 그를 알고 지낸 몇 년 동안 그가 화를 낸 적이 없었다는 것을 깨달았다. 나는 그에게 화를 내는 것이 그에게 어떤 의미인지 물었다.

그가 대답했다. "화를 내면 통제력을 잃게 된다네."

나는 그의 대답이 매우 흥미로웠다. 그래서 다시 물었다. "통제력을 잃으면 어떻게 되는데?" 그가 무덤덤하게 말했다. "그럼 지는 거지."

두 사람이 보인 반응은 너무나 달랐다. 이보다 큰 대조가 어디 있을까? 한 사람은 분노를 통제력을 갖는 기쁨에 연결시킨 반면, 다른 사람은 분노를 통제력을 잃는 고통에 연결시키고 있었다. **그들의 행동에는 분명히 그들의 믿음이 반영되었을 터였다.** 나는 내 감정을 되돌아보았다. 이 일에서 나는 무엇을 믿었던가? 나는 그동안 화가 나도 얼마든지 내 감정을 다룰 수 있다고 믿어왔지만, 그것을 보여주기 위해 일부러 화낼 필요는 없다고 생각한다. 극도의 행복을 느낄 때도 마찬가지다. 그러므로 화를 피할 필요도 없고(화가 난다고 하더라도 그 감정을 이용할 수 있으므로) 그렇다고 화를 추구할 필요도 없다. '분노'하지 않고도 내 힘을 발휘할 수 있으니까 말이다. 그런데 정말 흥미로운 것은 우리 세 사람이 이 경험을 묘사할 때 사용하는 단어들이 달랐다는 것이다. 나는 '화'angry와 '속상한'upset이라는 단어를 사용했고, 내 CEO는 '분노'furious와 '격분'enraged이라는 단어를 사용했으며, 내 친구는 '약간 불쾌하다'a bit annoyed라는 단어를 사용했다. 믿기지 않는군! 그게 그저 약간 불쾌한 정도에 불과했단 말이지?

나는 그를 바라보며 말했다. "그게 다라고? 그저 조금 불쾌했을 뿐이라고? 그런 상황에서는 정말 화를 내거나 적어도 속상해해야 하는 거 아냐?"

그가 대답했다. "천만의 말씀. 화를 내려면 엄청나게 많은 이유가 필요한데, 그럴 일은 거의 일어나지 않는다네."

내가 다시 물었다. "국세청이 실수로 자네에게서 세금을 25만 달러나 더 징수했던 거 기억나나? 그 돈을 회수하는 데 무려 2년 반이나 걸렸지. 그때 엄청나게 화나지 않던가?"

CEO가 옆에서 또 거들었다. "그때 정말로 열 받지 않던가요?"

그 친구가 말했다. "아니, 그렇게 속상하지는 않았다네. 물론 조금 언짢긴 했지."

조금 언짢았다고? 세상에, 내가 들어본 말 중에 가장 멍청한 말이군! 나라면 그런 일을 당했을 때 그런 어중간한 말은 결코 사용하지 않을 텐데. 도대체 이 성공한 사업가는 그런 억울한 상황에서 어떻게 표정 하나 변하지 않고 아무렇지도 않은 듯 '언짢았다'peeved고만 말할 수 있단 말인가! 하긴 그의 표정이 변하지 않은 것은 아니었다. 오히려 그 상황을 이야기하는 것이 즐거운 것처럼 보였으니까. 그게 나를 더 미치게 했다.

나는 궁금해지기 시작했다. '화가 난 상태에서 그런 부드러운 단어를 사용한다면 내 기분은 어떻게 달라질까? 스트레스를 받을 때도 마냥 웃을 수 있을까? 흠, 이거 생각 좀 해봐야겠는걸.' 그후 며칠 동안 나는 그 친구의 언어 패턴을 사용하면 내 감정에 어떤 변화가 올지 관찰해보아야겠다고 생각했다. 정말 화가 난 상황에서 평소처럼 화를 내지 않고 "좀 언짢군!"이라고 말한다면 무슨 일이 벌어질까? 생각만 해도 웃음이 나왔다. 정말 웃기는 일이었다. 하지만 재미 삼아 한번 해보기로 했다.

마침 기회가 생겼다. 긴 야간 비행을 마치고 호텔에 도착했는데, 우리 직원이 예약을 제대로 해놓지 않은 바람에 나는 프런트데스크 앞에서 20분 가량을 서서 기다려야 했다. 몸은 피곤하고 감정적으로도 한계에 달했다. 호텔 직원이 천천히 체크인 카운터로 오더니 달팽이도 참을 수 없을 만큼 느린 독수리 타법으로 컴퓨터에 내 이름을 치기 시작했다. 내 안에서 '약간의 분노'가 치밀어 올랐지만 호텔 직원에게 점잖게 한마디 했다. "당신 잘못이 아니라는 건 알지만 난 지금 무척 피곤하오. 여기서 계속 오래 서있으면 조금 '언짢아'질 것 같으니 빨리 룸에 들어가게 해주시오."

호텔 직원은 어리둥절한 표정으로 나를 올려다보더니 웃음을 터트렸다. 나도 미소로 응수했다. 나의 옛 패턴을 깨뜨린 것이다. 내 안에 쌓여 있던 감정의 화산(분노)은 순간적으로 식었고 이어서 두 가지 일이 일어났다. 나는 비록 잠깐이나마 호텔 직원과의 만남을 실제로 즐겼고, 그는 일처리에 속도를 냈다. 내 감정을 다른 단어로 표현한 것만으로도 내 옛 패턴을 깨뜨리고 내 경험을 바꾸기에 충분했다. 그게 정말 그렇게 쉬울 수 있느냐고? 정말 놀라운 발상이었다!

그다음 주에도 나는 이 새로운 단어를 반복해서 사용했다. 그때마다 그 말이 나의 분노 강도를 즉시 낮추는 효과가 있다는 것을 발견했다. 때로는 웃음이 나오기도 했지만, 최소한 속상한 감정이 치밀어 올라 나도 모르게 분노 상태가 되는 기질이 사라진 것이다. 2주도 채 되지 않아 나는 그 단어를 사용하기 위해 일부러 노력하지 않아도 되었다. 그 사이에 이미 습관이 되었기 때문이다. 이후 그 단어는 내가 화났을 때 감정을 표현하는 최우선 단어가 되었고, 더 놀라운 것은 더 이상 극도로 화난 상태가 되지 않는다는 것이었다. 나는 우연히 발견한 이 방법에 점점 더 매료되었다. 단지 습관적인 어휘 하나를 바꾸었을 뿐인데 나도 모르게 내 경험을 변화시키고 있다는 것을 깨달았다. 나는 나중에 이것을 **'경험을 바꿔주는 어휘'** Transformational Vocabulary라고 불렀다. 나는 점차 다른 단어들도 실험하기 시작했고, 실제로 충분히 효과가 있는 단어들을 발견해서 사용하면 어떤 감정이라도 그 강도를 낮추거나 높일 수 있다는 것을 알게 되었다.

이런 일이 어떻게 일어날 수 있을까? 이렇게 생각해보자. 당신의 오감이 일련의 감각을 뇌로 전달한다고 상상해보라. 시각, 청각, 운동 감각, 후각, 미각적 자극을 받으면 그 자극이 당신의 감각기관에 의해 내부 감각으로 전환되고, 다시 카테고리별로 분류된다. 하지만 그런 이미지, 소리 등의 감각들이 어떤 의미인지 뇌는 어떻게 아는 것일까? 그 감각들이 어떤 의미인지(그것이 고통인지 기쁨인지를) 빠르게 판단하기 위해 인간이 배운 가장 강력한 방법은 그 감각들에 라벨을 붙이는 것이고, 그 라벨이 바로 우리가 주로 사용하는 '단어'인 것이다.

그런데 여기에 문제가 있다. 모든 감정은 단어라는 깔때기를 통해 당신에게 들어온다. 그러니까 액체로 되어 있는 감정이 얇은 깔때기 틀을 통해 단어라고 하는 다양한 모형 속으로 부어지는 것이다. 그런데 우리 뇌가 결정을 빠르게 내리고 싶은 나머지, 이용할 수 있는 모든 단어를 사용해 가장 적절하고 정확한 설명을 찾기보다는 우리 경험을 제대로 설명하지 못하는 부적절한 단어 틀에 억지로 집어넣는 것이다. 그렇게 함으로써 우리는 습관적으로 좋아하는 단어 틀을 형성한다. 안타깝게도 우리 뇌는 우리에게 익숙해진 그 단어 틀이 우리 삶의 경험을 제대로 표현하는지 의식적으로 평가하지 않는다. 문제는 우리가 부정적인 감정 형태를 '분노' '우울' '굴욕' '불안'이라는 단어의 틀에 지속적으로 쏟아붓기 시작할 때 발생한다. 그리고 우려한 대로 이 단어들은 실제 경험을 정확하게 반영하지 못하는 표현들이다. 하지만 우리의 경험을 이 틀에 쏟아붓는 한, 우리가 붙인 라벨이 우리의 경험이 된다. 실제로는 '약간의 문제'였던 경험도 '파괴적인 경험'이 되는 것이다.

위의 예시처럼, 내 CEO는 분노furious, 격노livid, 격분enraged이라는 단어를 사용했고, 나는 화angry와 속상한upset이라는 단어를 사용했다. 하지만 내 친구는 그 경험을 언짢다peeved, 불쾌하다annoyed라는 단어의 틀에 부었다. 흥미로운 것은 우리가 여러 가지 다양한 좌절감을 묘사하는 데 동일한 패턴의 단어를 사용한다는 것이다.

우리는 모두 같은 감정을 느꼈지만 우리가 그 감정을 표현하는 방식, 즉 그 감정을 표현하기 위해 사용하는 단어의 틀이 우리의 경험이 되는 것이다. 위에 설명했듯이 내 친구가 사용하는 단어의 틀을 사용했더니, 내 경험의 강도를 즉시 바꿀 수 있었다. 이전과는 다른 느낌의 경험이 된 것이다. **이것이 바로 '경험을 바꿔주는 어휘'의 요점이다. 우리가 경험에 붙인 단어들이 바로 자신의 경험이 된다는 것이다.** 그러므로 우리의 감정상태를 설명하기 위해 우리가 사용하는 단어들을 의식적으로 선택해야 한다. 그렇지 않으면 필요 이상으로 더 큰 고통을 겪을 것이다.

우리는 삶의 경험이 무엇이었는지를 자신에게 다시 표현하기 위해 말을 사용한다. 그런데 그 표현이 우리의 인식과 감정을 변화시킨다. 앞의 예시처럼 세 사람이 같은 경험을 했지만 한 사람은 분노를, 한 사람은 화를, 그리고 다른 사람은 불쾌함을 느낀 것처럼, 그들 각자가 느낀 감정이 각자의 번역에 의해 다르게 표현되고 있는 것이다. 단어는 해석이나 번역을 위한 우리의 주요 도구이기 때문에 우리가 경험에 어떤 라벨을 붙이느냐에 따라 우리의 신경계에서 생성되는 감정이 바뀌는 것이다. 이제 말이 정말로 생화학적 효과를 낸다는 것을 알겠는가?

아직도 내 말이 믿어지지 않는다면, 감정적인 반응을 즉시 일으키는 단어들이 있는지 없는지 솔직하게 살펴보길 바란다. 누군가 당신에게 인종차별적 비방을 한다면 당신은 어떤 느낌이 드는가? 또는 누군가 당신에게 욕설을 퍼붓는다면 당신의 마음상태는 어떻게 변할까? 노골적으로 개자식 son of bitch이라고 말하는 사람과 완곡하게 S.O.B.라는 이니셜을 사용하는 사람과는 큰 차이가 있지 않겠는가?

그런 욕설을 들을 때와 누군가 당신을 '천사' 또는 '천재'나 '친구'라고 부를 때는 기분이 전혀 다르지 않은가? 우리는 특정 단어를 엄청난 고통에 연결시킨다. 내가 레오 버스카글리아 박사를 인터뷰했을 때, 그는 내게 50년대 후반에 동부의 한 대학에서 수행한 연구결과에 관해 이야기해주었다. 사람들에게 "당신은 공산주의를 어떻게 정의하는가?"라고 물었다. 놀랍게도 많은 응답자가 이 질문에 대해 두려움을 느끼면서 실제로 제대로 정의하는 사람은 그리 많지 않았다. 그들이 아는 것은 공산주의는 그저 끔찍하다는 것뿐이었다! 한 여성은 심지어 이렇게 대답했다. "글쎄요, 그게 무슨 뜻인지 잘 모르겠지만, 워싱턴에는 공산주의가 없는 게 좋겠군요." 어떤 남성은 공산주의자들에 대해 이미 알 만큼 다 알고 있으며, 이제 그들을 죽이는 일만 남았다고 말했다. 하지만 대부분의 사람은 공산주의가 무엇인지 설명하지 못했다. 그것이 바로 감각이나 감정을 만들어내는 라벨의 힘이다.

"말은 우리의 경험을 묶는 실이다."

-올더스 헉슬리 Aldous Huxley

표현의 힘을 탐구하기 시작할 때만 해도, 나는 사용하는 단어를 바꾸는 것 같은 단순한 행동만으로 우리의 삶의 경험을 근본적으로 바꿀 수 있다는 생각을 여전히 확신하지 못하고 있었다. 하지만 언어에 대해 더 깊이 연구하면서 몇 가지 놀라운 사실을 알게 되었고 몇 마디의 단어가 확실히 우리의 경험을 걸러내고 변화시킨다는 것을 확신하기 시작했다. 예를 들어 컴튼 백과사전Compton's Encyclopedia에 따르면 영어에는 적어도 50만 개의 단어가 있으며, 다른 출처에 따르면 영단어의 수는 무려 75만 개에 달한다고 한다! 영어는 확실히 오늘날 지구상의 많은 언어 중 가장 많은 단어를 가지고 있다. 2위인 독일어의 단어 수는 대략 절반밖에 되지 않는다고 한다.

재미있는 것은 **그 많은 단어 중에 우리가 습관적으로 사용하는 어휘는 매우 제한되어 있다**는 것이다. 언어학자들 사이에서는 우리가 자주 사용하는 어휘는 평균적으로 2,000개에서 10,000개 사이라는 데 의견이 거의 일치하고 있다. 영어 단어 수를 적게 잡아 50만 개라고 할 때, 우리가 자주 사용하는 단어는 0.5%에서 2%에 불과하다는 의미다. 더욱이 우리가 자주 사용하는 단어 중에서도 감정을 묘사하는 단어는 몇 개나 될까? 유의어 사전을 찾아보니 인간의 감정과 관련된 단어는 3,000개 정도라고 한다. 그런데 놀라운 것은 부정적인 감정과 긍정적인 감정을 묘사하는 단어의 비율이었다. 내가 계산해보니 긍정적인 감정을 묘사하는 단어는 1,051개였고, 부정적인 감정을 묘사하는 단어는 2,086개였다. 예를 들어 슬픈 감정을 묘사하는 단어는 '낙담한'despondent, '침울한'sullen, '마음이 무거운'heavy- hearted, '시무룩한'moody, '애처로운'woeful, '비참한'grievous, '눈물 어린'tearful, '우울한'melancholy 등 264개였다. 반면 즐거운 감정을 묘사하는 단어는 '즐거운' blithe, '유쾌한'jaunty, '의기양양한'perky, '열심인'zestful, '경쾌한'buoyant 등 105개에 불과했다. 그러니 사람들이 기분이 좋은 때보다 나쁜 때가 많은 것은 당연하지 않은가!

7장에서도 이야기했지만, 내가 운영하는 〈운명과의 데이트〉 세미나 참가자들에게 1주일 동안 느낀 감정의 목록을 작성하라고 요청하면, 대다수는 단지 12개 정도밖에는 써내지 못한다. 왜 그럴까? 그것은 우리가 같은 감정을 계속해서 경험하는 경향이 있기 때문이다. 심지어 1주일 내내 좌절감, 분노, 불안, 두려움, 우울함 속에서 보냈다고 말하는 사람들도 있다. 그들이 그렇게 느끼는 이유는 그들의 경험을 묘사하기 위해 늘 같은 단어들을 사용하기 때문이다. 하지만 우리가 우리 몸이 느끼는 감정을 좀 더 비판적으로 분석하고 사물을 평가하는 방식에서 좀 더 창의적이게 된다면, 우리는 우리의 경험에 새로운 라벨을 붙이고, 그에 따라 우리의 현실적 감정도 바꿀 수 있을 것이다.

수년 전에 교도소에서 실시된 연구에 대해 읽은 내용이 생각난다. 수감자들이 고통을 경험하면 일반적으로 신체적 행동을 통해 그 고통을 표현한다는 것이다. 오랜 수감생활로 인해 어휘 사용이 제한되면서 감정을 표현하는 언어가 제한되었기 때문에 약간의 불편한 감정이 생겨도 곧바로 강도 높은 분노를 수반한 폭력으로 분출된다는 것이다.

반면 윌리엄 F. 버클리William F. Buckley 같은 사람은 정반대의 경우다. 버클리는 그의 언어에 대한 해박한 지식과 구사력을 유감없이 발휘하며 감정을 폭넓게 표현했으며, 따라서 그 자신의 감정도 다양하게 품을 수 있었다! **우리의 삶을 바꾸고 운명을 개척하려면 사용할 단어를 의식적으로 선택해야 할 뿐 아니라, 어휘 선택의 폭을 확장하기 위해 끊임없이 노력해야 한다.**

이해를 돕기 위해 예를 들자면, 성경은 7,200개의 다른 단어들을 사용한다. 시인이자 수필가인 존 밀턴John Milton의 글에는 무려 1만 7,000개의 단어가 나온다. 셰익스피어는 그의 다양한 작품들에 2만 4,000개 이상의 단어들을 사용했다. 그중 5,000개는 단 한 번밖에 나오지 않는 단어라고 한다. 사실 오늘날 우리가 흔히 사용하는 많은 영단어들은 셰익스피어가 만들었다고 해도 과언이 아니다. 그중에서 당신이 흥미로워 할 몇 단어를 소개한다.

우리 입에 자주 오르내리는 말들

마이클 매크론Michael Macrone은 자신의 책《셰익스피어 복습하기》Brush Up Your Shakespeare!에서 영어의 대가 셰익스피어가 만들어낸, 우리의 마음 상태를 유도하는 강력한 단어들을 다음과 같이 소개하고 있다.

놀라움amazement, **돈 만큼의 값어치가 있는**money's worth
야만적 행위savagery, **지독한 악당**arch-villain, **달빛**moonbeam
난파된shipwrecked, **암살**assassination, **굴욕적인**mortifying, **별똥별**shooting star
피투성이의bloodstained, **협상하다**to negotiate, **아비가 되다**to sire
바람이 거세게 불다bluster, **발 빠른**nimble-footed, **살금살금 가다**to sneak
~을 위해 싸우다to champion, **음란한**obscene, **말다툼하다**to squabble
몰인정한cold-hearted, **위엄 있는**olympian, **남의 눈을 피하는**stealthy
수치스러운disgraceful, **구경거리**pageantry, **으스대다**to swagger
파란만장한eventful, **당황하게 하다**to perplex, **느림**tardiness
불가해한fathomless, **토하다**to puke, **유서 깊은**time-honored

용감한 행위gallantry, **강아지**puppy dog, **고문하다**to torture

적대적인hostile, **고의로**on purpose, **고요한**tranquil, **죽지 않는**invulnerable

싸우기 좋아하는quarrelsome, **초월**transcendence, **지칠 대로 지친**jaded

광채radiance, **재빨리**trippingly, **흐리멍덩한**lackluster, **신뢰**reliance

비현실적인unearthly, **우스운**laughable, **무자비한**remorseless

감시인watchdog, **저명한**lustrous, **홍조를 띤**rose- cheeked, **깽깽거리다**yelping

물불 가리지 않는madcap, **헌신적인**sacrificial, **어릿광대**zany, **장엄한**majestic

언어학자들은 우리가 사용하는 언어에 의해 문화가 형성된다는 것을 확실하게 증명했다. 영어가 동사 중심이라는 생각이 들지 않는가? 미국인이 매우 적극적이고 행동 위주의 문화에 자부심을 느끼는 것도 그 때문이다. 우리가 사용하는 단어들은 우리가 평가하는 방식, 우리가 생각하는 방식에 지속적으로 영향을 미친다. 반면 중국 문화는 변하지 않는 것에 높은 가치를 부여한다. 따라서 중국인의 표현 방식이 동사보다는 명사에 더 무게를 둔다는 사실에도 그런 특징이 잘 나타나 있다. 그들의 관점에서 명사는 지속되는 것을 나타내는 반면, 동사는 오늘 여기에 있다가도 내일은 사라지는 것을 의미하기 때문이다.

그러므로 말이 우리의 믿음을 형성하고 우리의 행동에 영향을 미친다는 것을 깨닫는 것이 중요하다. 말이 천이라면 모든 질문은 그 천에서 잘린 헝겊 조각이다. 지난 장에서 설명했듯이, 질문에서 한 단어만 바꿔도 우리 삶의 질에 대한 답을 즉시 바꿀 수 있다. 말이 우리 삶에 미치는 영향에 대해 더 깊이 이해할수록 나는 나 자신뿐 아니라 다른 사람의 감정까지 영향을 미치는 말의 힘에 더 깊은 감명을 받게 된다.

"말의 힘을 깨닫지 못하면 사람을 이해할 수 없다."

–공자

어느 날 나는 '경험을 바꿔주는 어휘'가 실제로 효과가 있고, 습관적인 단어들을 바꾸기만 해도 우리 삶의 감정적 패턴을 바꿀 수 있다는 이 생각이 비록 간단하지만, 결코 우연이 아니라는 것을 알게 되었다. 더구나 우리는 삶의 행동, 방향, 그리고 나아가 우리의 운명을 개척할 수 있다. 나는 오랜 친구인 밥 베이즈Bob Bays와 이 생각을 나누고 있었다. 그러자 그의 표정이 크리스마스트리처럼 환하게 밝아지는 것이 아닌가. 그는 "와! 나도 자네에게 해줄 이야기가 있다네"라고 말하면서 최근에 겪은 일을 내게 말하기 시작했다. 그 역시 나처럼 여기저기 바쁜 일정을 소화하며 다른 사람들을 상담해주는 일을 하고 있었다. 그날도 평소처럼 바쁜 일과를 마치고 집에 돌아온 그는 혼자만의 '공간'에서 휴식을 취하고 싶었다. 그의 집은 말리부 해변에 있었지만, 매우 작아서 서너 명은 고사하고 손님이 묵을 수 있도록 설계된 집이 아니었다.

그런데 집에 와보니 아내가 집으로 처남을 초대했고, 2주 동안 머물 예정이었던 딸 켈리가 두 달 동안 머물기로 했다는 것을 알게 되었다. 설상가상으로 며칠 동안 쉬면서 보려고 축구 경기 녹화를 맞춰놓은 VCR을 누가 꺼버렸다는 사실도 알게 되었다! 짐작할 수 있다시피 그는 '감정적 한계'에 부딪혔고, VCR 녹화 예약을 끈 장본인이 켈리라는 것을 알았을 때는 감정이 폭발하여 딸에게 할 수 있는 온갖 욕을 퍼부었다. 아빠가 자기에게 그렇게 소리치는 것은 고사하고 그런 험한 욕을 하는 것을 생전 처음 본 켈리는 즉시 울음을 터뜨렸다.

이 장면을 옆에서 보고 있던 밥의 아내 브랜든은 오히려 폭소를 터뜨렸다. 그것은 밥의 평소 행동과 너무 달랐기 때문에 그녀는 그가 순간적으로 그의 원래 행동 패턴을 터무니없이 크게 깨뜨린 것이라고 생각했다. 실제로 그 순간, 그는 자신의 기존 패턴을 깨뜨리고 싶었다. 상황이 어느 정도 진정되자 그녀는 그가 진짜 화가 났다는 것을 알았다. 그러자 그녀는 걱정하는 마음으로 그에게 매우 귀중한 피드백을 해주었다.

"밥, 당신 행동은 너무 이상했어요. 그렇게 행동하는 건 처음 봐요. 그동안 한 번도 들어본 적이 없는 욕까지 하다니 당신에게서 뜻밖의 모습을 보게 되었네요. 평소에는 스트레스를 받아도 그저 '일이 좀 많은 것 같군'이라고 말하더니 최근에는 '힘들어서 어쩔 줄 모르겠어'라고 말하더군요. 전에는 그런 식으로 말하지 않았잖아요. 당신이 그러면 켈리도 당신과 똑같은 말을 하고, 당신과 똑같이 화를 내며 행동할 거예요."

밥이 그 이야기를 들려주었을 때, 나는 이런 생각이 들었다. **"다른 사람의 습관적인 말을 따라 하면 그 사람의 감정적인 패턴도 따라서 갖게 될까?"** 그들의 말뿐만 아니라 소리 크기, 강도, 어조까지 따라 한다면 정말로 그렇게 되지 않을까?

"태초에 말씀이 계시니라"

– 요한복음 1:1

우리가 함께 지내거나 자주 만나는 사람들을 닮아가는 이유는 우리가 그들의 습관적인 어휘를 따라 함으로써 그들의 감정 패턴도 같이 따라 하기 때문이다. 나와 많은 시간을 보내는 사람들도 자신들의 경험을 묘사하는 데 나처럼 '열정적인' '엄청난' '장관을 이루는' 등과 같은 단어를 곧잘 사용한다. 그들의 이런 긍정적 모습에서 그저 '괜찮은데'라고 말하는 사람들에

비해 차이를 느낄 수 있지 않은가? '열정'이라는 단어를 사용하는 것이 감정의 크기를 얼마나 달라지게 하는지 이해할 수 있겠는가? 그것이 바로 '경험을 바꿔주는' 단어다. 그런 단어들을 꾸준히 사용하다 보니 내 삶은 감정적으로 훨씬 더 풍성해졌다.

'경험을 바꿔주는 단어'는 긍정적인 것이든 부정적인 것이든 우리의 감정상태를 강화하거나 약화한다. 그러니까 아주 부정적인 감정은 그 강도를 낮춰서 그 감정이 더 이상 우리를 괴롭히지 않게 해주고, 아주 긍정적인 경험은 그 기쁨의 강도와 격려의 힘을 더욱 강하게 만들어주는 것이다.

밥과 이야기를 나눈 후 점심을 함께 먹으면서, 우리는 함께 공동으로 작업하고 있던 프로젝트에 대해 깊이 의견을 나누었다. 그런데 그가 갑자기 나를 보고 이렇게 말하는 것이었다.

"토니, 난 세상이 지루하다고 말하는 사람들을 도무지 이해할 수 없네."

나도 그 말에 동의했다. "나도 그렇게 생각한다네. 말도 안 되는 소리지."

그가 계속 말했다. "맞아, 내 사전에 지루함이란 없으니까."

그 말을 듣자마자 내가 물었다. "뭐라고? 자네 사전에 지루함이란 단어가 없단 말이지… 아까 우리가 했던 얘기 기억나나? 자네가 지루함이라는 말을 쓰지 않으니까 그런 느낌도 없는 걸세. 흠. 그러니까 우리가 어떤 감정을 표현할 말이 없으면 그런 감정을 아예 느끼지 않을 수도 있지 않을까?"

우리가 늘 사용하는 단어들이 우리의 운명을 형성한다

앞에서 나는 마음속에 있는 것을 표현하는 방식이 삶에 대한 우리의 느낌을 결정한다고 말한 바 있다. 여기에 한 가지 덧붙인다면, **어떤 것을 표현할 방법이 없다면 그것을 경험할 수도 없다**는 것이다. 적절한 말이 없어도 소리나 감각을 통해 그것을 표현할 수도 있겠지만, 그것을 구체적으로 표현할 수 있어야만 비로소 그것에 차원, 실체, 현실감을 부여해줄 수 있는 것만은 분명하다. 말은 사물을 표현하기 위한 기본적인 도구이며, 말이 없으면 그 경험에 대해 생각할 방법이 없다. 예를 들어 어떤 아메리카 원주민 언어에는 '거짓말'이라는 단어가 없다. 그들의 언어에는 '거짓말'이라는 의미의 단어 자체가 없으므로 그들의 생각이나 행동에도 '거짓말'이라는 개념이 없다. 어떤 것을 표현하는 말이 없으면, 그 개념은 존재하지 않는 것과 같다. 실제로 필리핀의 타사다이Tasaday족의 언어에는 '싫어하다' '미워하다' '전쟁'이라는 단어가 없다고 한다. 이 얼마나 대단한 사고방식인가!

다시 밥에게 한 질문으로 돌아가 보자. 밥이 지루하다는 느낌이 전혀 들지 않고 그런 느낌을 표현하는 단어도 가지고 있지 않다면, 나는 어떨까 하는 생각이 들었다. 그래서 스스로에게 질문했다. "내가 내 감정을 묘사할 때 절대 사용하지 않은 단어가 무엇일까?" 그러자 '우울'이라는 답이 떠올랐다. 물론 나도 좌절하거나, 화가 나거나, 호기심이 생기거나, 언짢은 기분이 들거나, 과부하가 걸릴 수도 있지만, 절대 우울해하지는 않았다. 왜 그럴까? 내가 태어나서 지금까지 한 번도 우울한 적이 없단 말인가? 그건 아니다. 8년 전만 해도 나는 항상 우울한 상태였다. 우울증 때문에 나는 삶을 바꾸려는 생각조차 하지 못했다. 우울증으로 인해 내 문제는 영원히 사라지지 않을 것 같았고, 우울한 성격을 타고났다는 생각이 들 정도였다. 다행히 엄청난 고통을 겪은 후에야 비로소 그 구덩이에서 빠져나오면서, 나는 우울증에 엄청난 고통을 연결시켰다. 나는 우울증이 죽음에 가장 가깝다고 생각하기 시작했다. 내 뇌가 우울증을 그런 엄청난 고통에 연결시키면서 나도 모르게 내 사전에서 우울이란 단어를 자동적으로 지워버렸고, 그래서 우울함을 표현하거나 느낄 수 있는 방법이 내게서 사라져버렸다. 나는 나를 좌절시키는 단어를 내 사전에서 단칼에 지워버렸고, 마침내 단호한 결심도 무너뜨릴 수 있는 나쁜 감정(우울함)을 없애버렸다. **당신이 사용하고 있는 일련의 단어들이 당신을 무기력하게 만들고 있다면, 지금 당장 그 단어들을 없애고 당신에게 힘을 불어넣는 단어들로 대체하라!**

당신은 이에 대해 이렇게 말할지도 모른다. "그건 그저 이론일 뿐이지요. 안 그런가요? 그런 말장난을 한다고 해서 달라질 게 뭐가 있단 말입니까?"

내 대답은 이렇다. "단지 단어만 바꾼다고 해서 경험 자체가 달라지는 것은 아닙니다. 하지만 당신이 사용하는 단어가 당신의 습관적인 감정 패턴을 깨뜨린다면 **모든 것이 바뀔 것입니다.** 우리의 감정적 경험을 변화시키는 어휘를 효과적으로 사용한다면, **빈약하고 부실한 옛 패턴을 깨뜨리고, 우리를 미소 짓게 만들며, 전혀 다른 감정이 일어나게 하고, 우리의 마음상태를 변화시키고, 훨씬 더 지적인 질문을 하게 해줄 것입니다.**"

예를 들어 내 아내와 나는 예민하고 성질이 급한 사람이다. 그래서 결혼 초기에 우리는 '꽤 격렬한 논쟁'에 빠지곤 했다. 하지만 경험에 붙이는 라벨(사용하는 말)이 경험을 바꾸는 힘이 있다는 것을 알고 난 뒤에는 우리의 '논쟁'을 '영적인 토론'이라고 부르기로 했다. 이후 '논쟁'에 대한 우리의 전체적인 인식이 변화되었다. '영적인 토론'은 '격렬한 논쟁'과는 다른 규칙을 갖게 되었고, 감정적 강도도 확실히 달라졌다. 7년이 지났지만 우리는 예전에 '격렬한 논쟁'을 할 때 보였던 습관적인 감정 강도 수준으로 결코 되돌아가지 않았다.

나는 또 수식어를 사용하면 감정의 강도를 좀 더 부드럽게 할 수 있다는 것을 깨닫기 시작했다. 예를 들어 "단지 **약간**just a bit 언짢은 것뿐이야"라거나 "기분이 **조금**a tad 좋지 않아"라고 말하는 것이다. 요즘 내 아내 베키는 조금 실망스러울 때 이렇게 말한다. "조금smidge 짜증나려고get ceanky 해." 그러면 우리는 둘 다 웃고 만다. 우리의 옛 패턴을 깨뜨렸기 때문이다. 우리의 새 패턴은 좌절시키는 감정이 우리를 속상하게 만들기 전에 먼저 농담을 하는 것이다. "괴물이 자라기 전에 죽인 것이다."

내 좋은 친구 켄 블랜차드Ken Blanchard에게 '경험을 변화시키는 어휘'를 구사하는 기술에 관해 이야기했더니, 그는 자신의 마음상태를 바꾸기 위해 사용하는 몇 가지 단어에 얽힌 이야기를 내게 들려주었다. 그중 하나는 그가 아프리카 사파리를 여행할 때 사용하게 된 단어에 얽힌 이야기였다. 사파리 여행 중에 그가 타고 가던 트럭이 고장 났다. 그는 아내 마지Marge를 보며 "음, 좀 불편하겠군"이라고 말했다. 그 말이 그들의 마음상태를 바꾸는 데 매우 효과가 있었기 때문에 이후로도 그 말을 수시로 사용한다고 한다. 예를 들어 골프를 칠 때 샷이 원하는 대로 되지 않으면 그는 "재미없는 샷이 또 나왔군"이라고 말한다. 이처럼 작은 변화가 우리 감정의 방향을 바꾸고 나아가 우리 삶의 질까지도 바꿔놓는다.

'경험을 변화시키는 어휘'를 사용해 다른 사람을 도울 수 있다

말의 힘을 이해하면, 당신이 사용하는 말뿐만 아니라 주변 사람들이 사용하는 말에도 매우 민감해진다. 나는 '경험을 변화시키는 어휘'를 새롭게 이해하면서 주변의 다른 사람들도 도울 수 있었다. 내가 이 기술을 처음으로 의식적으로 사용하기 시작한 때를 결코 잊지 못할 것이다. 매우 성공한 사업가였지만 힘든 시기를 겪고 있던 친구 짐을 도와준 일이다. 나는 그가 그렇게까지 풀이 죽은 것을 본 적이 없었다.

나는 그가 자신이 얼마나 우울한지 설명하는 20분 동안 '우울하다' depressed라는 말을 최소한 12번 이상 사용하고 있다는 것을 알아챘다. 그래서 '경험을 변화시키는 어휘'가 그의 상태를 바꾸는 데 얼마나 빨리 도움이 되는지 알아보기로 했다. 나는 그에게 이렇게 물었다.

"자네 정말로 우울한 거야, 아니면 그저 약간의 욕구불만을 느끼는 정도인 거야?"

"정말로 심한 욕구불만을 느끼고 있다네."

"내가 보기에 자네는 아주 긍정적인 변화를 보이고 있어서 곧 좋아질 것 같네만."

그가 자기도 그렇게 생각한다고 말했고, 나는 그가 사용하는 말이 그의 마음상태에 어떤 영향을 미치는지 설명해주면서 이렇게 말했다.

"내 부탁 하나 들어주겠나? 앞으로 열흘 동안 '우울하다'라는 말을 단 한 번이라도 쓰지 않겠다고 약속해주게. 만약 그 말이 다시 튀어나오려고 하면 즉시 자네에게 힘을 불어넣는 다른 단어로 대체하게나. 예를 들면 '우울하다'라는 말 대신에 '좀 울적하군' feel a little bit down 또는 '곧 나아질 거야' '내가 상황을 반전시키고 있으니까'라고 말하는 거지."

그는 그렇게 해보겠다고 말했고, 이후에 무슨 일이 일어났는지는 익히 짐작할 수 있을 것이다. 그저 말 몇 마디만 바꾸었을 뿐인데 그의 감정 패턴이 완전히 변화되었다. 그는 더 이상 이전과 같은 고통을 느끼지 않았고, 풍성한 마음상태를 유지할 수 있었다. 2년 후 내가 이 책을 쓰면서 그의 경험을 소개하고 있다고 귀띔해주자, 그는 그 이후 하루도 우울함을 느끼지 않았다고 실토했다. 비록 약간 울적한 기분이 들더라도 다시는 '우울하다'라는 단어를 쓰지 않았기 때문이다. '경험을 변화시키는 어휘'의 진가는 그것이 매우 쉽고 간단하다는 것이다. 하지만 그 효과는 정말 심오하다. 비록 매우 쉽고 간단하지만 두루 적용하기만 하면 당신의 삶을 즉시 변화시킬 수 있는 힘을 가지고 있다.

단어 하나를 바꿈으로써 어떤 변화가 일어날 수 있는지 보여주는 훌륭한 사례를 소개하고자 한다. 몇 년 전 전국 트럭화물서비스 회사인 PIE에서 일어난 일이다. 이 회사의 경영진은 회사의 모든 운송 계약의 60%가 잘못 처리되는 바람에 연간 25만 달러 이상의 손실이 발생한다는 것을 알게 되었다. 회사는 원인을 찾기 위해 W. 에드워드 데밍 박사를 고용했다. 그는 원인을 파헤친 끝에 오류의 56%가 작업자들이 컨테이너 식별에 착오를 일으켰기 때문이라는 사실을 밝혀냈다. 회사 경영진은 데밍 박사의 조언에 따라 회사 전반에 걸친 품질개선 방법을 찾기로 결정했고, 이를 위한 최선의 방법은 작업자들이 자신들을 평가하는 관점을 바꾸는 것이라고 생각했다. 그래서 그들에게 작업자나 트럭 운전자라는 명칭 대신 '장인'이라는 명칭을 사용하도록 했다.

처음에는 사람들이 회사의 그런 결정이 의아하다고 생각했다. 호칭을 바꾸는 게 무슨 변화를 일으킨단 말인가? 실제로 그들에게 바뀐 것은 아무것도 없었다. 그들을 지칭하는 호칭 외에는 말이다. 하지만 이 호칭을 계속 사용하면서 직원들은 자신들을 진짜 '장인'으로 인식하기 시작했고, 30일도 채 되지 않아 회사의 선적 오류는 56%에서 10% 이하로 떨어졌다. 결국 1년에 25만 달러 가까운 비용을 절약할 수 있었다.

이것이 바로 '경험을 변화시키는 어휘'의 진실이다. **기업 문화에서든 개인 차원에서든, 우리가 사용하는 단어들은 우리의 현실적 경험에 깊은 영향을 미친다.** 내가 카이젠(改善)이라는 일본 단어를 쓰는 대신 CANI라는 단어를 만든 이유는 끊임없는 개선이라는 철학과 사고 패턴을 한 단어로 집약하기 위한 것이었다. 당신이 어떤 단어를 꾸준히 사용하기 시작하면, 그 단어가 당신이 생각하는 방식에 영향을 미친다. 우리가 사용하는 단어들은 우리의 생각과 의도를 담고 있다. 그래서 사람들은 항상 새로운 단어를 발명한다. 영어는 새로운 단어와 개념을 받아들이는 데 아주 탁월한 언어다. 우리가 사전에서 보는 많은 단어들은 외국어에서 기원한 것도 있지만, 특히 각종 이익단체들이 만든 것이 많다는 것을 알 수 있다.

예를 들어 서핑 문화권의 사람들은 파도에 대한 그들의 '완전 멋진' 경험을 표현하기 위해 '대단한'tubular이나 '근사한'rad 같은 단어를 만들어냈다. 그들끼리 사용하던 용어가 점차 널리 확산되면서 많은 사람이 공통적으로 사용하는 은어가 되었고, 마침내 우리가 생각하는 방식이 되었다. 이는 우리 주변 사람들이 쓰는 단어들이나 우리가 자주 쓰는 단어들을 선택하는 데 의식적으로 주의를 기울여야 한다는 점을 다시 일깨워준다. 당신이 '죽고 싶다' 같은 말을 자주 사용한다면, 감정적 고통을 실제로 목숨을 위협할 수 있는 수준으로 즉각적으로 끌어올릴 수 있다. 혹은 당신이 사귀고 있는 연인에게 "우리 헤어져요"라는 말을 자주 한다면 실제로 관계가 끝날 가능성을 만들어낼 수도 있다. '죽고 싶다'라는 말 대신 '좀 힘들어요'라는 말을 쓰거나, '우리 헤어져요'라는 말 대신 '나 지금 화났어요'라는 말을 쓴다면, 당신은 문제를 해결할 수 있는 훨씬 더 좋은 기회를 갖게 될 것이다.

직업인들은 대부분 자신이 하는 일이나 그 일의 특성을 표현하기 위해 자주 사용하는 특정한 단어들이 있다. 예를 들어 연예인들은 무대에 오르기 직전에는 위에 긴장감이 느껴지고, 호흡이 바뀌며, 맥박이 빨라지고, 땀이 나기 시작한다고 한다. 어떤 연예인들은 이런 현상을 공연을 준비하면서 생기는 자연스러운 부분으로 간주하는 반면, 또 어떤 연예인들은 공연이 실패할 조짐이라고 생각하기도 한다. 인기가수 칼리 사이먼Carly Simon은 이를 '무대 공포증'이라고 불렀는데, 그녀는 이 증상 때문에 몇 년 동안 라이브 공연을 하지 못했다. 반면 유명 록가수 브루스 스프링스틴Bruce Springsteen은 긴장감을 느끼지만, 이를 단지 '열정' 때문이라고 간주한다! 그는 수천 명의 사람들을 즐겁게 하고 자신의 노래를 좋아하게 만드는 놀랍고 강력한 경험을 하게 될 것이라는 생각에 빨리 무대에 서고 싶은 생각뿐이다. 위의 긴장감은 브루스 스프링스틴에게는 그를 응원하는 친구였지만, 칼리 사이먼에게는 그녀를 괴롭히는 적군이었다.

평범한 표현,
강력한 표현

당신이 느꼈던 모든 부정적인 감정의 강도를 낮춰서 더 이상 그런 감정으로부터 크게 영향을 받지 않을 수 있다면, 그래서 언제나 자신의 인생을 주도할 수 있다면, 당신 인생은 어떻게 바뀔 수 있을까? 또는 당신의 가장 긍정적인 감정을 강화시켜서 인생을 더 높은 수준으로 끌어올릴 수 있다면? 물론 당신은 이 두 가지 모두를 즉시 할 수 있다. 그러기 위해서 첫 번째 해야 할 숙제는 이것이다.

지금 당장 잠시 시간을 내서, 당신이 기분이 좋지 않을 때 수시로 사용하는 단어 세 가지를 적어보라. (지겹다, 좌절감을 느낀다, 실망스럽다, 짜증난다, 화난다, 모욕감을 느낀다, 상처받았다, 슬프다 등) 어떤 단어든 당신이 수시로 사용하며 당신을 무기력하게 만드는 말들이어야 한다. 그런 단어들을 찾기 위해 스스로에게 이렇게 질문해보라. "내가 지속적으로 느끼는 부정적인 감정들은 무엇인가?"

세 단어를 찾았으면 이제 그 단어들을 가지고 놀아보자. **아주 참을 수 없이 화가 난 상태라고 가정한 다음, 당신의 옛 패턴을 깨뜨리거나, 어떤 식으로든 당신의 부정적 감정의 강도를 낮추는 데 사용할 수 있다고 생각되는 몇 가지 새로운 단어들을 생각해보라.** 장기적으로 당신에게 도움이 될 단어를 선택하는 방법에 대한 단서를 준다면, 당신의 두뇌는 당신을 고통에서 벗어나 기쁨으로 이끌어주는 단어를 좋아한다는 점을 명심하라는 것이다. 그러므로 당신을 제한하는 옛 단어를 대체하고 싶은 단어를 선택하라. 내가 '화난다'라는 말 대신 '언짢다'나 '좀 불쾌하다'라는 말을 사용한 이유 중 하나는 그 말들이 매우 우습게 들리기 때문이다. 나 자신과 듣는 사람에게 그 말들은 옛 패턴을 완전히 깨뜨리는 것이고, 나는 옛 패턴을 깨뜨리는 것을 좋아하다 보니 이런 단어를 사용하는 것에서 재미와 즐거움을 얻는다. 당신도 옛 패턴을 깨뜨리다 보면 그 과정에 중독될 것이다. 당신이 이 과정을 시작하는 것을 돕기 위해 당신의 부정적 감정의 강도를 낮추는 데 사용할 수 있는 간단하고 재미있는 단어들을 소개한다.

부정적 감정 표현		대체 표현	
화가 난	**angry**	**시큰둥한**	**disenchanted**
걱정스러운	afraid	편치 않은	uncomfortable
불안한	anxious	조금 걱정되는	a little concerned
불안한	anxious	기대하는	expectant
혼란스러운	confused	궁금한	curious
우울한	**depressed**	**차분한**	**calm before action**
우울한	depressed	최상은 아닌	not on top of it
우울한	depressed	전환 중에 있는	on the road to a turn-around
완전 망한	destroyed	역행하는	set back

고약한	that stinks	향기가 적은	That's a little aromatic
진저리 난	pissed off	평범한	tinkled
실망스런	disappointed	감흥이 없는	underwhelmed
실망스런	disappointed	지연된	delayed
역겨운	disgusted	놀란	surprised
무서운	dread	도전이 되는	challenge
당황스러운	embarrassed	알고 있는	aware
당황스러운	embarrassed	자극받은	stimulated
기진맥진한	exhausted	재충전하고 있는	recharging
기진맥진한	exhausted	약간 처진	a little droopy
실패	failure	실수하다	stumble
실패	**failure**	**배우는 중**	**learning**
실패	failure	교육받는	getting educated
두려움	fear	호기심	wonderment
두려운	fearful	궁금한	curious
겁먹은	frightened	탐구적인	inquiring
좌절한	frustrated	도전받다	challenged
좌절한	frustrated	매료된	fascinated
격분한	furious	정열적인	passionate
모욕적인	humiliated	편치 않은	uncomfortable
모욕적인	humiliated	놀란	surprised
상처받은	hurt	괴로운	bothered
상처받은	hurt	얻어맞다	dinged
싫어하다	**I hate**	**선호하다**	**I prefer**
조급한	impatient	기대하는	anticipating
불안한	insecure	미심쩍은	questioning
무시당한	insulted	오해받은	misunderstood
무시당한	insulted	오인된	misinterpreted
짜증 난	**irritated**	**자극받은**	**stimulated**
짜증 난	irritated	헷갈린	ruffled
질투심 많은	jealous	사랑이 넘치는	overloving
게으른	lazy	에너지를 비축하는	storing energy
외로운	lonely	시간 있는	available

외로운	lonely	잠시 혼자 있는	temporarily on my own
잃어버린	lost	찾고 있는	searching
신경질 나는	nervous	원기 왕성한	energized
과부하 걸린	overloaded	최대한 노력하는	stretching
압도당한	overwhelmed	조금의 불균형	some imbalance
압도당한	overwhelmed	바쁜	busy
압도당한	overwhelmed	문제가 생긴	challenged
압도당한	overwhelmed	할 일이 많은	in demand
압도당한	overwhelmed	기회가 많은	many opportunities
압도당한	**overwhelmed**	**극대화된**	**maximized**
압도당한	overwhelmed	동요하는	moving and shaking
아픈	painful	불편한	uncomfortable
겁에 질린	petrified	문제가 생긴	challenged
거절당한	rejected	빗나간	deflected
거절당한	rejected	배우는 중	learning
거절당한	rejected	간과된	overlooked
거절당한	rejected	과소평가된	underappreciated
거절당한	**rejected**	**오해받은**	**misunderstood**
슬픈	sad	생각 중	sorting my thoughts
겁먹은	scared	신난	excited
이런, 젠장	oh, shit	오, 이런	oh, poo
지긋지긋한	sick	정화 중	cleansing
압박받는	stressed	바쁜	busy
압박받는	stressed	축복받는	blessed
압박받는	stressed	원기 왕성한	energized
바보 같은	stupid	깨우치는 중	discovering
바보 같은	stupid	지혜가 부족한	unresourceful
바보 같은	stupid	배우는 중	learning
끔찍한	**terrible**	**특이한**	**different**

이제 당신은 이보다 더 나은 목록을 만들 수 있다. 그러니 먼저 당신 삶에서 부정적인 감정을 불러일으키는 습관적 단어 세 개를 쓴 다음, 그 옆에 당

신을 웃게 만들거나 부정적 감정의 강도를 낮춤으로써 옛 패턴을 깨뜨리는 대체 단어를 써보라.

무기력하게 만드는 옛 단어	**힘을 불어넣는 새 단어**
1. ________________	1. ________________
2. ________________	2. ________________
3. ________________	3. ________________

하지만 당신이 새 단어들을 정말로 사용하게 될지 어떻게 확신할 수 있을까? 답은 간단하다. 바로 NAC 6단계를 따르는 것이다. 6장에서 살펴본 신경연상회로 조건화의 첫 두 단계를 기억하는가?

1 단계: 당신의 삶에서 기쁨에 더 전념하고 고통은 줄이겠다고 결단하라. 당신이 기쁨을 얻지 못하도록 방해하는 것은 부정적인 감정을 강화시키는 언어를 사용하기 때문임을 명심하라.

2단계: 이 세 가지 새 단어를 사용할 수 있도록 지렛대를 활용하라. 지렛대를 활용하는 한 가지 방법은 당신이 좋은 기분을 선택할 수 있는데도 스스로 화를 내는 것이 얼마나 어리석은 일인지 생각해보는 것이다. 지렛대를 활용하는 더 강력한 방법은 내가 한 방법을 시도해보는 것이다. 바로 세 명의 친구에게 당신이 대체하려는 말을 미리 공개적으로 알려주는 것이다. 예컨대 나는 살면서 좌절한 적이 너무 많았기 때문에 이제는 더 이상 좌절하지 않고 그 일에 '매료되기로' 결심했다고 친구들에게 공지하는 것이다. 나는 또 '이 일을 꼭 해야 해'라고 생각하면서도 스트레스를 받는 경우가 많았다. 그래서 내가 얼마나 운이 좋은 사람인지 끊임없이 상기시켰다. 그리고 그것이 내 경험을 실제로 변화시켰기 때문에 "나는 이 일을 할 수 있어"

라고 말하기 시작했다. 그 이후로는 '이 일을 해야 해'라고 말할 필요가 없어졌다! 그리고 '화났어'라고 말하는 대신 '불쾌해' '언짢아' '좀 걱정되는걸'이라는 말을 쓰겠다고 친구들에게 말했다.

나는 앞으로 열흘 동안 예전에 쓰던 단어가 다시 튀어나온다면 즉시 옛 패턴을 깨고 새 단어로 대체하겠다고 친구들에게 약속했다. **새 단어를 쓰기로 약속하고 이를 실천하며 즐기다 보니 새로운 패턴을 확립할 수 있게 되었다.** 친구들은 내가 궤도를 벗어나면 곁에서 도와주었다. 내가 조금이라도 빗나가면 그들은 즉시 내게 묻는다.

"토니, 자네 지금 화낸 거야, 잠깐 언짢아한 거야?" "자네 또 좌절한 거야, 아니면 매료된 거야?" 물론 나는 친구들에게 그런 조언을 나를 협박하는 무기로 삼지 말고 나를 돕는 도구로 사용하라고 분명히 말해두었다. 어쨌든 짧은 시간 안에 새로운 언어 패턴이 나의 지속적인 접근방식이 되었다.

그렇다고 해서 내가 결코 '화를 내지' 않을까? 물론 그렇지는 않다. 분노도 때로는 쓸모 있는 감정이 될 수 있다. 단지 부정적인 감정이 맨 먼저 나와서는 안 된다는 것이다. 우리는 감정 선택의 폭을 넓혀야 한다. 액체 상태의 감정을 쏟아붓는 틀(감정을 표현하는 단어)을 가급적 많이 보유하면, 삶에서 더 많고 다양한 감정을 품을 수 있다.

당신이 정말로 이런 변화를 만들고 싶다면, 친구 세 명에게 당신의 의도와 사용하고 싶은 단어에 대해 설명하고, 당신의 옛 패턴을 깨뜨리겠다고 약속하라. 그리고 그들에게 당신이 '예전의 단어를 그대로 사용하는지, 새 단어를 쓰는지' 지적해달라고 정중히 부탁하라. 새로 대체한 단어를 사용할 때마다 즉각적인 기쁨으로 자신에게 보상하라. 그러면 당신은 완전히 새로운 차원의 인생을 개척하게 될 것이다.

물론 '경험을 변화시키는 어휘'를 사용하는 것은 부정적 감정의 강도를 낮추는 데에 국한되지는 않는다. 그것은 긍정적인 감정의 강도를 더 높이는 데에도 사용될 수 있다. 예를 들어 누군가 당신에게 요즘 어떻게 지내느냐고 물을 때 그냥 '괜찮게 지내요'okay나 '그저 그래요'so-so라고 말하는 대신 '요즘 끝내줘요!'spectacular라고 외치면 그들을 크게 감동시킬 수 있다. **단어 하나를 바꾸는 단순한 일이지만 그것이 당신의 신경계에 새로운 패턴, 즉 기쁨으로 가는 새로운 신경 고속도로를 만들어준다.** 이번에는 '괜찮게 지내요'just okay라는 의미로 당신이 수시로 사용하는 단어, 즉 '잘 지내고 있어요'feel good, '좋아요'fine, '아무 문제없어요'Things are all right 같은 습관적인 표현 세 가지를 적고, 그 옆에 당신에게 영감을 주는 새로운 단어 세 가지를 써보라. 몇 가지 보기를 원한다면 다음 목록에서 재미있다고 생각되는 표현에 동그라미를 쳐보라.

좋은 말		더 좋은 말	
기민한	alert	원기 왕성한	energized
좋아	all right	훌륭해	superb
매력적인	attractive	눈부신	gorgeous
감정이 생기다	awake	몹시 하고 싶다	raring to go
편안한	comfortable	엄청난	smashing
자신 있는	confident	멈출 수 없는	unstoppable
만족스러운	content	평온한	serene
근사한	cool	멋진	outrageous
궁금한	curious	매료된	fascinated
단호한	determined	멈출 수 없는	unstoppable
원기 왕성한	energized	강력한	turbo-charged
열정적인	enthusiastic	신난	excited
신난	excited	황홀한	ecstatic
신난	excited	정열적인	impassioned
신난	excited	멋진	outrageous

환상적인	fantastic	굉장한	fabulous
빠른	fast	총알 같은	ballistic
기분 좋은	feeling good	기운이 흘러넘치는	cosmically charged
기분 좋은	feeling good	엄청난	just tremendous
좋은	fine	아주 멋진	awesome
집중하고 있는	focused	원기 왕성한	energized
운이 좋은	fortunate	놀라울 정도로 축복받은	unbelievably blessed
배부른	full	충만한	replete
재미있는	fun	쾌활한	vivacious
기쁜	glad	하늘을 떠다니는 듯한	over the moon
좋은	good	더할 나위 없이 훌륭한	better than excellent
좋은	good	굉장한	dynamite
좋은	good	더 좋을 수 없는	just doesn't get any better
좋은	good	마법 같은	magic
좋은	good	설레는	vibrant
멋진	great	열광적인	exuberant
멋진	great	통쾌한	exhilarated
멋진	great	죽여주는	killer
멋진	great	믿을 수 없는	incredible
멋진	great	경이적인	phenomenal
행복한	happy	황홀한	ecstatic
행복한	happy	신나는	jazzed
행복한	happy	기뻐 날뛰는	stoked, exuberant and hyped
행복한	happy	무아지경인	totally blissed
강렬한	intense	섬광 같은	laser-like
관심 있는	interested	홀린	enthralled
흥미로운	interesting	마음을 사로잡는	captivating
좋아하다	like	어쩔 줄 모르다	enraptured
좋아하다	like	우상화하다	idolize
좋아하다	like	만끽하다	relish
사랑하는	loved	흠모하는	adored
사랑스러운	loving	사랑이 샘솟는	exuding love
사랑스러운	loving	정열적인	passionate

자극받은	motivated	거역할 수 없는	compelled
자극받은	motivated	이끌린	driven to
자극받은	motivated	도취된	juiced
전진하는	moving forward	최고 속력으로	moving at warp speed
좋은	nice	환상적인	fantastic
좋은	nice	장관을 이루는	spectacular
괜찮은	no problem	행복한	happy to
나쁘지 않은	not bad	더할 나위 없이 좋은	couldn't be better
좋은	okay	원기 왕성한	energized
좋은	okay	환상적인	fantastic
좋은	okay	완벽해!	perfect!
주의를 기울이는	paying attention	초점을 맞추는	focused
평화로운	peaceful	평온한	serene
완벽한	perfect	비범한	extraordinary
즐거운	pleasant	기념비적인	monumental
강력한	powerful	천하무적의	invincible
꽤 좋은	pretty good	딱 맞는	coolamundo
꽤 좋은	pretty good	대단한	great
고조시키는	pumped up	솟구치는	soaring
빠른	quick	폭발적인	explosive
풍부한	resourceful	눈부신	brilliant
만족한	satisfied	충분히 만족한	satiated
안전한	secure	중심이 잡힌	centered
안전한	secure	자신 있는	confident
안전한	secure	대담한	emboldened
안전한	secure	강력해진	empowered
영리한	smart	재능 있는	gifted
자극받은	stimulated	기분 좋은	charged up
강한	strong	천하무적의	invincible
훌륭한	super	굉장한	booming
멋있는	tasty	화려한	sumptuous
대단한	terrific	황홀한	ecstatic

평범한 기존 단어	강화된 새 단어
1. ________________	1. ________________
2. ________________	2. ________________
3. ________________	3. ________________

이런 강력하고 긍정적인 새로운 단어를 쓴다는 것을 세 명의 친구에게 미리 밝히고, 실천하면서 그것을 즐겨보라!

고통으로 이끄는 부정적 감정을 완화하라

'경험을 변화시키는 어휘'가 우리 자신과 다른 사람들에게 미치는 영향은 아무리 강조해도 지나치지 않다. 우리는 부정적 감정은 **완화시키는 단어** softener를, 긍정적 감정은 **강화시키는 단어** intensifier를 적절하게 구사할 줄 알아야 한다. 이런 단어들은 잘 사용하면 연인과의 관계에서나, 사업상의 협상에서나, 그 외에 어떤 시나리오에서든 다른 사람들을 다루는 일에 정확성을 기할 수 있다.

몇 년 전 회사 일이 잘 풀리지 않고 있다는 생각이 들어서 관계자 몇 명에게 전화를 걸어 "정말 속상하네" "정말 걱정돼" 따위의 말을 쏟아부었다. 이후 무슨 일이 벌어진 줄 아는가? 나의 그런 언어 패턴이 비록 본의가 아니었다 하더라도, 상대방의 자동 반응을 일으켰다. 그들은 자동적으로 방어적 태도를 보였고, 그것은 우리 앞에 놓인 문제에 대한 해결책을 찾지 못하게 만들었다.

나는 내가 한 말 대신 이렇게 말했어야 했다(비록 좀 강한 느낌은 나지만). "약간 염려되는군I'm a little bit concerned. 나 좀 도와주겠나?" 이런 식으로 말을 하면 무엇보다 내 감정을 낮출 수 있다. 그러면 나뿐만 아니라 내가 소통하는 사람들에게도 이익이 된다. 왜냐고? '염려된다'는 '걱정된다'와는 매우 다른 단어이기 때문이다. '걱정된다'는 말은 상대방의 능력에 대해 믿음이 없다는 인상을 줄 수 있다. 또 '약간'이라는 말을 덧붙이면 메시지가 훨씬 부드러워진다. 이처럼 부정적 강도를 낮추자, 상대방은 주눅이 들지 않은 상태에서 반응할 수 있었고 결국 그들과의 의사소통 수준도 높일 수 있었다.

'경험을 변화시키는 어휘'가 가정에서도 효과를 발휘할 수 있을까? 물론이다. 당신이 자녀들과 의사소통하는 습관은 어떤가? 우리는 우리가 하는 말이 자녀들에게 얼마나 큰 영향을 미치는지 깨닫지 못하는 경우가 많다. 어린이들도 어른들처럼 개인적으로 상황을 받아들이기 때문에 무심코 던진 말이 그들에게 미치는 영향에 대해 민감하게 생각해야 한다. 참을성 없이 "너 정말 멍청하구나!"라거나 "너 정말 형편없구나!" 같은 말들을 쏟아내는 것은 아이들의 자존감을 무참하게 짓밟는 것이다.

그런 말을 하는 대신 "네 행동을 보니 조금 언짢아지는구나. 이리 와서 그 문제에 대해 함께 이야기해 보자꾸나" 같은 말로 대체해보라. 그러면 당신의 옛 패턴을 깨뜨릴 수 있을 뿐 아니라, 당신과 아이들 모두 더 지적인 상태에서 자신의 감정과 요구를 전달할 수 있다. 더불어 아이들에게 문제가 자기 자신에게 있는 게 아니라 자신의 행동에 있는 것뿐이며 그런 행동은 언제든 바꿀 수 있다는 메시지를 전해줄 수 있다. 이것이 바로 〈리얼리티

브리지〉Reality Bridge*이며, 당신과 자녀 사이에도 강력하고 긍정적인 영향을 미칠 수 있는 의사소통의 기반이 될 수 있을 것이다.

핵심은 옛 패턴을 깨뜨리는 것이다. 그렇지 않으면 당신은 자원이 부족한 상태에 빠져 나중에 후회할 말들을 자신도 모르게 쏟아내게 될 것이다. 이로 인해 얼마나 많은 관계가 파괴될지 아는가? 우리가 화난 상태에서 말을 쏟아내면, 누군가의 감정을 상하게 할 뿐 아니라 그들로 하여금 보복하고 싶게 만들거나 너무 상처를 받은 나머지 다시는 당신에게 마음을 열고 싶지 않게 만든다. 그것이 바로 4장의 제목처럼 말에는 창조하는 힘과 파괴하는 힘이 모두 들어 있다는 것을 깨달아야 하는 이유다.

"독일 국민은 전쟁을 좋아하는 사람들이 아니다.
그들은 단지 용감한 사람들일 뿐이다. 그들은 전쟁을 원하지는 않지만 두려워하지도 않는다. 그들은 평화를 사랑하지만 명예와 자유도 소중히 여기는 국민이다."
– 아돌프 히틀러 Adolf Hitler

히틀러가 한 국가의 좌절감을 소수 민족에 대한 증오로 변질시키고 세계 정복이라는 욕망을 부추겨 독일 국민들이 전쟁에 참여하도록 설득했을 때도 그랬듯이, 인류 역사에서 선동가들은 살인을 부추기고 복종을 강요하기 위해 말을 이용해왔다. 사담 후세인이 쿠웨이트 침공과 그 후의 적대 행위를 지하드jihad, 즉 '성전'(聖戰)이라고 명명한 것도 전쟁 명분의 정당성에 대한 이라크 시민들의 인식을 바꾸기 위한 것이었다.

* 〈리얼리티 브리지〉 프로그램은 우리 회사 라빈스 석세스 시스템이 경영진 상호간, 그리고 경영진과 직원들 간의 상호작용을 고취하기 위한 기업 훈련 프로그램에서 사용하는 커뮤니케이션 전략이다.

경험을 재정립하기 위해 말을 신중하게 사용한 사례는 최근의 역사에서도 종종 찾아볼 수 있다. 1990년에 발발한 페르시아만 전쟁(걸프 전쟁) 동안 군사적 용어는 더욱 복잡해졌지만 실제 일어나고 있는 파괴의 영향을 완화시키는 역할을 하기도 했다. 예를 들어 레이건 행정부는 핵무기인 MX 미사일을 '피스키퍼'PeaceKeeper라고 불렀다. 아이젠하워 정부는 한국전쟁을 일관되게 '국지적 군사행동'police action이라고 불렀다.

우리가 사용하는 단어들은 우리의 경험을 자신에게뿐만 아니라 다른 사람들에게도 전달하는 역할을 하기 때문에 정확해야 한다. 다른 사람들과의 의사소통 결과가 마음에 들지 않는다면, 당신이 사용하고 있는 말을 자세히 살펴보고 어휘 선택에 더 신중을 기하라. 물론 단어 하나 선택에 힘이 들 정도로 지나치게 민감하게 굴라는 얘기가 아니라, 당신에게 힘을 불어넣는 단어를 선택하는 것이 중요하다는 말이다.

그렇다면 부정적인 감정의 강도를 낮추는 것이 항상 도움이 될까? 그렇지는 않다. 때로는 변화를 일으키는 데 충분한 지렛대를 만들기 위해 우리 자신을 분노 상태에 빠뜨릴 필요가 있다. 11장에서 다시 자세히 이야기하겠지만, 인간의 모든 감정은 각자 자기의 자리가 있다. 그러나 우리는 처음부터 부정적이고 격렬한 감정상태에 빠져서는 안 된다. 오해하지 말기 바란다. 나는 당신이 어떤 부정적인 감정도 없는 삶을 살아야 한다고 요구하는 게 아니다. 부정적 감정은 자신이 있어야 할 중요한 장소가 있다. 다음 장에서 그에 대해 알아볼 것이다. 우리의 목표는 고통을 덜 느끼고 더 많은 즐거움을 느끼는 삶을 지속하는 것이다. '경험을 변화시키는 어휘'의 사용을 숙달하는 것은 그 목표를 향한 가장 간단하고도 강력한 단계다.

당신의 경험을 표현하는 말(경험에 붙이는 라벨)에 주의하라. 어떤 말로 표현하느냐가 당신의 경험을 제한한다. 1장에서 나는 한때 '학습장애'라는 딱지가 붙었다가 지금은 천재로 평가받는 소년에 대해 언급했다. 사용하는 단어 하나만 바꾸어도 자신에 대한 인식을 얼마나 근본적으로 변화시킬 수 있는지, 그리고 지금 얼마나 놀라운 능력을 발휘하고 있는지 상상해보라. 당신은 어떤 사람으로 표현되고 싶은가? 다른 사람들이 당신을 어떤 말로 부르게 하고 싶은가?

우리는 다른 사람의 라벨을 받아들일 때 매우 조심해야 한다. 어떤 경험에 특정한 라벨을 일단 붙이면 우리는 그 라벨에 상응하는 감정을 만들어내기 때문이다. 병명을 붙이는 것이 대표적인 예다. 정신신경면역학 분야를 연구하면서 우리가 사용하는 단어들이 강력한 생화학적 효과를 일으킨다는 내 생각이 더 견고해졌다. 노먼 커즌스와의 인터뷰에서 그는 지난 12년간 2,000명이 넘는 환자들을 대상으로 한 실험에 관해 이야기해주었다. 환자가 어떤 병의 진단을 받은 순간, 즉 자신의 증상에 암, 다중경화증, 심장병 같은 라벨이 붙는 것을 인식하는 순간, 증세가 더 나빠진다는 것이다. 그런 '라벨'들이 환자들에게 극심한 공포를 일으키는 경향이 있고, 실제로 우리 몸의 면역체계를 손상시켜 무력감과 우울증으로 이어진다는 것이다.

광고주들의 웃지 못할 해프닝

때로 어휘는 생각보다 훨씬 큰 변화를 가져오기도 하는데, 이는 몇몇 대기업 광고에서 확인할 수 있다. 펩시는 그들의 광고 슬로건 "펩시 세대들이여, 힘을 냅시다!"Come Alive! You're in the Pepsi Generation를 중국어로 번역했는데, 회사 직원은 수백만 달러를 쓴 이 문구가 중국어로 "펩시가 당신의 조상들을 무덤에서 일으킵니다!"라고 번역되어 있는 걸 보고 깜짝 놀랐다. 쉐보레도 라틴 아메리카에서 새 소형차 모델 노바Nova의 판매가 부진하자 이를 이상하게 생각했는데 알고 보니 no va가 스페인어로 "가지 않는다"라는 뜻이었다.

커즌스의 연구는 또 앞서 언급한 것과는 반대로, 환자들이 자신의 병에 붙여진 이름 때문에 생긴 우울증에서 벗어날 수만 있다면, 면역체계도 그에 부응해 자동적으로 호전된다는 것을 밝혀냈다. 커즌스는 이 같은 연구 결과를 설명하면서 다음과 같이 말했다. "**말이 병을 만들 수도 있고, 병을 없앨 수도 있습니다.** 그래서 현명한 의사들은 환자들과의 의사소통에 매우 신중을 기하지요."

우리 그룹의 경영실습 회사인 포춘 매니지먼트Fortune Management가 의사들과 협력해 그들이 사업을 구축하는 것을 돕고, 환자의 치료에 더 기여할 수 있도록 환자들의 민감한 감정을 다루는 법을 가르치는 것도 바로 이런 이유 때문이다. **당신이 사람들을 다루는 직업에 종사한다면, 말이 주변 사람들에게 미치는 영향력을 이해하는 것은 필수적이다.**

당신이 아직도 말의 힘을 믿지 못하겠다면, 당신이 '경험을 변화시키는 어휘'를 시험해보고 무슨 일이 일어나는지 직접 확인해보라. 나는 세미나에서 "이 사람이 내게 한 짓을 생각하면 너무 화가 납니다!" 같은 말을 하는 사람들을 종종 본다. 그러면 나는 그들에게 묻는다. "화가 난 건가요, 아니면 마음이 상한 건가요?" 그러면 그 질문만 듣고도 자신의 상황을 즉시 재평가한다. 마침내 그들이 새로운 단어를 선택하며 "내 마음이 상했던 것 같아요"라고 말하는 것을 보면, 그들의 생리기능이 부정적 감정의 강도를 완화시켰다는 것을 알 수 있다. 분노를 다루는 것보다는 상한 마음을 다루는 것이 그들에게는 훨씬 더 쉬운 일이다.

당신은 또 지금까지 생각하지도 못했던 분야에서도 감정 강도를 낮추려는 시도를 할 수 있다. 예를 들어 "배고파 죽겠어"라고 말하는 대신 "좀 출출한데"라고 말하면 어떨까? 그런 말을 사용하면, 당신도 내가 그랬던 것처럼 당신의 식욕 강도를 순식간에 낮출 수 있다는 것을 알게 될 것이다. 사람들은 자신을 극단적인 감정상태로 몰아넣는 습관적 패턴 때문에 과식하는 경우가 많다. 그중 일부는 습관적으로 사용하는 말에서 시작된다.

최근에 진행한 〈운명과의 데이트〉 세미나에서 마음상태를 즉시 바꾸는 단어를 사용하는 힘을 다시 한번 목격했다. 한 여성 참가자가 저녁식사를 마치고 돌아왔는데 매우 기분이 좋아 보였다. 그녀는 저녁식사 전만 해도 울고 싶은 충동에 휩싸였고 마침내 울부짖으며 방을 뛰쳐나왔다고 말했다.

"모든 것이 뒤죽박죽이었어요. 금방이라도 폭발할 것 같았습니다. 몸에 무슨 이상이라도 생길 것 같았습니다. 하지만 혼자 중얼거렸죠. '아냐, 아냐. 곧 좋아질 거야.' 그러자 웃음이 나오더군요. '그래. 마침내 돌파구가 생길 거야'라는 생각이 들었습니다."

그녀가 바꾼 것은 말 한마디에 불과했지만 자신이 처한 상황을 묘사하는 라벨링 과정(어휘 구사)을 통제함으로써 자신의 마음상태와 경험에 대한 인식을 완전히 바꾸었고, 마침내 현실을 변화시킬 수 있었다.

바로 지금이 기회다. 당신이 쓰는 말을 통제하라. 당신이 습관적으로 사용하는 말에 주목하고, 당신에게 힘을 불어넣어주고, 감정의 강도를 적절히 높이거나 낮추는 말로 대체하라. 오늘부터 당장 시작하라. 지금까지 배운 일련의 과정을 실천하라. 대체할 말을 적고, 그것을 사용하기로 결심하고, 계속 실행하라. 다른 것 필요 없이 이 간단한 도구 자체만으로도 무엇을 성취할 수 있는지 보라.

다음 장에서 살펴볼 내용도 당신의 감정을 지속적으로 관리할 수 있는 힘을 불어넣는 것과 똑같이 재미있고 간단한 것이다. 바로 비유적 표현이 가져다주는 가능성이다.

10장

비유 : 운명을 만드는 기적의 힘

"비유는 아마도 인간의 가장 풍성한 잠재력 중 하나일 것이다. 비유의 효능은 마법에 가깝고, 하나님이 인간을 만들 때 깜박 잊고 그 안에 그대로 남겨둔 창조 도구처럼 보인다."

– 호세 오르테가 이 가세트Jose Ortega Y Gasset, 스페인 철학자

"이제 마지막까지 왔어."I'm at the end of my rope*

"더 이상 한계를 극복할 수 없어."I can't break through the wall

"머리가 터질 것 같아."My head is about to burst

"지금이 기로야."I'm at a crossroads

"완전 실패야."I struck out

"기뻐서 어쩔 줄 모르겠어."I'm floating on air

"할 일이 너무 많아."I'm drowning

"정말 행복해요."I'm happy as a lark

"막다른 길에 다다랐어."I've reached a dead end

"내 책임이 아주 막중해."I'm carrying the world on my shoulders

"인생은 즐거워."Life is a bowl of cherries

"지금 최악이야."Life is the pits

* 이하 비유적 표현의 예시인데 번역문만 보면 비유인지 알 수 없어 원문을 병기하였다. _옮긴이

지난 장에서는 우리의 삶을 형성하고 우리의 운명을 지시하는 말의 힘에 대해 살펴보았다. 이번 장에서는 더 많은 의미와 감정적 강도를 전달하는 특정 표현들을 살펴볼 것이다. 바로 **비유**다. 비유를 이해하기 위해서는 먼저 '상징'이 무엇인지 이해해야 한다. '기독교인'이라는 말과 '십자가' 이미지 중 어느 것이 당신에게 더 강력한 영향을 주는가? 대부분의 사람에게 십자가가 기독교인이라는 말보다 더 즉각적이고 긍정적인 감정을 만드는 힘을 더 많이 전달할 것이다. 십자가는 말 그대로 두 개의 선이 교차하는 형상에 불과하지만, 수백만 명의 사람들에게 하나의 표준과 생활방식을 전달하는 힘이 있다. 이제 그 십자가 끝을 비틀어 갈고리 형태로 만들고 이를 나치 Nazi라는 단어와 비교해보라. 어느 것이 더 부정적인 영향을 더 강력하게 발산하는가? 역시 대부분의 사람에게 하켄크로이츠가 나치라는 단어보다 더 강력하게 느껴질 것이다. 인간의 역사를 통틀어보면, 사람들의 감정적 반응을 촉발하고 행동을 부추기기 위해 상징이 사용되어왔다. 그리고 이미지, 소리, 물체, 특정 행동, 특정 단어 등 여러 가지가 상징으로 사용되었다. 단어가 상징적으로 사용되면 비유의 효과는 더욱 높아진다.

비유란 무엇인가? **우리가 어떤 개념을 다른 개념에 비교하여 설명하거나 전달하는 것이 바로 비유다.** 두 개념이 실제로는 비슷하지 않을 수도 있지만, 한 개념에 대해 잘 알고 있으면 다른 개념을 쉽게 이해할 수 있다. 비유는 상징이기 때문에 그 개념을 설명하는 전통적인 단어들보다 훨씬 더 빠르고 완벽하게 감정의 강도를 형성한다. 또 우리를 즉시 변화시킬 만큼 강력하다.

인간은 생각하고 말할 때 항상 비유를 사용한다. 우리는 '이도 저도 못하는 상황'에 처했을 때 "바위와 단단한 곳 사이에 끼어 있다"being caught between a rock and a hard place라고 말한다. 사람들은 또 '힘든 상황'에 처했을 때 "어둠 속에 있다"they're in the dark라거나 "머리를 물 위로 내밀기 위해 애쓰다"struggling to keep their head above water라고 말한다. 당신이 힘든 문제에 부딪혔을 때, '나는 지금 성공의 사다리를 오르는 중이야'climbing the ladder of success라고 생각하지 않고, '머리를 물 위로 내밀기 위해 애쓰고 있다'라고 생각한다면 스트레스를 더 많이 받을 것 같지 않은가? 또 당신이 시험을 당할 때, 당신의 삶이 "통째로 흔들리고 있다"flailing라고 말하기보다는 "바다를 헤쳐 나가고 있다"sailing라고 말한다면 전혀 다른 느낌이 들지 않겠는가? 또 당신이 시간이 "날아가는 화살 같다"flying라고 말하기보다는 "천천히 흐르고 있다"crawling라고 말한다면 시간에 대한 인식과 경험이 바뀌지 않겠는가? 틀림없이 그럴 것이다!

우리가 배우는 기본적인 학습 방법 중 하나도 비유다. 학습이란 우리 마음속에 새로운 연상을 만들고 새로운 의미를 창조하는 과정인데, 비유가 바로 이런 학습에 가장 적합한 방법이라고 할 수 있다. 우리가 어떤 것을 이해하지 못할 경우, 비유는 우리가 이해하지 못하는 것이 우리가 이미 이해하고 있는 것과 얼마나 비슷한지 알 수 있게 해준다. 비유가 두 대상의 관계를 연결시켜주기 때문이다. 그러니까 X가 Y와 비슷하다면, 우리가 X를 이해하기만 하면 Y도 금방 이해할 수 있다. 예를 들어 어떤 사람이 옴, 암페어, 와트, 저항기 등의 용어를 사용해 당신에게 전기에 대해 설명하려고 한다면, 당신은 이런 용어들을 전혀 모르는 데다가 참조할 만한 것도 없어서 매우 혼란스러울 것이다. 게다가 그런 용어들의 관계를 이해하기도 어렵다.

하지만 내가 당신이 이미 알고 있는 개념과 비교하면서 전기를 설명한다면 어떨까? 예를 들어 파이프 그림을 그려가면서 "파이프를 통해 물이 흐르는 것을 본 적이 있나요?"라는 식으로 설명한다면 당신은 금방 알 수 있을 것이다. 내가 "파이프를 통과하는 물의 양을 줄이기 위해 작은 마개를 설치하면 어떻게 될까요? 이 마개가 바로 전기 장치에서 저항기가 하는 일입니다"라고 설명한다면 당신은 저항기가 무엇인지 금방 알게 될 것이다. 그 이유는 무엇일까? 내가 당신이 이미 알고 있는 것과 비유해서 전기를 설명했기 때문이다.

석가모니, 모하메드, 공자, 노자 등 모든 위대한 스승은 자신의 가르침을 대중에게 전달하기 위해 비유를 사용해왔다. 종교적 믿음과 상관없이, 대부분의 사람은 예수가 뛰어난 스승이라는 점에 동의한다. 이는 그의 메시지 내용이 사랑에 대한 것이기 때문이기도 하지만 그가 그것을 설파한 방식 때문이기도 하다. 그는 어부들에게 가서 신도들을 모으기 원한다고 말하지 않았다. 그들은 예수의 말에서 신도를 모은다는 어떤 언급도 듣지 않았다. 예수는 그들에게 '사람 낚는 어부'가 되라고 말씀하셨을 뿐이다.

예수가 비유를 사용하자 어부들은 자신들이 무엇을 해야 하는지 즉시 이해했다. 예수는 어부들에게 다른 사람들을 믿음으로 끌어들일 수 있는지에 대한 단계별 과정을 고기를 잡는 일로 비유해서 설명한 것이다. 예수는 비유로 설교하면서 복잡한 생각들을 단순한 이미지로 전환시켜, 그 메시지를 마음에 새긴 사람들을 변화시킨 것이다. 사실 예수는 스토리텔링의 대가였을 뿐만 아니라, 하나님의 사랑의 힘과 구원의 약속을 비유로 설명하는 데 평생을 바친 분이다.

비유는 삶의 경험을 확장하고 풍부하게 함으로써 우리에게 힘을 불어넣는다. 하지만 안타깝게도, 조심하지 않는다면 비유를 할 때 우리를 제한하는 부정적 믿음들이 동반된다. 예를 들어 물리학자들은 그동안 원자핵 내의 양성자 및 중성자와 전자와의 관계를 설명할 때 태양계와 비유하곤 했다. 이 비유의 좋은 점은 무엇이었을까? 우선 학생들은 그들이 이미 알고 있는 태양계에 대한 이해를 바탕으로 원자에 대해 즉시 이해할 수 있었다. 학생들은 핵을 태양으로, 전자를 그 주위를 도는 행성으로 상상할 수 있었다. 그런데 문제는 물리학자들이 이 비유를 사용한 까닭에, 학생들이 행성들이 태양으로부터 기본적으로 등거리 궤도를 유지하는 것처럼, 전자도 핵으로부터 등거리 궤도를 유지한다는 믿음을 갖게 되었다는 것이다. 하지만 그것은 정확하지 않은 제한적 전제조건이었다. 사실 그런 잘못된 믿음 때문에 물리학자들은 수년 동안 원자에 대한 많은 질문들에서 난해한 패턴을 벗어나지 못했다. 모든 것이 이 비유로 인해 생긴 일련의 잘못된 전제 때문이었다. 오늘날 우리는 전자가 등거리 궤도를 유지하지 않는다는 것을 잘 알고 있다. 각각의 원자의 궤도는 핵으로부터 거리가 모두 다르다. 태양계 비유를 포기하면서 비로소 이런 새로운 이해가 정립되기 시작했다. 물론 원자 에너지에 대한 이해는 그 이후 놀라운 발전을 이루었다.

보편적 비유

9장에서 언급했던, 내 회사의 분노한 CEO를 기억하는가? '경험을 변화시키는 어휘'를 구사하는 기술을 개발한 바로 그 날에 나는 또 보편적 비유 global metaphors의 가치를 발견했다. 나는 CEO가 감정을 강화시키는 말을 사용한다는 것을 알고 나서 그가 왜 맨 처음부터 그런 부정적인 감정을 분출하는지 궁금했다. 이미 알고 있는 것처럼, 우리가 하는 모든 행동은 마음상태에서 나오는 것이며, 마음상태는 생리기능과 우리 마음이 상황을 표현하는 방식에 의해 결정된다.

내가 그에게 왜 그렇게 화가 났는지 묻자, 그는 이렇게 대답했다. "글쎄,

그자들이 우리 머리에 총을 겨누고 우리를 상자 안에 가두려는 것 같은 기분이었지요."

당신도 이런 상황에 갇혔다고 믿거나 이런 상황을 표현한다면, 격렬하게 반응하지 않을까? 그가 왜 그렇게 화를 냈는지 충분히 이해할 수 있었다. 나는 지난 수년간 사람들이 옛 패턴을 중단하고 비유를 바꾸면 감정도 바꿀 수 있다고 도왔지만 나의 그런 행동을 무엇이라고 불러야 할 줄 몰랐다. 그래서 나는 내가 하는 일에 어떤 명칭을 붙이지 않았다. 이것이 바로 라벨을 붙이는 것의 힘이다. 당신이 하는 일에 라벨을 붙이면(특정 이름을 붙이면) 그 행동을 지속할 수 있다.

나는 CEO를 보며 "그자들이 들고 있던 물총이 무슨 색이던가요?"라고 물었다.

그는 어리둥절한 표정으로 나를 쳐다보며 말했다. "뭐라고요?"

나는 다시 물었다. "그자들이 들고 있던 물총이 무슨 색이었느냐고요?"

내 질문이 즉시 그의 패턴을 깨뜨렸다. 그의 마음은 질문에 대답하기 위해 내 이상한 질문에 집중해야 했고, 그것이 즉시 그의 내면의 초점을 바꿔버렸다. 그가 물총을 상상하기 시작하면서 그의 감정이 변한 것이다. 그는 웃기 시작했다. 실제로 우리가 어떤 질문을 반복하면 사람들은 그 질문에 대한 답을 마음에 품게 되고, 질문에 대답하려고 궁리하면서 초점을 바꾸게 되는 것이다. 예를 들어 내가 "파란색은 생각하지 마세요"라고 반복해서 말하면, 당신은 무슨 색을 생각할 것 같은가? 단연 '파란색'을 생각할 것이다. 당신이 무슨 생각을 하든 파란색이 떠오를 것이다.

그의 초점을 물총으로 바꾸면서 그를 화나게 만드는 이미지를 즉시 부숴버렸고, 그 순간 그의 감정상태가 바뀌었다. 그가 생각한 상자는 어디 갔을까? 나는 그가 경쟁심이 강한 사람이라는 것을 알고 있었기 때문에 상자는 다른 방식으로 처리했다. 나는 이렇게 말했다.

"그 상자에 관해 말하자면, 분명한 건 당신을 가둘 수 있는 상자라면 몰라도 나를 담을 만큼 큰 상자를 만들 수 있는 사람은 없을걸요." 이 말 한마디로 그 상자도 한 점 남김없이 파괴되어버렸다!

CEO가 강한 감정(화)을 수시로 표시하는 것은 공격적인 비유를 사용하기 때문이다. 당신이 어떤 상황에 대해 정말로 기분이 나쁘다면, 당신이 그 상황을 어떻게 느끼는지, 왜 개선되지 않는지, 당신을 방해하는 것이 무엇인지를 설명하기 위해 당신이 사용하는 비유를 한번 살펴보라. 아마도 당신은 부정적인 감정을 강화시키는 비유를 사용하고 있을 것이다. 사람들은 어려운 상황을 겪으면, "온 세상의 짐을 다 짊어지고 있는 것 같아"라거나 "극복할 수 없는 벽이 내 앞에 있는 것 같아"라는 말을 종종 내뱉는다. 하지만 당신을 무기력하게 만드는 그런 비유는 금방 만들 수도 있지만 금방 바꿀 수도 있다. 비유가 현실을 표현하는 것이라고 생각하면 그 비유는 금방 바꿀 수 있다. 예를 들어 누군가 내게 "온 세상의 짐을 다 짊어지고 있는 것 같아"라고 말한다면 이렇게 말해줄 것이다. "세상을 내려놓고 앞으로 나가게나." 그러면 그들은 처음에는 의아한 표정을 짓겠지만, 곧 내 말을 이해하고는 초점을 바꾸고 감정도 바꾸게 될 것이다. 또 "더 이상 나아갈 수 없어"라거나 "벽에 부딪혔어"라고 말한다면 "이제 그 벽에 구멍을 뚫어보게"라고 말해줄 것이다. 물론 벽 위로 올라가거나, 벽 아래로 터널을 뚫거나, 벽으로 걸어가 문을 열고 통과하는 방법도 있다.

간단한 말처럼 들리지만, 사람들이 얼마나 빨리 반응하는지 알면 놀랄 것이다. 다시 강조하거니와, 당신이 마음속으로 어떤 사물이나 상황을 다르게 표현하기만 한다면 당신은 즉각적으로 당신의 감정을 바꿀 수 있다. 누군가가 내게 "이제 마지막까지 왔어요"라고 말한다면, "그쪽은 놔두고 이

쪽으로 오세요!"라고 말해줄 것이다. 사람들은 어떤 상황에서 "막혀서 답답하다"feel stuck고 말한다. 하지만 막힌 게 아니다! 물론 약간 좌절할 수도 있고 명확한 답이 보이지 않을 수도 있지만, 그렇다고 해서 당신의 앞길이 막힌 것은 아니다. 다만 당신이 그 상황을 막혔다고 표현하는 순간, 당신이 실제로 그렇다고 느끼는 것뿐이다. 그러므로 우리는 매우 조심스럽게 비유를 사용해야 한다.

다른 사람들이 당신을 향해 말하는 비유도 조심해야 한다. 최근에 나는 영화배우 샐리 필드Sally Field가 이제 44살이 된다는 기사를 읽었다. 기사에는 "그녀가 중년의 미끄러운 내리막길을 걷기 시작했다"라고 쓰여 있었다. 나이를 먹을수록 지혜가 더 성숙해지는 것을 어떻게 이렇게 끔찍하고 실망스럽게 표현한단 말인가! 앞이 캄캄하다you're in the dark고 느낀다면 불을 밝히면 된다. 혼란의 바다에 빠진 것 같은 생각이 든다면 해변으로 걸어 올라가 사리 분별의 섬에서 휴식을 취하라. 이 말이 유치하게 들릴지 모르겠지만, 진짜 유치한 것은 무의식적으로 우리를 무기력하게 만드는 비유를 계속 사용하는 것이다. **우리가 사용하는 비유에 대해 스스로 책임져야** 문제적 비유를 피할 수 있고 우리에게 힘을 불어넣어주는 비유를 선택할 수 있다.

당신이 당신과 다른 사람들이 사용하는 비유에 민감해지면, 그것을 바꾸는 것은 전혀 어렵지 않다. 스스로에게 이렇게 묻기만 하면 된다. "이 비유가 내가 정말로 말하려는 것인가? 이 비유가 올바른 것인가, 아니면 부정확한 것인가?" '~ 같은 느낌이 들어요' 또는 '~ 같아요'라는 단어를 사용할 때, '~ 같다'는 말이 비유를 사용하는 계기가 된다. 그러므로 당신에게 힘을 불어넣는 질문을 하라. '어떤 비유가 더 좋을까?' '이 상황을 생각할 때 더 힘을 실어주는 방법은 무엇일까?' '이 비유 말고 다른 비유는 어떨까?' 같은 질문을 계속 하는 것이다. 예를 들어 내가 "당신에게 삶은 어떤 의미입니까?"라거나 "당신은 삶을 무엇에 비유합니까?"라고 물었을 때, 당신이 "내게 있어 인생은 끊임없는 전투와 같소"라고 말하거나 "인생은 그 자체가 전쟁이지요"라고 말한다면, 당신은 그런 비유의 말과 더불어 실제로 인생은 전쟁이라는 믿음을 갖게 된다. 원자와 태양계의 예에서 설명한 것처럼, 당신은 비유 속에 들어 있는 일련의 무의식적인 믿음에 따라 행동하게 되는 것이다.

당신이 사용하는 모든 비유에는 일체의 규칙, 생각, 선입견이 동반된다. 인생이 전쟁이라고 믿는다면, 당신은 삶을 어떻게 인식하겠는가? "힘든 생을 살다가 마침내 죽겠지요"라거나 "나 이외의 모든 사람과 싸우다 가겠지요"라거나 "서로 물고 뜯는 게 인생이지요"라거나 "삶이 정말로 전투라면 결국 상처만 남겠지요"라고 말할 것이다. 이 모든 비유가 사람, 가능성, 일, 노력, 그리고 우리 삶 자체에 대한 무의식적인 믿음에 영향을 미친다. 당신의 생각, 감정, 행동을 결정하는 데 영향을 미친다. 그리고 당신의 운명을 좌우할 것이다.

인생은 게임이다

사람마다 보편적으로 사용하는 비유가 다르다. 예를 들어 도널드 트럼프와 인터뷰한 내용을 읽어보면 그가 인생을 '시험'이라고 언급하는 것을 볼 수 있다. 인생은 1등 아니면 낙제, 그 중간은 없다는 것이다. 인생을 이런 식으로 해석하면서 그가 얼마나 많은 스트레스를 받았을지 짐작할 수 있다. 그의 말대로 인생이 정말 시험이라면 그 인생은 참으로 고달플 것이다. 시험 준비를 잘했을 수도 있고, 낙제할 수도 있을 것이다(내 생각이지만 커닝하는 인생도 있을 것이다). 어떤 사람들에게 인생은 경쟁이다. 그런 인생은 재미있을 수도 있지만, 반드시 이겨야 할 상대가 있다는 뜻이기도 하고, 오직 한 명의 승자만이 있을 수도 있다.

또 어떤 사람들에게 인생은 게임이다. 인생을 게임으로 생각한다면 여러분의 인식은 어떻게 달라질까? 인생이 재미있을지도 모른다. 얼마나 멋진 생각인가! 경쟁이 좀 있을지도 모르지만. 인생은 더 많이 놀고 즐길 수 있는 기회일 수도 있다. "인생이 게임이라면, 패배자들도 있겠네요"라고 걱정하는 사람도 있을 것이다. 또 "그렇다면 많은 기술이 필요할까요?"라고 묻는 사람도 있을 것이다. 이 모든 질문은 당신이 '게임'이라는 단어에 어떤 믿음을 붙이느냐에 달려 있다. 다시 한번 강조하지만, 상황을 어떻게 비유하느냐에 따라 당신이 생각하는 방식과 느끼는 방식이 달라진다.

확실히 인생에 대한 테레사 수녀의 비유는 "삶은 신성하다"는 것이다. 당신도 삶이 신성하다고 믿는다면, 그것이 당신의 비유라면, 당신은 삶에 대해 좀 더 경외감을 갖게 될 것이며 인생을 그저 재미로만 살아서는 안 된다고 생각할 것이다. 반면 인생이 선물이라고 생각한다면 어떨까? 그러면 인생이 갑자기 놀랍고, 재미있고, 특별한 것이 될 것이다. 인생이 춤이라고 생각한다면 더 즐겁지 않을까? 그러면 인생은 더 아름다운 것, 다른 사람들과 함께 즐기는 것, 그리고 좀 더 우아하고 리듬감 있고 기쁨이 넘치는 것이 될 것이다. 이런 비유 중 어느 것이 당신의 삶을 더 적절하게 표현하는가? 아마도 변화를 위해 당신이 어떤 행동을 해야 하느냐에 따라 각각 다를 것이다. 하지만 모든 비유는 어떤 맥락에서는 도움이 되지만, 다른 맥락에서는 한계가 있다는 점을 명심해야 한다.

비유에 대한 관심이 높아지면서 나는 한 가지 비유만 한다면 우리 삶이 상당히 제한받는다는 사실을 알게 되었다. 물리학자가 원자를 설명하는 여러 방법을 가지고 있었다면, 태양계 비유가 문제되는 일은 없었을 것이다. 따라서 우리의 삶을 확장하고 싶다면, 우리의 삶이 무엇인지, 우리의 관계가 무엇인지, 심지어 인간으로서 우리가 누구인지를 설명하기 위해 사용하는 비유도 여러 가지로 확장해야 한다.

비유는 삶이나 원자에만 국한되는 것인가? 물론 그렇지 않다. 우리는 경험의 거의 모든 영역에서 비유를 가지고 있다. 일터를 예로 들어보자. 어떤 사람들은 회사에서 일하는 것을 "자, 이제 일터로 돌아갑시다"(Well, back to the salt mines. 일터를 중노동을 하는 소금 광산으로 비유함 _옮긴이)라거나 "나는 코가 닳도록 일해야 해"(I have to put my nose to the grindstone)라고 말한다. 이렇게 말하는 사람들은 자신들의 직업에 대해 어떻게 생각하는 것 같은가? 또 내가 아는 몇몇 사업가들은 그들이 소유한 회사를 '내 자산'으로, 그들이 고용한 사람들을 '내 부채'라고 비유한다. 이런 생각이 그들이 다른 사람을 대하는 방식에 어떤 영향을 미친다고 생각하는가? 또 자신의 회사를 매일 가꾸고 개선시켜야만 보상을 수확할 수 있는 밭이라고 비유하는 사람도 있다. 또 일터를 친구를 사귀고 승리하는 팀에 합류할 기회라고 보는 사람도 있다. 내 경우는 회사를 가족이라고 생각한다. 이렇게 생각하면 우리가 서로 공유하는 연결의 질을 높일 수 있다.

"인생은 그림을 그리는 것이지, 계산을 하는 것이 아니다."

– 올리버 웬델 홈스 주니어 Oliver Wendell Holmes, Jr, **미국의 법사상가**

"인생은 경쟁이다"라는 보편적 비유를 "인생은 게임이다"로 바꾸기만 해도 여러 분야에서의 삶의 경험을 동시에 즉시 바꿀 수 있다는 것을 아는가? 당신이 인생을 춤으로 본다면 당신의 관계가 어떻게 바뀔까? 그것이 회사의 운영 방식도 바꿀 수 있을까? 물론 그럴 수 있다. 이것이 바로 단 하나의 변화만으로 삶의 여러 분야에서 당신의 생각과 감정을 바꿀 수 있는 변곡점, 즉 보편적 변화의 예다. 물론 나는 지금 상황을 보는 방식에 옳고 그름이 있다고 말하는 것이 아니다. **하나의 보편적 비유를 바꾸는 것만으로도 당신의 삶 전체를 바라보는 방식을 즉시 바꿀 수 있다**는 사실을 명심하라. '경험을 변화시키는 어휘'와 마찬가지로 비유의 힘도 단순성에서 나온다.

몇 년 전 애리조나주 스코츠데일Scottsdale에서 2주간의 인증 프로그램을 진행하고 있을 때였다. 세미나 중에 한 남성이 벌떡 일어나더니 마치 손에 칼을 들고 있는 것처럼 맨손으로 사람들을 찌르는 시늉을 하면서 "눈앞이 까매지고 있어. 까맣게 칠해지고 있어!"라고 외쳐대는 것이었다. 그러자 그의 앞에 앉아 있던 정신과 의사가 소리쳤다. "이런! 이 사람 조현병 환자예요!" 하지만 다행히 나는 그 사람에 대한 정신과 의사의 '라벨'(조현병이라고 지칭하는 것)을 받아들이지 않았다. 대신 나는 이 남자의 흥분 상태를 즉시 바꿀 필요가 있다고 생각했다. 당시 내게는 아직 보편적 비유라는 개념이 없었다. 그래서 내가 가장 잘 알고 있는 방법을 실행했다. 우선 그의 패턴을 중단시켜야 했다. 나는 그에게 다가가서 소리쳤다. "그럼 그냥 하얗게 칠해요! 흰 수정액으로 하얗게 칠해버려요!" 순간 그 남자는 멍한 표정을 짓더니 하던 행동을 멈추었다. 세미나장의 모든 사람들이 숨을 멈추고 무슨 일이 일어나는지 지켜보았다.

불과 몇 초 만에 그의 얼굴과 몸이 변하더니 호흡이 달라졌다. 나는 다시 "눈에 보이는 모든 것을 하얗게 칠하세요"라고 말하고 나서 그에게 이제 기분이 어떠냐고 물었다. 그는 "훨씬 나아졌어요"라고 대답했다. 나는 "그럼 다시 자리에 앉으세요"라고 말하고는 세미나를 계속 진행했다. 이 광경을 본 모든 사람이 할 말을 잃었고, 사실 나도 내 방법이 이렇게 쉽게 작동한다는 사실에 조금 놀랐다! 그 후 이틀 뒤에 그가 내게 다가와서 말했다.

"어떻게 된 일인지는 모르겠습니다만, 그날 내가 마흔 살이 된 날인데 갑자기 화가 나더군요. 앞이 캄캄해지더니 어둠이 나를 집어삼켰고 아무나 찌르고 싶은 생각이 들었어요. 하지만 당신 말대로 어둠에 하얀색을 입히고 나니 모든 게 다시 밝아지더군요. 기분이 완전히 달라졌습니다. 새로운 생각이 떠오르기 시작했고, 오늘은 기분이 아주 좋습니다." 그의 좋은 기분은 계속 유지되었다. 이 모든 것이 단지 비유 하나를 바꿈으로써 생긴 일이었다.

지금까지 '경험을 변화시키는 어휘'와 보편적 비유를 이용해 부정적 감정 강도를 낮추는 방법에 대해서만 이야기해왔다. 하지만 **강한 강도의 부정적 감정을 느끼는 것이 유용하고 중요할 때도 있다.** 내가 알고 있는 한 부부의 아들은 늘 마약과 술에 취해 산다. 그 부부는 아들의 파괴적인 패턴을 바꾸기 위해 어떤 조치를 취해야 한다는 것을 알고 있었지만, 동시에 아들의 삶에 관여해서는 안 된다는 생각에 혼란스러워하고 있었다. 마침내 그들은 한계에 이르렀고, 그때 그들에게 무언가를 실행하도록 지렛대를 제공해준 것은 한때 마약에 중독되었던 사람과 나눈 대화였다. 그 사람은 부부에게 이렇게 말했다.

"지금 당신 아들의 머리에 총탄 두 발이 겨누어져 있습니다. 하나는 마약이고, 다른 하나는 술이지요. 이 둘 중 하나가 그를 죽일 겁니다. 지금 그를 막지 않으면 그가 죽는 건 시간문제일 뿐이지요."

상황을 이런 비유로 표현하자, 부부는 행동하지 않을 수 없었다. 지금까지 이 부부는 아들의 문제를 그저 어려운 과제로만 여겨왔지만, 이제 아무런 조치를 취하지 않는 것은 아들이 죽게 내버려두는 것과 다를 바 없었다.

이 새로운 비유를 받아들이기 전까지, 이 부부는 아들을 살리기 위해 무엇이든 해야 한다는 정서적 힘을 잃어버리고 있었다. 마침내 그들이 아들의 상황을 호전시키는 데 성공했다는 이야기를 독자들에게 말할 수 있게 되어 기쁘다. 우리가 사용하는 비유가 행동을 결정한다는 것을 명심하라.

올바른 보편적 비유를 선택하라

사람들의 보편적 비유에 대해 주의해야 한다고 생각하던 중, 인류학자 메리 캐서린 베이트슨Mary Catherine Bateson이 인터뷰에서 "나쁜 비유보다 우리를 더 약하게 만드는 것은 없다"*라고 말한 것을 읽고는 매우 통찰력 있는 지적이라고 생각했다. 그리고 나는 그런 통찰력을 얻는 경험을 하게 되었다. 한 번은 세미나를 진행하고 있었는데, 프로그램이 시작되기도 전에 참가자들이 특정 여성에 대해 불평하는 소리를 들었다. 그 여성은 접수처에서부터 한바탕 소란을 일으켰고, 세미나장에 들어오자마자 불평하기 시작했다. 처음에는 방이 너무 덥네 춥네 하더니, 다음에는 앞자리에 앉은 사람이 키가 너무 크다느니 하며 다짜고짜 화를 내는 것이었다. 내가 세미나를 진행하기 위해 자리에서 일어나고부터는 내 강의가 효과가 없다느니, 사실이 아니라느니, 예외도 있다느니 하는 바람에 5분 이상 세미나를 진행할 수 없었다.

나는 그녀의 패턴을 깨려고 계속 노력했지만, 원인보다는 결과에 초점을

* Moyers, Bill, A World of Ideas, New York: Doubleday, 1989.

맞추고 있었다. 그러다 문득, 그녀가 틀림없이 삶에 대해 어떤 보편적 믿음이나 보편적 비유를 가지고 있을 것이라는 생각이 들었다. 그것이 그녀를 사소한 것에도 집착하게 만들고 악의적인 접근방식을 갖게 만들었으리라고 생각했다. 그래서 그녀에게 이렇게 질문했다.

"그런 행동으로 얻으려 하는 게 뭐죠? 나는 당신이 좀 더 긍정적인 태도를 갖춰야 한다고 생각합니다. 인생 또는 사소한 일, 무엇이 옳고 그른지에 대해 평소 어떤 믿음을 갖고 있는지 알고 싶네요."

그녀가 대답했다. "나는 작은 구멍도 배를 침몰시킬 수 있다고 생각할 뿐이에요."

배가 침몰해 물에 빠져 죽을 것 같아서 원인이 되는 작은 구멍을 찾으려고 한 것이다! 그 여성은 인생을 바로 그런 관점으로 본 것이다!

그렇다면 그녀의 비유는 어디서 온 것일까? 나중에 알고 보니 이 여성은 실제로 사소한 일로 여러 번 큰 손해를 본 것으로 드러났다. 그녀는 자신의 이혼도 제대로 처리하지 않은 몇 가지 사소한 문제 때문이라고 생각했다. 또 재정적 어려움도 사소한 원인 때문에 비롯되었다고 생각하고 있었다. 그래서 앞으로 이런 고통을 다시는 겪지 않겠다는 생각에 이 비유를 채택한 것이다. 확실히 그녀는 내가 작은 지렛대를 제공하기 전까지는 이 비유를 바꾸는 데 전혀 관심을 보이지 않았다. 나는 이 비유가 그녀의 삶에서 끊임없이 고통을 만들어냈으며, 그것을 변화시키면 즉각적으로 기쁨을 느낄 수 있다는 점을 설명해주었다. 그렇게 함으로써 비로소 자신과 삶을 바라보는 일련의 새로운 방법들을 만들어 자신의 옛 패턴을 깨뜨리고 그 비유를 바꿀 수 있도록 도울 수 있었다.

그녀의 비유에는 게임으로서의 삶, 춤으로서의 삶 등 다양한 보편적 비유가 혼합되어 있었다. 하지만 그녀는 다른 사람들을 대하는 방식뿐만 아니라 자신을 대하는 방식에서도 변화를 찾아야 했다. 그녀는 자기 자신에게서도 항상 작은 구멍을 습관적으로 찾았기 때문이다. 이 한 가지를 바꿈으로써 그녀는 모든 것에 접근하는 방식을 바꿀 수 있었다. 이 여성의 사례는 보편적 비유 하나를 바꾸는 것만으로 자존감부터 인간관계, 세상을 다루는 방식에 이르기까지 삶의 모든 영역을 변화시킬 수 있다는 것을 보여주는 좋은 예라고 할 수 있다.

비유가 우리의 삶에 그렇게 막강한 영향력을 미치는데도, 대부분의 사람이 상황을 표현하는 비유를 의식적으로 선택해본 적이 없다는 것은 놀라운 일이다. 당신은 당신이 무의식적으로 사용하는 비유를 어디서 얻었는가? 아마도 당신의 부모님, 선생님, 동료, 친구들에게서 들었을 것이다. 그것을 받아들이면서도 그 영향력이 얼마나 큰지 생각해보지 않았을 것이고, 당신도 모르는 사이에 습관이 되어버렸을 것이다.

"진실을 안다는 것은 결국 추론을 확인하는 것이다."

– 헨리 데이비드 소로 Henry David Thoreau

지난 몇 년 동안 사람들은 내가 하는 일이 정확히 무엇이냐고 묻곤 했다. 그럴 때마다 나는 각각 다른 비유를 사용했다. "교사입니다" "학생이기도 하고요" "탁월한 인재를 찾는 사냥꾼이죠" "물론 연설가이고요" "베스트셀러 작가이기도 하죠" "최고의 성과를 내는 컨설턴트입니다" "치료사이기도 하고요" "기본적으로 상담사랍니다" 등등. 이렇게 다양한 비유를 시도했지만 어느 것도 올바른 느낌을 전달하지는 못한 것 같다. 다른 사람들도 내게 여러 비유를 사용했다. 언론들은 나를 '스승'guru이라고 표현했다. 하지만 이것은 내가 피하고 싶은 비유다. 이 비유는 사람들이 자신의 변화를 이루기 위해서는 내게 의존해야 한다는 전제조건처럼 느껴지기 때문이다. 이런 비유는 그들에게도 절대 힘이 되지 않는다. 각자의 변화는 각자에게 책임이 있다고 생각하기 때문에 나는 이 비유를 좋아하지 않는다.

그런데 어느 날, 마침내 적절한 비유를 찾았다. 바로 "나는 코치입니다"라는 표현이다. 코치가 무슨 일을 하는 사람인가? 내게 코치란 당신의 친구이자 당신을 진심으로 아끼는 사람이다. 코치는 당신이 최선을 다할 수 있도록 돕기 위해 전념한다. 코치는 당신에게 도전의식을 불어넣어주고 당신의 힘든 일을 면제해주지 않을 것이다. 코치는 자신이 직접 모든 일을 겪어왔기 때문에 지식과 경험이 풍부하다. 하지만 코치는 자신이 지도하고 있는 사람보다 더 나은 사람이 아니다(이것이 내가 '가르치는' 사람들에게 내가 완벽한 사람일 필요가 없는 이유다). 사실 지도 받는 사람이 코치보다 타고난 능력이 더 뛰어난 능력자일지 모른다. 하지만 코치들은 수년 동안 특정 분야에 자신의 힘을 집중해왔기 때문에, 짧은 기간 동안 당신의 성과를 즉시 높여줄 수 있는 한두 가지 특별한 기술을 당신에게 가르쳐줄 수 있다.

코치는 또 새로운 정보, 새로운 전략과 기술을 당신에게 가르쳐줄 수 있다. 그들은 항상 결과를 측정하는 방법도 알려준다. 물론 코치가 새로운 것을 가르쳐주지 않을 때도 있지만, 적절한 순간에 당신이 해야 할 일을 상기시켜주고, 그 일을 하도록 당신을 이끌어준다. 그래서 나는 이렇게 생각했다. "나는 진정으로 성공한 코치다. 나는 사람들이 정말로 원하는 것을 더 빠르고 쉽게 이룰 수 있는 방법을 가르치는 데 도움을 주는 사람이다." 기업의 최고위 임원이든 대학원생이든 주부든 노숙자든 심지어 미국 대통령이든 코치는 누구에게나 필요하지 않은가! 내가 이 비유를 사용하기 시작하자마자, 나 자신이 하는 일에 대한 내 감정도 즉시 바뀌었다. 나는 스트레스가 줄면서 훨씬 더 편안해졌고, 사람들과 더 가까워졌다는 느낌이 들었다. 굳이 내가 '완벽한 사람'이라거나 '당신들보다 더 나은 사람'일 필요도 없었다. 나는 내 일이 더 재미있어졌고, 사람들에게 미치는 영향력도 몇 배 더 커졌다.

비유가 당신의 생명을 구할 수도 있다

아내 베키와 나는 영광스럽게도 배우 마틴 쉰Martin Sheen과 재닛 쉰Janet Sheen 부부와 친구로 지내고 있다. 그들은 거의 30년 동안 결혼생활을 이어온 부부로, 서로 간에는 물론 가족 누구라도 도움이 필요하면 절대적으로 지원한다. 이러한 그들의 태도는 내가 가장 존경해 마지않는 덕목이다. 사람들은 마틴을 헌신적인 기부자라고 알고 있지만, 정작 본인들은 다른 사람들을 위해 매일 얼마나 돕고 있는지 전혀 의식하지 않는다. 이 부부는 그야말로 고결한 삶의 전형을 보여준다. 그들의 인간성을 비유로 표현하자면 다른 사람들을 '하나의 거대한 가족'으로 본다는 것이다. 그렇기 때문에 그들은 전혀 낯선 사람들에게도 깊은 배려와 연민을 느낀다.

나는 마틴이 영화 〈지옥의 묵시록〉(Apocalypse Now, 1979)을 촬영하면서 자신의 삶이 어떻게 바뀌게 되었는지 들려준 감동적인 이야기를 잊을 수 없다. 그 전만 해도 그는 인생을 두려운 것으로 생각했다. 그런데 이제는 인생을 흥미로운 도전으로 보고 있다. 무엇이 그를 그렇게 바꾸어놓았을까? 그가 '인생은 신비롭다'는 새로운 비유를 사용하기 시작했기 때문이다. 그는 자신이 인간이라는 신비로움, 매일 새로운 경험이 펼쳐지는 경이로움과 가능성을 너무나 사랑한다.

무엇이 인생에 대한 그의 비유를 두려움에서 신비로움으로 바꾸었을까?

바로 강렬한 고통이었다. 영화 〈지옥의 묵시록〉은 필리핀의 깊은 정글에서 촬영되었다. 월요일부터 금요일까지 쉬지 않고 촬영이 이어졌기 때문에 금요일 밤이 되면 마틴과 재닛은 마닐라의 주말 휴식처까지 2시간 30분을 운전해 가곤 했다. 그런데 어느 주말에 토요일까지 촬영이 잡히는 바람에 마틴은 현장에 그대로 머물러야 했다. (그러나 재닛은 짐꾼 한 명의 의안을 사러 도시로 가야 했다. 그 짐꾼은 너무 가난해서 의안을 살 형편이 되지 않아 그녀가 의안을 사주기로 이미 약속했기 때문에 마닐라로 갈 수밖에 없었다.) 그날 밤 혼자 남은 마틴은 극심한 통증에 온몸을 뒤척이며 땀을 뻘뻘 흘렸다. 아침이 되자 심한 심장마비 증상이 나타났고 몸의 일부가 무감각해지며 마비가 오기 시작했다. 바닥으로 떨어진 그는 온 힘을 다해 겨우 문밖으로 기어 나와 사람들에게 도움을 요청했다. 그는 바닥에 누워 실제로 죽은 것 같은 경험을 했다고 말했다. 갑자기 모든 것이 평온하고 부드럽게 느껴졌다. 멀리서 호수를 가로지르는 자신의 모습이 보였다. 그는 '아, 이게 죽는 거로구나'라는 생각이 들었다고 한다. 그런데 그때 자신이 죽음을 두려워하지 않는다는 것을 깨달았다. 그가 두려워했던 것은 죽음이 아니라 삶이었으니까! 그 순간 그는 삶 자체가 진정한 도전이라는 것을 깨달았다. 그리고 즉시 살기로 결심했다. 그는 남은 힘을 다해 팔을 뻗어 풀을 움켜쥐었다. 그러고는 최대한 집중해서 풀을 천천히 코에 갖다대었다. 거의 느낌이 없었다. 그러다 풀 냄새가 나는 순간 통증이 되살아났고, 자신이 아직 살아있다는 것을 알 수 있었다. 그는 계속 고통과 싸웠다.

짐꾼들이 그를 발견했을 때, 그들은 그가 죽을 거라고 생각했다. 그들의 표정과 말하는 것을 보고 마틴은 더 이상 싸울 능력이 없다는 생각이 들었다. 온몸에서 힘이 빠지기 시작했다. 시간이 없다는 것을 깨달은 묵시록 촬영팀의 헬기 조종사는 목숨을 걸고 시속 30~40노트의 강풍을 뚫고 헬리콥터를 조종해 그를 도시의 병원까지 후송시켰다. 병원에 도착하자마자 들것에 실려 응급실로 갔지만, 그곳에서도 의식이 오락가락하는 가운데 가망이 없다는 소리를 들은 듯했다. 시간이 흐를수록 의식이 흐려지고 있었다. 그때 재닛이 들어왔다. 그녀는 그가 열사병에 걸렸다는 말만 들었지만, 의사는 그의 상태가 심각하다고 말했다. 그녀는 그 말을 받아들일 수 없었다. 그녀는 마틴에게 힘이 필요하다는 것을 알았고, 두려움에 대한 자기 자신과 마틴의 패턴을 모두 깨뜨려야 한다고 생각했다. 그녀는 즉시 자신이 할 수 있는 조치를 말 한마디로 완수했다. 그가 겨우 눈을 뜨자 그녀는 밝게 웃으며 이렇게 말했다.

"이건 그냥 영화예요, 여보. 이건 영화일 뿐이라고요!"

마틴은 그 순간에 자신이 이겨낼 수 있다는 생각이 들었고, 실제로 회복되기 시작했다. 이 얼마나 훌륭한 비유인가! 그녀가 그렇게 말하자, 문제가 그렇게 심각하지 않은 것처럼 보였다. 얼마든지 다룰 수 있는 문제처럼 보인 것이다. 그녀의 말은 '영화 속 연기일 뿐 실제로 심장마비가 일어날 리 없다'는 암묵적 메시지였지만, 나는 그녀의 비유가 훨씬 더 깊은 의미가 있다고 생각한다. 물론 영화를 촬영할 때 극 중의 고통은 결코 지속되지 않는다. 실제가 아니기 때문이다. 어느 순간 감독이 "컷!"이라고 외칠 것이다. 재닛은 이 멋진 비유를 사용함으로써 패턴을 깨뜨렸다. 이 하나의 비유가 마틴이 자원을 끌어모으도록 도왔다. 마틴은 오늘날까지도 그 비유가 자신의 목숨을 구했다고 믿고 있다.

비유는 우리 개개인뿐만 아니라, 우리 공동체와 세계에도 영향을 미친다. 우리가 문화적으로 채택하는 비유가 우리의 인식과 행동을 형성할 수 있다. 달 탐사 시대가 도래하면서 지난 수십 년 동안 우리는 '지구 우주선'(Space Earth, 동명의 영화에서 따온 말 _옮긴이)이라는 비유를 사용하기 시작했다. 멋지게 들리긴 하지만, 이 비유가 인류의 환경문제를 다루는 일에 대한 감정적인 반응을 이끌어내는 데 항상 효과가 있었던 것은 아니다. 어째서 일까? 우선 우주선이라는 단어를 듣고 감정이 움직이기가 쉽지 않기 때문이다. 그 말에서 환경이 전혀 연상되지 않는다. 반면 '대지의 어머니'Mother Earth라는 비유를 듣고 느껴지는 감정이 얼마나 다른지 비교해보라. "우주선을 깨끗하게 유지하자"에서 느끼는 감정과 "어머니를 보호하자"에서 느껴지는 감정이 다르지 않은가? 비행기 조종사들과 선원들은 그들의 비행기나 배를 아름다운 여성으로 묘사하면서 "그녀는 미인"이라고 표현한다. 그렇다면 왜 "그는 미남"이라고 말하지 않는 걸까? 아마도 파란 하늘이나 반짝거리는 바다로 미끄러지듯 나아가는 비행기와 배의 모습을 크고 뚱뚱한 남자보다 날씬하고 맵시 있는 공주에게 비유하는 편이 더 멋지게 느껴지기 때문일 것이다.

우리는 전쟁 중에도 끊임없이 비유를 사용한다. 걸프전의 첫 작전명이 무엇이었는지 아는가? 전쟁을 선포하기 전에, 미국은 '사막의 방패'Desert Shield라는 작전명을 사용했다. 그러나 전투 명령이 떨어지자마자 '사막의 방패' 작전은 '사막의 폭풍'Desert Storm으로 바뀌었다. 비유의 이름을 바꾼 것이 모든 사람에게 경험의 의미를 어떻게 즉시 변화시켰는지 생각해보라. 당시 연합군 사령관이었던 노먼 슈워츠코프Norman Schwarzkopf 장군의 말을 빌리자면, 연합군은 이라크를 제외한 나머지 아랍국들을 사담 후세인으로부터 '막아주는'shield 작전을 수행했을 뿐 아니라 이라크군을 쿠웨이트에서 쓸어내는 '자유의 폭풍'storm of freedom이 되었다.

"대륙 전역에 철의 장막이 내려졌다."

-윈스턴 처칠 Winston Churchill

지난 몇 년 사이에 동유럽의 얼굴이 얼마나 급격하게 변했는지 생각해 보라. '철의 장막'이 제2차 세계대전 이후 수십 년간의 경험을 형상화한 비유였다면, 베를린 장벽은 유럽 대륙을 둘로 갈라놓은 물리적 상징이었다. 1989년 11월 베를린 장벽이 무너졌을 때, 그것은 단순히 돌담이 허물어진 것 이상을 의미했다. 하나의 상징이 파괴되면서 많은 사람의 삶에도 얼마든지 새로운 일이 일어날 수 있다는 (믿음을 형성하는) 새로운 비유들이 생겨났다. 이전에도 장벽을 통과할 수 있는 관문은 많았다. 그런데 이미 낡고 허물어진 벽을 무너뜨리는 일에 사람들은 왜 그렇게 열광했을까? 베를린을 가로지르는 돌담이 무너진 것은 가능성과 자유, 그리고 그동안 그들을 가로막고 있던 장벽의 돌파라는 보편적인 비유였기 때문이다.

행동에 어울리는 말

비유에 들어있는 거대한 힘을 깨닫게 되면 비유를 적절하게 사용하는 방법을 알게 된다. 그런데 직장에서는 도움이 되지만 가정에서는 문제를 일으킬 수 있는 비유를 하는 사람들이 많다. 내가 아는 한 여성 변호사는 직장에서 좋은 효과를 거두었던 반대 심문 투의 비유를 집에서도 적용하려고 했다. 그녀의 남편은 아내와 순수한 대화를 하고 싶어하지만 대화를 하다 보면 어느새 증인석에서 반대 심문을 받는 것 같은 기분을 느낀다. 이런 비유가 개인적 관계에서 좋은 효과를 낼 리가 없다. 그렇지 않은가? 완전히 헌신적인 경찰관이 있다고 가정해보자. 그가 집에 돌아와서도 직장에서의 습관을 버리지 못한다면, 가족에게도 법을 위반하는 사람 대하듯 경계하지 않겠는가?

부적절한 비유의 가장 좋은 예를 하나 들어보자. 성격이 너무 분열적이어서 아내와 아이들조차 전혀 연대감을 느끼지 못하는 남자가 있었다. 가족들은 그가 자신의 진짜 감정을 표현하지 않을뿐더러 항상 가족들에게 지시하려고만 하는 태도를 보이는 것에 불만이 많았다. 그의 직업이 무엇인지 아는가? 공항 관제탑 관제사였다! 그는 직장에서 항상 냉정하게 일해야 했다. 비상사태가 발생해도 자신이 방향을 지시하는 조종사들이 불안해하지 않도록 침착한 목소리를 유지해야 했다. 그런 태도가 관제탑에서는 효과적이었지만 집에서는 아니었다. 어느 한 상황(직장 환경)에서 적절했다고 해서, 그 비유를 전혀 다른 환경(가족이나 친구)에 그대로 가져가지 않도록 주의하라.

사람들이 개인적인 관계에서 사용하는 비유에는 어떤 것들이 있을까? 사귀는 사람을 장난스럽게 '할배' 또는 '할매'라고 부르는 사람도 있고, '독재자' '족쇄'* '관리소장'이라고 부르는 사람도 있다. 심지어 남편을 '마왕' Prince of Darkness이라고 부르는 여성도 있었다! 긍정적인 호칭에는 무엇이 있을까? 대부분의 사람이 그들의 짝을 '연인' '더 나은 반쪽' '평생의 동반자' '팀 동료' '영혼의 짝' 등으로 부른다. 그런데 비유의 뉘앙스를 조금만 바꿔도 전혀 다른 느낌을 받는다. '파트너'라고 말하면 전혀 열정이 느껴지지 않지만, '연인'이라고 말하면 열정을 느낄 것이다.

관계를 표현하는 이런 비유가 서로 간에 사귀는 방식이나 감정에 영향을 미칠까? 당연히 영향을 미친다! 〈운명과의 데이트〉 세미나에 참석한 한 여성은 자신의 남편을 줄곧 '같이 사는 얼간이'라고 언급했는데, 정작 그녀의

* ball and chain, 속어로 '마누라'라는 뜻도 있다. _옮긴이

남편은 그녀를 지칭할 때마다 '평생의 사랑' '더 나은 반쪽' '하나님이 주신 선물'이라고 부르는 것이었다. 내가 그녀에게 그 사실을 알려주자 그녀는 충격을 받았다. 그녀는 매우 사랑스러운 여성이었지만 무심코 사용하는 비유가 얼마나 독성이 있는지 깨닫지 못했다. 우리는 머리를 맞대고 남편과의 관계에 더 적절한 비유를 함께 찾았다.

크리스마스의 기적

한 친구는 자녀가 없는데도 마치 있는 것처럼 아이들을 '골칫덩어리'라고 부르곤 했다. 그가 아이들에 대해 그런 비유를 하는 한, 아이들이 그에게 어떻게 반응하는지는 쉽게 상상할 수 있을 것이다. 그런데 최근에 그가 한 백화점에서 산타클로스 역할을 했다. 우리가 등을 떠밀었기 때문에 어쩔 수 없이 해야 했지만. 결국 수백 명의 '골칫덩어리'들이 그의 무릎 위에 앉았다. 그 경험이 그에게 아이들에 대해 완전히 새로운 시각을 주었고 그의 비유를 영원히 바꾸어놓았다. 이제 그는 아이들을 '귀여운 것들'이라고 부른다! 그 비유가 그의 감정도 바꾸었을까? 물론 그렇다고 믿어야 할 것이다. 아이들을 '골칫덩어리'라고 부르면서 아이들을 잘 돌보고 양육하고 싶다는 생각이 들지는 않을 테니까 말이다. 자녀를 대할 때는 도움이 되는 적절한 비유를 사용하도록 하라. 또한 그들은 당신이 쓰는 말을 듣고 배운다는 사실을 명심하라.

내가 어려운 시기를 헤쳐 나가는 데 가장 힘이 되었던 보편적 비유는 많은 자기계발 연설가들이 애용하는 이야기다. 바로 한 석공의 단순한 이야기다. 석공이 거대한 바위를 어떻게 쪼개는지 아는가? 우선 큰 해머로 바위를 세게 내려친다. 처음 내려쳤을 때는 부스러기는커녕 금조차 생기지 않는다. 아무 일도 일어나지 않는 것이다. 그러나 그는 다시 해머를 들어올려 계속해서 내려친다. 이것을 100번, 200번, 300번 반복한다. 그래도 바위는 끄떡하지 않는다.

계속 내리쳐도 갈라질 기미가 조금도 보이지 않지만 그는 계속 반복해서 바위를 친다. 사람들은 석공이 아무 효과도 없는 일을 계속한다고 지나가며 비웃는다. 하지만 석공은 매우 현명한 사람이다. 그는 현재의 행동에서 즉각적인 결과가 나타나지 않는다고 해서 아무 진전이 없다는 것을 의미하는 게 아니라는 사실을 잘 알고 있다. 그래서 그는 바위의 다른 지점을 계속 내리친다. 그리고 마침내, 아마도 500번째 또는 700번째, 어쩌면 10,004번째 내리칠 때, 바위는 부서지지 않고 두 동강으로 갈라진다. 단 한 번 내리쳐서 돌이 갈라졌는가? 절대 그렇지 않다. 눈앞의 도전에 지속적이고 끊임없이 압력을 가했기 때문이다. 당신의 길을 가로막고 있는 바위를 마침내 두 동강 낸 해머처럼, 나도 CANI 훈련을 계속 반복 적용하고 있다.

내 초기 멘토인 짐 론은 몇 년 전, 우리 인생을 계절에 비유하면서 삶을 새로운 방식으로 볼 수 있도록 도움을 주었다. 우리는 암울한 상황이 닥치면 "이 상황이 영원히 지속될 거 같아"라고 걱정한다. 하지만 나는 짐 론에게서 배운 대로 "**인생에는 계절이 있고,** 나는 지금 겨울에 있을 뿐이야"라고 말한다. 당신이 이 비유를 받아들인다면, 겨울 뒤에 반드시 무엇이 오는지 생각해보라. 바로 봄이다! 태양이 밝게 비치면 더 이상 얼어 죽을 염려도 없고 새 씨앗을 심을 수도 있다. 봄이 되면 자연이 얼마나 아름다운지, 그리고 새로운 생명과 성장이 돋아나는 것을 볼 수 있다. 그다음에는 여름이 온다. 여름은 식물들을 돌보고 키운다. 비록 덥지만 탈 염려는 없다. 그리고 마침내 보상을 받을 수 있는 가을이 온다. 물론 때로는 좋지 않을 때도 있다. 폭풍이 몰아쳐 농작물을 파괴할 수도 있으니 말이다. 그렇지만 당신이 계절의 순환을 믿는다면, 또 다른 기회가 온다는 것도 잘 안다.

한 사람의 삶을 변화시킨 비유의 힘에 대한 훌륭한 예를 소개한다. 〈운명과의 데이트〉 세미나에 참가한 한 남자의 이야기다. 그의 별명은 '마에스트로'(Maestro, 거장)였다. (나는 세미나에서 항상 참가자들에게 자신들이 불리고 싶어하는 비유의 이름을 별명으로 선택하도록 한다. 이 간단한 연습에서도 그들은 자신의 새로운 '이름'에 부응하는 행동을 하면서 흥미로운 변화를 이끌어낸다. 당신에게 '번개' '사랑' '댄서' '마법사' 같은 별명을 붙여준다면 당신의 행동은 어떻게 달라질 것 같은가?) '마에스트로'는 몸무게가 평균 체중보다 170파운드(77kg)나 더 나가는 과체중의 소유자였다. 그와 함께 세미나를 진행하면서 그가 뚱뚱한 것을 영적인 것이라고 생각하고 있다는 사실을 알게 되었다. 그는 뚱뚱한 사람이 영적인 사람과 잘 통하는데, 그 이유는 영적인 사람들은 사람이 뚱뚱하다는 이유로 사람을 함부로 판단하지 않기 때문이라는 것이다. 성실하고 영적인 사람들은 사람을 가리지 않기 때문에 서로 잘 통하지만, 천박하고 비(非)영적인 타입의 사람들은 뚱뚱한 사람에게 아예 관심을 두지 않기 때문에 가까이할 일도 없다는 것이다.

"이해가 되지 않겠지만, 나는 뚱뚱한 사람이 영적이라는 말이 맞다고 생각합니다. 전 세계의 위대한 스승들이 뚱뚱하다는 사실을 생각해보세요. 하나님도 뚱뚱한 사람들을 사랑할 겁니다."

내가 말했다. "나는 하나님이 모든 사람을 공평하게 사랑한다고 생각해요…. 그리고 뚱뚱한 사람들을 꼬챙이에 꽂아 지옥 불에서 구워내신다고도 생각합니다만!"

내가 이 말을 할 때 그의 얼굴을 당신도 봤어야 했는데! 물론 내가 정말로 그렇게 생각하는 것은 아니지만 그렇게 강렬하게 표현한 이유는 그의 패턴을 깨뜨리기 위해서였다. 나는 그에게 계속 질문했다. "당신 몸을 무엇에 비유할 수 있나요?"

그가 대답했다. "별거 없어요, 자동차와 같다고나 할까요?"

내가 물었다. "좋은 차인가요?"

그가 대답했다. "가고 싶은 곳에 데려다주기만 한다면, 좋은 차인지는 중요하지 않지요."

내가 그의 비유를 바꾼 것은 확실히 적절했다. 그는 뚱뚱한 것과 관계없이 이미 멋진 영적인 존재이기 때문에 자신의 믿음에 걸맞은 새로운 비유를 채택하도록 도운 것이다. 나는 다시 그에게, 그의 몸이 단지 그를 어디로 데려다주는 자동차가 아니라 영혼의 신전임을 알게 된다면 몸을 어떻게 다루겠느냐고 물었다. 그 순간 그는 고개를 끄덕이며, 비로소 자신의 몸이 그저 움직이는 수단이 아니라 영혼이 머무는 곳이라고 생각하게 되었다. 몸에 대한 인식 하나를 바꾼 것만으로, 그는 무엇을 먹을 것인지, 언제 먹을 것인지, 어떻게 먹을 것인지, 그리고 자신의 몸을 어떻게 다루어야 하는지에 대한 무의식적인 습관을 즉시 바꿀 수 있었다. 보편적 비유 하나가 자신의 몸에 대해 생각했던 모든 것을 변화시킨 것이다.

당신은 신전을 어떻게 다룰 것인가? 지방이 많은 기름진 음식으로만 당신의 몸을 채우겠는가? 마에스트로는 자신의 몸에 대해 새로운 존경심을 품으면서 자신을 변화시켰다. 이 글을 쓰는 시점 현재, 그가 세미나에 참석한 지 6개월이 지났다. 이 한 가지 비유를 채택하고 매일 그것을 실천하는 것만으로 그는 이미 130파운드(60kg)를 감량했다. 몸을 신전으로 생각하는 것이 그의 사고와 행동을 형성하는 습관적인 비유가 되었다. 이제 그는 슈퍼마켓에서 먹을 것을 살 때, 스스로에게 이렇게 묻는다. "이걸 신전에 넣어도 될까요?" 가끔 예전에 즐기던 정크푸드 통로에 기웃거리는 자신을 발견하면, 자신의 몸이 꼬챙이에 꽂혀 지옥 불 위에서 구워지는 모습을 상상하며 그곳에서 벗어난다! 마에스트로는 또 예전에는 고막이 상할까 주변 사람들이 걱정할 정도로 음악을 크게 틀어놓고 듣곤 했다. 하지만 이제는 그러지 않는다. "내 신전을 소중히 돌봐야 하니까요." 이제 당신도 보편적 비유가 삶의 거의 모든 영역을 동시에 바꿀 수 있는 놀라운 힘이 있다는 걸 확실히 이해하겠는가?

애벌레에서 나비로

내 아들 조슈아가 예닐곱 살쯤 되었을 때, 어느 날 학교에서 울면서 돌아왔다. 그날 친구 한 명이 학교 운동장 놀이기구에서 놀다가 떨어져 죽었다는 것이다. 나는 조슈아 옆에 앉아 그를 달래주며 말했다.

"아들아, 아빠는 네 기분을 충분히 이해한단다. 그 친구가 보고 싶겠지. 그런 생각이 드는 건 당연해. 하지만 그런 생각이 드는 건 네가 아직 애벌레이기 때문이란다."

그러자 아들이 "뭐라고요?"라고 묻는 것이었다.

내가 아들의 패턴을 조금 깨뜨린 것이다. 나는 계속 말했다.

"넌 지금 애벌레처럼 생각하고 있는 거야."

아들이 그게 무슨 뜻이냐고 물었다.

"대부분 애벌레는 자기가 죽었다고 생각하는 시기가 있단다. 자신의 인생이 끝났다고 생각하는 거지. 그게 언제일까?"

"아, 맞아요. 뭔가가 자신의 몸을 감싸기 시작할 때죠."

"그래. 애벌레는 곧 고치에 싸여 완전히 묻혀버리지. 하지만 이거 아니? 고치를 열어보면 애벌레는 더 이상 거기에 없단다. 걸쭉하고 끈적끈적한 물질만 남아 있을 뿐이지. 사람들은, 물론 애벌레도, 그것이 죽는 과정이라고 생각하지만 사실은 변신하고 있는 거란다. 이해하겠니? 애벌레는 지금 상태에서 다른 상태로 가고 있는 거야. 애벌레는 곧 무엇으로 변할까?"

"나비요."

"땅에 있는 다른 애벌레들은 이 애벌레가 나비가 된 것을 알 수 있을까?"

"아뇨."

"애벌레가 고치를 뚫고 나오면 맨 처음에 무슨 행동을 할까?"

"날 거예요."

"맞아. 나비가 고치 밖으로 나오면 날개에 묻어 있는 액체는 햇볕에 마르고 마침내 하늘로 날아오른단다. 애벌레였을 때와는 비교할 수도 없이 아름답지. 이제 애벌레는 더 자유로워졌을까, 아니면 덜 자유로워졌을까?"

"훨씬 더 자유로워졌어요."

"그리고 삶을 훨씬 더 즐길 것 같지 않니?"

"그래요, 다리가 없으니 다리 아플 일도 없겠지요!"

"그렇지. 나비에게는 더 이상 다리가 필요하지 않지. 날개가 있으니까. 네 친구도 지금쯤 날개가 생겨서 훨훨 날아다니고 있을 거야. 이제 알았겠지만, 언제 나비가 될지 결정하는 것은 우리가 아니란다. 우리 판단으로는 잘못되었다고 생각할 수 있지만, 하나님은 언제가 좋은 때인지 더 나은 생각을 갖고 계신단다. 지금이 겨울인데 여름이 빨리 오기를 바란다 해도, 하나님은 다른 계획을 갖고 계시지. 우리는 하나님이 나비를 만드는 방법을 우리보다 더 잘 알고 계신다고 믿어야 한단다. 나비는 위에서 살기 때문에 우리가 애벌레일 때는 나비가 존재한다는 사실조차 알지 못하지. 하지만 우리는 나비가 거기에 있다는 것을 항상 잊어서는 안 된단다." 그제야 조슈아는 미소를 지으며 나를 꼭 껴안고 말했다.

"그 친구는 분명히 아름다운 나비가 되었을 거예요."

비유는 당신이 연상하는 모든 것의 의미를 바꿀 수 있고, 고통과 즐거움에 무엇을 연결할지도 바꿀 수 있다. 비유로 사용하는 말을 바꾸는 것만으로 당신의 삶을 바꿀 수 있다. 비유를 신중하고 현명하게 선택하면, 당신의 삶과 당신이 아끼는 사람들의 경험을 더 깊고 풍부하게 만들어줄 것이다. 그러니 '비유 탐정'이 되어보라. 누군가 자신을 제한하는 비유를 사용하는 것을 들으면, 즉시 개입해서 그들의 패턴을 깨뜨리고 새로운 비유를 제안해주어라. 다른 사람들과 같이해도 좋고 혼자 해도 좋다.

다음과 같이 연습해보라.

1. **인생이란 무엇인가? 당신이 이미 사용하고 있는 비유를 적어보라.** "인생은 ~와 같다" 무엇과 같은가? 당신이 생각할 수 있는 모든 비유를 브레인스토밍해보라. 당신은 아마도 인생에 대해 한 가지 이상의 비유를 가지고 있을 것이다. 사정이 좋지 않았을 때는 아마도 인생은 전투나 전쟁과 같다고 했을 것이고, 사정이 좋았을 때는 인생은 선물과 같다고 생각했을 수 있다. 그 모든 걸 다 적어보라. 그런 다음 적은 목록을 읽어보고 스스로에게 다음과 같이 질문해보라. "인생이 ~와 같다면 그 인생은 내게 어떤 의미를 갖는가?" 예를 들어 인생이 신성한 것이라면 그것이 내게 어떤 의미인가? 인생이 꿈이라면 그것은 내게 어떤 의미를 갖는가? 온 세상이 무대라면 그것이 내게 어떤 의미인가? 우리가 사용하는 비유는 우리에게 힘을 불어넣어주기도 하고 우리를 제한하기도 한다. '온 세상이 무대'라는 비유가 당신이 그 무대에 올라가 변화를 시도하고 다른 사람의 말을 경청한다는 것을

의미한다면 훌륭한 비유다. 반면 그 비유가 다른 사람들과 진정으로 교감하지 않고 그저 연극하듯이 삶을 산다는 것을 의미할 수도 있다. 그러니 당신이 사용하는 비유들을 잘 살펴보라. 그 비유들의 장단점은 무엇인가? 더 행복하고, 자유롭고, 힘을 얻는다는 감정을 느끼기 위해 새로운 비유를 적용하고 싶지는 않은가?

2. **관계나 결혼에 연결시키는 모든 비유 목록을 만들어보라.** 그 비유들이 당신에게 힘을 불어넣어주는가, 아니면 당신을 무기력하게 만드는가? 의식적으로 인식하는 것만으로도 비유를 바꿀 수 있다. 비유를 의식적으로 인식하기 시작하면 당신의 뇌가 "그건 효과가 없어. 말도 안 돼!"라고 외치기 때문이다. 그러면 당신은 새 비유를 쉽게 채택할 수 있다. 이 기술의 장점은 매우 간단하고 쉽다는 것이다.

3. **회사, 부모, 자녀, 학습 능력 등 당신의 삶에 가장 영향을 미치는 또 다른 분야를 선택해서 그 분야의 비유를 찾아보라.** 그 비유들을 적고 그것이 미치는 영향을 살펴보라. '공부하는 것이 노는 것처럼 재미있다'라는 식으로 적으면 된다. 만일 '공부가 이를 뽑는 것 같다'라고 썼다면, 당신은 공부를 고통스러운 일이라고 상상하고 있는 것이다. 이것은 바꾸기에 너무 좋은 비유다. 그러니 지금 당장 바꿔라. 다시 강조하지만 하나의 비유에도 긍정적인 결과와 부정적인 결과가 모두 있다는 점을 주목하라. 이를 탐구하면 당신의 삶에 새로운 선택을 만들어낼 수 있다.

4. **이 모든 분야에서 당신에게 힘을 불어넣어주는 새 비유를 만들어라.** 이제부터 당신의 인생이 새로운 비유 4~5가지로 시작된다고 생각하라. 인생은 전쟁도 아니고, 시험도 아니다. 인생은 게임이고, 춤이고, 신성한 것이고, 선물이고, 소풍이다. 무엇이든 당신에게 가장 긍정적인 감정 강도를 만들어주는 비유를 채택하라.

5. 마지막으로, 앞으로 30일 동안 당신에게 힘을 불어넣어주는 이런 새 비유들을 사용하며 살아가겠다고 결단하라.

새로운 비유의 광채가 '당신의 마음을 사로잡아'sweep you off your feet '공기 위에 떠 있는'floating on air 것 같은 기분으로 '행복의 절정'Cloud Nine에 이르도록 당신을 초대한다. '이 세상을 사는'on top of the world 동안, '풍족한 삶을 누리고'look down on Easy Street 늘 '기쁜 상태'tickled pink를 유지하며, 이 순간에 느끼는 기쁨은 단지 '빙산의 일각'tip of the iceberg에 불과하다는 것을 깨달아라. **지금 당신의 비유를 바꿔서 당신을 위한 새로운 세상을 만들어라. 그 세상은 가능성, 풍요, 경이로움, 기쁨으로 가득한 세상이다.**

비유를 만들고, 어휘를 바꾸고, 힘을 실어주는 질문을 하는 등의 창의적인 기술을 익혔으면, 이제 감정의 힘을 활용할 준비가 된 것이다.

11장

강력한 힘을 발휘하는 10가지 감정

"감정이 없다면 어둠을 빛으로, 무관심을 감동으로 바꿀 수 없다."

-칼 융Carl Jung

먼저 월트Walt라는 친구를 소개하려 한다. 월트는 항상 옳은 일을 하려고 노력하는 착하고 예의 바른 사람이다. 그는 완벽주의자여서 모든 것이 제자리에 올바른 순서로 있어야 직성이 풀린다. 평일에는 정확히 6시 30분에 일어나 샤워와 면도를 하고 커피를 마신 다음, 볼로냐 샌드위치와 트윙키Twinkies가 들어있는 점심 도시락을 들고 7시 10분에 현관을 나서서 45분간 교통체증에 시달리다가 8시에 그의 책상 앞에 앉는다. 그는 그곳에서 지난 20년 동안 똑같은 일을 해왔다.

5시가 되면 집으로 돌아와 차가운 맥주 한 캔을 마시며 TV 리모컨을 잡는다. 한 시간 후에 아내가 집에 도착하면, 남은 음식을 마저 먹을지 아니면 전자레인지에 피자를 데워 먹을지 결정한다. 저녁식사 후에 아내가 아이를 목욕시키고 재우는 동안 그는 뉴스를 본다. 그리고 늦어도 9시 30분에는 잠자리에 든다. 주말에는 정원 일을 하거나 자동차를 손보고, 때로는 늦잠을 즐기기도 한다. 월트와 그의 새 아내는 결혼한 지 3년이 되었고, 그들의 결혼생활은 '열정으로 불타오른'inflamed with passion 정도까지는 아니더라도 괜찮은 편이다. 최근에는 첫 번째 결혼생활과 같은 패턴이 꽤 반복되고 있는 것 같긴 하지만 말이다.

당신도 월트와 같은 사람을 아는가? 어쩌면 그는 당신이 잘 아는 사람들처럼 인생의 바닥을 겪어보지도 않았지만 그렇다고 열정과 기쁨을 한껏 즐기는 사람도 아닌 것 같다. 나는 판에 박힌 삶은 죽은 거나 다름없다는 말을 많이 들었다. 그리고 벌써 한 세기 전에 소로Thoreau는 "많은 사람이 조용한 절망의 삶을 살고 있다"고 지적했다. 안타깝게도 그로부터 100년이 지나 다음 세기로 넘어가는 지금도 소로의 지적은 여전히 설득력이 있다. 내가《무한 능력》을 쓴 이후 받은 수많은 편지를 통해 알게 된 한 가지는, 사람들의 삶에서 이런 분열의식(고통을 피하고 싶은 생각에서 우연히 '발생한' 것일 수도 있다)과 더 생생하고, 더 열정적이고, 더 강렬한 느낌을 추구하려는 갈구가 압도적으로 널리 퍼져 있다는 것이다. 전 세계를 여행하면서 각계각층의 사람들을 만나고 수십만 명의 사람의 '리듬'을 느껴본 바에 따르면, 사람들은 감정이 무뎌지는 것이 얼마나 위험한지를 본능적으로 깨닫고, 다시 가슴을 두근거리게 만드는 방법을 필사적으로 모색하고 있는 것 같다.

그래서 그런지 사람들은 우리가 감정을 완전히 통제할 수 없다는 잘못된 생각에 시달리고 있다. 감정은 삶의 특정 사건에 반응해서 자발적으로 일어나는 것일 뿐이다. 우리는 감정이 우리가 가장 취약할 때 우리를 집중 공격하는 바이러스인 것처럼 여기고 두려워한다. 때로는 감정을 지성의 '손아래 사촌'쯤으로 생각하고 그 타당성을 무시해버린다. 또 감정이란 다른 사람들이 우리에게 하는 말이나 행동에 반응해서 생기는 것이라고 생각한다. 감정에 대한 이 모든 보편적 믿음의 공통점은 무엇일까? 그것은 바로 우리가 감정이라고 부르는 이 신비한 것을 통제할 수 없다는 잘못된 생각이다.

사람들은 특정한 감정을 느끼는 것을 피하고자 어리석은 일도 마다하지 않는다. 마약, 술, 과식, 도박으로 눈을 돌리기도 하고, 우리를 쇠약하게 만드는 우울증에 빠지기도 한다. 사랑하는 사람에게 '상처' 주는 것(또는 상처받는 것)을 피하려고 모든 감정을 억눌러 완전히 무감각한 상태가 되거나, 처음에 그들을 하나로 묶었던 모든 연결의 감정을 파괴하고 급기야 가장 사랑하는 사람들까지 파괴한다.

나는 사람들이 감정을 다루는 데 다음 네 가지 기본적인 방법을 사용하고 있다고 생각한다. 이중에 당신이 오늘 사용한 것은 무엇인가?

1. **회피.** 우리는 누구나 고통스러운 감정을 피하고 싶어한다. 그래서 대부분의 사람은 두려운 감정으로 이어질 수 있는 어떤 상황도 피하려고 애쓴다. 심지어 어떤 감정도 전혀 느끼지 않으려고 애쓰는 사람도 있다! 예를 들어 거절을 두려워하는 사람은 거절로 이어질 수 있는 상황이라면 어떤 일이든 아예 피하려 한다는 것이다. 그래서 그들은 사람들과 관계 맺기를 꺼리고, 도전적인 직업에는 지원할 생각조차 하지 않는다. 감정을 이런 식으로 다루는 것은 결국 자신을 함정에 빠뜨리는 것과 같다. 부정적인 상황을 피하는 것이 단기적으로는 자신을 보호할 수 있을지 모르지만, 실제로 가장 원하는 사랑, 친밀감, 다른 사람과의 연결을 느끼지 못하게 만들기 때문이다. **중요한 것은 우리는 감정을 피할 수 없다는 것이다.** 보다 강력한 접근방법은 당신이 한때 부정적인 감정이라고 생각했던 것들에 숨겨진 긍정적인 의미를 찾는 법을 배우는 것이다.

2. **부정.** 감정을 다루는 두 번째 접근방법은 부정하는 전략이다. 사람들은 종종 "특정 감정을 외면하는 것이 그렇게 나쁜 기분은 아니에요"라고 말하면서 특정 감정을 아예 외면하려고 한다. 그러면서 한편으로는 그 일이 얼마나 끔찍했는지, 누가 자기들을 이용했는지, 자기들은 매사에 항상 올바

르게 일하려 했지만 상황은 왜 꼬이기만 하는지, 왜 자신들에게 늘 이런 일이 생기는지를 생각하면서 속상해한다. 그러니까 이런 사람들은 초점이나 생리기능은 절대 바꾸지 않으면서 계속해서 자신을 힘들게 하는 질문을 반복한다. 하지만 그런 감정을 품으면서도 전혀 그렇지 않은 것처럼 행동하는 것은 더 많은 고통을 만들어낼 뿐이다. 지금 당신이 품은 감정이 당신에게 주려는 메시지를 무시한다면 상황은 절대 나아지지 않는다. **감정이 주는 메시지를 무시하면, 감정은 오히려 당신이 관심을 기울일 때까지 강도를 더 높일 것이다.** 따라서 감정을 부정하려고 노력하는 것은 해결책이 아니다. 이 장에서 그것을 이해하고 사용하는 전략을 배우게 될 것이다.

3. 경쟁. 많은 사람이 고통스러운 감정과 싸우기보다 도리어 그 감정에 완전히 빠져들기로 마음을 먹는다. 그 감정이 자신에게 보내려 하는 긍정적인 메시지를 배우기보다는, 그 감정을 강화하고 실제보다 더 악화시키는 것이다. 그리고 아이러니하게도 그것을 '용기의 배지'라도 되는 양 생각하고, 다른 사람의 감정과 자신의 감정을 경쟁시킨다. 그들은 고통을 당하고 있는 다른 사람에게 이렇게 말한다. "당신은 그 정도로 아프다고 생각하는 거요? 내가 얼마나 아팠는지 말해주겠소." 그런 태도가 그들의 정체성의 일부가 되고 차별화 방식이 된다. 그러면서 자신들이 다른 누구보다도 불행하다며 자부심까지 갖기 시작한다. 이것은 고통을 겪는 사람들의 가장 치명적인 함정 중 하나다. 이런 식의 접근방법은 무슨 수를 쓰더라도 피해야 한다. 왜냐하면 자기충족적 예언이 되어 수시로 나쁜 감정에 빠지게 되고 급기야 자신도 모르게 그런 감정에 갇히게 되기 때문이다. 우리를 고통스럽게 만드는 감정을 다루는 훨씬 강력하고 건강한 접근방법은 그 감정들이 긍정적인 역할을 한다는 점을 깨닫는 것이다. 다음 항에서 설명하는 학습과 활용이 바로 그것이다.

4. 학습과 활용. 당신이 정말로 제대로 된 삶을 살고 싶다면 감정이 당신을 위해 작동하도록 만들어야 한다. 당신은 그 감정에서 도망칠 수도 없고, 무시할 수도 없고, 그 의미에 대해 스스로를 속일 수도 없다. 더 중요한 것은 그감정이 당신의 삶을 좌지우지하도록 내버려둘 수도 없다. 비록 단기적으로는 고통스러워 보이는 감정일지라도 모든 감정은 당신이 목표에 도달하기 위해 취해야 할 행동을 가리키는 마음의 나침반과 같다. 이 나침반을 어떻게 사용할지 모른다면, 당신은 마음에서 부는 폭풍에 이리저리 휩쓸릴것이다.

이른바 치유 기법들therapeutic disciplines은 감정이 우리의 적이라거나, 행복한 감정은 과거에 뿌리를 두고 있다는 잘못된 전제로부터 시작된다. 하지만 진실은 우리 마음의 초점이나 생리기능의 패턴을 확실하게 깨뜨릴 수 있다면 지금 당장이라도 우리 감정을 슬픔에서 기쁨으로 바꿀 수 있다는 것이다. 예를 들어 프로이트 정신분석학은 현재의 어려운 상황을 설명하기 위해 과거에서 '깊고 어두운 비밀'을 찾으려 한다. 물론 당신이 과거에서 계속 뭔가를 찾으려 한다면 분명 뭔가는 찾을 수 있을 것이다. 당신의 과거가 왜 당신의 현재를 방해했는지, 혹은 당신이 왜 그렇게 일을 '망쳤는지'에 대한 이유를 계속 찾는다면, 당신의 뇌는 당신의 요청에 따라 적절한 부정적인 감정을 만들어내기 위한 근거들을 제공할 테니까 말이다. 그러니 과거를 추적하기보다는 '당신의 미래는 과거와 같을 수 없다'는 보편적 믿음을 채택하는 것이 더 낫지 않겠는가!

당신의 감정을 효과적으로 이용하는 유일한 방법은 모든 감정이 당신에게 도움이 된다는 것을 이해하는 것이다. 당신은 당신의 감정에서 배워야 할 뿐 아니라 그 감정을 이용해 더 나은 삶을 위한 결과를 만들어낼 수 있어야 한다. **당신이 한때 부정적이라고 생각했던 감정들은 단지 당신이 적절한 행동을 하도록 요청하고 있는 것일 뿐이다.** 그러므로 이 장에서는 이제부터 부정적인 감정이라고 부르는 대신 **행동 신호**라고 부르기로 한다. 당신이 그 신호와 메시지에 익숙해지면, 부정적이라고 여겼던 감정들은 이제 당신의 적이 아니라 당신과 같은 편이 될 것이다. 그 감정은 당신의 친구가 되고, 멘토가 되고, 코치가 될 것이다. 그 감정들이 당신을 때로는 인생의 최고 절정기로, 때로는 가장 밑바닥으로 안내할 것이다. 당신이 이런 신호를 사용하는 법을 배우면, 두려움에서 해방될 수 있을 뿐 아니라 우리가 누릴 수 있는 모든 풍요로움을 경험할 수 있게 될 것이다. 거기에 도달하기 위해서는 먼저 감정이 무엇인지에 대한 보편적 믿음을 바꿔야 한다. 감정은 우리 자신을 갉아먹는 포식자도 아니고, 기존 논리의 대체물도 아니고, 다른 사람들의 변덕에서 나오는 것도 아니다. 감정은 당신을 더 나은 삶의 약속으로 인도하기 위한 행동 신호다.

위에 언급한 회피 패턴을 통해 감정에 반응한다면, 당신은 감정이 당신에게 전달하려는 매우 귀중한 메시지를 놓치게 될 것이다. 메시지를 계속 놓치고 감정이 처음 일어났을 때 제대로 처리하지 못한다면, 그 감정은 증폭되어 큰 위기로 자랄 것이다. 모든 감정은 적절한 크기, 적절한 시기, 적절한 맥락에 있을 때 진정한 의미가 있다.

당신이 바로 지금 느끼고 있는 감정은 당신에게 주는 선물이며, 당신을 이끄는 안내 표지이며, 당신을 지원하는 시스템이며, 당신에게 어떤 행동을 하라는 요청임을 깨달아야 한다. 당신이 그런 감정을 억누르거나, 당신의 삶에서 몰아내려고 하거나, 반대로 너무 자라서 모든 것을 좌우하도록 내버려둔다면, 당신은 인생의 가장 소중한 자원 중 하나를 낭비하는 것이다.

그렇다면 감정의 근원은 무엇일까? **당신의 모든 감정의 근원은 바로 당신**

자신이다. 당신이 바로 감정을 만들어내기 때문이다. 그런데 사람들은 원하는 감정을 느끼기 위해서는 특정한 경험을 기다려야 한다고 생각한다. 예를 들어 그런 사람들은 특정한 기대를 충족시키지 못하면, 스스로 사랑받거나 행복하거나 자신감을 느끼는 게 마땅하지 않다고 생각하고 이를 허용하지 않는다. 하지만 결코 그렇지 않다. **당신은 언제든 당신이 선택하기만 하면 원하는 감정을 느낄 수 있다.**

내가 사는 캘리포니아 델마Del Mar에서 진행한 세미나에서, 나는 자기 감정에 정말로 책임이 있는 사람이 누구인지 상기시키기 위해 재미있는 연결고리를 생각해냈다. 이 세미나는 아름다운 4성급 휴양지인 인 로베르쥬Inn L'Auberge에서 열렸는데, 이곳은 바다 바로 옆에 위치해 있고 기차역과도 가까운 곳이었다. 그래서 하루에 네 번 정도 기차가 지나가면서 내는 큰 기적 소리를 들을 수 있다. 그런데 일부 참가자들은 그 소리가 세미나를 듣는 데 방해된다며 짜증을 냈다(그들은 아직 '경험을 바꿔주는 어휘'에 대해 배우지 않았다!). 나는 이 상황이 불편한 감정을 재미있게 바꿀 수 있는 완벽한 기회라고 생각하고 참가자들에게 이렇게 말했다.

"지금부터 기적 소리가 들릴 때마다 축하하도록 하겠습니다. 여러분이 기적 소리를 들을 때마다 얼마나 기분이 좋아지는지 보도록 합시다. 우리는 기분이 좋아지려면 그럴 만한 사람이나 상황이 오기를 기다리는 경향이 있지요. 하지만 누가 그럴 만한 사람이고 무엇이 그럴 만한 상황인지를 누가 결정하나요? 당신이 기분이 좋다면, 누가 기분을 좋게 만들었나요? 바로 당신 자신입니다! 하지만 우리는 A, B, 아니면 C가 일어날 때까지 기다려야만 우리 기분이 좋아진다는 잘못된 규칙을 가지고 있습니다. 왜 기다려야 하나요? 그렇다면 기적 소리가 들릴 때마다 자동적으로 우리 기분이 좋아질 것이라는 규칙을 세워보면 어떨까요? 다행히 기차의 기적 소리는 우리를 기분 좋게 만들기 위해 나타나기를 바라는 사람들보다 더 규칙적이고 예측 가능하니까요!"

이제 우리는 기차가 지나가면 환호한다. 기적 소리가 들리면 사람들은 즉시 의자에서 일어나 소리친다. 전부 의사, 변호사, CEO 등 여기 오기 전까지만 해도 똑똑하다고 자부했던 사람들이지만 지금은 모두가 바보같이 행동하는 것이다! 기차가 지나가고 모두 다시 자리에 앉았지만 떠들썩한 웃음소리는 계속 이어진다. 여기서 어떤 교훈을 얻을 수 있는가? **기뻐하기 위해 어떤 상황이나 누군가를 기다릴 필요가 없다는 것이다! 당신의 기분이 좋아지기 위해 특별한 이유가 필요한 게 아니라는 말이다. 당신이 지금 살아 있다는 이유만으로, 당신이 단지 원한다는 이유만으로 지금 당장 기분 좋아지기로 마음먹을 수 있다.**

우리 자신이 모든 감정의 근원이라면, 왜 우리는 항상 좋은 기분을 느끼지 못하는 것일까? 다시 말하지만, 바로 부정적인 감정이 당신에게 메시지를 보내고 있기 때문이다. **이 행동 신호가 보내는 메시지는 무엇일까? 그 감정은 당신이 지금 하고 있는 일이 제대로 작동하지 않으리라고 경고를 보내는 것이다. 당신이 고통을 느끼는 이유는 당신이 사물을 인식하는 방식 때문이거나, 당신이 일을 수행하는 절차 때문이거나, 특히 다른 사람에게 당신의 필요나 요구에 대해 소통하는 방식 때문이거나, 당신이 취하는 행동 때문이라는 것을 당신에게 알려주는 것이다.**

지금 당신이 하고 있는 일이 당신이 원하는 결과를 만들어내는 것이 아니라면, 접근방식을 바꿔야 한다. 당신의 인식은 당신이 초점을 맞추고 있는 것과 당신이 상황을 어떤 의미로 해석하느냐에 따라 조절된다는 점을 명심하라. 당신의 생리기능을 사용하는 방법을 바꾸거나 당신 자신에게 더 나은 질문을 하면, 당신의 인식은 금방 바꿀 수 있다.

물론 당신이 바꿔야 할 절차에는 당신의 의사소통 방식도 포함된다. 당신의 의사소통 방식이 거칠 수도 있고, 당신의 요구를 제대로 전달하지 못할 수도 있다. 어쩌면 당신은 당신이 필요한 것을 다른 사람도 알 것이라고 생각하고 있는지 모른다. 이런 잘못된 소통 방식은 당신의 삶에 많은 좌절, 분노, 상처를 만들 수 있다. **상처의 감정이라는 행동 신호는 아마도 당신의 의사소통 방식을 바꿔서 앞으로 다시는 상처를 입지 말라는 메시지를 당신에게 보내는 중일 것이다. 우울함의 감정은 당신이 다루고 있는 문제들이 영구적이거나 통제 불능이라는 인식을 바꿔야 한다는 메시지를 보내는 또 다른 행동 신호다.** 다시 강조하지만 당신을 통제하는 것은 당신 자신임을 명심하라. 그러기 위해서는 삶의 어느 영역을 다루기 위해 어떤 종류의 신체적인 행동을 취할 필요가 있다.

지금까지 감정이라는 행동 신호가 보내는 메시지를 살펴보았다. 모든 감정은 당신이 생각하는 방식을 바꾸거나, 상황을 인식하는 방식을 바꾸거나, 의사소통이나 행동을 수행하는 절차를 바꾸기 위한 조치를 취하도록 지원할 뿐이다. 이런 행동 신호는 당신이 창문에 계속 부딪히며 맴도는 파리처럼 되지 않도록 상기시켜주기 위한 것이다. 이런 행동 신호를 받고도 접근방법을 바꾸지 않는다면 아무리 끈질기게 노력해도 성과를 거두지 못할 것이다. 지금 당신의 행동 신호가 고통이라는 경험을 통해 당신이 하고 있는 일을 바꿔야 한다고 당신에게 속삭이는 소리를 들어보라(어쩌면 외치고 있는지도 모른다!)

감정을 주도적으로 통제하기 위한 6단계

나는 고통스러운 감정을 느낄 때마다 나를 제한시키는 패턴을 깨뜨리고, 그 감정에서 좋은 점을 찾아서 스스로 교훈을 얻고 고통을 더 빨리 없애기 위해 즉시 취할 수 있는 여섯 가지 단계를 발견했다. 그 6단계를 간단히 살펴보자.

1단계
당신이 진짜 느끼고 있는 감정을 확인하라

사람들은 늘 과중하다는 느낌에 시달리기 때문에 자신의 감정이 무엇인지 제대로 알지 못하는 경우가 많다. 그들은 그저 온갖 부정적인 감정과 느낌이 자신을 '공격'하고 있다고만 생각한다. 과중하다는 느낌에서 벗어나 잠시 뒤로 물러서서 스스로에게 "내가 지금 정말로 느끼고 있는 감정은 무엇일까?"라고 질문해보라. 당신이 처음부터 "나는 화가 나 있어"라는 생각이 든다면, 자신에게 다시 이렇게 물어본다. "정말 화가 난 걸까? 혹시 다른 감정은 아닐까? 상처를 받았다든지, 뭔가를 잃은 상실감은 아닐까?" 상처를 입었거나 상실감이라면 분노의 감정만큼 강렬하지는 않다. 당신의 진짜 감정을 확인하기 위해 잠시 시간을 내서 당신이 느끼는 감정에 의문을 품기 시작하는 것만으로도, 당신이 경험하고 있는 감정의 강도를 낮출 수 있고, 그러면 그 상황을 훨씬 더 빠르고 쉽게 처리할 수 있다.

예를 들어 당신이 "지금 나는 거절당한 기분이야"라고 말한다면, 자신에게 "정말 거절당한 기분인가, 아니면 내가 사랑하는 사람으로부터 분리의식을 느끼고 있는 건가? 거절당한 기분인가, 아니면 단지 실망감을 느꼈을 뿐인가? 거절당한 기분인가, 아니면 조금 불편한 느낌인가?"라고 질문해 보라. '경험을 바꿔주는 어휘'가 당신의 감정 강도를 즉시 낮출 수 있는 힘을 가지고 있다는 것을 기억하라. 다시 강조하지만, 당신이 진짜 느끼고 있는 감정을 확인하면 그 강도를 훨씬 더 낮출 수 있고, 그러면 그 감정으로부터 보다 쉽게 교훈을 얻을 수 있다.

2단계

모든 감정은 당신을 응원한다. 자신의 감정을 인정하고 감사하게 여겨라

당신의 감정에 대해 오해해서는 안 된다. 당신의 감정이 틀렸다고 생각하는 것이야말로 다른 사람들뿐만 아니라 자신과의 정직한 의사소통을 파괴하는 길이다. 감사하게도 당신의 뇌는 언제나 당신을 성원하는 신호를 보내고 있다. 그것이 삶의 어느 측면이나 행동에 대한 인식을 바꾸라고 요청하고 있는 것이다. 신호를 받은 즉시 이해하지 못했다 하더라도, 모든 감정이 당신에게 긍정적인 변화가 일어나도록 지지하고 있다는 것을 깨닫고 자신의 감정을 기꺼이 신뢰한다면, 당신은 그동안 스스로 해온 전쟁을 즉시 멈추게 될 것이다. 그리고 간단한 해결책을 향해 나아가고 있다는 기분이 들 것이다. 감정을 '틀렸다'고 생각해서는 결코 그 강도를 낮출 수 없다. 저항하면 더 끈질기게 버티는 법이다. 그러므로 모든 감정에 대해 감사하는 느낌을 키워라. 그러면 당신의 감정은 관심받기를 원하는 아이처럼 즉시 '진정'될 것이다.

3단계

감정이 당신에게 주는 메시지에 관심을 가져라

감정상태를 변화시키는 힘을 기억하는가? 당신이 무언가를 배우는 것에 대해 진지하게 관심을 갖는 마음상태에 있다면, 어떤 감정상태라도 즉각적으로 패턴을 깨뜨릴 수 있으며, 당신 자신에 대해서도 더 많은 것을 배울 수 있을 것이다. **관심을 기울이는 것은 당신의 감정을 통제하고, 문제를 해결하고, 앞으로 같은 문제가 생기는 것을 예방하는 데 도움이 될 것이다.**

어떤 감정이 느껴지면, 그 감정이 당신에게 무슨 메시지를 전해주는지 진지하게 관심을 기울여보라. 상황을 개선하기 위해 지금 당장 무엇을 해야 할까? 예를 들어 외로움을 느낀다면, 그에 대해 관심을 기울이면서 다음과 같이 질문하라.

"나는 실제로 친구들이 많은데 내가 혼자라는 느낌이 드는 것은 뭔가 잘못 해석하고 있는 것은 아닐까? 내가 친구들에게 찾아가 보고 싶다고 말하기만 하면 그들도 기꺼이 내게 와주지 않을까? 내가 지금 외롭다고 느끼는 감정은 사람들과 더 많이 연락하고, 더 많이 연결하는 행동을 하라는 메시지를 내게 주고 있는 건 아닐까?"

당신의 감정에 정말로 관심을 기울이고 있는지 당신 자신에게 다음 네 가지 질문을 던져보라.

내가 정말 느끼고 싶은 감정은 무엇인가?

내가 지금까지 느껴온 방식으로 감정을 느끼게 만든 믿음은 무엇인가?

이 문제를 다루고 해결하기 위해 지금 당장 해야 할 일은 무엇인가?

이 감정에서 어떤 교훈을 배울 수 있는가?

당신의 감정에 대해 관심을 기울일 때 당신은 비로소 지금이나 앞으로나 감정을 어떻게 변화시킬 것인지를 배울 수 있을 것이다.

4단계

자신감을 가져라

자신의 감정을 즉시 처리할 수 있다는 자신감을 가져라. 모든 감정을 다루는 가장 빠르고, 가장 쉽고, 가장 강력한 방법은 비슷한 감정을 느꼈을 때를 기억하고 그때에도 이 감정을 성공적으로 처리했음을 상기시키는 것이다. 과거에도 잘 처리했으니 이번에도 잘 처리할 수 있으리라고 생각하는 것이다. 당신이 과거에 이 행동 신호를 받고 그것을 잘 이겨낸 적이 있다면, 당신은 이미 감정상태를 어떻게 바꿔야 할지에 대한 전략을 가지고 있는 것이다. 그러니 지금 당장 모든 걸 멈추고 비슷한 감정을 느꼈던 때와 그 감정을 어떻게 긍정적으로 처리했는지 생각해보라. 감정을 바꾸기 위해 당신이 지금 당장 할 수 있는 일에 대한 롤 모델이나 체크 리스트로 이것을 활용하라. 그때 당신은 어떻게 행동했는가? 당신이 초점을 맞추고 있던 것이나, 당신 자신에게 하는 질문이나, 상황에 대한 당신의 인식이 바뀌었는가? 아니면 새로운 조치를 취했는가? 예전처럼 당신이 잘 해낼 수 있다는 자신감을 가지고 지금도 똑같이 행동할 수 있다는 자신감을 키워라.

예를 들어 당신이 우울함을 느끼고 있는데 예전에 그것을 이겨낸 적이 있었다면, 당신 자신에게 이렇게 질문하라. "그때 나는 어떻게 했지?" 달리기를 하거나 친구에게 전화를 하는 등 어떤 행동을 취했던가? 당신이 과거에 했던 행동으로 어떤 변화를 이루어냈다면, 지금도 그때와 똑같이 행동하라. 그러면 비슷한 결과를 얻을 것이다.

5단계

지금도, 앞으로도 이 감정을 잘 다룰 수 있다고 확신하라

우리는 앞으로도 훌륭한 계획을 세워 이 감정을 쉽게 다룰 수 있다는 확신을 얻고 싶어한다. 이를 위한 한 가지 방법은, 과거에 처리했던 방법을 기억하고 앞으로 이런 행동 신호가 나타나면 그 상황을 잘 다루는 방법을 미리 연습해두는 것이다. 상황을 능숙하게 처리하는 자신의 모습을 보고 듣고 느껴보라. 강한 강도의 감정으로 이 연습을 반복하면 당신 내면에 그런 문제를 쉽게 다룰 수 있는 확실한 신경경로를 만들 수 있을 것이다.

또 당신이 그런 행동 신호를 받았을 때 당신의 인식을 바꿀 수 있는 서너 가지 다른 방법들, 당신의 감정이나 원하는 것에 대해 소통하는 방법들, 특정한 상황에서 당신이 취할 행동을 바꿀 수 있는 방법들을 적어보라.

6단계

즐거운 마음으로 실천하라

이제 첫 5단계를 마쳤다. 지금까지 우리는 진정한 감정이 무엇인지 알아야 하며, 감정과 싸우는 대신 감정에 감사해야 하고, 감정이 주는 메시지와 교훈에 관심을 기울이고 그것으로부터 배워야 하며, 감정을 다루는 데 성공했던 과거 전략을 따라 함으로써 상황을 반전시키는 방법을 터득하고 앞으로의 상황을 다루는 연습을 하며 확신을 가져야 한다는 것을 배웠다. 이제 마지막 단계는 명확하다. 바로 즐거운 마음으로 지금까지 배운 것을 실천하는 것이다! 감정을 쉽게 다룰 수 있다는 사실에 흥미를 느끼고 즉시 실천하여 감정을 다룰 수 있음을 증명하라. 당신을 제한하는 감정에 갇혀 있지 마라. 그동안 연습한 것을 활용해 당신 자신을 당당하게 표현하며 당신의 인식이나 행동에 변화를 만들어라. 당신이 방금 만든 새로운 변화가 현재뿐 아니라 앞으로도 당신의 감정을 다루는 방법을 바꿔줄 것이다.

이 간단한 6단계를 통해 당신의 삶에서 일어나는 거의 모든 감정을 마음대로 다룰 수 있다. 당신이 같은 감정을 계속 반복해서 겪는다면 이 6단계를 활용하라. 당신의 옛 패턴을 찾아내 짧은 시간 안에 변화시켜 줄 것이다.

이 시스템을 사용하여 연습하라. 모든 새로운 습관이 그렇듯이, 처음에는 실행하는 것이 귀찮게 느껴질 수도 있다. 하지만 계속 반복해서 연습할수록 더 쉬워지고, 머지않아 그동안 감정적 지뢰밭이라고 생각했던 곳을 지나 당신의 길을 개척해 나갈 수 있게 될 것이다. 그리고 각 단계를 거칠 때마다 목표를 달성하기 위해 어디로 가야 할지를 보여주며 당신을 안내하는 개인 코치들을 만나게 될 것이다.

감정을 다루기 가장 좋은 때는 당신이 그 감정을 처음 느끼기 시작할 때라는 점을 명심하라. 감정이 크게 자라버리면 그 패턴을 깨뜨리기가 훨씬 더 어려워진다. 내 철학은 '괴물은 자라기 전에 죽여야 한다'는 것이다. 행동 신호를 받을 때 즉시 이 시스템을 사용하면 거의 모든 감정을 빠르게 처리할 수 있다.

10가지 행동 신호

1. 불안

불안한 감정은 그 강도가 그리 크지는 않지만 우리를 계속 괴롭히고 상황이 좋지 않다는 느낌을 지속적으로 만들어낸다.

메시지 : 지루함, 조바심, 걱정, 고민, 가벼운 당혹감 등 불안한 감정은 당신에게 무언가 제대로 되고 있지 않다는 메시지를 보내는 것이다. 당신이 사물을 인식하는 방식이 잘못되었거나, 여러분이 취하는 행동이 원하는 결과를

만들어내지 못할 수 있다.

해결방안 : 불안한 감정을 다루는 것은 비교적 간단하다.

① 이 책에서 이미 배운 기술을 사용해 당신의 마음상태를 바꿔라.

② 당신이 원하는 것을 명확히 하라.

③ 당신의 행동 패턴을 개선한다. 접근방식을 조금 바꾸면 현재 상황에 대한 감정을 즉시 바꿀 수 있는지, 그리고 결과도 바꿀 수 있는지 알아보라.

모든 감정이 그렇듯이, 불안한 감정도 초기에 처리하지 않으면 점점 강도가 높아진다. 현재의 불안함이 어느 정도 고통스러운 감정이긴 하지만, 고통의 감정이 올 것이라는 예상에서 오는 감정 강도는 현재의 불안함보다 훨씬 더 강렬할 수 있다. 우리의 상상력이 현실에서의 경험보다 강도를 10배나 더 높일 수 있다는 점을 기억하라. 체스와 무술에는 "공격을 받을지 모른다는 위협이 공격 그 자체보다 더 크다"라는 말이 있다. 극심한 고통이 올 것이라고 예상하기 시작하면, 우리는 대개 두려운 감정의 행동 신호를 개발하게 된다.

2. 두려움

두려운 감정은 낮은 수준의 염려와 근심에서부터 심한 걱정, 불안, 경악, 극심한 공포에 이르기까지 다양하다. 두려움은 오직 하나의 목적을 품고 있으며 그 메시지도 단순하다.

메시지 : 두려움은 곧 일어날 어떤 일에 대한 준비가 필요하다고 예상하는 것이다. 보이스카우트의 좌우명으로 **'항상 준비되어 있어야 한다'**는 말이 있다. 우리는 어떤 상황에 대처하거나, 그렇지 않으면 그 상황을 바꾸기 위해 무언가를 할 준비가 되어 있어야 한다. 문제는 대부분의 사람이 두려움을 부정하려 하거나 그 두려움에 사로잡힌다는 것이다. 이런 접근방식은 두려

움이 전달하려고 하는 메시지를 전혀 존중하지 않는 태도이기 때문에, 두려움은 계속 자신의 메시지를 호소하려고 노력하면서 당신을 계속 쫓아올 것이다. 물론 당신은 두려움에 굴복하고 최악의 상황을 생각하면서 두려움을 증폭시키기를 원치 않을 것이다. 그렇다고 해서 두려움이 없는 척하고 싶지도 않을 것이다.

해결방안 : 과거에 두려워했던 감정을 살펴보고, 그 두려움에 정신적으로 대비하려면 어떻게 해야 하는지 평가해보라. 가능한 한 최선의 방법으로 상황에 대처하려면 어떤 행동을 취해야 할지 생각해보라. 때로는 무언가를 위해 할 수 있는 준비를 다 했고 더 이상 할 수 있는 것이 없다고 생각할 때도, 여전히 우리는 두려움에 시달린다. **바로 이때가 두려움에 대한 해결책, 즉 믿음을 갖기로 결정해야 할 때다.** 바로 두려워하는 것에 대비하기 위해 할 수 있는 모든 것을 다해 놓으면 대부분의 두려움은 실제로 실현되는 경우가 거의 없다는 믿음이다. 다만 그런 경우에도 상처를 받을 수는 있다.

3. 상처감

개인적으로나 직장에서나 인간관계를 좌우하는 감정 하나를 든다면 바로 상처받은 감정이다. **상처받은 감정은 대개 상실감에서 생긴다.** 사람들은 상처를 받으면 다른 사람들에게 욕설을 퍼붓는 경향이 있다. 그러므로 상처받은 감정이 주는 진정한 메시지를 잘 들어야 한다.

메시지 : 상처받은 감정 신호가 우리에게 주는 메시지는 우리에게 충족시키지 못한 기대가 있다는 것이다. 상대방이 약속을 지킬 것이라고 기대했는데 지키지 않았을 때 종종 이런 느낌이 발생한다(예를 들어 당신과 상대방 둘이 얘기한 것을 다른 사람에게는 얘기하지 않을 것이라고 기대했는데, 그런 생각을 상대방에게 말하지 않았다고 해서 상대방이 그 얘기를 다른 사람에게 한 경우). 이

경우 당신은 그 사람과의 친밀감이 상실되었다는 느낌, 어쩌면 신뢰감이 상실되었다는 느낌이 든다. 그 상실감이 상처받은 감정을 만들어낸다.

해결방안 : ① 실제로는 잃어버린 게 아무것도 없다는 것을 깨달아라. 당신이 정말 잃어야 할 것은 이 사람이 당신에게 상처를 주려 한다는 **잘못된 인식이다.** 어쩌면 그 사람은 자신의 행동이 당신에게 상처를 주었을지 모른다는 생각조차 하지 않을 것이다.

② 두 번째로, 잠시 상황을 재평가하는 시간을 가져라. **스스로에게 이렇게 물어보라. "정말 잃어버린 게 있기는 한가? 아니면 내가 이 상황을 너무 조급하거나 매몰차게 판단한 건 아닐까?"**

③ 상대방에게 당신이 상실감을 느꼈다는 것을 우아하고 적절하게 표현하라. "지난번에 이러저러한 일이 있었을 때, 당신이 내게 관심이 없다고 잘못 오해해서 상실감을 느꼈답니다. 실제로는 어땠는지 말씀해주실 수 있나요?" 당신의 의사소통 방식을 바꾸고 실제로 어땠는지를 명확히 확인하는 것만으로도 상처받았다는 느낌이 순식간에 사라지는 것을 발견하게 될 것이다.

상처받은 감정은 제때 치료하지 않으면 점점 증폭되어 분노로 변하는 경우가 많다.

4. 분노

분노의 감정은 가벼운 짜증에서부터 화, 분개, 분노, 격분에 이르기까지 다양하다.

메시지 : 분노의 감정이 보내는 메시지는 당신이 평생 지켜온 중요한 규칙이나 기준이 다른 누군가에 의해, 혹은 어쩌면 당신 자신에 의해 위반되었음을 알려주는 것이다. (평생 규칙에 대해서는 16장에서 자세히 다룬다.) 분노의 메

시지를 받았을 때도 당신은 그 감정을 한순간에 바꿀 수 있다는 점을 반드시 알아야 한다.

해결방안 : ① 당신이 상황을 완전히 잘못 이해했을 수도 있고, 그 규칙이 당신에게 얼마나 중요한 것인지(그 규칙을 꼭 지켜야 한다고 당신이 생각하고 있는지) 상대방이 잘 몰랐을 수도 있다는 것을 알아야 한다.

② 누군가 당신의 기준이나 규칙을 위반했다고 해도, 당신의 규칙이 '반드시 옳다'는 법은 없다는 사실을 깨달아라. 당신이 아무리 강력하게 지켜온 규칙이라 하더라도 말이다.

③ 당신에게 보다 힘을 불어넣어주는 질문을 하라. "따지고 보면 이 사람이 나에 대해 관심을 기울이고 있는 게 맞을 거야. 그렇지?" 그리고 이렇게 질문하면서 분노를 멈춰라. "이것으로부터 무엇을 배울 수 있을까? 어떻게 하면 내가 지키는 기준의 중요성을 이 사람이 나를 돕고 싶게 만드는 방식으로 표현해서 이 사람이 앞으로 다시는 이 기준을 위반하지 않도록 할 수 있을까?"

예를 들어 화가 났다면 **당신의 인식부터 바꿔보라.** 그 사람은 정말로 당신의 규칙을 몰랐을 수 있다. 또 **당신이 소통하는 절차를 바꿔보라.** 어쩌면 당신이 정말로 요구하는 것을 효과적으로 표현하지 못했을 수도 있으니까 말이다. 또 **당신의 행동을 바꿔보라.** 예를 들어 그 사람 앞에서 이렇게 말해보라. "이봐, 이건 우리끼리 얘기야. 다른 사람에게는 말하지 않겠다고 약속해주게나. 나한테는 정말 중요한 일이니까."

계속 화를 내고 자신이 지켜온 기준과 규칙을 충족시키지 못하면 결국 좌절감으로 이어진다.

5. 좌절감

좌절감은 여러 가지 원인에서 생길 수 있다. 끊임없이 노력하지만 보상을 받지 못하면 우리 삶이 장애물에 둘러싸여 있다는 느낌이 들고 그럴 때마다 좌절감을 느끼게 된다.

메시지 : 좌절감의 메시지는 매우 흥미로운 신호다. 이 신호는 당신의 뇌가 당신이 지금보다 더 잘할 수 있다고 믿는다는 의미다. 좌절감은 실망감과는 매우 다르다. 실망감은 당신이 삶에서 원하는 것이 있지만 결코 얻지 못할 것이라는 느낌이지만, **좌절감은 매우 긍정적인 신호다.** 좌절감은 문제에 대한 해결책이 당신 손안에 있지만, 당신이 현재 하고 있는 방식이 제대로 효과를 내지 못하고 있으므로 목표를 달성하려면 접근방식을 바꿔야 한다는 의미를 담고 있다. 그것은 당신이 더 유연해지라는 신호다! 당신은 좌절감을 어떻게 처리하는가?

해결방안 : ① 좌절감이 당신의 친구라는 것을 깨닫고, 결과를 얻기 위한 새로운 방법을 생각해보라. 어떻게 하면 접근방식을 유연하게 바꿀 수 있을까?

② 그 상황에 대처하는 방법에 대한 조언을 구하라. 당신이 원하는 것을 얻는 방법을 이미 터득한 롤 모델을 찾아라. 그들에게 원하는 결과를 보다 효과적으로 도출할 수 있는 방법에 대해 자문하라.

③ 지금뿐만 아니라 앞으로도, 시간이나 에너지를 크게 들이지 않고 기쁘게 할 수 있는 방식으로 이 문제를 해결하는 데 도움이 되는 것을 배우고 그것을 당신 것으로 만들어라.

하지만 좌절감보다 훨씬 더 파괴적인 것이 실망감이다.

6. 실망감

실망감은 빨리 대처하지 않으면 매우 파괴적인 감정이 될 수 있다. 실망감은 당신의 기대를 완전히 저버리거나 당신이 무언가를 영원히 놓치게 될 것이라는 파괴적인 느낌이다. 무언가에 대해 얻을 수 있는 것보다 더 많은 것을 기대하면 결국 결과에 대해 실망하기 때문에 슬픈 감정이나 패배감을 느끼게 되는 것이다.

메시지 : 실망감의 메시지는 당신이 가지고 있던 기대, 당신이 정말로 지향했던 목표가 실현되지 않을 것이라는 신호다. 따라서 이럴 때일수록 당신의 기대를 이 상황에 적합하도록 바꿔서, 새로운 목표를 즉시 설정하고 이를 달성하기 위한 조치를 취해야 한다. 그리고 그것이 곧 해결방안이다.

해결방안 : ① 이 상황에서 배울 수 있는 것을 즉시 찾아내 교훈으로 삼는다면, 다음번에는 애초에 지향했던 목표를 달성하는 데 도움이 될 것이다.

② 당신에게 훨씬 더 많은 영감을 주고 당신이 즉시 발전할 수 있는 새로운 목표를 세워라.

③ 너무 조급하게 판단하지 않았는지 살펴보라. 당신이 실망하는 것들은 대개 일시적인 문제들이다(2장에서 살펴본 빌리 조엘의 이야기를 참조하라). 전에도 말했지만, 하나님은 시기를 늦출 뿐, 우리의 성취를 거절하는 분이 아니라는 것을 기억해야 한다. 당신에게도 '일이 지연'되고 있는지 모른다. 사람들은 종종 완전히 비현실적인 기대를 함으로써 실망을 자초한다. 오늘 나가서 씨앗을 심었다고 해서, 내일 당장 나무를 볼 수 있는 것은 아니다.

④ 실망스러운 상황에 처해도 상황이 아직 완전히 끝난 것은 아니라는 사실을 깨닫고 계속 인내심을 키워라. 당신이 진정으로 원하는 것을 전면적으로 재평가하고, 그것을 달성하기 위한 보다 효과적인 계획을 개발하라.

⑤ 실망감에 대한 가장 강력한 해독제는 **과거에 어떤 일이 일어났든 상관없이 앞으로 일어날 일에 대해 긍정적인 기대를 하는 태도를 키우는 것이다.**

실망감이 극에 달하면 대개 죄책감으로 표현된다.

7. 죄책감

죄책감, 후회, 회한의 감정은 인간이 살면서 가장 기피하는 감정 중 하나지만 매우 소중한 감정이기도 하다. 이 감정을 경험하는 것은 분명 고통스럽지만, 감정이 보내는 메시지를 들으면 소중함을 확실히 알 수 있다.

메시지 : 죄책감은 당신이 지켜온 가장 높은 기준을 위반했다는 신호이며, 앞으로 다시는 그 기준을 위반하지 않기 위해 즉시 무언가를 해야 한다는 뜻이다. 우리는 6장에서 우리가 무언가를 고통에 연결시키려 할 때 지렛대를 사용할 수 있다는 점을 살펴보았다. 어떤 행동에 고통이 충분히 연결되어 있으면, 우리는 그 행동을 바꿀 수 있다. 그러니까 가장 강력한 지렛대는 우리 자신에게 고통을 주는 것이다. 죄책감은 많은 사람이 행동을 바꾸는 데 사용할 수 있는 최후의 지렛대다. 하지만 어떤 사람들은 죄책감을 부정하고 억압하는 방식으로 다루려고 한다. 안타깝지만 그것은 거의 효과가 없다. 그럴수록 죄책감은 사라지지 않고 더 강하게 돌아올 뿐이다.

또 다른 극단적인 형태는 죄책감에 굴복하고 그 속에 빠지는 것이다. 그렇게 함으로써 고통을 받아들이고 무력감을 학습하기 시작한다. 이것은 죄책감의 목적이 아니다. 죄책감의 목적은 변화를 만드는 행동으로 우리를 이끄는 것이다. 그런데 사람들은 이것을 이해하지 못하고 과거에 했던 일을 후회하면서 남은 인생을 열등감을 느끼며 보낸다. 이것은 죄책감이 보내는 메시지가 아니다. 죄책감의 메시지는 죄책감으로 이어질 것이라고 생각되는 행동을 피하고, 그동안 지켜온 기준을 위반했다면 당신 마음에 그에 대한 충분한 고통을 유발시켜 더 높은 기준으로 재도약하라는 것이다. 죄책감을 느끼게 하는 과거의 행동을 마주하고 성실하고 일관성 있게 행동하면 발전이 있을 것이다.

해결방안 : ① 당신이 스스로 지켜왔던 중요한 기준을 실제로 위반했다는

사실을 인정하라.

② **앞으로 그런 행동이 다시는 일어나지 않도록 하겠다고 굳게 다짐하라. 다시 그런 일이 일어난다 해도 죄책감을 느끼는 상황을 어떻게 하면 당신의 가장 높은 개인적 기준과 일치하는 방식으로 대처할 수 있을지 마음속으로 연습하라.** 다시는 그런 행동이 일어나지 않도록 하겠다고 굳게 결심하면, 당신은 이제 그 죄책감을 버릴 권리가 있다. 이제 그 죄책감은 당신이 앞으로 더 높은 기준을 갖게 만드는 목적 달성에 도움을 주었다. 그러니 죄책감에 빠지지 말고 현명하게 이용하라!

어떤 사람들은 삶의 거의 모든 영역에서 그들이 가지고 있는 기준을 계속해서 충족시키지 못하면 정신적으로나 감정적으로 심하게 자책한다. 이런 사람들은 대부분 무력한 감정을 경험하게 된다.

8. 무력함

자신이 아무런 가치가 없다는 느낌은 우리가 할 수 있어야 할 일을 할 수 없다고 생각할 때 발생한다. 물론 문제는 **우리가 정말로 무능한 사람인지 아닌지 결정하는 원칙이 완전히 불공평하다**는 것이다. 먼저 무기력한 감정이 당신에게 주는 메시지를 올바로 이해하라.

메시지 : 무력함이 주는 메시지는 지금 당장 그 일에 쓸 수 있는 기술이 당신에게 없다는 신호다. 그 신호는 당신에게 더 많은 정보, 이해, 전략, 도구, 또는 자신감이 필요하다고 말해주고 있는 것이다.

해결방안 : ① 스스로에게 이렇게 물어보라. "이것이 지금 상황에서 내가 느껴야 할 적절한 감정인가? 내가 정말로 무능력한 건가, 아니면 상황을 인식하는 방식을 바꿔야 하나?" 어쩌면 당신은 마이클 잭슨보다 춤을 잘 춰야 마땅하다고 확신하고 있었는지 모른다. 이것은 분명 부적절한 인식이다.

당신의 느낌이 맞다면, 무기력함의 메시지는 당신이 이전에 했던 것보다 더 낫게 할 수 있는 방법을 찾아야 한다는 것이다. 이 경우의 해결방안은 다음과 같다.

② 무력하다는 느낌이 들 때마다 개선하라고 격려해주는 사람들에게 감사하라. 당신은 '완벽한' 존재가 아니며 그럴 필요도 없다는 것을 스스로에게 상기시켜라. **이런 인식을 바탕으로 CANI에 전념하기로 결정하면, 당신이 그 분야에서 꾸준히 개선되고 있다는 느낌을 받게 될 것이다.**

③ 자신이 부족하다고 느끼는 분야에서 효과적인 롤 모델을 찾아 그들로부터 코칭을 받아라. 부족하다고 생각되는 분야를 마스터하기로 결심하고, 최소한의 진전을 이뤄내는 과정을 밟는 것만으로도 무기력한 사람을 학습하는 사람으로 바꿀 수 있다. 무기력함은 매우 중요한 감정이다. 무기력하다는 느낌이 들면 이른바 학습된 무력감이라는 함정에 빠지는 경향이 있고, 그 문제를 치유할 수 없는 영구적인 것으로 보기 시작하기 때문이다. 하지만 그보다 더 큰 거짓말은 없다. 당신은 절대 무능력한 존재가 아니다. 특정 분야에서 훈련을 받지 않았거나 숙련되지 않았을 수는 있지만, 결코 무능력한 것이 아니다. 위대한 사람이 될 수 있는 능력은 지금도 당신 안에 있다.

어떤 문제가 너무 자주 발생해서 영원히 해결할 수 없다고 느껴지거나, 열심히 하고 있는데도 늘 처리해야 할 일이 생각보다 더 많다는 생각이 들면, 과중함의 감정에 빠질 수 있다.

9. 과중함 또는 압박감

슬픔, 우울, 무력감은 과중함이나 압박감의 표현일 뿐이다. 슬픔은 일어난 어떤 일에 대해 긍정적인 의미가 전혀 없다고 느껴지거나, 당신의 삶이 당신이 통제할 수 없는 사람, 사건, 또는 힘에 의해 부정적인 영향을 받고 있다고 느낄 때 발생한다. 이런 상태에 있는 사람들은 압박감을 느낄 뿐 아니라, 그 상황을 바꿀 방법도 없고 문제가 너무 커서 영원히 해결할 수 없다고 생각한다. 세상에 언제나 자신이 처리할 수 있는 것보다 항상 더 많은 일이 일어난다는 느낌이 들면, 이런 감정상태에 빠진다. 즉 감정의 속도, 양, 강도가 압도적으로 느껴지는 것이다.

메시지 : 압박감의 메시지는 이 상황에서 자신에게 가장 중요한 것이 무엇인지 재평가해야 한다는 신호다. 과중함을 느끼는 이유는 당신이 한꺼번에 너무 많은 일을 처리하려고 하거나, 하루아침에 모든 것을 바꾸려고 하기 때문이다. 과중함이나 압박감은 다른 어떤 감정보다도 더 많은 사람의 삶을 방해하고 파괴하고 있다.

해결방안 : ① 당신이 삶에서 다루고 있는 모든 것 중에서 절대적으로 집중해야 할 가장 중요한 것이 무엇인지 결정하라.

② 당신이 성취해야 할 가장 중요한 것들을 모두 적고 우선순위를 매겨라. 그것을 종이에 적는 것만으로도 일어나고 있는 일에 대한 통제력을 느낄 수 있을 것이다.

③ 목록의 최우선 순위 항목을 완전히 해결할 때까지 계속 조치를 취하라. 특정 분야 하나를 해결하면 추진력이 생기기 시작할 것이다. 이제 당신의 뇌는 당신이 통제력을 가지고 있고, 과중함이나 압박감이나 우울함을 느끼지 않으며, 문제가 영원한 것도 아니고, 당신은 항상 해결책을 생각해낼 수 있다는 것을 깨닫기 시작할 것이다.

④ 슬픔 같은 압박감을 내버려두는 것이 적절하다는 느낌이 들면, 당신이 통제할 수 있는 것에 초점을 맞추고, 비록 아직 이해되지 않는다 하더라도 거기에는 당신의 힘을 북돋우는 어떤 의미가 있다는 사실을 이해하도록 노력하

라. 자존감은 대개 우리의 환경을 통제하는 능력과 관련이 있다. **우리가 마음속으로 우리 자신에게 강렬한 요구를 동시에 너무 많이 하면 과중함을 느끼게 된다. 하지만 우리가 통제할 수 있는 것에 초점을 맞추고 한 번에 한 단계씩 처리해 나가면 이 상황을 바꿀 수 있는 힘을 갖게 될 것이다.**

그러나 아마도 대부분의 사람이 가장 두려워하는 감정은 외로움이라는 단절감일 것이다.

10. 외로움

우리가 혼자라는 생각이 들거나 다른 사람들과 떨어져 분리되어 있다고 느끼게 하는 모든 것이 이 범주에 속한다. 당신은 극심한 외로움을 느껴본 적이 있는가? 아마도 살아있는 사람이라면 누구나 외로움을 느껴봤을 것이다.

메시지 : 외로움의 메시지는 사람들과의 관계가 필요하다는 신호다. 하지만 그 메시지가 정말로 의미하는 것이 무엇일까? 사람들은 그것이 성적인 관계나 즉각적인 친밀감을 의미한다고 생각한다. 그러나 그렇게 생각하면 곧 좌절감을 느끼게 될 것이다. 사람들은 친밀감을 느끼고 있을 때도 여전히 외로움을 느끼기 때문이다.

해결방안 : ① 외로움을 해결하는 방안은 바로 손만 뻗으면 즉시 누군가와 연결할 수 있고 외로움을 종식시킬 수 있다는 사실을 깨닫는 것이다. 우리 주위에는 언제나 우리에게 관심을 주는 사람들이 있다.

② 어떤 종류의 관계가 필요한지 확인하라. 당신은 친밀한 관계가 필요한가? 당신은 근본적인 우정이 필요할 수도 있고, 그저 당신에게 귀 기울이고 함께 웃거나 이야기를 나눌 누군가가 필요할 수도 있다. 당신에게 어떤 관계가 정말로 필요한지 확인하라.

③ 당신이 외로움을 느낀다는 것은 "나는 정말로 사람들을 아끼고 그들과 함께 있는 것을 좋아하는 사람이다. 그래서 지금 당장 어떤 사람과 어떤 관계가 필요한지 확인한 다음, 즉시 필요한 행동을 취해야 한다"라는 의미다.

④ 자, 이제 손을 뻗어 누군가에게 연결하기 위해 즉각적인 조치를 취하라.

지금까지 10가지 행동 신호를 살펴보았다. 알다시피 이 모든 감정은 당신에게 힘을 불어넣는 메시지를 보내고 있고, 거짓되고 당신을 무기력하게 만드는 인식, 부적절한 절차 등 당신의 잘못된 의사소통 방식이나 행동을 바꾸라고 요구하고 있다. 이 신호들을 완전히 활용하기 위해서는, 여러 번 반복해서 검토하면서 각 신호가 주는 긍정적인 메시지와 앞으로 사용할 수 있는 해결방안들을 찾아 밑줄을 그어가며 읽고 또 읽어라. 거의 모든 '부정적' 감정들은 10가지 범주에 있거나 몇 가지가 섞인 것들이다. 지금까지 설명한 방법으로 어떤 감정이든 다룰 수 있다. 앞서 설명한 여섯 단계를 통해, 감정에 관심을 기울이고 당신에게 주는 긍정적 의미를 발견하라.

"마음의 정원도 가꾸어야 잘 자란다."

– **볼테르**Voltaire

당신의 마음, 감정, 영혼을 최고의 정원으로 생각하라. 풍성한 수확을 확실하게 거두는 방법은 실망, 분노, 두려움 같은 씨앗이 아니라 사랑, 따뜻함, 감사 같은 씨앗을 심는 것이다. 행동 신호를 정원의 잡초로 생각하라. 잡초는 자신을 뽑으라는 행동을 요구하고 있다. "당신은 무언가를 해야 해요. 더 좋고 건강한 식물들이 자랄 수 있는 공간을 만들기 위해서는 이것을 뽑아내야 합니다"라고 말하고 있는 것이다. 당신이 원하는 종류의 식물을 계속 재배하려면 잡초를 발견하는 즉시 뽑아라.

마음의 정원에 심을 수 있는 감정의 씨앗 10가지를 소개하려고 한다. 당신이 매일 느끼고 싶은 감정에 주의를 기울이면서 이 씨앗들을 기른다면, 당신은 스스로 위대함의 기준이 될 수 있을 것이다. 이 씨앗들은 당신의 삶을 번성하게 하며 최대한의 잠재력을 발휘할 것이다. 이제 그 10가지 감정들이 당신이 과거에 느꼈을지 모르는 모든 '부정적' 감정의 해독제가 될 수 있다는 사실을 염두에 두면서 하나하나 간략하게 탐구해보자.

10가지 강력한 감정

1. 사랑과 온정

사랑을 일관되게 표현하면 그것이 접촉하는 거의 모든 부정적인 감정을 녹일 수 있는 것 같다. 누군가 당신에게 화를 낸다면, 당신은《기적 수업》A Course in Miracles이라는 책에 나오는 **"모든 의사소통은 사랑의 응답이거나 도움을 요청하는 외침이다"**라는 구절이 보여주는 놀라운 믿음을 채택함으로써 그들과 여전히 사랑을 유지할 수 있다. 누군가가 상처를 입거나 화가 난 상태에서 당신에게 다가왔는데, 당신이 사랑과 온정으로 일관되게 반응한다면, 결국 그들의 상태는 변하고 그들의 화는 녹아 없어질 것이다.

"충분히 사랑할 수 있다면, 세상에서 가장 강력한 사람이 될 수 있다."

– 에밋 폭스 Emmet Fox**, 아일랜드의 사상가**

2. 감사하는 마음

가장 강력한 감정은 다양한 방식으로 표현된 사랑이라고 생각한다. 내게 있어 감사하는 마음과 존중하는 마음은 가장 영적인 두 가지 감정이며, 삶과 사람들과 경험이 나에게 준 모든 선물에 대한 감사와 사랑을 생각과 행동을 통해 적극적으로 표현하는 것이다. 이런 감정상태에서 계속 산다면, 당신의 삶의 가치는 그 무엇보다 드높아질 것이다. 이런 감정을 키워나가는 것이야말로 자신의 삶을 가꾸는 것이다. 그러므로 늘 감사하는 태도로 살아라.

3. 호기심

당신이 정말로 성장하고 싶다면 어린아이처럼 호기심을 갖는 법을 배워라. 아이들은 궁금해하는 방법을 안다. 그러니까 그렇게 귀여운 것이다. **지루함을 떨쳐내고 싶다면 호기심을 가져라. 호기심을 갖는다면 세상에 따분한 일은 없다.** 연구하고 싶은 마음이 자연스럽게 생긴다. 호기심을 키우면 인생은 끝없이 즐거운 연구 활동이 된다.

4. 흥분과 열정

흥분과 열정은 모든 것의 원동력이다. 열정은 어떤 문제라도 엄청난 기회로 바꿀 수 있다. **열정은 우리 삶을 그 어느 때보다 빠른 속도로 앞으로 나아가게 하는 억제할 수 없는 힘이다.** 벤자민 디즈레일리의 표현을 약간 달리 말하자면, 인간은 열정적으로 행동할 때만 진정으로 위대하다. 그렇다면 열정은 어떻게 '얻는' 것일까? 우리가 사랑, 따뜻함, 감사함, 고마움, 호기심을 '얻는' 방법과 마찬가지로, 그것을 **느끼기로 결정하기만 하면 된다!** 당신의 생리기능을 이용하라. 더 빨리 말하고, 이미지를 더 빨리 시각화하고, 당신이 가고 싶은 방향으로 몸을 움직여라. 무심코 앉아서 생각만 해서는 안 된다. 책상 앞에 털썩 주저앉아 얕은 숨을 쉬면서 말을 우물거리기만 하면 열정을 채울 수 없다.

5. 결단력

앞서 설명한 감정들도 매우 중요하지만, 이 세상에서 지속적인 가치를 창출하려면 반드시 가져야 할 감정이 있다. 바로 실망스럽고 환멸에 찬 상황과 문제에 대처하는 방법을 지시해주는 결단력이다. **결단력은 문제에 가로막혀 꼼짝하지 못하는 것과 번개 같은 다짐으로 문제를 돌파하는 것의 차이를 의미한다.** 예를 들어 당신이 살을 빼거나, 업무상 일을 처리하거나, 어떤 일이든 끝까지 해내고 싶을 때, 그저 의지에 상관없이 자신을 '밀어붙이기'만 하지는 않을 것이다. 자신을 결단력 있는 상태로 만들어야 한다. 거기서부터 모든 행동이 시작되고, 비로소 목표를 달성하기 위해 필요한 모든 행동을 자동으로 하게 될 것이다. 결단력 있게 행동한다는 것은 다른 가능성은 배제하고 오직 목표를 달성할 수 있는 단호한 결정을 내리는 것을 의미한다.

"결단은 인간의 의지를 일깨우는 경종이다."

– 토니 로빈스

결단력이 있으면 무엇이든 이룰 수 있다. 그러나 결단력이 없다면 당신은 좌절감과 실망감을 맛볼 수밖에 없을 것이다. 두려움을 무릅쓰고 무엇이든 필요한 행동을 하려는 의지만 있다면 용기를 낼 수 있다. 바로 그런 용기에서 결단력이 나온다. 성취감을 느끼는 것과 낙담하는 것의 차이는 결단력이라는 감정의 근육이 얼마나 발달되어 있느냐의 차이다. 하지만 결단력이 있다 해도 평소의 행동 패턴과는 다른 접근방법을 취할 수 있다. 예를 들어 왼쪽을 조금만 돌아보면 문을 찾을 수 있는데 굳이 왜 벽을 부수고 들어가겠는가? 때로는 결단력이 제약조건이 될 수 있다. 그러므로 당신은 결단력과 함께 유연성을 키워야 한다.

6. 유연성

성공을 보장하는 씨앗이 있다면, 그것은 당신의 접근방식을 바꿀 수 있는 능력이다. 사실 모든 행동 신호, 특히 우리가 부정적인 감정이라고 부르는 행동 신호들은 모두 우리가 더 유연해지라는 메시지일 뿐이다! 유연해지기를 선택하는 것은 행복해지기로 선택하는 것이다. 살다 보면 우리가 상황을 통제할 수 없을 때가 있다. 그럴 때 규칙에 얼마나 유연하게 대처하고, 그런 상황에 어떤 의미를 부여하고, 당신이 얼마나 유연하게 행동하느냐에 따라 당신의 개인적 기쁨의 정도는 물론, 장기적인 성패가 결정된다. 폭풍이 불어와도 유연한 갈대는 살아남지만 단단한 떡갈나무는 부러진다. 지금까지의 모든 감정들을 키웠다면 이제 자신감을 개발해야 할 차례다.

7. 자신감

흔들리지 않는 자신감은 우리 모두가 원하는 확신감이다. 이전에 경험한 적이 없는 환경과 상황에서도 자신감을 지속적으로 유지할 수 있는 유일한 방법은 믿음을 갖는 것이다. 원하는 감정이 언젠가 저절로 나타나리라 기다리지 말고, 지금 당장 그 감정을 가질 자격이 있다고 생각하고 확신하라. 자신감이 생기면, 기꺼이 시도하고, 자신을 걸어라. 믿음과 자신감을 개발하는 한 가지 방법은 그 감정을 자주 사용하며 연습하는 것이다. 신발 끈을 자신 있게 묶을 수 있느냐고 묻는다면, 누구나 자신 있게 할 수 있다고 대답할 것이다. 왜 그럴까? 당신이 수천 번 해보았기 때문이다! 자신감도 꾸준히 사용하며 연습하면, 삶의 모든 영역에서 그것이 가져다주는 특별한 상급(賞給)에 놀랄 것이다.

무엇이든 할 수 있는 능력을 키우려면 두려움보다는 자신감을 발휘하는 것이 매우 중요하다. 많은 사람이 살면서 자초하는 비극은 두려움 때문에 무언가를 시도하지 않는 것이다. 심지어 시도하기도 전에 미리 그 상황에 대해 나쁜 감정을 느끼기도 한다. 하지만 뛰어난 성취자들이 성공하는 이유는 근거가 없는 상황에서도 믿음을 키웠기 때문이다! 믿음에 따라 행동하는 능력은 인류를 전진시키는 힘이 있다.

당신이 자신감을 키우는 데 성공했다면 자동적으로 유쾌함을 경험하게 될 것이다.

8. 쾌활함

내 삶의 중요한 가치 목록에 쾌활함을 추가하자 사람들이 "당신은 뭔가 달라요. 늘 아주 행복해 보여요"라고 말했다. 물론 나는 행복했으나 얼굴에 그런 표정은 드러내지도 않았는데 말이다! 사실 내면적으로 행복한 것과 외면적으로 쾌활한 것에는 큰 차이가 있다. 외면적 쾌활함은 당신의 자존감을 높이고, 삶을 더 재미있게 만들고, 당신 주변 사람들까지 더 행복하게 만든다. 쾌활함은 우리 삶에서 두려움, 상처, 분노, 좌절, 실망, 우울, 죄책감, 무기력함 등 모든 부정적 감정을 제거하는 힘을 가지고 있다. 당신 주변에 무슨 일이 일어나든 쾌활함보다 당신의 삶을 더 좋게 만드는 것이 없다는 것을 깨닫는다면, 당신은 쾌활함을 성취한 것이다.

쾌활하다는 것은 당신이 극단적 낙천주의자라거나 장밋빛 안경으로 세상을 보며 어떤 문제도 인정하지 않는다는 뜻이 아니다. **쾌활하다는 것은**

당신이 매우 총명하다는 것을 의미한다. 당신이 기쁨의 상태, 즉 주변 사람들에게도 기쁨의 감정을 전달하는 강렬한 기쁨의 상태로 삶을 산다면 삶에서 만나는 거의 모든 도전에 맞설 수 있는 힘을 가질 수 있기 때문이다. 쾌활함을 기르면, 당신의 관심을 끌기 위해 '고통스러운' 행동 신호도 보낼 필요가 없다! 이제 활력의 씨앗을 심으면 쾌활한 감정을 더 쉽게 느낄 수 있다.

9. 활력

활력을 다루는 것은 매우 중요하다. 당신의 육신인 몸을 돌보지 않는다면, 지금까지의 감정들을 즐기기는 매우 어렵다. 그러므로 신체적으로 활력을 유지하도록 하라. 모든 감정은 당신의 몸을 통해 지시되고 전달된다. 당신이 감정적으로 좋지 않은 기분을 느낀다면, 기본적인 것들을 점검할 필요가 있다. 호흡을 어떻게 하고 있는가? 사람들은 스트레스를 받으면 숨이 멈추고 활력이 떨어진다. 제대로 호흡하는 법을 배우는 것은 건강을 위해 매우 중요하다. 신체 활력의 또 다른 중요한 요소는 풍부한 신경 에너지를 유지하는 것이다.

그러기 위해서는 신경 에너지가 당신의 행동을 통해 소비되고 있다는 것을 깨달아야 한다. 그리고 말할 것도 없이, 휴식과 재충전을 소홀히 해서는 안 된다. 당신의 하루 수면 시간은 얼마나 되는가? 당신이 통상 8시간에서 10시간의 수면을 하고 있다면 너무 많은 수면을 취하고 있는 것이다! 대부분의 사람에게 가장 적합한 수면 시간은 6~7시간으로 밝혀졌다. 또 일반적으로 생각하는 것과는 달리, 가만히 앉아 있는 것은 에너지 충전에 도움이 되지 않는다. 가만히 앉아 있는 것은 오히려 피로를 가중시킨다. 인간의 신경계는 에너지를 충전하기 위해 꾸준히 움직여야 한다. 그러니까 어느 정도 에너지를 소비하는 것이 더 큰 에너지 감각을 준다는 것이다. 우리가 움직일 때, 산소가 우리 몸을 통해 흐르고 육체의 건강이 삶에서 만나는 부정적 도전에 대처하는 데 도움을 줄 수 있는 감정적인 활력을 만들기 때문이다.* 따라서 활력의 느낌은 지속적인 열정을 경험하는 데 중요한 자원임은 말할 것도 없고, 당신의 삶에서 일어나는 거의 모든 감정을 다루기 위해서라도 반드시 키워야 하는 중요한 감정임을 명심하라.

마음의 정원이 지금까지 설명한 강력한 감정들로 가득 차면 이제 기여감을 통해 이 선물을 다른 사람과 나눌 수 있다.

10. 기여감

내 인생에서 가장 힘든 시기였던 몇 년 전 일이 생각난다. 나는 한밤중에 고속도로를 운전하면서 나 자신에게 계속 물었다. "어떻게 하면 내 인생을 반전시킬 수 있을까?" 그 순간 갑자기 강렬한 깨달음이 일어났고 나는 벅찬 마음에 즉시 차를 도로 옆으로 빼 떠오른 생각을 수첩에 적었다. **"삶의 비밀은 기부하는 것이다."**

내가 아는 한, 당신이 한 인간으로서 말하거나 행동한 것이 단지 당신의 삶에 가치를 더해주었을 뿐만 아니라 당신이 사랑하는 사람, 심지어는 당신이 전혀 알지도 못하는 누군가의 삶에도 기여했다는 감정보다 더 풍요로운 감정은 없다. 나를 가장 깊이 감동시키는 이야기들은 모두, 조건 없이 타인을 배려하고 다른 사람들의 이익을 위해 행동하는 최고의 영적 감정을 따르는 사람들에 관한 이야기다. 나는 뮤지컬 〈레미제라블〉Les Miserables을 보고 장발장이라는 인물에 깊은 감동을 받았는데, 그 이유는 그가 다른 사람들에게 많은 것을 주고 싶어하는 선한 인물이기 때문이다. 우리는 매일

* 신체의 활력을 향상시키는 방법에 대해서는《무한 능력》10장 '에너지: 최고의 원천'을 참조하라.

자신뿐만 아니라 다른 사람들에게도 초점을 맞추며 기여감을 키워야 한다.

하지만 자신을 희생하면서 다른 사람들에게 기여해야 한다는 함정에 빠져서는 안 된다. 순교자 행세를 하는 것이 진정한 기여감을 주는 것은 아니다. 당신 자신의 삶도 중요하다는 것을 인식하면서 당신이 감당할 수 있는 범위에서 자신과 다른 사람들에게 지속적으로 베풀 수 있다면 돈이나 업적, 명성, 인정 등 그 어떤 것도 줄 수 없는 유대감, 자부심, 자존감을 갖게 될 것이다. 기여감은 모든 삶을 가치 있게 만든다. 우리 모두가 기여감을 키운다면, 세상이 얼마나 좋아질지 상상해보라!

10가지 행동 신호	10가지 강력한 감정
1. 불안	1. 사랑과 온정
2. 두려움	2. 감사하는 마음
3. 상처감	3. 호기심
4. 분노	4. 흥분과 열정
5. 좌절감	5. 결단력
6. 실망감	6. 유연성
7. 죄책감	7. 자신감
8. 무기력	8. 쾌활함
9. 과중함/압박감	9. 활력
10. 외로움	10. 기여감

이러한 감정의 씨앗을 매일 심으면서, 당신의 삶이 이전에는 꿈도 꾸지 못했을 정도로 활발하게 성장하는 것을 지켜보라. 이 10가지 행동 신호와 10가지 강력한 감정, 즉 행동 신호라고 부르는 부정적 감정들을 사용하는 것을 배우고 긍정적 감정을 키우는 데 전념하는 것의 중요성은 아무리 강조해도 지나치지 않다. 행동 신호가 당신에게 주는 메시지와 해결방안을 적은 작은 카드를 매일 틈날 때마다 보고 익혀라. 지금이라도 그 카드를 보면

우리가 방금 다룬 긍정적인 감정들이 행동 신호에 대한 훌륭한 해독제라는 것을 알 수 있을 것이다. 예를 들어 당신이 지금 불안한 감정을 느끼고 있다면, 사랑과 따뜻한 마음이 그 감정을 크게 완화시켜줄 것이다. 당신이 지금 두려움을 느낀다면, 감사한 마음과 고마워하는 마음이 그 감정을 씻어줄 것이다. 당신이 지금 상처를 받았다면 무슨 일이 일어나고 있는지에 대한 호기심이 그 상처를 대신해줄 것이다. 당신이 지금 화가 나 있다면 그 감정을 흥분과 열정으로 바꿔서 당신이 성취할 수 있는 것을 생각해보라! 좌절감을 느끼고 있다면 결단력을 사용해 극복할 수 있고, 실망감은 유연하게 접근함으로써 해소할 수 있다. 죄책감은 당신이 새로운 기준을 고수하겠다는 확신감을 갖게 되는 순간 사라진다. 무기력함은 쾌활함을 느낄 때 사라진다. 더 이상 무기력이 자리할 공간은 없다. 과중함은 개인의 힘과 활력으로 물리칠 수 있다. 외로움은 타인에게 기여하는 방법을 알아내는 순간 녹아 없어진다.

이제 당신을 단순하고 강력한 감정의 도구에 완전히 연결시켜줄 과제를 수행해보자.

① 다음 이틀 동안, 당신이 **무력해지거나 부정적인 감정을 느낄 때마다 감정 숙달을 위한 6단계를 수행하라.** 그 감정이 어느 범주에 속하는지 확인하고 그 감정이 주는 메시지에서 당신이 필요한 가치를 파악하라. 지금 변화시켜야 할 것이 당신의 인식인지 행동인지 살펴보라. 자신감, 확신감, 열정을 가져야 한다.

② 행동 신호는 중요한 역할을 하지만 당신이 그런 신호를 자주 받지 않는다면 그게 더 좋은 것이다. 강력한 감정을 키우는 것 외에, **부정적 감정의 경험을 최소화하는 데 도움이 되는 보편적 믿음을 키우는 것도 좋다.** 예를 들어 나는 결코 남들로부터 버림받을 수 없다는 믿음을 굳게 가지고 있었기

때문에 내 삶에서 버림받은 느낌(외로움)을 아예 지워버렸다. 설령 내가 사랑하는 사람이 나를 버리려고 한다 해도 나는 그들의 결정을 그대로 따를 것이다! (내게는 '이 또한 지나가리라' '사랑은 내 인생에서 반드시 필요한 것이지만 다른 모든 것도 내게 꼭 필요한 것들이다' '내가 전념한다면 길은 언제나 있다' 같은, 힘을 주는 다른 믿음이 있으니까.)

매일 이 같은 강력한 감정을 활용하고, 당신의 행동 신호를 긍정적인 행동으로 바꾸는 감정 숙달을 위한 6단계를 사용하라. **좋은 감정이든 나쁜 감정이든 당신이 느끼는 모든 감정은 당신이 그 상황의 의미를 어떻게 해석하느냐에 달려 있다.** 기분이 나빠지기 시작하면 자신에게 다음과 같은 질문을 하라. "이 상황이 기분 나쁜 것 외에 어떤 다른 의미가 있을까?" 이것이 감정을 통제하기 위한 첫 단계다.

이 장을 통해 당신이 모든 감정에 감사하고, 모든 감정이 삶을 개선할 수 있는 뭔가를 배울 기회를 제공한다는 사실을 깨닫고 즐거운 마음을 갖기 바란다. 이제 다시는 고통스러운 감정이 당신의 적이라고 생각할 필요가 없다. 그 감정들은 모두 당신에게 일종의 변화가 필요하다는 신호를 주기 위해 생긴 것이다. 당신은 그런 행동 신호를 이용할 수 있는 능력을 개선하면서, 그 감정이 큰 위기가 될 때까지 기다리지 말고 위험이 아직 작을 때 미리 대처하는 방법을 배워야 한다. 예를 들어 당신의 몸무게가 30파운드(14kg) 늘어날 때까지 기다리지 말고 처음 1파운드가 늘어난 것을 알았을 때 바로 대처하는 것처럼, 어떤 문제가 당신을 격분시키기 전 아직 다소 귀찮은 정도일 때 그 상황을 미리 처리하라.

앞으로 몇 주 동안, 당신의 모든 감정으로부터 배우는 과정에 집중하면서 그것을 즐겨라. 당신은 언제든 당신이 선택하는 감정을 경험할 수 있다. 두려워할 것 없다. 지금 당장 롤러코스터 위에 올라타라! 기쁨, 열정, 스릴

등 모든 감정을 경험하면서 당신이 그 감정들을 통제하고 있음을 직시하라! 그것이 당신의 인생이고, 당신의 감정이며, 당신의 운명이다.

어떤 일을 어떻게 해야 하는지 알고 있더라도, 여전히 알고 있는 것을 실행하지 않는 사람들이 많다. 결단의 힘을 사용하고, 믿음을 바꾸고, 우리 자신에게 지렛대를 사용하고, 옛 패턴을 깨뜨리고, 더 나은 질문을 하고, 우리의 어휘와 비유에 주의를 기울여야 하는 이유 있는 명분을 찾아야 한다. 우리에게 그런 지속적인 동기부여를 주기 위해서는 웅대한 목표를 개발해야 한다.

12장

원대한 목표가 원하는 미래를 창조한다

"꿈이 없으면 아무 일도 일어나지 않는다."

– 칼 샌드버그Carl Sandburg

이제 재미있게 놀 준비가 되었는가? 다시 어린 시절로 되돌아간 것처럼 마음껏 상상의 나래를 펼칠 준비가 되어 있는가? 당신의 삶에서 온 힘과 열정을 끌어낼 준비가 되어 있는가?

지금까지 당신에게 많은 것을 설명했다. 우리는 엄청난 양의 자료를 다루었다. 물론 그 대부분은 즉시 활용할 수 있지만, 또 일부는 적절한 때 당신이 불러내는 순간까지 뇌의 한 구석 깊은 저장고에 갇혀 숨어 있을 것이다. 우리는 또 당신이 그저 살아가는 삶에서 꿈꾸는 삶으로 변화할 수 있는 새로운 결정들을 내릴 수 있도록 함께 노력해왔다.

사람들은 무엇을 해야 하는지 알고 있으면서도 좀처럼 그 일을 실행하지 않는다. 그 이유는 동기가 없기 때문이다. 그 동기는 오직 **강력한 미래**가 보일 때만 주어질 수 있다. 이 장은 당신이 최고의 꿈을 꾸고, 무모한 가능성도 브레인스토밍하고, 그렇게 함으로써 당신의 삶을 한 단계 더 끌어올릴 수 있는 무언가를 발견할 수 있는 기회가 될 것이다. 또한 당신이 에너지와 동기를 창출하도록 도와줄 것이다.

당신이 이 장을 그저 소극적으로 읽는 데 그치지 않고 적극적으로 읽으면서 연습하고 실천한다면, 이 장은 마치 자석처럼 당신을 힘든 시기에서 끌어내 멋진 미래의 비전으로 보답할 것이다. 따라서 한 번 읽고 끝나는 것이 아니라 당신이 삶에서 새로운 영감이 필요할 때 언제든지 돌아와 다시 펴보아도 좋을 것이다. 정말 재미있게 놀면서 진정한 열정을 경험할 수 있는 기회가 될 것이다!

이 장에서 당신에게 당부할 것은 상상의 나래를 마음껏 펼치라는 것이다. 모든 '상식'을 버리고 다시 어린아이가 된 것처럼 말이다. 아이들의 세계에서는 원하는 것은 무엇이든 가질 수 있고, 마음의 욕망을 표현하기만 하면 즉시 이루어지지 않던가? 《천일야화》라는 알리바바 이야기 모음을 아는가? 그중에서 내가 가장 좋아하는 이야기가 무엇인지 맞혀보라. 그렇다, 바로 알라딘의 램프 이야기다. 우리는 모두 어린 시절 언젠가 한 번쯤은 요술 램프를 갖고 싶어했을 것이다. 문지르기만 하면 강력한 지니가 나타나 소원을 들어준다! 하지만 **내가 당신에게 주는 램프는 단지 세 가지 소원만 이루어 주는 램프가 아니다!**

자, 이제 당신 안에 있는 강력한 힘을 잡아야 할 때가 되었다. 이 거인을 깨우기로 결심만 하면 당신은 터무니없는 환상이 아니라, 정신적, 감정적, 육체적, 재정적, 그리고 영적인 풍요를 끊임없이 창출하게 될 것이다. 당신의 꿈이 즉각 실현될 수도 있고 시간을 두고 점차적으로 이루어질 수도 있지만, 분명한 것은 당신이 얼마나 크게 상상하고 그것을 실현하기 위해 얼마나 전념하느냐에 따라 당신의 삶에서 이룰 수 있는 것도 그만큼 커진다는 것이다.

목표가 커야
동기부여도 커진다

나는 사람들에게서 이런 말을 자주 듣는다. "토니, 대체 그 많은 에너지가 어디서 나오는 거요? 그렇게 에너지가 강하니 성공했겠지요. 하지만 난 당신 같은 에너지가 없다오. 아마도 동기부여가 덜된 것 같소. 게으르기도 하고요." 그러면 나는 대개 이렇게 대답한다. "아니요. 게으른 게 아니라, 목표가 뚜렷하지 않을 뿐입니다!"

그러면 그들은 혼란스러운 표정을 짓는다. 나는 그 틈을 타 내 강한 열정과 추진력은 강력한 목표에서 나오는 것이라고 귀띔해준다. 매일 아침, 잠에서 깰 때마다 잠이 부족해 체력적으로 지치는 느낌이 들지만, 내 목표가 나를 신나게 만들기 때문에 나는 늘 내가 필요한 추진력을 얻는다. 나를 흥분시키는 목표가 나를 매일 일찍 일어나 밤늦게까지 일하게 만들고, 가용한 모든 자원을 끌어모아 내 영향력의 범위 내에서 찾을 수 있는 모든 것을 사용해 결실을 맺도록 영감을 준다. 당신에게도 똑같은 에너지와 사명감이 있지만, 당신의 목표가 작기 때문에 아직 깨어나지 못하고 있을 뿐이다. 그러므로 당신이 가장 먼저 해야 할 일은 더 크고, 더 영감을 주며, 더 도전적인 목표를 개발하는 것이다.

"내 진짜 문제는 목표가 없다는 거예요"라고 말하는 사람이 많다. 그들이 그런 생각을 하는 것은 목표가 실제로 얼마나 효과가 있는지에 대한 이해가 부족하기 때문이다. 인간의 마음은 고통을 줄이고 없애려 하거나, 고통을 초래하는 것을 피하려 하는 등, 항상 무언가를 추구한다. 우리의 뇌도 즐거움을 추구하는 방향으로 우리를 인도하는 것을 좋아한다. 우리는 모두 목표를 가지고 있다. 지금까지 거의 모든 장에서 강조했듯이, 문제는 **우리**

가 무의식적으로 이런 자원을 사용하고 있다는 것이다.

대부분의 사람이 목표는 '청구서 따위나 그럭저럭 지불하며' 하루하루 살아남는 것, 즉 자신의 **삶을 설계하기**보다는 그저 생계를 유지하는 것이라는 잘못된 함정에 빠져 있다. 이런 불투명한 목표가 당신 안에 비축되어 있는 방대한 힘을 깨울 수 있다고 생각하는가? 결코 그럴 수 없을 것이다! 우리는 목표가 무엇이든 목표 자체가 우리에게 큰 영향을 미친다는 것을 명심해야 한다. 마음의 정원에 우리가 원하는 씨앗을 의식적으로 심지 않는다면, 그 정원에는 잡초만 무성할 것이다! 잡초는 저절로 자란다. 굳이 자라게 하지 않아도 잘 자란다. 우리 안의 무한한 가능성을 발견하기를 원한다면, 한계를 넘어 도전정신으로 진정한 잠재력을 발견할 수 있을 만큼 충분히 크고 웅장한 목표를 찾아야 한다. 당신의 현재 마음상태는 당신의 궁극적인 잠재력을 반영하는 것이 아니라, 당신이 현재 집중하고 있는 목표의 크기와 질을 반영하고 있을 뿐이다. **우리 모두는 원대한 목표를 발견하거나 창조할 수 있는 능력이 있다.**

목표는 한계를 넘어 무한한 힘의 세계로 우리를 데려다준다

처음 큰 목표를 세우면 달성이 불가능해보일 수 있다. 하지만 목표 설정에서 가장 중요한 것은 당신에게 영감을 줄 만큼 충분히 큰 목표를 찾는 것이다. 당신의 힘을 발휘하게 할 수 있는 것이어야 한다. 내가 올바른 목표를 세웠는지 아는 방법은, 그 목표가 불가능해 보이지만 동시에 그 목표를 달성할 가능성을 생각하는 것만으로도 가슴이 뛰는지를 보는 것이다. 그런 영감을 찾고 불가능한 목표를 달성하기 위해서는 목표를 달성할 수 있는 능력에 대한 우리의 기존 믿음체계를 바꿔야 한다.

내가 잊을 수 없는 이야기 하나를 들려주겠다. 샌프란시스코의 황폐한 지역에서 가난하게 태어난 어린 소년의 실화다. 그의 목표는 그를 제외한 모든 사람에게 불가능하게 보였다. 이 소년은 당시 클리브랜드 브라운스 Cleveland Browns의 러닝 백을 맡고 있던 전설적인 미식축구 선수 짐 브라운 Jim Brown의 팬이었다. 하지만 불행하게도 영양실조로 생긴 골연화증으로 다리를 절게 되었다. 6살이 되면서 다리가 휘고 종아리가 위축되는 영구 불구가 되어 '연필 다리'라는 별명이 붙었지만, 언젠가는 자신의 영웅 짐 브라운 선수처럼 뛰어난 러닝 백이 되겠다는 목표를 품었다. 그는 돈이 없어 경기를 직접 관람할 수 없었기 때문에, 브라운스팀과 샌프란시스코 포티나이너스San Francisco 49ers와의 경기가 있을 때마다 경기장 경비원이 4쿼터 후반에 문을 열 때까지 경기장 밖에서 기다리고 있다가 문이 열리면 절뚝거리며 경기장 안으로 들어가 나머지 경기를 구경하곤 했다.

마침내 13살이 된 소년은 그해 평생 꿈꿔왔던 만남을 가졌다. 브라운스팀과 포티나이너스와의 경기가 끝나고 들른 아이스크림 가게에서 평생의 우상을 만난 것이다! 그는 축구 영웅에게 다가가 "브라운 아저씨, 나는 아저씨의 열렬한 팬이에요!"라고 말했다. 고맙게도 브라운은 그에게 고마움을 표시했다. 어린 소년은 다시 말을 걸었다. "브라운 아저씨, 그거 아세요?" 그러자 브라운이 다시 돌아서서 물었다. "뭐 말이니, 얘야?" 소년이 말했다. "나는 아저씨가 세운 모든 기록과 득점을 올린 모든 터치다운을 전부 다 알고 있어요!"

짐 브라운이 미소를 지으며 "정말 대단하구나"라고 말하면서 다시 몸을 돌리려는데 소년이 계속 말을 걸었다. "브라운 아저씨! 브라운 아저씨!"

브라운이 다시 그에게 고개를 돌리자 이번에는 소년의 눈이 너무 열정에 가득 차서 브라운도 그것을 느낄 수 있을 정도였다. "브라운 아저씨, 하지만 내가 언젠가는 아저씨의 기록을 모두 깰 거예요!" 축구의 전설은 미소를 지으며 말했다. "그래, 대단하구나, 얘야. 이름이 뭐니?" 소년은 활짝 웃으며 말했다. "제 이름은 오렌탈입니다. 오렌탈 제임스 심슨Orenthal James Simpson… 내 친구들은 나를 OJ라고 불러요."

"우리의 현재 모습에 이른 것은 우리가 처음 그것을 상상했기 때문이다."

– 도널드 커티스Donald Curtis, 미국 영화배우

OJ. 심슨은 나중에 정말로 짐 브라운의 모든 기록을 깨고 새로운 기록을 세웠다! 목표는 어떻게 운명을 창조하는 놀라운 힘을 만들어낼 수 있었을까? 어떻게 골연화증에 걸린 어린 소년이 축구의 전설이 되게 할 수 있었을까? **목표를 세우는 것은,** 보이지 않는 것을 눈에 보이는 것으로 **바꾸는 첫 번째 단계이자, 인생에서 모든 성공의 기초라고 할 수 있다.** 그것은 마치 무한한 지능이 당신의 강렬한 감정적 사고의 감동을 이용해 당신이 만든 거푸집을 채우는 것과 같다. 그러니까 당신의 삶의 매순간을 지속적으로 투영시키는 생각들로 당신이라는 존재를 조각하는 것이다. 당신의 목표는 모든 생각을 이끄는 마스터 플랜이다. 당신은 위대한 걸작을 창조할 것인가, 아니면 다른 사람들의 그림을 통해 당신 삶을 해석하는 데 그칠 것인가? 당신은 삶의 경험을 모아 작은 골무에 담겠는가, 아니면 커다란 물통에 담겠는가? 이런 질문에 대한 답은 우리가 지속적으로 추구하는 목표가 무엇이냐에 의해 이미 주어진 것이나 마찬가지다.

목표 세우기 :
보이지 않는 것을 보이는 것으로 바꾸는 것

지금 당장 당신 주변을 둘러보라. 무엇이 보이는가? 소파에 앉아서 멋진 미술품에 둘러싸여 있거나 최신 레이저 디스크가 돌아가는 대형 TV 스크린을 보고 있는가? 아니면 전화, 컴퓨터, 팩스가 있는 책상에 앉아 있는가? 이 모든 물건들은 한때 누군가의 마음속에 있는 단순한 생각에 불과했다. 내가 100년 전에 보이지 않는 전파가 전 세계 공중을 타고 상자에 들어와 소리와 그림을 만들어낼 수 있다고 말했다면, 사람들은 나를 미쳤다고 생각했을 것이다. 그러나 오늘날 미국의 거의 모든 가정은 적어도 한 대의 TV를 가지고 있다(평균은 두 대다!). 누군가 그것을 만들었지만, 그렇게 되기 위해서는 이미 그것을 **분명하게 꿈꾼 사람**이 있었다.

이것이 물질적인 사물에만 국한되는 것일까? 그렇지 않다. 모든 종류의 활동과 과정에서도 마찬가지다. 오늘날 우리가 편안하게 자동차를 타고 다닐 수 있는 이유는 진취적인 사람들이 내연기관을 사용하는 방법을 알아냈기 때문이다. 오늘날의 에너지 문제에 대한 해답도 현재의 물리학자와 엔지니어의 상상력과 지략에 달려 있다. 그리고 인종 혐오 집단, 노숙자, 기아의 놀라운 확산 같은 사회적 위기에 대한 해결책도 헌신적인 개인들의 창의성과 연민에 의해 해결될 것이다.

사람들이 목표를 세우지 않는 이유

당신은 어쩌면 지금 이런 생각을 하고 있을지도 모르겠다.

"글쎄요, 이 모든 말이 영감을 주는 것처럼 들리지만 목표를 확실히 세웠다고 해서 그것이 저절로 이루어지는 것은 아니지 않나요?"

당신 말에 전적으로 동의한다. **어떤 목표를 세웠든 간에, 목표 달성을 위한 계획을 수립하고 일관된 행동이 즉시 뒤따르지 않으면 안 된다.** 그리고 당신은 이미 행동할 수 있는 힘을 가지고 있다. 당신이 그 힘을 불러낼 수 없다면, 그것은 당신에게 영감을 주는 목표를 세우지 못했기 때문이다.

지금 목표를 세우지 못하도록 당신의 발목을 잡고 있는 것은 무엇인가? 당신은 이 책을 읽기 전에도 목표 설정의 힘에 대해 들어본 적이 있을 것이다. 하지만 정신적, 감정적, 육체적, 영적, 재정적 등 삶의 모든 면에서 당신이 어떤 결과를 원하는지 명확하게 정의된 목표를 가지고 있는가? 왜 그런 목표를 세우지 못했을까? 바로 실망에 대한 무의식적인 두려움 때문이다. 어떤 사람들은 목표를 세웠다가 그것을 이루지 못해 실망과 고통을 겪은 적이 있어서, 그런 고통에 대한 두려움 때문에 목표를 세우지 않는다. 그들은 또다시 기대가 무너지는 것을 경험하고 싶지 않다. 또 어떤 사람들은 그들이 통제할 수 없는 목표를 세워놓고, 그 목표를 달성해야만 행복할 수 있다며 자신을 학대한다. 이런 사람들은 목표를 향해 나아가면서도 주변에 더 좋고 가치 있는 목표들이 있을 수 있다는 것을 인지할 수 있는 유연성이 부족하다.

목표를 세우는 과정은 사물을 관찰하는 것과 매우 비슷하다. 목표물에 가까워질수록 목표 자체뿐만 아니라 목표 주변의 모든 세부적인 것들이 더 명료하게 보인다. 어떤 목표를 향해 나아가다가 다른 가능성들이 더 좋다는 것을 발견하고 그것이 당신에게 더 영감을 주는 목표라고 결정하게 될 줄 누가 알겠는가? 실제로 나중에 시간이 지나고 돌이켜보면, 때로는 원래의 목표를 달성하지 못하는 것이 당신을 진정한 삶의 목적에 더 가깝게 다가가게 할 수도 있다.

목표를 달성하고 다른 사람에 기여하기 위한 추진력은 여러 형태로 나타난다. 어떤 사람들에게는 실망이나 심지어 비극의 형태로 나타날 수도 있고, 또 어떤 사람들에게는 삶이 무의미하게 흐르고 있다는 생각, 즉 삶의 질이 매순간마다 낮아지고 있다는 냉철한 깨달음의 형태로 나타나기도 한다. 또 어떤 사람들에게는 영감이 동기부여의 원천이 되기도 한다. 그러므로 목표가 무엇인지 직시하면서 가능한 최고의 시나리오를 예상하거나, 실제로 얼마나 진전을 이루고 있는지 깨닫는 것이야말로 더 많은 것을 성취하기 위한 동기를 개발하는 데 도움이 될 수 있다.

우리는 목표를 달성하는 과정에만 너무 몰입하다가 얼마나 멀리 왔는지 깨닫지 못하는 경우가 많다. 예를 들어 어느 날 친구가 당신의 자녀들이 많이 컸다고 말해주면 당신은 "정말?"이라고 말하며 진심으로 놀랄 때가 있을 것이다. 아이들이 바로 당신 눈앞에서 날마다 자랐지만 당신은 미처 깨닫지 못한 것이다. 당신 자신의 성장을 보는 것은 훨씬 더 어렵다. 그래서 간단한 방법을 알려주고자 한다. 지금 바로 시간을 내 한번 해보기 바란다. 이 방법은 위에서 설명한 두 가지 동기부여의 힘을 사용하는 데에도 도움이 될 것이다.

어제, 오늘, 내일의 당신과 비교해보라

때로는 당신이 얼마나 멀리 왔는지, 그리고 앞으로 얼마나 더 멀리 가야 하는지 놓치기 쉬울 때가 있다. 다음 페이지에 열거된 10가지 주요 영역에서 당신이 5년 전에 어디쯤 있었는지 정확하게 평가해보라. **각 항목에 대해 0에서 10까지 점수를 매겨라. 0은 당신이 그 영역에서 아무것도 이룬 것이 없다는 것을 의미하고, 10은 당신이 그 영역에서 완전히 원하는 삶을 살고 있다는 것을 의미한다.**

각 항목별로 자신에게 점수를 매긴 다음, 두 번째 단계는 각 항목 옆에 그 때(5년 전) 당신이 어떤 상태였는지 문장으로 설명하라. 예를 들어 5년 전에 당신은 신체적으로 어떤 상태였는가? "점수는 7점. 꽤 좋은 몸매를 유지하고 있었지만, 확실히 좀 손봐야 할 부분이 있었다. 표준보다 약 5파운드 정도(2.3kg) 더 나갔기 때문에 1주일에 두 번 달리기를 했지만, 여전히 식습관은 좋지 않았다. 신체 에너지 수준도 그저 보통 수준이었다"라고 적을 수 있을 것이다.

5분에서 10분 동안 이 연습을 해보라. 자신을 새롭게 깨닫는 기회가 될 것이다!

5년 전	점수	설명
신체적 측면		
정신적 측면		
정서적 측면		
매력		

인간관계		
생활환경		
사회적 측면		
영적 측면		
직업		
재정적 측면		

자, 비교를 위해 당신이 각 영역에서 얼마나 잘해왔는지 또는 못해왔는지 점검해보라. 그리고 이제 오늘 현재 시점을 기준으로 동일한 질문을 하고 답해보라. 각 영역별로 당신이 지금은 얼마나 변했는지 **0에서 10까지 점수를 매긴 다음, 현재 어떤 상태인지 한두 문장으로 설명하라.**

현재	**점수**	**설명**
신체적 측면		
정신적 측면		
정서적 측면		
매력		
인간관계		
생활환경		
사회적 측면		
영적 측면		
직업		
재정적 측면		

지금까지 이 연습을 하면서 무엇을 배웠는가? 5년 동안 얼마나 변했는

가? 생각보다 더 좋아진 영역이 있는가? 지난 5년 동안 잘 해냈는가? 그렇다면 기분이 좋을 것이다. 그렇지 않은가? 설령 당신이 원하는 만큼 잘 해내지 못했다 하더라도, 혹은 차라리 어느 영역에서는 5년 전이 더 좋았다는 생각이 든다 하더라도 그 역시 좋은 메시지가 될 수 있다. 시간이 더 가기 전에 변해야겠다는 동기를 부여해줄 수 있으니 말이다. 불만족도 성공의 중요한 열쇠가 될 수 있다는 점을 잊지 마라.

이제 잠시 시간을 내서 이 비교를 통해 배운 교훈을 몇 가지 핵심 문장으로 적어보라.

____

____

____

____

____

이제 5년 후의 미래를 생각하면서 이 연습을 마무리하라. **다시 각 항목별로 점수를 매기고 어떤 상태가 될 것인지 한두 문장으로 설명하라.**

5년 후	점수	설명
신체적 측면	______	______________
정신적 측면	______	______________
정서적 측면	______	______________

매력		
인간관계		
생활환경		
사회적 측면		
영적 측면		
직업		
재정적 측면		

목표를 달성하기 위해 중요한 것들

당신이 5년 후의 목표를 세웠다면 CANI에 전념한 것이다! **이제 당신은 인간은 끊임없이 나아져야 한다는 사실을 알게 되었다.** 불만족이라는 압박과 일시적인 불안이라는 긴장 속에도 힘이 내포되어 있다. 이것은 당신의 삶에서 필요한 고통이다. 당신은 이 고통을 즉시 긍정적인 새로운 행동으로 변화시켜야 한다.

이런 종류의 압박감은 일반적인 고통과는 다른, 유스트레스(eustress, 긍정적인 영향을 미치는 스트레스 _옮긴이)라고 부른다. 유스트레스는 당신 자신과 주위 사람들을 위해 당신 삶의 질을 지속적으로 높이는 긍정적인 힘이 될 수 있다. 유스트레스를 활용해 삶의 질을 높이도록 박차를 가하라. 많은 사람은 압박감을 피하려고 하지만, 어느 정도의 긴장이나 압박감이 없으면 지루함과 무기력한 경험이 반복되어 오히려 불평이 쌓이게 된다. 사실 우리가 짜릿한 기분을 느끼는 것은 우리 내부에서 어느 정도의 압박감이나 긴장감이 있기 때문이다. 이 정도의 스트레스는 압도적이라기보다는 자극적이라고 할 수 있다.

스트레스를 받는 것과 스트레스를 통제하는 것에는 큰 차이가 있다. 스트레스를 통제한다는 것은 스트레스(유스트레스)를 활용해 당신을 원하는 방향으로 이끄는 것이다. 그렇게 하면 당신 내부에서 엄청난 변화를 일으킬 수 있다. 압박감을 이용하고 그것을 적이 아니라 친구로 만드는 법을 배우면, 오히려 삶을 최대한 도와주는 도구로 연마시킬 수 있다. 게다가 스트레스는 자가 발전하는 성향이 있으므로 이를 지능적으로 유도해보자.

압박감을 적이 아니라 동맹으로서 활용할 수 있는 가장 간단한 방법 중 하나는, 목표를 달성하기 위해 했던 것처럼 가까운 친구들을 끌어들이는 것이다. 그들에게 진정으로 원하는 것을 성취하기 위해 필요한 모든 것을 다 하겠다고 공개적으로 선언하면, 좌절에 빠지거나 문제에 부딪히더라도 길에서 벗어나지 않을 수 있을 것이다. 당신이 피곤해지거나 자신감이 떨어지고 일이 잘 풀리지 않는 것처럼 느껴질 때, 친구들에게 공개 선언한 것을 떠올리면 다시 힘을 내 계속 전진할 수 있고 친구들도 당신을 붙잡아주며 더 높은 곳으로 갈 수 있도록 도와줄 것이다. 이는 당신이 가는 길이 다소 험하더라도 계속 나아갈 수 있도록 도와주는 유용한 도구가 될 것이다.

실패도 진정한 목표 달성에 도움이 된다

몇 년 전, 한 친구가 내게 다가와 낙원의 섬 피지Fiji에서 살면 얼마나 환상적이겠느냐고 말한 적이 있다. 그 친구에게서 그 꿈에 대해 여러 번 들었고 원칙적으로 그 개념을 좋아하긴 했지만 나는 본래 실용적인 사람이었다. 낙원의 섬 피지의 땅을 사는 것은 투자 측면에서도 기회였지만 만약 우리가 사는 세상에 어떤 대재앙이라도 생긴다면 내 가족이 탈출해 살기에 좋은 장소가 될 것이라는 생각도 들었다. 그래서 나는 '출장 겸 휴가' 일정을 잡았고, 아내 베키와 함께 피지에 가서 몇 곳의 후보 부동산을 살펴보고 투자할 만한 곳인지 조사해보기로 했다.

며칠 동안은 왜 피지에 왔는지에 대한 생각 없이 휴가를 즐겼지만, 미개발 땅을 구입한다는 목표는 절대 잊어버리지 않았다. 피지에 온 진짜 목표는 괜찮은 땅을 사는 것이었으니까. 마침내 우리는 비행기를 빌려 구입할 만한 땅이 없는지 피지 외곽 섬들을 탐험하기로 했다.

우리는 영화 이름으로도 유명한 '블루 라군'Blue Lagoon 등 몇 곳의 섬을 둘러보며 모험적인 하루를 보내고 마침내 북쪽 제도의 외딴 해변에 착륙했다. 우리는 그곳에 한 대밖에 없는 차를 빌려 타고 히비스커스 하이웨이Hibiscus Highway라는 코코넛이 우거진 비포장도로를 3시간 동안 달렸다.

그런데 아무것도 없을 것 같은 곳에서 특이한 붉은 머리를 길게 늘어뜨린 귀여운 피지 소녀를 발견했다. 베키와 나는 너무 반가워서 그 소녀의 사진을 찍고 싶었지만, 그녀의 의사를 존중하고 싶었기 때문에 허락을 받기 위해 주위에 그녀의 부모가 있는지 찾아보았다.

우리는 바다 가장자리에 있는 작은 마을을 발견했다. 우리가 다가가자 마을 사람들이 우리를 발견했고, 그중 덩치 큰 피지 원주민 한 명이 우리 쪽으로 달려왔다. 그는 큰 미소를 지으며 자신의 부족 언어가 아니라 영어로 인사하고는 우렁찬 목소리로 말했다. "안녕하세요, 내 이름은 조입니다. 우리 집에 와서 카바kava를 드셔보세요."

마을에 들어서자, 사람들은 계속 미소와 웃음으로 우리를 맞이했다. 그들은 나를 큰 오두막으로 데려갔는데, 그곳에는 30명의 피지 남자들이 카바 의식(후추나무 뿌리로 만든 카바 음료를 마시는 전통의식 _옮긴이)을 거행하고 있었다. 아내 베키는 그들의 전통에 따라 오두막 밖에서 여자들과 이야기를 나누고 있었다.

나는 이들의 열정에 압도되었다. 그들의 자유분방한 쾌활함은 놀라웠다. 오두막에 있는 피지 남자들은 모두 환하게 웃고 있었고, '환영합니다. 행복하세요, 당신을 사랑합니다!'라는 의미의 부족 언어인 '불라 불라 불라!'Bula, bula, bula!를 외치며 열렬히 나를 환영해주었다. 남자들은 양고나(yanggona, 후추 뿌리의 일종)를 몇 시간 동안 물통에 담가서 만든 카바(내게는 그저 흙탕물처럼 보였다)라는 무알콜 음료를 자랑스럽게 떠서 내게 건네주었다. 그들은 코코넛 껍질을 반으로 쪼갠 바가지에 카바를 떠주었는데, 내가 카바(보기보다는 맛이 괜찮았다)를 마시자 남자들이 유쾌하게 웃으며 농담을 주고받았다. 이 사람들과 어울린 지 얼마 되지도 않았는데 나는 전에 경험하지 못했던 평화로움을 느끼기 시작했다.

그들의 쾌활함과 장난기에 경탄하며 나는 이렇게 물었다. "당신네들 인생의 목적은 무엇인가요?"

그들은 내가 무슨 대단한 농담이라도 한 것처럼 나를 바라보더니 이구동성으로 말했다. "물론 행복하기 위해서죠. 그 외에 뭐가 있겠어요?"

내가 대답했다. "그렇습니다. 당신들 모두 피지에서 아주 행복해 보이는군요."

한 남자가 "네, 나는 피지에 사는 우리가 지구상에서 가장 행복한 사람들이라고 생각합니다. 물론 다른 곳에 가본 적은 없습니다만!"이라고 대답하자 또 한바탕 요란한 웃음소리가 터졌다.

그러더니 그들은 전통을 깨고 베키를 오두막 안으로 데리고 들어왔다.

그들은 마을에 하나밖에 없는 등유 램프를 켜고 전통 악기 우쿨렐레와 만돌린을 연주했다. 곧 남자, 여자, 아이들의 아름다운 피지 4부 화음이 오두막을 가득 채웠다. 그것은 내 삶에서 가장 강력하고 깊은 감동을 주는 경험 중 하나였다. 이 사람들의 놀라운 점은, **그들이 인생에서 느끼는 풍성한 행복을 다른 사람들과 나누는 것 외에는 우리에게 아무것도 바라는 게 없었다**는 것이다.

그들과 몇 시간을 더 보내고 길고 아쉬운 작별의 시간을 가진 뒤, 우리 삶에 깃든 깊은 평화와 균형을 느끼며 마을을 떠났다. 우리는 밤늦게 주변의 아름다움에 대한 인식과 감사가 새삼 더 깊게 느껴지는 마법의 휴양지로 돌아왔다. 지금 몸은 호화로운 휴양지에 있지만, 아직도 문밖에는 부드럽게 철썩거리는 파도 소리가 들리는 것 같고, 달빛이 비치는 무성한 녹색 코코넛 야자수로 둘러싸인 용암 봉우리 위의 작은 오두막 초가집에 있는 것 같은 느낌이 들었다. 우리는 믿을 수 없는 하루를 보냈고, 이 작은 마을의 사람들 덕분에 삶이 매우 풍요로워졌다는 느낌을 지울 수 없었다. 비록 구입할 땅을 알아본다는 당초의 목표를 달성하지 못했다는 것을 나중에야 깨달았지만, 우리는 훨씬 더 큰 선물을 만났다. 그것은 목표와는 **비교할 수 없을 만큼 가치 있는 선물이었다.**

우리는 지난 6년 동안 1년에 서너 번 피지 여행을 떠났다. 당초에는 첫 번째 여행에서 투자할 만한 땅을 구입한다는 목표를 이룰 것으로 기대했지만, 이후 거의 20차례 정도 더 피지 여행을 한 후에야 피지에 부동산을 구입했다. 물론 투자 목적뿐만 아니라 친구들과 피지의 기쁨을 공유할 수 있는 기회를 갖기 위해서였다. 우리는 미개발지를 사는 대신, 2년 전 첫 여행 때 머물렀던 아름다운 플랜테이션 리조트 나말레를 구입했다! 우리는 121에이커(15만 평)와 3마일(5km)에 이르는 해변 마당으로 구성된 이 마법의 장소를 우리 친구들과 다른 특별한 사람들과 공유할 수 있도록 더 멋지게 가꾸고 싶었다.

나말레를 소유하는 것은, 내가 세미나에서 사람들이 자신의 삶을 즐기는 능력을 바꾸는 것을 보는 것만큼이나 큰 기쁨을 준다. 모든 사람이 나말레에 오면 한결같이 변화하기 때문에, 내가 특별히 무엇을 할 필요가 없다! 신혼여행을 온 부부에서부터 은퇴한 부부, 엄청난 속도로 움직이는 대기업 업무에 지친 CEO에 이르기까지 각계각층의 사람들이 긴장을 풀고 다시 어린 시절로 되돌아간 듯 자신을 재발견하는 모습을 가만히 지켜보기만 하면 된다. 그들은 이곳에 오면 용암 구멍에서 갑자기 15피트(457cm)나 솟아오르는 물줄기를 피하며 즐기거나, 마을 사람들과 배구를 하거나, 말을 타고 해변을 산책하거나, 원주민의 카바 의식에 참여한다.

나는 그들이 바다 밑에서 또 다른 세계를 발견하거나, 그들이 환상에서나 보았을 석양을 배경으로 술을 마시거나, 주일 아침 마을의 교회 예배에 참석한 후에 피지 사람들과 영적인 연결이 되었음을 보여주는 미소를 지을 때, 그들의 눈에 나타나는 경이로움을 보는 것을 좋아한다. 내가 오직 '투자할 만한 땅'을 사야겠다는 목표를 추구했을 때만 해도, 우리 모두의 삶에서 가장 중요한 것이 무엇인지 기억할 수 있는 환경을 찾을 것이라고는 결코 생각하지 못했다. **중요한 것은 단지 목표를 달성하는 것이 아니라, 그 과정에서 경험하는 삶의 질이라는 사실을 깨달은 경험이었다.**

꿈꾸던 삶을 살려면

많은 사람이 기쁨과 행복을 뒤로 미루며 인생을 살아간다. 그들에게 목표를 세우는 일은 '언젠가' 원하는 것을 이루고 난 뒤에나 삶을 최대한 즐기기 위해 하는 일이라고 생각한다. 물론 사실은 그렇지 않다. 지금 행복해지기로 결정만 하면 우리는 자동적으로 더 많은 것을 이룰 수 있다. 목표가 원대한 방향과 초점을 맞추어야 할 길을 제공해주기는 하지만, 우리는 매순간 기쁨을 느끼며 하루하루의 삶을 최대한으로 누리기 위한 노력을 게을리해서는 안 된다. 개인적인 특정 목표를 달성할 수 있느냐에 따라 인생의 성공과 실패를 측정할 게 아니라, **우리가 지향하는 방향이 개인적 목표 달성보다 더 중요하다**는 것을 기억하라. 우리가 올바른 방향으로 계속 나아간다면, 추구하는 목표를 달성하는 것은 물론 훨씬 더 많은 것을 이룰 수 있을 것이다!

미국에서 무려 10년 동안 방영된 드라마 〈초원의 집〉Little House on the Prairie에서 아버지 역으로 유명한 배우 고(故) 마이클 랜던Michael Landon을 기억하는가? 그는 미래에 대한 꿈이 사람의 능력을 바꿀 힘이 있다는 것과 당초 의도했던 목표를 달성하지 못했더라도 나중에 더 큰 목표를 달성할 수 있다는 것을 자신의 삶을 통해 몸소 보여준 사람이다. 그가 많은 사람의 사랑을 한 몸에 받을 수 있었던 이유는 무엇일까? 바로 강한 가족 의식, 옳은 일을 하는 것, 변함없는 성실함, 역경을 극복하는 끈기, 깊은 배려와 사랑 등, 미국에서 가장 높이 평가되는 많은 중요한 가치들을 대변하고 있기 때문이다.

수많은 사람의 삶에 빛을 비춰준 마이클이 미국의 영웅이 되는 데에는 우여곡절도 많았다. 그는 매일같이 다투는 부모에게서 신체적, 감정적 학대를 받으며 자랐다. 아버지는 가톨릭을 혐오하는 유대인이었고, 어머니는 반유대주의자 가톨릭 교도였다. 어머니는 몇 차례나 극단적인 자살을 시도했는데, 걸핏하면 마이클이 친구들과 노는 곳까지 쫓아와 옷걸이로 그를 때리곤 했다. 마이클은 고등학교에 들어갈 때까지 오줌싸개였고, 심한 안면 경련에 시달렸으며, 무의식적으로 딸꾹질하는 습관이 있었다. 그의 몸은 야위었으며 늘 두려움에 떨고 있었다. 이것이 〈초원의 집〉에서 그렇게 확신에 차고 자신감 넘치는 잉글스 가족Ingalls family의 가장(家長)을 연기한 배우의 모습 같은가? 무엇이 그의 삶을 변화시켰을까?

고등학교 2학년 때의 어느 날, 체육 선생님이 학생들을 축구장으로 데리고 나가 창 던지기를 시켰다. 그날 마이클은 자기 자신에 대한 관점을 영원히 바꾸는 경험을 하게 된다. 차례가 되자 그는 지금까지 삶의 다른 모든 부분에서 그랬던 것처럼 자신감 없이 두려운 마음으로 창을 집어 들었다.

그런데 그날 기적이 일어났다. 마이클이 힘껏 던진 창은 다른 사람보다 무려 30피트(9m)나 더 멀리 간 것이다. 그 순간 마이클은 자신에게도 미래가 있다는 것을 알게 되었다. 그는 나중에 《라이프》지와의 인터뷰에서 다음과 같이 말했다. "그날 나는 나도 다른 사람들보다 더 잘할 수 있는 게 있다는 걸 알게 되었지요. 내가 잡아야 할 기회가 무엇인지 알게 된 겁니다. 그리고 그 기회를 꼭 잡았지요. 나는 선생님께 여름방학 동안 창을 집에 가져가게 해달라고 졸랐고, 선생님은 허락해주셨습니다. 나는 집에서 창을 던지고 또 던지며 연습했지요."*

마이클은 마침내 그가 가야 할 미래를 찾았고, 결사적으로 그에 매달렸

* Darrach, Brad. "I Want to See My Kids Grow Up," Life magazine, June 1991.

다. 결과는 놀라웠다. 여름방학을 마치고 학교로 돌아왔을 때, 그의 몸은 이미 변화되기 시작했다. 2학기가 되면서 그는 상체를 만들기 위한 운동을 시작했다. 4학년 때에는 창 던지기에서 고등학교 신기록을 깼고 서던캘리포니아 대학교University of Southern California의 체육 장학금을 받게 되었다. 그의 표현을 빌리자면 "개천에서 용이 난 것"이었다. 이 비유가 마음에 드는가?

이야기는 여기서 끝나지 않는다. 마이클이 그렇게 강할 수 있었던 또 다른 이유는 영화 〈삼손과 데릴라〉를 보면서 키운 믿음이었다. 그는 삼손처럼 머리를 기르면 강해질 것이라고 믿었다. 사실, 그가 고등학교에 다니는 동안에는 효과가 있었다. 하지만 불행하게도 짧은 머리가 유행하던 50년대에 대학에 들어가면서 그의 믿음은 난관에 봉착했다. 짧은 머리를 한 운동선수들이 그를 땅바닥에 내리꽂고는 사자의 갈기처럼 길게 자란 그의 머리카락을 잘라버리는 사건이 벌어졌다. 이성적으로는 말이 안 되는 일이라는 것을 잘 알고 있었지만, 어쨌든 머리카락과 함께 그의 힘도 즉시 사라졌다. 실제로 창을 날린 거리도 9m 이상 줄어들었다. 그는 과거의 기록을 되찾기 위해 자신을 혹사시키다가 심한 부상을 당해 그해 경기에 출전하지 못했다. 그러면서 체육대학에 다니는 것이 너무 힘들어졌고 마침내 대학을 떠나야 했다. 생계를 유지하기 위해 그는 제조공장에서 짐 나르는 일을 해야만 했다. 그의 꿈도 사라져버린 것 같았다. 과연 세계적인 육상선수가 되겠다는 꿈을 이루는 것이 가당키나 한 일일까?

그런데 어느 날, 할리우드의 한 회사가 그를 발견하고 TV의 첫 컬러 서부극 〈보난자〉Bonanza의 셋째 아들 리틀 조 카트라이트Little Joe Cartwright 역에 도전해보라고 조언했다. 그 이후로 그는 자신의 인생을 뒤돌아볼 겨를이 없었다. 배우로서의 경력, 그리고 마침내 감독과 제작자로서의 마이클의 경력이 본격적으로 시작된 것이다. **육상선수로서의 꿈을 놓친 것이 그에**

게 또 다른 미래를 가져다준 셈이다. 하지만 육상선수라는 목표를 추구하고 그 목표를 향해 나아가는 과정이 그의 몸과 인격을 형성했다는 것은 부인할 수 없다. 이 두 가지가 그의 궁극적인 미래에 필요한 성장 요소가 되었음은 물론이다. **때로는 실망이 위장을 한 기회일 수도 있다는 것을 믿어야 한다.**

목표 달성에
가장 중요한 것

목표를 추구하다가 초기에 실패와 좌절을 만나면, 다른 목표를 찾아야 한다는 말일까? 물론 그렇지 않다. 목표 달성에 단지 관심만을 보인다면 목표를 달성할 수 없을 것이다. 목표를 달성하기 위해서는 혼신의 힘을 다해야 한다. 나는 사람들이 성공한 근본 원인을 연구하면서, 삶의 질을 창조하고 형성하는 데 있어 가장 가치 있고 효과적인 자원으로서 끈기가 재능을 능가한다는 것을 발견했다. 대부분의 사람은 목표 달성을 코앞에 두고 마지막 단계에서 포기한다!

나는 삶이 우리의 결심을 끊임없이 시험하고 있으며, 삶의 가장 큰 보상은 성취할 때까지 끝없이 행동에 전념하는 사람들을 위해 남겨져 있다고 믿는다. 산을 움직일 수 있는 큰 결심이라도 끝까지 흔들리지 않는 것이 중요하다. 이 말이 단순하게 들릴지 모르지만, 그것이 꿈꾸던 삶을 사는 사람들과 후회 속에 사는 사람들을 구분하는 공통분모라는 사실은 예나 지금이나 변함이 없다.

나 역시 '보이지 않는 것을 보이는 것으로 바꾸는' 법을 배운 사람들에게서 배웠다. 그것이 내가 시인, 작가, 배우, 기업가들을 존경하는 이유다.

그들은 아이디어에 생명을 불어넣는 사람들이다. 창의성, 끝없이 확장하는 개인적 성장, 그리고 마침내 큰 성공을 이룬 또 한 사람의 탁월한 롤 모델로 소니픽처스 엔터테인먼트Sony Pictures Entertainment 이사회 의장이자 CEO인 피터 구버Peter Guber를 들 수 있다. 피터는 불과 48세의 나이에 영화 산업에서 가장 영향력 있고 존경받는 사람들 중 한 명이 되었다. 그와 그의 파트너 존 피터스Jon Peters가 함께 제작한 작품 중에서 아카데미상 후보 지명을 받은 것만 52회가 넘는다. 그의 작품에는 〈미드나이트 익스프레스〉Midnight Express부터 〈의문의 실종〉Missing, 〈레인 맨〉Rain Man, 〈배트맨〉Batman에 이르기까지 다수가 있다. 1989년, 소니는 영화 제국 컬럼비아 픽처스를 이끌고 있는 두 사람을 데려오기 위해 두 사람의 합작회사 구버 피터스 엔터테인먼트GuberPeters Entertainment를 2억 달러 넘게 주고 인수했다. 그는 경쟁이 치열한 영화 산업에서 젊은 나이에 어떻게 그렇게 영향력 있는 인물이 되었을까? 이번에도 역시 답은 원대한 비전과 절대적이고 포기할 줄 모르는 끈기였다.

어느 날 나는 피터의 전화를 받고 그가 내 〈개인의 무한한 힘〉 오디오 테이프 프로그램을 즐겨 듣는 팬이라는 것을 알게 되었다. 매일 아침 운동하면서 내 테이프를 들은 덕분에 몸과 마음이 건강해질 수 있었다고 말하는 것 아닌가! 그는 전에는 TV에서 이런 테이프를 사거나 들은 적이 없었다며 내게 감사하고 싶다고 말했다. 이를 계기로 나는 피터를 만나 우정을 쌓을 기회를 갖게 되었다.

그와 대화하면서 그의 놀라운 성공의 핵심요소 중 하나가, 일단 목표에 매달리면 절대 놓지 않는 끈기라는 것을 알게 되었다. 그와 존 피터스는 영화 〈배트맨〉의 저작권을 1979년에 사들였지만, 1988년까지 제작에 착수하지 못하고 있었다. 그 기간 동안 거의 모든 사람이 영화 제작을 말렸기 때문이었다. 스튜디오 간부들은 그 영화는 시장성이 없으며, 그런 영화를 볼 사람은 아이들과 만화광들 뿐일 것이라고 우려했다. 계속되는 실망과 좌절, 그리고 상당한 위험 부담을 무릅쓰고 제작한 영화 〈배트맨〉은 역대 가장 큰 블록버스터 영화 중 하나가 되었고, 최고의 주말 개봉 수익을 기록했다. 〈배트맨〉은 영화 수익과 부대 상품 수입을 합해 10억 달러 이상의 수익을 올린 것으로 추정된다!

구버의 끈기를 보여주는 또 다른 예는 영화 〈레인 맨〉 제작에 얽힌 이야기다. 사실 이 영화는 무산될 뻔했다. 작가가 5명이나 바뀌었고, 스티븐 스필버그 등 3명의 감독이 이 프로젝트를 포기하고 떠났다. 그들 중에는 피터 구버에게 영화에 액션, 살인, 심지어 섹스 장면을 넣어야 한다고 조언하는 사람도 있었다. 그들은 단지 두 명의 남자(그것도 한 명은 자폐증 환자)가 차를 타고 전국을 여행하는 영화를 볼 사람은 아무도 없을 것이라고 주장했다.

하지만 피터는 감정의 힘을 이해했다. 그는 인간의 정신을 감동시키는 영화를 만드는 것을 결코 포기하지 않았다. 사람들의 영혼을 감동시키는 것이 무엇인지 잘 알고 있었기 때문에 결심을 바꾸지 않았다. 그러면서 모든 사람들에게 이 영화는 관계에 관한 영화이며, 액션, 살인, 섹스가 들어갈 필요가 없이 두 형제가 서로를 알아가는 스토리면 충분하며, 오스카상을 수상하게 될 것이라고 역설했다. 스필버그까지도 나서서 제작을 포기하도록 설득하려 했지만, 그는 물러서지 않았다. 아니나 다를까, 영화 〈레인 맨〉은 1988년 최우수 작품상, 최우수 남우주연상, 최우수 감독상, 최우수 각본상 등 4개 부문에서 아카데미상을 수상했다. 끈질긴 집념이 마침내 보상을 받은 것이다. 구버는 새 영화를 만들 때마다 모든 것을 새로 시작한다고 생각하며, 할리우드에서는 예전 작품이 어떤 평가를 받았든 오직 마지막 영화로 평가받는다고 믿는다. 이런 믿음이 오히려 두려운 마음을 더 크게 만들지 않을까? 물론이다! 하지만 그는 두려움과 환경의 스트레스가 자신을 마비시키는 것이 아니라 오히려 앞으로 나아가게 만드는 원동력이라고 말한다.

사람들은 실패할지 모른다는 두려움 때문에 목표를 세우는 일조차 하지 않는 경우가 너무 많다. 더 나쁜 것은 목표를 세웠다가 얼마 가지 않아 너무 빨리 포기한다는 것이다. 그들은 원하는 것을 성취하기 위한 궤도에 올라탔지만 성공의 인내심을 유지하지 못한다. 그들은 즉각적인 결과를 얻지 못했다고 해서 조기에 포기해버린다. 내가 성공한 사람들에게서 발견한 한 가지 기술이 있다면 그것은 그들이 믿을 수 없을 정도로 놀라운 끈기를 가졌다는 것이다. 물론 필요에 따라 접근방식은 바꾸겠지만, 궁극적인 비전은 절대 포기하지 않는다.

신경망 활성계의 힘

피터 구버나 마이클 랜던은 대체 어떤 힘을 이용했을까? 마음속으로 진정으로 원하는 것을 성취하기 위해 그들이 사용한 초감각적 인식은 무엇일까? 나는 그들 모두 신경망 활성계Reticular Activating System, RAS라는 뇌의 메커니즘을 사용하는 법을 배웠을 것이라고 생각한다.

신경망 활성계는 복잡하게 들리지만 실제로 일어나는 과정이라는 사실이라는 데에는 의심할 여지가 없다. RAS의 기능은 간단하면서도 심오하다. RAS는 우리가 무엇을 인식하고 무엇에 주의를 기울일 것인지를 결정한다. 그러니까 마음의 여과장치인 셈이다. 의식이 한 번에 집중할 수 있는 대상의 수는 제한되어 있기 때문에, 우리 뇌는 주의를 기울이지 않아도 되는 것을 결정하는 데 많은 시간과 노력을 들인다. 지금 당신을 공격하는 수많은 자극들이 있지만, 당신의 뇌는 대부분은 삭제하고 당신이 중요하다고 생각하는 것에 집중한다. 이런 일을 하는 메커니즘이 바로 RAS다. RAS가 당신이 의식적으로 경험하는 현실의 양을 결정하는 것이다.

예를 들어보자. 새 옷이나 새 차를 샀는데, 갑자기 도처에 그런 옷과 차가 널려 있다는 것을 알게 된 적이 있는가? 왜 그럴까? 전에는 그런 옷과 차들이 없었을까? 물론 그때도 있었다. 다만 당신이 그 물건을 구매하면서 당신의 뇌가 그 물건과 관련된 모든 것이 당신에게 중요하며 주의를 기울여야 한다는 것을 RAS에 분명히 보여주었기 때문에, 눈에 띄는 것이다. 당신은 이제 그런 물건이 당신 주변에 있으면 즉시 인식하고 더 높은 관심을 기울이게 되는 것이다.

이런 정신 자세의 변화가 당신을 목표에 더 집중하게 만든다. 어떤 것을 우선적으로 관심을 기울여야 하는 것이라고 결정하면 그것에 훨씬 더 높은 감정 강도를 부여하게 되고, 지속적으로 집중함으로써 목표를 달성하는 데 도움이 되는 자원도 더 명확해지기 때문이다. 그러므로 당신이 목표를 처음 설정할 때는 그 목표를 어떻게 성취할 것인지 정확히 이해할 필요는 없다. RAS가 목표를 향해 가는 도중에 당신이 알아야 할 것을 다 지적해줄 테니까 말이다.

"더 높이 올라가라. 더 멀리 올라가라. 너의 목표는 하늘이고 별이다."

– 윌리엄스 칼리지 Williams College**에 있는 비문**

1983년에 나는 내 미래를 창조하기 위한 강력한 훈련을 시작했고, 그 결과 마침내 내 삶 전체가 바뀌었다. 내 기준을 높이는 과정의 일환으로, 나는 완전히 새로운 목표들을 세우면서 더 이상 해서는 안 될 일들과 반드시 해야 할 일들을 모두 적었다. 나를 제한하는 믿음들은 모두 제쳐놓고, 수첩을 들고 해변에 앉았다.

그러고는 3시간 동안 내가 행동하는 것, 될 수 있는 것, 소유하는 것, 만드는 것, 경험하는 것, 기여하는 것 등 상상할 수 있는 모든 가능성에 대해 브레인스토밍하면서 수첩에 적어나갔다. 이 모든 목표를 달성하기 위해 내가 스스로에게 준 시간은 내일부터 앞으로 20년 후까지였다. 그 이후 나는 단 한 순간도 이 목표들에 대해 생각하지 않은 적이 없었다. 내게 영감을 주는 것이면 무엇이든 놓치지 않고 수첩에 적었다.

그로부터 6개월 후, 러시아의 대학 전문가들로부터 초심리학자 단체와 함께 심령 현상 연구 초청을 받았을 때, 내 목표 달성 과정을 일부 수정했다. 우리 일행이 러시아를 여행하는 동안, 나는 모스크바에서 시베리아로, 그리고 레닌그라드로 돌아오는 기차에서 많은 시간을 보냈다. 마침 메모할 종이가 없어 낡은 러시아 지도 뒷면에 나의 영적, 정신적, 감정적, 육체적, 재정적 운명에 대한 장기적인 목표들을 적고 각 목표별로 일련의 시간 계획표를 시간 역순으로 만들었다. 예를 들어 10년 후 나의 최고 영적 목표를 달성하기 위해서는 9년 후, 8년 후, 7년 후, 그리고 당장 내일 내가 어떤 사람이 되어야 하며 어떤 것들을 성취해야 할 것인가? **내가 선택한 운명으로 가는 길로 나를 이끌기 위해 오늘은 어떤 구체적인 행동을 취해야 하는가?**

그날 나는 내 삶을 변화시킬 구체적인 목표를 세웠다. 나는 내 이상적 여성은 정신적으로, 감정적으로, 육체적으로, 정신적으로, 영적으로 어떤 여성이어야 하는지에 대해 자세히 썼다. 또 내 아이들의 모습, 삶을 즐길 수 있을 정도의 고소득, 내가 살 집, 바다가 내려다보이는 3층 원형 사무실 등

내 미래에 대해 구체적으로 묘사했다.

그로부터 또 1년 반이 지난 후, 《라이프》지에서 나를 찾아와 어떻게 인생에서 그렇게 놀라운 변화를 이루었는지에 대해 인터뷰했다. 내가 그들에게 내 목표를 적은 낡은 러시아 지도를 꺼내 보여줬을 때, 그들은 내가 거기 적힌 목표들을 얼마나 많이 성취했는지 보고 놀라워했다. 나는 내가 그때 묘사한 여자를 만나 결혼했다. 그리고 바다가 내려다보이는 성의 탑에 있는 3층 사무실과 내가 구상했던 집을 구입했다. 물론 내가 처음에 그 목표들을 적었을 때, 그 목표들을 모두 달성할 수 있다는 확신은 없었지만, **짧은 시간 내에 그 목표를 이룰 수 있을 것이라고 생각하지도 않았다.**

지금 당장 시작하라!

우리가 지금 하려는 것은 당신의 꿈을 현실로 만들기 위해 '보이지 않는 것을 보이는 것으로 바꾸는 일'(목표 세우기)의 첫걸음을 내딛는 것이다. 이 작업을 마칠 때쯤이면 강력한 미래에 대한 기대감이 엄청나게 커질 것이다. 그러기 위해서는 지금 당장 첫걸음을 떼어야 한다. 이제 여기서 다음 네 가지 영역을 다룰 것이다.

① 자기계발 목표,

② 직업적, 사업적, 경제적 목표

③ 갖고 싶은 물건/하고 싶은 일 목표

④ 사회적 기여 목표

각 목표별로 일정 시간 동안 브레인스토밍을 수행할 것이다. 머리에 떠오르는 것을 걸러내지 말고 떠오르는 대로 모두 재빨리 종이에 적는다. 스스로에게 끊임없이 질문하라. **내가 원하는 방식으로 얻을 수 있다는 것을 안다면, 내 삶을 위해 무엇을 원할 것인가? 내가 실패할 수 없다는 것을 안다면 나는 무엇을 할 것인가?** 정확한 방법을 알 필요는 없다. 당신이 진정으로 원하는 것이 무엇인지만 생각하라. 당신의 능력을 절대 의심하지 마라.

당신이 충분히 영감을 받는다면, 당신 내면에서 나오는 힘이 당신이 원하는 것을 구체화할 방법을 찾을 것이다. 처음부터 '샌프란시스코의 노브힐Nob Hill에 화사한 색상의 하얀 현대식 가구와 빅토리아 양식의 정원이 딸린 이층집'같이 지나치게 구체적으로 설명할 필요는 없다. 그냥 '꿈의 집, 큰 정원, 샌프란시스코'라고만 쓰면 된다. 자세한 내용은 나중에 쓰게 될 기회가 올 것이다. 지금은 우선 절대적인 믿음을 가지고 당신이 원하는 것은 무엇이든 만들 수 있다는 기대감이 가득한 마음상태가 되도록 하라. 예를 들어 크리스마스이브에 다시 어린아이로 되돌아갔다고 상상해보라. 당신은 백화점에서 산타의 무릎에 앉으려고 한다. 그때 기분이 어땠는지 기억하는가? 당신이 크리스마스를 앞두고 아이들에게 무엇을 갖고 싶으냐고 묻는다면 그들은 재미있고 신나는 목록을 끝없이 쏟아낼 것이다. "내가 원하는 걸 말해 줄게요. 나는 수영장을 갖고 싶은데요, 사실은 수영장이 두 개 있으면 좋겠어요. 하나는 아빠 것, 하나는 내 것!" 어른들은 이런 말을 들으면 아마도 이렇게 반응할 것이다. "뭐라고? 뒤뜰에 욕조 하나만 있어도 다행인 줄 알아라!" 물론 나중에 다시 현실로 돌아오겠지만, 지금은 어린아이같이 되는 것이 중요하다. 지금 이 순간에는 아무런 제한 없이 삶의 가능성을 탐구하는 자유를 누려보라.

1. 자기계발 목표

1단계: 제공된 양식(더 많은 공간이 필요하면 종이를 추가하라)에 **개인적 성장과 관련하여 당신 삶에서 개선하고 싶은 모든 것을 적는다.** 몸매를 어떻게 가꾸고 싶은가? 정신적, 사회적 발전을 위한 목표는 무엇인가? 예를 들어 외국어를 배우고 싶은가? 속독법을 배우고 싶은가? 셰익스피어의 모든 작품을 섭렵하고 싶은가? 감정적 측면에서는 당신의 삶에서 무엇을 경험하고, 성취하고, 마스터하고 싶은가? 당신은 좌절이나 거절의 패턴을 즉시 깨뜨리고 싶을 수도 있고, 분노를 느껴온 사람들에게 연민을 느끼고 싶을 수도 있다. 당신의 영적 목표는 무엇인가? 창조자와 더 큰 연결감을 느끼고 싶은가? 아니면 이웃에 대한 동정심을 키우고 싶은가?

이런 목표를 세울 때 중요한 점은 생각을 제한하지 말고 상상할 수 있는 모든 것을 적으라는 것이다. 목표는 단기 목표(이번 주 또는 올해 달성하고자 하는 목표)가 될 수도 있고, 지금부터 향후 20년 사이에 언제든 달성하고 싶은 장기 목표가 될 수도 있다. **최소한 5분 동안 멈추지 말고 생각나는 대로 적어보라.** 어리석게 보이거나 미친 것 같거나 어린아이처럼 굴어도 상관없다. 때로는 이상한 생각이 위대한 운명을 이끌어내기도 하니까 말이다. 시작하기 직전에 다음 몇 가지 질문을 참고해보라. 이 질문들을 검토했으면 이제 바로 시작하라!

무엇을 배우고 싶은가?
어떤 기술을 익히고 싶은가?
어떤 성격을 키우고 싶은가?
어떤 친구들을 사귀고 싶은가?
어떤 사람이 되고 싶은가?

건강을 위해 무엇을 하고 싶은가?

매일 또는 매주 마사지를 받는 것?

꿈에 그리던 몸매를 가꾸는 것?

헬스클럽에 가입해 운동하는 것?

채식 전문 요리사를 고용하는 것?

호놀룰루에서 철인 3종 경기를 완주하는 것?

무엇을 극복하고 싶은가?

비행 공포증을 극복하고 싶은가?

대중 연설 공포증을 극복하고 싶은가?

수영 공포증을 극복하고 싶은가?

무엇을 배우고 싶은가?

프랑스어를 배우고 싶은가?

사해 문서를 연구하고 싶은가?

춤이나 노래를 배우고 싶은가?

바이올린 거장에게 바이올린을 배우고 싶은가?

또 누구와 함께 공부하고 싶은가?

외국인 교환학생 과정에 참여하고 싶은가?

2단계: 당신을 신나게 만드는 자기계발 목표 목록을 만들었으니, **이제 이 모든 목표에 대한 시간 계획을 세워라.** 다시 말하지만 지금 단계에서는 목표를 어떻게 달성할 것인지 아는 것은 중요하지 않다. 그냥 시간 계획만 세워라. **목표는 시한이 있는 꿈이라는 것을 명심하라.** 목표를 달성할 시기를 결정하는 단순한 행동이 목표를 현실로 만들기 위한 의식적이고 무의식적인 힘을 당신에게 부여해줄 것이다. 당신이 1년 이내에 어느 목표를 달성하기로 결심했다면, 그 옆에 1이라고 써라. 3년 안에 달성하기로 결심했다면 그 옆에 3이라고 쓰고, 5년, 10년, 20년 목표에 대해서도 똑같이 써라.

3단계: 이제 가장 중요한 1년 목표를 추려보라. 당신이 이 목표를 올해 달성한다면 엄청난 성취감을 느낄 수 있고 한 해가 잘 투자되었다는 느낌이 드는 목표들이어야 한다. 1년 목표를 추렸으면 이제 2분에 걸쳐 **올해 안에 이 목표를 반드시 달성해야 하는 이유를 한 문단으로 써보라.** 이 목표가 간절한 이유는 무엇인가? 그 목표를 성취하면 무엇을 얻을 것인가? 반대로 그 목표를 성취하지 못한다면 무엇을 잃을 것인가? 당신이 반드시 끝까지 해내야 한다는 생각이 들 만큼 이유가 충분히 강력한가? 그렇지 않다면, 더 나은 목표나 더 나은 이유를 생각해보라.

몇 년 전 이런 목표 설정 과정을 거치면서 내게는 큰 변화가 생겼다. 바로 무언가를 해야 할 확실하고 충분한 이유가 있다면 언제나 그것을 성취하는 방법을 찾을 수 있다는 것이었다. 목표 자체만으로도 영감을 줄 수 있지만 내가 그 목표를 왜 원하는지 가장 깊은 이유를 알면, 끈기를 가지고 성취하는 데 필요한 장기적인 추진력과 동기를 얻을 수 있다.

자기계발 목표

PERSONAL DEVELOPMENT GOALS

II. 직업적, 사업적, 경제적 목표

다음 단계는 당신의 직업적, 사업적, 경제적 목표를 세우는 것이다.

1단계: 당신의 직업적, 사업적, 재정적 삶을 위해 당신이 원하는 것을 적는다. 당신은 어느 정도의 재정적 풍요를 이루고 싶은가? 어떤 지위에 오르고 싶은가? **5분 동안 엄청난 가치가 있는 목록을 만들어보라!**

얼마나 벌고 싶은가?

1년에 5,000만 원?

1년에 1억 원?

1년에 5억 원?

1년에 10억 원?

1년에 100억 원?

셀 수 없이 큰 금액?

회사를 위해 어떤 목표를 가지고 있는가?

회사를 상장시키고 싶은가?

업계의 선두주자가 되고 싶은가?

순자산을 얼마가 쌓고 싶은가?

언제 은퇴하고 싶은가?

더 이상 일하지 않으려면 얼마의 투자 수익을 올려야 하는가?

몇 살까지 재정적 독립을 이루고 싶은가?

자금 관리 목표는 무엇인가?

예산에 맞게 살고 싶은가?

가계의 수입 지출 균형을 맞추고 싶은가?

재무 상담을 받고 싶은가?

어떤 투자를 하고 싶은가?

잘 나가는 스타트업에 투자하고 싶은가?

옛날 동전을 수집하고 싶은가?

배달 서비스를 시작하고 싶은가?

뮤추얼 펀드에 투자하고 싶은가?

신탁에 넣고 싶은가?

연금에 가입하고 싶은가?

자녀 대학 교육을 위해 얼마나 저축하고 싶은가?

여행과 모험에 얼마를 쓰고 싶은가?

갖고 싶은 새 '물건'에 얼마를 쓰고 싶은가?

경력과 관련된 목표는 무엇인가?

회사에 어떤 기여를 하고 싶은가?

어떤 돌파구를 만들고 싶은가?

어느 직위까지 오르고 싶은가? 관리자, 부서장, CEO?

현재 직업 분야에서 어떤 인물로 기억되고 싶은가?

어느 정도의 영향력을 발휘하고 싶은가?

2단계: 당신이 가장 하고 싶은 직업적, 사업적, 경제적 목표를 모두 적었으니, 이제 자기계발 목표에서처럼 **각각의 목표를 달성하기 위한 시간 계획을 세워라.** 당신이 1년 이내에 어느 목표를 달성하기로 결심했다면, 그 옆에 1이라고 써라. 5년 안에 달성하기로 결심했다면 그 옆에 5라고 쓴다. 그 이후의 계획도 마찬가지다. 지금 중요한 것은 당신이 그 목표를 어떻게 달성할 것인지, 또는 설정한 시간 계획이 합리적인지의 여부가 아니라, 목표를 달성하기 위해 당신이 얼마나 절대적으로 전념하느냐의 여부다.

3단계: 마찬가지로 직업적, 사업적, 경제적 목표 중에서 1년 목표를 추린 다음, 2분에 걸쳐 왜 올해 안에 이 목표를 반드시 달성해야 하는지 설명하라. 이 목표를 반드시 달성해야 하는 이유를 가능한 한 많이 쌓아놓도록 하라. 당신을 정말로 움직이게 하고, 열정적으로 흥분하게 만드는 이유이어야 한다. 다시 말하지만, 이 이유들이 당신이 실제로 끝까지 그 목표를 달성하기 위한 노력을 하게 하는 데 충분히 설득력이 없다면, 더 나은 이유나 더 나은 목표를 생각해보라.

경력 / 사업 / 경제 목표

CAREER / BUSINESS / ECONOMIC GOALS

Ⅲ. 갖고 싶은 물건/하고 싶은 일 목표

경제적으로 제한이 없다면, 당신이 갖고 싶은 것은 무엇인가? 또 하고 싶은 일은 무엇인가? 요술 램프의 지니가 당신 앞에 나와 당신의 소원을 즉시 들어준다면, 세상에서 가장 원하는 것은 무엇인가?

1단계: 지금부터 5분 동안 당신 삶에서 갖고 싶고, 하고 싶고, 경험하고 싶은 것을 모두 적는다. 예를 들어 다음과 같은 질문들을 해보는 것이다.

다음 중 무엇을 짓거나, 만들거나, 사고 싶은가?

별장?

성?

해변의 집?

쌍동 범선?

개인 요트?

섬?

람보르기니 스포츠카?

샤넬 의상?

헬리콥터?

제트 비행기?

음악 스튜디오?

미술품 수집?

기린, 악어, 하마 등이 있는 개인 동물원?

가상현실 장비?

어떤 행사에 가고 싶은가?

뉴욕 브로드웨이 연극?

칸 영화제?

슈퍼스타의 대규모 콘서트?

일본 오사카의 가부키(歌舞伎) 공연?

다음 중 무엇을 하고 싶은가?

〈인디 500〉Indy 500*에서 챔피언 안드레티Andretti와 붙어보기?

세계적 테니스 선수들과 복식 경기 뛰어보기?

야구 월드 시리즈에서 공 던져보기?

올림픽 성화 봉송하기?

마이클 조던과 일대일로 농구하기?

페루 앞바다에서 분홍돌고래와 수영하기?

이집트 피라미드 사이에서 친구와 함께 낙타 경주해보기, 게다가 승리하기?

셰르파들을 동반해 히말라야 등반하기?

다음과 같은 것을 좋아하는가?

브로드웨이 연극에서 주인공 역할 해보기?

킴 베이싱어Kim Basinger와 키스 장면 촬영하기?

패트릭 스웨이지Patrick Swayze와 춤추기?

현대 무용의 거장 미하일 바리시니코프Mikhail Baryshnikov와 함께

* 인디애나폴리스 500마일 자동차 경주(Indianapolis 500-Mile Race) _편집자

현대 발레 안무 짜기?

다음 중 어디에 가고 싶은가?

노르웨이 탐험가 토르 헤위에르달Thor Heyerdahl처럼 뗏목 세계 일주 떠나기?

탄자니아에서 제인 구달Jane Goodall과 침팬지 연구하기?

해양 탐험가 자크 쿠스토Jacques Cousteau와 해양관측선 칼립소호Calypso를 타고 항해하기?

프랑스 남부 해안 프렌치 리비에라French Riviera의 백사장 위 라운지에서 휴가 즐기기?

요트 타고 그리스 섬들 한 바퀴 돌기?

중국 드래곤 페스티벌Dragon Festivals 참가하기?

태국 방콕의 그림자 춤shadow dance 관람하기?

피지에서 스쿠버 다이빙하기?

불교 사원에서 명상하기?

마드리드의 프라도 국립미술관Prado 구경하기?

다음 번 우주왕복선 예약하기?

2단계와 3단계: 마찬가지로 각 목표에 대해 시간 계획을 짜고, 그중에서 1년 목표를 추리고, 2분에 걸쳐 왜 올해 안에 그 목표를 성취해야 하는지 그 이유를 쓴다. 물론 강력한 이유이어야 하며, 그 이유들이 당신이 목표를 성취하기 위해 최선의 노력을 다하게 하기에 충분히 설득력이 없다면, 더 나은 이유나 더 나은 목표를 생각해야 한다.

갖고 싶은 물건 / 하고 싶은 일 목표

TOYS / ADVENTURE GOALS

Ⅳ. 사회적 기여 목표

사회적 기여 목표는 모든 목표 중에서 가장 영감을 주는 강력한 목표가 될 수 있다. 이 목표야말로 **사람들의 삶을 변화시키는 유산을 남길 수 있는 기회**이기 때문이다. 이 목표는 당신이 출석하는 교회에서 십일조 헌금을 내거나 일상생활에서 재활용 프로그램에 전념하는 것처럼 간단한 일일 수도 있고, 불우한 사람들을 돕기 위한 재단을 설립하는 것처럼 광범위한 것일 수도 있다.

1단계: 5분에 걸쳐 모든 가능성을 떠오르는 대로 적는다.

어떤 방식으로 사회에 기여할 수 있는가?

노숙자들을 위한 쉼터 짓는 일 돕기?

고아 입양하기?

무료급식소에서 자원봉사 하기?

시각장애인에게 책 읽어주기?

교도소 방문해서 수감자들을 위한 봉사활동하기?

평화봉사단에서 6개월 동안 자원봉사하기?

양로원에 기부하기?

어떤 방식으로 환경보호를 할 수 있는가?

오존층을 보호하기?

오염된 바다 청소하기?

인종차별을 없애기?

열대우림을 파괴하는 행위 중단하기?

무엇을 만들 수 있는가?

무한동력기관 만들기?

쓰레기로 가는 자동차 개발하기?

굶주리는 사람들에게 식량이 돌아갈 수 있는 시스템 고안하기?

2단계와 3단계: 마찬가지로 각 목표에 대해 시간 계획을 짜고, 그중에서 1년 목표를 추리고, 2분에 걸쳐 왜 올해 안에 그 목표를 성취하기 위해 절대적으로 전념해야 하는지 그 이유를 문장으로 쓴다.

"미래를 창조하는 데는 꿈만한 것이 없다.

오늘의 유토피아가 내일의 현실이 될 수 있기 때문이다."

– **빅토르 위고**Victor Hugo

사회적 기여 목표

CONTRIBUTION GOALS

이제 당신은 삶의 네 가지 영역에서 당신을 흥분시킬 만큼 영감을 주는 1년 목표를 갖게 되었다. 물론 모든 목표에는 타당하고 강력한 이유가 있다. 당신이 1년 안에 그 목표들을 모두 마스터하거나 성취한다면 기분이 어떻겠는가? 당신 자신에 대해서는 어떤 느낌이 들겠는가? 또 당신의 삶에 대한 생각은 얼마나 바뀌겠는가? 그러므로 이 목표들을 달성해야 하는 충분한 이유를 개발하는 것의 중요성은 아무리 강조해도 지나치지 않다. 이유가 충분히 강력하면 그 목표를 달성하는 데 필요한 방법도 제공해줄 것이기 때문이다.

네 영역에서의 목표를 매일 바라보라. 욕실에서 면도를 하거나 화장을 하는 동안에도 매일 볼 수 있도록 수첩, 사무실 책상, 욕실 거울 위에 붙여놓아라. 굳은 결심으로 CANI에 전념하고 삶의 네 영역을 지속적이고 끊임없이 개선하면서 목표를 뒷받침해 나간다면 당신은 매일 조금씩 전진하게 될 것이다. 지금 당장 이 목표를 실천하기로 결단하라. 즉시 시작하라.

목표를 현실로

당신은 이제 강력한 목표와 그 성취에 대한 명확한 이유를 갖게 되었으므로, 목표를 실현하기 위한 과정은 이미 시작된 셈이다. 당신의 신경망 활성계RAS는 목표와 이유를 지속적으로 주시하며 매우 민감해져 있기 때문에, 명확하게 정의된 당신의 욕구를 성취하기 위해 가치 있다고 생각되는 자원을 모두 끌어들일 것이다. 당신의 목표 성취를 절대적으로 보장하기 위해서는, 당신의 신경계가 그런 자원을 끌어오는 것에 기쁨을 느끼도록 미리 조건화시켜야 한다. 그러니까 **당신의 신경계가 가장 가치 있는 목표 하나를 달성하는 경험을 감정적으로 즐기는 것을 적어도 하루 두 번은 연습시켜야 한다.** 이 연습을 매일 하면서 당신이 꿈꾸던 삶을 살고 있는 자신을 보고, 느끼고, 들으며 더 많은 감정적인 기쁨을 만들어내야 한다.

이 연습에 집중하다 보면, 당신이 현재 있는 곳과 당신이 앞으로 가고 싶은 곳 사이에 신경경로가 만들어질 것이다. 이처럼 강하게 조건화시키면 당신은 원하는 것을 성취할 것이라는 절대적인 확신을 느끼게 될 것이고, 이 확신감은 당신의 성공을 보장하는 행동으로 전환될 것이다. 당신은 이런 자신감으로, 수십 년 이상 걸리던 과거의 시행착오를 벗어나 가장 효과적인 행동으로 빠르게 결과를 도출하도록 안내해주는 코치이자 롤 모델을 끌어들일 수 있게 될 것이다. 자, 이 과정을 시작하기 위해 내일까지 기다릴 이유가 없다. 오늘 당장 시작하라!

목표의 진정한 의미

우리는 목표를 추구하면서 주변 환경에 미치는 영향을 깨닫지 못하는 경우가 많다. 그저 목표를 이루기만 하면 그것으로 끝이라고 생각한다. 하지만 안목을 좀 더 넓힌다면, 목표를 추구해 나가면서 결과적으로 우리가 의도했던 것보다 훨씬 더 큰 결과를 가져오는 **연쇄 효과**를 일으킨다는 것을 알게 될 것이다. 꿀벌은 꽃을 번식시키는 방법을 고민할까? 물론 그렇지 않다. 그러나 꽃에서 달콤한 꿀을 빨아들이는 과정에서 다리에 꽃가루를 묻혀 다음 꽃으로 날아가 수분(受粉) 작용을 함으로써 온 산비탈을 화려한 꽃으로 덮는 것이다. 기업가는 이윤을 추구하지만, 그 과정에서 일자리를 창출하며 사람들에게 놀라운 개인적 성장과 삶의 질 향상을 위한 기회를 제공한다. 가장들은 힘들게 생계를 유지하는 것처럼 보이지만, 그 과정에서 아이들을 대학에 보내는 등의 또 다른 목표를 달성한다. 그 아이들이 자라서 의사, 변호사, 예술가, 사업가, 과학자, 무엇보다 자신들을 닮은 부모가 되면서 또 다른 기여를 한다. 그 사슬은 결코 거기서 끝나지 않는다.

목표는 어느 끝에 도달하기 위한 수단이지, 우리 삶의 궁극적인 목적이 아니다. 목표는 우리가 초점을 맞추고 의도한 방향으로 우리를 이끄는 도구일 뿐이다. 우리가 목표를 추구하는 진정한 이유는 우리 자신을 확장하고 더 성장하기 위한 것이다. **장기적 관점으로 보면, 목표를 달성하는 것 자체가 우리에게 행복을 가져다주는 것은 아니다. 가장 깊고 오래 지속되는 성취감을 느끼는 것은 바로 목표를 달성하는 데 필요한 장애물을 극복하면서 우리가 어떤 사람이 되느냐 하는 것이다.** 결과적으로 우리가 물어야 할 핵심 질문은 **"우리가 원하는 것을 이루기 위해서 어떤 사람이 되어야 할 것인가?"** 라는 질문이다. 이것이 바로 당신 자신에게 물어야 할 가장 중요한 질문이다. 그에 대한 대답이 당신이 가야 할 방향을 결정할 것이기 때문이다.

이제 당신이 앞서 적었던 모든 목표를 달성하기 위해서는 어떤 성격, 특성, 기술, 능력, 태도, 믿음을 발전시켜야 할 것인지 문장으로 써보라. 물론 당신은 그 목표들을 달성하기 위해 계획한 행동을 취해야 한다. 하지만 그 목표들과 더불어, 이 보이지 않는 약속들을 보이는 현실로 바꾸기 위해 한 인간으로서 어떤 자질을 가져야 할 것인가? 다음 단락으로 넘어가기 전에 지금 바로 문장으로 써보라.

내가 원하는 것을 성취하기 위해서는 이런 사람이 되어야 한다.

____

____

____

____

____

____

가장 중요한 단계

나는 지난 몇 년 동안 목표를 세우고도 곧바로 실행에 옮기지 못했다. 목표를 세울 때는 영감을 받았고 흥분도 됐지만, 3주가 지나도록 내가 쓴 어떤 것도 실천하지 못한 것이다. 목표를 쓰는 것이 우리가 가장 먼저 해야 할 중요한 단계인 것은 분명하다. 사실 대부분의 사람은 그것조차 하지 못한다. 생각을 종이에 쓰는 것은 생각을 현실로 만들기 위한 첫걸음이다.

그러나 목표를 달성하기 위해 당신이 해야 할 가장 중요한 일은 **목표를 세운 후 즉시 실행에 옮기기 위한 동기를 부여하는 것이다.** 내가 달성하기 위해 채택한 가장 중요한 규칙은 아주 크게 성공한 사람으로부터 배운 것이다. 그는 내게 목표를 먼저 종이에 적은 다음, **목표를 달성하기 위한 몇 가지 긍정적 행동을 취하지 않고는 절대 그 자리를 떠나서는 안 된다**고 가르쳤다.

2장에서 강조했지만, 당신이 실제로 행동해야만 진정한 결단이라고 할 수 있다. 지금 이 순간까지 말이다. 네 가지 영역에서의 1년 이내 목표를 작성할 때 제시했던 동기와 이유를 활용하라. 그 동기부여를 식지 않고 계속 이어가는 가장 강력한 방법은 **이 장을 마치자마자 즉시 행동에 들어가는 것**이다. 전화 통화를 하거나, 약속을 하거나, 초기 계획을 수립하거나 하는 등의 아주 작은 조치도 당신을 앞으로 나아가게 해줄 것이다. 그런 다음에는 앞으로 10일 동안 매일 할 수 있는 간단한 일들의 목록을 작성하라. 목표를 향한 10일간의 작은 행동들이 당신의 장기적인 성공을 보장할 습관을 만들어줄 것이라고 단언할 수 있다.

예를 들어 내년에 당신의 첫 번째 자기계발 목표가 재즈 댄스를 배우는 것이라면, 오늘 당장 댄스 교습소를 찾아 전화를 걸고 즉시 등록하라.

내년에 당신의 첫 번째 '갖고 싶은 물건/하고 싶은 일 목표'가 메르세데스-벤츠라면, 지역 대리점에 전화를 걸어 팸플릿을 요청하거나 직접 방문해서 시승해보라. 오늘 당장 그 차를 사야 한다는 게 아니라, 적어도 가격이 얼마인지 알아보거나 운전을 해봄으로써 당신의 계획을 좀 더 실감나게 만들라는 것이다. 그런 강렬한 욕구가 구체적 계획을 세우는 데 도움이 될 것이다.

내년에 당신의 첫 번째 경제적 목표가 10만 달러를 버는 것이라면, **지금 당신이 취해야 할 조치가 무엇인지 생각해보라.** 이미 그만큼 돈을 벌고 있는 사람 중에서 당신에게 효과적인 방법을 가르쳐줄 수 있는 사람은 누구인가? 그만큼의 돈을 벌기 위해서는 부업을 해야 할까? 그만큼의 돈을 벌려면 어떤 기술을 익혀야 할까? 지출보다 저축을 더 많이 하고 그 차액을 투자해서 월급 외의 수익원을 만들어야 할까? 새로운 사업을 시작해야 할까? 어떤 자원을 끌어모아야 할까? 등.

당신은 네 가지 영역에서 첫 번째 1년 목표를 달성하는 느낌을 적어도 하루에 한 번씩 경험해보아야 한다. 아침에 한 번, 저녁에 한 번 느끼는 것이 가장 좋다. 6개월마다 전체 목록을 다시 검토해보고 목표가 여전히 마음속에 살아있게 하라. 다시 브레인스토밍해서 새로운 목표를 만들어야 할 수도 있고, 당신의 삶이 더 흥미로워지면서 다른 목표를 추가하거나 기존의 목표를 지워야 할 수도 있을 것이다.

장기적인 성공을 위해 알아야 할 또 한 가지 중요한 것은, **첫 번째 목표에 도달하기 전에 더 높은 새 목표를 세우지 않는다면 목표를 달성하는 것이 행여 저주가 될 수도 있다**는 사실이다. 즉 하나의 목표가 달성에 가까워졌다면 즉시 다음 목표를 설계해야 한다는 것이다. 그렇지 않으면 '꿈을 추월해버리는' 웃지 못할 경험을 하게 될지 모른다. 우리는 목표를 달성하고도 '이게 다란 말이야?'라며 실망을 금치 못한 사람들의 이야기를 얼마나 많이 들었는가? 정상에서 더 이상 갈 곳이 없다는 것을 알고 좌절했기 때문이다.

달 착륙이라는 인류의 궁극적인 임무를 위해 평생 준비해온 아폴로 우주비행사들이 바로 대표적인 예다. 마침내 달에 도착했을 때, 그 기쁨은 이루 말할 수 없었지만, 지구로 돌아온 후 그들은 우리가 상상할 수도 없을 정도의 우울증에 시달렸다. 더 이상 기대할 것이 없었기 때문이었다. 달 착륙에 성공하고 그곳에서 불가능한 일을 수행하며 우주를 탐험하는 것보다 더 큰 목표가 어디 있겠는가? 아마도 그보다 더 큰 목표는 우리의 마음, 정신, 영혼이라는 우리 내부의 미지의 공간을 탐구하는 것이 아닐까?

나는 완벽한 동화 같은 환상적인 결혼식을 몇 달, 몇 년 동안 계획하면서 자신의 모든 창의력, 자원, 심지어 정체성까지 총동원해 쏟아붓는 젊은 여성들의 이야기를 심심찮게 듣는다. 그들은 일생에 한 번뿐인 사건이 될 결혼식에 모든 희망과 꿈을 건다. 하지만 그 휘황찬란한 빛이 사라지고 나면 어린 신부는 앞서 이야기한 우주비행사처럼 실망에 빠진다. 당신은 인생의 절정의 순간이 지난 뒤 그 후속 처리를 어떻게 하는가? 이 어린 신부는 앞으로 펼쳐질 부부관계를 바라보아야 한다. 그것이야말로 결혼식보다 더 중요하고 결코 끝나지 않을 모험이기 때문이다.

마음속으로 원하던 목표를 성취하고 난 후에 우리는 어떻게 하면 여전히 목표를 향해 나아가면서 흥분과 열정을 잃지 않을 수 있을까? **비결은 오랫동안 추구해온 목표의 성취가 가까이 다가오면 즉시 강력한 새 목표를 세우는 것이다.** 이렇게 함으로써 하나의 목표를 완수했다는 안도감에서 새로운 영감으로 원활하게 전환되면서 다시 성장에 전념할 수 있다. 물론 성취에 대한 만족감을 느끼는 것은 필요한 일이지만, 새로운 약속이 없다면 더 이상 새로운 모험을 하지 않을 것이다. 그러면 우리는 추진력을 잃게 된다. 확장에 대한 욕구는 사라지고 침체되기 시작한다. 그래서 많은 사람이 육체적 죽음을 맞이하기 전에 감정적, 영적 죽음을 먼저 맞이하는 것이다.

이 함정에서 벗어날 수 있는 비결이 바로 **사회적 기여가 궁극적인 목표가 되어야 한다**는 사실을 깨닫는 것이다. 우리가 깊이 사랑하는 사람들을 도울 방법을 찾는 것은 우리에게 평생 영감을 줄 수 있다. 세상에는 우리의 시간, 에너지, 자본, 창의력, 헌신을 주어야 할 사람들이 항상 있게 마련이다.

배우 로빈 윌리엄스를 보자. 그는 자기보다 먼저 세상을 떠난 친구 존 벨루시John Belushi의 덕을 톡톡히 보았다. 벨루시는 목표가 다 떨어지지 않는 방법을 알고 있는 사람이었다. 로빈과 그의 친구들인 우피 골드버그Whoopi Goldberg, 빌리 크리스탈Billy Crystal은 노숙자들을 돕는 등 그들의 자원을 활용할 사명을 계속 찾았다. 아놀드 슈워제네거Arnold Schwarzenegger도 스페셜 올림픽(지적, 자폐성 장애인들이 참가하는 올림픽 _옮긴이)과 대통령 체력 담당 자문위원회에서 봉사하면서 감정적 보상을 찾았다. 이처럼 성공한 사람들은 대부분 사회에 진지하게 기여하는 것이 얼마나 강력한 일인지를 일찌감치 배운 사람들이다.

다음 단계의 꿈이 당신을 끊임없이 더 나은 삶을 추구하면서 계속 앞으로 나아가게 한다는 사실을 확신하라. CANI에 전념하는 것이야말로 당신의 평생 행복을 위한 종신보험이다. **강력한 미래는 우리의 영혼이 먹고 자라는 음식과도 같다.** 그 음식을 먹고 우리는 감정적, 영적으로 계속 성장할 수 있다.

자신을 성공하도록 프로그래밍하라

당신에게 영감을 주고 앞으로 나아가게 할 목표가 생겼으니 이제 그 목표를 강력하게 만들어 당신의 신경계에서 그것을 실제처럼 느끼도록 만들어야 한다. 흔들리지 않는 확신감을 키우려면 어떻게 해야 할까? 우선 당신을 가로막는 것이 무엇인지 미리 파악하고 모든 장애물을 제거한다. 나중으로 미루지 말고 지금 당장 이 일을 처리하라. 그런 다음, 당신을 더 높은 기준으로 이끌어줄 사람들에게 당신의 목표를 공언하라. 강한 감정 강도로 반복해서 지속적으로 연습하면서 새 신경경로를 강화하라. 목표를 끊임없이 계속해서 생생하게 상상하라. 시각, 청각, 운동감각 등 모든 요소를 총동원해 당신의 목표를 현실로 느끼게 하라!

궁극적 교훈

이 장에서 가장 중요한 교훈은 강력한 미래가 역동적인 성장 감각을 만들어낸다는 것이다. 강력한 미래가 없다면 우리는 단지 반쪽만 살아있는 것이다. 강력한 미래는 우리 삶의 장식품이 아니라 필수품이다. 강력한 미래가 있어야만 우리는 목표를 성취할 수 있고, 우리 삶에 의미를 부여하는 기쁨, 기여, 성장의 감각을 직접 깊이 느낄 수 있다.

"묵시가 없으면 백성이 방자히 행하거니와…"

– 잠언 29:18

미국인의 상당수가 은퇴 후 3년 이내에 사망한다는 기사를 읽은 적이 있다. 그것은 우리가 어떤 식으로든 생산적으로 활동한다거나 기여한다는 감각을 잃는다면 삶의 의욕을 잃게 된다는 것을 말해준다. 그런 사람들은 죽을 이유라도 생기면 바로 죽음을 택한다. 실제로 죽음이 임박한 노인이나 환자들이 명절 직후에 목숨을 끊는 사례가 많다는 연구결과도 있다. 크리스마스나 명절에 가족이 찾아올 것이라는 기대를 하고 있는 동안에는 살아야 할 이유가 있지만, 명절이 지나고 나면 기대할 만한 미래 즉 희망이 없어지기 때문이라는 것이다. 이 현상은 비단 미국만의 해당하는 이야기가 아니다. 예를 들어 중국에서도 주요 축제 전이나 축제 기간에는 노인의 사망률이 감소하지만 축제가 끝나자마자 다시 증가하는 것으로 나타났다.

사실 이런 느낌은 당신이 18세든 80세든 마찬가지다. 우리에게는 늘 우리를 앞으로 나아가게 할 무언가가 필요하다. 하지만 우리가 찾는 영감은 다른 곳이 아니라 바로 우리 안에 있으면서 예상치 못한 도전이나 영감이 불러주기를 기다리고 있다는 것을 잊지 말라. KFC의 창업자 커넬 할랜드 샌더스Colonel Harland Sanders도 65세에 형편없는 금액의 연금 수표를 받았을 때 그런 감정을 느꼈다. 하지만 그의 분노는 그를 행동하게 만들었다. 우리는 영감을 얻기 위해 어떤 사건이 일어나길 기다릴 필요가 없다. **우리는 직접 우리 삶을 설계할 수 있다.**

존경받아 마땅한 코미디언 조지 번즈George Burns도 강력한 미래의 중요성과 힘을 이해한 인물이다. 그는 삶의 철학을 말해달라는 질문에 이렇게 대답했다.

"아침에 침대에서 일어나게 할 무언가가 있어야 합니다. 어쨌든 침대에서는 아무것도 할 수 없으니까요. 가장 중요한 것은 목표 지점, 즉 나아가야 할 방향이 있어야 한다는 것입니다."* 그는 90대가 된 지금도 여전히 재치를 갈고닦으며 영화와 TV에서 재치 있는 입담을 뽐내고 있다. 나는 최근에 그가 104세가 되는 2000년에 런던 팔라디움 극장에서 공연을 하기로 예약했다는 소식을 들었다. 정말 강력한 미래를 만드는 행동 아닌가!**

내면에 잠자고 있는 힘을 사용하라. 당신은 이제 스스로에게 영감을 주기 위해 무엇을 해야 하는지 알게 되었다. 지금이 바로 행동할 시간이다! 지금까지 소극적인 자세로 이 장을 읽었다면 처음으로 돌아가서 다시 연습하라. 재미있을 뿐만 아니라 어렵지도 않다. 첫째, 네 가지 삶의 영역에서 1년 목표를 찾아라. 둘째, 그 목표를 성취해야 하는 '강력한 이유'를 만들어라. 셋째, 목표를 매일 점검하고 처음 10일 동안 매일 성취의 기쁨을 느끼는 연

* 1978년 6월《플레이보이》아서 쿠퍼(Arthur Cooper)와의 인터뷰에서

** 하지만 조지 번즈는 이 계획을 실행하지 못하고 1996년 100세의 나이로 세상을 떠났다. _옮긴이

습을 반복하라. 넷째, 주변에서 롤 모델을 찾아 목표를 실현할 수 있는 계획을 세우는 데 도움을 받도록 하라. 이 모든 단계가 당신의 RAS를 프로그래밍하고, 목표를 달성할 수 있는 모든 가능한 자원을 통합하는 데 도움이 될 것이다. 이 과정을 지속하면 당신이 어떤 조치를 취해야 할 상황에서도 확신을 갖게 될 것이다.

자, 이제 다음 장으로 넘어가보자. 다음 장에서는 당신을 가로막는 장애물을 깨뜨리는 방법에 대해 설명할 것이다.

13장

'마음 훈련 10일' 도전하기

"습관은 최고의 하인이 될 수도 있지만, 최악의 주인이 될 수도 있다."

– 나다니엘 에몬스Nathaniel Emmons

나는 지금까지 꾸준함을 강조해왔다. 우리가 원하는 것은 어쩌다 한 번 목표를 성취하는 것이 아니다. 우리는 순간적인 기쁨을 원하는 것이 아니다. 또 우연히 이따금씩 최고의 상태에 있으려는 게 아니다. 성공한 사람들의 특징은 **꾸준함**이다. 그리고 그 꾸준함은 우리의 습관에 의해서 생긴다.

지금쯤이면 내가 이 책을 쓴 목적이 당신 삶에서 그저 몇 가지 변화를 만들어내는 것을 돕기 위한 것이 아님을 알게 되었으리라고 생각한다. 또 몇 가지 이야기로 영감을 주거나 약간의 자기계발을 돕기 위한 흥미로운 정보를 주려는 것도 아니다. 이 책과 삶의 목적은 우리 삶의 질을 확실하게 영구적으로 높이는 데 전적으로 초점을 맞추고 있다.

삶의 질의 변화는 새로운 행동 패턴을 강력하게 실천할 때만 달성될 수 있다. 한 개인에게 새로운 전략이나 기술의 진정한 가치는 그것이 얼마나 자주 사용되느냐에 달려 있다. 이미 여러 번 강조한 바와 같이 무엇을 해야 하는지 아는 것만으로는 충분하지 않다. 아는 것을 행동으로 옮겨야 한다. 이 장의 목적은 당신이 당신 자신과 다른 사람들에게 미치는 영향을 극대화할 수 있는 탁월한 습관을 기르도록 도움을 주는 것이다.

그러나 우리의 삶을 한 단계 높이 끌어올리기 위해서는, **지금까지의 사고 방식으로는 앞으로 가고 싶은 곳에 도달하지 못할 것이라는 사실을 깨달아야 한다.** 개인과 기업을 상담해온 경험에 따르면 그들은 변화에 저항하기 일쑤고, 자신의 현재 행동이 지금의 성공을 가져왔다고 주장하며 현재의 행동을 정당화한다는 것이다. 물론 그 말도 일리는 있지만, 현실적으로 **개인이든 기업이든 새로운 차원의 성공을 경험하기 위해서는 새로운 차원의 사고가 필요하다.**

그러기 위해서는 다시 한번 두려움의 장벽을 허물고 마음의 초점을 통제할 수 있어야 한다. 현재의 문제들에 마음이 얽매여 앞으로 나아가지 못하게 하는 옛 패턴을 완전히 깨뜨리고, 그 자리를 해결책에 집중하고 그 과정을 즐기는 데 평생 전념하는 마음으로 채워야 한다. 지금까지 이 책을 읽으면서 당신은 삶을 더 풍부하고, 더 충만하고, 더 즐겁고, 흥미롭게 만들기 위한 강력한 도구와 전략들을 충분히 배웠다. 하지만 당신이 그저 이 책을 읽기만 하고 그 도구들을 사용하지 않는다면, 새 고성능 컴퓨터를 사고도 상자에서 꺼내지 않는 것과 같고, 최고급 페라리를 사놓고도 차고에서 먼지만 쌓이게 놔두는 것과 다를 바 없다.

이제 당신의 옛 사고, 감정, 행동 패턴을 끊기 위한 간단한 계획을 제안하고자 한다. 당신에게 힘을 불어넣어주는 새 대안들을 조건화시켜 삶에서 지속될 수 있도록 하는 데 도움을 줄 수 있는 방법이다.

몇 년 전 나는 좌절과 분노의 패턴에 사로잡힌 적이 있었다. 어디를 봐도 문제가 있는 것 같았다. 당시만 해도 긍정적 사고방식이 해결책이 되리라고는 생각도 하지 못했다. 기껏 생각한 게 '지적인' 사람이 되는 것이었다. 지적인 사람들은 상황이 긍정적으로 보이지 않으면 굳이 모든 것을 긍정적으로 생각하지 않는 법이다! 실제로 내 주변에는 나처럼 생각하는 사람이 많았다(물론 그들도 나처럼 자주 좌절한다!).

사실, 당시 나는 매우 부정적이어서 상황을 실제보다 더 나쁘게 보는 습관이 있었다. 나는 비관론을 방패막이로 삼았다. 그것은 기대했던 것이 실패로 끝났을 때의 고통에서 자신을 보호하려는 몸부림이었다. '실망을 피하는 일이라면 뭔들 못하겠어'라는 심정이었으니까. 하지만 고통에서 벗어나려는 이 같은 생각 패턴은 나를 즐거움에서 멀어지게 만드는 또 다른 장벽이 되었다. 그것은 해결책을 제시해주는 것이 아니라, 그저 큰 고통도 큰 즐거움도 없는 삭막한 감정의 무덤에 나를 가두었고, 나의 바람직하지 않은 행동들을 '현실적으로 어쩔 수 없었다'는 말로 계속 정당화하게 만들 뿐이었다.

사실 인생은 균형을 잡는 것이다. 우리가 정원에는 절대 잡초가 있어서는 안 된다고 생각하는 완벽주의자라면, 잡초가 있어서는 안 된다는 망상이 우리를 파괴할 것이다. 반면 정원에 잡초가 너무 자라는 걸 걱정하는 사람들은 잡초에 대한 두려움이 그들을 파괴할 것이다. 리더가 되려면 균형 잡힌 시각을 가져야 한다. 리더는 잡초를 보고도 거부감 없이 그저 미소를 짓는다. 정원에서 언제든 잡초가 자랄 수 있다는 것을 알기 때문이다. 하지만 잡초를 발견하면 잡초를 제거하기 위해 즉시 행동한다.

우리는 잡초에 대해 부정적으로 생각할 필요가 없다. 그 또한 삶의 일부이기 때문이다. 잡초를 보면 그것을 그대로 인정하되, 한편으로는 해결책에 집중하면서 우리 삶에서 잡초의 영향력을 없애기 위해 필요한 조치를 즉시 취해야 한다. 잡초를 못 본 척하는 것도 상황을 더 나아지게 할 수 없지만, 잡초의 존재로 인해 분노로 일으키는 것도, 잡초가 더 자랄까봐 두려워하는 것도 상황을 나아지게 할 수 없다. 정원의 일부가 되려는 잡초의 끊임없는 시도는 삶에서 벌어지는 현실이다. 그저 발견하는 대로 제거하면 된다. 그것도 기쁜 마음으로 하라. 그렇지 않으면 잡초 때문에 속이 상한 상태로 인생을 보내게 될 테니까 말이다. 당신에게 분명히 말해둘 것은, 잡초는 앞으로도 계속 나타난다는 것이다. 문제가 발생할 때마다 짜증스럽게 반응하고 싶지 않다면, 그 문제들도 삶의 중요한 부분이라는 것을 인정해야 한다. 잡초는 당신을 계속 활력 있게 해주고 더 강하게 만들어주며, 삶의 정원을 건강하고 풍요롭게 유지하기 위해 무엇이 필요한지 더 잘 알게 해준다.

우리는 마음의 정원에 있는 잡초를 뽑기 위해서도 이와 같은 접근법을 연습해야 한다. 우리는 자신이 부정적 패턴에 빠지기 시작하면 재빨리 알아차릴 수 있어야 한다. 그 부정적 패턴에 오래 머물거나 자책하지 말고, 발견하는 즉시 깨뜨려야 한다. 그리고 정신적, 감정적, 신체적, 재정적, 영적, 직업적으로 성공을 가져오는 새로운 씨앗으로 대체할 수 있어야 한다. 이 패턴들이 나타나면 어떻게 깨뜨리느냐고? 6장에서 배운 NAC의 단계를 기억하라.

① 당신이 정말로 원하는 것을 확실하게 파악한다. 열정과 기쁨을 느끼며 당신 삶을 직접 통제하고 싶다면(분명히 이것을 원할 것이다. 그렇지 않으면 지금 이 책을 읽고 있지도 않을 테니까), 당신이 원하는 것을 잘 알 것이다.

② 당신에게 확실한 지렛대를 사용해야 한다. 당신이 이 책을 다 읽고 나서도 새로운 행동 패턴을 확립하지 못했다면 시간 낭비에 불과하지 않겠는가? 반대로 이 책에서 배운 것을 당신의 마음, 몸, 감정, 재정, 관계를 즉시 통제하기 위해 사용한다면, 어떤 느낌이 들겠는가? 고통을 피하고 기쁨을 유도하겠다는 강력한 소망이 당신의 삶을 한 단계 끌어올리는 데 필요한 변화를 일으킬 것이다.

③ 당신을 제한하는 패턴을 깨뜨린다. 이를 위한 가장 좋은 방법은 이른

바 **'마음 단식'**Mental Diet을 하는 것이다. 마음 단식은 일정 기간 당신의 모든 생각을 의식적으로 통제하는 것이다. 마음이 안정되지 않고 부정적인 일에 감정적으로 반응하면서 살면, 필연적으로 부정적이고 파괴적인 사고와 감정 패턴이 생긴다. 마음 단식은 바로 그런 파괴적인 사고와 감정을 제거할 수 있는 절호의 기회가 될 것이다. 나 역시 8년 전에 그런 마음 정화에 전념한 적이 있었기 때문에 그것이 매우 심오하고 귀중한 과정이라는 것을 잘 알게 되었다.

사실 마음 단식이라는 아이디어는 에밋 폭스Emmet Fox의 소책자*에서 발견한 것이다. 그는 그 책자에서 부정적인 생각을 품지 않고 7일을 보내는 것이 얼마나 중요한지에 대해 상세히 설명한다. 그 아이디어는 지나치게 낙천적이고 너무 단순해 보여서, 처음에는 그저 시간 낭비일 뿐이라고 생각했다. 하지만 마음 체계를 정화하기 위해 그가 처방하고 있는 단식 규칙을 자세히 읽으면서 그것이 생각했던 것보다 더 어려울 수도 있다는 것을 깨닫기 시작했다. 결국 그 도전에 흥미를 갖게 되었고, 최종 결과는 나를 놀라게 하기에 충분했다. 그래서 나는 폭스가 1935년에 만든 이 규칙의 폭을 더 넓혀서 지금까지 이 책에서 배운 변화의 도구들과 통합하고자 한다.

이제 앞서 배운 모든 새로운 지식들을 실제로 적용할 수 있는 기회가 왔다. 내가 요구하는 것은 간단하다.

앞으로 10일 동안 예전의 빈약한 사고방식이나 감정에 절대 빠지지 않기로 결심하고, 당신의 모든 정신적 감정적 능력을 완전히 통제하겠다고 지금 당장 약속하는 것이다.

* Fox, Emmet, The Seven- Day Mental Diet, Marina del Rey: DeVorss & Co. Publishers, ©1935

쉬울 것처럼 들린다고? 그럴 수도 있으리라고 생각한다. 하지만 이를 시도하는 사람들은 그들의 뇌가 얼마나 자주 비생산적이고, 두렵고, 걱정스럽고, 파괴적인 생각에 빠지는지를 발견하고 놀란다.

우리 뇌는 왜 우리 삶에서 불필요한 스트레스를 만드는 정신적, 감정적 패턴에 계속 빠져드는 것일까? 답은 간단하다. 우리 뇌가 그것이 실제로 도움이 된다고 생각하기 때문이다! 많은 사람이 걱정스러운 상태로 산다. 심지어 그런 상태가 되기 위해 끊임없이 최악의 시나리오에 초점을 맞추고 거기에 오래 머문다. 왜 그러는 것일까? 그런 상태에 있어야 어떤 행동이든 하게 만들 것이라고 믿기 때문이다. 그러나 근심 걱정은 대개 사람을 극도로 빈약한 감정상태에 빠뜨릴 뿐이다. 걱정은 우리가 어떤 행동을 취할 수 있도록 힘을 실어주지도 않을뿐더러, 오히려 우리를 좌절이나 두려움에 압도당하게 만드는 경향이 있다.

하지만 이 책에서 설명하는 가장 간단한 도구를 사용해 해결책에 초점을 맞추면, 걱정하는 마음상태를 즉시 바꿀 수 있다. 당신 자신에게 "이 상황을 개선하기 위해 지금 무엇을 해야 할까?" 같은 더 나은 질문을 하라. 또는 당신이 느끼고 있는 감정을 설명하기 위해 사용하는 어휘를 바꿈으로써 마음상태를 바꿀 수 있다. 예를 들어 '걱정된다'worried를 '조금 염려된다'a little bit concerned로 바꾸는 것이다.

당신이 이 10일간의 도전을 받아들이기로 결정했다면 어떤 일이 일어나더라도 자신을 열정적이고 긍정적인 상태로 유지하기로 약속했다는 것을 의미한다. 다시 빈약한 감정상태에 빠진다면 그 즉시 생리기능을 바꾸거나, 그 순간에 걱정스러운 상태로 빠지려는 생각을 극복하고 풍성한 마음상태에 초점을 맞추어야 한다. 예를 들어 누군가 당신에게 파괴적이거나 혐오스러운 짓을 해서 당신이 화가 나기 시작한다 해도, 상황과 관계없이 즉시 당신의 감정상태를 바꿔야 한다. 적어도 앞으로 열흘 동안은 말이다.

다시 강조하지만, 당신은 이제 마음상태를 변화시키기 위한 다양한 전략을 가지고 있다는 것을 잊지 마라. 스스로에게 다음과 같은 더 강력한 질문을 하라. "지금 이 상황으로부터 무엇을 배울 수 있을까?" 또는 "이 상황에서 좋은 점은 무엇인가, 아직 완벽하지 않은 점은 무엇인가?" 이런 질문들이 분노와 좌절을 습관적으로 반복하며 그 감정 속에 머물러 있게 하는 대신 해결책을 찾을 수 있는 자원이 풍부한 상태로 당신을 이끌 것이다. 당신이 마음만 먹으면 이외에도 마음상태를 바꿀 수 있는 다른 방법들은 얼마든지 더 많다.

우리의 목표는 삶의 문제들을 외면하는 것이 아니라, 자신을 더 나은 정신적, 감정적 상태에 두는 것이다. 그러면 해결책을 생각해내고 이를 실천할 수 있다. 통제할 수 없는 것에 초점을 맞추는 사람들은 계속해서 무력해질 뿐이다.

그렇다. 우리는 비바람이나 변덕스러운 날씨를 통제할 수는 없지만, 우리 삶의 방향을 조정하는 방식으로 돛을 달 수 있다.

처음에 폭스의 '마음 단식'을 해보기로 고려했을 때, 나는 긍정적인 상태를 유지하려고 노력하다가 오히려 마음만 상하는 건 아닐까 하는 생각이 들기도 했다. 과거에도 긍정적인 마음상태에 있었지만 기대가 충족되지 않았던 경험이 있었기 때문이다. 그때 얼마나 절망감을 느꼈던지. 하지만 나는 초점을 바꾸면서 문제를 피하고 즉시 해결책에 집중함으로써 내 삶을 더 잘 통제할 수 있다는 것을 알게 되었다. 내 마음이 풍부한 상태가 되자, 내면의 답변에 대한 요청은 빠르게 충족되었다.

내가 아는 모든 위대하고 성공적인 사람들은 감정의 폭풍 속에서도 중심을 잃지 않고, 마음상태를 강력하게 유지할 수 있는 능력을 갖추고 있었다.

그들은 어떻게 그것이 가능했을까? 그들은 다음과 같은 기본적인 규칙을 가지고 있었다. 바로 **시간의 10% 이상을 문제에 써서는 안 되며, 최소한 90% 이상의 시간은 해결책에 써야 한다는 것이다. 가장 중요한 규칙은 사소한 일에 목숨을 걸지 말라는 것이다… 그런데 알고 보면 세상만사가 모두 사소한 일인데 말이다!**

당신이 10일간의 도전에 나서기로 결정한다면(물론 당신이 이 책을 여기까지 읽었으므로 그럴 것이라고 생각하지만), 앞으로 10일 동안 100%의 시간을 오직 해결책에 쓰게 될 것이며 문제에 소모할 시간은 전혀 없다는 것을 알아야 한다!

하지만 문제에 대해 전혀 시간을 쓰지 않는다면 문제가 더 악화되는 것은 아닐까? "내 문제에 대해 걱정하지 않는다면, 문제가 통제할 수 없을 만큼 커지지는 않을까?" 나는 그렇지 않다고 생각한다. 당신이 앞으로 10일 동안 전적으로 해결책에 집중한다고 해서, 그리고 당신 인생에서 무엇이 중요한지, 당신 인생에서 무엇이 효과가 있는지, 당신이 얼마나 운이 좋은지에 초점을 맞춘다고 해서, 문제가 악화되지는 않을 것이다. 오히려 반대로 이런 새로운 패턴들이 당신을 너무 강하게 만들어서 당신이 한때 문제라고 생각했던 것들이 사라질 수도 있다. 그러면서 당신은 멈출 수 없는 즐거움으로 가득 찬 새로운 정체성을 갖게 될 것이다.

이 10일간의 도전에는 간단하지만 중요한 네 가지 규칙이 있다. 따라서 도전에 나서기 위해서는 다음 사항을 명심해야 한다.

'마음 훈련 10일' 도전하기 – 게임의 법칙

규칙 1. 앞으로 10일 동안 빈약한 생각이나 감정에 머물지 않도록 하라. 힘 빠지게 만드는 질문이나 어휘나 비유에 빠져서는 안 된다.

규칙 2. 부정적인 것에 집중하기 시작하면(분명히 그런 일이 벌어질 것이다), 지금까지 배운 기술을 사용해 즉시 더 나은 감정상태로 초점을 전환해야 한다. 구체적으로, 문제를 해결하는 질문Problem-Solving Questions*을 첫 공격 무기로 삼는다. 예를 들어 "이 상황에서 좋은 점은 무엇인가? 아직 완벽하지 않은 점은 무엇인가?" 같은 질문을 하라. "아직 완벽하지 않은 점은 무엇인가?" 같은 질문은 상황이 완벽해질 것이라는 전제가 깔려 있다. 이것이 당신의 마음상태를 변화시킨다. 문제를 외면하는 것이 아니라 올바른 마음상태를 유지하게 해주는 동시에 무엇을 바꿔야 할지 알게 해준다.

또 앞으로 10일 동안 매일 아침 스스로에게 '힘을 불어넣는 아침 질문'Morning Power Questions을 함으로써 성공적인 하루를 준비하라. 침대에서 일어나기 전에 해도 좋고 샤워하는 동안에 해도 좋다. 중요한 것은 지금 당장 시작하는 것이다. 그러면 매일 아침 눈을 뜰 때마다 당신의 정신적 감정적 패턴에 힘을 불어넣어줄 것이다. 저녁에는 '힘을 불어넣는 저녁 질문'Evening Power Questions을 하거나, 잠들기 전에 당신을 좋은 마음상태로 만들어줄 질문을 하라.

규칙 3. 앞으로 10일 동안, 인생의 모든 초점은 문제가 아니라 해결책에 맞춰야 한다. 어떤 문제라도 발견하는 즉시 무슨 해결책이 있는지에 초점을 맞춰라.

규칙 4. 혹시라도 당신이 후퇴한다 해도, 그러니까 당신이 다시 빈약한 생각이나 감정에 빠져 그곳에 머문다 해도 자책하지 마라. 마음상태를 즉시 바꾸기만 하면 전혀 문제가 되지 않는다. 하지만 당

* 8장에서 살펴본 아침 질문과 저녁 질문

신이 상당 기간 동안 계속해서 빈약한 생각이나 감정에 머물러 있다면 다음 날부터 다시 10일 도전을 시작해야 한다. 10일 동안 연속해서 부정적인 생각을 품거나 머물지 않는 것이 이 프로그램의 목표이기 때문이다. 다시 시작할 때는 지금까지 며칠 동안 해왔는지에 관계없이 처음으로 돌아가야 한다.

당신은 '부정적인 마음에 머문다는 것은 얼마나 오랫동안 머무는 것을 의미하는 건가요?'라고 물을지 모른다. 내 관점으로는 단 1분 동안 부정적 생각을 했더라도 '머물렀다'라고 본다. 1분은 우리의 마음을 사로잡고 변화를 만들기에 충분한 시간이다. 다시 말하지만, 우리의 목표는 '괴물이 자라기 전에 잡는 것'이다. 당신이 어떤 부정적인 생각에 빠진다면 20초에서 40초 안에 그것을 알 수 있다.

하지만 문제를 알아차리고 당신의 마음상태를 바꾸기 시작하도록 당신에게는 최대 2분까지 양보해주겠다. 2분이면 당신이 부정적인 상태에 있다는 것을 확인하기에 확실히 충분한 시간이다. 이 또한 패턴을 깨뜨려야 한다. 당신이 부정적인 생각에 5분 이상의 시간을 허용한다면 당신은 이 마음 훈련 도전을 온전하게 수행해내지 못한 것이다. 당신의 감정을 더 빨리 분출하는 법을 배웠을 뿐이다. 이 프로그램의 목표는 부정적인 감정상태에서 빠져나오는 것이 아니라 빠지기 전에 해결하는 것이다.

내가 처음 이 훈련을 시도했을 때, 사흘째 되는 날 화가 나는 어떤 일이 생겨서 5분 정도 부정적인 감정에 빠져 있다가 뒤늦게 그걸 알고 말았다. 그래서 처음부터 다시 시작해야 했다. 두 번째 시도에서도 여섯째 날에 몇 가지 중요한 도전에 부딪혔지만, 그때에는 흔들리지 않고 훈련에 전념했다. 또 처음부터 다시 시작하고 싶지 않았으니까! 이번에는 즉시 해결책에 집중했다. 짐작하겠지만, 이 훈련의 이점은 마음 단식에만 그치는 것이 아니었다. 이후에 내 주변에 문제가 생겼을 때도 평생 긍정적인 감정상태에 머무는 놀라운 패턴에 나 자신을 조건화시키고 내 에너지의 대부분을 해결책에 집중하기 시작했다.

그래서 오늘날까지도 나는 문제에 부딪히면 그것을 '문제'라고 부르기보다는 '도전'이라고 부르곤 한다. 나는 문제 상태에 머물러 있지 않고, 어떻게 하면 그 '도전'을 기회로 전환할 수 있는지에 즉시 집중한다.

"우리가 먼저 습관을 만들면, 그다음에는 습관이 우리를 만든다."

-존 드라이든 John Dryden**, 영국 시인이자 극작가**

마음 훈련 도전을 하는 동안 몸도 깨끗하게 하고 싶다는 생각이 들 수 있다. 나는《무한 능력》에서 10일간의 신체 훈련 도전에 대해 언급한 바 있다. 10일간의 '생활 건강 활력 도전'Living Health Vitality Challenge*을 10일간의 마음 훈련과 결합하면 앞으로 10일 안에 당신의 삶을 완전히 다른 차원으로 끌어올릴 수 있는 강력한 결과를 만들어낼 수 있을 것이다. 당신이 이 마음 훈련을 끝까지 수행하면, 당신을 제한하는 옛 습관을 깨뜨리고 당신에게 힘을 실어주는 근육을 단련시킬 수 있을 것이다. 그러면 당신은 뇌에 새로운 메시지를 보내며 새로운 결과를 명령할 것이다. **마침내 당신은 힘을 불어넣어주는 감정을 느끼게 되고, 풍요로운 생각을 하게 되며, 영감을 주는 질문을 하게 될 것이다.**

당신이 고통을 물리치는 생각을 하게 되면(물론 고통은 다시 자라지만), 뇌

* 《무한 능력》10장 '에너지: 최고의 원천' 참조

는 당신에게 힘을 불어넣는 패턴을 찾으라는 강력한 신호를 보낸다. 어떤 생각이 당신 마음에 있어야 하는지에 대해 더 높은 기준을 세우면 그동안 당신이 맹목적으로 게으르게 받아들였던 파괴적인 패턴을 알아차리기 시작할 것이다. 그리고 결코 예전 방식으로 되돌아가지 않게 될 것이다. 이 접근방식은 매우 준엄하고 철저하기 때문에 당신은 앞으로도 이 새 패턴을 기억하고 다시는 예전 패턴으로 돌아가지 않을 것이다.

단, 주의사항이 있다. 당신이 평생 지킬 것이라는 확신이 들기 전까지는 이 10일간의 훈련을 시작하지 마라. 반드시 지키겠다는 마음으로 시작하지 않는다면, 결코 10일을 버티지 못할 것이다. 이 훈련은 마음이 약한 사람들이 할 수 있는 도전이 아니다. 자신의 삶을 다음 단계로 끌어올릴 수 있는 힘을 실어주는 새로운 감정 패턴으로 신경계를 조건화시키겠다고 약속하는 사람들만이 끝까지 해낼 수 있다.

이 훈련을 하기로 결심했는가? 스스로 약속하기 전에 신중하게 생각하라. 일단 결심하면 당신은 반드시 약속을 지켜야 하고, 물론 고된 훈련과 함께 기쁨도 경험하게 될 것이다. 당신이 "네, 하겠습니다"라고 대답했다면, 앞으로 10일 동안 지금까지 머리로 배운 것들을 일상적인 삶의 경험의 일부로 만들어야 한다. 10일 동안 NAC 기술을 사용해 당신을 성공으로 조건화시킬 수 있다. 당신은 새로운 질문을 하게 될 것이고, '경험을 바꿔주는 어휘'를 사용하게 될 것이고, 당신에게 더 많은 힘을 불어넣어주는 보편적 비유를 사용하게 될 것이고, 당신의 초점과 생리기능을 즉시 바꾸게 될 것이다.

솔직히 말하자면, 우리는 누구나 살면서 탐닉하는 게 하나쯤은 있다. 당신이 과체중이라면, 아마도 초콜릿 아이스크림이나 더블 치즈 피자에 빠져 있을 수 있다. 당신이 다이어트를 하고 있다면 "이제 그만. 여기까지"라고 말할 것이다. 당신은 자신에게 더 높은 기준을 부과하고 그 기준을 지키는 하나의 작고 훈련된 행동에서 오는 자존감을 즐기는 것이다. 마찬가지로 우리 마음도 탐닉에 빠진다. 어떤 사람들은 자신을 불쌍히 여긴다. 어떤 사람들은 자신의 관심을 되돌리는 방편으로 화를 내기도 한다. 또 어떤 사람들은 주의가 필요한 것에 집중하지 못한다. 내가 당신에게 주는 도전은 앞으로 10일 동안 이런 파괴적인 마음의 탐닉을 단 한 차례도 허용하지 않기로 결심하라는 것이다.

'마음의 탐닉'을 없애는 데 방해가 되는 것은 무엇일까? 세 가지 장애물이 있다. 첫 번째 장애물은 게으름이다. 많은 사람이 무엇을 해야 하는지 알고 있으면서도 그 일을 할 에너지를 얻지 못한다. 많은 사람은 자신들의 삶이 중요하다는 것을 알면서도 TV 앞에 앉아 정크푸드를 먹으면서 성장에 필요한 에너지를 그들의 몸과 마음에서 갉아먹고 있다.

두 번째 장애물은 두려움이다. **대개의 경우 사람들은 미래에 더 나아지기 위해 모험하기보다는 현재의 안전을 더 편안하게 생각한다.** 그들은 미래에 무슨 일이 일어날지 계속 궁금해하면서 인생의 끝자락에 도달한다. 당신은 절대 그렇게 살아서는 안 된다.

세 번째 장애물은 습관의 위력이다. 우리는 모두는 옛 감정 패턴을 가지고 있다. 바로 습관에 빠지는 무기력한 힘이다. 자동 조종되는 비행기처럼, 우리의 뇌는 오랫동안 항상 해온 반응을 먼저 떠올린다. 우리는 장애물에 직면하면 해결책을 찾기보다는 문제를 먼저 본다. 그것으로부터 어떻게 배울지를 생각하는 대신, 좌절하면서 스스로를 불쌍하게 여긴다. 그것으로부터 무언가를 배우고 앞으로 나아가는 대신, 실수를 반복하며 우리가 할 수 없다는 불길한 판단을 일삼는다. **마음 훈련은 이 세 가지 장애물을 모두 극복하고, 시간이 지나면서 오히려 좋은 점을 배가시킬 수 있는 지속적인 변화를**

만들어내는 방법이다. 지금이 바로 진정으로 CANI에 전념할 수 있는 좋은 기회다!

하지만 이 10일간의 도전은 쉽지 않다. 당신이 스스로에게 불쌍함을 느낀다면 그 감정을 멈추기가 쉽지 않다. 당신이 재정적 압박을 느끼고 있다면 이 훈련을 한다고 해서 상황이 더 좋아지지 않을 것이라는 두려움이 생긴다. 당신 인생에서 잘못된 모든 것을 배우자 탓으로 돌린다면 차라리 계속 그렇게 하는 것이 이 훈련보다 더 쉬울 것이다. 당신이 항상 화를 내면서 불안감을 감추고, 죄책감에 빠지고, 모든 문제를 외모나 재정 상황, 자란 환경 탓으로 돌린다면, 변화하기가 정말 쉽지 않다. **하지만 이제 당신의 삶을 개선시킬 수 있는 많은 도구들을 갖게 되었다. 그것들을 적극 활용하라고 당부하고 싶다.**

날 믿어라. 이 작은 훈련에 내재된 힘은 정말이지 놀랍다. 당신이 이 훈련을 끝까지 해낸다면 다음 네 가지 일이 벌어질 것이다. **첫째,** 당신을 방해하는 모든 습관적인 정신적 패턴을 **예리하게 알아차리게 될 것**이다. **둘째,** 당신의 뇌가 **힘을 불어넣어주는 대안**을 찾게 될 것이다. **셋째, 당신의 인생을 바꿀 수 있다는 것을 알게 되면** 놀라운 자신감을 갖게 될 것이다. **넷째,** (넷째가 가장 중요하다) 믿기지 않을 만큼 당신을 훨씬 더 확장시키는 **새로운 습관, 새로운 기준, 새로운 기대**를 만들어낼 것이다.

성공은 과정이다. 그것은 일련의 작은 훈련들이 가져온 결과다. 그 훈련이 더 이상 별다른 의지나 노력이 필요 없는 습관적인 성공 패턴으로 우리를 이끌었다. 의식적으로 일을 올바르게 처리하고, 우리를 방해하는 패턴을 없애고, 우리를 앞으로 나아가게 하는 새로운 패턴을 만드는 이 훈련이, 마치 화물 열차가 속도를 끌어올리는 것처럼, 당신이 이전에는 거의 경험해보지 못한 추진력을 갖게 해줄 것이다.

좋은 소식은, 살을 빼기 위해 굶었다가 결국 다시 먹게 되는 육체적 다이어트와는 달리, 마음 훈련은 다시는 부정적인 것을 찾는 옛 패턴으로 돌아가지 않는다는 점이다. 사실 엄밀히 말하면 이것은 '10일간'의 훈련이 아닐 수도 있다. 남은 인생 동안 긍정적인 것에 초점에 맞추는 일에 '중독'될 수 있다. 물론 10일 동안 해로운 마음 패턴을 제거한 후에 다시 예전으로 돌아가고 싶다면, 얼마든지 그래도 좋다. 하지만 당신이 이처럼 활력이 넘치는 살아있는 느낌의 마음 경험을 한 후에는, 예전으로 돌아가는 것이 혐오스러울 것이다. 이제 언제든 궤도에서 벗어난다 하더라도, 즉시 다시 제자리로 돌아올 수 있는 도구들을 충분히 갖고 있다는 사실을 명심하라.

이 10일간의 마음 훈련이 제대로 효과를 낼 것인지는 다름 아닌 당신 자신에게 달려 있다. 이 훈련을 끝까지 해내겠다고 약속해야 할 사람도 당신 자신이다. 물론 확실하게 완수하도록 하기 위해 추가적인 지렛대를 사용할 수 있다. 자신에게 추가적인 자극을 주는 한 가지 방법은, 주변 사람들에게 자신이 무슨 일에 전념하고 있는지 말하거나, 10일간의 마음 훈련을 함께 할 동료를 찾는 것이다. 게다가 10일간의 마음 훈련을 하는 동안 매일 당신의 경험을 쓰고, 다양한 문제를 만났을 때 어떻게 성공적으로 대처했는지를 기록한다면 더 이상 바랄 것이 없다. 기록을 남겨두면 나중에 큰 도움이 될 것이다.

마지막으로, 근본적으로 삶을 바꾸기 위한 가장 가치 있는 도구 중 하나는, 옛 패턴을 깨뜨리는 것에 그치지 않고 새로운 패턴으로 대체하는 것이다. 이를 위해서는 꾸준한 독서가 필요하다. 나 역시 평생 동안 책을 손에서 놓지 않았다.

훌륭한 리더는 다독가다

몇 년 전, 내 스승 중 한 명인 짐 론은 실질적인 것, 가치 있는 것, 우리에게 피와 살이 되는 것, 매일 새롭게 변화하라고 가르쳐주는 것 등을 읽는 것이 먹는 것보다 더 중요하다고 가르쳐주었다. 그는 내게 하루에 최소 30분은 책을 읽어야 한다는 생각을 심어주었다. 그는 "밥을 거르는 한이 있어도 독서를 걸러서는 안 된다네"라고 말했다. 이 가르침은 내 인생에서 가장 가치 있는 것 중 하나가 되었다. 당신은 낡은 옛 시스템을 정화하는 한편, 계속해서 새로운 것을 읽음으로써 당신에게 더욱 힘을 불어넣어줄 수 있다. 이 책의 나머지 페이지에도 귀중한 통찰력과 전략을 배울 수 있는 부분이 많다. 앞으로 10일 동안 훈련을 하면서 충분히 활용하기 바란다.

이 책을 읽으면서 우리는 결단력의 힘에 대해서 배웠다. 당신은 지금 우리가 함께하는 여행에서 매우 중요한 시점에 와 있다. 삶을 강력하고 긍정적으로 만드는 데 사용할 수 있는 다양한 기본 전략들도 배웠다. **이 시점에서 질문 한 가지 해보자. "당신은 그 전략들을 사용하기로 결단했는가?"** 이 책이 설명하는 것을 최대한 활용하기로 스스로 결심했는가? 결단이야말로 이 훈련을 끝까지 해내는 가장 중요한 열쇠다. 당신이 한때 꿈꿨던 삶을 살기로 마음먹었다면, 지금 바로 결단하라.

이번 장은 내가 당신에게 개인적으로 던지는 도전이다. 또 다른 사람들이 기대하는 것보다 더 많은 것을 자신에게 요구하고, 그 약속으로부터 보상을 받을 수 있는 기회이자 초청장이기도 하다. 이제 배운 것을 실천에 옮겨야 할 때다. 간단하지만 강력하게 삶을 개선하기 위해 기꺼이 전념할 것인지 결단해야 할 때다. 사실 당신도 그렇게 하기를 원할 것이라고 생각한다. 할 수 있다는 증거가 더 필요하다면 이 장이 도움이 될 것이다. 물론 당신이 전력을 다할 의향이 있다면 말이다.

이제 다음 장으로 넘어갈 준비가 되었다. 이제 결단을 했으니 당신의 삶을 창조하기 위한 기본적인 도구들을 갖춘 셈이다. 이제 당신이 살아가면서 내리는 모든 결정을 통제하는 마스터 시스템을 공부해야 한다. 이 마스터 시스템을 통해 자신의 개인적 철학의 기초를 이해할 수 있기 때문이다.

PART 2

마스터
시스템

The Master System

14장

마스터 시스템이 모든 것을 결정한다

"왓슨, 그건 아주 기본이라네…."

– 아서 코난 도일 경Sir Arthur Conan Doyle*

내가 지금 하고 있는 일을 좋아하는 이유 중 하나는 그 일이 인간 행동의 신비를 풀 수 있는 기회를 제공하고 나아가 사람들의 삶의 질을 진정으로 변화시키는 해결책을 제공해주기 때문이다. 나는 사람의 행동 뒤에 숨겨진 '원인'을 찾기 위해 그들의 내면을 탐색하고, 그들의 핵심 신념, 질문, 비유, 행동 근거, 가치관 등을 발견하는 일에 온 힘을 기울인다. 또 즉각적이고 측정 가능한 결과를 도출하는 것이 내 강점이기 때문에, 변화를 촉진하기 위한 핵심 레버리지 포인트(leverage points, 전체 시스템의 행동 양식에 변화를 일으키는 지점 _옮긴이)를 신속하게 찾는 방법을 배울 수 있었다. 나는 셜록 홈스라도 되는 듯, 마치 조각 그림 맞추는 것처럼 매일 각 사람의 독특한 경험을 맞추기 위해 그들의 세부적인 자세한 사항들을 꼬치꼬치 캐묻는다. 마치 탐정이라도 된 것처럼 말이다! 인간 행동에는 마음을 드러내는 결정적인 단서가 있기 때문이다.

미묘한 단서들을 밝혀내기 위해서 더 많은 조사가 필요할 때도 있지만,

* 셜록 홈즈가 조수 왓슨에게 한 말 _옮긴이

비록 인간의 행동이 다양하다 해도 궁극적으로 모든 행동은 특정 핵심요소로 구성된 특정 패턴으로 귀결되기 때문에 대부분 밝혀낼 수 있다. 우리가 이런 행동 원리를 이해한다면, 사람들에게 긍정적인 변화를 일으키도록 영향을 미칠 수 있을 뿐만 아니라, 그들이 왜 그런 행동을 하는지도 이해할 수 있다.

인간의 모든 행동을 지시하는 마스터 시스템을 이해하는 것은 화학이나 물리학과 다를 바 없는 과학이다. 예측 가능한 법칙들과 작용 및 반작용이라는 패턴이 적용되기 때문이다. 우리는 마스터 시스템(우리 삶에서 일어나는 모든 것을 평가하는 방법을 결정하는 다섯 가지 요소)을 인간 행동의 요소를 상세히 설명하는 일종의 주기율표라고 생각할 수 있다. 모든 물질이 기본 원소 단위로 쪼개질 수 있는 것처럼, 인간 행동의 과정도 기본 요소로 나눌 수 있다. 우리 각자를 독특한 존재로 만드는 것은 바로 이런 요소들을 어떻게 사용하느냐, 즉 어떻게 조합하고 구성하느냐에 달려 있는 것이다. 어떤 조합은 휘발성이 있어서 폭발적인 결과를 만들어내기도 하고, 또 어떤 조합은 중화 작용을 하거나, 촉매 효과를 내거나, 무력하게 만들기도 한다.

매일 많은 일을 겪으면서도 우리는 대부분 그 상황이 의미하는 바를 평가할 수 있는 힘을 가지고 있다는 것은 물론 개인적인 철학을 가지고 있다는 것조차 깨닫지 못한다. 이 책의 2부에서는 어떻게 하면 삶의 매순간마다 우리의 감정과 행동을 통제하는 힘인 마스터 시스템을 직접 제어할 수 있는지에 대해 알아볼 것이다.

배우자든, 자녀든, 상사든, 사업 파트너든, 매일 만나는 사람이든, 그들의 마스터 시스템을 이해하면 그 사람의 본질을 즉시 파악할 수 있다. 당신 자신은 물론, 당신에게 중요한 사람들의 행동에 영향을 미치는 것이 무엇인지 아는 것, 그것이야말로 이 책에서 배울 수 있는 가장 큰 선물이 아닐까?

누군가가 화를 내거나 시비를 걸어올 때 함부로 판단하지 않고, 왜 그렇게 행동하는지 이해하고, 그의 진정한 모습과 즉시 관계를 맺을 수 있다면 얼마나 멋지겠는가?

우리는 아이가 칭얼거리는 것이 성격 탓이 아니라 잠이 필요해서라는 것을 알고 있다. 결혼생활에서도 상대방의 일상적인 스트레스를 꿰뚫어보는 것이 매우 중요하다. 그러면 부부간에 서로를 응원하며 처음 가졌던 유대감을 키워나갈 수 있다. 배우자가 직장에서 압박감을 느껴 좌절감을 표출한다면, 그것을 보고 결혼생활을 끝내자고 생각할 게 아니라 사랑하는 사람에게 더 신경을 쓰고 더 응원하는 데 집중하라는 신호로 받아들여야 한다. 어느 하루 동안 다우존스 평균 지수가 20포인트 급락했다고 해서 그것만으로 주식 시장을 판단하지는 않을 것이다. 마찬가지로, 한 사람의 성격을 하나의 사건만으로는 판단할 수 없다. **그의 행동이 곧 그 사람은 아니다.**

사람들을 이해하는 열쇠는 그들의 마스터 시스템을 이해하는 것이다. 그래야만 그들의 개별적이고 체계적인 추론 방식을 제대로 알 수 있다. **우리는 삶의 거의 모든 상황에서 그 의미를 평가하고 어떻게 행동할지 결정하는 각자의 시스템이나 절차를 가지고 있다.** 사람마다 중요하게 생각하는 것이 다르다는 것을 명심해야 한다. 그들은 자신들의 관점과 조건화에 따라 일어나고 있는 일을 다르게 평가한다.

테니스를 칠 때 서브를 잘못 넣었다고 생각해보자. 당신의 관점에서는 망쳤다고 생각할 것이다. 그러나 상대방의 관점에서는 좋은 기회다. 심판의 관점에서는 좋을 것도 나쁠 것도 없이 다만 '인'이냐 '아웃'이냐를 따질 뿐이다. 서브를 잘못 넣은 다음에는 대개 어떤 일이 일어나는가? 여기서 사람들은 일반화하기 시작한다. 그런데 흔히 자신을 무기력하게 만드는 방식으로 일반화한다. "정말 끔찍한 서브로군!"에서 그치지 않고 "오늘은 죽어도 좋은 서브를 넣지 못할 거야"라고 비약한다. 결국 다음 몇 개의 서브도 별 볼일 없을 것 같다고 생각한다. 이런 일반화의 열차는 "오늘은 죽어도 좋은 서브를 넣지 못할 거야"에서 다시 "나는 서브를 잘 넣은 적이 없어" "내 테니스 실력은 정말 형편없어" "나는 어떤 것도 제대로 잘할 수 없어" "결국 나는 끔찍한 놈이야"로 점점 더 비약한다. 여기서 이렇게 조목조목 설명하니 우습게 들릴지 모르지만, 이것은 우리 삶에서 흔히 일어나는 방식이다. 우리가 자신을 평가하는 과정을 통제하지 못한다면, 이런 일반화 패턴이 미친 듯이 우리를 자기비판의 소용돌이로 몰아넣을 것이다.

탁월한 판단력이 탁월한 삶을 만든다

가장 성공한 사람들을 본받으려고 노력하는 과정에서 확실하게 알게 된 한 가지 공통점은, 그들이 상황을 판단하는 능력이 탁월하다는 것이다. 사업, 정치, 법률, 예술, 관계, 운동, 영성 등 생각할 수 있는 모든 분야에서 대가라고 여기는 사람을 떠올려보라. 무엇이 그들을 정상의 위치에 이르게 했을까? 소송 전문 변호사 게리 스펜스Gerry Spence가 지난 15년 동안 맡은 거의 모든 사건에서 승리한 원동력은 무엇일까? 코미디언 빌 코스비Bill Cosby가 무대에 오를 때마다 청중을 그렇게 즐겁게 만드는 힘은 무엇일까? 작곡가 앤드류 로이드 웨버Andrew Lloyd Webber의 음악이 그렇게 잊히지 않을 만큼 완벽한 이유는 무엇일까?

그들은 한결같이 자신의 전문 분야에서 탁월한 판단 능력을 갖춘 사람들이다. 스펜스는 인간의 감정과 결정에 영향을 미치는 것이 무엇인지를 확실하게 이해했다. 코스비는 주변의 모든 것을 소재로 사람들을 웃기는 방법에 대한 각종 근거 자료, 믿음, 규칙을 개발하는 데 오랜 세월을 보냈다. 웨버는 멜로디, 관현악 편곡 등에 완전히 숙달되어 있었기 때문에 깊은 감동을 주는 음악을 작곡할 수 있었다.

미국 프로아이스하키팀 로스앤젤레스 킹스Los Angeles Kings의 웨인 그레츠키Wayne Gretzky를 보자. 그는 내셔널 하키 리그 역사상 누구보다도 많은 득점을 올렸다. 무엇이 그를 그렇게 강력한 선수로 만들었을까? 그가 리그에서 가장 덩치가 크거나, 힘이 세거나, 가장 빠른 선수이기 때문이었을까? 스스로 인정했듯이, 그는 이 세 가지 어느 것에도 해당되지 않았다. 하지만 그는 꾸준히 리그 득점 1위 자리를 유지했다. 어떻게 그렇게 잘 할 수 있었느냐는 질문에 그는 다른 선수들은 퍽perk이 있는 곳으로 움직이지만 자신은 퍽이 가는 곳으로 움직인다고 대답했다. 그 짧은 순간에 퍽의 속도, 방향, 주변 선수들의 움직임과 속도를 빠르게 판단하는 그의 예측 능력이 득점을 넣기에 최적의 위치를 알게 해주는 것이다.

세계 최고의 금융자산 관리자 중 한 명인 존 템플턴 경Sir John Templeton이 지난 50년 동안 보여준 실적은 타의 추종을 불허한다. 1954년 템플턴 성장펀드Templeton Growth Fund를 발족할 때 투자한 1만 달러는 오늘날 220만 달러의 가치에 달한다! 그에게 자산관리를 맡기려면 최소 1천만 달러의 현금을 투자해야 할 것이다. 그의 최고 고객들은 대개 그에게 10억 달러 이상의 자금을 맡긴다. 무엇이 템플턴을 역사상 최고의 투자 자문가로 만들어주었을까? 내가 이 질문을 했을 때 그는 조금도 주저하지 않고 이렇게 대답했다. "투자의 진정한 가치를 판단하는 능력이지요." 그는 예측 불허한 추세와 단기적인 변동에도 불구하고 가치를 제대로 판단하는 능력을 갖추고 있던 것이다.

부를 이루는 것도 판단력에 달려 있다

그동안 내가 연구하고 본보기로 삼은 또 다른 최고 투자 자문가 중에는 피터 린치Peter Lynch, 로버트 프레히터Robert Prechter, 워런 버핏Warren Buffet 같은 이들이 있다. 버핏은 자신의 재정적 가치평가 능력을 높이기 위해 그의 친구이자 멘토인 벤 그레이엄Ben Graham에게서 배운 강력한 비유를 사용했다. 시장의 변동을 바라보는 그의 시각이 잘 담겨 있는 비유인데, 한번 살펴보기 바란다. "당신에게 '마켓 씨'Mr. Market라는 아주 친절한 동업자가 있다고 가정해보자. … 마켓 씨의 주가(株價) 제안은 수시로 변한다. 왜냐하면 유감스럽게도 이 불쌍한 친구에게는 치유할 수 없는 감정적 문제가 있기 때문이다. 그는 기분이 좋으면 사업에 유리한 영향을 미치는 요소들만 본다. 그럴 때 그는 당신이 그의 지분을 빼앗고 이익을 가로챌까봐 아주 높은 매수 가격을 제시한다. 또 우울한 감정에 빠져 있을 때는 세상에 온통 문제만 있다고 생각한다. 그럴 때 그는 당신이 당신의 지분을 그에게 떠넘길까봐 두려워 매우 낮은 가격을 제시한다. … 하지만 무도회의 신데렐라처럼, 당신은 한 가지 경고에 주의해야 한다. 그렇지 않으면 모든 것이 호박과 쥐로 변할 테니까 말이다. **사실 마켓 씨가 당신과 함께 일하는 이유는 당신을 좋은 방향으로 이끌기 위한 것이 아니라 그저 당신 일을 대신해줄 뿐이다.** 당신이 활용해야 할 것은 그의 지혜가 아니라 그의 주머니 사정이다. 그가 특히 바보같이 굴 경우 당신은 그를 무시하거나 그를 이용할 수 있지만, 당신이 그의 말에 휩쓸리면 재앙이 될 것이다. 마켓 씨보다 당신의 사업을 훨씬 더 잘 이해하고 더 잘 평가할 수 있다는 확신이 없다면, 당신은 이 게임을 해서는 안 된다."*

확실히 버핏은, 시장이 폭락할 때 극도로 걱정에 빠지고 시장이 급등하면 금세 좋아하는 사람들과는 전혀 다르게 투자 결정을 평가한다. 다르게 평가하기 때문에 당연히 결과도 다르다. **삶의 어느 분야에서든 누군가가 우리보다 더 잘하고 있다면, 그가 상황이 어떤 의미인지 판단하고, 또 그 상황에서 무엇을 해야 하는지를 평가하는 데 있어 우리보다 더 나은 방법을 가지고 있기 때문이다.** 판단 능력의 영향은 비단 하키나 재정 문제에 국한되는 것은 아니다. 매일 밤 먹는 음식을 어떻게 결정하느냐에 따라 당신의 수명과 삶의 질이 달라질 수 있다. 아이들을 어떻게 키울 것인가를 잘못 판단하면 평생의 고통이 될 수도 있다. 사랑하는 사람이 대상을 판단하는 과정을 이해하지 못하면, 아름답고 사랑스러운 관계를 파괴할 수 있다.

우리는 원하는 결과를 만들어내는 선택을 지속적으로 할 수 있도록 삶의 모든 것을 평가할 수 있어야 한다. 문제는 우리가 이 복잡한 과정을 거의 통제하지 못한다는 것이다. 그래서 나는 이 과정을 단순화하는 방법을 개발했다. 이 방법을 사용하면 우리 자신의 판단 절차, 즉 운명을 통제할 수 있게 될 것이다. 이제 판단의 다섯 가지 요소에 대해 간략하게 설명하고자 한다. 이중 일부는 이미 알고 있는 것들이고, 나머지는 다음 장에서 다룰 것이다. 아래 그림에 두 개의 표적을 가리키는 화살표가 있다. 이 그림은 평가라는 마스터 시스템이 어떻게 작동하는지를 보여준다. 다섯 가지 요소를 하나씩 살펴보면서 각 요소를 그림에 하나씩 표시해보자.

* Buffet, Warren, Berkshire Annual Report, 1987, James Hansberger, A Guide to Excellence in Investment, 1976.

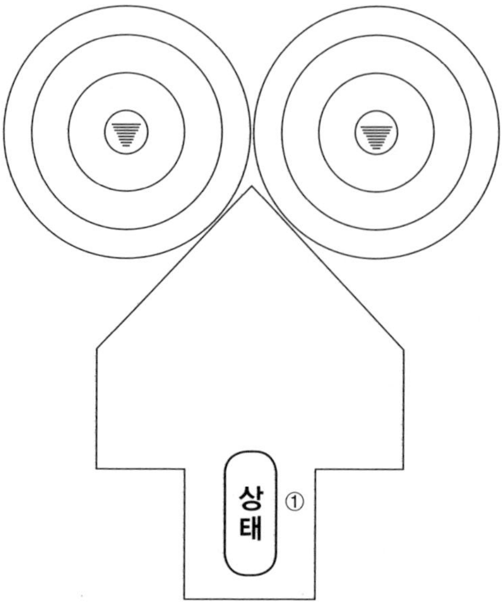

① 당신의 모든 평가에 영향을 미치는 첫 번째 요소는, 평가를 하는 동안 당신이 처해 있는 정신적, 감정적 **상태**다. 예를 들어 누군가 어떤 말을 했는데, 그 똑같은 말이 어떤 때에는 당신을 울게 만들고 어떤 때에는 웃게 만든다. 왜 그럴까? 그것은 단지 당신이 어떤 마음상태에 처해 있느냐의 차이다. 무섭고 상처받기 쉬운 상태에 있을 때는 밤에 창문 밖 발자국 소리와 함께 문이 열리는 소리만 들려도 오싹한 느낌이 들 것이다. 반면 신나고 긍정적인 기대감에 차 있을 때는 같은 상황이라도 전혀 다를 것이다. 전자의 상태에서는 이불 속에서 벌벌 떨겠지만, 후자의 상태에서는 벌떡 일어나 두 팔을 벌리고 문으로 달려갈 것이다. 결국 똑같은 소리에 대해 당신이 어떤 의미로 평가했느냐에 따라 결과(반응)가 달라지는 것이다. 따라서 탁월한 평가를 내리기 위한 중요한 열쇠는, 우리가 상황의 의미를 평가하고 무엇을 해야 하는지 결정을 내릴 때 우리의 마음상태가 그저 생존을 위한 상

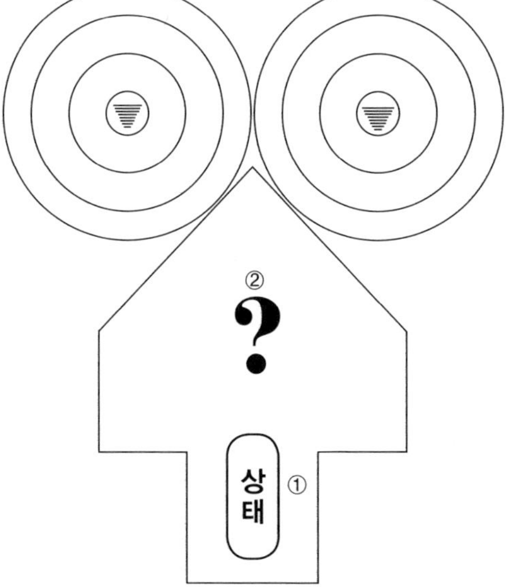

태survival mode에 머물기보다는 아주 지혜로운 상태resourceful state에 있도록 하는 것이다.

② 평가라는 마스터 시스템의 두 번째 구성 요소는 **질문**이다. 어떤 질문을 하느냐에 따라 평가의 초기 형태가 형성된다. 우리 삶에 어떤 일이 일어나면, 우리 뇌는 "지금 무슨 일이 일어나고 있지? 이 상황이 내게 어떤 의미가 있지? 그것이 고통일까, 기쁨일까? 고통이라면 피하거나 제거하기 위해, 기쁨이라면 더 얻기 위해 지금 무엇을 해야 하나?" 같은 질문을 함으로써 그것을 평가한다. 당신이 누군가에게 데이트 신청을 할지 말지 결정하게 하는 것은 무엇인가? 그 사람에게 접근할 때 당신이 어떤 판단을 하느냐는 스스로에게 어떤 질문을 하느냐에 따라 크게 영향을 받는다. 당신이 "이 사람을 알게 되면 아주 좋지 않을까?"라는 질문을 던지면 그 사람에게 다

가가고 싶은 생각이 더 많이 들 것이다. 반대로 "그가 나를 거부하면 어떻게 하지? 그에게 접근했는데 그가 불쾌하게 생각한다면? 내 마음에 상처를 받으면 어떻게 하지?" 같은 질문을 습관적으로 한다면, 당신은 진정으로 관심을 느끼는 사람과 관계를 맺을 기회를 놓치는 결과를 초래하는 판단을 하게 될 것이다.

당신이 저녁 식탁에 올릴 음식의 종류를 결정하는 것도 어떤 질문을 하느냐에 달려 있다. 음식을 선택할 때, "빨리 먹고 금방 기운을 낼 수 있는 음식은 무엇일까?"라는 질문을 계속한다면, 당신은 편리한 고가공 정크푸드를 선택하는 경향을 보일 것이다. 반면 "영양가 높은 음식은 무엇일까?"라는 질문을 한다면 과일, 주스, 채소, 샐러드 같은 음식을 선택할 가능성이 높을 것이다. 스니커즈 바를 수시로 먹을 것이냐, 신선한 주스를 마실 것이냐에 따라 신체의 건강이 결정될 것이다. 그러므로 당신의 건강은 당신이 먹을 음식을 평가하는 방식에 달린 셈이다. 평소에 습관적으로 하는 질문이 이 과정에서 중요한 역할을 한다.

③ 평가에 영향을 미치는 세 번째 요소는 **가치**의 우선순위다. 우리는 살아오면서 특정 감정을 다른 감정보다 더 중요하게 생각하는 법을 배웠다. 좋은 기분, 즉 기쁨을 느끼고 싶고, 나쁜 기분, 즉 고통을 피하고 싶어한다. 그러나 우리 삶의 경험을 통해 무엇이 고통에 해당하고 무엇이 기쁨에 해당하는 것인지를 판단하는 독특한 기준을 갖게 되었다. 바로 가치관이라는 안내 시스템이다. 예를 들어 어떤 사람은 안전하다는 느낌을 기쁨과 연결시키도록 배웠을 수도 있고, 또 어떤 사람은 안전에 대한 가족의 집착 때문에 자유를 경험하지 못한 나머지 고통과 연결시켰을 수도 있다. 또 어떤 사람들은 성공하려고 노력하면서도 어떻게 해서든 거절을 피하려고 한다. 이

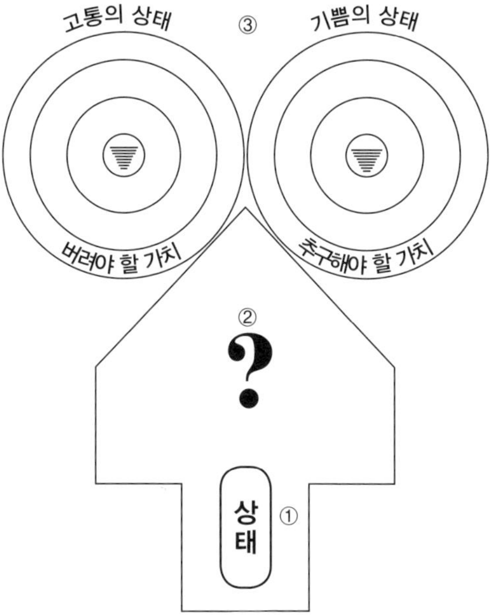

런 가치관의 충돌로 인해 좌절감이나 무력감을 느낀 사람들을 흔히 볼 수 있다.

당신이 선택한 가치들이 살면서 내리는 모든 결정에 영향을 미친다. 우리는 다음 장에서 두 가지 종류의 가치관에 대해 배울 것이다. 하나는 우리가 항상 **추구하고자 하는** 즐거운 감정상태, 즉 사랑, 기쁨, 연민, 흥분 등과 같은 가치이고, 다른 하나는 우리가 **피하거나 떨쳐버리고자 하는** 고통스러운 감정상태, 즉 굴욕, 좌절, 우울, 분노 등과 같은 가치다. 이 두 표적이 만들어내는 역동성이 당신의 삶의 방향을 결정할 것이다.

④ 당신의 마스터 시스템을 구성하는 네 번째 요소는 **믿음**이다. 우리가 갖는 **보편적 믿음**은 나 자신, 삶, 그리고 다른 사람들에 대해 어떤 감정을 느끼고 무엇을 기대하는지에 대한 확신감을 갖게 해준다. 즉, 무슨 일이 일어

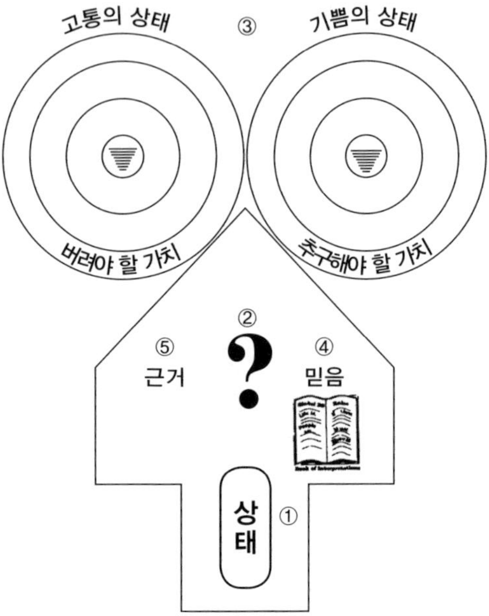

나야 우리 가치가 충족되었다고 믿는지 규칙을 만들어내는 것이다. 예를 들어 어떤 사람들은 "나를 사랑하는 사람이라면 절대 내게 큰 소리를 치지 않을 것이다"라고 믿는다. 이를 규칙으로 삼으면, 누군가가 큰 소리를 낼 경우 '이 사람은 나를 사랑하지 않는다'고 평가하게 될 것이다. 올바른 근거가 아닐 수도 있지만, 일단 그것을 규칙으로 삼으면 그의 판단을 지배하게 되고, 무엇이 진실인지에 대한 그 사람의 인식과 경험을 지배하게 된다. 사실 "당신이 성공한다면, 큰돈을 벌게 될 거야"라든가, "당신이 좋은 부모라면, 절대로 아이들과 갈등이 생기지 않을 거야"라는 생각들도 마찬가지로 우리를 제한하는 규칙이다. 보편적 믿음은 우리의 기대뿐 아니라, 애초에 우리가 평가하려고 하는 대상을 통제하기도 한다. 이런 믿음의 힘이 우리가 어떤 경험으로부터 고통을 느낄지 기쁨을 느낄지를 결정하기 때문에, 우리가 내리는 모든 판단을 좌우하는 핵심요소가 되는 것이다.

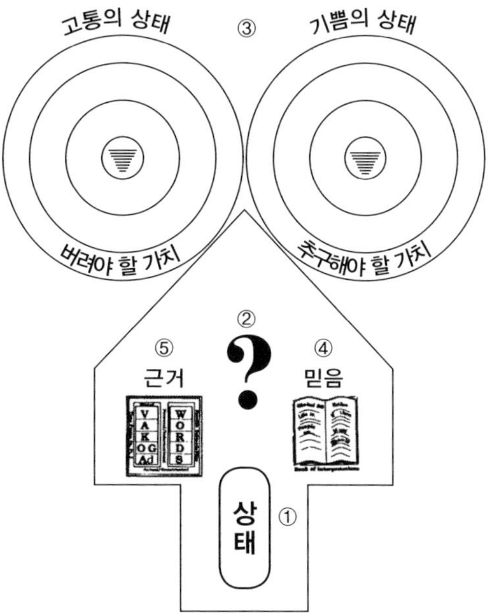

⑤ 당신의 마스터 시스템의 다섯 번째 요소는, 당신이 뇌라고 부르는 거대한 파일 캐비닛에서 접근할 수 있는 수많은 **근거 경험**이다. 그 캐비닛 안에는 당신이 인생에서 경험한 모든 것뿐 아니라 상상했던 것까지도 저장되어 있다. 이 풍부한 근거 자료들이 우리의 믿음을 구성하고 결정을 내리는 데 사용하는 원재료가 된다. 우리가 어떤 상황이 무엇을 의미하는지, 즉 이 상황이 좋은 상황인지 나쁜 상황인지 결정하려면 우리는 그 상황을 과거의 상황(또는 상상했던 상황)과 비교해보아야 한다. 앞서 예로 들었던 테니스 서브를 생각해보자. 당신이 넣은 서브는 무엇과 비교했을 때 좋은 것인가 나쁜 것인가? 친구들이 하는 서브에 비해 좋았는가? 아니면 당신이 들어본 최악의 서브와 비교해도 여전히 나쁜가? 어떤 결정을 내리든 당신이 사용할 수 있는 근거는 거의 무제한적으로 많다. 그중에서 어떤 근거를 선택해 비교하느냐에 따라, 어떤 경험이 당신에게 어떤 의미가 있는지, 그것에 대

해 어떻게 느끼는지, 그리고 앞으로 당신이 무엇을 할 것인지가 결정되는 것이다. 우리가 선택하는 근거가 믿음과 가치를 형성한다. 예를 들어 당신이 부모에게서 무조건적인 사랑을 느끼지 못하고 지속적으로 이용당했다고 느끼는 환경에서 자랐다면, 그것이 당신의 삶을 어떻게 변화시켰을까? 그런 환경이 당신의 믿음, 가치관, 그리고 삶이나 사람, 기회를 바라보는 시각에 어떤 영향을 미쳤을까?

예를 들어 당신이 16살 때 스카이다이빙을 배웠다면, 새로운 기술, 개념, 아이디어를 시도할 때마다 거부감을 맛본 사람들과는 모험에 대해 전혀 다른 생각을 키워왔을 것이다. 어떤 일이든 그 일에 정통한 사람들은, 특정 상황에서 성공이나 좌절로 이어지는 근거가 되는 경험이 보통 사람들보다는 훨씬 더 많은 사람이다. 투자 경험이 40년이나 되는 존 템플턴이 이제 겨우 첫 거래를 성사시킨 사람보다 무엇이 훌륭한 투자인지 결정하는 데 도움을 줄 수 있는 근거 경험이 훨씬 더 많다는 것은 두말할 나위가 없을 것이다.

새로 얻는 경험들은 우리가 발전할 수 있는 가능성을 높여준다. 하지만 경험의 많고 적음에 관계없이 근거 경험을 믿음과 규칙으로 정리하여 스스로에게 힘을 불어넣거나 좌절하게 만드는 방법은 무궁무진하다. 그러므로 우리는 매일 우리의 믿음을 강화하고, 우리의 가치관을 다듬고, 새로운 질문을 던지고, 우리가 가고 싶은 방향으로 우리를 인도하는 마음상태를 갖고, 우리의 운명을 더 나은 방향으로 형성하는 데 도움을 줄 수 있는 새로운 근거 경험을 쌓는 기회를 놓치지 말아야 한다.

"인간의 현명함은 경험에 비례하는 것이 아니라
경험에 대한 그들의 대처 능력에 비례한다."

– 조지 버나드 쇼 George Bernard Shaw

몇 년 전, 나는 드웨인 채프먼Dwayne Chapman이라는 사람이 수년 동안 법망을 피해 다니는 흉악범들을 추적하고 체포했다는 이야기를 들었다. 그는 미국 최고의 현상금 사냥꾼으로, 심지어 '개'Dog라는 별명까지 붙은 사람이었다. 나는 그를 직접 만나 어떻게 그 일을 그렇게 효과적으로 할 수 있었는지 알고 싶었다. 만나보니 그는 흉악범을 잡는 일뿐만 아니라 그들의 삶을 변화시키는 것을 목표로 삼고 있는 아주 영적인 사람이었다. 어떻게 그런 소원을 갖게 되었을까? 그것은 바로 그 자신의 고통에서 비롯되었다.

젊은 시절, 친구를 선택하는 데 있어 잘못된 판단을 내렸다. 어느 집단에 소속되고 싶다는 생각에 '악마의 제자들'Devil's Disciples이라는 오토바이 갱 집단에 가입했다. 이 집단은 마약 거래에도 관여하고 있었는데, 어느 날 마약 거래가 잘 안 되자 조직원 한 명이 현장에서 한 남자를 총으로 쏴 죽이고 달아나는 사건이 벌어졌다. 그는 직접 살인을 저지르지는 않았지만, 텍사스주에서는 살인범과 방조범의 처벌에 큰 차이가 없었다. 그는 결국 텍사스 교도소 관행에 따라 쇠사슬에 묶인 채 수년 동안 수감생활을 해야 했다. 교도소 생활은 그에게 너무 큰 고통을 주었고 그는 자신이 평생 지녔던 삶의 철학을 재평가하기 시작했다. 그러면서 자신의 믿음, 가치관, 규칙이 그 고통을 초래했다는 사실을 깨달았다. 그는 자신에게 새로운 질문을 하기 시작했고, 교도소에 들어온 것(근거 경험)이 그가 그동안 살면서 잘못된 철학을 선택했기 때문이라는 생각에 초점을 맞추게 되었다. 그리고 마침내 자신의 삶을 완전히 바꿔야 한다는 새로운 믿음을 갖게 되었다.

그는 석방된 후 몇 년 동안 여러 직업을 전전하다가 마침내 사립 탐정 회사를 차렸다. 그가 자녀 양육비를 지급하지 못해(감옥에 있는 동안 그리고 석방된 후에도 변변한 일자리가 없어 양육비를 지불하지 못하고 있었다) 법정에 나왔을 때, 판사는 그가 돈을 마련할 사정이 안 된다는 사실을 알고 그에게 내지도 못할 벌금을 부과하는 대신 돈을 벌 기회를 제공해주었다. 판사는 그에게 덴버 지역에서 많은 여성을 성폭행한 강간범을 추적해보라고 제안했다. 그러면서 판사는 그가 감옥에서 변화를 경험했기 때문에 범죄자들이 무슨 일을 하려 하는지, 어디에 숨어 있는지 파악하는 데 도움이 될 것이라고 조언했다. 실제로 경찰관들이 1년 이상 노력했지만 찾지 못한 강간범을 그는 3일 만에 찾아냈다!

다른 누구보다도, 판사는 깊은 감명을 받았다. 이것은 그가 사립 탐정으로서 눈부신 경력을 쌓는 시작에 불과했다. 그는 현재까지 3,000명 이상의 범죄자를 체포하는 데 기여했고, 아마도 이 부문 세계 최고는 아니더라도 미국 최고 기록은 될 것이다. 그가 1년에 평균 360명의 범죄자를 찾아 체포했으니 하루에 한 명꼴로 체포한 셈이다. 그의 성공 비결은 무엇일까? 그가 내리는 판단이 가장 중요한 역할을 했음은 의심의 여지가 없다. 그는 범죄자의 친척이나 가족들을 찾아 탐문하는 등 다양한 방법으로 정보를 얻었다. 범죄자들의 믿음, 가치관, 습관적 규칙들을 알아냈고, 그들의 삶의 근거가 무엇인지를 이해했다. 이 덕분에 그는 범죄자들의 생각을 읽어내고 그들이 어떤 행동을 할지 정확하게 예측할 수 있었다. 그는 분명히 범죄자들의 마스터 시스템을 이해하고 있었다. 그의 실적을 보면 그렇다는 것을 쉽게 알 수 있다.

두 가지 종류의 변화

우리 삶에서 무언가를 바꾸고 싶다면, 그것은 언제나 감정이나 행동 둘 중 하나다. 물론 우리는 어떤 상황에서 느낌이나 감정을 바꾸는 방법을 배울 수 있다. 예를 들어 당신이 배우로서 거절당할까봐 두려움을 느낀다면, 나는 당신이 더 이상 두려움을 느끼지 않게 스스로를 조건화시키도록 도울 수 있다. 혹은 이 방법 외에 두 번째 방법을 시도할 수도 있다. 바로 보편적 믿음을 바꾸는 것이다. 이를 컴퓨터에 비유해보자. 컴퓨터 데이터 처리방식을 변경하려면 사용하는 소프트웨어를 바꿔서 키보드를 칠 때 화면에 표시되는 형식이 달라지도록 할 수 있다. 하지만 파일 유형뿐 아니라 여러 환경을 바꾸고 싶다면 컴퓨터의 운영체계를 변경할 수도 있다. 즉 마스터 시스템을 변경하면 여러 다양한 환경에서 상호 작용하는 방법을 변경할 수 있는 것이다.

거부당하는 것에 좌절하지 않고 다르게 생각하도록 조건화시켜서 두려운 행동을 제거하는 방법도 있지만, **"내 모든 감정의 근원은 나 자신이다. 내 감정을 바꿀 수 있는 사람은 나밖에 없다. 내 감정을 직접 통제하지 못하고 외부의 어떤 것에 반응한다면, 나는 즉시 그 감정을 바꿀 수 있다"**라고 새로운 보편적 믿음을 채택할 수도 있다는 것이다. 이런 믿음을 머리만이 아니라 감정적으로도 확고하게 받아들인다면, 거절에 대한 두려움뿐만 아니라 분노, 좌절, 무력감 등 모든 감정을 즉시 없애버릴 수 있다는 것을 알게 될 것이다. 그러면 어느 순간에 운명의 주인이 될 수 있다.

당신은 또 가치관을 바꿔서 사회에 대한 기여를 가장 가치 있는 것으로 삼을 수 있다. 그러면 이제 누가 당신을 거절한다 해도 전혀 문제가 되지 않을 것이다. 당신이 여전히 그들에게 기여하고 싶은 마음을 갖고 있는 한, 당신은 더 이상 그들에 의해 거절당하지 않을 것이기 때문이다. 또 삶의 어느 다른 영역에서도 이전에 경험하지 못한 기쁨과 유대감으로 충만해질 것이다. 당신은 또 건강과 활력을 최고 가치로 삼으면서 흡연에 조건화되어 있는 기존 감정을 바꿀 수 있다. 건강과 활력이 당신 삶의 가장 중요한 우선순위가 되면 흡연 행동은 사라질 것이고, 건강과 활력이라는 새로운 가치를 뒷받침할 새로운 행동(다르게 먹고, 다르게 숨 쉬고)으로 대체될 것이다. 다르게 생각하는 습관을 조건화시켜 과거의 행동을 하지 않게 하는 것과 새로운 보편적 믿음을 채택함으로써 새로운 행동이 과거의 행동을 대체하게 하는 것, 이 두 가지 유형의 변화 모두 중요하다.

2부의 초점은 보편적 믿음의 변화를 어떻게 만들 것인가 하는 것이다. **마스터 시스템의 다섯 가지 요소 중 하나만 바꿔도 삶의 여러 영역에서 당신이 생각하고 느끼고 행동하는 방식에 동시다발적으로 강력한 영향을 미칠 것이다.** 당신의 마스터 시스템에서 하나의 요소만 바꿔도 버려야 할 과거의 판단들을 더 이상 하지 않을 것이고, 당신을 좌절시키는 특정 질문들을 더 이상 하지 않을 것이고, 컴퓨터도 인정하지 않는 믿음들을 더 이상 갖지 않게 될 것이다. 보편적 믿음을 변화시키는 과정이 당신의 운명을 창조하는 강력한 힘이 될 것이다.

"원인을 제거하면 결과는 당연히 사라진다."

– **미구엘 드 세르반테스**Miguel De Cervantes

내가 좋아하는 이야기를 하나 들려주겠다. 어떤 사람이 강둑에 서있는데 누군가 도와달라고 외치는 소리가 들렸다. 한 남자가 사나운 물살에 휩쓸려 여기저기 튀어나온 바위 사이로 흘러가고 있었다. 그는 재빨리 물에 뛰어들어 남자를 안전한 곳으로 끌어내 인공호흡을 하고 상처를 돌보고 의사에게 도움을 요청했다. 그가 아직도 숨을 헐떡이고 있는데 강에서 또 다른 비명이 들려온다. 이번에는 두 명의 여성이었다. 그는 다시 뛰어들어 힘겹게 그들을 구조했다. 그런데 숨 돌릴 틈도 없이 또 다른 비명이 들린다. 이번엔 네 명이다.

잇따라 물에 빠진 사람들을 구조하느라 기진맥진해졌지만 또다시 비명이 들린다. 그가 처음에 강 상류로 조금만 더 올라갔더라면 누가 이 많은 사람을 물에 빠뜨렸는지 발견했을 것이다! 그랬다면 문제의 결과보다는 원인을 해결함으로써 힘들게 구조하느라 힘을 다 빼지 않아도 되었을 것이다. 이처럼 마스터 시스템을 이해하면 결과와 싸우다 지치지 않고 원인을 제거할 수 있다는 얘기다.

내가 고안한 가장 멋진 프로그램 중 하나가 바로 3일간 진행되는 〈운명과의 데이트〉 세미나다. 다른 세미나에는 2,000명까지 참석하지만 이 프로그램에서는 참가자를 200명으로 제한한다. 이 세미나에서 참가자들은 자신들의 마스터 시스템이 어떻게 설정되어 있는지 정확하게 이해하도록 서로 돕는다. 그렇게 이해하는 과정에서 변화하게 되는 것이다. 그들은 어느 순간, 왜 자신이 현재의 감정을 느끼는지, 왜 현재의 행동을 하는지 이해하게 된다. 그들은 또 삶의 모든 것을 바꾸는 법을 배운다. 가장 중요한 것은, 그들이 삶의 궁극적인 목적을 달성하기 위해 필요한 마스터 시스템을 설계하는 것이다. 어떻게 하면 그들이 서로 충돌하는 가치, 믿음, 규칙에 휘둘리지 않고, 자신이 원하는 방향으로 나아갈 수 있도록 스스로를 조직화할 수 있을까?

이 프로그램에서 우리가 묻는 가장 중요한 질문들은 "나를 움직이게 하는 가치관은 무엇인가? 어느 때에 내가 추구하는 가치가 충족되었다고 생각하는가? 즉 내 규칙은 무엇인지 어떻게 알 수 있는가?" 등이다. 〈운명과의 데이트〉 세미나에는 미국 상원의원과 하원의원, 포춘 500대 기업의 CEO, 영화배우 등 각계각층의 사람들이 참석했다. 그들은 모두 몇 가지 공통적인 문제를 갖고 있었다. 아무리 성공한 것처럼 보일지라도, 모든 사람은 실망, 좌절, 실패, 통제할 수 없는 상황에서 일어나는 사건들을 피할 수 없다. 문제는 그런 감정들을 어떻게 다루느냐 하는 것이다.

우리의 감정과 행동은 우리가 상황을 어떻게 평가하느냐에 달려 있다. 그런데도 우리는 자신을 위한 평가 시스템을 갖고 있지 못하다. 불과 3일 동안 이 프로그램에서 사람들이 경험하는 심오한 변화는 말로 다 표현할 수 없다. 참가자들은 그들이 삶에 대해 생각하고 느끼는 방식을 즉석에서 바꾼다. 삶의 경험을 통제하는 뇌의 어느 부분을 직접 통제하기 때문이다. 뇌가 가장 중요하게 생각하는 것의 우선순위를 새롭게 설정함에 따라 생각의 변화는 결국 감정의 변화, 심지어 신체의 변화까지 가져온다. 이 책이 〈운명과의 데이트〉 세미나를 대신할 수는 없지만, 나는 당신이 즉시 사용할 수 있도록 세미나에서 사용했던 것과 동일한 기본 도구를 제공하고자 한다. 다음 장까지 계속 읽고 실천한다면 당신 삶에서 세미나에서와 동일한 변화가 일어날 것이다.

지금까지 배운 것을 시험해보자

마스터 시스템이 어떻게 작동하는지를 보다 명확하게 이해하기 위해 몇 가지 도발적인 질문을 해보겠다. 이 질문이 생각의 문을 열어주고, 마스터 시스템의 각기 다른 부분이 의사결정에 어떻게 이용되는지 알 수 있게 해 줄 것이다.

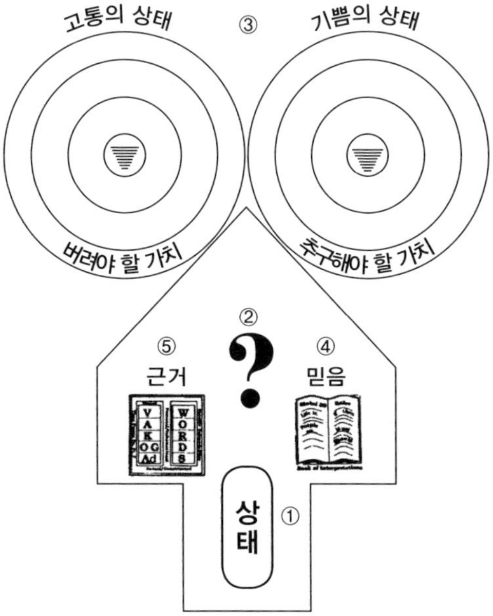

앞으로 더 나가기 전에 다음 네 가지 질문에 답해보라.

1. 당신의 가장 소중한 기억은 무엇인가?
2. 무고한 사람 한 명을 죽여서 오늘날 세계의 기아 문제를 끝낼 수 있다면, 그렇게 하겠는가? 그렇게 하겠다면 그 이유는? 혹은 그렇게 하지 않겠다면 그 이유는?
3. 빨간 포르쉐를 들이받아 차에 흠집이 생겼는데 아무도 없다면, 메모를 남기겠는가? 그렇게 하겠다면 그 이유는? 혹은 그렇게 하지 않겠다면 그 이유는?
4. 살아있는 바퀴벌레 한 사발을 먹고 1만 달러를 벌 수 있다면, 그렇게 하겠는가? 그렇게 하겠다면 그 이유는? 혹은 그렇게 하지 않겠다면 그 이유는?

이제 위 각 질문에 대해 당신이 어떻게 대답했는지 하나씩 살펴보자.

마스터 시스템의 그림에서, **첫 번째 질문에 답하기 위해 당신은 다섯 가지 평가 요소 중 어느 것을 사용했는가?** 당신은 평가를 시작하기 위해 당신 자신에 대한 질문을 했다. 질문은 내가 예를 든 질문을 그대로 했겠지만 답은 당신의 근거 경험에서 가져왔을 것이다. 그렇지 않은가? 당신은 당신이 살면서 겪은 무수한 경험들에서 답을 골라냈고, 그것을 당신의 가장 소중한 기억으로 선택했다. 아니면 '삶의 경험은 모두 똑같이 소중하다'거나 '어느 하나를 선택하는 것은 다른 경험을 폄하하는 것이다'라는 믿음 때문에 하나를 선택하지 못했을 수도 있다. 그 믿음은 당신이 질문에 답하는 것(가장 소중한 기억 하나를 선택하는 것)을 방해했을 것이다. 아시다시피 우리의 평가 마스터 시스템은 우리가 무엇을 어떻게 평가하는지 뿐만 아니라 우리가 무엇을 평가하고 싶어하는지도 결정한다.

두 번째 질문은 내가 《질문집》The Book of Questions이라는 책에서 읽은 가장 강렬한 질문이다. **무고한 사람 한 명을 죽여서 오늘날 세계의 기아 문제를 끝낼 수 있다면, 그렇게 하겠는가?**

사람들에게 이 질문을 하면 대개 극과 극의 강렬한 답이 나온다. 어떤 사람들은 '당연하다'고 대답한다. 그들의 논리는 많은 사람의 목숨이 한 사람의 목숨보다 더 중요하다는 것이다. 그들의 관점에서는 한 사람이 기꺼이 고통받고 그것으로 지구상의 모든 고통을 끝낼 수 있다면 그 목적은 수단을 정당화할 수 있다. 하지만 또 다른 사람들은 그런 생각에 경악을 금치 못한다. 그들은 모든 인간의 생명은 그 숫자와 관계없이 소중하다고 믿는다. 어쨌든 그들의 생각은 그런 믿음을 기반으로 하고 있다. 또 어떤 사람들은 모든 생명은 각자 나름의 운명이 정해져 있으며, 굶주리고 있는 사람들은 다음 생애를 위한 소중한 교훈을 얻고 있는 중이라는 보편적 믿음을 가지고 있다. 또 어떤 사람들은 "네, 내가 죽임을 당할 그 한 사람이라면 스스로 목숨을 끊겠습니다"라고 말한다. 사람들이 평가의 다섯 가지 요소 중 어떤 것을 사용하고, 어떤 기억을 저장했는지에 따라 같은 질문에 대해서도 이렇게 다양한 대답이 나온다는 것은 매우 흥미롭다.

세 번째 질문을 보자. **빨간 포르쉐를 들이받아 차에 흠집이 생겼는데 아무도 없다면, 메모를 남기겠는가?** 어떤 사람들은 "물론이죠"라고 말할 것이다. 왜냐고? 그들의 최고 가치는 정직이기 때문이다. 또 어떤 사람들은 '물론'이라고 말하지만, 그렇게 대답하는 이유는 죄책감을 피하고 싶기 때문이다. 메모를 남기지 않으면 죄책감이 느껴질 것이고, 그것은 너무 고통스럽다. 물론 "나라면 메모를 남기지 않을 거예요"라고 말하는 사람도 있다. 이유를 물어보면 "글쎄, 나도 몇 번 당해봤는데 아무도 메모를 남기지 않던데요"라고 대답한다. '남에게 대접을 받고자 하는 대로 너희도 남을 대접하라'라는 믿음을 갖게 된 개인적인 경험이 있다고 말하는 것이다.

이제 마지막 네 번째 질문을 보자. **살아있는 바퀴벌레 한 사발을 먹고 1만 달러를 벌 수 있다면, 그렇게 하겠는가?** 이 질문에 대해서는 거의 항상 긍정적인 답변을 받지 못한다. 왜 그럴까? 대부분의 사람에게 바퀴벌레에 대해 기억의 근거(기억에 저장된 이미지와 감정)는 매우 부정적이다. 확실히 바퀴벌레는 사람들이 기억 시스템에 넣어두고 싶은 것이 아니다. 하지만 이번엔 내가 판돈을 올려본다. **10만 달러를 준다면 그렇게 할 사람이 얼마나 될까?** 전에 싫다고 했던 사람들도 손을 들기 시작하면서 분위기가 바뀌기 시작한다. 10만 달러를 받으면 왜 갑자기 한다고 말하는 것일까? 그들의 평가 시스템에 무슨 일이 일어난 것일까? 두 가지 이유가 있다. 첫째는 내가 단어 하나(1만 달러를 10만 달러로)를 바꿔 다른 질문을 했기 때문이고, 둘째는 그들이 10만 달러면 그들의 삶에서 많은 고통을 없앨 수 있다는 믿음을 가지고 있기 때문이다. 그것은 어쩌면 살아있는 바퀴벌레들이 목구멍으로 내려가는 단기적인 고통보다 더 견디기 어려운 장기적인 고통일 것이다.

내가 다시 100만 달러라면? 1,000만 달러라면? 하고 판돈을 더 올리면, 갑자기 방 안에 있던 사람들 대부분 손을 든다. 당연히 1,000만 달러라는 돈이 그들 자신은 물론 다른 사람들에게까지도 단기적 고통을 훨씬 능가하는 장기적인 기쁨을 줄 수 있다고 믿는다. 하지만 그래도 여전히 손을 들지 않는 사람들이 있다. 그들은 아무리 많은 돈을 줘도 살아있는 바퀴벌레를 먹지 않을 것이다. 왜 그러느냐고 물으면 "나는 절대로 생물을 죽일 수 없다"라거나 "뿌린 대로 거둔다"는 답이 돌아온다. 또 "바퀴벌레는 보이는 대로 다 죽여버리죠"라고 말하는 사람도 있다. 심지어 "나는 바퀴벌레를 얼마든지 먹을 수 있답니다. 돈 때문이 아니라 재미있으니까요"라고 말하는 사람도 있다! 어떻게 그럴 수 있을까? 그 사람은 다른 곤충들과 마찬가지로 바퀴벌레를 별미로 여기는 나라에서 자랐기 때문이다. 사람마다 상황이나 사물을 평가하는 기준과 방법이 다르다는 게 흥미롭지 않은가?

이제 행동할 때가 되었다…

마스터 시스템의 다섯 가지 요소를 공부하면서 염두에 두어야 할 또 다른 주제가 있다. 바로 우리가 필요 이상으로 평가에 치중할 수 있다는 것이다. 인간은 상황을 분석하는 것을 너무나 좋아한다. 하지만 어느 시점에서는 평가를 중단하고 행동을 취해야 할 때가 있다. 예를 들어 평가에 너무 치중하며 사소한 결정도 중요한 일처럼 간주하는 사람들이 있다. 그런 사람들은 규칙적인 운동조차 일상생활로 생각하지 못한다. 일상의 가벼운 운동도 거창한 일로 여기기 때문이다. 그들은 사소한 경험을 '큰일'로 간주하거나, 경험을 평가하는 데 질릴 정도로 너무 많은 단계를 만든다.

예를 들어 그들은 단순한 운동을 하는 데에도 ① 아침 일찍 일어난다. ② 너무 뚱뚱해 보이지 않는 운동복을 준비한다. ③ 운동에 알맞은 운동화를 고른다. ④ 체육관 가방에 필요한 모든 것을 챙겨 넣는다. ⑤ 겨우겨우 체육관까지 간다. ⑥ 주차장 자리를 찾는다. ⑦ 계단을 오른다. ⑧ 체육관 출석부에 서명한다. ⑨ 라커룸으로 들어간다. ⑩ 운동복으로 갈아입는다. ⑪ 운동 수업에 참가하고, 자전거 운동기구를 타며 땀을 내고, 운동이 끝나면 ⑫ 이 모든 단계를 역순으로 다시 시작해야 한다. 물론 이 사람들도 해변에 놀러 갈 때는 이런 번거로운 절차를 거치지 않는다. 그들은 금방 놀러 갈 준비를 마칠 것이다! 어떻게 그렇게 간단히 할 수 있느냐고 물으면 이렇게 말할 것이다. "해변에 가는데 무슨 절차가 필요 있나요? 그냥 차에 타고 가면 되죠!" 그들은 체육관에 갈 때처럼 모든 단계를 평가하지 않는다. 그들은 전체를 하나의 큰 단계로 보고, 갈 것인지 말 것인지만 판단한다. 굳이 세부사항을 일일이 따지지 않는다. 때로는 이처럼 세부사항을 일일이 평가하는 것은 우리에게 부담감이나 압박감을 줄 수 있다. 여기서 배울 점은 여러 작은 단계를 하나의 큰 '덩어리'(하나의 큰 단계)로 통합하는 것이다. 그렇게 하면 바로 원하는 결과를 얻을 수 있다.

2부에서는 평가 시스템을 분석하고, 이해할 수 있는 방식으로 종합한 다음, 숙고하기보다는 실제로 활용해볼 것이다. 다음 몇 장을 계속 따라가다 보면, 당신 자신에게 지렛대를 적용해 이전에는 가능하다고 생각하지 못했던 변화를 만들어낼 기회를 볼 수 있게 될 것이다.

그럼 바로 본론으로 들어가 보자. 당신의 현재 평가 시스템이 무엇인지

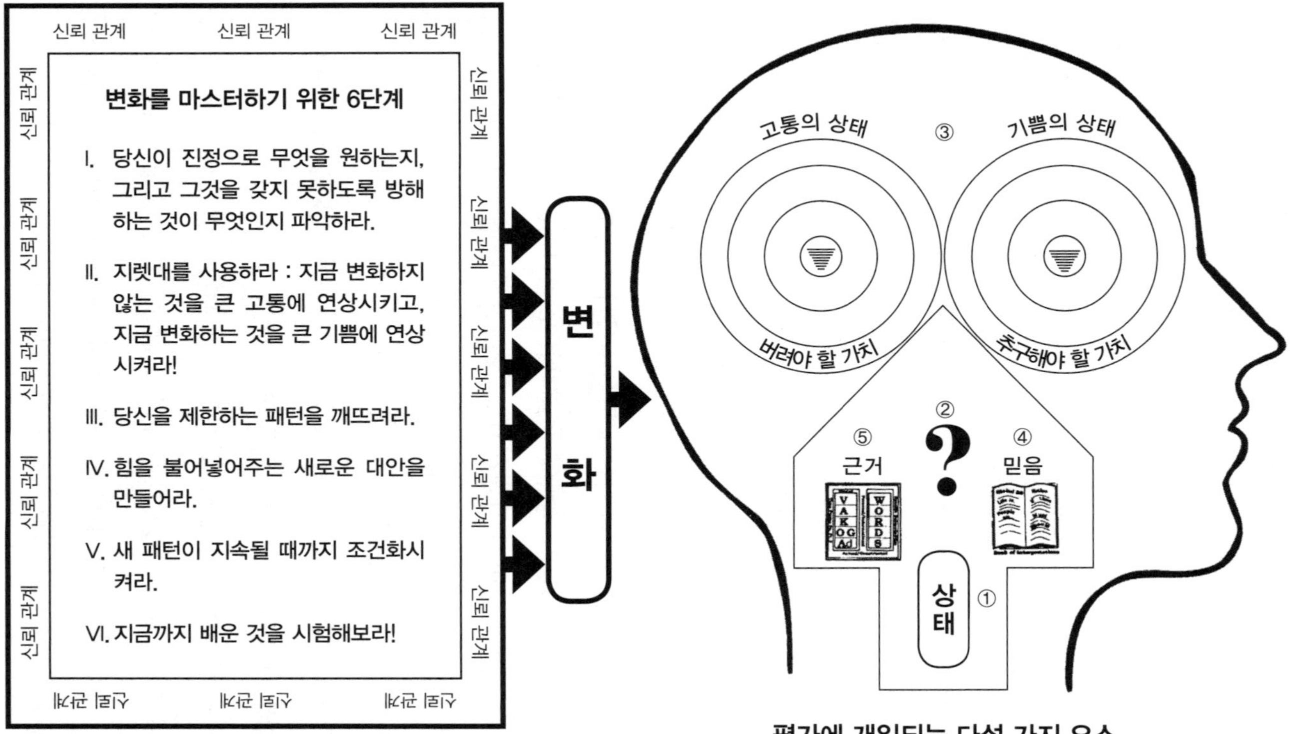

평가에 개입되는 다섯 가지 요소

파악하고, 지속적으로 힘을 불어넣어주는 새로운 마스터 시스템을 구축하는 방법을 가르쳐주고자 한다. 마음상태와 질문의 힘에 대해 이미 배웠으니, 평가의 세 번째 요소인 가치 우선순위로 넘어가 보자.

15장

가치관, 인생의 나침반

"내면의 생각이 환경보다 더 중요하다고 믿는 사람만이 뛰어난 성과를 거둘 수 있다."

-브루스 바튼Bruce Barton

용기, 결단력, 인내력, 헌신. 로스 페로Ross Perot가 댈러스에서, 회사 직원 구출 임무를 수행할 요원들에게 긴장감 넘치는 브리핑을 진행할 때, 그는 요원들의 얼굴에서 이런 감정들이 서려 있는 것을 보았다. 1979년 초, 이란에서는 시민들의 불안이 고조되고 반미운동이 극에 달해 있었다. 테헤란에 있는 페로 회사의 간부 두 명이 영문도 모른 채 피랍되었고, 보석금은 무려 1,300만 달러였다.

고위급 외교 협상이 성과를 거두지 못하자, 페로는 직원들을 직접 구출하는 수밖에 없다고 판단했다. 페로는 전설적인 군사전문가인 아서 불 시몬스Arthur 'Bull' Simons 대령을 구출 작전을 이끌 지휘관으로 고용하고 최고의 구출팀을 재빨리 구성했다. 그들은 모두 이란전에 참여했고 군사 경험이 풍부한 요원들이었다. 페로는 그 팀을 '독수리'라고 불렀는데, 이는 '전투에서 기선을 제압하고, 임무를 완수하며, 말이 앞서기보다 결과로 말하는 정예 요원들'을 의미하는 것이었다.*

* Follett, Ken, On Wings of Eagles, New York: Penguin, 1989.

구출팀은 성공하면 큰 보상을 받겠지만, 사실 위험성이 더 높았다. 실패할 가능성이 컸을 뿐만 아니라 실패는 곧 죽음을 의미하기 때문에 미국 정부는 그 임무를 승인하지 않았다. 로스 페로가 가용한 모든 자원을 모아 위험을 감수하고 과감하게 이 작전을 시도할 용기는 어디서 나왔을까? 확실히 그는 자신의 가치관에 따라 사는 사람이었다. 용기, 충성심, 사랑, 헌신, 결단력은 모두 그에게 특별한 사랑의 힘과 전설적인 강력한 의지를 불어넣어주는 가치들이었다. 이런 가치들이 단돈 1,000달러 투자로 시작한 그의 회사 EDSElectronic Data Systems Corporation를 수십억 달러 가치의 기업으로 성장시킨 원동력이었다. 그가 정상에 오를 수 있었던 것은 가장 적절한 사람들을 평가하고 선발하는 능력 때문이었다. 그는 엄격한 가치관에 따라 사람을 선발했다. 그는 최고의 기준을 가지고 있는 가장 적절한 사람들에게 임무를 부여하고 자신은 물러서 있으면 된다는 것을 잘 알고 있었다.

이제 그는 최고 정예 요원을 소집하고 그들에게 회사의 가족(피랍된 직원)을 구출할 것을 명령함으로써 자신이 선발한 사람들을 최종 시험하게 될 것이다. 그들의 임무와 도전에 대한 이야기는《독수리 날개 위에》On Wings of Eagles라는 책에 잘 나와 있다. 엄청난 장애물에도 불구하고 페로의 영웅적인 구출 작전은 성공적으로 끝났고, 그의 가장 소중한 자산인 직원들을 무사히 집으로 데려다줄 수 있었다.

"그 사람의 인격이 그의 수호신이다."

-헤라클레이토스 Heraclitus

이처럼 가치관은 우리의 모든 결정과 더 나아가 우리의 운명을 이끈다. 자신의 가치관을 확실하게 정립하고 그에 따라 사는 사람들이 결국 우리

사회의 리더가 된다. 기업의 이사회실에서부터 학교의 교실에 이르기까지 국가 전역의 뛰어난 사람들은 모두 그런 사람들이다. 아주 특별한 수학 교사 제이미 에스칼란테Jaime Escalante의 이야기를 다룬 영화 〈스탠드업〉Stand and Deliver을 보았는가?

당신도 나처럼, 그가 학생들에게 배움에 대한 열정을 불어넣어주는 영웅적 행보에 영감을 받았는가? 남들은 모두 불가능하다고 생각했지만, 그는 학생들의 신경계 가장 깊은 곳에 그들이 배울 수 있는 능력이 있다는 자부심을 심어주었다. 그의 헌신은 이 젊은 학생들에게 가치관의 힘을 일깨워주었다. 학생들은 그에게서 훈련, 자신감, 팀의 중요성, 유연성, 그리고 결단력의 힘을 배웠다.

그는 스페인계 사람들의 거주 지역에 사는 가난한 아이들에게, 살아가면서 무엇을 해야 하는지에 대해 일절 말하지 않았다. 무엇이 가능한지에 대한 새로운 정의를 아이들에게 몸소 보여주었다. 모든 사람이 불가능하다고 생각한 미적분 시험에 많은 학생을 합격시켰을 뿐 아니라, 더 높은 기준을 지키기로 스스로에게 약속한 학생들에게 자신이 누구인지, 무엇을 할 수 있는지에 대한 새로운 믿음을 심어주었다.

우리가 삶에서 가장 깊은 차원의 성취를 원한다면 한 가지 방법밖에는 없다. 그것은 바로 페로나 에스칼란테가 보여준 것처럼, 우리 삶에서 가장 중요하게 여기는 것, 즉 우리의 가장 높은 가치가 무엇인지 결정하고, 매일 모든 노력을 다해 그에 따라 사는 것이다. 안타깝게도, 오늘날 사회에서 이런 행동을 하는 사람은 매우 드물다. 대부분의 사람은 무엇이 그들에게 중요한지 명확하게 알지 못한다. 그들은 매사에 분명한 의견을 표명하지 않는다. 그들에게 세상은 온통 회색빛이다. 그들은 특별히 어떤 의견이나 사람을 뚜렷하게 지지하지 않는다.

우리의 삶에서 가장 중요한 것이 무엇인지, 우리가 정말로 무엇을 지지하는지 명확하지 않다면, 효과적인 결정을 내릴 수 있는 능력은 고사하고 어떻게 자존감의 토대를 마련할 수 있겠는가? 당신이 무언가에 대해 결정을 내리는 데 어려워한 적이 있었다면, 그 이유는 그 상황에서 당신이 무엇을 가장 중요하게 생각하는지 명확하지 않았기 때문이다. **모든 의사결정이 명확한 가치관에서 나온다는 점을 명심하라.**

당신에게 가장 중요한 것이 무엇인지 알면, 결정을 내리는 것은 매우 간단한 문제다. 그러나 대부분의 사람은 삶에서 가장 중요한 것이 무엇인지 불분명하기 때문에 의사결정할 때마다 마음이 고문당하는 느낌을 받는 것이다. 삶의 가장 높은 원칙을 명확하게 정의한 사람들은 그렇지 않다. 로스페로가 무엇을 해야 할지 결정하는 것은 어렵지 않았다. 그의 가치관이 그렇게 행동하도록 지시했기 때문이다. 가치관은 또 그가 위험에 처한 상황을 헤쳐 나가는 데에도 개인적 나침반 역할을 한다. 에스칼란테는 최근, 그가 몸담고 있었던 로스앤젤레스 교육청 관할구역을 떠나 캘리포니아 북부로 옮겼다. 왜 그랬을까? 교사의 성과에 대한 평가 기준이 없는 조직에서 일하고 싶지 않았기 때문이다.

우리 사회에서 어떤 사람이 가장 보편적으로 칭찬받고 존경받아야 할까? 바로 자신의 가치관을 확고하게 이해하는 사람들, 자신이 가진 삶의 기준을 기꺼이 공언하고 그에 따라 사는 사람들이 되어야 하지 않을까? 물론 우리가 옳고 그름에 대한 그들의 생각에 동의하지 않는다 하더라도, 자신이 믿는 것을 적극 옹호하고 그에 따라 행동하는 사람을 우리는 존경한다. 자신의 철학과 행동을 하나로 일치시키며 조화롭게 삶을 영위하는 사람에게는 힘이 있다.

우리는 이런 특별한 마음상태를 지닌 사람을 고결한 사람이라고 부른다.

이런 사람들은 배우 존 웨인John Waynes과 로스 페로, 배우 밥 호프Bob Hope와 가수 제리 루이스Jerry Lewise, 배우 마틴 쉰과 시민운동가 랄프 네이더Ralph Nader, 노먼 커즌스와 언론인 월터 크롱카이트Walter Cronkite 등 문화적으로 다양한 모습으로 나타난다. 중요한 사실은 가치관과 행동이 일치하는 사람들은 우리 문화에 엄청난 영향력을 미친다는 것이다.

월터 크롱카이트가 진행했던 저녁 뉴스를 기억하는가? 월터는 우리 삶의 가장 중요한 날들을 우리와 함께했다. 수많은 비극적인 사건과 승리의 순간들, 존 F. 케네디가 암살당하던 날, 닐 암스트롱이 처음 달에 발을 디딘 날 등. 월터는 우리의 가족과 같았고, 우리는 말은 안 해도 그를 절대적으로 신뢰했다.

베트남 전쟁 초기에 그는 미국의 참전을 객관적이고 상식적으로 보도했지만, 베트남에 직접 다녀오고 난 후 베트남 전쟁에 대한 그의 관점은 바뀌었다. 성실함과 정직함을 추구해온 그의 가치관은 그 자신에게, 옳든 그르든 전쟁에 대해 그가 직접 목도한 환멸을 그대로 전달할 것을 요구했다. 우리가 그의 말에 동의하든 동의하지 않든, 그는 중미권의 많은 사람에게 처음으로 전쟁에 의문을 품기 시작하도록 영향을 미쳤다. 소수의 급진적인 학생들만이 아니라 월트가 '국민 삼촌'Uncle Walt이 되어 베트남전 반대에 가세한 것이다.

베트남 전쟁은 결국 미국 내의 가치관 충돌을 불러일으켰다. 바다 건너에서 젊은이들이 이유도 모른 채 목숨을 걸고 싸우는 동안, 미국 내에서는 무엇이 옳고 그른지, 미국의 참전이 어떤 변화를 가져올 것인지에 대한 인식의 전투가 벌어진 것이다. 지도자들 사이에서의 가치관 충돌은 미국 사회 고통의 가장 큰 원인으로 부상했다. 워터게이트 사건 또한 많은 미국인에게 상처를 주었다. 하지만 이 모든 고통과 상처를 겪으면서 미국은 계속 성장하며 확장을 멈추지 않은 것은, 바로 우리가 무엇을 할 수 있는지를 직접 보여주며 우리를 더 높은 수준으로 이끌어주는 사람들이 있었기 때문이다. 그 와중에도 가수이자 영화배우인 밥 겔도프Bob Geldof는 아프리카의 기근에 세계가 관심을 가질 것을 호소했고, 캘리포니아대학교 버클리의 최초의 휠체어 장애인 에드 로버츠Ed Roberts는 정치적 힘을 동원해 장애인의 삶을 변화시켰다.

"하나의 가치가 생겨날 때마다, 새로운 의미가 존재하게 된다.
반면 하나의 가치가 사라질 때마다, 그 의미도 일부 사라진다."
– 조셉 우드 크루치JOSEPH WOOD KRUTCH

우리는 삶의 방향이 가치관이라는 자력(磁力)에 의해 조절된다는 것을 깨달아야 한다. 가치관은 삶의 방향과 궁극적인 목적지를 만들어내는 결정을 하도록 우리를 지속적으로 이끌어주는 힘이다. 이는 비단 개인뿐만 아니라 우리가 속한 기업, 조직, 국가의 경우도 마찬가지다. 실제로 미국 건국의 아버지들이 가장 소중하게 여기는 가치들이 이후에도 미국의 운명을 형성해왔다. 자유, 선택, 평등, 공동체 의식, 노고, 개별적 특성, 도전의식, 경쟁력, 번영, 그리고 위대한 역경을 극복할 힘을 가진 사람들에 대한 존경 등과 같은 가치들이 미국인의 삶의 경험과 공동 운명체를 형성해온 것이다. 이런 가치들이 우리를 끊임없이 혁신하고 가능성의 비전을 제공하며 끝없이 확장하는 국가로 만든 것이다.

만일 이와는 전혀 다른 국가적, 문화적 가치들이었다면 미국을 전혀 다른 나라로 만들었을까? 물론이다! 우리 선조들이 가장 중요하게 여기는 가치가 안정이나 순응이었다면, 이 위대한 국가의 모습은 어떻게 달라졌을까? 예를 들어 중국 문화에서 가장 높은 가치 중 하나는, 집단의 가치와 개인의 가치가 충돌했을 때 개인의 요구는 집단의 요구에 종속되어야 한다는 생각이었다. 이런 차이가 중국인의 삶과 미국인의 삶을 어떻게 다르게 만들었을까? 사실, 미국에서는 문화 전체의 가치관 내에서 끊임없이 변화가 일어나고 있다. 물론 근본을 이루는 특정 가치관이 존재하긴 하지만, **중요한 감정적 사건이 일어나면 개인과 기업, 조직, 국가의 가치관에 변화가 생길 수 있다. 동유럽에서 일어난 변화는 확실히 우리 시대에 세계 공동체에서 일어난 가장 심오한 가치관의 변화라고 할 수 있다.**

가치관은 국가나 개인뿐만 아니라 기업의 방향에도 영향을 미친다. IBM은 설립자인 톰 왓슨Tom Watson에 의해 방향과 운명이 결정된 회사다. 그는 회사가 무엇을 지향해야 하고, 어떤 제품, 어떤 서비스를 제공하고 미래에 어떤 금융 환경에 처하든 관계없이 모든 직원이 경험해야 할 가장 중요한 가치가 무엇인지를 명확히 정의했다. 결국 그는 '빅 블루'(Big Blue, IBM의 별명 _옮긴이)를 세계에서 가장 크고 성공적인 회사 중 하나로 이끌었다.

여기에서 우리는 무엇을 배울 수 있을까? 개인적 삶이든 공적 삶이든 세계적인 일이든, **우리의 삶에서 가장 중요한 것이 무엇인지 명확히 파악하고 어떤 상황에서도 그 가치에 따라 살겠다고 결심해야 한다.** 보상을 받느냐의 여부는 중요하지 않다. 아무도 우리에게 필요한 지지를 보내지 않는다 하더라도, 우리가 가는 길에 '비가 내리더라도' 우리는 원칙을 지키며 살아야 한다. **우리가 장기적인 행복을 누릴 수 있는 유일한 방법은 최고의 이상을 좇는 것이며,** 삶이 진정으로 어떠해야 한다고 믿는 바에 따라 일관되게 행동하는 것이다.

우리의 가치관을 명확하게 알지 못한다면 우리는 행복을 추구할 수 없다! 이것이 대부분의 사람이 맞는 가장 큰 비극이다. **사람들은 자신이 무엇을 갖**

고 싶은지는 알면서도 어떤 사람이 되고 싶은지에 대해서는 전혀 알지 못한다. 하지만 '갖고 싶은 물건'을 갖는 것만으로는 만족할 수 없을 것이다. 당신이 '옳다'고 생각하는 일을 하면서 사는 것만이 당신 안에 있는 강력한 힘을 얻을 수 있는 길이다. 그리고 우리는 모두 그럴 만한 자격이 있는 사람들이다.

어떤 가치관을 가지고 있든, 당신의 가치관이 당신을 궁극적인 운명으로 인도하는 나침반이라는 것을 기억하라. 가치관이 어떤 결정이나 행동을 일관되게 취하도록 인도함으로써 삶의 길을 만든다. 당신 안에 있는 나침반을 현명하게 사용하지 않는다면, 좌절과 실망에 빠져 성취감을 맛보지 못할 뿐 아니라 '상황이 조금만 달랐더라면 삶이 더 나아졌을 텐데'라는 불만만 더 커질 것이다. 반면 가치관에 따라 살면서 나침반을 현명하게 사용한다면 확신, 내면의 평화, 지금까지 거의 경험해보지 못한 완전한 조화로움 같은 놀라운 힘을 갖게 될 것이다.

참다운 가치를 모르면 고통이 찾아온다

우리가 장기적으로 행복하고 성취감을 느낄 수 있는 유일한 방법은 참다운 가치관에 따라 사는 것이다. 그렇지 않으면, 우리는 분명히 극심한 고통을 경험하게 된다. 그래서 사람들은 흡연, 음주, 과식, 약물남용, 다른 사람을 통제하거나 지배하려는 행동, 하루 종일 TV를 보는 등 자신을 좌절시키거나 파괴할 수 있는 습관적인 행동 패턴에 빠지는 것이다.

무엇이 문제일까? 이런 행동은 삶에서 성취감을 느끼지 못하면서 느끼는 좌절감, 분노, 공허함에서 나오는 것이다. 그들은 그 공허감을 '빠르게 해결해주는' 행동으로 메움으로써 자신의 주의를 그곳으로 돌리려고 애쓰는 것이다. 그런 행동은 하나의 패턴이 되고, 결국 사람들은 원인을 다루기보다는 행동을 바꾸는 데에만 초점을 맞춘다. 문제는 단순한 음주에 있는 것이 아니라 가치관에 있다. 그들이 술을 마시는 이유는 순간순간 드는 감정이 자신의 마음에 들지 않기 때문에 감정상태를 바꾸려고 노력하는 것이다. 그들은 자신의 삶에서 진정으로 중요한 것이 무엇인지 모른다.

위안이 되는 것은 우리가 최고의 기준으로 살 때나, 우리의 가치를 성취하고 충족시킬 때마다, 엄청난 기쁨을 느낀다는 사실이다. 그런 상황에서 우리는 과도한 음식이나 술이 필요치 않다. 굳이 자신을 마비 상태로 빠뜨릴 이유가 없다. 그렇게 하지 않아도 우리의 삶 자체가 엄청나게 풍요롭기 때문이다. 음식이나 술로 우리 자신을 산만하게 만드는 것은 모두가 축하하는 크리스마스 아침에 수면제를 먹는 것과 다를 바 없다.

이제 문제가 무엇인지 맞혀보라! 매사가 그렇듯이, 우리의 삶을 형성하는 본질적인 것들이 처음 만들어질 때 우리는 잠든 상태였다는 것이다. 그때 우리는 가치관에 대한 명확한 감각을 갖는 것이 얼마나 중요한지 미처 이해하지 못하는 어린아이였거나, 어른이 된 후에도 삶의 압박으로 가치관이 형성되는 방향을 결정할 수 없을 정도로 산만했다. 반복해서 강조하거니와, **가치관이 모든 결정을 이끌어야 할 때 우리는 대부분 가치관을 정립하지도 못했던 것이다.**

사람들에게 인생에서 가장 중요한 가치 10가지를 쓰라고 말하면, 장담컨대 그것을 쓸 수 있는 사람은 만 명 중 한 명에 불과할 것이다(그 한 명은 아마도 내 〈운명과의 데이트〉 세미나에 참석한 사람일 것이다). 가치관을 모르는데 어떻게 명확한 결정을 내릴 수 있겠는가? 장기적으로 당신의 가장 깊은 감정적 욕구를 충족시켜줄 수 있는 선택을 어떻게 할 수 있겠는가? 그것이 무엇인지 모르는데, 어떻게 목표물을 맞힐 수 있겠는가? 당신의 가치관을 알아야만 그 가치관대로 살 수 있지 않겠는가?

당신이 중요한 결정을 내리는 데 어려움을 겪는다면 당신의 가치관이 불명확하기 때문이다. 당신이 새 직장 때문에 가족이 전국을 이사 다녀야 한다고 가정해보자. 약간의 위험이 수반되지만 보수가 더 높고 일이 더 흥미롭다고 생각한다면, 당신은 어떤 결정을 하겠는가? 당신이 이 질문에 어떻게 대답하느냐는 전적으로 당신이 무엇을 가장 중요하게 여기느냐에 달려 있다. 개인적 성장을 중요시하는가, 안전을 중요시하는가? 모험을 중요시하는가, 평안을 중요시하는가?

그런데 여기서, 당신이 평안보다 모험을 더 중요하게 생각하는지를 결정하게 하는 것이 무엇인가? 당신의 가치관은 실패에 대한 대가(징벌)와 성공에 대한 보상 등이 어우러지며 평생 동안 조건화된 당신의 경험에서 나온다. 당신이 부모님의 가치관에 맞는 행동을 했을 때는 부모님이 당신을 축하하고 지지했을 것이고, 당신이 그들의 가치관과 충돌했을 때는 신체적으로나 언어적으로, 때로는 무시당하는 고통을 겪으면서 그 대가를 치렀을 것이다. 또 당신이 선생님들의 가치관에 맞는 행동을 했을 때는 선생님들은 당신을 격려하고 박수를 보냈을 것이고, 당신이 그들의 가장 깊은 견해를 위반했을 때는 그에 상응한 대가를 치렀을 것이다. 이런 순환은 부모님이나 선생님들뿐만 아니라 당신의 친구들, 고용주들도 똑같은 방식으로 평생 당신에게 영향을 미쳤을 것이다. 당신은 때로는 영웅들의 가치를 모델로 삼았고, 어쩌면 그 반대의 사람들을 모델로 삼았을 때도 있을 것이다.

오늘날에는 새로운 경제적 요인들도 영향을 미친다. 대부분의 가정에서 부모가 모두 직장을 갖고 있기 때문에, 가정에서 가치관에 대한 전통적인 롤 모델이 없어졌다. 그러다 보니 학교, 교회, 심지어 그다지 좋아하지도 않는 TV까지 그 공백을 메우며 당신의 가치관 형성에 개입했다. 이제 TV는 어린아이들이 하루 평균 7시간이나 매달리는 가장 편리한 아이 돌보미가 되었다! 물론 내가 전통적인 가족 구조만이 강한 가치관을 가진 아이들을 키울 수 있는 유일한 방법이라고 주장하는 것은 아니다. 내가 강조하고 싶은 것은, 우리 부모들 스스로 강력한 롤 모델이 되어 우리 자신의 가치관을 분명히 정립하고 그 가치관에 따라 살아감으로써, 아이들에게도 우리의 삶의 철학을 가르쳐야 한다는 것이다.

가치란 무엇일까?

어떤 것에 가치를 둔다는 것은 그것을 중요하게 여기는 것을 뜻한다. 당신이 소중하게 여기는 것은 '가치'라고 부를 수 있다. 이 장에서는 당신의 삶에서 가장 중요한 것들, 즉 삶의 가치에 대해 설명하고자 한다. 가치에는 목적 가치end value와 수단 가치means value라는 두 가지 유형이 있다. "당신이 가장 중요하게 생각하는 것은 무엇입니까?"라고 묻는다면, 당신은 "사랑, 가족, 돈…"이라고 대답할 것이다. 이중에서 사랑은 당신이 추구하는 목적 가치다. 그러니까 당신이 궁극적으로 원하는 감정상태다. 반면 가족과 돈은 수단 가치다. 이런 수단 가치들은 당신이 진정으로 원하는 목적 가치인 감정상태를 촉발시키는 방법일 뿐이다.

"가족이 당신에게 주는 것은 무엇입니까?"라고 묻는다면, 당신은 "사랑, 안전, 행복 등"이라고 대답할 것이다. 그럴 경우, 당신이 정말로 중요하게 여기는 것, 즉 당신이 추구하는 목적이 바로 사랑, 안전, 행복이다. 그럼 돈에 대해서 물어보겠다. "돈이 당신에게 어떤 의미가 있나요? 돈이 당신에게 주는 것은 무엇입니까?" 그러면 당신은 "자유, 영향력, 사회에 기여할 수 있는 능력, 안정감 등"이라고 말할 것이다. 그러니까 돈은 당신이 추구하는 깊은 목적 가치, 즉 당신 삶에서 지속적으로 경험하기 원하는 감정들을 성취하기 위한 수단일 뿐이다.

문제는 대부분의 사람이 수단 가치와 목적 가치의 차이를 명확하게 알지 못하기 때문에 많은 고통을 경험한다는 것이다. 사람들은 수단 가치를 추구하느라 너무 바빠서 그들의 진정한 소망인 목적 가치를 달성하지 못한다. 정작 당신을 만족시키고, 당신의 풍요롭고 보람 있게 만들어주는 것은 수단 가치가 아니라 목적 가치인데도 말이다. 가장 큰 문제는 삶에서 진정으로 소중한 것이 무엇인지도 모른 채 계속 목표만 설정해놓고, 그 목표를 달성하고 나면 "이게 다였어?"라고 말하며 실망에 빠지는 것이다.

예를 들어 배려와 기여를 최고의 가치로 생각하는 여성이 있다고 가정해보자. 그녀는 예전에 만났던 변호사가 자신의 일을 통해 사람들을 변화시키고 돕는 모습을 보고 깊은 인상을 받았기 때문에, 자신도 변호사가 되었다. 시간이 흘러 그녀는 변호사로서 많은 일을 경험했고 이제 회사의 중역이 되고 싶은 마음이 생겼다. 회사 중역의 자리를 추구하면서, 그녀는 예전과는 전혀 다른 가치에 초점을 맞추게 되었다. 마침내 그녀는 회사의 최고 위직에 오르면서 성공한 여성이 되었지만, 더 이상 고객과 접촉하지 않게 되면서 왠지 모를 불행함을 느낀다. 지위가 높아지자 직원과의 관계도 예전 같지 않고, 계약서를 마무리 짓는 회의에 참석하느라 거의 모든 시간을 보낸다. 그녀는 목표를 달성했지만, 여전히 삶의 소망은 이루어지지 않았다. 당신도 수단이 목적인 것처럼 수단을 추구하는 함정에 빠진 적이 있는가? 당신이 진정으로 행복해지기 위해서는 수단 가치와 목적 가치의 차이를 알아야 하고, 수단 가치가 아닌 목적 가치를 추구해야 한다.

추구해야 할 가치

우리는 즐거운 감정상태를 위해 끊임없이 동기부여한다. 이는 우리가 즐거운 감정을 다른 감정보다 더 중요하게 여기기 때문이다. 당신이 인생에서 가장 중요하게 여기는 감정상태는 무엇인가? 그러니까 당신에게 가장 큰 즐거움을 줄 것이라고 생각하는 감정은 무엇인가? 사랑인가, 아니면 성공인가? 자유인가, 아니면 친밀감인가? 모험인가, 아니면 안전인가?

나는 우리가 가장 중요하게 여기는 이런 즐거운 상태를 '추구해야 할 가치'moving-toward values라고 부른다. 우리는 이런 감정상태가 되기 위해 최선을 다한다. 삶에서 지속적으로 경험하고 싶은 가장 중요한 감정은 무엇인가? 세미나에서 이런 질문을 하면, 참가자들의 대답은 대개 다음과 같다.

사랑	1.	______________
성공	2.	______________
자유	3.	______________
친밀감	4.	______________
안전	5.	______________
모험	6.	______________
권력	7.	______________

열정 8. ______________________

평안 9. ______________________

건강 10. ______________________

대부분의 사람이 이런 감정들을 중요시한다. 실제로 삶에서 이런 감정을 느끼는 것이 중요하다는 것은 두말할 나위가 없다. 하지만 과연 그들은 이 감정들을 모두 동등하게 중요하다고 생각할까? 그렇지는 않을 것이다. **당신은 분명히 다른 감정들보다 더 많이 성취하고 싶어하는 특별한 감정상태가 있을 것이다.** 사실 우리는 모두 **가치 우선순위**hierarchy of values를 가지고 있다. 사람들은 이 목록을 보고 어떤 감정상태가 다른 감정보다 자신들에게 더 중요한지 각자 다르게 생각한다. 당신의 가치 우선순위는 당신이 매순간 의사결정을 하는 방법에 영향을 미치기 때문이다. 어떤 사람은 열정보다는 평안을, 어떤 사람은 안전보다는 자유를, 또 어떤 사람은 성공보다 친밀감을 중요시할 것이다.

지금 당장 이 목록에서 당신이 가장 중요하게 여기는 감정이 무엇인지 알아보자. 당신이 가장 중요하게 여기는 감정상태를 1(1위), 가장 중요하지 않은 감정상태를 10(10위)으로 순위를 매겨 중요한 순서대로 다시 작성해 보라. 지금 바로 중요한 순서대로 빈칸을 채워보라.

"명성보다는 인격에 더 관심을 가져라.
인격은 내가 진정 어떤 사람인지를 말해주지만,
명성은 다른 사람이 나를 어떻게 생각하느냐를 말해줄 뿐이다."
-존 우든 John Wooden**, 미국 농구 감독**

순위를 작성하면서 무엇을 배웠는가? 내가 당신 옆에 있었다면 아마도 당신의 목록을 보고 즉시 당신을 평가할 수 있었을 것이다. 예를 들어 당신의 최우선 가치가 자유이고, 그다음이 열정, 모험, 권력 순이라면, 나는 당신이 어떤 사람인지 어느 정도 알 수 있다. 당신은 안전, 평안, 친밀감, 건강 순으로 목록을 작성한 사람과는 전혀 다른 의사결정을 할 것이다. 또 모험을 가장 중요한 가치라고 생각한 사람이 안전을 가장 중요시한 사람과 같은 방식으로 의사결정을 하겠는가? 당신은 두 부류의 사람들이 같은 종류의 차를 소유할 것이라고 생각하는가? 같은 종류의 휴가를 즐기고, 같은 종류의 직업을 가지고 있을 것 같은가? 전혀 그렇지 않을 것이다.

당신이 가장 중요시하는 가치가 무엇이든, 그것이 삶의 방향에 절대적 영향을 미친다는 것을 기억하라. 이제 우리는 우리가 살아온 인생의 경험에 따라 특정한 감정이 다른 감정보다 더 많은 즐거움을 준다는 것을 알게 되었다. 예를 들어 어떤 사람이 남을 통제할 때 가장 즐거운 기분이 든다는 것을 알았다면, 그는 그 상태를 집요하게 추구할 것이다. 그것은 그의 모든 행동에서 가장 중요한 기준이 된다. 그는 그런 관점에서 누구와 관계를 맺을 것인지, 그 관계 안에서 무엇을 할 것인지, 그리고 어떻게 살 것인지를 결정한다. 만일 그가 책임자가 아닌 환경에 처하게 되면 매우 불편함을 느끼게 될 것이라는 것도 쉽게 추론할 수 있다.

반대로, 남을 통제하는 것을 고통과 연결시키는 사람도 있을 것이다. 이런 사람이 원하는 것은 자유와 모험이다. 그러므로 이 사람은 통제를 즐겁게 생각하는 사람과는 완전히 다른 방식으로 의사결정을 한다. 또 어떤 사람들은 또 다른 감정, 즉 사회적 기여를 통해 즐거움을 얻는다. 이 가치를 중요시하는 사람은 끊임없이 "내가 무엇을 줄 수 있을까? 어떻게 하면 다른 삶을 살 수 있을까?"라고 묻는다. 이런 사람들도 당연히 통제를 중요시하는 사람들과는 전혀 다른 방향의 삶을 살 것이다.

당신의 가치관이 무엇인지 알게 되었다면, 당신이 왜 일관되게 그 방향으로 나아가는지를 명확하게 이해할 수 있다. 또 당신의 가치 우선순위를 살펴보면, 당신이 왜 때로는 결정을 내리는 데 어려움을 겪는지, 왜 당신의 삶에 가치 충돌이 생기는지도 알 수 있다. 예를 들어 어떤 사람의 1번 가치가 자유이고, 2번이 친밀감이라면 양립할 수 없는 가치가 너무 가까운 위치에 있어 의사결정에 어려움을 겪을 것이다.

예전에 끊임없이 두 감정이 교차하는 사람을 상담해준 적이 있다. 그는 늘 자율성을 추구했지만, 정작 그것을 달성하자 외로움이 느껴져 친밀감을 갈구하게 되었다. 그러나 친밀감을 추구하면 다시 자유를 잃을까봐 두려워했고, 결국 그의 대인관계는 파괴되기 일쑤였다. 두 가치가 계속 교차하는 동안 그의 대인관계는 맺고 깨지기를 반복했다. 내가 그를 상담하면서 단지 그의 가치 우선순위를 바꿔주기만 했는데도 그의 관계와 삶은 순식간에 바뀌었다. 가치 우선순위를 바꾸는 것이 효력이 있던 것이다.

자신의 가치관을 알면, 자신이 왜 그 일을 하는지, 어떻게 하면 더 일관되게 살 수 있는지에 대해 명확히 알게 되는 것처럼, 다른 사람의 가치관을 아는 것도 마찬가지로 중요하다. 당신이 지금 사귀고 있는 사람이나 회사에서 함께 일하는 사람의 가치관을 아는 것이 중요한 일일까? 물론 그렇다! 다른 사람의 가치관을 알면 그 사람의 나침반을 볼 수 있는 것과 같아서 그 사람의 의사결정에 대한 통찰력을 갖게 되기 때문이다.

당신 자신의 가치 우선순위를 아는 것도 매우 중요하다. 당신의 최우선 가치가 당신을 가장 행복하게 해주는 가치이기 때문이다. 물론 당신은 **매일 당신의 모든 가치를 충족시킬 수 있도록 가치 우선순위를 설정해야 한다.** 그렇지 못하면, 왠지 모를 공허함이나 불행하다는 느낌이 들 것이다.

내 딸 졸리는 놀라울 정도로 풍성한 삶을 살고 있다. 추구하는 최고 가치가 거의 매일 충족되기 때문이다. 졸리는 또한 훌륭한 배우, 댄서, 가수이기도 하다. 내 딸은 16세 때, 디즈니랜드 공연을 위한 오디션을 보았다. 놀랍게도 700명의 경쟁자를 물리치고 이 환상적인 놀이공원 야간 퍼레이드 Electric Light Parade의 배역을 따냈다.

졸리는 처음에는 그저 황홀하기만 했다. 우리는 너무 기뻤고 그녀가 자랑스러웠다. 주말마다 그녀의 친구들과 함께 공연을 보기 위해 차를 몰고 디즈니랜드에 가곤 했다. 그러나 그녀의 일정은 감당하기에 매우 버거웠다. 그녀는 주말뿐만 아니라 평일 밤에도 공연을 해야 했고, 여름 학기는 아직 끝나지 않은 상태였다. 매일 저녁 샌디에이고에서 오렌지카운티까지 교통체증을 뚫고 운전해서 몇 시간 동안 리허설과 공연을 한 후, 밤늦게 돌아와 다음 날 아침 학교 갈 시간에 맞춰 일어나야 했다. 매일 장시간 왕복하다 보니, 등이 아플 정도로 무거운 공연 의상을 입어야 하는 것은 말할 것도 없고 그 경험 자체가 이제 황홀감이 아니라 혹독한 시련이 되어버렸다.

졸리의 관점에서 더 좋지 않았던 것은, 힘든 일정이 사생활에 피해를 주었고, 가족이나 친구들과 함께 보내는 시간을 방해하고 있다는 사실이었다. 나는 졸리가 부정적인 감정상태에서 방황하고 있다는 것을 알아차렸다. 그녀는 걸핏하면 울곤 했고, 공연에 대해 수시로 불평하기 시작했다. 졸리답지 않은 일이었다. 마침 우리 가족 모두가 3주간의 인증 프로그램을 위해 하와이 여행 준비를 하고 있었지만, 졸리는 디즈니랜드 공연 때문에 함께 갈 수 없는 상황이 되었다.

어느 날 아침, 마침내 그녀는 한계에 이른 것 같았다. 그녀가 눈물을 흘리며 내게 다가왔다. 그녀는 좌절감에 빠졌고 너무 불행했으며 더 이상 성취감도 느끼지 못했다. 불과 6개월 전만 해도 놀라운 목표를 달성하지 않았던가? 이제 디즈니랜드는 그녀에게 고통이 되었다. 왜 그렇게 되었을까? 디즈니랜드가 그녀가 가장 사랑하는 사람들과 시간을 보내는 데 장애물이 되었기 때문이다. 더구나 졸리는 인증 프로그램에서 트레이너로 참여하면서 보낸 시간이 그녀가 성장하는 데 다른 어떤 것보다 더 도움이 되었다고 느끼고 있었다. 전국의 많은 친구들이 매년 이 프로그램에 참석하고 있었다. 하지만 그녀는 디즈니랜드에서 자신의 삶이 확장되거나 성장한다는 것을 전혀 느끼지 못했고 그것이 좌절감으로 이어진 것이다. 그녀는 우리와 함께 하와이 인증 프로그램에 가기로 결정하면 자신이 중도 포기하는 사람으로 비칠까봐 고통을 느꼈고, 디즈니랜드 공연에 참가하면 그녀 자신에게 매우 중요한 것을 놓친다는 생각에 역시 고통을 느끼고 있었다.

우리는 함께 마주 앉아 그녀가 인생에서 가장 중요한 네 가지 가치가 무엇인지 자세히 살펴보기로 했다. 그녀가 중요하게 생각하는 가치는 ① 사랑, ② 건강과 활력, ③ 성장, ④ 성취로 나타났다. 나는 그녀의 가치관을 제대로 알면, 그녀가 자신에게 맞는 결정을 명확하게 내리는 데 도움이 되리라고 생각했다. 그래서 그녀에게 물었다. "디즈니랜드에서 일하는 것이 너에게 무엇을 주는지 생각해보렴. 디즈니랜드에서 일하는 것이 왜 중요하지?" 그녀는 디즈니 공연을 하면 새로운 친구들을 사귀고, 자신의 일에 대해 인정을 받고, 재미있고, 엄청난 성취감을 경험할 수 있는 기회로 보았기 때문에 처음에는 매우 기뻐했다고 말했다.

하지만 지금은 자신이 더 이상 성장하는 것 같지도 않고, 성취감도 느끼지 못하며, 자신의 경력을 더 빠르게 성장시킬 수 있는 다른 것들이 있다는 것을 알게 되었다고 말했다. 그녀는 또 이렇게 말했다. "나 스스로를 전소시키고 있어요. 더 이상 건강하지도 않고, 가족과 함께 지내는 시간이 너무나 그리워요."

나는 다시 그녀에게 물었다. "네 삶에 변화를 준다는 것은 네게 무슨 의미일까? 네가 디즈니랜드에 가지 않고 집에서 더 많은 시간을 보내고, 이번에 하와이 여행도 같이 간다면 그것이 네게 주는 의미는 무엇일까?" 그녀는 즉시 환한 미소를 지으며 말했다. "식구들이나 친구들과 다시 함께 지내고 싶어요. 남자친구와도 더 많은 시간을 보낼 수 있겠지요. 또 자유로움도 더 느낄 수 있고요. 휴식을 좀 더 취하고 운동도 하면서 내 몸을 더 건강하게 만들 수 있을 것 같아요. 학교 성적도 평균 4.0점을 유지할 수 있을 테고, 내가 성장하고 성취할 수 있는 다른 방법들을 찾을 수 있을 것 같아요. 어쨌든 더 행복해질 거라고 생각해요!"

무엇을 해야 할지에 대한 그녀의 대답은 분명했다. 불행하다는 느낌의 근원도 분명했다. 그녀가 디즈니랜드에서 일하기 전에는 자신의 상위 세 가지 가치를 모두 성취하고 있었다. 주변 사람의 사랑을 받고 있었고, 매우 건강하고 활기찼으며, 계속 성장하고 있다는 느낌을 받고 있었다. 그녀는 네 번째 가치인 성취를 추구하기 위해 디즈니 공연 배역에 도전했다. 하지만 그것을 얻으면서 성취의 환경을 만들었지만, 그보다 앞선 세 가지 가치를 잃어버린 것이다. 이것은 매우 흔한 경험이다. 우리는 항상 최우선의 가치를 먼저 성취해야 한다. 그것이 최우선 과제다. 그리고 우리가 기억해야 할 것이 있다. 모든 가치를 동시에 성취하는 방법은 언제든 있다는 것이다. 그러므로 우리는 더 적은 것에 만족해서는 안 된다.

하지만 졸리의 결정에 한 가지 장애물이 있었다. 그녀는 디즈니랜드를 떠나는 것을 고통에 연결시키고 있었다. 그녀가 인생에서 가장 피하고 싶은 것 중 하나는 중도 포기자가 되는 것이었다. 조금 힘들다고 포기하는 사람은 아무것도 이룰 수 없다고 믿어왔고, 사실 그런 믿음을 갖도록 기여한 사람은 바로 나였다. 졸리는 디즈니랜드 일을 그만두는 것을 중도 포기로 보았다. 나는 그녀에게 자신의 가치관에 따라 살기로 결정하는 것은 중도 포기하는 게 아니며, 어리석은 일관성은 미덕이 아니라고 설득했다. 졸리가 디즈니랜드 일이 단지 너무 힘들어서 그만두는 것이라면 가장 먼저 말릴 사람은 바로 나였을 것이다. 하지만 그런 게 아니었기 때문에 나는 그녀의 방향 전환이 다른 누군가에게 선물이 될 수 있는 기회가 될 것이라고 말해주었다.

"졸리야, 네가 2위였는데 갑자기 1위를 한 사람이 스스로 사양해서 퍼레이드에 참여할 기회가 네게 돌아왔다면 네 기분이 어땠을지 상상해보렴. 너는 지금 그 선물을 다른 사람에게 주고 있는 거란다." 졸리의 최고 가치인 '사랑'에는 다른 사람에 대한 기여도 포함되어 있었기 때문에 나는 바로 그 점을 이용한 것이다. 그녀는 디즈니를 떠나는 것을 더 이상 고통에 연결시키지 않았고, 그녀의 결정을 기쁨에 연결시킬 수 있었다.

이 가치관 수업은 졸리에게 결코 잊지 못할 경험이 되었다. 가장 흥미로운 것은 그녀가 자신의 모든 가치를 충족시킬 수 있는 새로운 방법을 발견했다는 것이다. 그것은 그녀가 목표를 향해 더 정확하게 움직이기 시작했다는 것을 의미한다. 그녀는 자신의 삶에서 더 많은 재미와 행복을 느끼기 시작했고, 이후 샌디에이고 별빛극장Starlight Theater 프로덕션에 첫 직장을 얻게 되었다.

고통에서 얻는 교훈

우리가 어떤 감정을 경험하고 싶은 생각이 드는 것은 그 감정이 우리를 즐겁게 해주기 때문이다. 그래서 그런 감정을 추구한다. 우리 모두는 추구하고 싶은 감정의 목록을 가지고 있다. 내가 첫 번째 회사를 설립하려 했을 때, 나는 내가 하는 일을 계속하면서 내 회사를 운영하는 것에 대해 심한 좌절감을 경험했다. 어느 순간, 회사 운영을 맡긴 사람이 전혀 정직하지 못한 사람처럼 보였다. 수십만 명의 사람들과 거래하고 수천 개의 사업을 다루다 보면 나를 이용하려는 사람이 나타나게 마련이다. 그런데 이 몇 번의 불미스러운 일이 기대 이상으로 성공한 수백, 수천 개의 사업 관계보다 우리 기억에 더 남는 것 같다.

그런 고통스러운 상황을 경험하고 나서 나는 내 회사를 진정으로 잘 운영해줄 새 CEO를 물색하기 시작했다. 다른 사람의 가치관을 꿰뚫어볼 수 있는 도구로 무장한 나는 CEO 지원자들에게 다음과 같은 질문을 했다. "당신의 삶에서 가장 중요한 것은 무엇입니까?" 대부분의 지원자들이 '성공' '성취' '최고가 되는 것' 등의 대답을 했지만, 마법 주문 같은 단어를 구사한 사람이 있었다. 바로 '정직'이라고 대답한 것이다.

나는 그의 말을 곧이곧대로 받아들일 수 없어서 그와 함께 일했던 사람 몇 명에게 확인해보았다. 그들은 한결같이 '그가 아주 정직한 사람'이라고 말하면서 그가 어떤 일의 진실성에 의문이 들면 스스로에게 유익한 것도 마다하는 경우가 많다고 덧붙였다. 나는 '이 사람이야말로 나 대신 회사를 맡겨도 될 사람'이라는 생각이 들었고 그를 CEO로 고용했다. 실제로 그는 일을 잘 해냈다. 하지만 얼마 지나지 않아, 빠르게 성장하는 회사를 제대로 운영하기 위해서는 더 실력 있는 사람이 필요하다는 것이 분명해졌다. 그 CEO는 내 파트너가 될 만한 사람을 추천했고, 결국 그들이 공동으로 회사를 운영하게 되었다. 적어도 나로서는 잘한 결정이었다.

새로 합류한 사람을 스미스 씨라고 해두자(이 불순한 사람을 보호하기 위해

가명을 썼다). 그는 수년간 개발한 모든 기술을 사용해 멋진 프레젠테이션을 하면서, 어떻게 하면 회사를 한 단계 더 높이 끌어올릴 수 있는지를 보여주었다. 그 덕분에 나는 내 시간을 더 많이 가질 수 있고, 더 큰 세미나를 준비할 수 있으며, 매번 직접 다니지 않아도 더 많은 사람에게 영향을 미칠 수 있게 될 것이라고 생각했다. 당시 나는 1년에 거의 150일은 집을 떠나 세미나를 진행하고 있었다. 게다가 그는 성과를 내기까지는 보수를 받지 않겠다고 말했다! 너무 멋지게 들려서 믿을 수 없을 정도였다. 나는 그의 제안에 동의했고, 어찌 됐든 스미스 씨와 내 정직한 CEO가 우리 회사를 공동 운영하게 되었다.

1년 6개월 후, 나는 믿을 수 없는 상황에 처했음을 발견했다. 스미스 씨 덕분에 세미나 규모는 커졌지만, 나는 여전히 1년에 270일을 여행하고 있었다. 내 실력과 영향력은 더 커졌고 그 어느 때보다 많은 사람이 나를 돕고 있었지만, 웬일인지 갑자기 내가 평생 번 돈을 내놓고도 75만 8,000달러의 빚을 지고 있음을 발견한 것이다. 어떻게 이런 일이 일어날 수 있었을까? 회사에게나 우리에게나 경영은 매우 중요하다. 그리고 내가 올바른 경영자를 두지 못했다는 것이 분명해졌다.

설상가상으로 스미스 씨가 18개월 동안 회사 금고에서 25만 달러가 넘는 돈을 유용한 것이 드러났다. 그는 새 집과 차를 구입했다. 나는 그가 다른 사업에서 번 돈으로 장만한 것이라고 생각했었다. 세상에, 어찌 그럴 수가! 그저 화가 났다거나 망연자실했다고 말하는 것은 내 감정을 표현하는 비유 언어로는 턱없이 부족하다. 아마도 '등을 찔린 기분'이라거나 '내 첫 아이(첫 회사)를 죽이려 했다'라는 표현이 더 적절할 것이다. 그래야 감정이 풀리지 않겠는가?

하지만 정작 나를 가장 당황하게 만든 것은 그 정직한 CEO가 어떻게 이 모든 일에 대해 내게 경고조차 하지 않았느냐 하는 것이었다. 그는 분명히 무슨 일이 일어나고 있는지 알고 있었을 텐데! 나는 이때 **사람들은 기쁨을 추구할 뿐 아니라 고통을 피하기 위해서도 노력한다**는 사실을 깨닫기 시작했다. 내 정직한 CEO는 내게 파트너에 대한 우려를 말하려고 했었다. 그는 내가 3개월 연속 출장을 다녀온 다음 날, 내게 와서 스미스 씨의 진실성이 의심스럽다고 말했다. 나는 즉시 걱정이 되어서 그에게 이유를 물었다. 그는 "새 사무실로 이사했을 때, 가장 큰 사무실을 차지했잖아요"라고 말했다. 나는 그가 너무 사소한 일을 지적한다고 생각하고 크게 화를 냈다. "이봐요, 그를 회사에 끌어들인 건 당신이잖소. 그런 일은 직접 해결하세요." 그러고는 자리를 박차고 사무실을 나왔다.

나는 그날 CEO가 내게 정보를 주려 했을 때, 내가 그에게 고통을 주었다는 것을 깨달았어야 했다. 나는 계속되는 출장으로 지치고 스트레스를 받은 상태에서, 무슨 일이 일어나고 있는지에 대해 더 깊이 살펴보지 않았다. 하지만 내 실수는 거기서 끝나지 않았다. 내 정직한 CEO가 비슷한 일로 다시 나를 찾았다. 나는 그에게 그 문제를 스미스 씨에게 말하지 않고 내게 말하는 것은 정직하지 않은 태도라고 몰아붙였다. 나는 곧장 스미스 씨 방으로 가서 소리를 질렀다. "지금 CEO가 당신에 관한 일을 내게 고자질하고 있소. 둘이 직접 해결하시오!" 내 CEO가 스미스 씨로부터 받은 고통을 상상할 수 있겠는가?

지금 그 일을 생각해보면, 내 CEO가 왜 내게 모든 진실을 말하지 않았는지 분명하게 알 수 있을 것 같다. 그는 25만 달러가 넘는 돈을 유용한 사람을 회사에 끌어들인 장본인이 자신이라는 사실을 내게 털어놓는 고통을 감수하느니, 차라리 그 문제를 처리할 다른 방법을 찾는 편이 더 쉽다고 생각한 것이다.

사실 돌이켜보면 내가 CEO에게 화를 낸 것은, 주로 그가 나와 대립한다는 감정을 피하고 싶어서 해야 할 일을 하지 않을 때였던 것 같다. 그런 감정은 그에게 정말 피하고 싶은 고통이었을 것이다. 물론 그에게 정직이라는 가치도 중요했지만, 대립을 피하는 것이 더 중요했던 것이다. 그래서 그는 나와 의사소통을 하지 않았고, 내가 스미스 씨가 회사 돈을 유용하고 있는지 물어본 적이 없다는 이유로 자신의 정직함에는 문제가 없다고 합리화했다. 내가 물었다면 그는 분명히 사실대로 말했을 것이다.

나는 이 상황에서 분노한 만큼, 그리고 재정적으로, 감정적으로 고통스러웠던 만큼, 내 인생에서 가장 가치 있는 교훈 하나를 얻었다. 이 경험을 통해 인간의 행동을 이해하는 퍼즐의 마지막 조각(사람들은 기쁨을 추구할 뿐 아니라 고통을 피하기 위해서도 노력한다)을 찾았기 때문이다. 결국 고통과 기쁨의 두 가지 힘을 모두 이해하게 됨으로써, 나 자신과 가족은 물론 전 세계 사람들에게 더 정확하고 긍정적인 영향을 미칠 수 있게 되었다.

피해야 할 가치

무엇을 해야 할지 결정을 내릴 때마다, 우리의 뇌가 먼저 그 행동이 기쁜 마음상태로 연결되는지, 고통스러운 마음상태로 연결되는지 평가한다는 것을 잊어서는 안 된다. 우리 뇌는 끊임없이 우리의 가치 우선순위에 따라 그 행동이 어떤 영향을 미칠지 판단하기 위해 여러 대안을 저울질한다. 예를 들어 내가 당신에게 스카이다이빙을 하자고 했는데, 당신이 어떻게 해서든 피하려는 감정이 공포심이라면, 당신은 절대 스카이다이빙을 하지 않을 것이다. 그러나 당신이 가장 피하고 싶은 가치가 거부당하는 감정이라면, 당신은 스카이다이빙을 하지 않으면 내가 당신을 거부할지도 모른다는 생각에, 두려움에도 불구하고 하겠다고 결정할지 모른다. 즉, **특정 감정과 연결된 고통의 강도가 우리의 모든 결정에 영향을 미치는 것이다.**

당신이 언제나 경험하고 싶지 않은 가장 중요한 감정들은 무엇인가? 세미나에서 이런 질문을 하면, 참가자들의 대답은 대개 다음과 같다.

거절감	1.	________________
분노	2.	________________
좌절	3.	________________
외로움	4.	________________
우울함	5.	________________
실패감	6.	________________
모욕감	7.	________________
죄책감	8.	________________

사람들은 왜 이런 감정들을 피하고 싶어하는 것일까? 당연히 이런 감정들이 고통을 주기 때문이다. 그렇다면 피하고 싶은 감정들도 추구해야 할 감정처럼, 어느 특정 감정이 다른 감정보다 더 고통스럽다고 말할 수 있을까? 당연히 피해야 할 감정도 가치 우선순위가 있다. **목록에서 가장 피하고 싶은 가치는 무엇인가?** 거부당하는 느낌인가, 우울함인가, 모욕감인가? 이 질문에 대한 당신의 대답이 거의 모든 환경에서 당신의 행동을 결정할 것이다. 이제 이 목록 옆 빈칸에, 가장 피하고 싶은 감정상태부터 가장 나중에 피하고 싶은 감정상태까지 차례로 순위를 매겨보라.

"나는 우리 미식축구팀 못지않은 자랑스러운 대학교를 만들고 싶다."

– 오클라호마 대학교 University Of Oklahoma

당신이 작성한 목록을 보면 무슨 생각이 드는가? 예를 들어 당신이 가장 피하고 싶은 감정 1위가 모욕감이라면, 그런 상황을 어떻게든 피할 것이다. 외로움이 가장 피하고 싶은 감정 1위라면, 당신은 자상한 사람이 되고 싶을 것이고, 다른 사람들에게 도움의 손길을 뻗으며 뭔가를 베풀려고 노력할 것이다. 당신에게 도움받은 이들은 고마워하며 당신과 함께 있고 싶어할 테고, 그렇게 당신은 항상 친구들에게 둘러싸이게 될 것이다.

가치 충돌이 당신을 파괴한다

이제 가치 우선순위가 어떤 결과를 초래하는지 살펴보자. 예를 들어 당신이 성공을 가장 추구해야 할 가치로 선택하는 한편, 거부당하는 느낌을 가장 피해야 할 가치로 선택했다면, 이 가치 우선순위가 당신의 삶에 어떤 문제들을 초래할 것이라고 생각하는가? 결론부터 말하자면, 거부당하는 고통을 경험하지 않고 성공의 기쁨만 성취하려는 사람은 장기적으로 결코 성공할 수 없다는 것이다. 이런 사람은 크게 성공하기 전에 이미 자기 자신을 파괴하는 행위를 하게 될 것이기 때문이다.

내가 그걸 어떻게 아느냐고? 앞서 여러 번 언급했던 기본적인 작동 원칙을 기억하는가? **인간은 기쁨을 추구하기 위해 노력하지만, 고통을 피하기 위해 더 많은 노력을 기울인다는 것이다.** 당신이 진정으로 크게 성공하고 싶다면 거절당하는 위험 또한 감수해야 한다. 거절당하는 것도 기꺼이 경험해 보아야 한다는 말이다. 당신이 정직하고 성실하며, 매일 다른 사람들에게 모든 것을 베푸는 사람이라 하더라도, 당신을 본 적도 없으면서 당신의 행동을 오해하고 당신을 함부로 판단하는 사람들이 있지 않던가? 당신이 작가, 가수, 연설가, 사업가 등 무엇이 되고 싶든 간에 거절당할 가능성은 항상 있다. 그런데 당신의 뇌는 성공하기 위해서는 자주 거절당할 위험이 있고, 거절당하는 느낌 또한 매우 고통스럽다는 것을 이미 잘 알고 있기 때문에, 당신이 어떤 일을 할 때 그 일의 성공이 고통의 대가를 치를 만하지 못하다고 판단하고, 당신이 성공의 자리에 오르기도 전에 당신의 행동을 파괴하게 만드는 것이다!

나는 사람들이 앞으로 큰 걸음을 내딛다가 마지막 순간에 알 수 없는 이유로 뒤로 물러나거나, 그들이 추구하는 개인적, 감정적, 육체적인 성공을 파괴하는 말이나 행동을 하는 것을 흔히 본다. 그 이유는 거의 틀림없이 그들의 주요 가치관이 충돌했기 때문이다. 뇌의 한쪽에서는 '힘내!'라고 말하는 반면, 다른 한쪽에서는 '그 일을 하면 아주 고통스러울 거야'라고 말한다. 그래서 그들은 앞으로 두 걸음 앞으로 나갔다가도 한 걸음 뒤로 물러나는 것이다.

1988년 선거가 한창일 때, 나는 이 원칙을 '게리 하트 신드롬'Gary Hart Syndrome이라고 불렀다. 당시 게리 하트는 국민들과 미국 사회에 열정적인 관심이 있는 것처럼 보였지만, 가치가 충돌하는 모습이 만천하에 드러나고 말았다. 그렇다면 게리 하트가 형편없는 사람이었던가? 물론 그렇다고 생각하지는 않는다. 다만 마음속에 엄청난 가치 충돌을 겪은 사람이었던 것은 분명하다. 그는 춤만 춰도 죄를 범하는 것이라고 가르치는 교회에서 자랐다. 동시에 그는 영화배우 워렌 비티Warren Beatty 같은 바람둥이 삶을 살았다. 이런 상반된 욕망이 분명히 그의 정치적 몰락의 원인이 되었을 것이다.

게리 하트처럼 똑똑한 사람이 언론에는 '나에 대해 의심쩍은 게 있다면 얼마든지 추적해보라'라고 말하고는 곧바로 정부(情婦)에게 달려가리라고 상상이나 했겠는가? 분명히 그의 뇌는 자신이 배운 규칙과는 다른 규칙대로 사는 고통에서 벗어나려고 했을 것이다. 그의 처세를 대중심리학에 기반한 행동이라고 불러도 좋지만, 당신이 두 가지 다른 방향으로 이끌려가고 있다면, 두 명의 주인을 동시에 섬길 수 없다는 걸 알아야 한다. 둘 중 어느 하나는 포기해야 한다. 이 경우, 우리는 의식적으로든 무의식적으로든, 가장 강한 고통을 피하기 위해 할 수 있는 모든 것을 다 하려 할 것이다.

가치 충돌이라는 고통을 설명하기 위해 세간의 주목을 받는 유명한 사람의 예를 들었지만, 그런 사람을 함부로 비판하기보다는 우리 자신도 우리 안에 가치 충돌을 겪고 있다는 것을 깨달아야 한다. 왜 그럴까? 앞서도 말했다시피, 우리가 자신을 위한 시스템을 구축하지 않았기 때문이다. 지금까지는 환경이 우리를 지배하도록 내버려두었지만, 이제는 그런 태도를 바꿔야 한다. 어떻게 할 수 있을까? 다음 두 단계를 밟기만 하면 된다.

첫 번째 단계는 당신이 현재 추구하고 있는 가치가 무엇인지 명확하게 인식하고, 왜 그 일을 하는지 이해하는 것이다. 당신이 추구하고자 하는 감정상태는 무엇이며, 피하고자 하는 감정상태는 무엇인가? 두 목록을 나란히 놓고 살펴보면, 당신의 현재와 미래를 창조하는 힘을 이해할 수 있게 될 것이다.

두 번째 단계는 당신이 진정으로 원하고 마땅히 누려야 할 삶과 운명을 창조하려면, 어떤 가치에 따라 살아야 하는지를 의식적으로 결정하는 것이다.

당신의 현재 가치를 찾아라

자, 그럼 시작해보자. 당신은 내가 준 가치 목록을 가지고 순위를 매겨보았다. 이제 진짜 목록을 만들어 다시 시작해보는 것이다. 당신의 현재 가치를 찾기 위해 해야 가장 먼저 할 일은 "당신의 삶에서 가장 중요한 것은 무엇인가?"라는 간단한 물음에 답하는 것이다. 이 질문에 대한 답을 브레인스토밍해보라. 마음의 평화? 영향력? 사랑?

이제 가장 중요한 것부터 가장 중요하지 않은 것까지 당신의 가치관에 순서를 매겨보라. 지금 당장 시작하라.

내 삶에서 가장 중요한 것

다음은 내가 추구해야 할 가치 목록을 처음 만들었을 때 떠오른 것이다.

추구해야 할 가치(기존)

열정

사랑

자유

기여

유능함

성장

성취

행복

즐거움

건강

창의성

내 목록을 보면서, 나는 내가 왜 이 일을 하는지 이해할 수 있었다. 나는 정말 맹렬한 사람이었다. 모든 사람이 나를 저돌적이라고 말했을 정도니까. 나는 그것을 열정이라고 생각했다. 가족과 친구들에 대한 나의 사랑, 그리고 그 사랑을 세미나에서 사람들과 나누고 싶은 내 마음은 명백했다. 나는 사람들을 자유롭게 해주고 싶었다. 내 주위 사람들을 자유롭게 해주고 그들을 도와준다면 어떤 일이든 할 수 있을 것이라고 생각했다. 그러면 나 자신도 성장하고, 성취감을 느끼며, 더 재미있고, 더 건강하고, 더 창의적인 삶을 살 수 있을 것이라고 생각했다. 내 가치관이 무엇인지 알게 되면서, 내 삶에서 가장 중요한 것을 일관되게 유지하며 살 수 있게 되었다. 몇 년 동안 나는 삶에서 더 큰 조화로움을 느낄 수 있었다.

그러나 머지않아 내 삶을 영원히 바꾼 또 다른 변화를 겪게 되었다.

가치관을 바꾸면 삶이 바뀐다

스미스 씨 사건 이후, 나는 모든 것을 잊고 싶어 피지로 여행을 떠났다. 감정적으로도 균형을 회복해야 했고, 그 상황에 대한 내 관점을 명확하게 정리해야 했다. 무엇보다 중요한 것은 앞으로 무엇을 해야 할지, 어떻게 상황을 반전시킬지를 결정하는 것이었다. 여행 첫날 밤, 나는 잠자리에 들기 전에 나 자신에게 아주 중요한 질문을 던졌다. 하지만 "도대체 이 모든 일이 왜 내게 일어났을까?"라는 뻔한 질문 대신, 더 나은 질문을 하기로 했다. "모든 인간 행동의 근원은 무엇일까? 무엇이 사람들로 하여금 그런 행동을 하게 하는 것일까?"

다음 날 아침 8시에 잠에서 깨어나자 나는 많은 생각이 내게 쏟아져 들어오는 느낌이 들었다. 나는 수첩을 들고 오두막으로 가서 떠오르는 생각을 모두 적기 시작했다. 하루 종일 사람들이 오두막에 들락거렸지만 나는 아침 8시부터 저녁 6시 30분까지 쉬지 않고 떠오르는 생각을 적었다. 팔이 쑤시고 손가락이 저렸다. 가만히 앉아서 적기만 한 것이 아니었다. 생각들이 내 안에서 폭발하고 있었다. 〈새 운명 창조기술〉과 〈신경연상회로 조건화〉 프로그램의 상당 부분이 바로 이때 설계되었다고 해도 과언이 아니다. 하지만 방으로 돌아와 적은 내용을 다시 보았을 때, 나는 내가 써 놓고도 무슨 말인지 전혀 알 수 없었다!

그러나 그 생각과 감정은 여전히 내 안에 그대로 강하게 남아 있었다. 나는 비로소 내가 하루 종일 쓴 것이 무엇인지 깨닫게 되었다. 그것은 바로 사람들이 그들의 신경계에서 삶의 우선순위를 재설계하도록 돕는 프로그램이었다. 말 그대로, 사람들이 어떻게 생각하고, 어떻게 느끼고, 그들의 삶의 모든 영역에서 무엇을 해야 하는지에 대한 결정을 내리는 과정을 재설계할 수 있도록 해주는 것이다!

나는 사람들에게 그들의 가치가 무엇인지 그저 말로 가르쳐주는 대신, 그들이 가치 우선순위 체계의 순서와 내용을 의식적으로 선택하거나 재설정하게 해줄 수 있다면 더 좋지 않을까 하는 생각이 들었다. 예를 들어 '안전'을 최우선 가치로 삼고 '모험'을 가장 낮은 순위의 가치로 생각하는 사람의 가치 순서를 바꾼다면 어떤 일이 생길까? 그저 머리로만이 아니라 신경계에서 '모험'이 최우선 순위가 되게 만든다면? 그러면 그들의 삶에 어떤 변화가 생길까? 그저 약간 변할까, 아니면 엄청나게 큰 변화가 생길까?

답은 자명하다. 문자 그대로 그들 삶의 거의 모든 영역에서 생각하고 느끼고 행동하는 방식이 완전히 바뀔 것이다. 나는 이보다 사람을 더 크게 변화시킬 수 있는 다른 방법을 상상할 수 없었다. 이것이 바로 사울이 바울로 변한 역사적 변화의 본질이다. 세상에서 가장 혐오했던 대상이 세상에서 가장 사랑하는 존재로 바뀐 것이다(반대의 경우도 가능할 것이다).

이것이 정말로 가능할까? 나는 이것을 시험해볼 가장 좋은 대상이 바로 나 자신이라고 판단했다. 그래서 내 가치 목록을 살펴보았다. 나는 처음에 내 가치 목록에 대해 '대단해! 정말 멋진 가치관이야. 이게 바로 내가 누군지 말해주는 거지'라고 생각했다. 하지만 나는 가치관이 곧 우리 자신을 나타내는 것은 아니라는 사실을 상기해야 했다. 사실 우리는 가치관 그 이상의 존재다. 이 가치관은 내가 머리로 생각해내거나 어떤 계획에 따라 선택한 것이 아니다. 내 가치관이라는 것은 결국 내 삶에 어떤 우선순위가 설정되어 있는지를 발견한 것에 불과하다. 내 삶에서 프로그램화된 고통과 기쁨의 체계 안에서 살기로 의식적으로 선택한 것뿐이다. 하지만 내가 정말로 내 삶을 설계하고, 내가 원하는 궁극적인 운명을 형성하는 일련의 가치를 만들기로 한다면, 어떤 것들이 내 가치가 되어야 할까?

"우리는 너희를 하늘이나 땅으로 만들지 않았고,
죽을 운명이나 영생하도록 만들지도 않았다.
그러므로 선택의 자유와 명예심을 가지고,
마치 너희가 창조자나 조물주인 것처럼,
너희가 원하는 어떤 형태로든 너희 자신을 만들어 보아라.
그러면 네 영혼의 판단력에서 힘을 얻을 것이며,
더 높은 신성한 형태로 다시 태어날지니."
– 피코 델라 미란돌라 Pico della Mirandola**의 〈인간의 존엄에 대해서〉 중**
하나님이 아담에게 하시는 말씀

지금 이 순간 인생의 방향을 영원히 바꿀 결정을 내릴 것이라는 사실을 깨닫기 시작하면서 나는 믿을 수 없을 정도로 영감을 받았다. 나는 내 가치관 목록을 보며 질문하기 시작했다. **"내 궁극적인 운명을 창조하기 위해, 내가 될 수 있는 최고의 사람이 되기 위해, 내 삶에서 가장 큰 영향력을 갖기 위해, 내 가치관은 무엇이 되어야 할까?"**

물론 나는 '현재 내가 가지고 있는 가치관이 나를 돕고 있다'고 생각했지만, 한편으로는 **'또 어떤 가치들이 추가되어야 할까?'**라는 생각이 들었다. 그러고는 내 목록에 '총명함'이 없다는 것을 깨달았다. 나는 확실히 지적인 사람이라고 생각은 하지만, 총명해지는 것을 열정만큼 높은 순위에 두지는 않았다. 사실, 나는 열정에 사로잡힌 나머지 아주 어리석은 선택을 하기도 했다. 회사 CEO를 고용한 일을 포함해서 말이다!

결국 총명함을 내 신경계의 의식적인 우선순위로 삼지 않는 한(즉, 내 의사결정의 결과를 의식적으로 미리 평가해보는 것을 배우지 않는 한), 앞으로도 계속 내가 정말로 원하는 소망을 성취하는 데 실패할 것이라는 것을 깨달았다. 총명함을 내 목록의 상위에 두어야 한다는 것에는 더 이상 의심의 여지가 없었다. 나는 그외 추가해야 할 가치를 몇 개 더 찾아서 내 가치 우선순위의 적절한 순위에 포함시켰다.

그러고 나서 이전에는 한 번도 하지 않았던 새로운 질문을 해보았다. **"내 궁극적인 운명을 성취하기 위해 가치 목록에서 무엇을 제거해야 할까?"** 그러자 자유로워지는 데 끊임없이 집중한 나머지 이미 가지고 있는 자유마저 누리지 못하고 있다는 생각이 들기 시작했다. 그리고 지금 이 순간만큼 자유로워질 수는 없다는 것을 깨닫게 되었다. 물론 내가 지금 가지고 있는 만큼 선택의 여지가 없는 나라에서 산다면 모르겠지만, 어쨌든 지금보다 더 자유로울 수 없다는 생각이 들었다. 그래서 나는 자유로움을 가치 목록에서 삭제하고 더 이상 생각하지 않기로 했다. 가치 목록에서 자유를 빼고 나니 얼마나 자유롭던지!

나는 나머지 가치들도 어떤 장점이 있는지 하나하나 다시 평가하기 시작했다. **"각각의 가치가 내 가치 우선순위에서 현재 순위에 있는 것이 어떤 이점이 있을까?"** 나는 1위 가치인 열정에 대해 생각해보았다. "열정을 1위 가치로 삼으면 어떤 이점이 있을까?" 나는 '열정은 내게 추진력, 기쁨, 에너지, 그리고 사람들에게 긍정적인 영향을 미칠 수 있는 힘을 주고 있어. 내 삶을 활기차게 해주지'라고 생각했다.

그리고 전에는 한 번도 하지 않았던 질문을 던졌다. 사실 이 질문은 좀 두렵기까지 했다. "열정을 1위에 올려놓음으로써 내가 치르는 대가는 없을까? 있다면 무엇일까?" 바로 답이 명확하게 나왔다. 나는 최근, 덴버에서 세미나를 마치고 돌아와서 몇 년 만에 크게 앓았다. 건강도 나의 가치 목록에서 빠진 적이 없을 만큼 분명 중요했다. 하지만 내 목록에서 그리 높은 순위에 있지 않았다.

어떤 가치가 목록에 있다는 것은 수백 가지 중에서 선택된 것이므로 중요한 건 사실이다. 하지만 건강에 대한 내 생각은 그저 좋은 음식을 잘 먹는 것에 불과했다. 나는 운동도 하지 않았고, 휴식도 충분하지 않았다. 그러는 동안, 무한한 에너지를 요구하는 나의 끊임없는 요구에 내 몸은 지쳐가고 있었다. 나는 건강이 좋지 않다고 생각되는 날에도 스스로를 몰아붙이며 세미나를 강행했다. 하지만 그런 날에는 열정도 사랑도 느껴지지 않았고, 다른 사람에게 영향을 미친다는 느낌도 들지 않았다. 열정을 가치 목록 맨 위에 올려놓은 탓에 오히려 열정이 나를 지치게 만들고 내가 추구하는 운명이 희생될지도 모른다는 것을 깨닫게 된 것이다.

마침내 마지막 질문을 했다. **"내 궁극적인 운명을 성취하기 위해 내 가치 우선순위의 순서를 어떻게 바꿔야 할까?"** 이제 질문은 "나에게 중요한 것은 무엇인가?"에서 "무엇이 되어야 하는가?"로 바뀌었다. 이 연습을 하면서 내 가치 목록은 점차 다음과 같이 바뀌었다.

새롭게 바뀐 추구해야 할 가치

건강/활력

사랑/온정

총명함

쾌활함

정직

열정

감사함

재미/행복

변화

배움/성장

성취

최고가 되는 것

투자

기여

창의성

이런 변화가 별것 아닌 것처럼 보이지만, 내게 미친 감정적 영향은 매우 크다. 삶의 우선순위에 대한 새로운 목록을 만드는 일은 강렬한 두려움과 갈등을 유발했다. 아마도 가장 어려운 것은 성취와 행복의 순위를 바꾼 것이었다. 내 이전 목록에는 **열정**, **사랑**, **자유**, **기여**, **유능함**, **성장**, **성취** 순이었고 **행복**은 그다음 순위였다. 그런데 '내가 행복의 순위를 올리면 어떻게 될까? 행복을 성취보다 더 높은 순위로 삼으면 어떻게 될까?'라는 생각이 들었다.

솔직히, 이 질문 역시 내게는 두려운 질문이었다. 나는 '내가 쉽게 행복감을 느낀다면 추진력을 잃을지 몰라. 어쩌면 성취하고 싶은 생각이 없어질 수도 있고, 다른 사람에 대한 영향력도 중요하게 생각하지 않을 수도 있겠지. 또 기여하고 싶은 생각도 예전 같지 않으면 어떻게 하지?' 하는 생각이 들었다. 마침내 나는 내 정체성을 열정적으로 변화를 만드는 능력과 연결시켰다. 결국 '열정을 다하는 것'도 나를 행복하게 만드는 것이라는 결단을 내리는 데 두 시간이나 걸렸다. 정말 웃기지 않는가!

내 〈운명과의 데이트〉 세미나에 참석한 수만 명의 사람들 대부분은 스스로를 성취자라고 여기는 사람들이었지만, 그들도 이것을 매우 두렵게 생각하고 있었다. 그들도 행복감을 먼저 느끼게 되면, 힘이나 추진력을 잃을까 봐 두려워하고 있었다. 그래서 나는 **행복해지기 위해 성취하는 것이 아니라 행복하게 성취하는 것이 중요하다**고 생각했고 실제로 그렇게 살았다. 그로 인해 생긴 내 삶의 변화는 말로 표현할 수 없을 만큼 크다. 나는 추진력도 잃지 않았을뿐더러, 기분이 너무 좋아서 일을 더 하고 싶었다!

새 가치 목록이 완성되었을 때 나는 예전에 느껴보지 못한 감정, 즉 평온함을 느낄 수 있었다. 모든 것이 내가 꿈꾸는 방향으로 가고 있다는 것을 알게 되자, 예전에 경험하지 못한 확신을 느꼈다. 나는 이제 더 이상 나 자신과 줄다리기를 하지 않는다. 자유를 위해 굳이 더 이상 애쓰지 않아도 훨씬 더 많은 친밀감과 사랑을 느낄 수 있었고, 훨씬 더 자유로움을 느낄 수 있었다. 나는 이제 행복하게 성취할 것이다. 나는 건강하고 활력이 넘치면서 총명해질 것이다. 삶의 우선순위를 바꾸기로 결정하니 신체의 변화도 즉시 나타났다.

나는 또 성공하기 위해서는 빠져서는 안 될 특정한 감정상태가 있다는 것을 깨닫기 시작했다. 그중 하나는 단연 '걱정'이었다. 나는 어떻게 하면 회사 문을 닫지 않고 계속 운영할 수 있을까 하는 고통에 몸과 마음이 시달리고 있었다. 당시에는 걱정을 하면 더 자극을 받을 것이라고 생각했지만, 결국 걱정은 나를 더 빈약하게 만들었을 뿐이었다. 그래서 나는 더 이상 걱정하지 않겠다고 결심했다. 물론 어느 정도 합당한 우려는 할 수 있지만, 일이 잘 풀리도록 행동을 취하는 데 집중하는 것이 더 중요하다고 생각했다. 걱정이 나의 운명을 파괴할 것이라고 생각하자, 어떻게 해서든 걱정을 피하기 시작했다. 이제 걱정은 내게 너무 고통스러운 감정이 되었다. 나는 피해야 할 가치 목록을 만들기 시작했다.

피지에 머물면서 이렇게 나 자신의 운명을 설계하고 다시 미국으로 돌아왔다. 그런데 친구들과 동료들이 나를 보고 깜짝 놀라는 게 아닌가! 내가 사무실로 출근하자 사람들이 내게 다가오더니 "도대체 무슨 일이 생긴 거죠? 전혀 다른 사람 같아요. 너무 편안해 보이는데요?"라고 묻는 것이었다. 나는 피지에서 새로 체득한 신기술을 한 사람에게 몇 시간씩 설파하기 시작했다. 그리고 마침내 그것을 다듬어서 세미나로 만들어야겠다고 생각했다. 그렇게 해서 〈운명과의 데이트〉가 탄생했다.

나는 가능한 한 많은 사람에게 '운명-NAC 기술'을 전파하고 싶은 마음에서 이 책을 썼다. 당신도 그 기술을 지금 당장 사용해보기 바란다. **우리가 되고 싶은 사람을 설계하는 것은 우리 자신이라는 점을 명심하라.**

"내면의 영혼에 아름다움을 주소서.

겉사람과 속사람이 하나가 되게 하소서."

– **소크라테스**Socrates

그러면 마스터 시스템의 세 번째 구성 요소인 가치관을 어떻게 통제할 수 있을까? 바로 다음의 두 가지 간단한 단계를 따르면 된다.

1단계. 당신의 현재 가치가 무엇인지 찾아내 중요도 순으로 순위를 매긴다. 이 작업을 하면 당신이 가장 경험하고 싶은 것, 즉 당신이 추구해야 할 가치와, 당신이 삶에서 가장 피하고 싶은 것, 즉 당신이 피해야 할 가치에 대한 통찰력을 갖게 될 것이다. 또 당신이 지금 왜 그 일을 하는지 이해하게 될 것이다. 또 당신 안에 이미 구축된 고통-기쁨 시스템을 이해함으로써 당신 삶에서 더 많은 즐거움을 지속적으로 경험할 수 있게 될 것이다.

2단계. 당신이 기꺼이 문제에 정면으로 맞설 의지만 있다면, 당신의 운명을 바꿀 기회를 갖게 될 것이다. **자신에게 새로운 질문을 하라. "내가 진정으로 원하고 마땅히 누려야 할 운명을 이루기 위해서는 내 가치관이 어떠해야 하는가?" 브레인스토밍으로 목록을 작성하라. 그리고 거기에 순위를 매겨라. 당신이 진정으로 원하는 삶을 만들기 위해 어떤 가치를 제거하고 어떤 가치를 추가할 수 있는지 다시 한번 살펴보라.**

여기서 "도대체 내 운명이 뭐지?"라는 의문이 들 수도 있다. 당신의 운명에 대한 확신이 없다면 12장으로 되돌아가라. 나는 12장에서 당신이 원하는 모든 것을 성취하기 위해 어떤 유형의 사람이 되어야 하는지 물었다. 그런 사람이 되기 위해서, 당신의 가치관은 어떠해야 하는가? 어떤 가치를 추가하거나 제거해야 하는가?

예를 들어 당신이 '용기'를 추구해야 할 가치 목록 상위에 올려둔다면, 두려움, 좌절, 거절에 대처하는 당신의 능력에 어떤 영향이 미치겠는가? 아니면 '재미있는 삶'에 더 높은 우선순위를 부여할 경우 당신에게 어떤 영향을 미칠까? 그럴 경우 당신은 삶에서 더 많은 재미를 추구하고, 당신에게 닥치는 모든 경험을 가능한 즐기려고 노력하고, 아이들과도 단지 부양자 이상으로 더 가까이 지내게 되지 않겠는가?

새로운 가치 목록을 만들면서 무엇을 성취했는가? 그것은 그저 종이 한 장에 단어 몇 개를 적은 것이 아니다. 당신은 새 목록을 당신 삶의 새 나침반으로 삼으며 훈련해야 한다. 그러면 당신이 내릴 모든 결정의 견고한 토대가 될 것이다. 이 책에서 내가 세미나에서 사용하는 모든 훈련 도구를 설명할 수는 없지만, 지렛대의 힘을 잊지 말라고 당부하고 싶다. 〈운명과의 데이트〉 세미나에 참석한 사람들은 자신의 가치관을 회사나 집, 어디든지 사람들이 잘 볼 수 있는 곳에 붙여놓고 자신이 새롭고 더 높은 기준을 지키도록 감시하게 만든다.

당신도 새로운 가치에 대한 약속을 강화하기 위해 똑같은 지렛대를 사용할 수 있다. 다음번에 당신이 아이들에게 또 소리를 지른다면, 당신을 사랑하는 누군가가 지나가다가 당신의 가치 목록이 붙어 있는 것을 보고 "동정심이 당신의 가치 목록 1번이라고 되어 있군요?"라고 경고해줄지 모른다.

"나는 미래를 느끼는 교사다."

- 크리스타 매콜리프 Christa McAuliff*

〈운명과의 데이트〉 세미나에 참가한 사람들이 자신의 가치 우선순위를 통제하는 것을 보면 정말 대견스럽다. 그들은 세미나 기간인 금요일 아침과 일요일 밤 사이에 완전히 다른 사람으로 변한다. 변화와 함께 마법이 일어난다. 아내의 손에 이끌려 마지못해 참석했던 한 남자가 생각난다. 내가 가치관의 변화가 가져올 삶의 변화에 대해 이야기하자 그는 "나는 가치관

* 챌린저호에 탑승했다가 폭발로 사망한 민간인 교사 _옮긴이

을 바꿀 필요가 전혀 없는 사람이에요"라고 말하는 것이었다. 그의 1위 가치는 자유였다! 그는 삶에서 무엇이든 자신이 원하지 않는 변화를 강요받는 것을 싫어했다. 그가 어떤 변화도 완강히 거부하는 것은 내가 보기에 통제의 문제였다.

내가 그에게 말했다. "당신이 어떤 변화도 필요 없다고 생각하는 걸 잘 알겠습니다. 당신이 자유를 추구한다는 것도요. 그래서 당신이 몇 가지 가치를 자유롭게 추가할 수 있다는 걸 말씀드리고 싶군요. 당신의 삶의 질을 높이고 궁극적인 운명에 영향을 미치기 위해 추가할 만한 유용한 가치는 무엇일까요?" 그는 잠시 생각하더니 "글쎄, 유연성을 추가할 수 있겠군요"라고 말했다. 청중석에서 웃음소리가 들렸다. 내가 말했다. "좋아요. 유연성을 어느 순서에 둘까요?" 우리는 맨 밑에서 시작해 위로 올라가면서 네 번째 순서에 유연성을 올려놓았다.

그가 유연성을 네 번째 자리에 올려놓는 순간, 그의 뒤에 앉아 있던 또 다른 참가자(척추 지압사였다)가 갑자기 "저것 좀 봐!"라고 소리치는 것이었다. 곧이어 다른 몇몇 사람이 그 변화를 알아챘다. 이 남자의 생리기능이 말 그대로 우리가 보는 앞에서 확연히 변하기 시작했기 때문이다. 그가 자신의 가치 우선순위에 유연성을 추가하자, 그의 자세가 완전히 느긋해지고 훨씬 더 여유롭게 보였다. 의자에 앉은 자세부터 달라졌고, 호흡도 훨씬 더 자유로워 보였다. 얼굴 근육의 긴장이 풀리면서 표정도 변했다. 유연성을 새로운 우선순위에 올리면서 그의 신경계가 메시지를 받은 것이 분명했다.

내가 "추가하고 싶은 다른 가치가 또 있나요?"라고 묻자, 그는 잠시 생각하다가 "아마도… 용서?"라며 질문조로 말했다. 청중석에서 다시 웃음소리가 터졌다. 이 남자는 적대감과 긴장감이 가득 찬 사람이었지만 지금 180도 변하고 있었다. 그가 자신의 가치 우선순위에서 용서를 어디에 두어야 할지 찾는 모습을 보고, 그의 태도, 호흡, 얼굴 근육, 몸짓에서 추가적인 변화가 일어나고 있음을 알 수 있었다. 주말 동안 세미나에 참석한 사람들은 그가 자신의 가치관에 단지 두 개의 가치를 추가하면서 극적인 변화가 일어나는 것을 보고 모두 놀라워했다. 그는 더 부드러운 목소리로 사람들에게 말을 걸었고, 그의 표정은 완전히 '열린 사람'의 그것이었다. 그는 정말 전에 없던 방식으로 사람들과 연결되는 것 같았다. 그로부터 3년이 지난 지금, 그의 가치 목록에서 '자유'는 사라졌고 아내와의 친밀감은 헤아릴 수 없을 정도로 좋아졌다.

"우리가 반복적으로 행하는 것이 곧 우리 자신이다."

–아리스토텔레스 Aristoteles

인생은 우리의 가치체계를 시험하곤 한다. 내 경우, 비행기에 탑승하려 했을 때 시험이 닥쳤다. … 바로 내가 타려는 비행기 승강구에 스미스 씨가 서있는 게 아닌가? 그를 보지 않고 지낸 2년 동안 잊고 있었던 분노와 적대감이 치밀어올랐다. 그는 허둥지둥 비행기에 올라타더니 뒷자리 좌석에 앉았다. 나는 내 자리에 앉으면서 그가 내 뒤에 앉아 있다는 게 신경 쓰였다. 여러 질문이 내 머릿속을 빠르게 스쳐 지나갔다. 어떻게 해야 하지? 그와 정면으로 맞서야 하나? 그 옆으로 가서 그를 빤히 쳐다보며 그를 당혹스럽게 만들어볼까? 물론 내가 이런 생각을 했다는 것이 자랑스럽지는 않지만, 정직함이 내 가장 중요한 가치 중 하나이기 때문에 당신에게 솔직하게 말하고 있는 것이다.

그러나 잠시 후 결국 내 가치관이 내 행동을 통제했다. 어떻게 그럴 수 있었느냐고? 내가 뭔가를 적으려고 노트를 펼쳤는데 노트 앞면에 내 가치 우선순위가 붙어 있었기 때문이다. 가치 우선순위의 맨 윗자리에는 '삶에서 내게 가장 중요한 것은 **사랑스럽고 따뜻한 사람이 되는 것**'이라고 쓰여 있었다. 그 아래로 '총명, 쾌활, 정직, 열정, 감사, 재미있게 살기, 변화하기' 등등이 적혀 있었다. 당신이 짐작하는 것처럼 오랜만에 스미스 씨를 보게 된 당시 내 마음상태는 평소와는 매우 다르게 변해 있었다. 내 평소 패턴은 이미 확실하게 깨져 있었다. 내가 진짜 어떤 사람인지, 이럴 때 어떻게 해야 하는지를 상기해야 했다. 비로소 무엇을 해야 할지가 명백해졌다.

비행기가 착륙했을 때, 나는 진실되고 따뜻한 마음으로 그에게 다가갔다. 그의 과거 행동에 대해 결코 감사하거나 인정하지 않지만, 더 이상 그에게 격렬한 분노를 품지 않기로 결심했으며, 앞으로 그가 잘 되기를 바란다고 말했다. 내가 돌아서면서 마지막으로 기억하는 것은 그의 놀란 얼굴이었다. 완전히 감동한 표정이었으니까! 많은 스트레스를 받으면서도 나는 내가 옳다고 믿는 것에 따라 살아왔다. 인생에서 당신이 정말 옳다고 믿는 일을 한 것만큼 성취감을 느낄 수 있는 일은 없을 것이다. 당신의 운명을 형성하는 이런 힘을 갖고 있다는 것은 선물이 아닐 수 없다. 지금 당장 시간을 내서 삶의 우선순위를 명확히 하는 연습을 하도록 하라.

가치관을 가지고 있으면서 가치관에 따라 살지 않을 수도 있을까? 당신의 삶의 방향을 이끌어주는 위대한 가치체계를 가지고 있으면서도 여전히 불행하다고 느낀다면 그것은 가치관의 힘을 제대로 이해하지 못하고 있기 때문이다.

16장

당신이 행복하지 않은 이유

"다른 사람들이 당신에게 기대하는 것보다 더 높은 기준을 적용하라."

–헨리 워드 비처Henry Ward Beecher

나는 지금 하와이 빅아일랜드에 있는 하얏트 리젠시 와이콜로아 리조트의 방에서 짙푸른 태평양을 바라보며 이 책을 쓰고 있다. 2017년까지는 북미 지역에서 다시 볼 수 없는 개기일식을 구경하고 돌아온 참이다. 아내 베키와 나는 이 희귀한 천문 현상을 보기 위해 새벽 5시 30분에 일어났다.

전망 장소에는 이 광경을 보러 수많은 사람이 모여들었기 때문에, 내게는 다양한 사람을 볼 수 있는 좋은 기회가 생긴 셈이었다. 대기업 고위 간부에서부터 휴가를 즐기는 가족들, 수십 개의 망원경을 동원해 이 희귀 현상을 좀 더 자세히 관찰하려는 과학자들, 밤새 용암 구덩이에 텐트를 치고 기다리는 등산객들, 그리고 부모에게서 멋진 구경거리라는 말을 듣고 따라온 어린아이들에 이르기까지, 불과 4분 만에 끝날 일식을 보기 위해 수천 달러를 들여 전 세계에서 날아온 수많은 사람이 지금 이곳에 모여 있는 것이다! 도대체 무엇 때문에 여기서 이 고생을 하는 거지? 그늘을 마다하고 따가운 햇빛을 받으면서 말이다! 알고 보면 우리 인간은 참 흥미로운 종(種)이라는 생각이 들지 않는가?

오전 6시 28분이 되자 드디어 드라마가 펼쳐지기 시작했다. 일식을 볼 수 있을 것이라는 기대감뿐 아니라 볼 수 없을지도 모른다는 불안감도 감돌았다. 이 특별한 아침 하늘에 구름이 몰려들기 시작하면서 잔뜩 흐려졌기 때문이다. 사람들이 기대가 충족되지 않을 가능성에 어떻게 대처하고 있는지 살펴보는 것도 흥미로웠다. 사람들이 보려 한 것은 달이 태양 위를 잠시 지나가는 것이 아니라, 달의 그림자가 태양 광선을 완전히 차단하고 우리를 어둠 속에 빠뜨리는 현상이 4분간 지속되는 것이었다. 그래서 그것을 개기일식totality이라고 부르지 않던가!

오전 7시 10분이 되자 구름이 점점 더 많아져 하늘을 거의 뒤덮었다. 그런데 갑자기 태양이 구름의 구멍을 뚫고 나왔고, 우리는 잠시 부분일식을 볼 수 있었다. 군중이 흥분하며 박수를 쳤지만, 곧 구름이 다시 더 짙어지면서 우리의 시야를 완전히 가렸다. 개기일식, 즉 완전한 어둠의 순간에 가까워지면서, 구름 때문에 달이 태양을 삼키는 것을 볼 수 없을 것 같았다.

갑자기 많은 사람이 TV 방송국이 설치한 대형 TV 앞으로 달려갔다. 결국 우리는 개기일식의 현장에서, 그곳까지 직접 오지 않은 세계의 다른 많은 사람과 마찬가지로 TV를 통해 일식을 보고 있던 것이다! 그 순간 나는 인간의 감정에는 제한이 없다는 것을 알 수 있었다. 바로 사람들은 자신의 습관적 규칙에 따라 반응한다는 것이다. 즉, **사람들은 어떤 경험에 대해 좋은 기분이 들려면 반드시 무슨 일이 일어나야 한다는 믿음에 따라 행동한다는 것이다.**

내 뒤에 있는 한 남자는 "고작 TV로 이걸 보려고 4,000달러를 들여가며 여기까지 왔단 말이야?"라고 투덜거렸고, 멀리 떨어지지 않은 곳에 있던 한 여성은 "우리가 그 장면을 놓쳤다는 게 믿기지 않아요!"라고 중얼거렸다. 하지만 그녀의 어린 딸은 여전히 밝은 표정을 잃지 않으며 열정적으로 재잘거리고 있었다. "하지만 엄마, 어쨌든 지금 일식이 일어나고 있잖아요!" 내 바로 오른쪽에 앉아 있던 또 다른 여성은 이렇게 말했다. "정말 놀랍지 않나요? 지금 내가 여기 있다는 것이 정말 행운이라고 생각해요!"

그 순간 극적인 일이 벌어졌다. TV 화면에서 마지막 한 조각의 햇빛이 달 뒤로 사라졌고, 그 순간 우리가 완전한 어둠에 휩싸인 것이다. 하늘이 점점 어두워지는 평소의 해질녘과는 전혀 달랐다. 그것은 즉각적이고 완전한 어둠이었다! 처음에는 군중 사이로 웅성거리는 소리가 들렸으나, 얼마 후 사방이 조용해졌다. 새들도 나무 속으로 숨었는지 조용해졌다. 정말 놀라운 순간이었다. 그런데 다시 짜증나는 일이 벌어졌다. 사람들이 어둠 속에 앉아 TV 화면을 보고 있는데, 카메라를 가지고 온 사람들이 TV 화면을 찍기 시작했고, 우리 주위가 태양빛이 아닌 카메라 플래시 때문에 다시 밝아진 것이다!

그러나 아쉽게도 그런 소동이 시작되자마자 개기일식이 끝나버렸다. 이 모든 소동 중에 내게 가장 극적인 순간은 달 뒤에 가려졌던 태양의 가느다란 빛줄기가 빠져나오면서 순식간에 다시 대낮이 된 순간이었다. 그때 문득 **어둠을 물리치는 데에는 그다지 많은 빛이 필요하지 않다**는 생각이 머리를 스쳤다.

사방이 밝아지자 많은 사람이 일어나 자리를 뜨기 시작했다. 나는 어리둥절했다. 일식은 아직도 진행 중인데 말이다. 조금 전까지만 해도 그들은 '이곳까지 와서 평생의 경험을 놓치게 되었다'며 불평하던 사람들이었다. 그러나 아직 일부 사람들은 넋을 잃은 채 엄청난 흥분과 기쁨을 느끼며 일식이 진행되고 있는 것을 놓치지 않고 바라보았다. 가장 아이러니한 것은 15분에서 20분도 되지 않아 무역풍이 불어와 하늘에서 구름을 말끔히 걷어냈다는 것이다. 하늘이 금방 파랗게 바뀌면서 모든 사람이 일식이 진행되는 것을 분명하게 관찰할 수 있었다. 그러나 남아있는 사람은 별로 없었다. 대부분의 사람이 투덜거리며 방으로 돌아갔기 때문이다. 그들은 자신의 기대가 충족되지 않았다는 생각에 계속 자신에게 고통을 안겨준 셈이었다.

나는 여느 때와 마찬가지로 사람들에게 질문을 던져보았다. 이번 일식에 대한 그들의 경험이 어떠했는지 알고 싶었다. 대부분의 사람이 이번 일식이 그들의 삶에서 가장 놀랍고 영적인 경험이었다고 말했다. 한 임산부는 불룩한 배를 어루만지며 일식을 보면서 태어나지도 않은 아이와 보다 강력한 유대감을 갖게 되었으며 이곳에 오기를 정말 잘했다고 대답했다. 내가 앞서 언급한, 불평을 늘어놓는 사람들과는 너무나 대조적인 믿음과 규칙이었다!

하지만 내가 가장 흥미로웠던 것은, 단 4분간 어둠 속에 있었을 뿐인데도 사람들이 이렇게 흥분하고 감정적이 될 수 있느냐 하는 것이었다. 가만히 생각해보면, 일식은 매일 아침 해가 떠오르는 것 이상의 기적도 아니다! 세상 사람들이 매일 아침 해가 뜨는 것을 보려고 새벽같이 일어난다는 얘기를 들어본 적이 있는가? 전 세계 언론 매체들이 아침에 해가 하늘로 떠오르는 것을 요란하게 추적하며 시간대별로 상세하게 보도하는 것을 본 적이 있는가? 사람들이 아침마다 해가 뜨는 것을 보고 "이 얼마나 놀라운 기적인가?"라고 말하는 것을 들어본 적이 있는가? 우리가 매일 그런 기적의 날을 보냈다고 생각하는가? CNN이 매일 아침마다 "좋은 아침입니다. 오늘도 기적이 일어났습니다. 해가 또 떴거든요!"라고 시작한다면 어떻겠는가? 왜 사람들이 일식에는 그렇게 요란법석을 떨면서 매일 아침의 기적에는 그렇게 반응하지 않은 것일까? 바로 우리가 습관화되어 있기 때문이다. 매일 일어나는 기적에 너무 익숙해지면, 우리는 더 이상 그것을 기적으로 보지 않는다.

어떤 것을 가치 있게 생각하느냐에 관한 우리의 습관적 규칙은, 흔하게 존재하는 기적보다는 희소성 있는 기적을 더 탐내도록 지시한다. 일식을 제대로 보지 못한다는 실망감으로 너무 화가 나서 그 자리에서 카메라를 내동댕이친 남자가 있는가 하면, 어떤 이들은 오늘 일식을 본 기쁨을 몇 주, 몇 달, 몇 년 후 다른 사람들에게 말할 때마다 계속 느낀다. 사람들의 반응을 그렇게 다르게 만든 것은 무엇일까?

현실을 어떻게 느끼느냐는 사실 실제 현실과는 별개의 문제다. 우리가 기분이 좋아지려면 반드시 어떤 일이 일어나야 한다고 생각하는 습관적 믿음의 힘을 통해 현실이 해석될 뿐이다. **언제 고통을 느끼고 언제 기쁨을 느끼는지 판단하는 이런 구체적 믿음을 나는 규칙이라고 부른다.** 이런 규칙의 힘을 이해하지 못하면 평생의 행복을 파괴할 수도 있지만, 그 힘을 완전히 이해하고 활용하면 이 책에서 다루는 그 어떤 것 못지않게 당신의 삶을 변화시킬 수 있다.

더 나아가기 전에 질문 한 가지 해보자. **당신의 기분이 좋아지려면 무슨 일이 일어나야 하는가?** 누군가 당신을 안아주고, 입맞춤하고, 사랑을 나누고, 당신을 얼마나 존경하고 감사하는지 말해줘야 하는가? 백만 달러를 벌어야 하는가? 골프에서 언더파를 기록해야 하는가? 상사에게 인정받아야 하는가? 당신의 모든 목표를 빠짐없이 달성해야 하는가? 멋진 차를 몰고 멋진 파티에 참석해 사람들이 당신을 알아주어야 하는가? 아니면 어떤 영적 수준에 도달하거나 완전한 깨달음을 얻을 때까지 기다려야 하는가? 매일 하루에 5마일을 뛰어야 하는가? 당신의 기분이 좋아지려면 무슨 일이 일어나야 하는가?

그러나 진실은 당신의 기분이 좋아지기 위해 어떤 일도 일어날 필요가 없다는 것이다. 기분이 좋아지기 위해 일식을 보아야 하는가? 당신은 아무 이유 없이 지금 당장 기분이 좋아질 수 있다! 생각해보라. 백만 달러를 번다고 해서 그 돈이 기쁨을 주는 것은 아니다. "이 목표에 도달하면 기분이 좋아질 거야"라고 말하는 것이 당신의 규칙일 뿐이다. 그 순간 기분이 좋아지기로 마음먹으면, 얼굴, 가슴, 몸의 근육 반응을 바꾸고, 호흡도 바꾸고, 기쁨이라는 감정을 느끼게 하는 신경계 내의 생화학 반응을 바꾸라는 메시지를 뇌에 보내기 때문이다.

일식이 있던 날에 최악의 시간을 보낸 사람이 누구라고 생각하는가? 기분이 좋아지려면 무슨 일이 일어나야 한다는 강력한 규칙을 갖고 있던 가진 사람들이다! 과학자들, 그리고 스스로를 과학자처럼 생각한 관광객들이 가장 고통스러운 하루를 보내지 않았을까? 그들은 4분 안에 끝내야 하는 중요한 일이 있었기 때문에 기분이 좋아질 수 없었다.

하지만 오해하지 말라. 무언가를 성취하기 위해 당신이 할 수 있는 일에 전념하는 것이 잘못되었다고 말하는 게 아니다. 몇 년 전, 나는 내 삶을 영원히 바꾸는 결단을 내렸다. **우리가 통제할 수 없는 것에 행복이 좌우되는 한, 고통을 경험할 수밖에 없다는 것이다.** 나는 고통이 나를 흔들 수 있다는 두려움을 느끼며 살고 싶지 않았고 나 스스로도 어느 정도 총명하다고 생각했기 때문에, 내 마음과 몸과 감정을 통제하는 능력에 따라 내가 원할 때 고통이나 기쁨을 느낄 수 있도록 내 규칙을 재설계했다. 특히 베키와 나는 이번 일식에서 매우 큰 기쁨을 느꼈다. 우리는 어차피 3주간의 인증 프로그램을 수행하기 위해 하와이에 와야 했기 때문에, 며칠 일찍 와서 일식을 본 것은 보너스였다.

하지만 우리가 일식을 즐긴 것은 일식에 대한 우리의 기대가 낮았기 때문이 아니다. 우리 역시 큰 기대를 하고 있었다. 우리가 행복했던 진짜 이유는 우리가 가지고 있던 하나의 중요한 규칙 때문이었다. 사실 **우리는 그날**

무슨 일이 일어나든 일식을 즐긴다는 규칙을 세워놓았다. 일식에 대해 기대하지 않았던 것이 아니라, 무슨 일이 일어나더라도 즐길 수 있는 방법을 찾기로 결심했던 것이다.

이런 규칙을 채택하고 삶에 지속적으로 적용한다면, 당신이 경험하는 거의 모든 것을 바꿀 수 있다고 생각되지 않는가? 내가 사람들에게 이 규칙에 대해 말해주면, 어떤 사람들은 "좋아요, 하지만 그건 기준을 낮추는 것 아닌가요?"라고 말한다. 하지만 그것은 너무나 잘못된 생각이다! 이 규칙을 채택하는 것은 오히려 **기준을 높이는 것이다.** 그 순간 어떤 상황에도 불구하고 자신을 즐겁게 만든다는 더 높은 기준을 지키는 것이기 때문이다. 이 규칙을 채택하는 것은, 당신이 충분히 총명하고, 유연하고, 창의적으로 되는 데 전념함으로써 삶의 진정한 풍요로움을 경험할 수 있는 방법으로 당신의 초점과 평가를 전환하는 것을 의미한다. 그리고 그것이 당신의 궁극적인 규칙이 되어야 할 것이다.

앞 장에서 우리는 삶의 방향을 개선하고 정의하기 위한 가치 우선순위를 직접 만들어보았다. **당신이 그런 가치들을 성취하고 있다고 느끼는지 아닌지는 전적으로 당신의 규칙에 달려 있다**는 것을 이해해야 한다. 아직도 성공했다거나 행복하다거나 사랑받고 있다거나 하는 감정을 느끼기 위해서는 무슨 일이 일어나야 한다고 믿고 있는가? 행복을 최우선 순위로 삼을 수 있지만, 행복에 대한 당신의 규칙이 '모든 것이 계획대로 진행되어야 한다'는 것이라면, 나는 당신이 행복이라는 가치를 지속적으로 경험하지 못할 것이라고 확신한다. 삶은 변화무상하기 때문에, 규칙도 우리가 상황에 따라 조정하고, 성장하고, 즐길 수 있도록 만들어야 한다. 그러므로 우리가 언제 고통을 느끼고, 언제 기쁨을 느낄지를 통제하는 이런 무의식적 믿음을 이해하는 것이 무엇보다 중요하다.

무엇이 당신의 규칙을 결정하는가

우리는 저마다, 삶에서 일어나는 일들에 대해 느끼는 방식과 특정 상황에서 어떻게 행동하고 대응할 것인지를 통제하는 각각 다른 규칙과 기준을 가지고 있다. 궁극적으로 무엇을 하고 어떤 사람이 되느냐는, 가치관이 우리를 어디로 인도하느냐에 달려 있다. 마찬가지로, 아니 어쩌면 더 중요하게도, 우리의 감정과 행동을 결정짓는 것은, **무엇이 좋고 무엇이 나쁜지, 무엇을 해서는 안 되고 무엇을 반드시 해야 하는지에 대한 우리의 믿음이다. 이에 대한 정확한 기준들을 나는 규칙이라고 부른다.**

이런 규칙들이 신경계에서 수시로 느끼는 고통이나 기쁨을 유발하는 것이다. 그것은 마치 뇌 안에 작은 법정이 들어앉아 있는 것과 같다. 우리가 각자 가지고 있는 규칙은 최종적인 판결을 내리는 판사와 배심원이다. 특정 가치가 충족되었는지, 기분이 좋을 것인지 나쁠 것인지, 자신에게 고통을 줄 것인지 기쁨을 줄 것인지를 결정한다. 예를 들어 "당신은 멋진 몸매를 가지고 있습니까?"라고 묻는다면 어떻게 대답하겠는가? 그것은 당신이 좋은 몸매를 갖는 데 필요한 특정 기준을 충족시키고 있다고 생각하느냐에 달려 있다.

또 다른 질문을 해보자. "당신은 좋은 연인인가요?"라는 질문에 대한 당신의 대답은, 좋은 연인이 되는 데 필요한 기준이 무엇이냐에 대한 규칙에 따라 달라질 것이다. 당신이 "네, 나는 좋은 연인입니다"라고 대답한다면, **나는 당신의 규칙을 확인하기 위해 다음과 같은 중요한 질문을 할 것이다. "당신이 좋은 연인이라는 것을 어떻게 알 수 있습니까? 당신이 자신을 좋은 연인이라고 여기려면, 어떤 일이 일어나야 합니까?"**

그러면 당신은 이렇게 대답할지 모른다. "내가 좋은 연인이라는 것을 알 수 있는 이유는, 다른 사람과 사랑을 나눌 때 상대방이 항상 기분이 좋다고 말하기 때문이지요." 또 "애인의 반응을 보면 내가 좋은 연인인 걸 알 수 있답니다"라고 말하는 사람도 있고, "사랑을 나눌 때 내 기분이 좋은 걸 보면, 내가 좋은 연인 아닌가요?"라고 말하는 사람도 있을 것이다(이런 사람은 파트너의 반응은 전혀 중요하지 않다고 생각하는 사람이겠지만). 또 "주변 사람에게 물어보면 금방 알 수 있지요!"라고 대답하는 사람도 있을 것이다.

반면, 자신이 좋은 연인이라고 생각하지 않는 사람도 있을 것이다. 이런 사람들은 자신이 정말 좋은 연인이 아니기 때문에 그렇게 생각하는 것일까? 아니면 그들의 규칙이 부적절하기 때문일까? 이것은 반드시 짚고 넘어가야 할 중요한 질문이다. 많은 경우, 사람들은 자신의 파트너가 자신을 좋은 연인이라고 말해주지 않았기 때문에 좋은 연인이 아니라고 생각한다. 자신의 파트너가 실제로는 열정적인 반응을 보였을 수도 있지만, 자신의 구체적인 규칙을 충족하지 못하면 자신이 좋은 연인이 아니라고 확신하는 것이다.

우리가 마땅히 느껴야 할 감정을 느끼지 못하는 것은 관계나 연애에만 국한되지 않는다. 성공, 변화, 안전, 총명함 등을 정의하는 데에도 이 같은 부적절한 규칙을 가지고 있다. 일할 때나 놀 때나, 우리 삶의 모든 것이 이런 부적절한 규칙에 의해 결정된다.

요점은 간단하다. 우리가 살아있는 한, 습관적 규칙이 우리의 모든 반응을 통제한다는 것이다. 그리고 이미 짐작했겠지만, 그 규칙은 완전히 자의적으로 설정되었다. 삶을 지시하는 마스터 시스템의 다른 요소들과 마찬가지로, 규칙도 그동안 우리가 받은 일련의 영향에서 생겨났다. 우리의 가치를 형성한 벌칙과 보상 시스템이 규칙을 형성한 것이다. 실제로 우리는 새로운 가치를 개발할 때마다, 그 가치를 충족시키기 위해 무엇이 필요한지에 대한 믿음도 함께 개발한다. 그래서 새로운 규칙들이 계속해서 추가되는 것이다. 삶에 더 많은 규칙이 추가되면서, 우리는 종종 과거의 규칙을 왜곡하거나 일반화하거나 삭제하는 경향이 있다. 그런 와중에 서로 모순되는 규칙이 생겨난다. 어떤 사람들은 자라면서 기존의 규칙에 반항하려는 욕망에서 새 규칙을 만들어내기도 한다.

당신의 삶을 이끌어온 규칙들이 과연 지금의 당신에게도 여전히 적절한가? 아니면 과거에는 도움이 되었지만 현재는 상처를 주는 규칙을 여전히 따르고 있지는 않은가? 어쩌면 이미 어린 시절부터 부적절한 규칙에 따라 살았을지도 모른다.

"바보가 규칙을 만들면, 모든 바보가 그 규칙을 따른다."

– **헨리 데이비드 소로**Henry David Thoreau

두뇌의 입장에서 볼 때 규칙은 지름길이다. 규칙은 우리가 어떤 행동의 결과에 대해 확신을 가질 수 있도록 도와준다. 상황이 우리에게 어떤 의미가 있고, 그 상황에서 무엇을 해야 하는지에 대해 번개같이 빠른 결정을 내릴 수 있게 해준다.

누군가 당신을 보고 웃고 있는데, 그것이 무엇을 의미하는지 알기 위해 복잡한 계산을 해야 한다면 삶은 무척이나 피곤할 것이다. 그러나 다행히 우리는, 누군가 자신을 보고 웃고 있다면, 그것은 그들이 행복하다거나, 그들이 친절하다거나, 당신을 좋아한다는 의미라는 규칙을 가지고 있다. 누군가가 당신에게 눈살을 찌푸린다면, 그것이 무엇을 의미하고, 당신이 무엇을 해야 하는지에 대한 또 다른 규칙들을 만들어낼 것이다. 어떤 사람들은 누군가 자신에게 눈살을 찌푸리면, 그 사람이 지금 나쁜 상태에 있으므로 피해야 한다는 규칙을 만들 수 있다. 반면 또 어떤 사람들은 '누군가 나쁜 상태에 있다면, 나는 그들의 상태를 바꿔주어야 한다'는 규칙을 만들 수도 있을 것이다.

"당신은 성공했다고 생각하십니까?"

그레고리 베이트슨Gregory Bateson의 책 《마음의 생태학》(Steps to an Ecology of Mind, 책세상, 2006)에서 읽은 복잡한 이야기가 생각난다. 몇 년 전 저자가 자신의 딸과 나눈 대화록인데, 알기 쉽게 정리해서 소개하면 이렇다. 어느 날 딸아이가 그에게 다가와 흥미로운 질문을 던졌다.

"아빠, 왜 세상일은 그렇게 쉽게 엉망이 되어버리는 걸까요?"

"엉망이라니, 그게 무슨 말이니, 얘야?"

"있잖아요, 아빠. 그러니까 세상일은 완벽하게 정리되어 있지 않은 것 같아요. 지금 내 책상처럼요. 물건들이 여기저기 널려 있고요. 뒤죽박죽이잖아요. 어젯밤에 애써서 말끔하게 정리했는데도 말이에요. 하지만 정돈된 상태가 계속 유지되지 않아요. 금방 다시 흐트러진다니까요!"

베이트슨이 딸아이에게 물었다. "모든 게 완벽하게 정리된 상태가 어떤 건지 한번 보여줄 수 있겠니?"

딸아이는 선반에 있는 모든 물건들을 하나하나 정리해 제자리에 갖다 놓으면서 말했다. "바로 이거에요, 아빠. 이제 완벽해요. 하지만 얼마 못 갈 거예요."

베이트슨이 다시 물었다. "내가 그림물감을 30센티미터쯤 이쪽으로 옮기면 어떻게 되는 거지?" "그럼 다시 흐트러지는 거죠. 그림물감은 아빠가 놓은 것처럼 그렇게 삐뚤어져 있으면 안 된다니까요, 이렇게 똑바로 있어야 해요."

"내가 이 연필을 여기에서 저쪽으로 옮겨 놓으면?"

"그럼 다시 흐트러지는 거죠."

"내가 이 책을 조금 펼쳐 놓으면?"

"그것도 마찬가지예요. 다시 엉망이 된 거예요!"

베이트슨은 딸을 바라보며 말했다.

"얘야, 세상일이 그렇게 쉽게 엉망진창이 되는 건 아니란다. 다만, 완벽하게 정리하는 방법은 한 가지밖에 없지만 흐트러지는 방법은 여러 가지가 있을 뿐이지."

우리는 기분이 나빠지는 방법은 수없이 많이 만들어냈지만, 기분이 좋아지는 방법은 몇 가지밖에 만들지 못했다. 나는 사람들이 고통에 자신을 연결시키는 규칙을 너무 많이 갖고 있다는 사실을 알고 놀라지 않을 수 없었다. 그들은 자신이 피하고 싶은 상태(고통)로 연결되는 신경경로 네트워크는 복잡할 정도로 많이 가지고 있으면서, 기쁨으로 연결되는 신경경로는 몇 개 되지 않는다.

〈운명과의 데이트〉 세미나에 참석했던 한 남자도 그랬다. 그는 잘 알려진 포춘 500대 기업의 CEO로, 사회기여활동을 하면서 지역사회의 사랑도 받고 있었고, 다섯 자녀의 좋은 아버지로 아내에게는 좋은 남편으로 인정받고 있었으며, 마라톤을 즐길 정도로 신체 건강한 남자였다. 하지만 내가 그에게 "당신은 성공했다고 생각하십니까?"라고 물었을 때, 그는 진지한 말투로 "아니오"라고 대답해 모든 사람을 놀라게 했다. 그래서 나는 "그럼 어떤 일이 일어나야 당신이 성공했다고 생각할 것 같나요?"라고 물었다(이 질문은 당신이나 다른 사람의 규칙이 무엇인지 알기 위한 중요한 질문이다).

그는 자신이 삶에서 성공했다고 생각하기 위해 반드시 충족되어야 할 엄격한 규칙과 요구사항들을 줄줄이 쏟아냈다. 그가 성공했다고 느끼려면, 연봉이 300만 달러는 되어야 하고(그는 현재 본봉만 150만 달러다. 추가 보너스 200만 달러는 계산하지 않았다), 체지방은 8% 수준으로 유지해야 하고(그의 현재 체지방 수치는 9%다), 아이들 문제로 실망하지 않아야 했다(5명의 아이들이 모두 각자의 길을 가고 있다). 과연 이 사람은 자신의 이 엄격한 규칙(틀림없이 불합리한 기준으로 보이지만)이 모두 충족되면 정말로 성공했다고 생각하게 될까? 그렇다고 해도 과연 성공했다고 생각하기나 할까?

이와는 대조적인 또 한 사람이 있다. 그를 보면 누구나 그가 원기 왕성한 사람인 줄 알 정도로 에너지가 넘치는 사람이다. 그는 세미나와 인생을 최대한 즐기는 사람 같았다. 내가 그를 보며 물었다. "당신은 성공했다고 생각하십니까?" 그가 미소 지으며 대답했다. "물론이죠!" 내가 다시 물었다. "당신이 성공했다는 걸 어떻게 아셨나요?" 그는 활짝 웃으며 대답했다. "아주 쉽죠. 아침에 일어나서 아래를 내려다보고는, 내가 땅 위에 제대로 서있는지 보기만 하면 되는 걸요!" 청중들이 함성을 질렀다. 그는 이어서 말했다. "내가 땅 위에 서있는 날은 모두 멋진 날이니까요!" 이 규칙은 〈운명과의 데이트〉 진행요원들이 가장 좋아하는 규칙이 되었다. 이제 우리는 매일 아침이 세미나를 시작할 때마다, 우리 자신이 얼마나 성공한 사람들인지 상기시키기 위해 이 말을 한 번씩 되뇐다.

앞서 언급한, 성공 기준이 충족되지 않은 CEO처럼 **잘못된 점수판을 사용하고 있다면 당신은 성공적인 삶을 살고 있으면서도 실패하고 있다고 생각**

할 수 있다. 그것은 당신뿐만 아니라, 배우자와 아이들, 매일 함께 일하는 사람들, 살면서 만나는 다른 모든 사람에게도 불공평하다. 좌절, 분노, 상처, 실패를 느끼게 하는 규칙만 만들어놓고, 행복이나 성공 등을 느끼는 명확한 규칙이 없다면, 그런 감정상태가 주변 사람들을 대하는 방식에 영향을 미칠 뿐 아니라, 그들이 가까이 왔을 때 당신에게서 느끼는 감정에까지 영향을 미친다. 게다가 의식적으로든 무의식적으로든, 당신은 다른 사람들에게 전혀 말해준 적이 없는 자신만의 규칙에 따라 다른 사람들을 함부로 판단하기도 한다. 하지만 다른 사람들이 꼭 당신 규칙을 따르라는 법이 어디 있단 말인가? 당신이 자신에게 그런 잣대를 들이댄다면, 다른 사람들에게도 그럴 가능성이 크다.

자기 자신과 자신이 사랑하는 사람들에게 그렇게 엄격한 규칙을 적용하는 이유는 무엇일까? 대부분 문화적 환경과 관련이 있다. 대부분의 사람은 강력한 규칙을 가지고 있지 않으면, 성공으로 가기 어렵고, 열심히 노력해서 성취해야 한다는 동기부여를 받지 못할 것이라고 두려워한다. 그러나 사실은 그렇지 않다. 추진력을 얻기 위해 지나치게 어려운 규칙을 가질 필요가 없다! 우리가 규칙을 너무 강렬하고 고통스럽게 만든다면, 무슨 일을 하든 성공하기 어렵다는 것을 깨닫게 될 것이다. 그리고 앞서 언급한 학습된 무력감을 경험하게 될 것이다. 따라서 강력한 미래라는 목표의 힘을 사용해 우리 자신을 앞으로 나아가게 하려면, 원할 때 언제든지 행복할 수 있다는 규칙을 마음 깊이 간직해야 한다.

당신의 규칙을 제대로 평가하라

우리는 우리를 중도에 그만두게 하는 규칙이 아니라, 행동을 촉진하고, 기쁨을 느끼게 하며, 끝까지 따를 수 있는 규칙을 개발하기를 원한다. 그런데 특히 인간관계에서 절대적으로 성공을 불가능하게 만드는 규칙을 가지고 있는 사람이 의외로 많다는 것을 알고 놀라지 않을 수 없었다. 예를 들어 사랑에 대해 이런 규칙을 가지고 있는 사람들이 있다. "당신이 나를 사랑한다면, 내가 원하는 것은 무엇이든 들어줘야 해." 또는 "당신이 나를 사랑한다면, 내가 투덜대거나 불평하거나 잔소리해도 받아들여야 해." 과연 이런 규칙들이 적절하다고 생각하는가? 전혀 그렇지 않다! 당신이 사귀는 사람에게 이런 규칙을 적용한다면 그것은 매우 불공평할 것이다.

〈운명과의 데이트〉 세미나에 참석한 한 여성은 남성과 친밀한 관계를 맺고 싶지만, 초기의 '흥미로운 탐색전'이 끝나면 더 이상 관계를 유지할 수 없다고 실토했다. 그래서 내가 물었다. "어떻게 하면 그 남성에게 다시 매력을 느끼게 될까요?" 그녀의 규칙을 들어보니 그녀의 문제가 무엇인지 금방 알 수 있었다. 그녀는 자신이 계속 거부해도 끊임없이 쫓아다니는 남자에게 매력을 느끼고 있었다. 상대 남성이 장애물(자신이 거부하는 것)을 깨뜨리기 위해 계속 노력하는 모습을 보면 그 남성에게 매력을 느끼게 된다는 것이다. 남자의 그런 모습이 매우 강한 남자로 보이기 때문이다.

하지만 더 흥미로운 것은 그녀의 두 번째 규칙이었다. 그 남성이 한 달 이상 계속 쫓아다닌다면 그에 대한 존경심이 사라지고 매력을 잃어버린다는 것이다. 그렇다면 무슨 일이 벌어질지는 뻔하지 않은가? 그녀의 거절에도 불구하고 계속 쫓아다니는 남자들도 일부 있겠지만, 대부분은 얼마 지나지 않아 포기할 것이다. 결국 그들의 관계는 이루어지지 않을 것이다. 끝까지 포기하지 않고 그녀를 따라다니는 일부 남자들도 얼마 동안은 그녀의 관심을 얻겠지만, 한 달 정도의 기간이 지나면 더 이상 그녀의 관심을 받지 못할 것이다. 결국 그녀의 복잡한 시간표를 예상할 수 있는 남자는 거의 없기 때문에 그녀는 누구와도 한 달 이상 사귀지 못하는 것이다.

당신도 이처럼 충족시킬 수 없는 규칙을 갖고 있는가? 어떤 사람들은, 모든 상황을 자신이 통제할 수 있다고 느끼기 위해서는, 상황이 발생하기 전에 무슨 일이 일어날 것인지 미리 알아야 한다고 말한다. 또 어떤 사람들은 어떤 분야에서 자신감을 느끼기 위해서는, 과거에 그 일을 해본 경험이 있어야 한다고 생각한다. 내가 자신감에 대해 이런 규칙을 세웠다면, 그동안 내가 해낸 일의 대부분은 성취하지 못했을 것이다! 내 성공의 대부분은, 근거 경험이 있어서가 아니라, 무언가를 성취할 수 있다는 확신을 갖는 능력이 있었기 때문이었다. 자신감에 대한 내 규칙은 '내가 자신감을 갖기로 결심만 한다면, 나는 무엇에 대해서도 자신감을 갖게 될 것이며, 그런 자신감이 성공에도 도움이 된다'는 것이다.

능력도 흥미로운 규칙이 될 수 있다. 어떤 사람들은 '내가 몇 년 동안 완벽하게 무언가를 해냈다면, 나는 능력이 있는 것이다'라는 규칙을 가지고 있다. 또 어떤 사람들은 '내가 어떤 일을 한 번이라고 효과적으로 해냈다면, 나는 능력이 있는 것이다'라는 규칙을 갖고 있다. 또 어떤 사람들은 '내가 그와 비슷한 일을 해본 적이 있기 때문에 이 일도 잘 할 수 있다는 것을 안다. 그러므로 나는 능력이 있다'라고 생각한다. 이런 규칙이 자신감, 행복, 통제력, 행동의 질, 삶에 어떤 영향을 미치는지 예상할 수 있는가?

성공할 수 있는 규칙을 만들어라

앞 장에서 우리는 가치관을 어떻게 세울지에 대해 자세히 살펴보았다. 하지만 이미 여러 번 언급한 것처럼, 성취할 수 있는 규칙을 만들지 않는다면 그 가치들이 충족되고 있다는 느낌을 받지 못할 것이다. 내가 운명을 설계한다는 아이디어를 처음 개발하기 시작했을 때, 규칙에 대한 개념은 없었고 가치에 대한 개념만 가지고 있었다. 그래서 사람들이 궤도에 올랐다고 느끼는지 아닌지에 대한 판단이 자의적일 수밖에 없었다. 그러나 규칙이라는 개념을 발견하고부터는 우리의 경험에서 고통과 기쁨의 근원을 이해하기 시작했다. 나는 비로소 규칙이 인간의 감정을 촉발하는 장치라는 것을 이해했고, 어떻게 하면 규칙을 더 효과적으로 사용할 수 있는지 생각하기 시작했다.

전에도 말했지만, 사람들 대부분이 고통 쪽에 얽매여 있다는 것이 점차 분명해졌다. 그들의 규칙은, 기분 좋아지기는 매우 어렵고, 기분 나빠지기는 너무나 쉽다. 이를 잘 보여주는 예가 있다. 다음은 내 첫 〈운명과의 데이트〉 세미나에 참석한 한 여성(편의상 로리Laurie라고 부르자)의 가치관이다.

로리가 추구하던 과거의 가치관

사랑

건강

안전

자유

성공

인정

탁월함

조화

존경

성실

정직

재미

언뜻 보면 정말 멋진 가치관으로 보인다. 당신도 이 가치관을 보면 로리가 사랑스럽고 건강하며 자유 지향적인 사람이라고 생각할 것이다. 그러나 자세히 살펴보면 몇 가지 문제를 확인할 수 있다. 로리의 세 번째 가치는 안전이고, 네 번째 가치는 자유다. 이 두 가치가 서로 잘 어울리는 것 같은가?

실제로 이 여성은 극심한 고통에 시달리고 있었다. 그녀는 삶의 거의 모든 면에서 좌절감을 느끼고 있었다. 말 그대로 은둔자가 되어 숨어 살다시피 했다. 수없이 많은 치료사들을 찾아다녔지만 아무도 원인을 밝혀내지 못했다. 그들은 그녀의 삶의 모든 사건과 경험을 평가하는 마스터 시스템을 보지 못하고, 그녀의 행동, 두려움, 감정에만 초점을 맞추었기 때문이다.

나는 그녀의 모든 가치에 대해 그녀가 가지고 있는 규칙을 끌어내기 시작했다. **"당신이 ______를 느끼기 위해서는 무슨 일이 일어나야 합니까?"** 사랑을 느끼기 위한 그녀의 대답은 다음과 같았다. "나는 사랑을 습득해야 하는 것이라고 생각했지요. 또 내가 만나는 사람이 내 믿음을 인정하고 동의한다는 느낌이 들어야 했습니다. 내가 완벽하지 않으면 사랑 받을 수 없다고 생각했지요. 항상 훌륭한 엄마, 훌륭한 아내가 되어야 한다는 생각을 떨칠 수가 없었습니다."

우리는 그녀의 문제가 무엇인지 즉시 알게 되었다. 사랑은 그녀의 가치 목록에서 가장 높은 자리를 차지하고 있었고, 그녀가 몸으로 느낄 수 있는 가장 큰 즐거움의 원천이었다. 하지만 규칙은, 그녀가 통제할 수 없는 복잡한 기준이 충족되지 않는 한 스스로에게 즐거움을 허용하지 않았다! 내 의견을 받아들이는 사람에게서만 사랑을 느끼기로 한다면, 우리는 결코 사랑을 자주 느끼지 못할 것이다. 사람들의 생각과 믿음은 천차만별이다. 따라서 그런 규칙을 따른다면, 우리 기분이 나빠질 수 있는 방법은 너무나 많다.

규칙이 우리에게 힘을 불어넣어주는지 아니면 우리를 좌절시키는지 어떻게 알 수 있을까? 다음 세 가지 기준이 있다.

1. **충족이 불가능하다면** 그것은 우리를 좌절시키는 규칙이다. 기준이 너무 복잡하거나 다양하거나 강렬해서 절대 이길 수 없는 게임이라면, 당신은 좌절시키는 규칙을 갖고 있는 것이다.

2. **규칙이 충족되었는지 여부를 판단하는 기준이 당신이 통제할 수 없는 것이라면** 그 규칙은 좌절시키는 규칙이다. 예를 들어 규칙이 충족되기 위해서 다른 사람들이 특정 방식으로 반응해야 한다거나 특정 환경이어야 한다면, 당신은 좌절시키는 규칙을 갖고 있는 것이다. 앞서 언급한 일식 보기를

기다리던 사람들, 즉 통제할 수 없는 날씨가 그들의 기대에 부응하지 않으면 행복해질 수 없는 사람들이 바로 대표적인 예다.

3. **기분이 좋아지는 방법은 몇 가지뿐이면서 기분이 나빠지는 방법은 많은 규칙**도 당신을 좌절시키는 규칙이다.

로리는 이 세 가지 기준에 모두 해당된다. 그녀의 모든 믿음을 다른 사람들이 인정하고 동의해야 한다고 생각하는 것은 애당초 불가능한 기준이었다. 또 그녀의 기분이 좋아지려면 그녀가 통제할 수 없는 외부 환경, 즉 다른 사람들의 동의가 있어야 했다. 결국 그녀의 기분이 나빠지는 방법은 매우 많았고, 기분이 좋아지는 방법은 딱히 없었다. 다음은 로리의 가치가 충족되기 위한 규칙이다.

로리가 추구하던 과거의 가치와 규칙

사랑: 사랑은 습득하는 것이며, 다른 사람이 내 모든 믿음을 인정하고 동의해야 한다. 나는 완벽하지 않으면 사랑 받을 수 없다고 생각한다. 그래서 늘 훌륭한 엄마, 훌륭한 아내가 되어야 한다고 생각한다.

건강: 내 식단은 엄격한 기준에 따라 완벽해야 한다. 일체의 육체적 고통이 없어야 건강한 것이라고 생각한다. 내가 아는 모든 사람보다 내가 더 건강하고 모범이 되어야 한다.

안전: 모든 사람이 나를 좋아해야 한다. 내가 만나는 모든 사람이 내가 좋은 사람이라고 인정해야 한다. '핵전쟁이 일어나지 않을 것'이라는 확신이 있어야 한다. 내 저축 계좌에 지금보다 더 많은 돈이 있어야 한다.

자유: 내가 해야 할 일의 양, 일하는 시간, 급료, 일에 대한 의견 등을 내가 직접 통제할 수 있어야 한다. 스트레스나 경제적인 압박을 받지 않고 살 만큼 재정적으로 안정적이어야 한다.

로리가 자신의 가치관 중 하나라도 충족시킬 가능성이 얼마나 된다고 생각하는가? 특히 건강에 대한 그녀의 규칙을 보라. "내 식단은 엄격한 기준에 따라 완벽해야 한다." 그녀는 채식주의자였으며 생식만 했지만 여전히 완벽하다는 느낌은 받지 못했다! 당신이 아는 모든 사람보다 그녀가 더 건강할 가능성이 과연 얼마나 되겠는가? 당신의 친구가 모두 중환자가 아니라면 그럴 가능성은 거의 없을 것이다!

로리가 회피하던 과거의 가치와 규칙

거절감: 다른 사람들이 내 믿음에 동의하지 않으면, 누군가 나보다 더 많이 알고 있는 것처럼 보이면, 거부당하는 느낌이 든다.

실패: 다른 사람들이 내가 좋은 사람이라고 믿지 않으면 실패했다는 느낌이 든다. 나 자신이나 가족을 충분히 부양하지 못하면 실패했다는 느낌이 든다.

분노: 내가 하는 일이 제대로 평가 받지 못한다는 느낌이 들 때, 사람들이 나를 잘 알지도 못하면서 함부로 평가할 때, 분노를 느낀다.

피해야 할 규칙도 우리를 좌절시킨다. 기분이 나빠지는 것은 쉽고, 기분이 좋아지는 것은 매우 어렵다는 것을 다시 한번 주목하라. 단지 다른 사람이 자신의 의견에 동의하지 않는다는 이유만으로 거부당하는 느낌이 든다면, 마음고생을 엄청 할 것이다. 또 사람들이 당신을 제대로 알기도 전에 평가할 가능성이 얼마나 될 것이라고 생각하는가? 거의 100%다! 이런 규칙들을 가지고 사는 로리의 몸은 어떤 상태일 거라고 생각하는가? 그녀는 완전히 고통에 시달리고 있었다. 그런데 그녀의 규칙을 보노라면, 그 고통의 원천은 주변 사람들이었다. 그녀가 사람들과 함께 어울리게 되면 그녀의 믿음에 동의하지 않는 사람, 그녀를 좋아하지 않는 사람, 그녀를 잘 알지도 못하면서 함부로 판단하는 사람이 있을 수 있기 때문에 그만큼 위험에 노출되어 있는 것이다. 그렇기 때문에 숨어 살다시피 하는 것이다! 내가 더 이상 참지 못하고 "이런 가치관과 규칙을 가지고 살다 보면 없던 궤양도 생길 거요"라고 말했더니 그녀에게서 "이미 걸렸어요"라는 대답이 돌아왔다.

안타깝지만 그런 경험을 하는 사람은 로리만이 아니다. 물론 그녀의 규칙이 다른 사람보다 유별나긴 하지만, 당신의 규칙도 자세히 살펴보면 불공평한 점이 많다는 걸 알고 놀랄 것이다! 〈운명과의 데이트〉 세미나에는 미국에서 가장 성공한 사람들, 즉 뛰어난 실력과 영향력을 가진 사람들이 많이 참석한다. 그들은 겉으로는 성공한 사람처럼 보이지만, 마땅히 누려야 할 행복과 성취감이 부족한 사람이 적지 않다. 대부분은 가치관의 충돌이나 부적절한 규칙 때문이다.

해결책

해결책은 아주 간단하다. 바로 새로운 평가 시스템을 구축하는 것이다. 새로운 평가 시스템은 달성할 수 있는 규칙을 채택하고, 기분이 좋아지는 것을 쉽게 만들고 기분이 나빠지는 것을 어렵게 만들며, 우리가 가고 싶은 방향으로 끊임없이 우리를 이끄는 것이어야 한다. 물론 우리에게 고통을 주는 규칙 몇 가지 정도는 유용할 수 있다. 때로는 자신을 제한할 필요가 있기 때문이다. 추진력을 얻기 위해서는 어느 정도의 압박이 필요하다는 얘기다. 신선한 오렌지 주스도 담을 컵이 없으면 마실 수 없다. 주스를 담는 컵이 바로 제한이다. 우리는 사회적으로나 개인적으로나 어느 정도 우리 자신을 제한해야 한다. 하지만 그보다 먼저, 삶에서 즐거움을 보다 지속적으로 경험할 수 있도록 우리 자신을 재정비해야 한다. 사람들은 자신의 기분이 좋으면 다른 사람들을 더 잘 대하고, 인간으로서의 잠재력을 극대화시키는 경향이 있다.

그렇다면 우리의 목표는 무엇이 되어야 할까? 가치관을 설계하고 난 다음에는, 자신에게 기쁨을 주기 위해 어떤 근거가 필요한지 결정해야 한다. 우리가 세운 가치의 방향으로 움직일 수 있는 규칙을 만들어야 한다. 물론, 외부 환경에 의존하지 않고 우리가 직접 통제할 수 있는 기준을 사용해서 달성 가능하도록 설계해야 한다.

이러한 요건에 맞춰, 로리는 가치의 순서를 일부 조정했고, 그것을 달성하기 위한 규칙도 완전히 바꾸었다. 그녀가 새로 수정한 가치와 규칙은 다음과 같다.

새롭게 바뀐 로리의 추구해야 할 가치와 규칙

사랑: 나는 사랑을 표현하거나, 다른 사람에게 주거나, 받을 때면 항상 사랑을 경험한다.

건강: 내 기분이 이미 얼마나 좋은지 인식하면, 나는 건강한 것이다!

재미: 살아가는 동안 즐거움과 기쁨을 찾는 것에서 재미를 느낀다.

감사: 지금 내가 가지고 있는 모든 것을 생각할 때 감사함을 느낀다.

자유: 내 신념에 따라 살고 나 자신의 행복을 위한 선택을 할 때, 자유로움을 느낀다.

새 목록에서 즐거움의 순위가 크게 상승했음을 주목하라. 이것이 딸과 남편과의 관계는 말할 것도 없고, 삶의 경험 전체를 변화시켰다. 하지만 더 강력한 것은 그녀가 각 가치에 대한 규칙을 바꾼 것이다. 달성할 수 없는 규칙을 그대로 내버려두면 가치관을 바꿔도 큰 효과를 발휘하지 못한다.

도대체 로리는 무슨 일을 한 것일까? 그녀는 자신의 삶 전체를 자신이 통제할 수 있도록 재정비했다. **우리의 자존감은 우리가 주위에서 일어나는 일들을 얼마나 통제하고 있다고 생각하느냐와 밀접한 관련이 있다.** 로리의 새 규칙들은 그녀가 굳이 힘들게 노력하지 않아도 항상 통제할 수 있는 것들이다.

사랑에 대한 새 규칙은 예전 규칙과 달리 쉽게 달성할 수 있을까? 물론이다! 누가 상황을 통제하는가? 바로 그녀 자신이다! 이제 그녀는 언제든, 자신과 다른 사람들을 사랑하기로 결정할 수 있고, 자신에게 사랑이라는 감정을 줄 수 있게 되었다. 그녀는 자신의 최고 가치(사랑)를 충족하고 있다는 것을 곧 알게 될 것이다. 그녀는 그 가치를 얼마나 자주 충족할 수 있을까? 매일 할 수 있다! 그녀 자신, 가족, 친구들, 심지어 모르는 사람들까지 그녀가 사랑을 줄 수 있는 사람들이 너무나 많기 때문에 가치를 충족시킬 방법은 얼마든지 있다. 건강에 대한 새 규칙도 살펴보자. 새 규칙의 멋진 점은 그녀가 자신의 건강에 대한 최종 책임자라는 점(자신이 얼마나 기분이 좋은지 언제든 인식할 수 있기 때문이다), 달성할 수 있는 규칙이라는 점, 그리고 수시로 기분이 좋다는 것을 인식할 때마다 더 건강해지는 패턴을 강화할 수 있다는 점이다.

게다가 로리는 피해야 할 가치도 새롭게 수정했다. 그녀는 성공하기 위해 빠져서는 안 될 감정들로 소극적 태도와 미루는 습관을 골랐다. 기분이 나빠지기는 쉽고 기분이 좋아지기는 어렵다는 말을 기억하는가? 이제 그것을 뒤집어보자. 우리는 기분이 나빠지기는 어렵고 기분이 좋아지기는 쉬워지기를 원하니까 말이다.

새롭게 바뀐 로리의 피해야 할 가치와 규칙

소극적 태도: 내 궁극적인 행복과 성공을 위해 더 이상 다른 사람들이 나를 인정하는 것에 연연하지 않는다.

미루는 습관: 나 자신에게나 다른 사람들에게 더 이상 완벽함을 기대하지 않는다.

로리가 피해야 할 새로운 규칙을 채택하면서 그녀는 더 이상 다른 사람들의 인정에 연연하지 않게 되었다. 미루는 습관에 대한 그녀의 새 규칙은 완벽함을 기대하는 것이 고통을 준다는 깨달음에서 나온 것이다. 그녀에게 미루는 습관이 생긴 것은 고통받을 일을 시작하고 싶지 않았기 때문이다. 그녀가 가치관과 규칙을 이처럼 바꾸면서 그녀의 삶은 상상 이상으로 변화되었다.

자, 이제 당신에게 과제를 주겠다. 앞 장에서 만든 당신의 새 가치관에 따라, 기분을 좋게 하는 가치는 지키기 쉬운 규칙으로 만들고, 기분을 나쁘게 하는 가치는 지키기 어려운 규칙으로 만들어라. 물론 기분이 좋아지는 방법이 많은 규칙을 만드는 것이 이상적이다. 여기 내 가치관과 규칙 몇 가지를 예로 들어보겠다.

내가 추구하는 가치와 규칙의 예

건강과 활력: 내가 중심이 잡혀 있고, 힘이 넘치고, 균형 잡혀 있다고 느낄 때, 힘과 유연성, 지구력을 증진시키는 일을 할 때, 육체적 건강으로 이어지는 일을 할 때, 수분이 풍부한 음식을 먹거나 나만의 건강 철학에 따라 살 때마다 건강과 활력을 느낀다.

사랑과 온정: 친구, 가족, 심지어 모르는 사람에게서까지도 따뜻함과 성원을 느낄 때, 다른 사람들을 돕는 방법에 집중할 때, 나 자신을 사랑할 때, 내가 다른 사람들의 감정을 좋게 만들어주는 상태에 있을 때마다 사랑과 온정을 느낀다.

배움과 성장: 유용한 변화를 새롭게 이룰 때, 안주하지 않고 더 나아갈 때, 새로운 가능성을 생각할 때, 삶이 확장되거나 더 효과적일 때, 내가 아는 것을 긍정적인 방식으로 적용할 때마다, 배움과 성장의 보람을 느낀다.

성취감: 이미 설정해놓은 인생의 가치에 초점을 맞출 때, 목표를 설정하고 결과를 도출했을 때, 나 자신이나 다른 사람들을 위해 가치를 창조할 때마다 성취감을 느낀다.

아마도 "이건 그냥 게임 아닌가요? 단지 호흡을 바꿨다고 해서 건강에 대한 규칙을 지켰다고 할 수 있나요?"라고 말하는 사람도 있을 것이다. 물론 호흡을 바꾸는 일처럼 간단한 것부터 시작할 수 있다. 하지만 그 규칙을 충족함으로써 삶에서 원하는 것을 더 많이 가질 수 있도록 설계하면 더 좋을 것이다. 또 "고통의 자극이 없다면 성공하려는 추진력도 떨어지지 않을까?"라고 생각하는 사람도 있을 것이다. 걱정하지 마라. 당신이 이 규칙들을 끝까지 해내지 않으면 삶이 당신에게 충분한 고통을 줄 테니까. 굳이 당신의 기분을 나쁘게 만드는 강력한 규칙들을 더 만들 필요는 없다.

사회학에 '민족 중심주의'라는 개념이 있다. 우리 문화의 규칙, 가치, 믿음만이 옳다고 믿는다는 의미다. 이는 우리의 생각을 극단적으로 제한하는 사고방식이다. 주변의 모든 사람은 당신과 다른 규칙과 가치관을 가지고 있지만, 그들의 규칙과 가치관이 당신의 규칙과 가치관보다 더 낫다거나 더 나쁘다고 말할 수 있는 것은 아니다. 중요한 것은 그 규칙이 옳으냐 그르냐가 아니라, 그 규칙이 당신에게 힘을 불어넣어주느냐, 좌절시키느냐 하는 것이다.

화가 나는 것은 규칙이 혼란스럽기 때문이다

최근 누군가에게 화를 냈을 때를 생각해보라. 당신은 그들 자신에게 화를 낸 것인가, 그들이 한 행동이나 말에 대해 화를 낸 것인가, 아니면 그들이 당연히 했어야 할 일을 하지 않아서 화를 낸 것인가? 당신은 그 사람들에게 화가 난 것인가, 아니면 그들이 당신의 규칙을 위반했기 때문에 화가 난 것인가? **당신이 다른 사람과 겪는 모든 불쾌한 감정의 근본에는 바로 규칙의 혼란이 깔려 있다.** 그들이 당신의 믿음을 위반해 어떤 일을 했거나 하지 않았기 때문이다.

예를 들어 당신이 '나를 존중한다면, 절대 나에게 목소리를 높이지 않아야 한다'는 규칙을 갖고 있다고 하자. 당신이 아는 누군가가 갑자기 당신에게 소리를 지른다면 당신은 그에게서 존중받지 못한다는 느낌이 들 것이다. 그리고 그가 당신의 규칙을 위반했기 때문에 화가 날 것이다. 하지만 그 사람은 '나는 존중하는 사람에게, 좋은 감정이든 나쁜 감정이든 무관심이든, 내 모든 느낌과 감정을 솔직하게 털어놓고 싶다. 그래서 존중하는 사람에게 나의 감정을 강렬하게 표현한다'라는 규칙을 갖고 있을 수 있다. 이 두 사람의 규칙이 상호 충돌하는 것을 이해할 수 있겠는가?

사실 아내 베키와 처음 사귀기 시작했을 때 우리도 그랬다. 우리는 상대방을 존중하는 방법에 대해 근본적으로 다른 규칙을 가지고 있었다. 이유가 뭘까? 나는 정직하지 않으면 고통을 많이 받는 환경에서 자랐다. 누군가와 대화하는 도중에 의견이 맞지 않는다고 해서 일어나 나가버리면 그 실수를 만회할 길이 없다고 배웠다. 그럴 때, 첫 번째 규칙은 상대방의 말을 끝까지 듣고 자신의 감정을 정직하게 표현하는 것이었다. 상대방이 틀렸다는 것을 알았더라도 모든 것이 해결될 때까지 그 자리에 머무는 것이었다.

반면 베키는 규칙이 전혀 다른 가정에서 자랐다. 그녀는 좋은 말을 할 수 없다면, 아무 말도 하지 않는 게 낫다. 누군가를 존경한다면 그들에게 결코 목소리를 높여서는 안 된다. 누군가가 목소리를 높인다면, 자존감을 유지하기 위해서는 일어나서 방을 나가야 한다고 배웠다.

존중에 대한 우리의 규칙이 서로 충돌하면서 베키와 나는 거의 미칠 지경에 이르렀다. 이 때문에 하마터면 결혼하지 못할 뻔했다. 이처럼 규칙은 우리가 어디로 가는지, 무엇을 입는지, 우리가 누구인지, 무엇을 받아들이고 무엇을 용납해서는 안 되는지, 어떤 친구와 사귈지, 어떤 상황에서 행복해할지 슬퍼할지 등 모든 것을 결정한다.

어떤 사람은 화에 대해서 "나를 배려한다면, 내가 알아서 화를 풀 때까지 그냥 내버려둬"라는 규칙을 갖고 있고, 또 어떤 사람은 "사랑하는 사람이 화를 내면 즉시 개입해 도와주어야 한다"라는 규칙을 가지고 있다. 이런 규칙의 충돌도 엄청난 갈등을 일으킨다. 두 사람 모두 서로를 존중하고 배려한다는 같은 목적이 있지만, 그들의 규칙이 각각 다른 행동을 지시하기 때문에 그 행동은 응원이 아니라 적대적으로 보인다.

그러므로 당신이 누군가에게 분노를 느끼거나 화가 난다면, 당신을 화나게 하는 것은 그들의 행동이 아니라 당신의 규칙이라는 것을 명심하라. 그러면 당신이 그 사람을 비난하는 것을 멈출 수 있을 것이다. 먼저 비난을 멈추고 스스로에게 "상대방의 행동에 즉각 반응할 것인가, 아니면 상황에 지혜롭게 대응할 것인가?"라는 질문을 하면 화를 빨리 가라앉힐 수 있다. 그리고 나서 다음과 같이 말하며 상대방과 소통한다. "내가 그렇게 반응해서 미안해요. 단지 이 상황에서 우리가 어떻게 행동해야 할지에 대한 규칙이 서로 달랐을 뿐입니다. 나는 당신이 나를 존중한다면 이 상황에서 당신이 ______________ 해주리라고 예상했답니다. 하지만 이제 그것이 당신의 규칙이 아니라는 걸 알았으니, 당신의 규칙이 무엇인지 말해주세요. 당신은 존중(사랑, 배려, 관심 등)을 어떻게 표현하십니까?"

상대방이 무엇을 원하는지 서로 확실히 알고 나면 합의를 이룰 수 있다. 상대방에게 정중하게 물어본다. "내가 존중받는다는 느낌이 들도록 하기 위해 ______________를 해주시겠습니까? 나도 당신을 위해 기꺼이 ______________ 하겠습니다." 상대방의 규칙을 명확히 이해하고 상대방의 규칙에 따라 행동하기로 합의하면, 업무 관계든 개인 관계든 모든 관계는 즉시 변화할 수 있다. 상대방의 규칙을 모른다면 어떻게 경기에서 승리하기를 바랄 수 있겠는가?

규칙을 바꾸는 도전

규칙이 무엇인지 알고 있었지만 갑자기 예외가 발생한 적이 있는가? 사람들은 종종 다른 규칙과 상충되는 하위 규칙을 만들기도 한다. 이에 대한 적절한 비유를 들어보자. 당신과 내가 함께 야구를 하기로 했다. 내가 당신에게 "야구를 할 줄 아세요?"라고 물으면 당신은 "물론 알지요"라고 대답할 것이다. 그런 다음 기본 규칙에 대해 이야기한다. 경기는 9회까지이고,

득점을 많이 올린 사람이 승리하고, 득점을 올리려면 모든 베이스를 터치해야 하며, 쓰리 아웃이면 공수를 교체하고, 뜬 공을 잡으면 아웃이고, 잡지 못하고 떨어뜨리면 세이프고 등등.

드디어 게임이 시작되었다. 9회 말 동점 상황이 될 때까지 모든 것이 잘 풀리고 있었다. 원 아웃이고 주자 두 명이 출루한 상황에서 내가 친 공이 내야 쪽으로 떴다. 내 규칙에 따르면 상대 팀이 뜬 공을 잡으면 나는 아웃되고 경기가 끝난다. 하지만 상대가 공을 떨어뜨리면 나는 세이프가 되고 주자들이 득점을 올리면 우리 팀이 승리한다. 나는 즉시 1루로 달려 나갔고 상대는 공을 떨어뜨렸다. 나는 짜릿하게 1루에서 살았고, 주자가 득점을 올렸으므로 우리가 승리했다고 생각한다.

하지만 당신이 내게 와서 "아니, 당신은 아웃이에요!"라고 말한다. 내가 항의한다. "무슨 말을 하는 거야? 공을 떨어뜨렸잖아요! 규칙에 따르면 당신이 공을 잡다 떨어뜨리면 나는 세이프라고요." 그러자 당신이 다시 말한다. "맞아요. 하지만 두 명이 출루해 있고 원 아웃일 때는 예외에요. 이 경우에는 내가 공을 떨어뜨려도 당신은 아웃이에요. 유일한 예외 규칙입니다."

나는 계속 항의한다. "게임을 하는 동안 예외 규칙을 만드는 법이 어디 있어요?" 당신이 다시 대답한다. "그건 내가 지금 지어낸 게 아닙니다. 바로 '인필드 플라이'라는 규칙이죠. 이미 있는 규칙이라고요." 나는 우리 팀원들에게 물어보았지만 그들은 그런 규칙은 존재하지 않는다고 말한다. 상대 팀 선수들은 모두 그것이 규칙이라고 주장한다. 결국 우리는 규칙을 두고 싸우게 된다.

인간관계에서 이런 경험을 해본 적이 있는가? 나는 모든 규칙을 준수하고 있다고 생각하고 있었는데, 갑자기 누군가가 "이 상황은 예외입니다"라고 말한다면 분통이 터질 것이다. 사람들은 자신의 규칙에 대해 강한 집착을 가지고 있다. 그리고 대부분 자신들의 규칙이 옳다고 생각한다. 특히 다른 사람들이 규칙을 갑자기 지어내거나 바꾼다는 생각이 들면 더욱 화가 난다. 하지만 이런 일들은 다른 사람들과의 상호작용에서 흔히 일어나는 일이다.

서로 상반되는 속담들

돌다리도 두들겨 보고 건너라. vs. 망설이면 기회를 놓친다.

사공이 많으면 배가 산으로 간다. vs. 백지장도 맞들면 낫다.

멀리 있으면 그리움이 더해진다. vs. 눈에서 멀어지면 마음에서도 멀어진다.

늙은 개에게 새로운 재주를 가르칠 수는 없다. vs. 배우는 데 너무 늦은 때는 없다.

남의 집 잔디가 더 푸르게 보인다. vs. 내 집만 한 곳이 없다.

한 푼을 아끼면 한 푼을 버는 것이다. vs. 인생은 빈손으로 가는 것이다.

사실, 믿음과 규칙이 서로 충돌하는 것은 사람들이 삶에서 많은 좌절감을 겪는 이유 중 하나다. 예를 들어 부부관계에서 배우자가 "당신을 사랑해요, 치약을 쓰고 난 다음 뚜껑을 안 닫을 때만 빼고요" 또는 "당신을 사랑해요. 내게 큰 소리칠 때만 빼고요"라고 말할 수 있다. 이런 하위 규칙(예외 단서)들은 매우 사소한 것처럼 보이지만 당사자에게는 부부관계를 심각하게 해칠 수 있다. 이런 문제를 다루는 가장 좋은 방법은 당신의 규칙이 현실에 근거하는 게 아니라 매우 자의적이라는 사실을 깨닫는 것이다. 당신이 그런 규칙을 지켜야 한다고 강력히 주장한다고 해서 그것이 최고의 규칙이라거나 올바른 규칙인 것은 아니다. 규칙은 우리의 관계를 파괴하기 위해 존재하는 것이 아니라 관계에 힘을 불어넣어주도록 만들어져야 한다. 규칙이 관계를 해친다는 생각이 들면 스스로에게 항상 다음과 같은 질문을 해보라. **"부부관계가 더 중요한가, 규칙이 더 중요한가?"**

사귀던 사람이 규칙을 지키지 않아 신뢰가 깨져 헤어진 후, 다른 사람을 다시 사귀는 것이 두려워졌다고 생각해보자. 당신은 이제 '누군가와 너무 가까워지면 마음의 상처를 받는다'는 규칙을 갖게 되었다. 하지만 당신에게 가장 중요한 가치는 여전히 사랑이고, 당신은 '사랑을 느끼기 위해서는 누군가와 가까워져야 한다'는 규칙을 동시에 가지고 있다. 그래서 당신은 지금 매우 혼란스럽다. 당신의 규칙과 가치는 서로 충돌하고 있기 때문이다. 이런 상황에서 무엇을 할 수 있을까? 우선 제일 먼저 해야 할 일은 당신의 규칙이 충돌하고 있다는 사실을 깨닫는 것이다. 두 번째 단계는 당신에게 도움이 되지 않는 규칙을 고통과 연결하고, 그것을 당신에게 도움이 되는 규칙으로 대체하는 것이다. 가장 중요한 것은, 업무 관계든 개인 관계든, 당신이 다른 사람들과 좋은 관계를 맺고 싶다면 당신의 규칙에 대해 타인과 소통해야 한다는 것이다.

상대방의 규칙에 대해 서로 소통하라

당신의 삶을 통제하고 싶다면, 사업을 잘하고 싶다면, 훌륭한 협상가가 되고 싶다면, 자녀에게 좋은 영향을 미치고 싶다면, 배우자와 더욱 친밀해지고 싶다면, 그들이 관계에 대해 어떤 규칙을 가지고 있는지 미리 파악하고, 당신의 규칙에 대해서도 그들과 원활하게 소통해야 한다. **당신의 규칙이 무엇인지 그들과 명확하게 소통하지 않고서, 그들이 당신의 규칙을 따를**

것이라고 기대해서는 안 된다. 또 당신이 그들의 규칙을 수용하지 않거나 따르지 않으면서 그들이 당신의 규칙을 따를 것이라고 기대해서도 안 된다.

나는 어떤 관계를 처음 시작할 때, 가장 먼저 상대방에게 특정 상황에 대한 내 규칙을 설명해주고 그들의 규칙을 가능한 한 많이 알아내려고 노력한다. 그래서 "우리의 관계가 아무 문제없다는 걸 알려면 무엇이 필요할까요? 얼마나 자주 소통해야 할까요? 그밖에 무엇이 필요할까요?" 같은 질문을 한다.

유명인사인 내 친구와 나눈 이야기를 소개하겠다. 그 친구는 뜻밖에도 자신이 친구가 많은 것 같지 않다고 내게 털어놓았다. 그래서 내가 이렇게 물었다.

"정말로 친구가 별로 없다고 생각하나? 자네 주변을 보면 자네를 진심으로 아끼는 사람들이 많은 것 같던데. 혹시 친구가 될 수 있는 사람을 친구로 간주하지 않는 규칙이 있는 거 아냐?"

"그들 모두 내 친구라는 생각이 들지 않아서."

"도대체 그들이 어떤 행동을 해야 친구라고 느낄 수 있겠나?"

"글쎄, 내가 의도적으로 어떤 규칙을 가지고 있다고 생각하지는 않지만…."

그 문제에 대해 좀 더 이야기를 나눠보니 그가 우정에 대해 한 가지 중요한 규칙을 가지고 있다는 것을 알게 되었다. 바로 진정한 친구라면 적어도 1주일에 두세 번쯤은 대화를 나누어야 한다고 생각하고 있던 것이다. 그래서 나는 이렇게 말해주었다.

"자네의 생각도 일리는 있지. 내 얘기를 들어보게. 내가 사랑하는 친구들은 전 세계에 흩어져 있지. 하지만 가까이에 있는 가장 친한 친구들조차도, 내 바쁜 일정 때문에 한 달이 넘도록 만나지 못할 때가 허다하다네. 나는 이른 아침부터 밤늦게까지 세미나를 진행할 때가 많고, 하루에 100통의 이상의 통화를 하지. 그 많은 사람과 직접 만나 대화할 수 있는 방법은 결코 없어! 하지만 우리 모두 친구라는 걸 서로 다 잘 알고 있단 말이야."

그리고 이어서 그에게 물었다.

"자네는 나를 친구라고 생각하나?"

그가 대답했다. "글쎄, 머리로야 자네가 내 친구라는 건 알지만, 자주 대화하지 못하다 보니 가끔은 친구가 아니라는 생각이 드는 것도 사실이지."

"이런, 자네가 그렇게 생각할 줄은 전혀 몰랐네! 지금 그 말을 해주지 않았다면 자주 만나서 대화하는 것이 자네에게 얼마나 중요한 규칙인지 결코 몰랐을 거야. 다른 친구들도 그걸 알게 되면 우정에 대한 자네의 규칙을 좋아할 친구들이 꽤 많을 걸세."

우정에 대한 내 정의는 매우 간단하다. 진정한 친구라면 친구를 무조건적으로 사랑하고, 그를 성원하기 위해 할 수 있는 모든 것을 다 하는 사람이라는 것이다. 친구가 어려움에 처하거나 정말로 도움이 필요할 때 당신을 부른다면, 당신은 그와 함께 있어 주어야 한다는 것이다. 일단 누군가를 진정한 친구라고 결정하면, 몇 달 동안 보지 못했다 해도 우정이 시드는 일은 결코 없을 것이다. 그게 전부다! 일단 친구로 삼았으면 더 이상 의심할 필요 없다. 나는 친구가 많다고 생각한다. 우정에 대한 나의 규칙은 지키기 쉽기 때문이다! 당신은 나를 아끼고 사랑하기만 하면 되고, 나 역시 당신을 아끼고 사랑하면 된다. 그러면 우리는 친구다. 다른 무엇이 필요하단 말인가?

사랑이든, 우정이든, 사업이든, 인생의 어떤 상황에서도 당신의 규칙을 다른 사람들과 소통하는 것이 매우 중요하다. 그런데 모든 규칙을 미리 명확히 설명해주어도 여전히 오해가 생길 수 있다. 때로는 규칙 중 하나를 설명에서 빠트렸을 수도 있고, 당신 자신도 어떤 규칙이 있었는지 의식하지 못했을 수도 있다. 그렇기 때문에 지속적으로 의사소통을 하는 것이 더욱 중요하다. 규칙에 관한 한, 절대로 짐작만 해서는 안 된다. 반드시 소통하라.

절대 어겨서는 안 되는 규칙들

사람들의 행동과 규칙의 영향을 연구하면 할수록, 나는 그 파급 효과에 대해 더 많은 관심을 두게 되었다. 사람들에게는 절대로 어기지 않는 규칙들이 있는가 하면, 매번 어길 때마다 후회하면서도 상습적으로 어기는 규칙들이 있다. 그 규칙들의 차이는 무엇일까?

이에 대해 좀 연구해보니 답이 명확해졌다. 가치에 우선순위가 있는 것처럼 규칙에도 **규칙 우선순위**가 있다는 것이다. 즉 규칙 중에서도 어길 경우 극심한 고통을 주는 규칙이 있다는 것이다. 우리는 웬만해서는 그 규칙들을 어기지 않는다. 나는 이런 규칙들을 **'임계 규칙'**threshold rule이라고 부른다. 예를 들어 내가 "당신이 절대 하지 않을 일이 무엇입니까?"라고 물을 때 당신이 대답하는 것이 바로 임계 규칙이다. 당신은 절대 어겨서는 안 될 규칙을 말했을 것이다. 왜 그렇게 생각하는 걸까? 바로 너무 큰 고통과 연결되어 있기 때문이다.

한편, 누가 강요하지 않아도 우리 스스로 어기고 싶지 않은 규칙도 있다. 나는 이런 규칙들을 **'개인적 기준'**personal standard이라고 부른다. 그 규칙을 어기면 당연히 기분이 좋지는 않지만, 특별한 이유가 있으면 단기적으로 어기기도 한다. 이 두 가지 종류의 규칙은 흔히 must와 should라는 단어로 표현된다. 우리는 반드시 지켜야 하는must, 또는 절대 해서는 안 되는must not 특정한 규칙이 있는데, 이런 규칙이 '임계 규칙'에 해당된다. 반면 '일반적으로 해야 한다고 생각하는'should 또는 '일반적으로 하지 말아야 한다고 생각하는'should not 규칙은 '개인적 기준'에 해당된다. 어쨌든 두 가지 모두 우리가 살면서 만나는 규칙들이다.

반드시 지켜야 하는must 규칙이 너무 많으면 견딜 수 없는unlivable 삶이 될 것이다. 나는 다섯 쌍둥이가 있는 스무 명의 가족이 나오는 TV 프로그램을 본 적이 있다. 사회자가 부모에게 "다섯 쌍둥이를 큰 탈 없이 잘 키운 비결이 무엇입니까?"라고 물었다. 그들이 이구동성으로 한 말은 '너무 많은 규칙이 있어서는 안 된다'는 것이었다. 성격이 각기 다른 다섯 명의 아이가 북적거리는데 규칙이 너무 많으면 그야말로 정신없을 것이다. 끊임없이 규칙을 위반하고 그에 따라 대응하면서 계속 스트레스를 받으며 사는 것이 우리의 일반적인 삶이라는 것이다.

이런 생활 스트레스는 당신과 주위 사람들에게 적지 않은 영향을 미친다. 오늘날 우리 사회에서 여성에 대해 갖고 있는 규칙을 생각해보라. 심지어 '슈퍼우먼 신드롬'이라고 부르는 사람도 있다. 오늘날 여성들은 모든 것을 완벽하게 해내야 하는 사람처럼 보인다. 남편, 자녀, 부모, 친구들을 돌봐야 할 뿐만 아니라, 멋진 몸매도 유지해야 하고, 활발한 사회활동을 통해 세상도 바꿔야 하고, 핵전쟁을 막아야 하고, 게다가 완벽한 사업가가 되어야 한다. 성공한 사람이 되기 위해 반드시 지켜야 할 규칙이 이처럼 많다면 얼마나 많은 스트레스를 받을지 상상할 수 있겠는가?

물론, 이런 스트레스가 여성에게만 국한되는 것은 아니다. 남성과 어린이도 요즘에는 자신에 대한 높은 기대감 때문에 엄청난 스트레스를 받고 있다. 반드시 지켜야 하는 규칙이 너무 많으면, 우리는 삶에 대한 열정과 의욕을 잃게 될 것이다. 더 이상 인생이라는 게임을 하고 싶지 않게 될 것이다. 높은 자존감은 발생하는 사건이 우리를 통제할 때가 아니라, 우리가 사건들을 통제한다고 느낄 때 생긴다. 그리고 반드시 지켜야 하는 규칙이 많으면 그 규칙을 어길 가능성도 그만큼 커진다.

부부관계에서 '절대 해서는 안 되는'must never 규칙이 무엇일까? 많은 사람이 '내 배우자는 절대 외도를 해서는 안 된다'고 말할 것이다. 그러나 어떤 사람들에게는 그것은 '일반적으로 해서는 안 되는'should never 규칙에 지나지 않을 수 있다. 즉 '내 배우자는 일반적으로 외도를 해서는 안 된다'라고 말할 수 있다는 것이다. 이 차이가 뭐가 다르냐고? 당연히 차이가 있을 수 있다. 사실, 부부간에 화를 내는 것은 십중팔구, 규칙에 대체로 합의했음에도 불구하고, 그것이 '절대 해서는 안 되는' 것인지 '일반적으로 해서는 안 되는' 것인지까지 합의하지 않았기 때문이다. 그러므로 부부는 상대가 어떤 규칙을 가지고 있는지 대강 이해해서는 안 되며, 그 규칙이 '절대로'인지 아니면 '일반적으로'인지까지 확실하게 파악해야 한다.

원하는 결과를 얻기 위해서는, 우리가 끝까지 지키고 행동에 옮겨야 할 '반드시 지켜야 할 규칙'이 많아야 한다. 예를 들어 내 친구 중에 몸매가 아주 멋진 여성이 있는데, 그녀는 건강 분야에서 아주 흥미로운 규칙을 가지고 있다. 그녀는 일반적으로 지켜야 할should 규칙은 별로 없고 반드시 지켜야 할 규칙이 아주 많다. 내가 그녀에게 "건강해지기 위해서 절대로 하지 말아야 할must never 것이 무엇입니까?"라고 물었더니 "절대 담배를 피워서는 안 된다. 절대로 약물로 몸을 망치게 해서는 안 된다. 절대로 과식해서는 안 된다. 단 하루도 운동을 걸러서는 절대 안 된다"는 답이 돌아왔다.

그래서 내가 다시 물었다. "건강해지기 위해서 반드시 해야 하는must 것은 무엇입니까?" 이번에도 긴 답이 돌아왔다. "매일 적어도 30분 동안 운동해야 한다. 좋은 음식을 먹어야 한다. 아침에는 과일만 먹어야 한다. 음식을 골고루 먹어야 한다. 매주 적어도 50마일은 자전거를 타야 한다." 답이 멈출 줄 몰랐다. 마침내 나는 '일반적으로 해야 한다고 생각하는'should의 규칙은 없는지 물었다. 그랬더니 그녀의 답은 한마디뿐이었다! "운동을 더 많이 해야죠."

이 여성에게 과체중인 친구가 있었다. 그녀에게 건강해지기 위해 절대로 해서는 안 되는 것이 무엇이냐고 묻자, 그녀는 멍한 눈으로 나를 쳐다보았다. 그녀에게는 건강 분야에서 '절대로 해서는 안 되는'must never 규칙이 없었다. 하지만 '반드시 해야 하는'must 규칙은 몇 가지 있었다. 그녀는 '반드시 먹어야' 하고, '반드시 자야' 했다. 나는 다시 '일반적으로 해야 한다고 생각하는'should 규칙이 있느냐고 물었다. 그녀가 말했다. "그럼요, 더 잘 먹어야 하고, 운동해야 하고, 몸 관리를 더 잘해야 하지요." 그녀는 또한 '고기를 먹으면 안 되고, 과식하면 안 되고' 같은 '일반적으로 해서는 안 된다고 생각하는'should not의 규칙 목록도 가지고 있었다. 이 여성은 '해야 한다고 생각하는'should 일은 많았지만, '반드시 해야 할'must 규칙이 없었기 때문에, 건강하지 않은 일을 해도 자신에게 극심한 고통을 주지 않았다. 그녀가 왜 체중을 줄일 수 없었는지 쉽게 짐작할 수 있다.

당신이 무언가를 계속 미룬 적이 있다면, 당신이 '이 프로젝트를 시작해야 한다'거나 '운동 프로그램을 시작해야 한다' 같은 일반적으로 지켜야 하는 규칙을 사용했는지 돌아보라. 당신이 '이 프로젝트를 반드시 시작해야 한다'거나 '이 운동 프로그램을 반드시 시작해야 한다' 같이 반드시 지켜야 하는 규칙을 사용해 당신의 신경계에 조건화시켜 끝까지 실행했다면 무슨 일이 일어났을까?

우리 삶에는 뼈대를 이룰 구조물이 필요하다. 그런데 어떤 사람들은 성공에 대한 명확한 규칙이 없다. 규칙은 우리가 부가가치를 창출할 특정 환경을 제공하는 뼈대와 같다. 또한 규칙은 어떤 일을 끝까지 수행하도록 동기를 부여하고 우리가 성장하고 확장할 수 있게 해준다. 당신이 해야 할 일은 일반적으로 지켜야 하는 규칙과 반드시 지켜야 하는 규칙 사이에 균형을 이루고, 상황에 따라 두 가지 유형의 규칙을 적절하게 활용하는 것이다.

규칙을 재조정하라

지금 바로 다음 질문에 대한 답을 적어보면서 당신의 규칙을 통제하라. 가능한 한 구체적으로 답하라.

1. 어떤 일이 일어나야 성공했다는 느낌이 드는가?

2. 어떤 일이 일어나야 자녀, 배우자, 부모, 그리고 당신에게 중요한 사람들로부터 사랑받는 느낌이 드는가?

3. 어떤 일이 일어나야 자신감을 느끼는가?

4. 어떤 일이 일어나야 삶의 모든 분야에서 탁월하다는 느낌이 드는가?

이제 이 규칙들을 보면서 자신에게 물어보라. **"그 규칙들은 적절한가? 기분이 좋아지기 어렵게 만들고, 기분이 나빠지기 쉽게 만들지는 않았는가?"** 사랑받는 느낌이 들기 위해 129가지 일이 일어나야 하는 것은 아닌가? 거절당했다는 느낌이 들기 위해 한두 가지 일만 일어나면 되도록 만들지는 않았는가?

만약 그렇다면, 기준을 바꿔서 당신에게 힘을 불어넣어주는 규칙을 다시 생각하라. 당신이 행복하고 성공하기 위해서는 어떤 규칙이 필요한가? 새 규칙의 중요한 차이점은 이것이다. **당신이 통제할 수 있는 규칙을 만들어라. 기분을 좋게 또는 나쁘게 만들지를 결정하는 것은 외부 환경이 아니라 바로 당신이어야 한다. 기분이 좋아지는 것은 매우 쉽게 만들고, 기분이 나빠지는 것은 매우 어렵게 만들어라.**

당신이 추구해야 할 가치에 관한 규칙을 만들 때는 **"나는 언제든지 ______한다"**라는 문구를 사용하라. 그러니까 기분을 좋게 만들 가능성이 있는 방법의 총 목록을 만들어보라. 예를 들어 "나는 사랑을 줄 때나, 사랑하는 사람들과 시간을 보낼 때나, 처음 만나는 사람에게 미소를 지을 때나, 오랜 친구와 이야기를 나눌 때나, 누군가가 나를 위해 좋은 일을 하는 것을 알아차렸을 때나, 나를 이미 사랑하는 사람들에게 감사함을 느낄 때나, 언제든지 사랑을 느낀다." 방금 당신이 무슨 일을 했는지 아는가? 당신에게 일방적으로 유리하도록 규칙을 고쳐서 게임을 승리로 이끌었다!

사랑을 느낄 수 있는 규칙을 충족시키는 방법을 가능한 한 많이 생각해내라. 즐거움을 경험하는 것을 놀라울 정도로 쉽게 만들고, 당신이 통제할 수 있는 기준을 가능한 한 많이 포함시켜서, 기분이 좋아지기 위해 다른 사람이나 환경에 의존하지 않도록 하라. 당신은 그런 규칙을 수행할 때마다 쉽게 사랑을 느낄 것이다. 굳이 어쩌다 한 번 일어나는 개기일식을 기다릴 필요가 없다!

자, 이제 당신을 위한 한 가지 규칙을 알려주겠다. 이 규칙을 따라 하는 것을 즐겨야 한다는 것이다! 호기심을 가지고 미지의 세계를 탐험해보라. 당신은 평생 동안 잘못된 규칙을 따르느라 스스로 발목을 잡아왔다. 그 대가로 한바탕 웃어보는 것은 어떤가? 이제 사랑을 느끼기 위해서 발가락만 꼼지락거려도 될지 모른다. 다시 강조하지만 규칙을 통제하는 사람은 당신 자신이다. 나도 그럴 권한이 없다. 이상하게 들리겠지만, 내가 어떻게 당신에게 기쁨을 주는 것을 결정할 수 있단 말인가?

지금 당장 주위 사람들의 규칙을 파악하라. 설문조사를 해보는 것도 좋다. 가족의 일원이 된다는 것, 학교생활을 잘하는 것, 재미있게 즐기는 것에 대해 아이들이 갖고 있는 규칙이 무엇인지 알아보라. 알게 되면 깜짝 놀랄 것이다! 배우자의 규칙, 부모님의 규칙, 회사 상사나 직원들의 규칙을 알아보라.

한 가지 분명한 것은, 당신이 그들의 규칙을 모르면 얼마 못 가서 규칙을 어기게 될 것이고 그들과의 게임에서 패배할 것이라는 사실이다. 하지만 그들의 규칙을 이해한다면, 행동을 예측할 수 있고, 요구를 진정으로 충족시킬 수 있고, 결국 그들과의 관계를 풍성하게 만들 수 있을 것이다. **가장 힘을 불어넣어주는 규칙은, 무슨 일이 일어나든 즐기는 것임을 명심하라.**

지금까지 몇 장에 걸쳐서 마스터 시스템의 다섯 가지 요소에 대해 배웠다. 이제 우리는 마음상태의 중요성, 질문이 우리의 초점과 평가의 방향을 결정한다는 것, 우리의 삶을 형성하는 가치와 규칙의 힘을 알게 되었다. 이제 이 모든 요소들이 어디서 시작되었는지 알아보도록 하자.

17장

삶을 구성하는 근거 경험

“인간의 마음은 한번 새로운 생각으로 확장되면, 결코 원래대로 되돌아가지 않는다.”

– 올리버 웬델 홈즈Oliver Wendell Holmes

갑판 위에 서있던 신참내기 중위는 제트기가 통제력을 잃고 항공모함 위로 미끄러지면서 제트기 날개가 불과 몇 미터 앞에 서있던 사람을 두 동강 내는 끔찍한 모습을 직접 목격했다. 그 순간 그를 공포에서 깨어나게 한 것은 귀를 찌를 듯한 지휘관의 고함소리였다. “누가 빗자루를 가져와서 이 내장을 쓸어내!”* 생각할 겨를이 없었다. 그는 즉시 명령에 따라야 했다. 그와 동료들이 갑판에서 전우의 시체 조각을 쓸어냈다. 19세의 조지 부시George Bush 중위는 그렇게 전쟁의 참상에 대처하는 법을 배웠다. 그는 훗날 폭력적인 죽음의 충격과 그 상황에 어떻게 대응했는지를 이야기하면서 이때의 기억을 되뇌곤 했다.

그의 삶에 또 다른 영향을 준 경험은 배의 갑판에서 비극적인 사건이 일어난 지 얼마 지나지 않아 수행한 폭격 임무였다. 그는 남태평양의 작은 섬에 있는 무선탑을 폭격하라는 명령을 받았다. 치치지마(父島)에는 악명 높은 일본 장교 마토바(的場)가 지휘하는 전쟁포로시설이 있었는데, 부시와

* “Commander in Chief,” U.S. News & World Report, December 31, 1990.

동료들은 그가 포로들에게 잔인한 전쟁 범죄를 저지르고 있다는 것을 알고 있었다. 그는 시신을 해체해 수프로 만들어 포로들에게 먹인 다음, 그것이 인육(人肉)이었다고 알려주는 천인공노할 만행을 저지른 자였다.

조지 부시는 목표물에 접근하면서, 섬의 유일한 통신 수단인 전파탑을 파괴해 이 미치광이를 고립시켜야겠다고 마음먹었다. 그런데 폭격을 채 하기도 전에 적의 공격을 받았다. 조종실 안까지 연기가 자욱했지만 목표물을 폭격하겠다는 결심은 흔들리지 않았다. 마지막 몇 초 사이에 마침내 폭탄 투하에 성공해 목표물을 맞히고 전파탑을 파괴할 수 있었다. 그는 즉시 비상 탈출 명령을 내렸다. 비행기를 바다 방향으로 돌리면서 그가 탈출할 차례가 되었지만 비상 탈출 장치가 작동하지 않았다. 그의 몸이 비행기 꼬리에 부딪혀 낙하산의 일부가 찢어지면서 머리를 다쳤다. 손상된 낙하산은 그의 추락을 겨우 막아줄 정도였지만, 낙하산은 물에 떨어지기 직전에야 겨우 펴졌다. 머리의 상처에서는 피가 계속 흐르고 있었고, 간신히 수면으로 올라와 필사적으로 구명 뗏목을 더듬어 찾았다. 간신히 구명 뗏목을 찾아 몸 앞으로 잡아당겼지만, 물과 음식이 담긴 통이 비행기 꼬리에 부딪힌 충격으로 부서져 있었다.

엎친 데 덮친 격으로 물살마저 방금 폭격을 퍼부었던 섬의 해변 쪽으로 그를 끌어당기고 있었다. 일본군에게 잡히면 그들이 어떻게 할지 뻔했다. 뗏목이 해안 쪽으로 점점 더 가까이 다가가면서 두려움은 더 커졌다. 그 순간, 갑자기 물속에서 무언가 보이기 시작했다. 처음에는 환영이라고 생각했지만 그것은 잠수함의 잠망경이었다. 일본군의 잠수함이라면 일본의 포로가 되는 것은 너무나 당연했다.

그러나 그의 눈앞에서 물 밖으로 거대한 자태를 드러낸 것은 미 해군 잠수함 핀백Finback이었다! 그는 그렇게 구조되었지만, 위험이 끝난 것은 아니었다. 부시를 태운 핀백은 빠르게 하강했지만, 일본군 함정이 다가와 수중으로 폭탄을 투하하기 시작한 것이다. 핀백은 바닷속 깊이 잠수해 정지 상태로 있을 수밖에 없었다. 잠수함 승무원들도 폭탄이 피해 가기를 기도하는 것 외에는 달리 방법이 없었다.

이런 위험 속에서 살아남은 조지 부시는 이후 더 많은 폭격 임무를 성공적으로 수행했고, 전쟁 영웅이 되어 귀국했다. 그는 잠수함에서 초조하게 보낸 나날이 그의 인생에서 가장 잊지 못하는 경험이었다고 말했다. 운명에 대해, 그리고 자신이 누구이며 왜 세상에 태어났는지에 대해 진지하게 생각할 수 있었던 시간이었다.

이런 경험들이 조지 부시의 성격, 정체성, 운명을 형성하는 데 어떤 역할을 했을까? 그 경험이 부시의 핵심 믿음과 가치의 상당 부분을 구성하게 되었음은 두말할 나위가 없다. 나는 그것을 **근거 경험**reference experiences이라고 부르는데, 바로 이런 경험들이 그로부터 40여 년 뒤에 그가 미국 대통령이 되도록 이끌었다고 생각한다. 그 경험은 또한 선이 반드시 '악에 맞서야 한다'must는 그의 믿음과 확신감을 형성하는 데에도 도움을 주었다. 그는 또 그 경험을 통해, 모든 것을 다 잃어도 포기하지 않으면 어떤 역경에도 원하는 결과를 만들어낼 수 있다는 자신감도 갖게 되었다. 사담 후세인이 아무 이유 없이 미국의 우방인 쿠웨이트를 침공했을 때 그가 취한 대응을 보면, 그 근거 경험이 거의 50년의 세월이 지나 대통령직을 수행하면서도 여전히 영향을 미치고 있다는 생각이 들지 않는가?

사람들이 왜 지금의 행동을 하는지 이해하고 싶다면, 그들의 삶에 가장 중요한 영향을 미친 근거 경험을 살펴보라. 그러면 그들의 행동을 이해하는 단서를 제공해줄 것이다. 인간의 마스터 시스템의 다섯 번째 요소인 근거 경험은 우리의 믿음, 규칙, 가치에 대한 본질 또는 기초를 형성한다. 근거 경험은 우리의 마스터 시스템을 만드는 점토와 같다. 엄청난 역경을 이겨낸 사람은 강력한 근거 경험을 가지고 있다. 그들의 근거 경험이 변치 않는 자신감, 자신과 다른 사람에 대한 믿음, 그리고 도전을 극복하는 능력의 근원이 되었음은 두말할 나위가 없다.

근거 경험이 많고 풍성할수록 '잠재적' 선택의 수준도 높아진다. 근거 경험이 많고 풍성하면, 삶에서 일어나는 일의 의미와 그 상황에서 할 수 있는 일을 보다 효과적으로 평가할 수 있기 때문이다. 내가 '잠재적' 선택이라고 말하는 이유는, 근거 경험이 우리 믿음의 기본적인 요소를 구성하는 것은 맞지만, 때로는 우리를 강화하는 방식으로 구성되지 못하기 때문이다. 예를 들어 축구할 때는 대단한 자신감과 기술을 뽐내면서도 역사수업 시간만 되면 축구장에서 상대 팀을 다루면서 보여주었던 자신감이 온데간데없이 사라지는 학생이 있다고 하자. 그가 역사수업 때와 같은 패배의식을 가지고 축구에 임한다면, 엄청나게 비효율적인 축구선수가 될 것이다.

그렇다면 어떤 근거 경험을 떠오르게 할지 결정하는 것은 무엇일까? 바로 우리가 처한 감정상태가 우리 안에 저장되어 있는 것 중 어떤 파일(즉, 어떤 기억, 어떤 감정, 어떤 느낌, 어떤 감각)을 불러낼지에 근본적으로 영향을 미친다. 우리가 두려운 상태에 있다면, 과거에 두려운 감각들과 연관되었던 경험들만 떠오르고 그것이 계속 반복된다('두려운 감정상태'가 '두려운 경험'으로 이어지고 이것이 두려움을 '증폭'시키는 것이다).

누군가로부터 상처를 받고 있다면, 우리는 저장 파일을 열고 그 사람이 우리에게 상처를 줬던 다른 모든 경험을 끌어내는(기억하는) 경향이 있다. 그 사람이 우리에 대해 실제로 느끼는 감정이나 우리에게 사랑을 표시했던 때를 기억하면 우리의 감정상태를 바꿀 수 있겠지만, 우리는 그렇게 하지 않는다. 따라서 우리의 감정상태에 따라 더 나은 삶을 창조하는 데 사용할 수 있는 근거 경험이 결정된다. 감정상태 외에 또 다른 요소는 어떤 어려움에 처하더라도 무엇이 가능하고 무엇을 할 수 있는지에 대한 우리의 이해 수준을 높여줄 확장된 근거 경험 시스템을 갖추는 것이다.

근거 경험이 우리의 의사결정 과정에서 가장 중요한 요소 중 하나라는 데에는 의심의 여지가 없다. 근거 경험은 우리가 지금 하고 있는 일뿐만 아니라, 우리의 감정, 그리고 우리가 어떤 사람이 되는지를 결정한다. 사담 후세인의 근거 경험과 조지 부시의 근거 경험을 비교해보라. 우리는 사담의 아버지가 그를 신체적으로 학대했고, 그의 삼촌은 그에게 원한을 키우는 방법과 영국 지도자들을 증오하는 방법을 가르쳤다는 것을 잘 알고 있다. 부시가 자신의 근거 경험으로부터 영웅주의를 보상으로 받은 반면, 사담의 롤 모델이었던 사람들은 모두 살인과 선동으로 다른 사람들을 지배하는 법을 배운 사람들이었다.

사담 후세인은 15년에서 20년 동안 이라크의 지도자를 축출하고 자신이 정권을 잡으려는 시도를 반복했고, 자신을 방해하는 사람들은 모두 죽였다. 그는 그렇게 많은 사람을 죽였으면서도 정권을 잡지 못한 것을 실패로 인식하지 않았다. 그는 언젠가는 성공할 것이라고 믿었다. 그런 믿음이 있었기에, 걸프전에서 연합군에 패배하고도 이라크의 정권을 잡을 수 있었다. 그는 42세의 나이에 정적을 제거하고 마침내 이라크를 장악했다.

많은 사람은 이라크인들이 어떻게 그런 괴물 같은 자를 지지할 수 있는지 궁금해한다. 그에 대한 답은, 이라크인들은 국가의 여러 상황을 반전시킨 인물로 사담 후세인을 인식하고 있다는 것이다. 후세인이 더 나은 주택, 교육 등을 제공했기 때문이다. 그런 점에서 그는 이라크인들에게 영웅이었다. 이라크의 어린이들은 네다섯 살 때부터 그가 영웅이라고 배운다. 전국 어디에나 그의 사진이 걸려 있고, 전국에 방영되는 TV에서 그의 좋은 면만 보여준다.

하지만 사담 후세인이 살인자가 된 것이 순전히 어린 시절 학대를 받은 근거 경험 때문일까? 그렇지 않다. 그와 비슷한 근거 경험을 가지고 있지만, 자신이 고통을 겪었다고 해서 다른 사람을 학대하는 것을 절대 용납하지 않는 인정 많은 사람은 얼마든지 많다. 이런 사람들은 다른 사람들을 돕는 데도 열심이다. 또 조지 부시와 같은 배를 탔고 전우의 죽음으로 큰 충격을 받는 경험을 했다고 해서 누구나 인생은 살 가치가 있고 전쟁은 정당화될 수 없다는 믿음이 생기는 것은 아니다. **다시 한번 강조하지만, 우리의 믿음을 명확하게 결정하는 것은 근거 경험 그 자체가 아니라, 그 경험을 어떻게 해석하고 어떻게 구성하느냐에 달려 있다.**

그렇다면 우리 삶의 경험에서 가장 큰 역할을 하는 것은 어떤 근거 경험일까? 그것은 우리가 어떤 경험을 강화시켰느냐에 달려 있다. 사담 후세인은 정권을 장악하는 과정에서 무차별적인 살인과 파괴를 저지르면서 보상을 받았다. 조지 부시는 '올바른 일을 하고, 사회에 기여하고, 도움이 필요한 사람들을 돕는 것'에 초점을 맞추며 자신의 근거 경험을 끊임없이 강화시켰다. 결국 어떤 경험을 강화시키느냐가 이들의 삶이 전혀 다른 운명이 되게 만든 것이다.

근거 경험이란 무엇인가?

근거 경험은 당신이 신경계 내에 기록한 삶의 모든 경험, 즉 당신이 보고 듣고 만지고 맛보고 냄새 맡은 모든 것을 뇌라는 거대한 파일 캐비닛 안에 저장해놓은 것을 말한다. 특정 상황에서 어떤 근거는 의식적으로 선택되기도 하지만, 어떤 근거는 무의식적으로 선택되기도 한다. 또 어떤 근거는 당신이 직접 경험한 것에서 생기기도 하지만, 또 어떤 근거는 당신이 다른 사람들에게서 들은 정보로 구성되기도 한다. 인간의 모든 경험이 그렇듯이, 근거 경험도 당신의 신경계 안에 기록될 때 다소 왜곡되기도 하고, 삭제되기도 하며, 일반화되기도 한다. 그렇기 때문에 당신의 근거 경험에는 실제로 일어나지 않은 일들도 있다. 심지어 당신이 마음속으로 상상해본 것들까지도 마치 기억인 것처럼 뇌에 저장된다.

근거 경험 중 상당수가 자신의 믿음을 뒷받침하고 있다. 4장에서 살펴본 것처럼, 믿음이란 대상이 무엇을 의미하는지에 대한 확신감에 불과하다. 당신이 자신을 똑똑한 사람이라고 믿는다면, 그것은 당신이 그런 확신감을 뒷받침하기 위해 특정 근거 경험을 활성화했기 때문이다. 아마도 당신은 과거에 시험에서 좋은 성적을 받았거나 회사를 잘 운영한 것 같은 정신적인 도전들을 성공적으로 해결한 경험이 있었을 것이다. 그런 근거 경험들이 자신을 똑똑한 사람이라고 생각하는 믿음을 뒷받침하는 '탁자 다리' 또는 '탁자 상판'(115쪽 참조) 역할을 하는 것이다.

우리는 자신감이든 나약함이든, 배려심이든 이기심이든, 우리가 원하는 생각이면 무엇이든 뒷받침할 수 있는 충분한 근거 경험을 가지고 있다. 중요한 것은 **당신이 삶에서 사용하고자 하는 근거 경험을 어떻게 확장하느냐 하는 것이다. 당신이 누구이고, 무엇을 할 수 있는지에 대한 감각을 확장시키는 경험을 의식적으로 찾아서 그것을 강화시켜라.**

"세상에 대한 지식은 옷장 속이 아니라 세상에 나가야만 얻을 수 있다."

– 체스터필드 경 Lord Chesterfield

얼마 전에 나는, 길에서 3만 5,000달러(4,500만 원)의 현금이 든 가방을 발견하고 그것을 주인에게 돌려주었다는 한 남자에 대한 이야기를 들었다. 이 이야기를 전해들은 사람들은 모두 이 남자를 축하해주고 싶어했지만, 그는 언론도 피했고 사진 촬영도 거부했다. 그는 돈을 돌려주는 것이 옳은 일이었으므로 그렇게 했을 뿐이라고 단호히 말할 뿐이었다. 이 돈은 68세 할머니의 노후 자금인 것으로 밝혀졌다. 그는 자신의 행동으로 그 할머니의 노후를 구했지만 자신의 공을 드러내기를 거부했다. 왜 그랬을까? 분명히 과거 근거 경험 때문이었을 것이다. 그는 자신의 근거 경험을 통해, 옳은 일을 했다고 해서 공치사를 하는 것은 부적절하다는 믿음을 키웠을 것이다. 공치사를 마다한 것은 한순간의 변덕 때문이 아니라, 그의 삶의 근거 경험만이 만들어낼 수 있는 확신 때문이었다.

좋은 경험이든 나쁜 경험이든, 근거 경험이 당신의 삶을 구성한다. 근거 경험을 마스터 시스템의 다른 요소들(감정상태, 질문, 가치, 믿음 등)과 함께 사용함으로써, 당신은 삶에서 무엇을 해야 할지를 결정할 수 있다. **당신은 얼마든지 원하는 방식으로 근거 경험을 구성할 수 있다.** 게다가 근거 경험은 매일매일 추가된다. 자신의 근거 경험을 어떻게 사용하느냐가 그 사람의 총명함을 측정하는 중요한 척도다. 당신은 살면서 뒤에 숨을 커튼을 만들고 있는가, 아니면 당신을 드높은 곳에 데려다줄 마법의 양탄자를 만들고 있는가? 당신은 삶의 경험을 모두 파헤쳐서 당신에게 가장 힘을 불어넣어 주는 기억들을 계속 불러내고 있는가?

4장에서 설명했듯이, 근거 경험이 우리에게 주는 가장 중요한 것 중 하나는 확신일 것이다. 확신이 없다면 우리는 평생을 두려움이나 의심 속에서 살면서 우리의 능력을 전혀 발휘할 수 없을 것이다. 만약 이 책이 요술 지팡이처럼 갑자기 날아다니다가 1미터 앞 공중에서 가만히 멈춰 있다면, 얼마나 두렵겠는가? 당신이 두려움을 느끼는 이유는 책이 날아다니는 근거 경험이 없기 때문이다. 그래서 책이 날아다니는 것을 어떻게 해석해야 할지 모른다. 아기들은 왜 더러운 재떨이에 있는 담배꽁초를 집어 입에 넣을까? 아기들에게 담배꽁초가 얼마나 좋지 않은지 알려주는 어떤 근거 경험도 없기 때문이다(물론, 어른들도 아직 이것을 모르는 사람들이 있지만!).

다시 한번 물어보자. **당신은 근거 경험을 어떻게 사용하고 있는가? 당신은 의식적으로 근거 경험을 당신에게 힘을 불어넣는 방식으로, 그리고 당신의 목표 달성을 지원하는 방식으로 해석하고 있는가?** 아니면 당신도 모르게 도움이 되지 않는 경험에 습관적으로 얽매여 '모든 사람이 나를 괴롭혀' '매사에 되는 일이 없어' '나는 사랑 받을 자격이 없어' 같은 부정적 믿음을 키우고 있지는 않은가?

어떤 것이 좋은지 나쁜지는 비교 대상에 따라 달라지기 때문에, 근거 경험을 어떻게 사용하느냐에 따라 우리의 감정도 달라진다. 업무차 출장을 다니는 사람이 호텔 방을 체크인할 때, 그 방을 좋다고 생각하는지 아닌지는 그의 과거 근거 경험이 좌우하게 되어 있다. 예를 들어 동유럽에서 온 사람이라면, 미국에서 가장 소박하고 저렴한 방을 제공해주어도 최고 수준의 시설이라고 생각하며 기뻐할 것이다. 하지만 우리는 좋은 경험과 나쁜 경험이 단지 우리의 근거 경험에 근거할 뿐이라는 관점을 종종 잊어버린다.

나는 〈운명과의 데이트〉 세미나의 학습 분위기를 매우 좋아한다. 사람들의 근거 경험이 그들의 행동을 어떻게 형성하는지 지속적으로 볼 수 있기 때문이다. 세미나에 앞서 참가자들에게 심층 설문지를 작성하게 하는데, 그들은 설문지에 자신의 삶 전체를 형성했다고 생각하는 다섯 가지 경험을 쓴다. 가장 강력한 근거 경험을 나와 공유하는 것인데, 그들이 똑같은 근거 경험을 그렇게 다르게 해석하는 걸 보고 놀라지 않을 수 없었다. 똑같이 강간당하고, 성적으로 학대받고, 버려지고, 부모가 이혼했거나 가난한 가정에서 자란 사람들이지만, 어떤 사람들은 그 경험을 통해 자신의 삶이 살 가치가 없다는 믿음을 형성하는 방식으로 해석했고, 또 어떤 사람들은 그 경험을 통해 더 공부하고, 삶을 더 확장하고, 더 성장하고, 타인과 더 잘 어울리고, 더 민감해지도록 자기 자신에게 동기부여했다.

앞서 언급한 사담 후세인이 어린 시절에 학대를 받은 것은 사실이지만, 오프라 윈프리Oprah Winfrey도 크게 다르지 않았다. 그녀도 어린 시절에 강간당하고 폭력적 학대를 받았지만, 오늘날 그녀는 자신의 TV 쇼를 통해 매일 수백만 명의 삶을 어루만진다. 그녀는 자신의 아픈 경험을 공유함으로써, 다른 사람들이 과거에 받은 상처를 치유할 수 있도록 도왔다. 수많은 미국인은 그녀가 자신들을 이해한다(즉, 그녀도 자신들과 똑같은 고통의 경험이 있다)는 것을 알기 때문에 그녀에게서 친밀감을 느낀다.

"우리는 우리의 생각만으로도 스스로를 고취시키고 비전 위에 올라설 수 있다."

- 오리슨 스웨트 마든 Orison Swett Marden

근거 경험은 실제 경험에만 국한되어 있는 것이 아니다. 당신의 상상력도 근거 경험의 공급원이다. 로저 배니스터가 4분 기록을 깬 것을 기억하는가?(119쪽 참조) 모든 사람이 인간이 1마일을 4분 이내에 달리는 것이 육체적으로 불가능하다고 믿었지만, 그는 기록을 깰 수 있다는 상상을 하면서 스스로에게 확신을 불어넣었다. 그는 자신이 4분 기록을 깰 때 나는 함성과 감정을 상상하면서 그 장면을 계속 시각화했다. 다른 사람들이 불가능하다는 확신을 가졌던 것처럼, 그는 성공할 것이라는 확신을 가질 때까지 상상의 근거 경험을 차곡차곡 쌓았다.

우리의 상상력이 의지력보다 10배 더 강력하다는 것을 기억하는가? 배니스터는 자신의 상상력을 기록을 돌파하겠다는 확신(탁자 상판)을 지탱하는 다리로 사용했기 때문에, 사상 초유의 결과를 만들어낼 수 있었다. **상상의 나래를 펼치면 과거의 한계를 훨씬 뛰어넘는 확신감과 비전이 생긴다.**

최근에 일본 소니의 회장을 역임한 모리타 아키오(盛田昭夫) 씨가 그의 책《메이드 인 재팬》Made in Japan을 보내왔다. 모리타 씨는 소니의 공동 설립자로 정말 대단한 인물이다. 소니의 운명은 다른 개인의 운명처럼, 의사결정의 결과물이었다. 모리타 씨는 이 책에서 그가 내린 가장 힘들고 중요한 결정 중 하나가, 당시 소니가 개발한 혁신적 제품인 트랜지스터 라디오를 10만 대 구매하겠다는 불로바사Bulova Corp.의 제안을 거절한 것이라고 밝혔다. 당시 소니의 트랜지스터 라디오 생산량은 한 달에 1만 대도 되지 않았다. 불로바사가 제안한 금액은 당시 소니의 시가총액의 10배에 달하는 거액이었지만, 그는 심사숙고 끝에 불로바사의 제안을 거절했다.

왜 그랬을까? 불로바사가 라디오에 자기 회사 상표를 붙이기를 원했기 때문이었다. 모리타 씨가 그 제안을 받아들이면 단기적으로 소니에 큰 도움을 주겠지만, 그것은 소니 대신 불로바의 이름을 세상에 알리는 것이라고 생각했다. 불로바사의 경영진은 그가 그들의 제안을 거절할 것이라고는 생각하지 못했다. 하지만 모리타 씨는 그들에게 이렇게 말했다. "앞으로 50년 후에, 우리 회사의 이름이 당신 회사만큼 커질 것이고, 내가 만든 라디오가 우리 회사의 이름을 떨칠 것이기 때문이오."

물론 모리타의 파트너들도 모두 그가 제정신이 아니라고 생각했다. 그는 어떻게 그런 수익성 좋은 유혹적 제안을 단호하게 거절할 수 있었을까? 그는 자신의 회사의 미래를 생생하게 상상했고, 아무도 생각하지 못한 근거 경험을 만들어냈다. 그는 목표를 명확하게 구상하고, 거기에 초점을 맞춘

다음, 절대적이고 적극적인 믿음으로 목표를 뒷받침했다. 오늘날 소니는 연간 270억 달러의 매출을 올리는 전자 산업의 글로벌 선두주자일 뿐만 아니라, 영화 제작(컬럼비아사와 트라이스타 픽처스 인수), 음악(CBS 레코드와 컬럼비아 하우스 인수) 등 광범위한 산업으로 다각화하면서, 품질에 관한 한 세계적인 명성을 얻고 있다.*

믿음이 있으면 실패처럼 보이는 상황에서도 비전을 잃지 않을 수 있다. 토머스 에디슨이 전구를 발명하기 위한 첫 번째 시도가 실패한 후에 포기했다면 어떻게 되었을까? 아니 100번째 실패 후에 포기했다면? 결과적으로 우리 모두에게는 행운이 되었지만, 그는 인내심을 가지고 수천 번 시도했다. 그는 실패의 경험을 자신의 발명이 실현 불가능하다는 믿음을 뒷받침하는 근거로 삼을 수도 있었다. 하지만 그는 실패할 때마다 해결책에 점점 가까워지고 있다는 근거 경험으로 삼기로 선택했다. 백미러를 지침 삼아 과거로 운전하는 실수를 저지르지 않기를 바란다. **과거가 교훈이 될 수는 있지만 과거에 머물러 살아서는 안 된다. 당신에게 힘을 불어넣어주는 근거 경험에 초점을 맞춰라.**

독서는 마음의 양식이다

근거 경험은 또 개인적인 경험에만 국한되지 않는다. 다른 사람들의 근

* 소니사 업데이트 : 광고, 은행, 여신금융, 보험, 네트워크, 반도체, 통신, 게임, 로봇, 영화, 음악 등으로 광범위한 산업에 진출, 2021회계년도 기준 매출 810억 달러 _옮긴이

거 경험을 빌려올 수도 있다. 어린 시절 나는 뭔가를 이룬 사람들, 즉 성공했거나 사회에 기여하거나 다른 사람들의 삶에 큰 영향을 미친 사람들에게 초점을 맞췄다. 그들의 전기를 읽으면서, 배경이나 조건에 상관없이 확신을 가지고 꾸준히 나아가면 결국 성공에 이른다는 것을 배웠다. 그들의 근거 경험을 내 것으로 삼아 나도 그들처럼 내 운명을 형성할 수 있다는 믿음을 키웠다.

베트남에서 7년 이상 전쟁 포로로 있었던 내 친구 제럴드 커피 대위(107쪽 참조)를 기억하는가? 그는 대부분의 기간 독방에 감금되었다. 외부세계가 그에게 어떤 기쁨도 주지 못하는 동안에도 그가 온전하게 제정신을 유지할 수 있었던 것은 풍부한 내부세계 덕분이었다. 어린 시절 그는 다양한 시와 이야기들을 외웠는데, 독방생활 동안 그것들을 반복해서 떠올리면서 하루하루를 견딜 수 있는 위로로 삼았다.

물론 추억과 상상의 보물상자를 풍부하게 가꾸는 것이 얼마나 아름답고 강력한지 알기 위해 독방에 들어갈 필요는 없다. 그러면 어떻게 보물상자를 채울 수 있을까? 문학, 이야기, 신화, 시, 음악의 풍요로움을 마음껏 탐험하라. 책을 읽고, 영화와 비디오를 보고, 오디오를 듣고, 세미나에 참석하고, 사람들과 만나 이야기하며 새로운 아이디어를 얻어라. 이 모든 근거 경험이 나름의 힘을 가지고 있기 때문에 어느 것이 당신의 인생을 바꿀 수 있을지는 아무도 모른다.

좋은 책을 읽으면 그 책의 작가처럼 생각하게 된다. 당신이 아든 숲(forests of Arden, 셰익스피어의 희극 〈좋으실 대로〉의 배경이 되는 화해의 숲 _옮긴이)에 빠져 있는 동안에는 윌리엄 셰익스피어가 되고, 《보물섬》에서 난파당하는 동안에는 로버트 루이스 스티븐슨Robert Louis Stevenson이 되고, 《월든》(Walden, 소로가 매사추세츠주 월든 호숫가에서의 자연생활을 기록한 동명의 수상

집 _옮긴이)에서 자연과 소통하는 동안에는 헨리 데이비드 소로가 된다. 당신은 그들이 생각하는 것처럼 생각하고, 그들이 느끼는 것처럼 느끼고, 그들이 상상하는 것처럼 상상할 수 있다. 그들의 근거 경험이 당신 것이 되고, 책의 마지막 페이지를 덮은 후에도 오랫동안 그것들을 지니고 다닐 수 있다. 그것이 바로 문학의 힘, 좋은 연극의 힘, 음악의 힘이다. 비록 간접적으로라도 우리가 끊임없이 우리의 근거 경험을 넓히고 싶은 이유다.

나는 사실 연극을 보러 가는 것은 시간 낭비라고 생각했던 사람이었다. 왜냐고? 내가 본 연극들은 대개 배우들의 연기가 서툴렀고 고통스러울 정도로 지루했기 때문이다. 하지만 어느 날 아내 베키와 뮤지컬 〈레미제라블〉을 보고 나서는 생각이 완전히 바뀌었다. 그렇게 감동적인 연극은 본 적도, 읽은 적도, 들은 적도 없었다. 그 이후로 나는 좋은 연극에 매료되었고, 뉴욕에 갈 때마다 공연을 보는 것이 최우선이 되었다.

"상상력이 지식보다 더 중요하다."

– 알버트 아인슈타인 Albert Einstein

나는 몇 년 전에 내 삶의 경험을 즐기는 데 도움이 된 아주 좋은 믿음 하나를 개발해냈다. 바로 **나쁜 경험은 없다**는 것이다. 살면서 어떤 경험을 하든, 그것이 도전적인 경험이든 즐거운 경험이든, 내가 마음만 먹으면 그 경험에서 얼마든지 가치 있는 것을 찾을 수 있다는 것이다. 하나의 생각이나 경험으로부터 특별한 가치를 이끌어낸다면, 그것이 내 삶을 확장시켜주기 때문이다.

고등학생 시절, 자기계발 세미나에 참석하기 위해 할 수 있는 모든 방법을 동원해 돈을 모으고 있을 때, 내 친구들은 내가 똑같은 세미나에 계속 참석한다는 걸 알고 놀라서 물었다. "도대체 같은 프로그램에 계속 참석하는 이유가 뭐야?"

그러면 나는 으레, 반복의 힘을 알기 때문이며, 참석할 때마다 나 자신이 달라졌기 때문에 듣는 것도 새롭다고 대답하곤 했다. 게다가 나는 무언가를 계속해서 들으면 그것을 사용하도록 나를 조건화시킨다는 것을 잘 알고 있었다. **반복이야말로 기술의 진정한 어머니다.** 프로그램을 다시 들을 때마다 나는 새롭게 변화하고, 내게 새로운 영향을 미치는 아이디어를 듣게 되며, 그것이 새로운 근거 경험을 만들어주고, 내 삶에 새로운 해석, 새로운 행동, 새로운 결과를 만들게 되는 것이다.

대조를 통해 삶을 균형 있게 바라보라

어떤 근거 경험은 당신의 품격을 높여주고 더 높은 비전을 제공하지만, 또 어떤 근거 경험은 겪고 싶지 않은 삶의 측면을 보여주기도 한다. 하지만 이 모든 경험이 어우러져 삶의 균형을 유지하는 데 도움을 준다. 상반된 경험들을 통해 삶을 새로운 비교 관점으로 바라볼 수 있기 때문이다. 당신의 삶이 아무리 열악하다 해도, 당신보다 더 열악한 삶을 사는 사람이 있다고 생각하면 도움이 될 것이다.

9일간 진행하는 〈마스터 프로그램〉Mastery™ Programs에는 육체적으로나 정신적으로 지옥의 고통을 겪고 정상에 오른 사람들과 하루를 보내는 일정이 있다. 주로 수차례의 부상에도 불구하고 기업가로서 지방 소도시 시장으로서 성공적인 삶을 살고 있는, 고난과 역경의 상징 같은 인물인 W. 미첼

W. Mitchells이나 내 훌륭한 친구 미키 데이비스Micque Davis를 연사로 초청한다. 미키는 젊은 시절 술에 취해 다리 아래로 뛰어내렸다가, 수심이 60cm밖에 되지 않아 목 아래가 마비되는 부상을 입었다. 이들이 세미나에서 삶이 얼마나 위대한지, 살아있다는 것이 얼마나 행복한지, 우리가 얼마나 많은 것을 성취할 수 있는지 이야기할 때, 참석자들은 진심으로 감동받는다. 또 다른 좋은 친구 닥스Dax를 초청할 때도 있다. 그는 불 속에 갇혀 온몸에 화상을 입고 눈까지 실명되었다. 그러나 그 모든 역경에도 불구하고, 그는 현재 변호사로서 활발하게 활동하고 있다.

이들을 초청하는 날의 주제는 '간단하지만 심오한 믿음'을 수립하는 것이고, 강의 제목은 '난 아무 문제없어'다. 참석자들은 이 용감한 사람들의 이야기를 들으면서 이들의 경험과 비교해보면, 자신들의 문제는 문제도 아니라는 것을 깨닫게 된다. 참석자들은 자신들이 배우자와 겪고 있는 문제, 자녀의 성적에 대한 문제, 사업의 손실 문제, 자신의 목표를 달성하지 못한 문제들을 즉시 균형 있게 바라보기 시작한다.

현실에 안주한다는 생각이 들 때도, 새로운 근거 경험을 사용해 스스로 동기부여할 수 있다. 사실 우리에게 아무리 나쁜 일이 일어나도 우리보다 더 나쁜 일을 겪고 있는 누군가가 있는 것은 사실이지만, 반대로 우리에게 아무리 좋은 일이 일어나도 우리보다 더 좋은 일이 생기는 누군가도 있게 마련이다. 당신의 기술이 최고 수준에 도달했다고 생각했는데, 당신보다 훨씬 더 높은 수준을 달성한 다른 사람이 있다는 것을 발견하기도 한다. 이 모든 것이 다 삶의 아름다운 모습이다. 그것이 우리를 끊임없이 확장하고 성장하게 만들기 때문이다.

다른 사람으로부터 학대를 받았는데도 불구하고 끊임없이 사랑을 베푸는 위대한 영적 지도자의 가르침을 연구하는 일이든, 재정적으로 성공한 사람들을 보고 정말로 자신이 할 수 있는 것이 무엇인지 깨닫는 일이든, 우리 자신에 부과하는 기준을 높이면 놀라운 효과가 일어난다. 나는 건축가이자 호텔업계의 거물인 크리스 헤미터Chris Hemmeter를 처음 만났을 때를 결코 잊지 못한다. 베키와 나는 하와이에 있는 그의 새 집에 초청을 받았다. 그 집은 무려 7,000만 달러(900억 원)짜리의 어마어마한 저택이었다. 정문을 만드는 데만 100만 달러(13억 원)가 들었다고 한다. 당신의 규칙은 그것이 '말도 안 되는 낭비'라고 말할 수도 있지만, 어쨌든 사업이나 경제 성장의 관점에서는 얼마든지 있을 수 있다는 측면에서 우리의 경험을 확장할 수 있는 기회가 되었다. 그리고 문득, 400만 달러(52억 원)의 내 집을 균형적인 시각으로 바라볼 수 있게 되었다. 그것은 크리스의 저택의 정문과 대리석 계단을 만드는 비용에 불과할 것이다! 그런 걸 보면, 확실히 내 삶에도 여전히 더 크게 생각하고, 한계를 뛰어넘고, 상상할 수 없는 것들을 상상할 수 있는 여지가 아직 남아 있지 않을까? 어쨌든 크리스와 그의 아내 팻시Patsy를 만났을 때 그들이 놀라울 정도로 따뜻한 사람들이라는 것을 알게 되었다. 그들은 자신에게 진정으로 영감을 주는 환경을 만들기 위해 재산을 사용할 줄 아는 사람들이었다.

자신의 경험을 다른 사람의 경험과 대조해보는 것은 우리의 인식과 감정을 바꾸는 가장 강력한 방법 중 하나다. 나는 너무 무리하게 일을 한 탓에 균형적 관점을 잃는다 싶으면, 몇 년 전 내 세미나에 참석했던 한 남자를 떠올리곤 한다. 그는 따뜻하고 온화한 영혼이었지만, 불행하게도 하필 그 시간에 그 장소에 있었던 것이 그의 운명을 결정짓고 말았다. 마흔다섯 번째 생일을 하루 앞둔 날, 그는 한 주유소에 차를 세웠다. 주유소에는 바로 그날 감옥에서 풀려난 두 사내가 있었다. 한나절 동안의 짧은 자유를 누린 그들은 외부세계의 삶이 그들에게는 맞지 않다고 생각하고 다시 감옥에 들어갈 계획을 세웠다. 주유소에 들어오는 첫 번째 사람을 죽이기로 한 것이다. 어떤 사람이든, 나이가 몇이든, 남자든 여자든 상관없이 첫 번째로 들어오는 사람을 죽이자. 그 남자가 주유소로 들어와 기름을 넣기 위해 차에서 내리자마자, 그들은 그를 공격하고 잔인하게 때려죽였다.

그에게 무슨 문제가 있었기에 이런 일이 일어난단 말인가? 그는 아내와 네 명의 어린아이들을 남겨두고 떠났다. 나는 그 이야기를 듣고 망연자실했다. 도저히 그 사실을 믿을 수 없었다. 도대체 이런 허망한 경험에서 어떻게 긍정적인 의미를 찾을 수 있단 말인가? 내 가족에게 이런 일이 일어났다면, 내게 어떤 영향을 미칠지 상상조차 할 수 없었다. 그를 돕기 위해 무엇을 할 수 있는지 자문해본 다음, 즉시 그의 아내에게 전화를 걸어 내가 할 수 있는 어떤 방법으로든 돕겠다고 말했다. 나의 주된 목표는 그녀가 어떻게든 이 경험으로부터 자신과 아이들에게 힘을 불어넣어주는 의미를 찾게 해주는 것이었다. 인생은 살 가치가 없고, 인간은 원래 사악하고 파괴적이며, 바르게 살아도 인생은 어느 날 한 포기 풀잎처럼 베일 수 있다는 믿음을 갖고 있다면, 이런 경험이야말로 그 믿음을 강화하기에 제격 아니겠는가? 하지만 나는 그 부인에게, 아이들이 이 경험으로부터 어떻게든 힘이 될 수 있는 작은 의미라도 발견하는 것이 중요하다는 것을 강조했다. 그래서 이 경험에서 어떤 의미를 찾을 수 있겠느냐고 물었을 때, 그녀는 자신의 깊은 고통을 하소연하면서도 이 경험에서 단 한 가지 긍정적인 점은 이 사건이 신문에 보도되면서 믿을 수 없을 만큼 많은 사랑과 지지와 보살핌이 쇄도한 것이라고 인정했다. 실제로 이 사건이 언론에 소개되면서 그녀는 말 그대로 지역사회뿐만 아니라 각계각층의 수많은 사람으로부터 수백 통의 편지와 지원 제의를 받았다.

그녀는 이렇게 대답했다. "이 사건으로 인해 내가 사람들은 모두 파괴적이라거나 삶이 원래 불공평한 것이라고 생각한다면, 그런 생각이 오히려 나와 내 아이들을 더 해칠 것이라는 걸 깨달았지요. 물론 지금도 여전히 무척 고통스럽지만, 이 일이 분명히 이유가 있어서 일어났다고 생각하게 되었습니다. 물론 그것을 입증할 방법은 없지만 분명히 그렇다고 믿습니다."

그녀는 믿음을 궁극적인 기준으로 삼을 수 있는 용기를 얻었다. 비록 그 이유를 알지는 못하지만 반드시 그럴 이유가 있을 것이라고 믿으려는 그녀의 의지가, 그녀의 인생에서 가장 고통스러운 경험으로부터 그녀를 자유롭게 했고 그녀에게 힘을 불어넣어주었다.

이 얼마나 강인한 여성인가! 이 아이들 또한 얼마나 행운아들인가! 그녀는 아이들에게 이렇게 말했다.

"얘들아, 나는 이 세상 사람들이 우리에게 얼마나 많은 사랑을 주고 있는지 너희가 알았으면 좋겠구나. 정말 좋은 사람들이란다. 물론 세상에는 나쁜 사람들도 조금 있지만, 아빠는 항상 하나님을 믿었고 이제 더 좋은 곳으로 가셨단다. 아빠는 여기 있는 동안 해야 할 일이 있었고 안타깝게도 그의 시간은 끝났지만, 우리의 시간은 아직 끝나지 않았단다. 우리는 사는 동안 우리에게 주어진 시간을 최대한 활용하자꾸나. 아빠의 죽음을 헛되이 하지 않기 위해서라도 매일 최선을 다해 삶을 살아야 한다는 것을 잊어서는 안 될 거야. 우리가 아빠를 잃는다는 것은 생각할 수도 없는 일이란다. 아빠는 항상 우리와 함께할 것이기 때문이지."

"사람은 마음으로만 제대로 볼 수 있어. 중요한 것은 눈에 보이지 않는단다."

- 앙투안 드 생텍쥐페리 Antoine de Saint-Exupéry, **《어린 왕자》 중에서**

우리 인생에서 최악으로 보이는 날들이 실제로는 우리가 가장 강력한 교훈을 배울 수 있는 때가 아닐까? 당신에게 일어났던 최악의 경험 중 하나를 생각해보라. 지금 돌이켜보면, 그것이 당신의 삶에 어떤 긍정적인 영향을 미쳤는지 생각할 수 있겠는가? 어쩌면 당신이 해고되었거나, 강도를 당했거나, 교통사고를 당했을 때였을지 모르지만, 그 경험을 통해 당신은 새로운 결심을 했거나, 한 인간으로서 새롭게 성장하는 통찰력을 얻었거나, 사회에 기여하는 능력을 키웠다.

물론 좋은 점을 찾기가 어려운 상황이 있을 수 있다는 것을 이해하지만, 이제 이 책을 여기까지 읽었다면 당신은 더 이상 초보자가 아니다. 당신은 그동안 상상력과 힘을 불어넣어주는 근육을 키워왔다. 또 더 나은 질문을 함으로써 당신의 감정상태를 조절하고 초점을 맞추는 방법도 배웠다. 당신이 어린 시절에 학대를 받았다면, 그 경험이 오히려 당신을 아이들에게 더 다정한 사람으로 만들었을 것이고 학대 사슬을 끊게 만들었을 것이다. 또 당신이 매우 구속적인 환경에서 자랐다면, 그 경험이 오히려 다른 사람들의 자유를 위해 싸우도록 당신을 이끌었을 것이다. 당신이 충분히 사랑받지 못했다고 느꼈다면, 당신은 이제 사랑을 넉넉하게 베푸는 사람이 되었을 것이다. 당신은 어쩌면 앞서 말한 남자처럼 '끔찍한' 사건을 겪은 후에, 새로운 결정을 내리고 삶의 방향과 운명을 바꾼 사람일 수도 있다. 아마도 당신의 최악의 날들은 진정 당신의 최고의 날들이지 않았는가?

어쩌면 이렇게 항의하는 사람도 있을 것이다. "이봐요, 토니, 아무런 목적도 없는 무자비한 경험도 있단 말이요. 그런 경험은 결코 극복할 수 없소. 그 고통에서 벗어나지는 못할 거요." 물론 그럴 수 있다. 학대를 당했다거나 결코 회복할 수 없는 것을 잃었다는 믿음을 버리지 못한다면, 당신은 정말로 고통에서 벗어나지 못할 것이다. **상실감은 가상의 개념이다. 우주에서 실제로 사라지는 것은 아무것도 없다. 단지 형태를 바꿀 뿐이다.** 아직도 당신에게 상처를 주는 것이 있다면, 그것은 당신이 그것에 계속 어떤 의미를 연결시켰기 때문이다. 당신이 해야 할 일은 '왜 그런 일이 일어났는지는 모르겠지만, 분명히 이유가 있을 거라고 믿는다. 언젠가 때가 되면 그 이유를 알게 될 것이다'라는 믿음을 갖는 것이다.

근거 경험을 제한한다면 당신의 삶도 제한될 것이다. 삶을 확장하고 싶다면, 아이디어와 경험을 끊임없이 추구하며 근거 경험을 확장해야 한다. 그런 아이디어와 경험을 의식적으로 찾지 않는다면 그것들은 결코 당신의 삶의 일부가 되지 못할 것이다. 좋은 아이디어가 당신을 해롭게 하는 경우는 거의 없다. 적극적으로 그것을 찾아라. 당신에게 힘을 불어넣어주는 아이디어와 경험을 추구하라.

무한한 아이디어와 경험

근거 경험을 확장할 때, 우리는 삶과 가능성을 평가할 수 있는 더 큰 차원의 대조를 만들어낸다. 당신이 어떤 문제를 너무 심각하게 고민하고 있다면, 이런 식으로 생각해보라. **우리는 수억 개의 별이 있는 은하계에 살고 있다. 그런데 우주에는 이런 은하계가 또 수억 개나 있다.** 우리가 사는 은하계에만 수억 개의 태양이 있다. 이 모든 태양에는 또 태양을 도는 여러 개의 행성들이 있다!

이 엄청난 규모를 상상이나 할 수 있겠는가? 우리 은하계의 별들은 단지 몇 억 년에 한 바퀴씩 은하의 축을 돈다. 이 우주의 광대함과 인간의 평균 수명(대략 80년)을 비교해보면, 다른 관점이 생기지 않는가? 이런 관점에서 보면 인간의 수명은 시간의 한 점에 불과하다. 그런데도 사람들은 대출금을 어떻게 갚을 것인가, 어떤 차를 살 것인가, 아니면 다음 회의가 어떻게 될 것인가와 같은 일들에 목숨이라도 걸듯 걱정한다.

"풀잎도 별만큼이나 긴 여정을 걷는다."

- 월트 휘트먼 Walt Whitman

나는 "쓰레기를 넣으면 쓰레기만 나온다"GIGO라는 오래된 컴퓨터 격언을 믿기 때문에 항상 근거 경험을 확장하고 개선하려고 노력한다. 우리는 살면서 매일매일 새로운 정보, 아이디어, 개념, 경험, 느낌을 받아들인다. 따라서 우리는 의식적으로 마음의 문 앞에 파수꾼을 세우고, 우리가 받아들이는 모든 것이 우리의 삶을 풍요롭게 하고, 우리가 추구하는 경험이 가능성을 높일 수 있도록 해야 한다. 아이들이 확장하고 성장하도록 지원하는 일에 있어서도, 미래를 위해 긍정적인 근거 경험, 즉 아이들이 무슨 일이든 할 수 있는 능력이 있다는 것을 깨닫게 해주는 근거 경험을 갖도록 그들을 이끌어주어야 한다.

동시에, 우리는 아이들에게 인생에서 무엇을 조심해야 하는지도 가르쳐주어야 한다. 어떤 근거 경험들은 우리 삶의 경험을 훼손시킨다. 갱스터 래퍼 게토 보이즈Geto Boys의 음악을 들을 때 걱정스럽지 않은가? 그들의 노래 가사에는 한 소녀의 목을 자른 다음 그녀의 시체와 성관계를 갖는다는 내용이 있다. 이런 종류의 근거 경험이 비단 아이들뿐만 아니라 모든 사람에게 반복되면, 파괴적인 생각이 들지 않겠는가? 물론 이런 음악을 듣고 그대로 따라 할까봐 우려해서 하는 말이 아니다. 그런 음악 자체가 쓰레기라는 것이다. 내가 검열을 조장하는 것 아니냐고? 전혀 그런 의미가 아니다. 나는 미국의 미덕 중 하나가 폭넓은 자유라고 생각하지만, 사회적 리더로서 우리는 아이들을 위해서라도, 근거 경험이 무엇을 의미하고 그것이 아이들의 삶의 질에 어떤 영향을 미칠 건인지 알아야 할 권리와 책임이 있다고 생각한다.

근거 경험을 확장하면 삶도 확장된다

삶이 우리에게 제공해주는 것은 무엇이든 힘이 되는 방식으로 사용해야 하지만, 특히 능동적으로 사용하는 것이 중요하다. 인생에서 내가 한 선택들은 대개 의식적으로 꾸준히 추구해온 풍요로운 근거 경험에서 나온 것이다. 지금도 매일 나 자신을 확장할 방법을 찾는다. 비록 31년밖에 살지 않았지만, 나는 수백 년의 경험을 쌓았다고 자부한다. 어떻게 그렇게 자신 있게 말할 수 있느냐고? 내가 한 달 동안 경험한 도전적이고 풍요로운 경험의 양은 보통 사람들이 몇 년 동안 하는 경험의 양과 비슷하기 때문이다.

내가 그렇게 할 수 있는 주된 방법 중 하나는 17세 때부터 꾸준히 책을 통해 풍부한 경험을 쌓아온 것이다. 나는 어렸을 때부터 **리더는 책을 많이 읽는 사람**이라는 믿음을 키워왔다. 나는 책을 통해 에이브러햄 링컨이나 랄프 월도 에머슨 같은 뛰어난 인물들을 만날 수 있었고, 그들을 내 개인 코치로 활용할 수 있었다. 나는 또 책에서 내가 가진 거의 모든 질문에 대한 답을 찾을 수 있다는 것을 알았다. 수백 권의 책들을 통해 얻게 된 이 광범위한 근거 경험들은 사람들을 도울 수 있는 무수한 방법을 알려주었다. 내가 책을 통해 근거 경험을 추구한 이유는, 내 마음이 갈망하는 영양분을 책을 통해 공급받지 못한다면 TV의 '간추린 저녁 뉴스'나 신문의 오피니언 란을 통해서 얻는 지식(책을 통해 얻는 지식에 비하면 그것은 몸에 좋지 않은 '정크 푸드'라고 할 수 있다)에 만족할 수밖에 없다는 것을 깨달았기 때문이다. 그런 것으로만 정보를 습득했다면, 나는 다른 사람과 다를 바가 없었을 것이다.

삶과 사람들에 대해 잘 이해할 수 있는 가장 강력한 방법은, 우리 자신에게 최고의 선택권을 주는 것이다. 다양한 근거 경험에 우리 자신을 많이 노출시키는 것이다. 나는 어렸을 때 내가 한 교회만 다녔고, 삶의 대부분이 오직 한 가지 종교 철학에만 노출되어왔다는 것을 깨닫고는, 보다 다양한 영적 이해를 추구해야 한다는 영감을 받았다. 그래서 고등학교 때 나는 저널리즘 장학금을 받고 샌 루이스 오비스포San Luis Obispo에 있는 캘리포니아 폴리테크닉 주립대학교California Polytechnic State University에서 열린 2주간의 프로그램에 참석했다. 일요일에 우리 모두에게 교회 예배에 대한 이야기를 쓰라는 과제가 주어졌다.

우리는 어떻게 과제를 써야 할지 생각하면서 동네를 거닐고 있었다. 나는 내가 다니는 교회 종파에 마음이 끌렸지만, 동네를 거니는 도중에 모르몬 교회를 지나치다가 몇몇 친구들이 그 교회와 성도들이 얼마나 '끔찍한'지에 대해 이야기하는 것을 들었다. 하지만 내가 보기에 그들은 그렇게 끔찍한 사람들이 아닌 것 같았다. 그래서 실체를 알아보기로 했다. 나는 그들의 예배에 참석했고, 그들도 나만큼이나 하나님을 사랑한다는 것을 알았다. 다만 그들이 내가 다니는 교회와 약간 다른 몇 가지 규칙을 가지고 있다는 것만이 다를 뿐이었다.

이를 계기로 나의 영적 방랑이 시작되었고, 거의 1년 반 동안 다른 교파의 예배에 개인적으로 참석하게 되었다. 그러니까 태어나서 18년, 19년 동안 한 교회만 다니다가, 한 달에 두세 번은 전혀 다른 종파의 예배에 참석한 것이다. 루터교, 가톨릭, 침례교, 성공회, 감리교, 유대교, 불교 등 닥치는 대로 섭렵했다. 마침내 나는 내 종파가 아닌 모든 종파 사람의 영적 믿음을 진정으로 높이 평가하기 시작하는 한 차원 높은 영적 수준에 도달할 수 있었다. 비록 그들의 특정한 규칙이나 인식에 동의하지는 않았지만, 그들에 대해 훨씬 더 폭넓은 이해와 연민의 기초를 쌓을 수 있었다.

당신도 삶을 확장하고 싶다면 기꺼이 도전하라! 전에 경험하지 못했던 경험들을 과감하게 추구하라. 스쿠버 다이빙을 하거나, 해저 세계를 탐험하거나, 전혀 새로운 환경에서의 삶이 어떤지, 당신이 그 환경에서 어떻게 적응할 수 있는지 알아보라. 스카이다이빙도 좋다. 1만 2,500피트(3,800m) 상공에서 비행기 가장자리에 앉아서 몇 초 후에 시간당 120마일의 속도로 떨어질 것을 생각하면, 절대적인 믿음이 필요하다. 이 경험을 하기 전에는 믿음이 무엇인지 결코 알 수 없을 것이다! 헬리콥터 레슨을 받는 것도 좋다. 장담컨대, 당신의 삶이 영원히 바뀔 것이다. 나흘 동안 시간을 내서 자동차 레이싱을 배워보는 것도 좋다. 한계와 가능성에 대해 생각보다 더 많은 것을 배우게 될 것이다. 평소에 자주 즐기지 못한다면, 저녁에 교향악단 연주회에 가보거나, 평소 기피하던 록 콘서트에 가보라. 선택의 폭이 넓어질 것이다. 하루 동안 자발적으로 어린이 병원을 방문해보라. 낯선 사람들과 만나 이야기해보라. 관계를 발전시키고 다른 사람들의 삶을 어루만질 수 있는 방법을 찾는 도전을 시도해보라. 당신의 삶이 영원히 바뀔 것이다.

다른 문화에 몰입해서 다른 사람들의 눈을 통해 세상을 보는 것도 좋을 것이다. 앞서 언급했던 것처럼, 피지에 가서 원주민들과 카바 의식에 참여해보는 건 어떨까? 또는 지역 경찰서의 순찰차 뒷좌석에 동승해 경찰관의 눈으로 지역사회를 바라보는 '동승 프로그램'ride along program에 참여해보

라. 우리가 다른 사람들을 이해하고 제대로 평가하고 싶다면, 가장 강력한 방법 중 하나가 그들이 하는 일을 직접 경험해보는 것이다. 또는 학교로 되돌아가서 생물학이나 생리학 분야에서 다루는 '인체 내부의 우주'를 탐험해보거나, 사회학이나 인류학을 공부하며 우리 문화를 더 잘 이해하는 것도 좋은 방법이다. 당신의 삶에서 느끼는 모든 한계는 당신의 근거 경험이 제한되어 있기 때문이다. **근거 경험을 확장하면 당신의 삶도 즉시 확장될 것이다.**

지금까지 언급한 모든 기회들은 그 자체로도 흥미롭고 영감을 주는 것이지만, 당신 삶의 활력도 넘치게 해줄 것이다. 새로운 근거 경험을 얻기 위해 여기서 언급한 모든 경험을 다 할 필요는 없다. 새 경험을 하기 위해 멀리 아프리카까지 가서 사파리 여행을 할 필요도 없다. 바로 당신 가까이에서도 새로운 경험을 할 수 있으니까 말이다. 당신이 사는 지역사회의 노숙자들이 지금까지 스스로 전혀 인식하지 못했던 자신의 능력을 발견하도록 도울 수 있다. 새로운 근거 경험 하나만 추가해도 온 세상이 열릴 것이다. 당신이 보거나 듣는 것, 대화, 영화, 세미나 등 모든 것이 새로운 근거 경험이 될 수 있다. 심지어 다음 페이지의 내용조차도. 읽고 나서 무슨 일이 일어날지 누가 알겠는가?

"가능성의 한계를 발견하는 유일한 방법은
한계를 넘어 불가능에 도전하는 것이다."
– **아서** C. **클라크**Arthur C. Clarke

이제 당신의 삶을 형성한 가장 강력한 근거 경험의 목록을 살펴보자. **지금 당장 시간을 내서 오늘의 당신이 되게 한 가장 강력한 경험 다섯 가지를 적**

어보라. 경험에 대해서만 적지 말고 그 경험이 당신에게 어떤 영향을 미쳤는지도 적어보라. 당신에게 부정적인 영향을 미쳤다고 생각되는 경험이 있는 경우, 그 사건을 다르게 해석하는 시각도 즉시 생각해보라. 이를 위해서는 어느 정도의 믿음이 필요할 수도 있고, 당신이 전에는 결코 생각하지 못했을 새로운 관점이 필요할 수도 있다. **인생의 모든 일은 어떤 이유와 목적 때문에 일어나며 어떻게든 우리에게 도움이 된다는 사실을 기억하라.** 우리가 가치를 찾으려면 몇 년 또는 수십 년이 걸리기도 하지만, 인간의 모든 경험에는 나름의 가치가 있다는 것을 명심하라.

당신에게 긍정적인 영향을 미친 경험일 경우, 그 사건들을 검토하면서 당신이 추구해야 할 가치 있는 새로운 근거 경험에 대해서도 생각해보기 바란다. 당신에게 필요한 새로운 경험은 무엇인가? 이렇게 질문해보라. **"내가 최고 수준으로 성공하기 위해서, 내 인생에서 진정으로 원하는 것을 성취하기 위해서, 내게 필요한 근거 경험은 무엇인가?"** 성공적인 관계를 이룬 누군가를 모델로 삼는 것도 좋을 것이다. 그들의 믿음이 무엇인지, 그들의 관계를 성공적으로 만든 근거 경험은 무엇인지 살펴보라. 또는 삶에 대해 더 감사하게 하거나 기여하고 있다고 느끼게 만드는 근거 경험을 찾는 것도 좋을 것이다.

이제 재미있는 근거 경험도 몇 가지 생각해보라. 그런 경험은 필요하지 않다고 생각할지 모르지만, 당신을 즐겁게 하고 기분 좋게 만드는 것들을 생각해보라. 나는 수련을 통해 놀라운 감정상태를 체득할 수 있다는 것을 알았기 때문에 무술을 연마하기 시작했다. 8개월 만에 태권도 검은 띠를 딸 수 있었던 것은 위대한 스승 이준 사범께 직접 배우면서 그의 놀라운 집중력을 모델로 삼았기 때문이다. 나는 태권도를 배우면서 자신을 그렇게 치열하게 단련시킬 수 있다면, 다른 분야에도 그 근거 경험을 적용할 수 있을 것이라고 생각했다. 그리고 실제로 그렇게 했다. 달리 무엇이 필요하단 말인가?

추구해야 할 근거 경험 목록을 브레인스토밍했으면, 각 항목에 대해 일정과 날짜를 적는다. 그 경험을 언제까지 얻을 것인지 결정하는 것이다. 언제 스페인어, 그리스어, 일본어를 배울 계획인가? 언제 열기구를 타볼 계획인가? 언제 동네 노인들 집을 찾아다니며 캐럴을 불러줄 생각인가? **당신이 생각한 특별하고 새로운 경험을 언제 할 것인가?**

당신의 가족을 위한 소중한 근거 경험은 무엇인가? 아이들을 데리고 스미스소니언 박물관에 가는 것일 수도 있고, 가족들이 둘러앉아 함께했던 즐거운 경험에 대해 이야기하거나, 할머니 할아버지에게서 그들의 삶과 그들이 살면서 배운 교훈을 듣는 것처럼 간단한 것일 수도 있다. 60세, 70세, 80세, 90세 이상의 어르신들의 경험은 어린아이들에게 얼마나 소중한 산 경험이겠는가!

가족들과 함께한 가장 강력한 근거 경험 중 하나는 급식소를 방문할 수 없거나 방문하지 않는 어르신들에게 추수감사절 저녁식사를 전달하는 것이었다. 그때 불과 네 살이었던 내 막내아들 자이렉Jairek의 반응은 결코 잊지 못할 것이다. 우리는 그해에 캘리포니아 오션사이드Oceanside의 한 공원을 찾았는데, 자이렉에게는 그런 행사가 처음이었다. 우리는 쓰레기통에서 주운 듯한 낡은 옷가지를 걸친 채 문도 없는 화장실 바닥에서 잠을 자고 있는 노인을 발견했다. 자이렉은 그 노인의 길게 자란 턱수염에 놀라면서도 약간 겁을 먹었다.

나는 자이렉에게 음식과 다른 생필품이 담긴 바구니를 건네주며, "저분에게 이걸 갖다드리고 '행복한 추수감사절 보내세요'라고 말씀드리거라"라고 말했다. 자이렉은 제 몸집만 한 바구니를 들고 그에게 조심스럽게 다가가서 화장실 바닥에 바구니를 내려놓았다. 그 노인은 술에 취했거나 잠든 것처럼 보였다. 자이렉이 그 노인의 몸을 만지며 말했다. "행복한 추수감사절 보내세요!" 그러자 그 노인이 갑자기 일어나더니 아들의 손을 잡았다. 나도 겁이 나서 심장이 뛰어올라 막 앞으로 달려가려는 순간, 그 노인은 자이렉의 손에 입을 맞추었다. 그가 쉰 목소리로 속삭였다. "마음 써줘서 고맙구나." 네 살짜리 어린아이에게 이보다 더 좋은 경험이 어디 있겠는가!

삶의 모든 순간이 우리를 형성한다. 우리를 제한하지 않고 드높여주는 순간을 추구하고 창조하는 것은 전적으로 우리 자신에게 달려 있다.

자, 이제 가만히 있지 말고 인생이라는 게임에 직접 참여하라. 당신이 탐험하고 경험할 수 있는 모든 가능성을 마음껏 상상하고 즉시 시작하라. 오늘 당장, 당신의 삶을 확장시킬 수 있는 어떤 새로운 경험을 추구할 수 있는가? 당신은 어떤 사람이 되겠는가? 즉시 행동을 취하면서 그 가능성을 즐겁게 탐험해보라. 이제 삶이 확장되면서 얼마나 심오한 변화가 생기는지 살펴보도록 하자.

18장

정체성 바로 찾기

"위대한 사람들이 없었다면 위대한 성취도 없었을 것이다.

사람은 위대하게 되고자 결단해야만 위대해질 수 있다."

-샤를 드 골Charles De Gaulle

그의 몸에는 아무런 상처도 없었다. 중국 공산당은 그를 작은 방에 20시간 이상 감금했지만, 때리거나 고문하지 않았다. 심지어 담배까지 권하며 정중하게 대화를 청했다. 결국 이 미군 장교는 자본주의 사회로서 미국의 생활방식에 수많은 부당함과 해악이 있다고 비난하는 한편, 공산주의 체제의 우월성과 윤리적 인간성을 찬양하는 문서를 친필로 남겼다. 더구나 이 미 육군 장교가 쓴 글은 남한에 주둔하고 있는 미군뿐만 아니라 그와 그의 동료들이 수감되어 있는 북한의 다른 모든 포로수용소에서 방송되었다.* 그는 나중에 군사 비밀을 누설하고 동료 죄수들을 고발하는 등, 자신의 조국을 맹렬하게 비난했다.

무엇이 이 사람으로 하여금 자신의 세계관을 완전히 뒤집고 평생 새겨왔던 믿음을 버리게 만들었을까? 무엇이 그가 그동안 가지고 있던 핵심 가치들을 버리고 적의 협력자가 되게 만들었을까? 도대체 어떤 변화가 생겼기

* Cialdini, Robert, Influence, New York: Harper Collins Publishers, ©1988

에 한 개인의 생각, 감정, 행동이 그렇게 송두리째 바뀔 수 있단 말인가?

이런 질문에 대한 답은, 그가 어떻게 **자신의 정체성을 바꾸는 길**로 가게 되었는지를 이해하는 데 있다. 그는 이제 단지 자신의 새로운 이미지에 따라 행동하고 있을 뿐이다.

앞서 우리의 모든 평가를 주도하는 마스터 시스템의 기본 요소 중 하나인 믿음이 우리 삶에 미치는 영향에 대해 살펴보았다. 믿음은 우리가 내리는 결론에 영향을 줄 뿐만 아니라 우리가 어떻게 느끼고 무엇을 해야 할지를 가르쳐주기도 한다. 하지만 우리 삶에 각기 다르게 영향을 미치는 다른 차원의 여러 믿음들이 있다. 어떤 믿음은 매우 구체적이다. 예를 들어 당신이 특정 친구에 대해 가지고 있는 믿음에 따라, 그의 행동에 대해 어떻게 생각하고 느끼는지, 어떤 의미를 부여할 것인지가 결정된다. 그가 당신을 사랑하고 있다는 것을 '알고' 있다면(그가 당신을 사랑하고 있다는 믿음), 설령 그가 지금 화가 난 것처럼 보여도 당신은 그의 진짜 의도를 의심하지 않을 것이다. 이런 믿음이 그 친구와의 모든 상호작용에 영향을 미칠 것이다. 하지만 그런 믿음이 낯선 사람을 대할 때에도 적용되는 것은 아니다. 그런 믿음은 당신 삶의 특정한 한 분야, 즉 그 친구와의 상호작용에만 영향을 미친다.

그러나 어떤 믿음은 당신의 삶에 보다 광범위하게 영향을 미친다. 나는 그런 믿음을 **보편적 믿음**이라고 부른다(113쪽 참조). 이 믿음은 훨씬 더 멀리까지 영향을 미친다. 예를 들어 당신이 사람들에 대해 일반적으로 가지고 있는 믿음은 특정 친구를 대할 때뿐만 아니라 당신이 만나는 모든 사람을 대할 때에도 영향을 미친다. 이 믿음은 당신의 직장 생활, 신뢰 수준, 결혼생활 등에도 강력하게 영향을 미친다.

예를 들어 가난과 풍요라는 개념에 대해 당신이 어떤 보편적 믿음을 가지고 있느냐에 따라, 시간, 돈, 에너지, 정신에 대해 스트레스를 받을 수도 있고, 아니면 대수롭지 않게 생각할 수도 있다. 당신이 늘 한정적인 돈, 한정적인 시간, 한정적인 사랑 등 모든 것이 부족한 세상에 살고 있다고 믿는다면, 당신은 항상 부족하게 살 수밖에 없다는 두려움에서 벗어나지 못할 것이다. 이런 스트레스가 이웃이나 동료, 경제적 능력과 기회에 대한 당신의 생각에 전반적으로 영향을 미칠 것이다.

하지만 무엇보다 중요한 것은 우리의 모든 인식에 필터 역할을 하는 핵심적인 믿음이다. 이 믿음이 당신의 삶의 결정을 계속 직접 통제하는데, 그것이 바로 당신의 **정체성**에 대해 가지고 있는 믿음이다.

우리가 할 수 있다거나 할 수 없다거나, 혹은 우리가 가능하다거나 불가능하다고 생각하는 것은 우리의 진정한 능력과는 거의 관계가 없다. 그것은 오히려 **우리가 어떤 사람**이라고 생각하느냐 하는 믿음과 더 관련이 있다. 사실, 당신이 누군가에 대해 "나는 절대 그렇게 할 수 없어요"라거나 "나는 그런 사람이 아니에요"라고 말하면서 어떤 일을 하려는 생각조차 하지 못한다면, 당신은 제한된 정체성이라는 장벽에 부딪힌 것이다. 물론 이것이 항상 나쁜 것은 아니다. 자신을 살인자가 될 수 없다고 인식하는 것은 매우 중요하다! 자신은 다른 사람을 학대하는 사람이 결코 아니라고 인식하는 것도 매우 유용한 생각이다. 우리가 어떤 사람이라고 정의하는 것도 중요하지만, 우리가 어떤 사람이 아니라고 정의하는 것도 중요하다.

정체성이란 정확히 무엇을 의미하는가? **그것은 우리가 자신의 개성을 정의하기 위해 사용하는 믿음이며, 우리가 다른 사람과 구분되는(좋거나, 나쁘거나, 그저 그렇거나) 특성이다.** 우리가 어떤 사람이냐에 대한 확신감이야말로 우리 삶의 경계와 한계를 구분 짓는 것이다.

당신의 능력은 변함이 없지만, 당신이 그 능력을 얼마만큼 사용하느냐는 당신에 대해 당신이 어떻게 생각하고 있느냐 하는 정체성에 달려 있다. 예를 들어 당신이 외향적이고 특별한 사람이라고 확신한다면, 당신은 그런 정체성에 맞는 행동 자원을 얻으려 할 것이다. 당신이 스스로를 '겁쟁이' '야만인' '승리자' '무기력한 인간' 등 어떤 사람이라고 생각하든, 그런 생각을 하는 즉시 그에 상응하는 능력을 형성하게 된다는 것이다. 학생들이 자신에게 재능이 있다고 확신하면, 실제로 성적에 극적인 변화가 일어난다는 내용의 《피그말리온 효과》(Pygmalion in the Classroom, 이끌리오, 2003)라는 책을 읽어보았을 것이다.

연구원들은, 학생의 지능 수준에 대한 교사의 믿음이 학생 스스로 정체성을 개발하는 능력에 강력한 영향을 미친다는 것을 반복적으로 보여주었다. 한 연구에서 한 그룹의 교사들에게 학급의 특정 학생들이 정말 재능이 있으니 그들의 도전을 계속 격려하라고 말해주었다. 예상대로, 그 학생들은 반에서 최고의 성적을 올렸다. 이 연구가 중요한 이유는, 이 학생들이 실제로는 높은 지능의 소유자가 아니었을 뿐만 아니라, 심지어 이전에는 성적이 부진한 학생으로 분류된 학생들이었기 때문이다. 하지만 교사들의 '허위 믿음'이 이들에게 자신감을 불어넣어주었고, 그 자신감이 이들의 성공을 촉발시킨 것이다.

이 원칙은 비단 교실의 학생들에게만 해당되는 것이 아니다. **사람들이 당신을 어떤 사람으로 인식하느냐에 따라 당신에 대한 그들의 반응이 달라진다. 사실, 당신에 대한 사람들의 인식은 당신의 진짜 성격과 아무 상관이 없다.** 예를 들어 어떤 사람이 당신을 사기꾼으로 생각하고 있다면, 당신이 정직한 사람이고 좋은 일을 하더라도 당신의 행동 뒤에 모종의 사악한 동기가 숨어 있다고 생각할 것이다. 또 어떤 사기꾼이 변화해서 새 사람이 되었다 해도, 우리 감정과 믿음이 그의 예전 행동과 정체성에 고정되어 있는 까닭에 변하기 전의 이미지를 계속 고수하게 된다. 우리는 가장 아끼는 사람들의 정체성에 영향을 줄 수 있는 엄청난 힘을 가지고 있다는 것을 기억해야 한다.

이것이 바로 미국 교육학자 마르바 콜린스Marva Collins가 발휘한 힘이다. 그녀는 학생들에게 그들이 운명의 주인이고, 이 땅에 살아온 누구 못지않게 재능이 있다고 믿도록 영향을 주었다.

"좋은 사람들의 진가는 헤어지고 난 후 비로소 알게 된다."

- 랄프 왈도 에머슨 Ralph Waldo Emerson

우리는 우리가 어떤 사람이라고 인식되느냐에 따라 행동한다. 그 인식이 옳든 그르든 말이다. 그 이유는 인간 유기체에서 가장 강력한 힘 중 하나가 바로 일관성을 유지하는 것이기 때문이다.

우리는 살아오면서, 고통은 일시적인 것으로, 기쁨은 지속적인 것으로 생각하는 사회적 통념에 길들여져 왔다. 생각해보라. 말과 행동이 다른 사람을 우리는 뭐라고 부르는가? 말은 이렇게 하면서 행동은 저렇게 하는 사람 말이다. 우리는 그런 사람들을 위선적이고, 변덕스럽고, 불안정하고, 신뢰할 수 없고, 우유부단하고, 산만하고, 약속을 밥 먹듯 어기고, 믿을 수 없는 사람이라고 부른다. 당신은 이렇게 불리기를 원하는가? 당신 자신을 이런 식으로 생각하고 싶은가? 절대 아닐 것이다! 그래서 우리가 어떤 견해를 공식적으로 피력하거나, 우리가 무엇을 믿고, 우리가 누구이고, 우리가 어떤 사람이 되려는지 말할 때마다, 일관성을 유지해야 한다는 강한 압박감을 느끼게 되는 것이다.

하지만 우리가 주장하는 정체성과 우리의 행동이 일치하면 큰 보상이 주어진다. 일관성 있는 사람들을 우리는 뭐라고 부르는가? 그런 사람들을 표현할 때, 신뢰할 수 있다, 충성스럽다, 변덕스럽지 않다, 흔들리지 않는다, 총명하다, 안정적이다, 이성적이다, 충실하다 등과 같은 단어를 사용한다. 사람들이 당신을 이런 식으로 묘사하면 어떤 기분이 드는가? 스스로 당신을 이런 식으로 생각한다면 어떤 기분이 들겠는가? 답은 명백하다. 대부분의 사람은 그것을 좋아할 것이다. 그렇기 때문에 우리는 일관성을 유지하는 것을, 고통을 피하고 즐거움을 얻는 능력에 항상 연결시키는 것이다.

"어리석은 고집은 말썽꾸러기 소인배다."

– 랄프 왈도 에머슨 Ralph Waldo Emerson

피그말리온 효과는 반대로도 작용한다. 자신이 '학습 장애인'이라는 확신감을 갖게 되면 그것이 자기실현적 예언이 된다. 이는 현재 학습 전략이 비효율적이라고 생각하는 것과는 전혀 다른 얘기다. 전략을 바꾸는 일은 적절한 교사만 있다면 얼마든지 쉽게 할 수 있는 일로 인식되기 때문이다. 그러나 우리 자신을 바꾸는 것, 즉 우리가 어떤 존재인가 하는 본질을 바꾸는 일은 거의 불가능한 일로 인식되는 것이다. 우리가 흔히 보이는 "나는 이 정도밖에 안 되는 인간이에요"라는 반응은 꿈을 죽이는 말이다. 이 말에는 영구적으로 바꿀 수 없는 문제를 가지고 있다는 의미가 내포되어 있다.

자신이 어쩌다 마약에 중독되었다고 생각하는 사람은 분명히 변화할 수 있다. 비록 어렵긴 하지만, 변화할 수 있고 그 변화를 유지할 수 있다. 하지만 자신이 마약 중독자라고 믿는 사람은 몇 주나 몇 달 동안 마약을 끊었다가도 다시 마약에 손을 댄다. 왜 그럴까? 자신이 그런 사람이라고 믿기 때문이다. 그는 자신이 어쩌다 마약 중독에 걸린 것이 아니라, 마약 중독자라고 믿고 있는 것이다. 우리는 4장에서, 사람이 어떤 것에 대해 확신을 갖게 되면,

그 믿음에 반하는 어떤 증거가 나타나도 이를 무시하거나 방어하는 태도를 보인다는 것을 배웠다. 그 사람은 자신이 장기적으로 변할 수 있다는 것을 무의식적으로 믿지 않게 되고, 이것이 그의 행동을 지배하는 것이다.

게다가 이러한 부정적인 행동을 유지하는 과정에서 부수적 이득이 수반된다. 이 사람은 마약 중독을 통제할 수 없는 이유 탓으로 돌린다. 마약을 복용하는 것이 자신의 의식적인 결정이라는 현실은 직시하지 않고, '자신은 원래 그런 사람'이라고 생각하는 것이다. 이런 잘못된 믿음이 사람은 일관성이 있어야 한다고 판단하는 신경계에 의해 강화되고, 그 사람은 계속 파괴적인 패턴으로 되돌아가는 것이다. 이런 사람에게는, '자신이 원래 그런 사람'이라는 정체성을 포기하는 것이 마약의 파괴적 효과보다 훨씬 더 고통스러운 일이다.

왜 그럴까? **우리 인간은 확신에 대한 욕구를 가지고 있기 때문이다. 대부분의 사람은 미지의 것에 대해 엄청난 두려움을 가지고 있다. 불확실하다는 것 자체가 고통이 닥칠 수 있다는 것을 암시하기 때문에,** 미지의 고통을 다루기보다는 차라리 이미 알고 있는 고통을 다루길 원하는 것이다. 새로운 관계, 새로운 업무, 새로운 환경, 새로운 정보 등이 계속 흘러 들어오는 등 끊임없이 변화하는 세계에서 살면서, 우리는 변치 않는 정체성에 의존할 수밖에 없다. 우리가 누구인지에 대해 의문을 품기 시작한다면, 그동안 우리의 삶을 구축해온 우리 자신에 대한 이해의 기반이 무너지는 것이다.

당신이 누군지 모른다면, 무슨 일을 해야 할지 어떻게 결정할 수 있겠는가? 어떻게 가치관을 형성하고, 신념을 채택하고, 규칙을 세울 수 있겠는가? 어떤 것이 좋은지 나쁜지 그저 그런지 어떻게 판단할 수 있겠는가? 자신의 정체성을 마약 중독자로 인식하는 사람에게 가장 큰 도전은 그의 정체성을 무엇으로 바꾸느냐 하는 것이다. '마약 중독에서 회복하는 사람'으로?

그렇게 해서는 정체성을 바꿀 수 없다. 그것은 단지 그가 처해 있는 상태를 설명하는 단어일 뿐이다. '마약을 하지 않는 사람'으로? 그것도 아니다. 그것은 일시적인 상태일 뿐이다. 그리고 여전히 자신을 정의하는 방법으로 마약에 초점을 맞추고 있다. 이 사람이 나는 이제 '기독교인이다' '무슬림이다' '유대교도다' '불교도다' '나는 이제 리더가 되었다'라고 말하는 등 '마약 중독'이라는 말 이외의 다른 말로 자신을 정의할 만큼 완전히 깨끗하다는 확신을 갖게 될 때, 그의 행동이 바뀔 수 있다. **우리가 누구인지에 대한 새로운 믿음을 개발하면, 우리의 행동도 새로운 정체성을 지지하도록 바뀔 것이다.**

자신의 정체성을 '나는 원래 뚱뚱한 사람이야'라고 생각하는 과체중인 사람에게도 같은 일이 일어날 수 있다. 이 사람은 단기적으로 다이어트를 하고 살을 뺄 수도 있지만, 결국 다시 살이 찔 것이다. '나는 원래 뚱뚱한 사람이야'라는 확신감이 자신의 정체성과 일치하는 행동으로 자신을 계속 이끌기 때문이다. 자신에 대한 확신감이 비록 파괴적이고 스스로를 좌절시키는 것일지라도 우리는 그대로 유지하려고 한다.

마약을 계속 사용해온 사람에게 지속적인 변화를 주는 유일한 방법은, '나는 마약 중독자'라는 확신을 '나는 건강주의자' '나는 어떤 문제도 영구적이지 않다는 것을 보여주는 산 증인' 즉 '나는 이제 ______________이다'로 바꾸는 것이다. 어떤 새로운 정체성을 채택하든 간에, 마약의 사용을 전혀 고려하지 않는 것이어야 한다. 누군가 다시 마약을 권한다면, 마약을 다시 할지 다시 고민할 게 아니라, 절대적인 확신을 가지고 "나는 이제 과거의 내가 아니에요"라고 즉각 말할 수 있어야 한다.

마찬가지로 과체중인 사람들도 자신의 정체성을 '뚱뚱한 사람'에서 '활력 있고 건강하며 운동을 잘하는 사람'으로 변화시켜야 한다. 이러한 정체성 변화는 식단에서 운동에 이르기까지 그들의 모든 행동을 바꾸고, 새로운 정체성과 일치하는 장기적인 생리기능의 변화를 만들어줄 것이다. 이런 변화가 단지 의미 조작에 불과하다고 생각할지 모르지만, 실제로는 개인적 현실이 훨씬 더 깊고 심오하게 변화하는 것이라고 볼 수 있다.

정체성 한 가지가 변화하면 마스터 시스템 전체가 바뀔 수 있다. 생각해보라. 마약 중독자는 자신을 리더, 좋은 연인, 훌륭한 운동선수, 사회 공헌자라고 생각하는 사람과 비교해볼 때, 지속적으로 경험하는 감정상태, 던지는 질문, 그의 행동을 이끄는 가치, 그가 믿음으로 구체화하는 근거 경험 등에서 완전히 다른 평가 시스템을 가지고 있다. 모든 정체성의 변화가 완전한 것은 아니지만, 어떤 정체성 변화는 하나의 마스터 시스템이 한순간에 대체될 정도로 매우 강력하다.

당신이 살아오면서 특정한 변화를 이루려고 계속 시도했는데 번번이 결과가 미흡했다면, 대개 당신이 누구인지에 대한 당신의 믿음과 일치하지 않는 행동 또는 감정의 변화를 만들려고 했기 때문이다. 그러므로 먼저 정체성을 바꾸거나 확장하는 것이야말로 당신의 삶을 가장 심오하고 빠르게 개선할 수 있는 방법이다.

정체성은 어떻게 형성되는가

현대 역사상, 한국전쟁에서 다른 전쟁에서보다 더 많은 미군 포로가 자신의 동료를 밀고한 이유는 무엇이었을까? 동맹국인 북한과는 달리, 중국 공산당은 **인간의 오랜 신념과 가치관뿐만 아니라 행동까지 즉시 바꿀 수 있**

는 정체성의 힘을 이해하고 있었기 때문이다. 그들은 포로들을 잔인하게 학대하기보다는, 그들만의 교묘한 심리전을 끈질기게 구사하면서 포로들로부터 정보를 캐내거나 복종을 이끌어냈고 그들의 정치 철학을 바꿔버린 것이다. 중국 공산당은 미군들의 믿음과 가치관을 바꿀 수 있다면, 미국이 쓸모없이 파괴적인 전쟁만을 일삼고 있다고 생각하게 만들고, 중국의 요구대로 협조를 이끌어낼 수 있으리라는 것을 잘 알고 있었다. 그리고 실제로 그들은 성공했다. 중국 공산당이 한 일을 이해하면, 당신이 어떻게 현재의 정체성에 도달했고, 어떻게 하면 정체성을 확장할 수 있는지, 그리고 당신의 삶 전체를 즉시 이해할 수 있게 될 것이다.

중국 공산당의 이런 임무는 사실 정말 무서운 것이었다. 죽이겠다고 위협하거나 석방해주겠다는 약속도 하지 않으면서 어떻게 사람의 정체성을 온전히 바꿀 수 있단 말인가? 특히 미군 병사는 포로로 잡혔을 때 이름, 계급, 군번만 말하도록 훈련받지 않았던가? 중국 공산당의 계획은 아주 간단했다. 작은 것부터 시작하는 것이었다. 중국 공산당은 **사람의 정체성을 알려면 그들의 행동을 알면 된다**는 것을 이해하고 있었다. 예를 들어 당신은 당신의 친구가 어떤 사람인지 어떻게 아는가? 바로 그 친구가 행동하는 방식, 사람을 대하는 방식을 통해 알지 않겠는가?

하지만 공산당의 진짜 비결은, 우리가 자신의 행동을 판단함으로써 정체성을 드러낸다는 사실을 알고 있었다는 것이다. **다시 말해서, 우리는 우리가 하는 행동을 보고 우리가 누구인지 판단한다.** 중국 공산당은 포로들이 자신의 정체성에 대한 믿음을 바꾸게 하기 위해서는 포로들로 하여금 공산당이나 공산당 동조자들이 하는 행동을 따라 하게 만드는 것뿐이라는 것을 잘 알고 있었다.

그것은 간단한 일이 아니지만, 그들은 12시간에서 20시간 동안 계속 대화를 나누면서 포로들을 지치게 만들면 가능할 것이라고 생각했다. 그들은 처음에는 '미국은 완벽하지 않다'라거나 '공산주의 국가에서 실업 문제는 없다' 같은 사소한 요구를 했다. 그렇게 기초를 다진 공산당은 작은 것부터 시작해 나갔다. 그들은 인간이 일관성을 유지하기를 원한다는 것도 잘 이해하고 있었다. 일단 우리가 믿는 바를 진술하기 시작하면, 우리는 그것을 뒷받침하는 행동을 기꺼이 하게 되어 있다.

그들은 처음에는 포로들에게 미국이 완벽하지 않은 몇 가지 이유를 써보라는 요청에서 시작해서, 완전히 지친 상태의 미군에게 "공산주의에 어떤 사회적 이점이 있는가?"라는 질문을 계속 던진다. 오래지 않아 미군 포로 앞에는 자신의 조국을 나쁘다고 비난하고 공산주의를 찬양하는 이유를 자필로 쓴 문서가 놓이게 된다. 하지만 그는 이제 자신이 왜 그런 짓을 했는지 스스로를 정당화해야 했다. 그는 구타를 당하지도 않았고, 그렇다고 특별한 보상을 받은 것도 아니었다. 그는 단지 그가 자필로 쓴 내용들과 일관성을 유지하는 작은 진술들을 하기 시작하고 마침내 그 문서에 서명까지 하게 된다. 게다가 그가 이 모든 일을 자발적으로 했다는 것을 어떻게 설명하게 되었을까? 나중에 중국 공산당은 다른 죄수들과 함께 모인 자리에서 그가 서명한 문서를 읽게 하거나 자신의 행동에 대한 전체적인 이야기를 쓰도록 요청하곤 했다.

중국인들이 이 문서와 함께, 문서를 쓴 포로들의 이름을 방송으로 공개하면, 비로소 그 포로는 자신이 적의 '협조자'로 인식되고 있다는 사실을 공개적으로 알게 된다. 동료 포로들이 그에게 왜 그랬느냐고 물어도, 그는 고문당했기 때문이라고 변명할 수 없었다. 결국 그는 자신의 잘못이 아니라는 생각을 유지하기 위해 자신의 행동을 스스로 정당화해야 했다. 그는 그 자리에서 그것이 사실이기 때문에 그렇게 썼다고 진술한다! 그 순간 그의 정체성이 바뀐 것이다. 그는 이제 자신을 친공산주의자로 인식했고, 주변의 모든 사람들도 그를 그렇게 불렀다. 주변 사람들이 그를 공산당 경비병 대하듯이 대하면서 그의 새로운 정체성은 점점 더 강화된다.

그의 새로운 정체성은 곧 조국을 공개적으로 비난하게 만들고, 그는 자신의 진술과 새 정체성의 일관성을 유지하기 위해 공산당과 더 광범위하게 협력하게 된다. 이것이 바로 중국 공산당의 뛰어난 전략이었다. 포로들이 일단 그런 문서를 쓰고 나면 나중에 그런 일이 없었다고 부인할 수 없게 만든 것이다. 누구나 알 수 있는 그의 친필 문서가 있고, 이후 실제로 그의 믿음과 자아상이 그가 한 일과 일치하는 행동을 하게 만든 것이다.*

여기서 우리는 그런 행동을 한 포로들을 냉정하게 비판하기 전에, 우리 자신을 돌아보아야 한다. 당신은 당신의 정체성을 의식적으로 선택했는가, 아니면 다른 사람들이 당신에게 말한 것, 당신의 삶에서 일어난 중요한 사건들, 그리고 당신의 인식이나 동의와는 상관없이 발생한 다른 요소들로 인해 형성되었는가? 당신의 정체성의 기초를 형성한 일관된 행동은 무엇이었는가?

당신은 당신도 모르는 사람을 돕기 위해 고통스러운 골수 추출 수술을 받을 의향이 있는가? 대부분의 사람은 "절대 아니요!"라고 말할 것이다. 그러나 1970년의 한 연구에서 연구원들은 자신의 일관된 정체성이 그렇게 하는 것이 옳다고 믿는다면 많은 사람이 그런 이타적인 행동을 기꺼이 할 것이라는 사실을 밝혀냈다.

이 연구는 실험 대상자들에게 먼저 작은 약속을 하도록 요청한 다음, 자원봉사를 하지 않는 것은 '성격상 용납할 수 없다'고 생각하게 만드는 간단

* Cialdini, Influence.

한 두 가지 행동을 하도록 요청했다. 그랬더니 많은 사람이 새로운 정체성을 개발하기 시작했다. 그들은 자신을, 개인적인 희생을 해서라도 도움이 필요한 사람들을 돕기 위해 무조건 헌신하는 '기증자'로 보기 시작했다. 이 경험을 하고 나서 골수 기증 요청이 이루어졌을 때, 이 사람들은 새로운 정체성의 힘을 느끼며, 소요되는 시간, 돈, 신체적 고통과 관계없이 그 요청을 수락해야 한다고 생각했다. **자신을 기증자로 보는 새로운 시각이 그들이 정체성에 그대로 반영된 것이다. 인간의 행동을 형성하는 데 있어 정체성보다 더 강력한 지렛대는 없다.**

당신은 **"정체성은 원래 경험에 의해 제한되는 것 아닌가요?"**라고 물을지도 모른다. **그렇지 않다. 정체성은 경험에 대한 당신의 해석에 의해 제한될 뿐이다. 당신의 정체성은 당신이 누구인지, 무엇과 융합하기로 결정했는지에 대한 당신의 결정이다. 그러니까 정체성은 당신이 스스로에게 부여한 꼬리표다. 당신의 정체성을 정의하는 방식이 바로 당신의 삶을 정의한다.**

정체성 위기를 초래하는 극심한 고통

자신이 누구인지에 대한 믿음대로 행동하지 않는 사람들은 흔히 말하는 '정체성 위기'를 겪게 된다. 그들은 위기가 닥치면 즉시 방향을 잃고 그동안 품어왔던 소신에 의문을 품는다. 세상은 뒤죽박죽이 되고, 고통에 대한 강렬한 두려움이 생긴다. 많은 사람이 '중년의 위기'를 맞을 때 이런 일이 생긴다. 이런 사람들은 자신이 아직 젊다고 생각하고 있다가, 특정 나이를 넘기거나 친구들이 한마디하거나, 머리가 희끗희끗해지는 자극을 받으면, 다가올 미래와 그로 인해 갖게 될 부정적인 정체성을 두려워한다. 그래서 기존의 정체성을 유지하기 위한 필사적인 노력의 일환으로, 자신이 아직 젊다는 것을 증명하기 위해 스포츠카를 사거나 헤어스타일을 바꾸거나 배우자와 이혼하거나 직업을 바꾼다.

이들이 자신의 진짜 정체성을 확실히 알았다면, 이런 위기가 찾아왔을까? 그렇지는 않을 것이다. 당신이 나이나 외모 등에 연관된 정체성을 갖고 있다면, 시간이 지남에 따라 그런 것들이 변하면서 당신을 고통에 빠뜨릴 것이다. 그러나 당신이 진정으로 누구인지에 대한 더 넓은 감각을 가지고 있다면, 당신의 정체성은 결코 위협받지 않을 것이다.

기업들도 정체성 위기를 겪을 수 있다. 복사기 대기업인 제록스Xerox는 몇 년 전에 이미지 변화를 위한 흥미로운 시도를 했다. 개인용 컴퓨터가 '미래의 물결'로 떠오를 때, 제록스는 그들의 기술력으로 이 흥미로운 새 시장에 진입하기를 원했다. 그들은 개인용 컴퓨터에 엄청난 연구 개발 인력을 투입하고 무려 20억 달러를 투자한 끝에, 우리가 오늘날 '마우스'라고 부르는 장치를 포함해 여러 가지 혁신적인 발명품을 개발해냈다.

그렇다면 제록스는 왜 오늘날 애플이나 IBM 같은 회사들과 컴퓨터 시장에서 어깨를 나란히 하며 경쟁을 벌이고 있지 못하는 것일까? 한 가지 분명한 이유는 초기에 회사의 정체성이 그러한 방향으로 나아가도록 허용하지 않았기 때문이다. 뚱뚱한 수도사 이미지*를 내세운 시각적 정체성도 최첨단 컴퓨팅 기술의 회사로 보이기에는 어울리지 않았다. 수도사 이미지는 원고 복사라는 회사의 특징을 정확하게 상징했지만, 속도가 가장 중요한 기준인 새로운 첨단기술 이미지로는 그다지 적합하지 않았다. 소비자 측면

* 제록스에서 개인용 컴퓨터의 광고 모델로 뚱뚱한 수도사를 내세웠던 적이 있다. _편집자

에서 볼 때도, 제록스가 그동안 구축해온 세계 최고의 복사기 회사로서의 정체성은 컴퓨터를 판매하려는 회사로서의 이미지를 심어주지 못했다. 여기에 신속하게 정보를 처리하는 방법과는 거리가 먼 시각적 정체성이 더해지면서, 문제가 발생하기 시작한 것이다.

마케팅 및 그래픽 디자인 전문가들은 한결같이 기업 이미지야말로 소비자가 구매 정보를 처리하는 거대한 필터라고 말한다. 소비자들은 그 기업이 어떤 회사이고, 무엇으로 유명한지 알고 싶어한다. 그들이 값비싼 물건을 살 때는 업계의 대표 제품을 만드는 회사에서 물건을 사기를 원한다. 제록스가 컴퓨터 회사라는 정체성을 기존의 정체성에 통합하는 데 애를 먹는 동안, 다른 회사들이 전선에 뛰어들어 시장을 잠식하기 시작했다. 결국 제록스는 정체성을 바꾸려고 애쓰기보다는 기존의 정체성을 활용하기로 결정했다. 복사기를 컴퓨터화하고, 연구개발비를 이미 가장 잘 하고 있는 분야를 개선하는 데 집중하기로 한 것이다.

오늘날 제록스는 플로터, 하드웨어, 소프트웨어, 통신 네트워크 등, 빠른 이미지를 특징으로 하는 광고를 내보내면서 새로운 '제록스 이미지'를 만들고, '제록스는… 문서 전문 회사입니다'Xerox... the Document Company라는 문구의 시각적 메시지를 완성함으로써 변신하고 있다. 제록스가 시장을 확대하기 위해서는 이 같은 정체성의 확장이 회사 문화에서 훈련되어야 하는데, 지금 제록스는 모든 기회를 활용해 그 일을 잘 해내고 있다.

"중국어에서 위기(危機)라는 말은 두 개의 문자로 구성되어 있다.

하나는 위험을 나타내고, 다른 하나는 기회를 나타낸다."

– 존 F. 케네디 John F. Kennedy

사람들은 위기를 겪지 않아도 자신의 행동을 바꿀 수 있다는 사실을 이해하지만, 우리의 정체성을 바꾸는 것은 위협적이거나 불가능하다고 생각하는 것 같다. 정체성에 대한 핵심 믿음을 버리는 것은 우리에게 극심한 고통을 가져다준다. 어떤 사람들은 그 믿음을 지키기 위해 목숨까지 버리기도 한다. 빅토르 위고의 걸작《레미제라블》에서는 이런 상황이 극적으로 묘사되고 있다. 감옥에서 풀려난 주인공 장발장은 여전히 외롭고 좌절감에 빠져 있다. 여러 해 동안 갇혀 있었지만 그는 결코 '범죄자'라는 낙인을 인정할 수 없었다(그는 굶주린 가족들을 위해 빵 한 조각을 훔쳤을 뿐인데, 억울하게 수년간의 노동형을 선고받았다). 그러나 그는 석방된 후에도 정직하게 먹고살 일자리를 구할 수 없었다. 전과자라는 신분 때문에 온갖 조롱과 퇴짜를 당했다.

마침내 완전히 무력감에 빠져서, 범죄자라는 꼬리표가 붙은 자신의 정체성을 받아들이기 시작한다. 그는 이제 범죄자가 되었고 그렇게 행동하기 시작한다. 친절한 신부가 그를 교회에 데리고 들어가 음식을 주고 재워줬지만, 그는 은접시를 훔쳐 범죄자로서의 정체성에 맞는 행동을 한다. 경찰이 장발장을 검문하다가 그가 전과자일 뿐만 아니라 신부의 귀중품을 소지하고 있다는 것을 발견한다. 이 또한 중형을 받을 수 있는 범죄다.

장발장은 신부와 다시 대면하게 되고, 경찰이 사실을 설명하자 신부는 은접시는 자신이 장발장에게 준 선물이었으며 은촛대 두 개도 함께 주었는데 왜 가져가지 않았느냐고 말한다. 놀랍게도 신부는 자신의 관대한 거짓말을 사실인 것처럼 주장하며, 장발장에게 은촛대를 쥐어주면서 새 삶을 시작하라고 당부한다.

장발장은 신부의 행동으로 인해 고민에 빠졌다. 그는 왜 나를 믿었을까? 왜 나를 다시 쇠사슬에 묶어 감옥으로 보내지 않았을까? 신부는 장발장에게 자기가 내 형제이고, 그는 더 이상 악에 속한 사람이 아니라 정직한 사람이며 하나님의 자녀라고 말했다. 이 엄청난 패턴의 파괴가 장발장의 정체성을 바꿔놓는다. 그는 수감 증명서를 찢어버리고, 다른 도시로 이사해서 새로운 정체성을 갖게 된다. 그러면서 그의 모든 행동도 바뀐다. 그는 소도시의 시장이 되어 지역 사람들을 돕는다.

그러나 자베르 경감은 장발장을 찾아 법의 심판을 받게 하는 것을 평생의 성전(聖戰)이라고 생각한다. 그는 장발장이 악하다고 '믿으며' 자신은 악을 정의의 심판대로 가져오는 의로운 사람이라고 여긴다. 자베르가 마침내 그를 잡았을 때, 장발장이 오히려 자베르를 제거할 기회를 얻지만 관대하게도 목숨을 살려준다. 평생 장발장을 추적해온 자베르는 장발장이 선한 사람이며 어쩌면 자기 자신보다 더 좋은 사람일지 모른다는 사실을 깨닫는다. 오히려 자신이 더 잔인하고 악한 사람이었다는 것을 감당하지 못한다. 결국 자베르는 센강의 급류에 몸을 던진다.

"그의 가장 큰 고뇌는 확신감이 사라지는 것이었다.
그는 자신이 뿌리째 흔들린다고 생각했다… 오! 얼마나 무서운 일인가!
앞으로만 나아가려는 사람은 앞날이 되돌아온다는 것을 정녕 알 수 없을지니!"
– 빅토르 위고 Victor Hugo, **《레미제라블》에서**

당신은 누구인가?

이 모든 것이 의미하는 바는 무엇일까? 실제로 우리 자신이 누구인지 정의해보지 않는다면 이것이 의미하는 바를 제대로 이해할 수 없을 것이다. **그러니 이제 당신 자신이 누구인지 확인해볼 때가 되었다.** 당신은 어떤 사람인가? 우리 자신을 정의하는 방법은 매우 많다. 감정에 의해 우리 자신을 설명할 수도 있고(나는 좋은 연인, 평화로운, 강렬한 사람이다), 직업으로 묘사할 수도 있고(나는 변호사, 의사, 신부다), 그외에 직위(나는 부사장이다), 수입(나는 백만장자다), 역할(나는 어머니, 나는 딸 다섯 중 장녀다), 행동(나는 도박꾼이다), 소유물(나는 BMW를 갖고 있다) 등으로도 묘사할 수 있다. 또 비유(나는 우두머리다, 나는 계급제에서 노예 신분이다), 평가(나는 쓸모없는 사람이다, 나는 특별한 사람이다), 영적 신념(나는 유대인이다), 외모(나는 잘생겼다, 나는 못생겼다, 나는 늙었다), 성취도(나는 스프링밸리고등학교 동문이 선정하는 홈커밍 여왕으로 뽑혔다), 과거사(나는 실패자다), 심지어 결코 아닌 것(나는 중도 포기자가 아니다) 등으로 자신을 표현할 수 있다.

친구나 동료들이 가지고 있는 정체성은 우리에게도 영향을 미친다. 당신의 친구들을 잘 살펴보라. 당신이 그들이 누구라고 믿느냐는 종종 당신이 자신을 누구라고 믿는지를 반영한다. 친구들이 매우 사랑스럽고 감성적이라면, 당신도 자신을 비슷한 맥락으로 볼 가능성이 매우 높다. 자신의 정체성을 정의하는 데 사용하는 시간 프레임도 매우 중요하다. 당신은 자신의 진정한 모습을 정의하기 위해 과거, 현재, 미래 중 어느 시기를 보는가? 몇 년 전만 해도 나의 현재와 과거는 끔찍했기 때문에, 나는 의식적으로 내 정체성을 내가 되고 싶어한 미래의 비전과 결합시켰다. 나는 굳이 미래의 내가 되기를 기다리지 않았다. 바로 그때부터 미래의 나로 살기 시작했다.

이 질문에 답할 때 중요한 것은 당신이 올바른 감정상태에 있어야 한다는 것이다. 당신은 편안하고, 안정을 느끼고, 호기심이 충만한 상태이어야 한다. 이 책을 그저 대충 빠르게 훑어보거나 방해되는 것들이 많다면, 당신은 필요한 답을 얻지 못할 것이다.

숨을 크게 들이마시고 천천히 내쉬어보라. 마음에 호기심이 충만하게 하라. 두려워하거나, 걱정하거나, 완벽함을 찾으려 하거나, 특별한 것을 찾으려 하지 말라. 그냥 스스로에게 물어보라. "나는 누구인가?" 답을 적고 다시 질문을 반복한다. 질문을 할 때마다 떠오르는 것을 기록하고 점점 더 깊이 탐색해 들어간다. 가장 강한 확신이 드는 설명이 나올 때까지 계속해서 질문을 반복하라. 당신은 자신을 어떻게 정의하는가? 정체성의 본질은 무엇인가? 자신을 묘사하기 위해 어떤 비유를 사용하는가? 당신은 어떤 역할을 하고 있는가?

편안하고 호기심 충만한 상태가 아니라면, 정체성에 대한 두려움과 망설임이 계속 당신에게 부적절한 대답을 줄 것이다. 사실, 당신이 누군가에게 단도직입적으로 "당신은 어떤 사람인가요?"라고 불쑥 묻는다면, 다음 두 가지 반응 중 하나를 얻게 될 것이다.

① **멍한 시선.** 사실 이런 뜬금없는 질문은 사람들을 당황케 한다. 지금까지 그런 질문에 대한 답을 진지하게 생각해본 적이 없기 때문이다.

② **피상적인 답변.** 사람들이 가장 많이 시도하는 회피 기술이다. 사람들은 그저 "내가 그냥 나지, 별게 뭐 있어"라고 상투적으로 대답하는데, 이런 반응을 '뽀빠이 원칙'Popeye Principle이라고도 한다. 당신이 누군가에게 감정적인 질문을 하면, 그들은 당신에게 대답하기 전에 먼저 자기 자신에게 두 가지 질문을 한다.

첫 번째 질문은 "이 질문에 대답할 수 있을까?"이다. 그 사람이 자신이 누구인지 확신할 수 없다면, 그는 대개 "나도 모르겠어요"라고 대답하거나 위에서처럼 피상적인 대답으로 상황을 모면하려 할 것이다. 사람들은 삶의 중요한 부분에서 명확성이 부족하다는 것을 알게 될까봐 두려워서 이런 질문 받기를 꺼린다. 두 번째 질문은 "이 질문이 내게 어떤 이득이 있을까? 이 질문에 대답한다면, 내 개인적으로 어떤 도움이 될까?"이다.

두 가지 질문에 대한 답은 이렇다. 첫째, 당신은 당신이 어떤 사람인지 알고 있다. 지금 시간을 내서 브레인스토밍해보면 답을 생각해낼 수 있다. 하지만 당신 자신을 믿어야 하며, 어떤 대답이 나오든 그대로 바로 적어라. 둘째, 당신이 누구인지 알면, 당신의 모든 행동을 즉각적으로 형성할 수 있는 능력이 생긴다는 이점이 있다.

당신이 지금 올바른 감정상태에 있다면, "나는 누구인가?"라는 질문에 위 두 가지 반응을 보이는 것이 아니라, 사려 깊은 대답을 내놓을 수 있을 것이다. **사려 깊은 대답.** 이 답이 당신이 지금 찾고 있던 답이길 바란다!

"나는 생각한다, 고로 나는 존재한다."

– **르네 데카르트**Rene Descartes

지금 당장 시간을 내서, 소크라테스부터 사르트르에 이르기까지 시대의 철학자들이 숙고한 질문에 답해보자. 평안하고 호기심 충만한 상태로 만들어라. 숨을 크게 들이마시고 내 쉬면서 질문을 던진다. "나는 누구인가?"

나는…

____

____

____

자신을 정의하는 데 도움이 되기 위해 한마디 하자면, 정체성이란 당신을 다른 사람과 구별하는 것임을 기억하라는 것이다. 당신이 좋아할 것 같은 몇 가지 연습을 해보자.

① **당신의 이름을 사전에서 찾는다면, 뭐라고 적혀 있을 것 같은가?** 달랑 세 단어로 되어 있을까, 아니면 몇 페이지에 걸친 장편 서사시처럼 써 있을까? 아니면 한 권의 책 분량일까? 사전에서 당신의 이름을 찾는다면 찾을 수 있는 정의를 지금 당장 적어보라. 답이 생각날 때까지 잠시 기다려라. 준비되었으면 다음 연습으로 이동한다.

내 이름을 사전에서 찾는다면

____

____

____

② **당신의 진정한 모습을 보여줄 신분증을 만든다면, 거기에 넣고 싶은 것은 무엇이고, 빼고 싶은 것은 무엇인가?** 사진을 넣을 것인가, 말 것인가? 허리둘레 같은 신체 수치를 넣을 것인가? 외모 묘사는? 당신의 업적은? 감정은? 당신의 믿음은? 대인관계는? 포부는? 좌우명은? 능력은? 시간을 내서 당신의 진짜 모습을 사람들에게 보여주기 위해 이 신분증에 무엇을 포함시킬 것인지, 무엇을 뺄 것인지 설명해보라.

내 ID 카드

____

____

____

이제, 당신의 정체성에 대한 설명을 적어놓은 것을 살펴보라. 아마도 당신 삶의 요약본일 것이다. 읽어보니 어떤 느낌이 드는가? 자신이 누구인지에 대해 진심으로 감사하고, 스스로를 인정하는 데서 오는 깊은 감정을 느낄 수 있기를 바란다. 설령 당신의 정체성 때문에 고통을 느낀다 하더라도, 정체성은 단지 당신이 그렇게 정의하기로 결정한 것에 불과하며, 언제든 즉시 바꿀 수 있다는 것을 명심하라. 지금 당신 안에는 언제든 그렇게 할 수 있는 힘이 있다. 이제 정체성이 어떻게 진화하는지 살펴본 후에, 정체성을 어떻게 확장할 것인지, 그에 따라 삶 전체를 어떻게 확장할 수 있는지에 대한 알아볼 기회를 가져볼 것이다.

정체성의 진화

내 친구 데브라Debra는 모든 사람이 모험적이고 활기차다고 생각하는 여성이다. 최근, 그녀가 자신의 정체성이 어떻게 변화했는지에 대한 경험을 이야기해주었다. "내가 자랄 때, 나는 항상 겁쟁이였지요. 몸으로 해야 할 일이나 다칠 위험이 있는 일은 절대 하지 않았으니까요." 그런데 내 세미나에 참석하면서 스쿠버 다이빙, 파이어워킹(firewalking, 불에 달군 돌 위를 맨발로 걷는 것 _옮긴이), 스카이다이빙 같은 새로운 경험을 하고 난 뒤에는, 마음만 먹으면 얼마든지 그런 일을 할 수 있다는 것을 깨닫기 시작했다. 그러나 이런 경험을 몇 번 했다고 해서 아직 그녀의 정체성에 대해 새로운 믿음이 생긴 건 아니었다. 그녀는 여전히 자신을 '스카이다이빙을 해본 겁쟁이'라고 여기고 있었다. 본격적인 변화는 아직 일어나지 않았지만, 그녀가 모르는 사이에 그녀의 정체성은 조금씩 달라지기 시작했다. 그녀는 다른 사람들이 "나도 당신처럼 그럴 수 있는 용기가 있었으면 좋겠어요. 당신은 정말 매우 모험적이군요!"라고 말하면서 자신이 해낸 일을 부러워했다고 말했다. 사람들이 자신에 대해 그렇게 말하는 것이 너무 놀라웠지만, 사람들이 자신에 대해 계속 그렇게 말하는 걸 듣다 보니, 그녀 자신도 자신의 정체성에 대해 의문을 품기 시작했다.

"마침내 나는 겁쟁이가 되는 것을 고통에 연결시키기 시작했지요. 내가 겁쟁이라는 믿음이 나를 제한한다는 것을 알게 되었고, **겁쟁이는 내가 되고 싶은 사람이 아니라는 결단**을 내렸습니다." 그때부터 그녀의 영혼은 친구들이 자신을 보는 것과 스스로 정체성에 대해 생각하는 것 사이의 부조화와 싸우게 되었다. 그녀가 또 한 번의 스카이다이빙을 할 기회가 왔을 때, 그녀는 늘 가능성으로만 생각했던 것을 현실로, 즉 '마음만 먹으면 할 수도 있는'에서 '실제로 내가 지금 하고 있는'으로 도약하는 기회로 삼기로 했다. '모험적'이라는 자신의 정체성을 단순한 '관점'에서 자신의 '믿음'으로 끌어올리는 순간이었다.

비행기가 1만 2,500피트 고도로 올라갔을 때, 데브라는 스카이다이빙 초보자들이 두려움을 억누르기 위해 애써 즐기는 척하는 것을 지켜보았다. 그녀는 속으로 생각했다. "나도 예전에는 저랬지. 하지만 이제는 그렇지 않아. 오늘, 나는 정말로 재미있게 즐길 거야!" 그녀는 그 초보자들의 두려움을 자신이 되기로 결정한 새로운 자신과 의도적으로 대조시켰다. 그녀는 '저 사람들처럼 두려워했던' 자신이 방금 중대한 변화를 일으켰다는 것을 깨닫고는 깜짝 놀랐다. 비로소 그녀는 더 이상 겁쟁이가 아니라 모험심이 강하고 힘 있는 여자가 된 것이다.

그녀는 비행기에서 가장 먼저 뛰어내렸다. 지상으로 하강하는 동안, 그녀는 계속 기쁨, 쾌감, 환희의 함성을 질렀다. 지금까지 이렇게 강렬한 육체적 에너지와 흥분을 느껴본 적이 없었다. 그녀가 자신을 한계치까지 몰아붙이며 새로운 정체성을 즉각 채택할 수 있었던 한 가지 핵심요소는, 팀리더로서 다른 사람들에게 모범을 보여야 한다는 깊은 책임감이었다. 그녀는 내게 이렇게 말했다. "당신이 한 일과 마찬가지지요, 토니. 당신이 두려움과 한계를 극복하는 세미나를 하면서 파이어워킹을 거부했다면, 효과가 없었을 테니까요. 하지만 당신은 당신이 한 말대로 실제로 불 위를 걸었잖아요."

데브리의 변신은 완벽했다. 그녀는 새로운 근거 경험을 쌓으면서 자신의 옛 정체성을 조금씩 지워버렸고, 더 큰 가능성이 있는 정체성으로 확장하기로 결심했으며, 적절한 기회가 왔을 때, 새로 채택하기로 결정한 정체성과 더 이상 되고 싶지 않은 모습을 비교 대조했다. 이것이 그녀가 변화를 이루는 데 필요한 마지막 지렛대였다. 그녀의 진화는 간단하면서도 강력했다. 그녀의 완전한 정체성 변화는 이제 그녀의 아이들, 그녀가 하는 일, 그녀가 관련된 다른 모든 것에 영향을 미치고 있다. 오늘날, 그녀는 모험적인 지도자로서의 역할을 정말로 잘 수행하고 있다.

물론, 당신은 언제든 자신을 재정의하기로 결단할 수 있다. 세상 모든 아이들이 마음과 영혼 속에 품고 있는 경이로운 상상력을 생각해보라. 어느 날 그는 복면을 쓴 복수의 화신 조로가 될 수도 있고, 신들의 영웅 헤라클레스가 될 수도 있다. 또 오늘날 현실에서의 영웅인 할아버지가 되기도 한다. 정체성의 변화는 인생에서 가장 즐겁고, 마법 같고, 당신을 자유롭게 해주는 경험이다. 어른들은 왜 일 년 내내 핼러윈이나 뉴올리언스의 마디그라 축제(New Orleans's Mardi Gras, 사순절이 시작되는 전날을 참회의 화요일로 기리는 축제 _옮긴이)를 기다리는 것일까? 내가 아는 한, 분명한 한 가지 이유는 이런 축제에서 본래의 자신에서 벗어나 전혀 다른 자아를 표현할 수 있기 때문이다. 평소에는 드러내지 않던 새로운 정체성으로 여러 가지 일을 해보기도 하고, 항상 하고 싶었지만 정체성과 맞지 않다고 생각했던 일들을 해보기도 한다.

하지만 우리는 굳이 이런 특별한 축제 때가 아니더라도 언제든 그렇게 할 수 있다! 우리는 우리 자신을 완전히 재정의할 수도 있고, 우리의 숨겨진 '진짜 자아'가 빛을 발하도록 결단할 수도 있다. 평소에는 온화한 인상의 클라크 켄트Clark Kent가 안경과 정장을 벗고 무적의 슈퍼맨으로 변신하는 것처럼, 우리는 우리의 행동이나, 과거의 모습이나, 그동안 우리 자신에게 부여해온 어떤 인식보다 더 큰, 거대한 정체성을 발견할 수 있다.

당신을 재창조하라

자, 이제 확장해보자!

당신의 현재 정체성이 당신이 원하는 것이 아니라면, 원하는 것으로 만들어라. 당신을 재창조하기 위해 다음 네 단계를 시작해보라.

1. 지금 당장, 당신이 갖고 싶은 정체성의 모든 요소들의 목록을 만들어라. 목록을 만들면서, 결심만 하면 언제든 변화할 수 있는 힘을 가지고 있다는 것을 직접 느껴보라. 당신이 가지고 싶어하는 특성을 가진 사람들은 누구인가? 그들이 당신의 롤 모델이 될 수 있는가? 새로운 정체성과 융합되는 자신의 모습을 상상해보라. 그런 당신이 어떻게 숨 쉬고, 어떻게 걷고, 어떻

게 말하고, 어떻게 생각하고, 어떻게 느끼는지 상상해보라.

2. 정말로 당신의 정체성과 삶을 확장하고 싶다면, 어떤 사람이 되고 싶은지 지금 당장 의식적으로 결정하라. 어린아이처럼 흥분된 마음으로 당신이 되기로 결정한 사람에 대해 자세히 설명해보라. 당신의 확장된 정체성 목록을 적어보라.

3. 당신이 정말로 새 정체성과 일치하는 삶을 살고 있는지를 깨우쳐줄 수 있는 행동 계획을 세워라. 이 계획을 세울 때, 당신이 함께 시간을 보내기로 선택한 친구들을 특별히 주의하라. 그들은 당신이 만들어가고 있는 새 정체성을 강화시켜주는가, 아니면 파괴하는가?

자신의 정체성을 확장하는 사람을 보는 것만큼 즐거운 일은 없다. 내가 최근에 경험한 가장 큰 기쁨 중 하나는, 내 큰아들 타일러Tyler가 헬리콥터 조종에 관심이 있던 초보자에서 노련한 제트 헬리콥터 조종사로, 이어서 영업용 헬리콥터 조종사로까지 변모하는 모습을 지켜보는 것이었다.

그가 말 많은 사람보다는 행동하는 사람이 되고, 웬만한 사람들은 꿈도 꾸기 어려운, 하늘을 정복한 것 같은 무한한 자유를 얻었다는 것을 깨달았을 때, 얼마나 큰 자부심을 느꼈을지 생각만 해도 뿌듯하다.

4. 마지막 단계는, 새 정체성을 실천하겠다는 결심을 주변의 모든 사람에게 널리 알리는 것이다. 그러나 가장 중요한 대상은 바로 당신 자신이다. 매일 당신의 새 정체성을 당신 자신에게 설명하다 보면, 당신 안에서 조건화될 것이다.

미래의 정체성

이 연습을 마친 후에도 당신의 정체성을 더 다듬고, 확장하고, 더 나은 규칙을 만드는 작업은 계속될 수 있다. 우리가 사는 세상은 매우 역동적이기 때문에 더 높은 삶을 살기 위해서는 우리의 정체성을 지속적으로 확장해야 한다. 당신의 정체성에 영향을 미치는 것들이 무엇인지 파악하고, 그것이 당신에게 힘을 불어넣어주는지, 반대로 당신을 좌절시키는지 전체 과정을 통제해야 한다. 그렇지 않으면 당신은 다시 과거의 포로가 될 수 있다. 한 가지 궁금한 건, **당신은 지금, 이 책을 처음 집어 들었을 때와 얼마나 달라졌는가?**

나는 나 자신을 계속 재정의하고 있다. 그래서 그런지 사람들은 새로운 모험을 추구할 때 내가 얼마만큼의 자신감을 갖고 있는지 궁금해한다. 또 "당신은 어떻게 그렇게 많은 것을 성취했습니까?"라는 질문을 자주 받는다. 가장 큰 이유 중 하나는 내가 다른 사람들과는 다른 방식으로 사물을 보기 때문이라고 생각한다. **대부분의 사람은 능력을 가지고 있어야 자신감을 느끼지만, 내 경우는 먼저 자신감을 갖기로 결정한다. 그러면 그 자신감이 내가 그 일을 할 능력이 생길 때까지 버틸 수 있다는 확신을 갖게 해준다.** 그렇기 때문에 내 정체성은 과거의 근거 경험에 의해 제한되지 않는다.

당신이 오늘 내가 누구냐고 묻는다면(내일은 바뀔지도 모른다!), 가능성을 창조하는 사람, 기쁨을 조장하는 사람, 성장을 촉진하는 사람, 다른 사람의 계발을 돕는 사람, 열정을 만들어내는 사람이라고 대답할 것이다. 나는 동기부여자도, 설교자도, 스승도 아니다. 나는 미국의 변화 심리학 전문가 중 한 명이다. 나는 코치, 기업가, 남편, 아버지, 좋은 연인, 친구, 엔터테이너, TV 출연자, 베스트셀러 작가, 미국에서 가장 영향력 있는 연설가, 태권도 유단자, 제트 헬리콥터 조종사, 국제적인 사업가, 건강 전문가, 노숙자 후원자, 자선가, 교사, 변화를 유도하는 사람이다. 선한 일을 하는 군사, 치유자, 도전가… 그리고 재미있고, 때로는 엉뚱하고, 겸손한 사람이다! 나는 나 자신의 최고 요소들로 나를 정의한다. 아직 완벽하지 않은 측면이 있는 것은 성격적 결함 때문이라기보다는 성장의 기회로 여긴다.

우리는 우리가 누구인지에 대한 시야를 넓힐 필요가 있다. 우리가 스스로에게 붙인 이름은 '제한'이 아니라 '끝없는 발전'이다. 우리 안에 이미 존재하는 좋은 것들이 계속 더 많아져야 한다. 우리가 미래의 정체성을 어떻게 정의하든 우리는 그대로 될 것이다. 그것이 바로 믿음의 힘이다.

"우리가 할 수 있는 일을 다 해낸다면, 말 그대로 우리 자신에게 놀랄 것이다."

– **토머스 에디슨**Thomas Edison

삶의 모든 측면에서 감상하려는 능력을 지속적으로 확장하겠다는 약속을 지키기 위해, 나는 늘 특별한 근거 경험을 추구한다. 몇 년 전, 뉴욕 벨뷰 병원 영안실을 방문했다가 아주 중요한 삶의 변화를 경험했다. 내가 그곳에 간 이유는, 벨뷰 병원의 심리학과 주임으로 일하고 있는 프레드 코반Fred Covan 박사가 내게 삶을 이해하기 위해서는 죽음을 이해해야 한다고 설득했기 때문이다. 아내 베키와 아주 무거운 마음으로 프레드 박사의 사무실에 도착했다. 그는 우리에게 영안실을 경험하는 동안 아무 말도 하지 말라고 주의를 주었다. "어떤 감정이 떠오르면 그대로 가만히 내버려두게나. 나중에 따로 이야기할 거니까."

어떤 일이 벌어질지도 모른 채, 우리는 그를 따라 계단을 내려갔다. 그는 우리를 무연고 시신이 있는 구역으로 데려갔다. 그곳에 안치된 유해의 대부분은 거리의 가난한 사람들이었다. 그가 금속으로 된 첫 번째 시신 보관함을 열고, 시신이 담긴 백의 지퍼를 내리는 순간, 나는 온몸에 전율을 느꼈다. 분명히 내 옆에는 '사람'이 있었지만, 주위가 텅 빈 것 같았다. 베키는 시체가 움직이는 것 같다며 몸을 떨었다. 프레드 박사는 나중에 많은 사람이 베키 같은 경험을 한다면서, 사람들은 움직이지도 않고 심장 박동도 없는 시체를 다루는 데 어려움을 겪는다고 했다.

그가 시신 보관함을 열 때마다, 그 감정은 계속 나를 엄습해왔다. 주위에 아무도 없다는 느낌. 여기 있는 것은 시체지, 사람이 아니다. 그들의 몸덩이는 죽은 후에도 살아있을 때와 같은 무게가 나가지만, 그들이 어떤 사람이었든 그들이 누군가에 대한 본질은 더 이상 존재하지 않는다. 육체가 우리의 본질이 아니기 때문이다. 우리가 죽었을 때, 여전히 그리운 것은 우리 몸이 아니라 형체도 없고 무게도 나가지 않는 생명의 본질이다. 우리는 그것을 영혼이라고 부른다. 그러므로 우리가 살아있는 동안에도 육체가 우리의 본질이 아니라는 것을 명심해야 한다. **우리의 본질은 과거의 우리도 아니고, 현재의 행동도 아니다.**

이 경험은 내게, 축복받은 선물인 삶에 대해 얼마나 감사해야 하는지를 깨닫게 해주었다. 이후 나는 육체적인 장애를 갖고 있는 사람들을 보면, "와, 저 사람들 정말 건강해 보이는군"이라고 생각하게 되었다. 이 작은 비교만큼, 온전한 몸으로 태어난 우리가 얼마나 운이 좋은 사람들인지 상기시켜주는 것은 없을 것이다!

베스트셀러 작가 웨인 다이어Wayne Dyer를 만났을 때, 그는 내 느낌을 정확히 다음과 같이 표현해주었다. "우리는 영적인 경험을 갖고 있는 인간이 아니라, 인간의 경험을 갖고 있는 영적 존재입니다."

우리의 정체성은 바로 그런 경험의 초석이다. **나는 우리의 진정한 정체성이야말로 우리가 말로 설명할 수 있는 어떤 것보다 더 크고 무한한 것이라고 생각한다.** 우리는 영혼이자 영적 존재다. 우리가 진정 누구인지를 알면 모든 것을 균형적으로 바라볼 수 있다. 우리가 영적인 존재라는 것을 알고 행동하면, 우리를 서로 갈등하게 만드는 사소한 일에 휘말리지 않을 것이다. 그리고 우리가 진정으로 모든 창조물과 연결되어 있다는 깊은 확신을 갖게 될 것이다.

"우리 모두는 필연적인 존재들이라네.
우리 모두는 무한한 존재들, 지구상에 저마다의 권리를 가지고 있지.
우리 모두에게는 지구의 영원한 목적이 부여되었다네.
여기 우리 모두는 누구 못지않게 신성하니까."

– **월트 휘트먼**Walter Whitman

다음번에 당신이 "난 그 일을 할 능력이 안 돼요"라거나 "난 그럴 사람이 못돼요"라는 말을 하는 자신을 발견한다면, 잠시 하던 일을 멈추고 그 말이 당신에게 어떤 영향을 미치는지 생각해보라. 당신은 스스로를 제한하고 있지 않은가? 그렇다면 당신의 정체성을 넓히기 위해 모든 기회를 최대한 이용하라. 당신이 할 수 없다고 생각한 일에 도전하고, 이 새로운 도전을 당신이 생각한 것 이상의 존재라는 확신을 주는 근거 경험으로 활용하라.

다시 스스로에게 질문해보라. "나는 내가 생각한 것 이상을 해낼 수 있을까? 내가 생각한 것 이상의 사람이 될 수 있을까? 지금 나는 어떤 사람이 되어가고 있는가?"

당신의 가치와 꿈에 대해 생각하고, 스스로에게 다음과 같이 약속하라. "나는 어떤 환경에서든 이미 이런 목표를 달성하고 있는 사람처럼 꾸준히 행동할 것이다. 나는 그런 사람처럼 호흡하고, 행동하고, 사람들을 대할 것이다. 나는 그런 사람들처럼, 존엄, 존경, 연민, 사랑으로 사람들을 대할 것이다." 우리가 되고 싶은 사람처럼 생각하고 느끼고 행동하기로 결정한다면, 우리는 정말로 그런 사람이 될 것이다. 이제는 '그런 사람처럼' 행동하는 게 아니라 정말로 그런 사람이 될 것이다.

당신은 지금 기로에 서있다. 지금이 바로 당신이 가장 중요한 결정을 내릴 수 있는 기회다. **과거는 잊어버려라. 중요한 것은 지금 당신이 어떤 사람이**

냐 하는 것이다. 지금 당신은 어떤 사람이라고 생각하는가? 어떤 사람이 되기로 결정했는가? 의식적으로 이 결정을 내려야 한다. 신중하되 강력하게 결정하라.

마스터 시스템에 대한 연구를 마치기 전에 이것만은 기억하라. 당신의 삶을 바꾸기 위해 지금까지 언급한 모든 변화를 시도할 필요는 없다는 것이다. 이 시스템의 다섯 가지 영역 중 하나만 바꿔도 당신의 삶 전체가 바뀔 것이기 때문이다. **습관적인 질문**만 바뀌어도 초점이 바뀌고 인생이 바뀔 것이다. **가치 우선순위**만 바뀌어도 삶의 방향이 즉시 바뀔 것이다. 당신의 생리기능에서 강력하고 풍부한 상태를 키우면 당신이 생각하는 방식과 느끼는 방식이 완전히 바뀔 것이다. 이것만으로도 당신의 정체성을 충분히 바꿀 수 있고, 당신의 보편적 믿음도 완전히 바꿀 수 있다. 근거 경험을 새롭게 추가하면, 당신이 누구인지에 대해 새로운 경험을 구성할 수 있는 자원이 생길 것이다. 마지막으로 분명한 것은, **당신의 정체성을 확장하기로 결정**하면 사실상 모든 것을 변화시킬 수 있다는 사실이다.

당신 자신을 재창조하기 시작하고, 과거에 누구였는지보다는 지금 되고 싶은 사람으로 자신의 정체성을 정의하면서, 이 책을 옆에 두고 평생의 지침으로 삼기를 바란다. 즐거운 마음으로 변화를 재미있게 여겨라! 당신의 정체성이 끊임없이 확장한다는 느낌이야말로 당신이 매일 살아있는 것 이상의 모험일 것이다.

이제 7일간의 재미있는 도전이 당신을 기다리고 있다. 이 도전에서 당신이 지금까지 배운 것을 매일 사용하고, 그동안 알게 된 전략과 도구의 보상을 얻을 수 있는 기회를 갖게 될 것이다. 자, 이제 시작해보자.

PART 3

삶을 바꾸는 7일 훈련

The Seven Days to Shape Your Life

19장

감정적 운명 : 진정한 성공을 만드는 유일한 길

첫째 날

목표 : 감정이 행동과 일치하도록 통제하고, 일상적 삶의 경험을 의식적으로 신중하게 재구성한다.

감정적 성공을 이루지 못하면 진정한 성공은 이룰 수 없다. 그러나 우리가 말로 묘사할 수 있는 3,000개 이상의 감정들 중에서, 보통 사람들은 1주일 동안 평균 약 12개의 감정들을 경험할 뿐이다. 이는 우리의 감정 표현 능력이 모자라서가 아니라, 우리의 현재 초점과 생리 패턴에 한계가 있기 때문이다.

우리는 지금까지 이 책에서 감정을 어떻게 통제해야 하는지에 대해 계속 연구했고, 어떤 감정이든 당신이 원하는 감정으로 강력하고 빠르게 변화할 수 있는 광범위한 도구도 개발했다. 당신은 감정을 바꾼다는 것이 실제로는 모든 행동 뒤에 있는 동기를 자극하는 것임을 깨닫게 되었다. 이제 습관적으로 경험하는 부정적 감정 패턴에 대처하기 위한 능동적인 계획을 세울 차례다. 이를 위해서는, 긍정적인 감정상태에서 보내는 시간의 양과 질을 늘리는 것도 중요하다. 다음은 당신의 감정상태를 변화시키는 데 필요한 기술들이다.

▶ 생리 기능	▶ 믿음
▶ 초점	▶ 강력한 미래
▶ 질문	▶ 가치관
▶ 하위 양식	▶ 규칙
▶ 경험을 바꿔주는 어휘	▶ 근거 경험
▶ 비유	▶ 정체성
▶ 신경연상회로 조건화	

첫째 날 훈련의 목적은, 당신의 현재 감정 패턴을 인식하고 매일 감정적 운명을 형성할 수 있도록 위에 열거된 기술들을 가능한 한 많이 활용하는 것이다.

"사람들은 보이는 것을 믿지만, 보이는 것보다는 느껴지는 것이 진실이다."

- 토머스 풀러 Thomas Fuller

오늘의 과제 :

1. 1주일 동안 당신이 평균적으로 경험하는 모든 감정을 적어보라.
2. 이 감정들을 느끼기 위해 당신이 사용하는 사건이나 상황을 적어보라.
3. 부정적인 감정인 경우, 그 해결방안을 생각해내고 그 감정이 보내는

행동 신호에 반응하기 위한 적절한 도구 하나를 사용하라. 이 경험을 설명하기 위해 당신이 사용하는 단어를 바꿀 필요는 없는가? 이 감정상태에 대해 당신이 믿는 것을 바꿀 필요는 없는가? 스스로에게 새로운 질문을 할 필요는 없는가? 항상 문제 대신 해결방안에 초점을 맞춰야 한다.

첫날 하루 동안에는 당신을 제한하는 옛 감정을 당신에게 힘을 불어넣는 새 감정으로 대체하고, 이 새로운 패턴이 지속될 때까지 조건화하라. 감정을 잘 통제할 수 있게 되면, 내일부터는 육체적 운명을 다룰 것이다.

20장

육체적 운명 : 고통의 감옥인가, 기쁨의 궁전인가

둘째 날

목표 : 원하는 결과를 얻을 수 있는 행동을 만들기 위해 신경계를 조건화시키는 법을 배운 것처럼, 당신이 경험하는 육체적 운명은 원하는 수준의 에너지와 체력을 얻기 위해 신진대사와 근육을 얼마나 조건화시키느냐에 달려 있다.

스투 미틀맨Stu Mittleman의 목표는 세계 기록을 깨는 것이었다. 그는 11일 동안, 잠은 3시간만 자면서 하루에 21시간을 뛰었다. 그러나 정신적 도전도 육체적 도전 못지않게 중요했다. 그는 지금까지 살아온 일반적인 통념을 뛰어넘어 다음 단계로 가는 것을 목표로 삼고 있었다. 이를 위해 그는 수년 동안 육체적 훈련뿐만 아니라 마음 훈련에도 혼신을 다했다. 그의 목적은 우리 안에 갇혀 있는 무한한 육체적 잠재력을 보여주는 것이었다! 마침내 그는 1,000마일(1,600km)을 11일 19시간 만에 달려 종전 세계 기록을 경신했다. 하루 평균 84마일(135km)을 달린 것이다. 그가 일반적인 사회 통념을 뛰어넘는 결과를 낼 수 있었던 것은 몸과 마음을 모두 조건화시키는 방법을 이해했기 때문이었다. 그는 인간의 능력이 얼마나 놀라운지, 그리고 우리가 자신에게 올바른 요구를 점진적으로 계속해 나가면 무엇이든 적응할 수 있다는 것을 몸소 실천으로 보여주었다. 이번 장의 목적은, 스투 미틀맨이 놀라운 기록을 달성하기 위해 자기 자신을 어떻게 훈련시켰는지 그 근본적인 비밀을 함께 살펴보는 것이다.

나는 오랫동안 여러 전문 분야의 대가라고 할 수 있는 사람들을 찾아다녔는데, 특히 최근 10년 동안 내 관심의 초점은 체력단련fitness과 건강health이었다. 내가 이 분야에 대한 연구를 처음 시작했을 때, 내로라하는 유명 전문가들의 견해가 서로 상반되어 매우 혼란스러웠다. 그런 상반된 의견들 중에서 내가 옳다고 생각하는 길을 찾는 첫 번째 기준은 결과였다. 꾸준히 훌륭한 결과를 이루어낸 사람들을 본받고 배운 것이다. 환자들에게 건강에 대해 상담을 하면서도 정작 본인의 체중이 정상 체중보다 40파운드(18kg)나 더 나가는 의사들을 신뢰하기 어려운 것처럼, 수척해 보이고 많은 부상을 달고 다니며 에너지가 떨어지는 체력단련 전문가들은 믿음직스러워 보이지 않았다.

내가 스투 미틀맨과 그의 성과에 대해 처음 들었을 때 나를 사로잡은 것은, 그의 놀라운 기록 달성 장면을 목격한 사람들이 하나같이, 출발했을 때의 모습보다 목적지에 거의 도달했을 때의 모습이 더 활기차 보였다고 말했다는 사실이었다. 그는 부상을 입지 않았을 뿐 아니라 물집조차 생기지 않았다! 무엇이 그에게 육체적 한계점에 다다랐으면서도 어떤 부상도 없이 잠재력을 극대화할 수 있는 놀라운 능력을 주었을까?

물론 스투는 1,000마일을 달리기 위해 철저히 준비를 한 사람이었다. 그는 스포츠 심리학, 사회학, 사회심리학 석사학위를 가지고 있으며, 컬럼비아대학교에서 운동생리학 박사과정을 밟고 있었다. 그러나 그가 가장 가치 있게 생각한 지식은 **건강과 체력단련은 똑같은 게 아니라는 것**이었다. 이것은 달리기에 관한 유명한 작가인 짐 픽스Jim Fixx도 하지 못한 생각이었다. 그는 확실히 체력단련으로 좋은 몸매를 가지고 있었지만, 건강하지는 않았다.

사람들이 체력단련과 건강의 차이를 이해하지 못하기 때문에 열심히 운동하면서도 5~10파운드(2.5~5kg)의 뱃살을 빼지 못하고 좌절한다. 학습된 무력감이 생각나지 않는가! 심지어 운동을 삶의 가장 중요한 부분이라고 생각하면서 자기가 하고 있는 운동이 자신을 더 건강하게 만든다고 믿는 사람들조차도, 매일매일 피로, 질병, 정서 불안을 겪는다.

그렇다면 내가 말하는 건강과 체력단련의 차이란 무엇일까? 체력단련은 '운동 활동을 수행하는 신체적 능력'이다. 반면 건강은 '신경계, 근육계, 골격계, 순환계, 소화계, 림프계, 호르몬계 등 신체의 모든 시스템이 바람직한 방식으로 작동하고 있는 상태'라고 정의할 수 있다.* 사람들은 체력단련이 건강을 의미한다고 생각하지만, 그 두 가지가 항상 일치하는 것은 아니다. 건강과 체력단련을 모두 갖추는 것은 이상적이지만, 건강을 최우선으로 생각해야 삶에 더 이익이 될 것이다. 예를 들어 체력단련을 하면서 건강을 희생하면, 멋진 몸매를 자랑할 만큼 오래 살지 못할 수도 있다.

건강과 체력단련이 최적의 균형을 이루려면, 우리가 몸과 마음을 훈련시키듯 **신진대사를 훈련**시켜야 한다. 스투와 그의 트레이너 필립 매피톤Philip Maffetone 박사는 신진대사를 실제로 훈련시킬 수 있다는 것을 보여주었다. 스투가 기록을 달성했다는 사실이 이것을 확실하게 증명한다. 1,000마일을 달리는 동안 그는 '한계에 부딪혔어야' 했다. 그러나 그는 하루에 84마

* Maffetone, Dr. Philip, Everyone Isan Athlete, New York: David Barmore Publishers, 1990.

일을 거뜬히 달렸다. 스투가 어떻게 그럴 수 있었는지를 이해하면, 당신은 겉으로 보이는 몸매뿐만 아니라 에너지, 삶의 질, 심지어 당신의 육체적 운명을 바꿀 수 있다.

건강과 체력단련의 가장 큰 차이점은 결국 유산소 운동과 무산소 운동, 지구력과 힘의 차이를 이해하는 문제로 귀착된다. **유산소 운동**aerobic은 문자 그대로 '산소를 공급하는' 운동으로, **일정 기간 적당량의 운동을 지속적으로 하는 것**을 말한다. 우리 신체에서 산소를 필요로 하는 기관은 지구력과 관련된 기관이며, 심장, 폐, 혈관, 유산소 근육이 이에 해당된다. 적절한 식단과 운동으로 유산소 기관들을 활성화시키면 1차적으로 지방을 연소시킨다.

반면 **무산소 운동**anaerobic은 문자 그대로 '산소 공급이 충분치 않은' 운동으로, **짧은 시간에 폭발적인 힘을 일으키게 하는 운동**을 말한다. 무산소 운동은 글리코겐을 1차적으로 연소시키고, **우리 몸에 지방을 저장시킨다.** 지방을 연소시키는 능력은 유전자의 영향도 있다. 사실 어떤 사람은 선천적으로 고도의 유산소 기관을 가지고 태어나는 사람들이 있다. 이런 사람들은 겉보기에는 아무거나 잘 먹는 것 같은데도 살이 찌지 않는, 우리가 부러워하는 사람들이다.

> 대부분의 운동은 유산소 운동이 될 수도 있고, 무산소 운동이 될 수도 있다. 운동의 강도에 따라 유산소 기관을 사용할 것인지 무산소 기관을 사용할 것인지 결정되기 때문이다. 걷기, 조깅, 달리기, 자전거 타기, 수영, 춤 등은 강도에 따라 두 가지 운동이 다 될 수 있다. 이런 운동들은 심장 박동수가 낮으면 유산소 운동이 되고, 심장 박동수가 높으면 무산소 운동이 된다. 보통 테니스, 라켓볼, 농구 같은

운동들은 무산소 운동이다.*

오늘날 대부분의 미국인은 스트레스와 욕구불만으로 가득 찬 채, 무산소 상태가 계속되는 환경에서 살고 있다. 그 결과, 그들은 무산소 상태에서 신진대사를 훈련시킨다. 즉 글리코겐을 연소시켜 에너지를 얻는 것이다. 글리코겐의 수치가 지나치게 낮아지면, 무산소 상태로 훈련된 신진대사는 2차 에너지원으로 혈당에 의존하게 된다. 그렇게 되면 금방 건강에 이상이 생기고 활력이 떨어진다.

무산소 상태가 다른 활동에 쓰고 있던 혈당을 빼앗아 가면, 우리는 즉시 부정적인 영향을 느끼기 시작한다. **우리 신경계가 혈당의 3분의 2를 소모하기 때문에,** 무산소 운동으로 인한 혈당 부족은 두통이나 방향감각 상실 같은 신경 근육 문제를 일으킬 수 있다. 신진대사가 무산소 훈련을 과도하게 함으로써 직접적으로 발생하는 증상으로는 **피로, 빈번한 운동 부상, 저혈당, 우울증 및 불안 증세, 지방 대사 장애, 월경 전 증후군, 순환계 장애, 관절 경직** 등을 들 수 있다.

우리는 무산소 상태에 지나치게 많이 노출되어 있고 유산소 운동은 부족한 환경에서 살고 있다. 이는 당연히 전 국민의 건강에 부정적인 영향을 미친다. 현대의 산업화 사회에서 사람들의 신체적 활동성은 점점 줄어들고 있다. 몇십 년 전만 해도 사람들은 일상적인 집안일들을 육체적인 방법으로 수행했다. 그러나 더 이상 그런 육체적 방법을 사용하지 않게 되면서 활동성이 떨어지자, 이를 대체하기 위해 인위적으로 몸을 움직이게 만드는 방법

* Maffetone, Dr. Philip, "The 1,000-Mile Race of Life: How to Be Healthy and Fit," Robbins Research Report, Fall 1990, San Diego: Robbins Research International, Inc.

을 고안했다. 그런 강제적인 활동을 우리는 운동이라고 부른다. 그러나 불행하게도, 긍정적인 의도로 운동을 하는 사람들이(심지어 숙련된 운동선수들조차) 이런 강제적 운동으로 오히려 건강을 해치고 있다. 가장 짧은 시간 내에 가장 큰 결과를 만들어내려는 이런 운동 방식이 건강과 체력단련에 대한 잘못된 인식을 가져온 것이다.

그러나 해결책은 간단하다. 스투 미틀맨의 비결은 **건강과 체력단련을 동시에 수행해야 한다는 것**을 이해한 데 있다. 매피톤 박사는 이에 대해 다음과 같이 설명한다.

> **모든 운동 프로그램은 유산소 운동을 기반으로 운영되어야 한다.** 특히 일정 기간 동안에는 무산소 운동 없이 유산소 운동으로만 운동 프로그램을 짜도록 하라. 기본적으로 이 기간을 최소 2개월에서 최대 8개월까지 지속하면 당신의 유산소 기관이 최대한 발달될 것이다. 이 기간이 지나고 나면, 1주일에 한두 번, 혹은 세 번 정도의 무산소 운동을 시작한다. **유산소 기관을 적절하게 발달시키면 당신은 더 좋은 운동선수가 될 수 있을 뿐 아니라, 엉덩이에 붙어 있는 여분의 지방을 태워버리고, 면역체계를 향상시키며, 더 많은 에너지를 갖게 되고, 운동하면서 다치는 일도 줄어들 것이다.** 유산소 운동으로 신진대사를 적절하게 조절하고 여기에 적당한 무산소 운동을 곁들이는 것이 바로 건강과 체력단련을 동시에 달성하는 길이다.**

유산소 운동을 기반으로 하면 에너지와 지구력도 얻을 수 있다. 유산소

** Maffetone, “The 1,000-Mile Race of Life”.

능력을 확장하면 신체의 모든 기관과 조직에 산소(에너지와 건강의 원천)를 전달하는 능력이 향상되기 때문이다.

문제는 많은 사람이 자신의 이상적인 심박수를 넘어 무리하게 무산소 상태에서 운동하는 데 많은 시간을 보내고 있다는 것이다. 당신이 아직 유산소 기반 운동 프로그램을 구축하지 않았다면, 무산소 운동을 해도 지구력이 떨어질 수밖에 없다. 사람들은 체력단련으로 멋진 몸매를 갖고 싶다는 욕망 때문에, 최대 심박수로 운동하려고 노력한다. 일반적으로 최대 심박수 공식은 220에서 나이를 뺀 것이다. 예를 들어 당신이 30세라면, 190의 심박수를 목표로 해야 한다는 의미다. 하지만 이 강도로 오랜 시간 운동한다면 당신의 몸을 파괴시키고 말 것이다. 당신의 몸매를 멋지게 만들 수 있을지 모르지만, 건강을 희생하고 있는 것이다.

나 역시 예외는 아니다. 나도 운동할 때 나 자신을 최대 심박수까지 몰아붙이곤 했다. 나는 계단 오르기 운동기구인 스테어마스터에 한 번 올라가면 최고난도로 설정해놓고 20분을 뛴다. 또 몇 주 동안 달리지 않다가 준비운동도 없이 5마일을 달린다. 그러고 나면 며칠 동안 제대로 걷지도 못하면서 '고통이 없으면 얻는 것도 없다'는 잘못된 방식의 훈련으로 내 몸이 더 건강해지고 있다고 착각했다! 하지만 이런 운동 방식은 운동에 대한 애증만 키웠을 뿐이다. 운동에 기쁨과 고통이 뒤섞여 연결되어 있었기 때문에, 할 수 있는 한 운동을 미루다가 양심이 꺼려지면 잃어버린 시간을 만회하려는 듯 한꺼번에 운동을 몰아서 하곤 했다.

그 이후 나는 **우리 몸을 갑자기 무산소 상태로 만드는 운동을 하면 매우 위험한 일이 일어날 수 있다**는 것을 알게 되었다. 무산소 운동은 근육에 즉각적으로 혈액이 필요하기 때문에, 우리 몸은 간과 신장 같은 중요한 기관으로 가야 할 혈액을 근육으로 끌어간다. 그러면 이런 장기들은 많은 양의 산소를 잃어버리고, 결국 장기의 활력과 건강이 크게 손상된다. 이런 일이 지속적으로 반복되면, 장기는 약해지고 손상되고 마침내 파괴되고 만다.

따라서 지속적으로 유산소 운동을 하도록 신진대사를 훈련시키는 것이 중요하다. 유산소 운동으로 몸을 훈련시키지 않으면 우리 몸은 지방을 연소시키지 않는다. 그러므로 당신이 허리둘레의 지방을 없애고 싶다면, 혈당(글리코겐)이 아니라 지방을 태우도록 몸을 훈련시켜야 한다. 스투와 필립 박사의 유산소 운동 기준은 지방을 얼마나 태우느냐 하는 것이다. 유산소 운동의 가장 큰 장점 중 하나는 미국인 사망 원인 1위인 심장병(2명 중 1명은 심장병으로 사망한다)으로 이어지는 동맥경화를 예방한다는 점이다.*

어떤 사람들은 다이어트를 하면서 모든 지방을 제거하겠다는 욕심으로 몸을 '비상' 모드로 몰아붙이지만, 그런 극한 처방은 오히려 우리 몸이 지방을 더 효율적으로 저장하게 만들 뿐이다. 예를 들어 극단적으로 끼니를 굶으면, 다시 옛 식습관으로 돌아왔을 때 예전에 먹었던 것과 같은 양의 음식을 먹어도 훨씬 더 많은 지방이 저장되기 때문에, 오히려 굶어서 빠진 것보다 더 많은 살이 다시 찌는 실수를 범하는 셈이다! 이것이 바로 '마지막 10파운드'를 빼는 것이 그렇게 어려운 이유다.

사람들이 내게 10파운드를 빼고 싶다고 말하면, 나는 그들에게 묻는다. "어디에서 10파운드를 뺀다는 말인가요?" 대부분의 경우 그들은 지방이나 수분이 아닌 근육을 빼는 방법으로 운동을 한다. 설령 10년 전 몸무게와 변함이 없어도 근육이 지방으로 대체되었다면 당신 몸은 훨씬 덜 건강해진 것이다. 근육의 무게가 지방보다 더 많이 나가므로, 당신의 몸무게가 10년 전과 같다고 해도 몸의 지방 구성이 더 높아졌다면 당신 몸에는 더 큰 문제

* 다이어트에 대한 추가적인 설명은 내 첫 책《무한 능력》10장 '에너지: 최고의 원천'을 읽어보라.

가 생긴 것이다!

우리는 과도하지 않게 지방 섭취를 제한하고 싶어하지만, 지방을 태우는 데에는 신진대사를 훈련시키는 유산소 운동과 비교할 만한 게 없다. **모든 사람에게 '맞는 지방 섭취율'이라는 건 없다. 중요한 것은 섭취한 지방을 어떻게 신진대사시키느냐에 달려 있다.*** 지방을 태우는 신진대사의 축복을 받은 것처럼 보이는 사람들이 있다. 당신도 그런 사람처럼 되고 싶지 않은가? 물론 그렇게 될 수 있다! 전적으로 조건화의 문제이기 때문이다.

그렇다면 지방을 연소시키는 신진대사를 어떻게 단련시켜야 이 책에서 배운 모든 것을 실천하고 삶을 마음껏 살 수 있는 에너지와 지구력, 활력을 얻을 수 있을까? 좋은 소식과 나쁜 소식이 있다. 먼저 좋은 소식은, 매일 몇 가지 간단한 단계를 지키기만 하면 이를 성취할 수 있다는 것이다. 나쁜 소식은, 욕조에 물을 채운 채 손 하나 까딱하지 않고 물장구치는 미국식 운동 방식은 더 이상 통하지 않는다는 것이다. 골프장에서 카트를 타고 이동하는 것은 전혀 도움이 되지 않는다. 이런 것들은 유산소 운동이 될 수 없다. 좌우로 몸을 흔드는 운동도 별 효과가 없다. 단거리 달리기도 무산소 운동에 해당한다. 단거리 달리기는 세포에 즉각적인 산소 결핍을 가져오고 글리코겐(혈당)을 태우는 신진대사를 훈련시킬 뿐, 지방은 연소되지 않고 계속 저장된다.

아마도 건강에 가장 중요한 요소는 산소일 것이다. 우리는 매일 우리 몸의 각 기관에 산소를 공급하기 위해 약 2,500갤런(9.4리터)의 공기를 마신

* 우리 몸이 섭취하는 연료를 어떻게 사용하는지에 관해 질량작용의 법칙(Law of Mass Action)이라는 생리학 원칙이 있다. 우리가 몸에 충분한 지방을 공급하면 우리 몸은 그것을 연료로 사용하지만, 지방을 굶기면 우리 몸은 그것을 사용하지 않고 저장한다는 법칙이다. 즉, 우리 몸은 우리가 공급하는 것을 소모한다는 것이다. 물론, 이 법칙은 운동으로 지방을 연소시키지 않는다면 들어맞지 않는다.

다. 그렇지 못하면 세포들이 약해져 죽기 때문이다. 우리 몸에는 약 75조 개의 세포가 있는데, 이 세포들이 우리 몸이 하는 모든 일(숨 쉬고, 꿈꾸고, 먹고, 운동하는 모든 것)에 필요한 기본 에너지인 아데노신 삼인산ATP을 공급한다. 세포가 생존하기 위해서는 포도당을 연소시키고 ATP를 생성하기 위한 산소가 반드시 있어야 한다.

문제는 우리 몸은 운동하는 동안에도 산소가 고갈되는 것을 원치 않는다는 것이다. 유산소 운동에서 무산소 운동으로 넘어갔는지 알기 위한 간단한 테스트가 있다. **운동하면서 말할 수 있는가?**(유산소 상태) 숨이 차고 괴로운가?(무산소 상태) **호흡은 항상 일정하고 호흡 소리가 들릴 수 있어야 하며 고통스러워서는 안 된다.** 운동할 때 기분은 어떤가? 유산소 운동을 하고 있다면 **피곤한 느낌이 들긴 하지만 즐거울 것이다.** 하지만 무산소 운동으로 진입했다면 확실히 압박감을 느낄 것이다. 0은 거의 힘이 들지 않은 수준이고 10이 가장 높은 강도라고 할 때, 당신의 현재 운동 강도는 0에서 10 사이의 어디에 있는가? **7을 넘었다면 유산소 운동을 넘어 무산소 운동으로 진입한 것이다. 가장 이상적인 운동 강도는 6에서 7 사이를 유지하는 것이다.** 유산소 능력을 높이려면 아주 특별한 형태의 훈련이 필요하다.

첫째, 심박수 측정기를 착용할 것을 권한다. 그리고 준비운동을 하면서 유산소 운동에 가장 적합한 심박수 구간에 이르도록 한다. (아래 '계산 방법' 참조) 준비운동을 하면 최소한 두 가지 이점이 있다.

① 우리 몸이 필수 혈당 대신 지방을 사용할 수 있도록, 몸 전체에 저장된 지방산을 혈류로 점차적으로 이동시킨다. 이것이 중요한 이유는, 준비운동을 하지 않으면 유산소 운동을 해도 지방을 태우지 않고 세포 안의 산소를 사용하기 때문이다. 준비운동을 하는 동안에는 표준 계산 방법(심박수 계산 방법 참조)을 사용해 심박수를 최대치의 50%가 되게 하여야 한다.

② 경련을 예방할 수 있다. **약 15분 정도의 준비운동**은 당신의 몸이 필수 기관에서 혈액을 즉시 빼오지 않고, 혈액을 필요로 하는 부위에 점차적으로 분배해준다. 이것이 중요한 이유는 갑작스러운 운동으로 주요 기관을 해치는 일 없이 건강과 체력단련을 모두 달성할 수 있기 때문이다.

둘째, 최적의 심박수 구간에서 최소한 20분 동안, 이상적으로는 30분에서 45분까지 유산소 운동을 한다.

최적의 심박수를 구하는 공식은 다음과 같다.

이상적인 심박수 계산*

180 - 나이 = 이상적인 심박수(무산소 운동으로 들어가기 전에 유산소 상태에서의 심박수).

중병에서 회복 중이거나 약을 복용 중인 경우, 추가로 10점을 감한다.

한동안 운동을 하지 않았거나, 부상을 입었거나, 운동량을 줄이거나, 자주 감기나 독감에 걸리거나, 알레르기가 있다면, 5점을 감한다.

2년 동안 운동하는 데 아무 문제가 없었거나, 1년에 한두 차례 이상 감기나 독감에 걸리지 않았다면 나온 점수 그대로 유지한다.

2년 이상 동안 운동하는 데 아무 문제가 없었거나, 부상 없이 시합에서 성적이 꾸준히 올랐다면 5점을 더한다.

– 운동 프로그램을 시작하기 전에 반드시 의사와 상의할 것.

셋째, 유산소 운동을 한 후 12분에서 15분 동안 걷거나 다른 가벼운 동작으

* 일반적인 유산소 운동 심박수 구간은 220 - 나이 = 최대 심박수, 최대 심박수 × 65% - 85% = 심박수 구간이다. 이 공식은 스투 미틀맨과 매피톤 박사가 만든 것이다.

로 몸을 서서히 풀어준다. 이렇게 하면, 혈액이 운동 근육에 고이는 것을 막을 수 있다. 유산소 운동 후 갑자기 동작을 멈추면 혈액이 심장으로 되돌아오지 않아 산소가 공급되지 않고 정화되지 않으며 재순환되지 못한다. 혈액이 근육에 그대로 머물러 있으면 근육을 잠식시키고 혈류의 독성을 증가시킨다.

사람들이 운동을 한다는 약속을 지키지 못하는 이유는 운동에 너무 많은 고통을 연결시키고 있기 때문이다. 즉 운동을 하면 육체적 고통이 크고 시간을 빼앗긴다고 생각한다. 하지만 일단 운동을 시작하면 두 가지 즐거운 발견을 하게 될 것이다. ① 내가 앞서 권고한 방식으로 운동을 하면 운동이 육체적 고통도 유발하지 않고 오히려 즐거움을 느끼고 운동을 좋아하게 될 것이다. ② 전에 느끼지 못했던 수준의 신체적 활력을 경험하게 될 것이다.

운동하는 데 시간이 빼앗기는 것이 걱정된다면, 당신의 시간을 극대화할 수 있는 방법을 생각해보라. 예를 들어 준비운동을 하는 동안 테이프를 듣고, 뉴스를 읽거나 보고, 앞서 설명한 힘을 불어넣어주는 아침저녁 질문을 하고(298쪽 참조), 당신의 가치 우선순위와 규칙을 읽는 등, 시간을 생산적으로 활용할 수 있다. 내가 스투 미틀맨에게 운동을 어느 정도하는 게 좋은지 물었을 때, 그는 준비운동 15분, 권장 심박수 구간에 달하는 유산소 운동 20분, 몸풀기 15분을 1주일에 적어도 세 차례 한 다음, 당신이 적합하다고 생각되면 시간을 점차 늘려가는 게 좋다고 제안했다.

물론 유산소 운동만이 우리가 해야 할 유일한 운동이라고 말하는 것은 아니다. 목표는 건강과 체력단련을 동시에 하는 것이다. 지구력뿐만 아니라 근력도 길러야 한다(무산소 운동은 지구력 향상에는 도움이 되지 않는다는 사실을 기억하라). 그래서 유산소 운동으로 지구력을 키우면서 어느 정도 안정적 수준에 도달하면(운동을 시작한 지 두 달 내지 넉 달쯤 되었을 때), 역기를 빼르게 반복해서 드는 운동 같은 무산소 운동을 운동 계획에 가미함으로써 근력을 기를 수 있다. 이것은 사람마다 다르기 때문에, 당신의 몸의 반응에 귀를 기울이는 것이 중요하다. 예를 들어 해변에서 조깅을 하다가 갑자기 전력 질주를 하고 싶다면, 그렇게 하라! 그러면서 몸에 대한 지혜body wisdom를 길러라. 즉 당신의 몸이 더 어려운 신체적 부하를 처리할 수 있는 능력이 있는지 알아차리는 법을 배워라.

사실, 스투는 우리에게 65세 이후까지도 지구력을 유지하고 향상시킬 수 있다고 장담했다. 나이 들었다고 해서 반드시 쇠약해지는 것은 아니다! 나이가 건강의 잣대는 아니며, 중요한 것은 우리가 얼마나 건강을 증진시키는 생활방식에 최선을 다하느냐 하는 것이다. 물론 지방을 태우는 체질을 타고 나거나 속도나 근력을 타고난 사람들도 있지만, 우리 체질을 의식적으로 조건화시키기로 결단하면 누구나 지구력과 활력을 얻을 수 있다.

"우리는 나이에 의해 제한되지 않는다.
우리는 얼마든지 나이로부터 자유로울 수 있다."

– **스투 미틀맨**Stu Mittleman

흥미로운 소식은, 우리에게 즐거움을 주는 모든 패턴과 마찬가지로, 운동도 긍정적인 중독이 될 수 있다는 것이다. 당신이 지금은 이 핑계 저 핑계로 운동을 피할지는 모르지만, 일단 올바로 운동하는 것이 얼마나 즐거운지 알게 되면 아마도 운동에 더 강하게 끌리게 될 것이다. 연구에 따르면, 12개월 이상 꾸준히 운동을 하면 이런 긍정적인 중독이 평생 간다고 한다. 비록 중간에 잠시 궤도를 이탈하더라도, 머지않아 다시 꾸준히 운동하는 습관으로 되돌아올 것이다. 당신의 몸은 건강의 즐거움을 계속 추구할 것이며 자연스럽게 신체적 잠재력을 극대화하게 될 것이다. 왜 그렇게 되느냐고? 당신은 꾸준한 운동을 통해 신진대사가 잘 돌아가도록 조건화하도록 신경계를 훈련시켰기 때문이다. 우리 모두는 삶의 질을 변화시킬 수 있는 신체적 활력을 가질 자격이 있다. 당신의 육체적 운명은 당신의 정신적, 감정적, 재정적, 관계적 운명과 밀접하게 관련되어 있다. 사실, 육체적 운명이 다른 운명을 전적으로 좌우한다고 할 수 있다. 그만큼 건강이 중요하다!

젊음의 원천

젊음과 육체적 활력은 우리 문화에서 거부할 수 없는 강력한 우상이다. 영화 〈코쿤〉Cocoon에 나오는 생명이 연장된 노인들을 생각해보라. 많은 사람이 '젊음'을 연장시켜준다고 생각되는 것이라면 무엇이든 잡으려고 노력하지만, 진정한 젊음의 원천은 이미 우리 안에 존재한다. 바로 인간 성장 호르몬HGH이라는 것이다. HGH는 세포 조직의 성장을 촉진하고, 근긴장(muscle tone, 근육의 수축상태를 지속하는 일 _옮긴이)과 제지방량(lean mass, 지방이 없는 근육량 _옮긴이)을 증가시키며, 유연성을 강화하고, 근육을 두껍게 하며, 뼈와 장기의 성장을 자극하고, 건강한 세포 조직을 유지하도록 돕는다. 우리가 태어날 때부터 대략 30세까지는, 잠자리에 들고 나서 약 1시간 30분 후, 그리고 아침에 잠에서 깨기 전에 HGH가 자연스럽게 혈류 속으로 분비된다. 그러나 HGH 분비량은 시간이 지남에 따라 자연스럽게 감소한다. 60세가 되면, 약 30%의 남성들은 HGH가 거의 또는 전혀 생산되지 않는다. 반면, 여성은 노년기에도 HGH가 계속 분비되는데, 이것이 여성이 남성보다 장수하는 이유 중 하나다.

또한 심한 운동을 한 후나, 심각한 부상을 당한 후에도 HGH가 다량 분비된다. HGH가 치유 물질이기 때문이다. HGH는 현재 연구소에서 합성 생산되어 왜소증 어린아이들을 위한 성장 촉진제로 투여되기도 한다. 하지만 어떻게 하면 HGH의 자연적 생산 능력을 향상시켜 신체기관에 공급되는 분비량을 늘릴 수 있을까? HGH 생산을 즉각적이고 지속적으로 촉발시키는 한 가지 방법은 바로 폭발적인 운동이다. 예를 들어, 무거운 역기 들어올리기 같은 운동을 35초에서 45초 동안 반복 수행하는 것이다. 플로리다 마이애미에 있는 한 연구소의 실험은 흥미로운 결과를 보여준다. 적어도 10년 내지 15년 동안 일체의 근긴장 운동을 하지 않았던 60대 노인들이 역기 운동을 배우면서 21세 젊은이의 근육량과 맞먹는 근육과 에너지를 갖게 되었다는 것이다.

이것이 무엇을 의미하는가? 바로 70대와 80대 노인들도 20대와 30대 못지않게 건강해질 수 있다는 뜻이다! 앞서 설명한 것같이 유산소 운동이 우리 몸에 지구력 인자를 지속적으로 구축해주는 반면, 짧고 폭발적인 무산소 운동은 지속적으로 근력을 키워준다. 방정식의 다른 인수에는 당신의 몸에 필요한 영양소를 주어야 한다는 것도 포함되어 있음을 기억하라. 과도한 설탕, 지방, 소금, 고기에 당신이 몸이 중독되지 않도록 하라. 21세기가 되면 미국 인구의 24%가 65세 이상이 될 것이라는 점을 고려할 때, 나이 먹어서도 건강을 회복할 수 있다는 것은 좋은 소식이 아닐 수 없다. 우리가 지금부터 우리 몸을 잘 관리한다면, 미국인 4명 중 1명꼴인 65세 이상의 노인이 되더라도 사회의 불필요한 존재가 아니라, 가치 있는 기여를 하며 삶을 최대한 즐기는 건강하고 활기찬 사람이 될 수 있지 않겠는가!

"인간의 몸은 인간의 영혼을 가장 잘 표현한 그림이다."

- 루트비히 비트겐슈타인 Ludwig Wittgenstein

오늘의 과제 :

1. 체력단련과 건강을 구분하라. 이에 대해서는 이미 배웠다.

2. 건강해지기로 결심하라. 이 결심도 이미 했기를 바란다.

3. 당신의 현 상태를 파악하라. 현재 유산소 운동을 하고 있는가, 무산소 운동을 하고 있는가? 지방을 태우고 있는가, 글리코겐을 태우고 있는가? 이것을 확인할 수 있는 사람을 찾아 상담하거나 다음 질문에 답해보라.

아침에 일어나면 피곤함을 느끼는가?

운동하고 나면 시장기를 느끼는가?

운동하고 나면 격렬한 감정 변화를 경험하는가?

최대한 부지런히 노력하는데도 불구하고 뱃살이 빠지지 않고 그대로인가?

운동하고 나면 통증과 고통에 시달리는가?

이 질문들에 '그렇다'라고 대답했다면, 당신은 무산소 운동을 하고 있을 가능성이 높다.

4. 휴대용 심박수 측정기를 구입하라. 당신이 할 수 있는 최고의 투자 중 하나가 될 것이다.

5. 계획을 세워라. 위에 설명한 지침에 따라 10일 동안 유산소 운동 프로그램을 시작해 지방을 태우고, 신진대사를 조절해 에너지가 지속적으로 생산되게 하라. 지금 즉시 시작하라.

6. 10일 운동과 관련하여, 운동 기간을 연장하고 싶다면, 내 첫 책《무한

능력》10장 '에너지: 최고의 원천'을 참조하라.

7. 운동을 당신의 정체성의 일부로 삼기로 결단하라. 삶이 우리에게 제공하는 보상을 받을 수 있는 방법은 장기적으로 평생 운동하는 것뿐이다.

이제, 삶의 질을 높여 우리 삶을 더 높은 수준으로 끌어올려보자.

21장

관계의 운명 : 함께하며 사랑하는 곳

셋째 날

목표 : 여섯 가지 기본 원칙을 통해 사적 관계(연인 및 부부관계)의 질을 높이고, 사랑하는 사람과의 감정적 유대를 강화한다.

성공을 하더라도 함께 나눌 누군가가 없다면 가치가 없다. 실제로 우리 인간이 가장 갖기 원하는 감정이 다른 영혼과의 유대감이다. 우리는 이 책에서 인간관계가 성품, 가치관, 믿음, 삶의 질을 형성하는 데 미치는 영향에 대해 계속 언급해왔다. 특히, 오늘의 실전 훈련은 어떤 관계에서든 중요한 여섯 가지 핵심 포인트를 상기시키도록 고안되었다. 과제를 제시하기 전에 이 여섯 가지 원칙을 간단히 살펴보자.

1. **당신이 관계를 맺고 있는 사람의 가치관과 규칙을 모른다면 고통을 각오해야 한다.** 서로 사랑한다 해도, 어떤 이유로든 사랑하는 사람의 규칙을 어기면 관계가 흐트러지고 스트레스를 받게 된다. 당신이 다른 사람과 겪는 모든 혼란은 규칙을 지키지 않았기 때문임을 명심하라. 친밀한 관계라 하더라도 서로의 규칙 일부가 부딪히는 일은 피할 수 없다. 그러므로 상대방의 규칙을 알면 이러한 문제를 사전에 예방할 수 있다.

2. 관계에서 가장 큰 문제 중 하나는 대부분의 사람이 무언가 유익을 취하기 위해 관계를 맺는다는 것이다. 사람들은 만나면 자신의 기분이 좋아

지는 사람을 만나려고 애쓴다. 그러나 **관계를 지속시키는 유일한 방법은, 관계를 뭔가를 취하기 위한 수단이 아니라, 뭔가를 베풀기 위한 수단으로 보는 것이다.**

3. 인생의 다른 모든 것들과 마찬가지로, 관계가 성숙되기 위해서는 우리가 기대하고 조심해야 할 것들이 있다. 관계를 맺다 보면, 문제가 생겼을 때 통제 불능이 되기 전에 즉시 해결할 필요가 있다는 것을 알려주는 경고 신호가 있게 마련이다. 내 친구 바바라 드앤젤리스Barbara DeAngelis 박사는 그녀의 책 《항상 사랑하는 법》How to Make Love All the Time에서 관계를 파괴하는 네 가지 위험 단계에 대해 다음과 같이 설명한다. 그 신호들을 미리 알아채면, 그 문제들이 관계를 위협하는 파괴적 패턴으로 확대되기 전에 즉시 개입해 제거할 수 있다.

1단계, 저항심 : 관계에서 문제가 생기는 첫 단계는 당신이 저항심을 느끼기 시작할 때다. 사실, 연애를 해본 사람이라면 누구나 상대방의 말이나 행동에 저항심을 느낄 때가 있었을 것이다. 저항심은 당신이 상대방에 동의하지 못하거나, 짜증이 나 있거나, 다소 소원해졌을 때 발생한다. 예를 들어 파티에서 상대방이 당신이 싫어하는 농담을 했을 때 당신은 상대방이 그러지 않았으면 할 것이다. 물론, 문제는 대부분의 사람이 이런 저항심을 느낄 때 그 문제에 대해 서로 대화하지 않는다는 것이다. 결국 이 감정이 계속 커져서 원망이 된다.

2단계, 원망 : 거부감을 처리하지 않으면 원망으로 성장한다. 이제 당신은 단순한 짜증을 넘어 상대방에게 화가 나 있다. 상대방과의 접촉을 차단하고 감정적 장벽을 세우기 시작한다. 분노는 그동안 가지고 있던 친밀감을 파괴하는데, 이것이 관계가 파괴되는 전형적인 패턴이다. 원망을 다스리지 못하고 대화로 풀지 못하면 속도가 붙어 마침내 거부감으로 변한다.

3단계, 거부감 : 원망이 거부감으로 발전하면 분노가 너무 많이 쌓여서 상대방을 나쁜 사람으로 만들고, 언어적으로든 비언어적으로든 상대방을 공격할 방법을 찾게 된다. 이 단계에서, 상대방이 하는 모든 것이 당신을 짜증나게 하거나 귀찮게 하는 일로 여겨지고, 감정적 틈을 넘어 실제로도 상대방과 거리를 두게 된다. 이런 거부감이 계속되면 고통을 덜기 위해 억압 단계로 넘어간다.

4단계, 억압 : 거부 단계에서 오는 분노에 대처하는 것에 지치면, 당신은 차라리 무감각해져서 고통을 줄이려고 시도한다. 무감각 상태에서는 고통도 느끼지 않지만 열정과 흥분도 사라진다. 이 단계가 되면 연인(또는 부부) 관계의 열정은 사라지고 단지 방만 같이 쓰는 사이가 되어버리면서, 가장 위험한 고비를 맞는다. 이 시기에는 서로 다투는 일도 없어 다른 사람들은 문제가 있는지 전혀 알아채지 못하지만, 이제 이들에게 더 이상 어떤 애정도 남아 있지 않다.

이 네 가지 위험을 막을 수 있는 비결은 무엇일까? 답은 간단하다. **즉, 솔직 명확하게 의사소통을 하는 것이다.** 당신의 규칙을 상대방에게 알리고 지킬 수 있게 해야 한다. 경험을 바꿔주는 어휘를 사용해 문제가 지나치게 과장되지 않도록 하라. 무엇이 안 된다는 부정적 표현 대신 무엇이 더 좋다는 긍정적 표현을 사용하라. 예를 들면 "당신이 그렇게 하면 도저히 참을 수 없어!"라고 말하는 대신에, "당신이 이렇게 하는 것이 더 좋아요."라는 식으로 말하라. 무엇 때문에 문제가 생겼는지는 잊어버린 채 오직 이기려고만 하는 식의 논쟁을 피할 수 있는 패턴을 개발하라.

4. 당신이 지금 맺고 있는 관계를 당신의 삶에서 가장 우선순위가 높은 가치로 삼아라. 그렇지 않으면 관계가 그날의 다른 더 긴급한 일들에 밀리게 되고, 관계의 감정 강도와 열정도 식어버릴 것이다. 우리는 너무 친숙한 사이

가 되면 그 사람에 대한 강렬한 흥분과 열정이 사라져 그 사람에게 습관적으로 소홀하게 된다는 이른바 친숙성의 법칙law of familiarity 때문에 관계의 힘을 잃어서는 안 될 것이다.

5. 아내 베키와 사귀던 초기에 우리의 관계를 지속시키는 데 가장 중요하다고 생각한 패턴은, 우리 관계가 끝나면 어떻게 될까에 초점을 맞추기보다는 어떻게 하면 매일 관계를 더 나아지게 만들까에 초점을 맞추는 것이었다. 우리는 우리가 초점을 맞추는 것을 경험하게 되어 있다. 우리가 관계가 끝날지 모른다는 두려움에 계속 초점을 맞춘다면, 우리는 무의식적으로 관계를 파괴하는 행동을 하게 되고, 관계가 파괴되기도 전에 자신을 압박해 실제적인 고통을 맛보게 될 것이다.

그러므로 **당신의 관계가 지속되기를 원한다면, 절대로 관계 자체를 위협해서는 안 된다는 것이다.** 그러니까, "네가 그렇게 행동한다면, 나는 떠날 거야"라는 극단적인 말은 절대로 해서는 안 된다. 그런 말 한마디가 씨가 될 수 있기 때문이다. 그런 말은 또 쌍방 모두에게 불안과 두려움을 유발한다. 내가 인터뷰한, 지속적인 관계를 유지하는 부부들은, 아무리 화가 나고 상처를 입었어도 부부관계의 지속에 대해서만큼은 절대 의문을 품지 않고 떠나겠다는 말도 함부로 하지 않는 것을 규칙으로 삼고 있었다. 레이싱 스쿨의 스키드 카와 벽에 관한 비유를 기억하라(242쪽 참조). 관계에서도 마찬가지다. 당신이 두려워하는 것이 아니라, 가고 싶은 곳에 초점을 맞춰라.

6. 당신이 관계를 맺고 있는 사람을 사랑한다는 사실을 매일 재확인하라. "내 생애에 그대를 만나게 된 것이 얼마나 행운인가?"라는 질문을 계속 반복하면서 **당신의 유대감을 강화하고 친밀감과 매력의 감정을 새롭게 하라.** 당신의 삶을 그 사람과 공유한다는 특권에 완전히 몰입하라. 강한 기쁨을 느끼고, 그 기쁨을 당신의 신경계에 지속적으로 고정시키라. 서로를 놀라

게 하는 새로운 방법을 끝없이 탐구하라. 그렇게 하지 않으면, 이른바 친숙성에 빠져 서로가 소중하다는 것을 잊고 당연하게 여길 것이다. 당신의 관계가 다른 사람들의 전설적인 롤 모델이 되도록 특별한 순간을 찾고 만들어보라!

"마음이 충만하면 모든 것을 포용할 수 있지만,
공허한 마음에는 아무것도 들어갈 수 없다."
– 안토니오 포치아 Antonio Porchia

오늘의 과제 :

1. 지금 당장 시간을 내서 당신에게 중요한 사람과 대화를 나누고, **두 사람의 관계에서 각자에게 가장 중요한 것이 무엇인지 알아보라. 둘이 함께하는 관계에서 당신의 가장 우선적인 가치는 무엇이며,** 그 가치가 성취되고 있다고 느끼기 위해서는 어떤 일이 일어나야 하는가?

2. 무엇이 옳은가보다 사랑하는 것이 더 중요하다는 것을 깨달아라. 당신이 계속 옳다고 주장하는 태도를 보이면, 당신의 패턴을 깨뜨려야 한다. 즉시 그런 행동을 중단하라. 갈등을 해결하기에 좀 더 적당한 상황이 되면 그때 시시비비를 가려도 늦지 않다.

3. 상황이 가장 악화되었을 때 패턴을 깨뜨릴 수 있는 대체 패턴을 개발하라. 그러면 아무리 화가 나더라도 대체 패턴을 사용하는 순간, 미소를 지으며 속상한 마음을 내려놓을 수 있다. 쌍방이 모두 쉽게 사용할 수 있도록, 아주 엉뚱하고 유머러스한 대체 패턴을 개발하라. 당신이 개인적으로 의지할 수 있는 사적 농담도 좋다.

4. 상대방으로부터 저항감이 느껴질 때는 "내 자격지심인지 모르지만,

당신이 그렇게 행동하면 기분이 좀 상해요" 같이 상대를 다독이는 말로 대화를 시도한다.

5. 가능하면 1주일에 한 번, 최소한 한 달에 두 번은 정기적으로 함께 야간 데이트를 하라. 서로 돌아가면서 상대방을 놀라게 하고, 가장 로맨틱하고 재미있는 일들을 생각해내라.

6. 매일 180초 동안 달콤한 키스를 나눠라!

오늘의 과제는 이게 전부다! 이 과제들을 실천하면서 즐겨라. 장담하건대 보상은 헤아릴 수 없을 것이다. 매일 지속적이고 끊임없는 개선 활동인 CANI에 전념하라. 이제 재정적 운명을 창조하기 위한 즐거운 계획을 세울 차례다.

22장

재정적 운명 : 부를 향한 작은 발걸음

넷째 날

목표 : 부를 형성하기 위한 다섯 가지 기본 요소를 배우면서 당신의 재정적 미래를 통제한다.

돈! 이것은 우리 삶에서 가장 감정적인 문제 중 하나다. 사람들은 더 많은 돈을 벌기 위해 돈보다 훨씬 더 가치 있는 것들을 기꺼이 포기한다. 그들은 돈을 위해 자신을 한계 너머까지 몰아붙이기도 하고, 가족이나 친구들과 보내는 시간을 포기하기도 하고, 심지어 자신의 건강까지 파괴하기도 한다. 우리는 돈에 고통과 즐거움을 모두 강력하게 연결시키고 있다. 안타깝게도 우리 삶의 질의 차이를 결정하고 가진 자와 없는 자를 구분하는 데 돈이 너무나 자주 이용된다.

어떤 사람들은 돈이 중요하지 않은 척하려 하지만, 재정적 압박이 우리 삶의 모든 날에 영향을 미치는 것은 부인할 수 없다. 특히 노인들에게, 돈이 없다는 것은 곧 가장 중요한 자원이 없다는 말로 해석된다. 어떤 사람들에게는 돈이 신비로운 존재지만, 또 어떤 사람들에게는 욕망, 자부심, 질투, 심지어 경멸의 근원이다. 돈이란 정말 무엇일까? 돈은 꿈을 이루게 해주는 근원인가, 아니면 모든 악의 근원인가? 돈은 좋은 일의 도구인가, 서로를 죽이는 전쟁 무기인가? 자유, 권력, 안전의 원천인가, 아니면 단지 목적을 위한 수단인가?

우리는 적어도 머리로는, 돈이 단지 교환의 매개체일 뿐이라는 것을 알고 있다. 돈이 있으면 사회 내에서 가치를 창조하고, 전하고, 나누는 과정이 쉬워진다. 돈은 우리가 하는 일이 얼마만큼의 교환 가치가 있는지에 대해 걱정할 필요 없이 우리 자신의 일에 전념할 수 있는 자유를 누리기 위해 우리가 함께 만든 편리한 도구다.

우리는 우리를 가장 쇠약하게 만드는 감정을 가난과 연결시키는 법을 배웠다. 불안, 좌절, 두려움, 불안, 걱정, 분노, 굴욕, 그리고 압도당하는 느낌 같은 감정이 바로 그것이다. 동유럽의 붕괴에서 보는 것처럼, 정치 체제도 결국 재정적 어려움 때문에 무너진다. 재정적인 스트레스로부터 자유로운 나라, 기업, 개인은 생각할 수도 없다.

많은 사람이 돈만 있으면 인생의 모든 문제가 사라질 것이라고 오해하고 있다. 이는 전혀 사실이 아니다. 돈을 많이 버는 것 자체가 사람들을 자유롭게 해주는 경우는 거의 없다. 물론 더 큰 재정적 자유를 얻고 재정을 통제할 수 있다면 삶이 더 확장되고, 나눌 수 있고, 가치를 창출할 수 있는 기회가 많아진다는 것을 부정하는 것도 어리석기는 마찬가지다.

그렇다면 경제적 기회가 풍부한 나라인데도, 왜 그렇게 많은 사람이 재정적 풍요를 얻지 못하는 것일까? 우리는 차고에서 처음 컴퓨터를 만들겠다는 작은 아이디어로 시작해 수억 달러의 회사로 키울 수 있는 나라에 살고 있다! 우리 주변에는 놀라운 가능성의 롤 모델이 적지 않다. 그들은 부를 창출하고 유지하는 방법을 아는 사람들이다. 우리가 그들처럼 부를 창출하지 못하는 이유는 무엇일까? 삶의 권리, 자유, 행복의 추구를 위해 선조들이 목숨을 바친 자본주의 국가가, 경제 개혁을 외치며 독립을 추구했던 이 나라가, 어쩌다가 평생 일하고 은퇴한 65세 이상 인구의 95%가 정부나 가족의 도움 없이는 스스로를 부양할 수 없는 나라가 되었단 말인가?

지속적인 부를 쌓는 비결을 연구해온 사람으로서 한 가지 분명히 말할 수 있는 것은, 부를 만드는 일은 생각보다 간단하다. 그런데도 대부분의 사람이 부를 구축하지 못하는 것은 재정적 기반에 구멍이 있기 때문이다. 이 구멍들은 내부 가치와 믿음의 갈등, 그리고 재정적 실패를 가져올 수밖에 없는 부실한 계획 등에서 발견된다. 이 장이 당신이 재정 생활 전반을 통제하는 데 필요한 모든 정보를 제공하지는 못하지만(이 장만으로는 터무니없이 부족하다!), **우리 삶에 매우 중요한 재정 부문을 즉시 통제**하기 위해 사용할 수 있는 몇 가지 간단한 기초를 제공해줄 수는 있을 것이다.

우선, 믿음이 우리의 행동을 통제하는 힘을 갖고 있다는 것을 기억하는가? 대부분의 사람이 재정적으로 성공하지 못하는 가장 일반적인 이유는, 그들이 더 많은 돈을 벌려면 무엇이 필요한지, 그리고 현재 사는 데 필요한 것 이상의 돈을 버는 것이 무엇을 의미하는지에 대해 **혼재된 감정을 연결시키고 있기 때문**이다. 5장에서 배웠듯이, 당신의 뇌는 피해야 할 것과 추구해야 할 것에 대해 명확한 연관성이 있을 때만 무엇을 해야 할지 판단할 수 있다. 하지만 당신이 돈을 버는 것에 대해 종종 엇갈린 신호를 보내기 때문에 결과도 엇갈리는 것이다. 예를 들어 우리는 돈이 우리에게 자유를 가져다주고, 사랑하는 사람들에게 베풀 기회, 우리가 항상 꿈꾸던 모든 것을 할 기회, 우리의 시간을 자유롭게 쓸 기회를 줄 것이라고 스스로에게 말한다. 그러면서도 한편으로는, 돈을 많이 벌기 위해서는 더 많은 시간 동안 더 열심히 일해야 하는데, 그렇게 하기에는 너무 늙고 지쳤다고 생각할 수도 있다. 또는 돈이 너무 많으면 영적이지 않다고 생각하거나, 언젠가 심판을 받을 것이라거나, 누군가에게 사기를 당할지 모르는데, 뭐 하러 돈을 벌어야 한단 말인가 라고 생각할 수도 있다.

우리만 그렇게 생각하는 것이 아니다. 어떤 사람들은 경제적으로 성공한 사람들을 질시하거나, 그들이 다른 사람들을 속이고 돈을 벌었을 것이라고 지레짐작한다. 당신이 부유한 사람들을 질투한다면, 그 감정이 당신의 뇌에 어떤 메시지를 전달할 것 같은가? 아마도 '돈을 많이 갖는 것은 나쁜 일이다' 같은 메시지를 전달할 것이다. 당신이 부유한 사람들에게 이런 감정을 품는다면, 돈을 잘 벌면 '나쁜 사람'이라고 당신의 잠재의식을 가르치는 것과 같다. 다른 사람들의 성공에 질투함으로써, 당신이 원하는 재정적 풍요를 피하도록 스스로를 훈련시키고 있는 것이다.

많은 사람이 돈을 벌지 못하는 두 번째 이유는, 단지 **돈을 버는 일이 너무 복잡한 문제라고 생각하기 때문**이다. 사람들은 돈을 벌기 위해 '전문가'의 도움을 받기를 원한다. 물론 전문가 코칭을 받는 것은 매우 중요한 일이지만(사실 그래서 우리도 자체 금융회사 Destiny Financial Services™를 설립했다), 우리는 먼저 재무 결정의 결과를 이해할 수 있는 훈련을 받을 필요가 있다. 돈 문제에 관해 다른 사람(전문가)에게 전적으로 의존한다면, 그들이 얼마나 유능한지와 관계없이 결과에 대한 책임을 언제나 그들에게 돌릴 것이다. 그러나 당신이 주도적으로 책임을 지고 당신의 재정을 이해한다면, 당신 자신의 운명을 스스로 지시할 수 있다,

이 책의 모든 내용은, 우리는 자신의 마음과 몸과 감정이 어떻게 작용하는지를 이해하는 힘이 있고, 그렇기 때문에 우리 운명에 대해 상당한 통제력을 행사할 수 있는 능력이 있다는 생각을 기초로 하고 있다. 돈 문제도 마찬가지다. 우리는 얼마든지 그것을 이해할 수 있고, 돈 문제는 복잡하니 전문가에게 맡겨야 한다는 생각으로 우리 자신을 제한해서는 안 된다. 당신이 기본을 이해한다면, 돈 문제를 마스터하는 것은 꽤 간단한 일이다. 당신이 돈 문제를 통제할 수 있도록 내가 제시하는 첫 번째 과제는, NAC 기술을 활용해

당신 자신을 재정적 성공에 조건화시키는 것이다. 진정한 경제적 풍요를 누리고 싶다면, 당신이 가족을 위해 할 수 있는 모든 훌륭한 일들을 마음의 평안과 분명하게 연결시켜라.

재정적 성공을 방해하고 엄청난 스트레스를 주는 세 번째 이유는, 모든 것이 부족하다는 개념이다. 사람들은 그들이 필요한 모든 것이 제한된 세상에 살고 있다고 생각한다. 우리가 이용할 수 있는 땅, 석유, 양질의 주택, 기회, 시간 등 모든 것이 제한되어 있다는 것이다. 이런 철학에서는, 당신이 이기기 위해서는 다른 누군가가 져야 한다. 삶이 이른바 제로섬 게임이라는 얘기다. 이런 논리에서 재정적으로 성공할 수 있는 유일한 방법은, 1900년대 초 악덕 자본가들처럼, 특정 제품의 시장을 장악해 당신이 95%를 차지하고 나머지 5%를 다른 사람들이 나눠 가지도록 하는 것뿐이다.

그러나 부족한 공급을 독점한다고 해서 지속적인 부가 보장되는 것은 아니다. 내 가까운 친구 폴 필저는 유명한 경제학자다. 그는 와튼 경영대학원을 졸업했고, 연금술 경제 이론으로 잘 알려진 인물이다. 폴은 최근에 책을 한 권 펴냈는데, 제목부터가 그의 핵심 믿음과 그것을 뒷받침할 증거를 잘 보여주고 있어서 내가 자주 추천하는 책이다. 《무한한 부: 경제 연금술의 이론과 실제》Unlimited Wealth: The Theory and Practice of Economic Alchemy라는 제목의 책에서 그는 우리는 자원이 풍부한 환경에 살고 있다고 주장하면서, 우리는 지금 인류 역사에서 아주 독특한 시대에 살고 있다고 지적한다. 오늘날에는 돈을 벌기 위해 부족한 물리적 자원을 차지해야 한다는 전통적 생각은 더 이상 통하지 않는 시대가 되었으며, **기술이 물리적 자원의 가치와 공급량을 결정하는 시대가 되었다는 것이다.**

내가 발간한 《파워토크》 오디오 매거진과의 인터뷰에서 폴은 자원의 가치와 공급이 어떻게 기술에 의해 완전히 통제되고, 기술이 모든 제품이나 서비스의 가격과 가치를 어떻게 결정하는지에 대해 좋은 예를 들어가며 설명해주었다. 1970년대에 사람들은 지구상의 석유가 곧 바닥날 것이라고 믿었다. 1973년에는 주유소에서 기름을 넣으려면 몇 시간을 기다려야 했다. 전문가들은 컴퓨터에 의한 정밀 분석을 통해 전 세계에 약 7,000억 배럴의 석유가 남아 있을 것이라고 예측했다. 당시 세계의 석유 소비 속도로 보아 35년에서 40년 정도 쓸 수 있는 양이었다. 폴은 전문가들의 예측이 맞는다면, 1988년에는 세계 석유 매장량이 5,000억 배럴로 줄어들 것이라고 말했다. 하지만 정작 1987년이 되었을 때 우리는 15년 전보다 거의 30%나 더 많은 석유를 가지고 있는 걸로 확인되었다! 1988년에, 세계 석유 매장량은 판명된 것만 9,000억 배럴로 추정된 것이다. 연구원들은 새로운 발견과 기술로 약 2,000억 배럴이 더 추가될 수 있다고 전망했다.

석유 매장량이 이토록 크게 늘어난 이유는 무엇일까? 두 가지 이유가 있다. 하나는 석유를 찾는 우리의 능력이 기술에 의해 크게 향상되었다는 것이다. 또 다른 하나는 기술이 우리가 석유를 더 효율적으로 사용하는 능력에도 강력한 영향을 미쳤다는 것이다. 1973년에 자동차의 연료 효율성을 즉시 두 배로 증가시킨 컴퓨터 연료 인젝터CFI라는 아이디어가 나오고, 이 새로운 기술이 미국의 거의 모든 자동차에 설치될 것이라고 누가 생각이나 했겠는가? 게다가, 불과 25달러짜리 컴퓨터 칩이 300달러나 나갔던 기화기를 대체했으니 말이다!

이 기술이 개발되자마자 휘발유의 유효 공급량이 두 배로 늘어났고, 석유 부족 현상은 하룻밤 사이에 사라져버렸다. 사실, 오늘날 석유 가격은 인플레이션에 따라 조정되고 있고, 자동차의 연비가 점점 더 좋아짐에 따라, 자동차 역사상 어느 때보다도 거리당 휘발유 비용이 적게 든다. 게다가, 오늘날 기업이든 개인이든 경제적 고통을 심해지면 즉시 동일한 결과를 달성할 수 있는 대체 자원을 찾는다. 전 세계의 과학자들은 공장, 자동차, 비행기의 동력에 사용되는 석유의 대체 자원을 찾고 있다.

폴은 또 텍사스의 헌트 형제를 예로 들면서, 이제 어떤 상품을 매점매석하는 옛날식 전략은 더 이상 통하지 않는다고 강조했다. 헌트 형제가 시장의 은을 몽땅 사들이면서 은 시장을 완전히 장악하려고 했지만, 결국 파산했다(한때 은 공급이 줄면서 은 가격이 치솟아 재미를 보기는 했지만). 왜 그랬을까? 당시 세계에서 은을 가장 많이 소비하는 회사는 개발 과정에서 은을 사용하던 코닥이었다. 그러나 은 가격이 치솟으면서 고통을 겪게 되자 코닥은 사진을 처리하는 다른 방법을 찾기 시작했고, 결과적으로 은의 사용량을 크게 줄였다. 은 가격은 즉시 폭락했고 헌트 형제는 파멸했다.*

이것은 현대 사회의 부자라는 사람들도 부의 창출을 위해 옛날 방식을 사용함으로써 저지르는 흔한 실수다. 우리는 이제 모든 것의 가치는 전적으로 기술에 의존한다는 것을 깨달아야 한다. 기술은 폐기물도 귀중한 자원으로 바꿀 수 있다. 땅속에 석유가 매장되어 있는 것이 저주였던 시절이 있었지만(농작물이 자라지 못하므로), 기술이 그것을 부의 원천으로 만든 것처럼 말이다.

폴은 그의 책에서 진정한 부는 '경제 연금술' economic alchemy을 구사할 수 있는 능력에서 나온다고 주장한다. **이 경제 연금술은 가치가 작은 것을 가치가 큰 것으로 바꾸는 능력이다.** 중세 시대의 연금술사들은 납을 금으로 바꾸려고 노력했지만 결국 실패했다. 그러나 이런 노력의 과정에서 그들은 화학의 토대를 마련했다. 오늘날 부유한 사람들이야말로 이 시대의 진정한

* 당시 은 가격이 폭락한 것은 코닥이 소비량을 줄여서라기보다는 연준이 금리를 계속 인상했기 때문이라는 것이 정설이다. _옮긴이

연금술사라고 할 수 있다. 그들은 평범한 것을 소중한 것으로 바꾸는 법을 배웠고, 이 변화를 통해 함께 따라오는 경제적 보상을 누렸다. 생각해보면, 컴퓨터의 엄청난 처리 속도도 결국 먼지에서 나온 것이다. 실리콘이 모래에서 나온다는 것을 아는가? 아이디어(단순한 생각)를 제품과 서비스로 전환한 사람들이야말로 연금술을 확실하게 구사하는 사람들이다. **모든 부는 마음에서 시작된다!**

빌 게이츠, 로스 페로, 샘 월튼, 스티브 잡스 등 오늘날 세계에서 가장 부유한 사람들의 재정적 성공의 원천도 현대 연금술이었다. 이들은 모두 숨겨진 가치들(아이디어, 정보, 시스템)을 더 많은 사람이 사용할 수 있도록 구성하는 방법을 새롭게 찾았다. 그들은 여기에 가치를 더하면서 거대한 경제 제국을 구축하기 시작했다.

지속적인 부의 창출을 위한 다섯 가지 기본 교훈을 살펴보자. 그런 다음, 당신의 재정적 운명을 통제하는 작업을 즉시 시작할 것이다.

1. 이전보다 더 많은 소득을 올릴 수 있는 능력, 즉 부를 창출할 수 있는 능력을 키우는 것이 첫 번째 관건이다. 먼저 간단한 질문을 해보자. 당신이 같은 시간을 일하고도 지금보다 두 배 많은 돈을 벌 수 있을까? 혹은 세 배나 10배는? 아니, 1,000배를 벌 수 있을까? 물론이다! 회사나 동료에게 1,000배 더 가치 있는 방법을 찾아준다면 말이다.

부의 열쇠는 더 가치 있는 사람이 되는 것이다. 당신이 더 많은 기술, 더 많은 능력, 더 많은 지능, 더 전문화된 지식, 다른 사람들이 할 수 없는 일들을 할 수 있는 능력을 갖추고 있다면, 또는 당신이 창의적으로 생각하고 크게 기여할 수 있다면, 당신이 가능하리라고 생각했던 것보다 훨씬 더 많은 돈을 벌 수 있다. 소득을 높일 수 있는 가장 중요하고 강력한 방법은 **사람들의 삶에 지속적으로 실질적인 가치를 더할 수 있는 방법을 고안하는 것이다.** 그러면 당신은 번창할 것이다. 예를 들어 의사가 수위보다 더 많은 돈을 버는 이유가 무엇인가? 답은 간단하다. 의사는 더 많은 가치를 창출하기 때문이다. 그는 사람들의 삶에 가치를 더해주는 능력을 갖기 위해 더 열심히 일하고 자신을 발전시켰다. 현관문은 누구나 열 수 있지만, 생명의 문은 의사만이 열 수 있다.

성공적인 기업가들은 왜 엄청난 보상을 받는가? 그들이 주변의 누구보다도 더 많은 가치를 사회에 부가했기 때문이다. 기업가들이 창출하는 긍정적인 측면은 두 가지가 있다. 하나는 제품을 통해 고객의 삶의 질을 높이고 그들에게 가치를 더해준다는 것이다. 이것은 모든 회사가 번창하는 데 매우 중요하다. 기업들은 종종 자신의 존재 목적이 단지 이익을 내는 것만은 아니라는 사실을 잊곤 한다. 물론 기업이 생존하고 번영하기 위해서는 반드시 이윤이 필요하지만, 그것만이 목적의 전부는 아니다. **모든 기업의 진정한 목적은 그들이 상대하는 고객의 삶의 질을 향상시키는 제품과 서비스를 만드는 것이다.** 이것이 지속적으로 달성된다면, 이익은 절대적으로 보장된다. 그러나 기업이 사람들의 삶에 지속적으로 가치를 부여하지 못한다면, 단기적으로 이익을 얻을 수 있을지는 몰라도 장기적으로 생존할 수 없다. 물론 이 원칙은 기업뿐만 아니라 개인에게도 해당된다.

기업가들이 창출하는 두 번째 긍정적인 측면은, 제품을 생산하면서 직원들의 일자리를 창출한다는 것이다. 이런 일자리 덕분에 직원의 자녀들이 고등 교육을 받고, 의사, 변호사, 교사, 사회복지사가 되어 이 사회 전체에 가치를 더한다. 물론 직원이 번 돈을 가족들이 다른 상인들에게 소비함으로써 발생하는 가치는 두말할 필요도 없다. 로스 페로에게 부의 비결을 묻자 그는 이렇게 대답했다. "내가 이 나라를 위해 할 수 있는 일은 일자리를 만드는 일입니다. 그게 내가 잘하는 일이지요. 그리고 주님은 우리가 그들을 필요로 한다는 것도 잘 알고 계신답니다."* 당신이 그렇게 할 수 있는 위치에 있다면, 이 사회에 더 많은 가치를 기여할수록 더 많은 것을 얻게 될 것이다.

교훈은 간단하다. 더 많은 가치를 창출하기 위해 꼭 기업가가 될 필요는 없지만, 당신의 지식, 기술, 더 많이 베풀 수 있는 능력을 매일 꾸준히 확장해야 한다는 것이다. 그렇기 때문에 자기 교육이 매우 중요하다. 내가 아직 젊은 나이에 제법 부자가 된 것도 바로 이런 이유 때문이다. 나는 다른 사람의 삶의 질을 즉각적으로 높일 수 있는 기술과 능력을 일찍부터 터득했다. 그런 다음에는 짧은 시간 안에 수많은 사람과 그 정보와 기술을 공유할 수 있는 방법을 찾았다. 그랬더니 정서적으로나 경제적으로나 나도 모르게 번창하게 되었다.

당신이 현재 처한 상황에서 더 많은 돈을 벌 수 있는 가장 간단한 방법은 스스로에게 다음과 같은 질문들을 해보는 것이다.

"어떻게 하면 이 회사에 더 가치 있는 존재가 될 수 있을까? 어떻게 하면 짧은 시간 안에 더 많은 성과를 이룰 수 있을까? 어떻게 하면 회사에 엄청난 양의 가치를 더할 수 있을까? 비용을 줄이고 품질을 높일 방법은 없을까? 어떤 새로운 시스템을 개발할 수 있을까? 제품과 서비스를 좀 더 효율적으로 운용할 수 있는 새로운 기술은 없을까?"

사람들이 더 적은 노력으로 더 많은 성과를 올리도록 도울 수만 있다면, 그렇게 할 수 있는 위치에 있는 한 우리는 다른 사람들에게 힘을 실어줄 수 있을 뿐 아니라 우리 자신도 경제적으로 큰 힘을 얻게 될 것이다.

* Perot, Ross, Speech to the National Press Club, December 6, 1990.

내가 진행하는 〈재정적 운명〉 세미나에서 참가자들은 더 많은 가치를 창출해서 결과적으로 수익을 높일 수 있는 방법을 브레인스토밍한다. 이때 우리는 참가자들에게 그동안 사용하지 못한 자원이 있는지 생각해보라고 요청한다. 스스로에게 묻는 핵심 질문은 다음과 같다.

"어떻게 하면 더 많은 사람을 만날 수 있을까? 어떻게 하면 더 수준 높게 일할 수 있을까? 어떻게 하면 더 나은 품질의 제품이나 서비스를 제공할 수 있을까?"

그러면 분명히 이렇게 대답하는 사람이 있을 것이다. "내가 더 이상 가치를 창출할 수 있는 방법은 없소. 이미 하루에 16시간 일하고 있는 걸요!" 분명히 말하지만, 나는 당신에게 더 열심히 일하라거나 더 똑똑하게 일하라고 말하지 않았다. 내가 질문의 요지는 다른 사람들에게 더 많은 가치를 부여할 수 있는 새로운 자원을 동원할 수 있느냐 하는 것이다.

예를 들어, 나는 샌디에이고 지역에서 적어도 자신의 분야에서 가장 성공한 사람이라고 할 수 있는 마사지 치료사를 알고 있다. 그는 예약을 더 이상 받을 수 없을 정도로 꽉 찬 상태에서 어떻게 하면 지금보다 더 수익을 올릴 수 있는지 알고 싶어했다. 그는 하루에 손님 한 명도 더 볼 수 없을 정도로 고객이 밀려 있었고, 이미 그의 분야에서 가장 높은 치료 요금을 적용하고 있었다. 그가 이미 가지고 있는 자원을 어떻게 활용하면 환자들과 다른 사람들을 더 잘 도울 수 있을까에 초점을 맞추고 고민하던 차에, 물리치료실을 소유하고 있는 사람과 제휴해 자신의 환자들을 그들에게 소개한다면 소개비를 받을 수 있을 것이라는 아이디어가 떠올랐다. 그러자 그의 수입은 거의 두 배가 되었다. 물론 그가 일하는 시간은 여전히 똑같다. 그가 한 일이라고는, 물리치료실을 갖고 있는 의사들과 그의 고객들에게 더 많은 가치를 더할 수 있는 방법을 찾은 것뿐이었다. 그는 의사들을 잘 알고 있었고, 그들도 그의 치료 방법을 이해하고 있었기 때문에, 그들 사이에 치료의 일관성이 더 커졌고, 재정적으로 더 많은 수익을 올릴 수 있게 된 것이다.

애리조나주 피닉스에서 최고의 라디오 광고 세일즈맨이었던 한 여성은 광고 방송 시간을 판매하는 데 그치지 않고 지역 회사들이 번창할 수 있도록 지속적으로 기회를 찾아주는 것을 마케팅 전략으로 삼았다. 예를 들어 새로운 쇼핑센터가 들어설 것이라는 소식을 듣는 순간, 그녀는 쇼핑센터에 입주할 가능성이 있는 상인들에게 그 소식을 알려주면서 그들이 유리한 입지를 확보할 수 있도록 돕는다. 그다음 쇼핑센터를 건설하는 부동산 개발업자에게 연락해 자신이 라디오 방송국 광고 판매원이며 지역의 상인들과 항상 가깝게 지내며 협력하는 사이라고 자신을 소개한다. 개발업자는 당연히 해당업계의 상인 목록을 보고 싶어하지 않겠는가?

이 전략에서 나오는 결과는 다음과 같다. 그녀는 상인들에게 그들이 자신의 회사를 홍보하기 위해 구매하는 라디오 시간 이상의 가치를 더해주고 있다. 다른 광고 세일즈맨보다 더 많은 도움을 주기 때문에, 상인들은 라디오 광고를 할 때마다 대부분 그녀에게 광고 시간을 의뢰한다. 가치에 대해 가치로 보답하도록 동기를 부여했기 때문이다. 그녀가 그렇게 하는 데 그다지 많은 시간을 들인 것도 아니었지만, 그녀를 그 지역의 다른 어떤 광고 세일즈맨보다 가치 있는 존재로 만들었고, 그것은 그녀의 수입에도 반영되었다.

큰 회사에서 일하면서도 가치를 더할 수 있다. 병원의 소송 업무를 처리해주는 일을 하는 여성이 있었다. 그녀는 보통 일이 매우 느리게 처리되고 있다는 것을 잘 알고 있었다. 소송 업무의 빠른 처리가 병원 입장에서는 매우 중요하다는 것을 간파한 그녀는, 이전보다 네다섯 배 많은 소송 건수를 빠르고 효과적으로 처리할 수 있는 방법을 찾아냈다. 그녀는 회사 상사에게 그녀가 5명의 일을 할 수 있다면, 자신의 월급을 50% 인상해줄 수 있는지 물었다. 회사는 그녀가 일정 기간 동안 지속적으로 결과를 낼 수 있다는 것을 증명한다면 그렇게 할 것이라고 약속했다. 그녀는 실제로 그렇게 했고, 그녀는 직업의 효율성과 수입을 증가시켰을 뿐만 아니라 새로운 자부심을 갖게 되었다.

회사에서 다니면서 수입을 높이려는 경우 명심해야 할 것은, 지금 하고 있는 일의 질을 50%만 높여서는 수입을 50% 증가시킬 수 없다는 것이다. 회사는 이익을 내야 한다. 따라서 이 경우 스스로에게 해야 할 질문은 "어떻게 하면 내가 하는 일의 가치를 10배에서 15배까지 높일 수 있을까?"여야 한다. 그렇게 할 수 있다면 수입을 올리는 데 아무런 어려움이 없을 것이다.

미래 유통의 새 물결

90년대 이후, 가치를 더하는 가장 강력한 방법 중 하나는, **오늘날의 사회에서 부는 유통에서 창출된다**는 트렌드를 이해하는 것이다. 제품과 서비스는 끊임없이 변화하고 있지만, 현대 사회에서는 그런 가치 있는 물건들을 다수의 사람들에게 전달하는 방법을 생각해낸 사람들도 번창할 것이라는 것이다. 이것이 바로 미국 최고 부자인 월마트의 창업자 샘 월튼Sam Walton의 비밀이었다. 그는 유통 시스템을 만들어 부자가 되었다. 로스 페로는 정보기술회사 일렉트로닉 데이터 시스템스EDS를 설립해 정보 유통이라는 새로운 개념으로 큰 부를 창출했다. 당신도 이미 큰 가치를 가지고 있는 것을 더 저렴한 비용으로 많은 사람에게 유통시킬 수 있는 방법을 알아낼 수 있다면, 가치를 더하는 또 다른 방법을 발견하게 될 것이다. 부가가치는 단순히 제품을 만드는 것에서만 창출되는 것이 아니라, 더 많은 사람이 삶의 질의 향상을 경험하게 해주는 방법을 찾는 것에서도 창출될 수 있다.

진지하게 생각해보면, 사람들이 왜 돈을 많이 벌지 못하는지 알 수 있다. 바로 자신을 제한하는 믿음을 가지고 있기 때문이다. 게다가 사람들은 아무것도 하지 않으면서도 더 얻을 수 있다는 잘못된 믿음을 가지고 있다. 예를 들어 사람들은 회사에 기여를 더 많이 했든 그러지 않았든 월급은 매년 인상되어야 한다고 생각한다.

하지만 월급 인상은 가치 상승과 연동되어야 한다. 우리 자신을 교육시키고, 기술을 다양하게 늘리면 우리의 가치를 쉽게 높일 수 있다. 직원들이 더 많은 가치를 추가할 방법을 찾지 못하는 상태에서 계속 월급만 인상해준다면, 그 회사는 결국 경제적으로 어려움을 겪거나 파산할 수밖에 없을 것이다. 당신이 회사에 월급을 인상해줄 것을 요청하려면, 적어도 10배 이상의 가치를 더할 수 있는 방법을 찾아야 할 것이다.

기업들도 설비에 투자하려고 할 때는, 설비가 창출할 수 있는 수익은 한계가 있다는 것을 깨달아야 한다. 내 친구 폴 필저가 말했듯이 노동력도 자본이다. 1년에 5만 달러를 받고 50만 달러의 가치를 창출할 수 있는 사람이 있다면, 당장 그런 사람을 데려가서 그의 기술, 능력, 재능, 태도, 거기에 추가 교육까지 시켜 100만 달러의 가치를 더할 수 있게 할 수 있지 않겠는가? 5만 달러를 투자해서 100만 달러의 수익을 가져다준다면, 그 사람은 매우 귀중한 자산이다. 기업이 할 수 있는 투자 중 직원들을 교육시키고 발전시키는 것만큼 좋은 투자는 없다.

"부는 인간의 사고력이 만들어낸 산물이다."

– 아인 랜드 Aynrand**, 러시아 작가이자 철학자**

나는 지난 몇 년 동안, 가치 있는 아이디어를 사람들이 실제로 잘 활용할 수 있는 방식으로 전달해줌으로써 사람들의 삶의 질을 높이는 일을 도와왔다. 변화를 위한 기술을 만들고 그 기술을 효과적으로 전달하게 해줌으로써 나 역시 번창할 수 있었다. 하지만 스스로 다음과 같은 질문을 하면서 더 번창할 수 있었다. "어떻게 하면 전보다 더 많은 사람을 접촉할 수 있을까? 내가 잠자는 동안에도 사람들과 접촉할 수는 없을까?" 힘을 실어주는 이런 질문들을 하면서 나는 이전에는 생각조차 하지 못한 방식으로 내 영향력을 확장할 수 있는 방법을 발견했다. 바로 TV를 통해 오디오 테이프를 공급하는 것이었다.

그게 2년 전의 일이었다. 그 이후 우리는 지금까지 전 세계에 7백만 개 이상의 〈개인의 무한한 힘〉 오디오 테이프를 공급하면서, 사람들에게 영향을 미치는 아이디어와 정보를 하루 24시간 내내 쉬지 않고 나누고 있다! 카세트 프로덕션을 운영하는 제휴업체에 따르면, 지난 24개월 동안 내 메시지를 전달하는 데 사용된 테이프의 양은 지구를 20바퀴 감고도 남을 만큼 많다고 한다! 어쨌든 그 과정에서, 우리는 테이프를 들은 모든 사람의 삶의 질에 영향을 미쳤을 뿐만 아니라, 테이프 제작 과정에서 약 7만 5,000시간의 고용을 창출했다는 것을 알게 되는 기쁨도 누렸다. 여기에는 테이프 제작에 관여한 다른 공급업체가 소비한 시간은 포함하지도 않았다.

당신도 부가가치가 어떻게 부를 창출하는지에 대한 여러 사례를 들어보았을 것이다. 그 공식은 간단하면서도 강력하다. 바로 당신 스스로에게 이런 질문을 던지는 것이다. **"어떻게 하면 현재 환경에 더 많은 가치를 추가할**

수 있을까?" 당신이 회사에 다니고 있다면, "지난 12개월 동안 나는 회사가 얼마나 많은 돈을 벌거나 절약하게 했는가?"라고 물을 수 있을 것이다. **진정한 기여가 삶을 더 풍요롭게 만든다. 그러니 꼭 개인적인 이익을 위해서만 가치를 더해야 한다고 자신을 제한하지 마라.** 어떻게 하면 당신의 가정뿐만 아니라, 교회, 학교, 지역사회에 더 많은 가치를 더할 수 있을까를 생각하라. 당신이 추구하는 것보다 최소한 10배 이상의 가치를 추가할 수 있는 방법을 찾을 수 있다면, 당신은 항상 만족감을 느끼게 될 것이다. 게다가 모든 사람들이 당신처럼 한다면 우리 삶이 얼마나 달라질지 상상해보라.

2. **두 번째 교훈은 당신의 부를 유지하는 것이다.** 당신이 부를 축적하거나 많은 돈을 벌기 위한 효과적인 전략을 가지고 있다면, 이제 그 부를 어떻게 유지할 것인가? 일반적인 생각과는 다르겠지만, 단순히 돈을 계속 버는 것만으로는 부를 유지할 수 없다. 우리는 많은 돈을 벌었다가 하루아침에 날린 유명인에 대한 이야기를 많이 들어보지 않았던가? 예를 들어 어떤 운동선수들은 자신의 재능 덕에 엄청난 돈을 벌었지만 잘못된 생활방식 탓에 수입이 없어지자 한순간에 재산을 탕진해버렸다. 그들은 수입이 떨어졌는데도, 감당할 수 없는 방탕한 소비 습관을 여전히 버리지 못해 재산을 모두 잃고 만다.

당신의 부를 유지하는 방법은 단 한 가지뿐이다. 바로 **당신이 버는 것보다 적게 쓰고, 남은 돈은 투자하는 것이다.** 비록 이것이 매우 매력적인 원칙은 아니지만, 장기적으로 부를 확보할 수 있는 유일한 방법이다. 하지만 사람들이 얼마나 벌든 상관없이, 돈을 쓸 방법만 찾는 것처럼 보인다는 것은 정말 의아스럽기만 하다. 내 〈재정적 운명〉 세미나에 참석하는 사람들의 연간 소득은 3만 달러에서 200만 달러까지 다양한데, 대략 평균적으로 약 10만 달러다. 그런데 가장 높은 수입을 올리는 사람들도 종종 파산한다. 왜 그럴까? 바로 장기적이기보다는 단기적인 기준에 따라 모든 경제적 결정을 하기 때문이다. **그들은 명확한 지출 계획도 없고, 하물며 투자 계획도 없다.** 그러면 나이아가라 폭포 아래로 떨어질 수밖에 없다.

부를 쌓는 유일한 방법은 **매년 소득에서 투자할 비율을 미리 정해놓는 것이다.** 물론 많은 사람이 이에 대해 잘 알고 있다. 소득의 최소 10%를 저축하고 투자하는 것이 옳다는 말은 누구나 다 들어보았겠지만, 놀랍게도 그것을 실천하는 사람은 극소수에 불과하고, 당연하게도 부자들은 극소수일 뿐이다! 재산을 확실하게 유지할 수 있는 가장 좋은 방법은 소득에서 10%를 떼어 무조건 투자하는 것이다.

그리고 부를 유지하려면 소비를 통제해야 한다. **하지만 주의할 것은 예산을 짜지 말고 지출 계획을 세우라는 것이다.** 이런 식의 비유 표현이 마음에 드는가? 실제로 예산을 효과적으로 짜는 것이 지출 계획이다. 하지만 이 말의 의미는 당신이(기혼자라면 당신과 배우자가) 순간의 기분에 따라 소비하지 말고 무엇에 돈을 쓰고 싶은지 미리 결정해야 한다는 뜻이다. 우리는 사고 싶은 것도 많고 급하다는 생각 때문에, 물건을 샀다가 나중에 후회하는 경우가 너무 많다. 당신과 배우자가 삶의 각 영역에서 매달 얼마를 써야 하는지에 대한 명확한 계획을 세운다면 부부간의 많은 논쟁도 피할 수 있을 것이다.

안타깝게도 대부분의 미국인은 지출이 수입을 훨씬 초과한다. 1980년에 미국인들은 신용카드로 540억 달러가 넘는 돈을 빌렸다. 1988년 말에 이 금액은 3배 이상 늘어나 1,720억 달러를 넘었다! 이런 방식으로는 재정난을 피할 수 없다. 현명하게 행동하라. 버는 것보다 적게 소비해야 부를 유지할 수 있다.

혹시 "하지만 투자가 성장으로 이어지지 않을 수도 있지 않나요?"라고 묻는 사람도 있을 것이다. 그렇다. 그래서 인플레이션 문제도 다루어야 한다. 지속적인 부를 창출하기 위해서는 다음 세 번째 단계가 필요하다.

3. 세 번째 교훈은 부를 늘리는 것이다. 어떻게 하면 부를 늘릴 수 있을까? 내가 지금까지 설명한 방정식에 또 하나의 간단하면서도 강력한 요소를 추가하면 된다. 부자가 되기 위해서는 **버는 것보다 적게 쓰고, 그 나머지 돈을 투자하고, 복리 성장**compounded growth**을 위해 수익을 재투자해야 한다는 것이다.**

아마도 많은 사람이 복리 계산의 힘에 대해 들어보았겠지만, 그것을 제대로 이해하는 사람은 거의 없을 것이다. 복리는 한마디로 말하자면, 당신의 돈이 당신을 위해 일하게 만드는 것이다. 대부분의 사람은 자신의 생활방식이라는 기계에 연료를 공급하기 위해 평생 일한다. 반면 재정적으로 성공하는 사람들은 버는 돈의 일정 비율을 따로 떼어 투자하고, 그 투자 이익을 다시 투자해 다시는 일하지 않아도 될 만큼, 그들의 모든 필요를 제공할 수 있을 정도의 큰 수입원이 되게 만든다. 이러한 자본의 축적을 우리는 **임계 노동량**work critical mass의 필요성에서 벗어났다고 말한다. 당신이 재정적 독립을 달성하는 속도는 과거 투자 수익을 재투자(소비가 아니라)하는 당신의 의지와 정비례한다. 당신의 자본력이 마치 계속 새끼를 치는 것처럼 성장하고 증식하면서, 당신은 확실한 경제적 기반을 다지게 되는 것이다.

복리의 힘에 대한 간단하고 극적인 예를 보여주겠다. 두께가 1/32인치인 냅킨을 한 번 접으면 그 두께가 얼마나 될까? 분명히 1/16인치가 될 것이다. 다시 또 한 번(두 번째) 접으면 그 두께는 1/8인치가 된다. 세 번째 접으면 1/4인치가 되고, 네 번째는 1/2인치, 그리고 다섯 번째 접으면 1인치가 될 것이다. 여기서 질문 하나 해보자. 이런 식으로 냅킨을 접어 그 두께의 높이가 달에 닿으려면 몇 번이나 접어야 할까? 참고로 달까지의 거리는

23만 7,305마일이다. 놀랍게도, 서른아홉 번 만에 냅킨의 두께가 달에 닿는다. 이론적으로는 50번을 접으면 냅킨의 두께는 달까지 1,179번 왕복할 수 있는 거리가 된다! 이것이 바로 복리의 힘이다. 그런데도 많은 사람은 적은 돈일지라도 복리로 계산하면 얼마 지나지 않아 큰돈이 된다는 것을 깨닫지 못한다.

당신은 금방 이렇게 말할 것이다. "정말 멋지네요. 나도 복리 투자를 하고 싶은데, 어디에 투자해야 할지를 어떻게 알 수 있나요?"

이 질문에 대한 간단한 답은 없다. 당신은 먼저 당신의 재정적 목표가 무엇인지 결정해야 한다. 당신은 무엇을 얼마 만에 성취하고 싶은가? 당신의 **투자위험감수도**risk tolerance, 즉 당신이 큰 충격 없이 감내할 수 있는 위험은 어느 정도인가? 당신이 원하는 것, 당신이 필요한 것, 그리고 당신의 잠재적인 관심사에 대한 명확한 이해가 없다면, 무엇에 투자해야 할지 정확히 알 수 없다. 투자자가 되려는 사람들은 대개 금융 전문가들에게 조언을 구하는데, 사실 이런 금융 전문가들은 의뢰인의 진정한 필요가 무엇인지 모르는 경우가 많다.

투자에서 가장 중요한 것은 얼마나 다양한 유형의 투자 대상이 있는지, 그리고 모든 투자 대상의 잠재적인 위험과 수익이 무엇인지를 제대로 이해하는 것이다. 책임감 있는 조언자들은 의뢰인들이 할 수 있는 투자 대상의 종류를 철저히 이해하고 자신의 **재무 계획**을 개발하도록 도와줄 것이다. **명확한 투자 계획이 없다면, 그 투자는 실패할 수밖에 없다.** 금융 뉴스레터 발행인 딕 파비안Dick Fabian의 말을 들어보자. "제반 증거에 따르면, 무엇에 투자했든 모든 투자자들은 10년 기간 안에는 돈을 벌지 못한다. 통계가 이처럼 비극적인 데에는 다음과 같은 몇 가지 이유가 있다.

① 목표를 설정하지 않는다.

② 유행을 좇는다.

③ 금융 관련 매체의 보도에 의존한다.

④ 증권사 직원이나 재무설계사의 조언을 맹목적으로 따른다.

⑤ 감정에 치우친 오판 등*

다행히, 투자에 관해 우리가 궁금한 질문에 대한 답은 쉽게 얻을 수 있다. 피터 린치, 로버트 프레히터, 워런 버핏 같은 투자 대가들의 책들이 나와 있으며, 평생의 재정적 필요에 맞는 계획을 개발하는 데 도움을 줄 수 있는 훌륭한 재무 코치들이 있다. 우리의 재무 상황이 삶에서 만나게 될 고통이나 즐거움에 지대한 영향을 미치기 때문에, 가장 성공한 사람을 모델로 삼도록 하라. 그렇게 하지 못하면 고통을 겪게 될 수 있다. 하지만 그렇게 한다면 당신이 꿈꿔왔던 것 이상의 재정적 풍요를 누릴 수 있을 것이다.

부를 창출하고 이를 확장하기 시작했으면, 이제 재정적 성공의 네 번째 핵심 교훈을 살펴보자.

4. 네 번째 교훈은 당신의 부를 지키는 것이다. 많은 부를 가진 사람들은, 그들이 가진 많은 돈 때문에 돈이 없었을 때보다 더 불안해한다. 사람들은 대개 잃을 것이 많다는 생각이 들면 더 불안해하는 법이다. 왜 그럴까? 그들은 언제라도 누군가가 자신들을 완전히 부당하거나 불공정하다는 이유로 소송을 제기하고 자산을 일거에 소멸시킬 수 있다는 사실을 잘 알기 때문이다.

미국의 분위기가 얼마나 심각한지 알고 싶은가? 1991년 6월 22일 자

* Fabian, Dick, How to be your Own Investment Counselor.

〈런던 파이낸셜 타임스〉의 기사에 따르면, 1988년과 1989년에 전 세계에서 제기된 모든 소송 중, 무려 94%가 미국에서 제기되었다. 미국에서는 1년에 1,800만 건의 소송이 제기된다. 미국 변호사협회의 통계에 따르면, 당신이 캘리포니아에 살면서 1년에 5만 달러 이상을 번다면, 당신은 4건 중 한 건에 연루될 가능성이 있다.

유럽인의 관점에서 보면, 미국인은 항상 어떤 일이 잘못되면 비난할 누군가를 찾고 있는 것처럼 보인다. 그만큼 소송이 많다는 것이다. 불편하게 들릴지 모르지만, 불행하게도 미국인들이 그런 태도를 보이는 것은 사실이다. 그런 태도는 세계 어느 곳에서도 찾아보기 어렵다. 결국 그런 미국인의 그런 태도는 우리의 시간, 자본, 에너지를 낭비적이고 비생산적인 방식으로 사용하게 함으로써 경제적으로 이 나라를 파괴하고 있는 셈이다. 예를 들어 최근 월스트리트저널의 보도에 따르면, 술에 취한 채 차를 운전하던 한 남성이 옆 좌석에 있던 엽총을 옮기려다 오발로 숨지는 사건이 발생했다. 그의 미망인은 남편의 음주 상태를 인정하기는커녕, 총기에 음주 운전자를 위한 안전장치가 없다는 이유로 총기 제조업체를 상대로 400만 달러의 손해배상을 청구했고, 승소했다!

미국인들은 수년간의 노력 끝에 이룬 자신의 부를 상대로, 그에 대한 권리가 전혀 없는 사람들이 소송을 제기할 수 있다는 사실을 알고 불안해한다. 그런 일이 자주 일어나기 때문에 그들은 일의 책임에 대해 늘 촉각을 곤두세운다. 또 투자 결정에 대한 후속 조치에도 영향을 미친다. 하지만 다행히 **현재 소송에 연루되어 있지 않다면, 당신의 자산을 보호할 수 있는 법적 방법은 있다.** 당신의 자산을 보호하려는 이런 철학은 정당한 채무를 피하기 위한 것이 아니라, 단지 터무니없는 공격으로부터 자신을 보호하기 위한 것이다. 부정한 동기를 가진 사람들이 소송을 제기하는 이유는 둘 중 하나다. 보험금으로 한몫 챙기거나 당신의 자산을 빼앗으려는 속셈이다. 따라서 건드릴 만한 자산이 없다면, 그들이 높은 변호사 수임료를 감수하면서 변호사를 고용하기는 쉽지 않을 것이다. 사전에 미리 잘 대비해 놓으면 자산을 보호할 수 있다. 이를 위한 지침은 매우 명확하고 간결하다.

재정 문제를 이해하기 위해 '월가의 전설'로 불리는 존 템플턴John Templetons을 연구하기 시작하면서, 그가 불법적인 소송으로부터 자산을 보호하기 위해 어떤 방식으로 재정을 구성했는지에 대한 통찰을 알게 되었다. 인생의 모든 상황이 그렇지만, 투자에서도 '큰손'들이 어떻게 하고 있는지 파악하고 그들의 평가 절차와 전략을 본받는 것이 매우 중요하다. 나는 내 자산관리회사의 의사 고객들을 위해, 미국에서 이용할 수 있는 최고의 자산 보호 시스템을 배우고 이해하는 데 2년을 투자했다. 자산 보호에 대해 사람들이 일반적으로 갖는 오해는, 자산 보호가 사람들이 잘 모르는 기만적 술책과 관련이 있다고 생각한다는 점이다. 그러나 자산 보호가 실제로 가르치는 것은 '정직이 최선의 방책'이라는 것이다. 당신의 자산을 숨기려는 것이 아니라 보호한다는 개념이다. 물론 당신이 이제 막 부를 쌓기 시작하는 단계라면 자산 보호가 주요 관심사가 아닐 수 있다. 지금은 나중에 부를 쌓게 되면 많은 변화가 필요할 것이라는 것만 알아둬도 좋다.

5. 다섯 번째 교훈은 부를 즐기는 것이다. 많은 사람이 지금까지의 네 단계는 잘 통과한다. 그들은 진정한 가치를 더함으로써 부를 얻는 방법을 알았다. 그리고 버는 것보다 적게 지출함으로써 부를 유지하는 방법도 알았다. 또 투자 기술을 익혀 복리 이자의 혜택도 경험했다. 그리고 그들의 자산을 보호하는 방법까지 알았다. 그런데 여전히 행복하지 않다. 여전히 공허함을 느낀다. 그 이유는 **돈이 목적이 아니라 수단일 뿐**이라는 것을 아직 깨닫지 못했기 때문이다. 우리는 돈의 긍정적인 영향을 우리가 아끼는 사람

들과 함께 나눌 수 있는 방법을 찾아야 한다. 그렇지 않으면 그 돈은 아무런 가치가 없다. 수입의 일정 부분을 기부하는 방법을 찾는다면 당신은 인생의 가장 큰 기쁨 하나를 만나게 될 것이다.

가치를 창출하고 돈을 버는 과정에 기쁨을 연결시키지 않는 한, 돈 버는 일을 결코 오래 유지할 수 없다. 대부분의 사람은 어느 정도의 돈을 쌓을 때까지는 삶을 즐기지 않는다. 이것은 당신의 뇌가 부를 창출하는 과정을 고통에 연결하도록 가르치는 방법이 될 뿐이다. 그러니 당신은 돈을 버는 과정에서 자신에게 감정적인 보상을 제공해주어야 한다. 때로는 당신 자신에게 '깜짝 선물'을 줄 필요가 있는데(깜짝 선물에 대해서는 6장에서 언급했다. 215쪽 참조), 특히 금전적인 깜짝 보상을 주면 당신의 뇌가 돈을 버는 것이 즐겁고 보람이 있는 일이라는 것을 배우게 될 것이다.

또 십일조의 위력과 가치를 잊지 마라. 내가 20달러를 기부할 여유조차 없던 시절, 누군가에게 20달러가 조금 넘는 돈을 기부하면서 내 금전 운이 완전히 달라졌다고 자신 있게 말할 수 있다. 그날 나는 나 자신이 너무 대견하다는 생각이 들어서 그런 느낌만으로도 더 큰 성과를 내고 더 많은 돈을 벌 수 있는 능력이 생긴 것 같은 기분이었다. 사람들은 대개 '돈이 더 생기면 십일조를 해야지'라고 생각한다. 하지만 1달러밖에 없는데 10센트를 기부하는 것과 100만 달러를 벌면서 10만 달러를 기부하는 것 중 어느 것이 더 어려울 것이라고 생각하는가? 답은 뻔하지 않은가? 반드시 10%를 기부해야 한다고 주장하는 것이 아니라, 당신이 버는 것의 일부를 기꺼운 마음으로 꾸준히 기부하겠다고 약속하라.

십일조의 묘미는 당신이 버는 것의 일부를 기부함으로써 당신이 이미 부자라는 것을 당신의 뇌에 가르쳐준다는 것이다. 당신은 이제 자원이 항상 부족하다는 믿음을 초월하게 될 것이다. 그리고 그런 새로운 믿음체계가 들어선 것만으로도 당신의 삶이 바뀔 것이다.

진정한 부는 돈이라는 실체가 아니라 절대적 풍요를 느끼는 감정이다. 우리는 선조들이 전해주는 유산만으로도 부자가 될 수 있다. 우리가 그리지 않은 훌륭한 예술 작품들, 우리가 작곡하지 않은 음악들, 우리가 짓지 않은 위대한 교육 기관들을 누릴 수 있는 특권이 우리에게 주어졌다. 이 나라 도처에 있는 공원에서 풍요로움을 느껴보라. 당신이 이 모든 것을 누리는 부유한 사람이라는 것을 깨닫고 그 부를 마음껏 즐겨라. 그 모든 것이 당신이 소유하는 풍요로움의 일부라고 생각하라. 이런 감사의 마음이 더 많은 것을 창조할 수 있게 해줄 것이다.

마지막으로 한 가지 덧붙이자면, 당신의 믿음을 바꾸고 돈 문제를 마스터하면 자기계발에서도 놀라운 보상을 경험하게 될 것이다. 지금 당장 이 과정을 시작하겠다고 약속하라.

"자선을 베푸는 것과 개인적인 힘을 기르는 것만이 당신을 위한 투자다."

– **월트 휘트먼**Walter Whitman

오늘의 과제 :

1. 당신의 믿음을 살펴보고, 잘못된 것이 있는지 확인하라. 잘못된 것이 있다면 NAC을 통해 바꾸도록 하라.

2. 보수를 받고 있느냐와 관계없이, 당신이 고용된 곳에서 더 많은 가치를 대량으로 더하는 절차를 지금 당장 시작하라. 현재보다 10배 더 많은 가치를 더하고, 그 파급 효과에 대비하라.

3. 소득의 최소 10%를 떼어내서 계획된 포트폴리오에 투자하라.

4. 제대로 된 코칭을 받아라. 전문가에게 문의하든, 당신이 사는 지역의

금융 자문가에게 문의하든, 상세한 재무 계획을 수립할 수 있도록 확실하게 도움을 받아라. 좋은 재무 관련 서적을 사서 읽어라. 올바른 정보에 입각해 현명한 투자 결정을 내리는 방법을 가르쳐줄 수 있는 책들이 많이 나와 있다.

5. 당신의 자산이 공격받을 우려가 있다면, 즉시 자산 보호 계획에 따른 조치를 취하라.

6. 재정적 성공을 이루는 과정을 기쁨에 연결시키기 위해 작은 '깜짝 선물'을 준비하라. 누구를 위한 것이냐고? 당신에게 오늘 당장 새롭게 시작할 힘을 주기 위해 깜짝 선물을 만들어보라.

23장

올바른 사람이 되기 위한 행동강령

다섯째 날

목표 : 훌륭한 가치를 지니고, 그 가치를 뒷받침할 모든 규칙을 잘 수립하고, 스스로에게 올바른 질문을 던지고, 즉흥적인 가치를 좇지 않으며 사는 것이 가능한 일일까? 당신이 스스로에게 정직하다면, 대답은 당연히 '그렇다'이어야 할 것이다. 하지만 우리는 과거 한때, 감정상태나 사건의 의미에 대한 판단을 통제하지 못하고 삶의 상황에 그대로 내맡겨두기도 했다. 이제 우리는 스스로에게 약속한 가치를 지키며 살 수 있는 명확한 방법과 실제로 그 가치를 성취하고 있는지 여부를 매일 측정할 수 있는 방법이 있어야 한다.

그 젊은이는 27세라는 나이에 엄청난 성공을 거두었다. 그는 밝은 성격에 박학다식했고, 큰 성공에 온 세상을 다 가진 것만 같았다. 하지만 어느 날 그는 자신이 행복하지 않다는 것을 깨달았다! 많은 사람이 그를 오만하고 고압적인 사람이라고 생각하며 좋아하지 않았던 것이다. 그는 궁극적인 운명은 말할 것도 없고, 자기 삶의 방향을 더 이상 통제하지 못하고 있다는 생각이 들었다.

그는 자신에게 더 높은 기준을 설정하고, 그 기준을 달성하기 위한 전략을 개발하고, 매일 결과를 측정할 수 있는 시스템을 만들어 자신의 삶을 통제하기로 결심했다. 그는 12개의 덕목(매일 지켜야 할 12개의 감정상태)을 선정하고, 이 덕목들을 지켜나가면 삶이 그가 원하는 방향으로 나아갈 것이라고 생각했다. 그는 수첩을 꺼내 12개의 감정상태를 모두 쓰고, 그 감정 옆에 날짜 칸을 만들었다. "이 덕목들 중 어느 하나라도 어길 때마다 그날의 칸에 검은 점을 찍는 거야. 물론 검은 점이 있는 칸이 하나도 없는 것이 목표지. 그러면 내가 이 덕목대로 살고 있는지 알 수 있을 거야."

그는 자신의 생각이 너무 자랑스러워서 친구에게 수첩을 보여주며 자세히 설명했다. 친구는 "좋아! 그런데 그 목록에 '겸손함'을 더하면 더 좋을 것 같은데"라고 말했고, 젊은이는 웃으며 그의 목록에 13번째 덕목을 추가했다. 그 젊은이가 바로 벤자민 프랭클린Benjamin Franklin이다.

이 이야기는 내가 밀워키의 허름한 호텔 방에서 읽었던 벤자민 프랭클린의 자서전에 나오는 이야기다. 그때 나는 라디오와 TV 토크쇼, 책 사인회, 각종 초청 행사 등 눈코 뜰 새 없이 바쁜 일정을 소화하고 있었다. 그런데 그 전날 밤, 나는 벤자민의 자서전을 읽고 이런 결심을 했다. "좋아, 이제 여기까지 왔으니 나도 벤자민의 방식을 실천해보자. 최소한 내 마음의 양식이 될 수 있으니까."

마침 최근에 가치와 우선순위에 대한 아이디어가 떠올라 나 자신의 삶에 적합하다고 생각하는 가치 목록을 만들었던 참이었다. 그러나 벤자민의 덕목을 보고 반성하면서 나 자신에게 이렇게 물었다. "그래, 넌 사랑을 가치로 삼으면서 정말로 지금 당장 사랑을 베풀고 있니? 너의 가치 목록 상위에 기여도 있지만 지금 당장 기여를 하고 있니?" 이 질문에 대한 내 대답은 '아니오'였다. 나는 좋은 가치 목록을 가지고 있었지만, 내가 정말로 매순간 그 가치들을 지키며 살고 있는지 아닌지를 측정하지 않았다. 물론 내가 남을 사랑하는 사람이라고 생각했지만, 돌이켜보면 남을 사랑하지 않았던 때도 많았다!

나는 그 자리에 앉아서 나 자신에게 물었다. "**내 생애 최고의 기분은 어떤 감정상태일까? 내가 무슨 일이 있어도 매일매일 잃지 않아야 할 마음상태는 무엇일까?** 어떤 환경에서든, 어떤 문제가 생기든, **매일 하루에 한 번은 반드시 경험해야 할 마음상태는 무엇일까!**" 내가 약속한 마음상태의 목록에는 친절, 행복, 사랑, 사교성, 쾌활함, 활력, 관대함, 특이함, 열정, 즐거움 등이 모두 들어 있었다. 이 마음상태 중에는 내 가치관과 같은 것도 있고, 그렇지 않은 것도 있다. 하지만 내가 이 마음상태들을 모두 매일 경험한다면 내 가치관에 따라 살 수 있을 것이라고 생각했다. 당신도 상상할 수 있겠지만, 그것을 매일 확인하는 것은 아주 흥미로운 과정이었다!

다음날, 라디오와 TV 토크쇼에 출연하면서 나는 의도적으로 이런 마음상태를 유지했다. 그러자 나는 금방 행복, 사랑, 힘, 재미를 느꼈고, 내가 한 말이나 행동이 진행자뿐만 아니라 이 프로그램을 듣고 보는 모든 사람에게 뭔가 기여했다는 느낌이 들었다. 토크쇼가 끝나고 책 사인회를 하기 위해 지역 쇼핑몰로 갔다. 내가 그곳에 도착하자 사인회 관리자가 괴로운 표정으로 내게 다가와 말했다. "약간의 문제가 생겼습니다, 로빈스 씨. 선생님이 오늘 책 사인회를 한다는 공지가 내일 신문에 실린다는군요!"

내가 전날 벤자민 프랭클린의 미덕에 대해 읽기 전에 이런 일이 일어났다면 아마 나는 괴팍스러운 반응을 보였을 것이다. 하지만 내 새로운 감정상태 목록이 생각났다. '그래, 어떤 일이 있어도 이 마음상태를 지키기로 약속했어. 이 상황이야말로 내가 정말로 매일 내 개인의 강령을 실천하며 살고 있는지를 시험할 수 있는 얼마나 좋은 기회인가!' 나는 사인회 테이블로 걸어가서 주위를 둘러보았다. 그곳에는 아무도 없었다. 몇몇 사람들이 쇼핑몰을 거닐고 있을 뿐이었다. 아무도 없는 곳에서 어떻게 사인회의 열기를 만들어낼 수 있단 말인가?

내 머릿속에 가장 먼저 떠오른 생각은 이 상황이 너무 어이없을 정도로 특이하다는 것이었다. 그것은 내 감정 목록에 있는 감정 중 하나였다. 그래서 나는 사인해줄 책인《무한 능력》을 집어들고 한 구절을 읽은 다음, 온갖 종류의 감탄사를 연발했다. "우우우우와! 이게 정말 사실이야?"

한 여성이 지나가다가 훌륭한 책이 틀림없다고 외치는 내 열정에 이끌려, 걸음을 멈추고 무슨 내용인지 보려고 내 책을 펼쳐들었다. 나는 그녀에게 이 책이 놀라운 책이라며 열변을 토하면서 가장 재미있는 이야기와 강력한 기술이 나오는 부분을 직접 가리켰다. 또 다른 사람이 무슨 일인지 보려고 걸음을 멈추었고, 이어서 몇 명이 더 다가왔다. 그리고 채 20분도 되지 않아 25명에서 30명의 사람들이 이 위대한 책에 대해 듣기 위해 몰려들었다.

"세상에 이런 기쁜 일이 또 어디 있을까요? 내가 이 책의 작가와 친한 친구랍니다!"

처음 걸음을 멈췄던 여성의 눈이 밝게 빛났다. "정말요?"

나는 내 사진이 있는 책 뒤표지를 들어보이며 "어디서 본 사람 아닌가요?"라고 말했다.

그녀가 깜짝 놀라며 웃자 주변의 모든 사람들도 따라 웃었다. 나는 비로소 자리에 앉아 책에 사인해주기 시작했다.

그날 오후 사인회는 성황리에 끝났고 우리 모두는 즐거웠다. 발생한 사건이 나의 행동과 인식을 통제하게 내버려두지 않고, 의식적으로 내 행동강령에 따라 살기로 선택한 결과였다. 이런 감정상태를 유지하며 살아가는 것이 진정한 내가 되는 것이며 내 가치를 충족하는 것임을 알게 되자 엄청난 만족감을 느낄 수 있었다.

"당신의 신조대로 행동하라."

– 랄프 왈도 에머슨 Ralph Waldo Emerson

벤자민 프랭클린과 나만 행동강령을 가지고 있는 것은 아니다. 십계명을 어떻게 생각하는가? 보이스카우트의 선서는? 미국 군인의 행동강령은? 낙관주의자 클럽 신조는? 이미 존재하는 여러 행동강령을 기본으로 당신만의 행동강령을 만들 수 있다.

낙관주의자 클럽 신조

스스로에게 약속하라!

그 어떤 것도 마음의 평화를 방해할 수 없을 정도로 강해지기.

만나는 모든 사람에게 건강, 행복, 번영을 말하기.

모든 친구들이 자신이 가치 있는 존재임을 느끼게 해주기.

모든 것의 밝은 면을 보며 낙관주의를 실천하기.

최선의 결과만 생각하고, 최선의 결과만을 위해 노력하고, 최선의 결과를 기대하기.

다른 사람들의 성공에 대해서도 자신의 성공처럼 열정적으로 생각하기.

과거의 실수는 잊고 미래의 더 큰 성과를 향해 전진하기.

항상 밝은 표정으로 만나는 모든 사람에게 미소 짓기.

자신의 발전에 많은 노력을 기울이며 다른 사람을 비판하지 말기.

걱정할 필요 없을 만큼 대범하게 살고, 분노할 일이 없을 만큼 고상하게 살며, 두려워하지 않도록 힘을 기르며, 고통이 틈탈 여지없이 행복하게 살기.

위대한 UCLA 농구 감독 존 우든이 초등학교를 갓 졸업한 12세 때, 그의 아버지는 그에게 7가지 신조를 가르쳤다. 존은 아버지가 준 이 신조가 자신의 삶과 경력에 가장 강력한 영향을 끼쳤다고 말한다. 그는 아직도 이 신조를 매일 지키며 살고 있다.

존 우든의 7가지 신조 :

"자신의 능력을 최대한 발휘하라"

1. 자신에게 충실하라.
2. 하루하루를 걸작으로 만들어라.
3. 다른 사람을 도와라.
4. 좋은 책에서 많이 배워라.
5. 우정을 훌륭한 예술로 만들어라.
6. 어려운 날을 대비하라.
7. 삶을 이끌어달라고 기도하고 매일 받은 축복에 감사하라.

"설교는 입으로 하는 게 아니라 삶으로 보여주는 것이다."

– 올리버 골드스미스 Oliver Goldsmith

오늘의 과제 :

1. 최고의 원칙과 가치에 따라 살기 위해 당신이 매일 경험하기로 약속한 감정상태의 목록을 만든다. 목록은 당신이 마땅히 겪어야 할 풍성하고 다양한 감정을 모두 망라하되, 매일 그 감정상태를 실제로 경험할 수 있도록 요약되어야 한다! 보통 7가지에서 10가지가 적당한 것 같다. 당신은 어떤 감정상태에 계속 머물고 싶은가? 행복? 역동성? 친밀감? 유대감? 쾌활함?

감사함? 열정? 균형? 모험? 즐거움? 유별남? 관대함? 우아함? 이 마음상태들 중에는 내가 추구해야 할 가치관과 같은 것일 수도 있고, 매일 가치관에 따라 살도록 당신을 이끌어줄 감정들도 있다.

2. 목록을 작성했으면, 각 목록 옆에 그 감정에 따라 살고 있다는 것을 어떻게 알 수 있는지 설명하는 문장을 적는다. 결국 그런 감정상태가 되기 위한 규칙인 셈이다. 예를 들어 '쾌활함' 옆에는 "사람들을 보고 웃을 때 쾌활함을 느낀다", '유별남' 옆에는 "전혀 예상치 못했던 재미있는 일을 할 때 유별난 느낌이 든다", '감사함' 옆에는 "내 삶에서 일어나는 모든 일을 되돌아볼 때 감사함을 느낀다"라고 적는다.

3. 이 모든 감정상태를 하루에 적어도 한 번은 경험하겠다고 자신에게 약속하라. 당신의 행동강령을 종이에 써서 지갑에 넣고 다니거나, 회사의 책상이나 당신 방의 침대 옆에 붙여두면 좋다. 그리고 수시로 그 목록을 보며 스스로에게 이렇게 물어본다. "오늘 이미 경험한 감정은 무엇이고, 아직 경험하지 못한 감정은 무엇인가? 아직 경험하지 못한 감정을 오늘 안으로 경험하려면 어떻게 해야 하는가?"

행동 강령에 따라 산다면, 얼마나 놀라운 감정을 느낄지 상상해보라! 당신은 더 이상 사건에 의해 통제되지 않을 것이다. 주변에서 어떤 일이 일어나든, 자신의 감정을 유지하고 자신의 비전에 따라 살 수 있다는 것을 알게 될 것이다. 최고의 기준에 따라 살고, 매일 어떤 감정을 느낄지 스스로 결정하면 엄청난 자부심을 느끼게 될 것이다.

웨인 다이어는 최근, 사람들이 느끼는 압박감 때문에 남탓을 하는 행동방식에 대해 좋은 비유로 설명해주었다. "압박감 자체가 부정적인 행동을 만들어내는 건 아닙니다. 자신을 오렌지라고 생각해보세요. 오렌지를 압착하면, 그러니까 오렌지 외부에서 큰 압력을 가하면 어떻게 되나요? 주스가 나옵니다. 압력이 가해졌을 때 밖으로 나오는 것은 이미 오렌지 안에 들어 있던 주스일 뿐이지요." (남의 탓을 하는 것은 압박감 때문이 아니라 우리 마음속에 있는 부정적 생각 때문이라는 의미 _옮긴이)

나는 당신이 더 높은 기준을 따르면 마음속에 품는 생각도 달라진다고 생각한다. 그래서 설령 외부에서 압박이 가해진다 해도, 당신이 좋은 마음을 품고 있으면 '좋은 것'이 나오게 되어 있다. 물론 우리 인생의 항해가 언제나 평탄할 수만은 없다. 당신이 행동강령에 따라 살 것인지, 즉 CANI의 원칙에 따라 진지한 삶을 살 것인지는 전적으로 당신에게 달려 있다. 당신의 인격과 정체성을 형성하는 것은 당신이 매일 어떤 사람이 되느냐, 즉 원대한 목표나 행동뿐 아니라 당신이 매일 하는 작은 행동에 달려 있음을 명심하라.

이를 위해 당신의 시간과 삶을 통제하는 법을 배워야 한다.

24장

시간과 삶을 통제하라

여섯째 날

목표 : 만족감을 높이거나 스트레스를 낮추기 위해 시간을 쓰지 말고, 당신에게 유리하게 시간을 사용하는 방법을 배운다.

당신이 스트레스를 받았다면(사실 스트레스를 받지 않는 사람이 누가 있겠는가?) 당신이 약속한 수준에 맞춰 일을 해내고 싶었는데 그럴 만한 충분한 시간이 없다고 생각했기 때문일 가능성이 높다. 예를 들어 당신이 그 순간의 요구, 즉 현재의 필요한 일, 현재의 문제, 현재 일어난 사건에만 집중하면 그런 좌절감을 느낄 수 있다. 이처럼 스트레스를 받아 과부하가 걸린 상태에서는 효율성도 급격히 떨어진다. 이에 대한 해결책은 간단하다. 당신이 집중해야 할 시간 범위를 통제하는 것이다. 현재 일에서 스트레스를 받는다면, 미래, 즉 당신 앞에 놓인 과제가 성공적으로 완료되었거나 해결된 것에 초점을 맞추면서 보다 여유롭고 풍성한 마음으로 도전에 대처하라. 초점을 바꾸면 즉시 당신의 감정상태를 변화시키고, 현재 상황을 반전시키는 데 꼭 필요한 자원을 제공해줄 것이다.

스트레스는 흔히 특정 시간대에 '고착되어 있다'는 느낌이 들 때 나타나는 결과다. 예를 들어 어떤 사람이 미래에 대해 계속 비관적으로 생각하는 경우, 현재 통제할 수 있는 것에 초점을 다시 맞추게 함으로써 그를 도울 수 있다. 또 문제에 직면하면 과거의 저조한 성과에 지나치게 얽매이는 사람들도 있다. 과거에 생각이 머무는 한 스트레스도 커질 수밖에 없다. 따라서 그들의 생각을 현재로 전환시키거나 긍정적인 미래를 기대하도록 전환하면, 감정상태를 즉시 바꿀 수 있다. 이처럼 우리의 감정은 우리의 생각이 어떤 시간대에 있느냐에 따라 크게 달라질 수 있다.

우리는 가끔 시간이 정신적 구성물이며, 완전히 상대적 개념이고, 시간에 대한 우리의 경험도 우리의 정신 집중의 결과라는 사실을 잊어버린다. 예를 들어 우리가 경험한 시간이 얼마나 길게 느껴지느냐는 상황에 따라 다르다. 줄을 서서 차례를 기다릴 때는 10분이 영원처럼 느껴지지만, 사랑을 나눌 때는 한 시간이 순식간에 지나가 버린다.

시간에 대한 인식은 우리의 믿음에 따라 달라지기도 한다. 어떤 사람들에게는 상황과 관계없이 20분이 일생같이 길게 느껴질 수도 있고, 또 어떤 사람들에게는 긴 시간이란 1세기를 의미하는 것일 수도 있다. 이 두 종류의 사람들이 어떻게 다르게 걷고, 어떻게 다르게 말하고, 어떻게 목표를 다르게 보는지, 그리고 이처럼 전혀 다른 준거의 틀에 따라 서로를 상대하려 한다면 얼마나 스트레스를 받을지 상상할 수 있겠는가? 이것이 바로 시간을 통제하는 것이 삶의 기술이라고 말하는 이유다. 시간에 대한 경험을 유연하게 만드는 능력이야말로 삶의 경험을 형성하는 능력인 것이다.

오늘의 훈련으로, 세 가지 '시간 절약' 팁을 살펴보고 이를 적용해보자.

1. 시간을 왜곡하는 능력

특정 시간대에 고착된 초점을 바꾸는 능력을 숙달했다면, 이제 시간 통제의 두 번째 기술로 넘어갈 준비가 된 것이다. 두 번째 기술은 1분이 1시간처럼, 또는 1시간이 1분처럼 느껴지도록 시간을 왜곡하는 능력이다. 무언가에 완전히 몰두하면, 시간 가는 줄 몰랐던 적이 얼마나 많았던가? 왜 그럴까? 당신은 시간 가는 것에 신경 쓰지 않았기 때문이다. 시계도 거의 보지 않는다. 특히 즐거운 일에 몰두해 있으면 시간은 더 빨리 지나간다. 그것이 바로 당신이 시간을 통제하는 능력이다. 반대로 시간 가는 것에 계속 신경을 쓰면서 의식적으로 시간을 측정한다고 생각해보라. 시계를 자주 들여다볼수록 시간이 더 천천히 가는 것처럼 느껴질 것이다. 이처럼 당신의 시간 경험은 당신이 시간에 계속 신경을 쓰느냐에 달려 있다. 당신은 시간 사용을 어떻게 정의하고 있는가? 시간을 의미 있게 쓰고 있는가, 낭비하고 있는가, 아니면 그냥 무료하게 흘려보내고 있는가killing time? 시간을 무료하게 흘려보내는 것은 살인이 아니라 자살이라는 말까지 있다.

Ⅱ. 중요한 일과 급한 일

시간 통제의 세 번째 기술(아마도 이것이 가장 중요할 것이다)은, 주어진 시간에 무슨 일을 해야 할지 결정하는 데 있어서 급한 일과 중요한 일 중 어느 것을 먼저 해야 하는지, 그리고 그에 따라 당신의 성취 수준이 어떻게 달라질 것인지를 이해하는 것이다. 그게 무슨 뜻이냐고? 다음과 같은 질문을 해보자. **당신은 열심히 노력해서 그날 해야 할 일을 다 완료했는데, 여전히 성취감이 느껴지지 않은 적이 있지 않았는가? 그것은 당신이 긴급하고 그 순간에 필요했던 일은 다 했지만, 정작 장기적 변화를 가져올 중요한 일을 하지 않았기 때문이다.** 반대로, 몇 가지 일밖에 끝내지 못했지만 정말로 중요한 하루를 보냈다는 생각이 든 적 있는가? 그것은? 급하게 필요한 일보다 중요한 일에 집중했기 때문이다.

긴급한 일을 처리했을 때 우리는 삶을 통제하는 것처럼 보인다. 전화벨이 울리면 뭔가 중요한 일을 하다가도 전화를 '먼저 받아야' 한다. 그러다가 중요한 일을 놓치면 어떻게 될까? 이것이 바로 긴급한 일을 먼저 처리하는 것의 전형적인 문제다. 사실 그 전화는 전혀 중요하지 않은, 자동 응답기가 실시하는 설문조사였을 수도 있다! 또 우리 삶에 변화를 줄 수 있는 중요한 책을 사놓고도, 매일같이 쇄도하는 우편물을 확인하고, 자동차 연료를 채우고, TV로 뉴스를 보느라 바빠서 시간을 내지 못해 책 읽는 것을 계속 미룬다. 당신의 시간을 진정으로 통제하는 유일한 방법은 당신의 일정을 매일 체계적으로 정리해서, 긴급한 일보다는 중요한 일을 하는 데 많은 시간을 쓰는 것이다.*

Ⅲ. 간접 경험으로 몇 년을 절약할 수 있다

시간을 압축하는 가장 강력한 방법은 다른 사람의 경험을 통해 배우는 것이다. 세상을 배우고 익히는 전략이 그저 시행착오에 기반을 둔 것이라면, 우리는 결코 시간을 통제할 수 없다. 이미 성공한 사람들을 본받는 것은 수년간의 고통을 덜어줄 수 있다. 내가 성공한 사람들의 책을 열심히 읽고 그들의 테이프와 세미나를 듣는 이유도 그 때문이다. 나는 이런 간접 경험을 보조가 아닌 필수로 여겼고, 이를 통해 수십 년간의 경험에 해당하는 지혜를 얻었고 마침내 성공을 거둘 수 있었다. 당신도 가능한 한 자주 다른 사람들의 경험에서 배우고, 배운 것은 뭐든 실제 활용해보기를 적극 권한다.

"올바르게 사용할 수만 있다면, 우리에게 시간은 충분하다."

– 요한 볼프강 폰 괴테 Johann Wolfgang Von Goethe

* 당신의 삶에서 중요한 일이 무엇인지를 반영하는 당신의 가치관과 핵심 믿음에 따라 시간을 계획하도록 〈시간관리 시스템〉을 개발했다.

오늘의 과제 :

1. 오늘 하루는 당신이 초점을 맞추고 있는 **시간대의 변화에 대해 탐구한다.** 당신이 현재에서 압박감을 느낀다면, 당신에게 힘을 불어넣는 방식으로 미래에 대해 생각해보라. 예를 들어 당신이 꼭 달성해야 할 목표를 생각하고 그 목표에 완전히 몰입하라. 이미지를 시각화하고, 귀를 기울이고, 그 안에 들어가서 어떤 느낌인지 느껴보라. 소중한 기억 한가운데로 들어가 보라. 당신의 첫 키스, 첫 아이의 탄생, 친구와의 특별한 순간 등. 시간대를 빠르게 바꿀 수 있는 능력을 개발할수록, 더 많은 자유를 누릴 수 있게 되고 더 다양한 감정을 당신 안에서 만들어낼 수 있을 것이다. 이 연습을 충분히 반복하라. 초점을 맞추는 시간대를 변화시키면 당신의 감정상태를 즉시 바꿀 수 있다는 것을 알게 될 것이다.

2. **시간을 의도적으로 왜곡하는 법을 배운다.** 완료하는 데 시간이 오래 걸리는 일을 하는 경우, 시간에 대한 인식을 가속화하거나, 동시에 두 가지를 할 수 있는 다른 구성 요소를 추가해보라. 예를 들어 나는 조깅을 할 때 헤드폰을 끼고 내가 가장 좋아하는 음악을 듣는다. 또 계단 오르기 운동기구 스테어마스터를 하는 동안 뉴스를 보거나 전화 통화를 한다. 그래서 나는 운동하지 않으려는 핑계나, 운동 때문에 중요한 일(전화, 회신 등)을 할 수 없었다는 핑계를 대지 않는다.

3. 긴급성 대신 **중요도에 따라 해야 할 일의 우선순위를 정하라.** 해야 할 일들을 잔뜩 적어놓고 하루가 다 지나면 다 못했으니 실패했다고 느끼지 말고, 당신이 성취해야 할 가장 중요한 일에 초점을 맞춰라. 그렇게 한다면, 남들이 경험하지 못하는 만족감과 성취감을 느낄 것이다.

물론, 우리는 휴식을 취하는 것을 잊어서는 안 된다.

25장

휴식과 놀이 : 하나님도 하루를 쉬셨다!

일곱째 날

목표 : 삶의 균형을 이룬다.

당신은 열심히 일했고 치열하게 경쟁했다. 이제 삶을 즐기기 위해 하루 휴식을 갖자! 아무 거리낌 없이 자유롭게 일상에서 벗어나 보자. 당신을 가장 즐겁게 하는 것은 무엇인가?

"위대한 사람은 어릴 적 마음을 잃지 않는 사람이다."

– 맹자

오늘의 과제 :

1. 재미있는 일을 계획해서 그대로 실행하거나, 아니면 계획 없이 충동적으로 무언가를 해보라. 무슨 일이든, 즐겨보라!

내일은 탐험을 떠나야 하니까…

PART 4

운명에서 배우다

A Lesson in Destiny

26장

한 사람이 세상을 바꿀 수 있다

"작은 불꽃이 큰 불꽃을 만든다."

– 단테Dante

생물학자 샘 라부드Sam LaBudde는 멸종위기동물인 돌고래의 포획을 막아야 한다고 생각했다. 그는 단돈 800달러만 소지한 채 차를 몰고 멕시코 국경을 건넜다. 멕시코 서북부 항구도시인 엔세나다Ensenada의 부둣가에서 서서 기회가 오기를 기다렸다. 여행 중 '홈 무비'를 찍는 순진한 미국인 관광객 행세를 하기도 했고, 항구에 정박해 있는 참치 어선 선장들을 찾아다니며 갑판원이나 엔지니어로 일할 기회를 찾기도 했다.

그는 파나마 참치 어선인 마리아 루이사Maria Luisa호의 임시 선원으로 고용되었다. 배가 멕시코 해안에서 멀어지자 라부드는 선원들의 활동을 몰래 촬영하기 시작했다. 그는 발각될 경우 생명이 위험하리라는 것도 잘 알고 있었다.

마침내 기다리던 일이 벌어졌다. '수중 인간'이라고 불리는 돌고래 떼가 배 주위에 몰려들어 물 위로 뛰어오르며 뭐라고 소리를 내기 시작했다. 돌고래들은 사람을 두려워하지 않기 때문에 다정하게 배 가까이 다가왔지만, 그것이 죽음에 이르는 길이라는 것은 알지 못했을 것이다. 어부들은 이 활기찬 돌고래들 밑에 황다랑어(참치의 일종 _옮긴이) 떼가 몰려다닌다는 것을 잘 알고 있었기 때문에 돌고래를 추적하는 것이다. 그들은 그저 황다랑어를 잡을 수 있다는 냉혹한 계산으로 돌고래가 가는 길을 따라 그물을 치지만, 그 과정에서 돌고래에게 무슨 일이 생기는지는 전혀 신경 쓰지 않았다.

라부드는 이 과정을 5시간 동안 비디오에 담았다. 돌고래들이 잇따라 그물에 얽혀 빠져나오지 못하면서 생존에 필요한 산소를 얻기 위해 수면으로 나올 수 없었다.

그때 선장이 소리쳤다. "얼마나 많이 잡혔지?"* 라부드가 돌고래가 죽는 장면을 찍기 위해 몸을 돌리는 순간, 선원 한 명이 대답하는 소리가 들렸다. "50마리쯤!" 선장은 선원들에게 그물을 끌어올리라고 명령하자 미끄러운 갑판 위에 목이 졸려 죽은 수많은 돌고래의 사체가 쏟아졌다. 선원들은 참치에서 돌고래를 골라내 바다에 버렸다. 보호받아야 할 이 아름다운 동물의 사체들이 쓰레기봉투처럼 무심코 바다에 버려졌다.

라부드의 이 영상은 지난 수년 동안 많은 사람이 주장해온 돌고래 학살에 대한 명확한 증거가 되었다. 라부드가 하루 동안 촬영한 추적 영상으로 수백 마리의 돌고래들이 수시로 죽어간다는 사실이 밝혀진 것이다. 지난 10년 동안에만 600만 마리가 넘는 돌고래가 죽은 것으로 추정된다. 11분짜리로 편집된 라부드의 비디오는, 우리와 함께 지구를 공유하는 지적이고 애정이 넘치는 이 존재에게 우리가 무슨 짓을 하고 있는지 끔찍한 현장을 폭로하면서 많은 사람을 놀라게 했다. 전국의 분노한 소비자들이 하나둘씩 참치 구매를 중단했고, 언론의 관심이 높아지면서 불매 운동은 더욱 가속화되었다.

* Reed, Susan, and Lorenzo Benet, "A Filmmaker Crusades to Make the Seas Safe for Dolphins," People magazine, August 6, 1990.

라부드가 이 끔찍한 장면을 영상으로 처음 포착한 지 불과 4년 만인 1991년, 세계 최대 참치캔 제조회사인 스타키스트Starkist는 더 이상 건착망(巾着網)에 걸린 참치는 사용하지 않겠다고 발표했고, 해산물 가공회사 '치킨 오브 더 시'Chicken of the Sea와 '범블비 시푸드'Bumblebee Seafoods도 몇 시간 뒤 그 뒤를 이어 비슷한 성명을 발표했다. 이 싸움은 아직 끝나지 않았지만(규제 대상이 아닌 외국 참치 어선들이 여전히 미국 어선들보다 6배나 많은 돌고래를 죽이고 있다), 마리아 루이사호에서 하루 동안 찍은 라부드의 영상이 수많은 돌고래의 생명을 구하고 해양 생태계의 균형을 회복하는 데 도움을 주면서 미국 참치 산업 개혁의 촉매제가 되었음은 의심할 여지가 없다.

"인간은 누구나 태어나기 전에는 불가능한 존재였다."

– 랄프 왈도 에머슨 Ralph Waldo Emerson

많은 사람은 사회적으로 화제가 되거나 세계의 관심을 끄는 사건이 일어나면, 개인적으로 아무리 잘못이 없어도 결국 자신의 행복은 다른 사람들의 행동에 달려 있다고 생각하면서 스스로를 무력하고 하찮은 존재라고 생각한다. 그들은 폭력 집단 간의 싸움과 범죄에 시달리며, 대규모 정부 적자와 S&L 위기(97쪽 참조)에 당황해하고, 노숙자와 문맹이라는 사회 문제에 슬픔을 느끼며, 지구 온난화와 지구상에 사는 특정 종(種)의 무자비한 멸종에 숨 막혀 한다. 이들은 '이 모든 게 내 잘못으로 초래된 게 아닌데, 내가 나와 가족의 삶을 건사시킨들 그게 무슨 소용이 있겠어? 권력을 잡은 어떤 미치광이가 실수로 버튼을 잘못 누르면 우리 모두를 날려버릴 수 있는데!'라는 생각에 빠진다. 이런 종류의 믿음체계는 통제할 수도 없거니와 어떤 의미 있는 변화도 이루어낼 수 없다는 무력감을 키우고, '되지도 않을 일을 뭐

하러 시도한단 말인가?'라는 학습된 무력감으로 이어진다.

학습된 무력감만큼 인간의 행동 능력을 무력하게 만드는 것은 없다. 무력감은 자신이나 다른 사람의 삶을 바꾸기 위한 행동을 막는 주요 장애물이다. 이 책을 여기까지 읽었다면 내가 주장하는 핵심 메시지를 잘 알고 있을 것이다. **당신은 지금 당신이 어떻게 생각하고, 어떻게 느끼고, 무엇을 해야 할지를 통제할 수 있는 힘을 이미 지니고 있다.** 어쩌면 지금까지 무의식적으로 당신을 인도해온 마스터 시스템을 통제할 수 있는 힘을 처음 갖게 된 사람들도 있을 것이다. 이 책을 읽고 계속 연습하면서 얻은 전략과 변화를 통해, 당신이 운명의 주인이며 감독자라는 확신을 깨우쳤을 것이다.

우리는 운명을 결정하는 거대한 힘도 발견했다. 바로 우리가 무엇에 초점을 맞추고, 주어진 상황을 어떻게 해석하고, 무엇을 해야 하는지에 대한 우리의 판단이 우리의 현재와 미래를 결정한다는 사실을 말이다.

이제 공동체, 국가, 세계의 운명을 결정하는 **공동 결정**joint decisions의 힘을 다룰 차례가 되었다. 미래 세대의 삶은, 광범위한 마약 남용, 무역 불균형, 비효율적인 공교육, 수감 제도의 단점 등 현재의 문제들에 어떻게 대처할 것인지에 대해 오늘 우리가 내리는 집단적인 결정에 달려 있다.

우리는 효과도 없는 많은 일에 집착하면서 결과에만 치중하기 때문에, 문제의 원인을 보지 못한다. **우리의 운명을 만드는 것이 우리가 매일 내리는 작은 결정**이라는 사실을 인식하지 못한다. 모든 결정에는 결과가 뒤따르게 되어 있다. 우리가 무의식적으로 결정을 내리고(일어나는 사건이나 다른 사람이 우리 대신 우리 운명을 결정하게 하고), 우리가 하는 행동의 잠재적 영향을 예상하지 않고 생각 없이 행동한다면, 자신도 모르게 가장 두려워하는 문제들이 영원히 계속될지 모른다. 또 눈앞의 고통을 피하려다가 오랫동안 고통을 겪게 될 결정을 내리거나, 강 아래 폭포에 이르러서야 어쩔 수 없었다고 변명하게 될지 모른다.

아마도 우리가 가지고 있는 가장 널리 퍼진 잘못된 믿음은, 어떤 초능력을 가진 사람만이 우리의 문제를 바꿀 수 있는 힘이 있다고 잘못 생각하는 것이다. 전혀 그렇지 않다. 우리 삶은 지금까지 축적된 것이다. 현재 우리 삶의 결과가 어떠하든 간에, 그것은 개인으로서, 가족으로서, 공동체로서, 사회로서, 인간종(種)으로서 우리가 내린 수많은 작은 결정들의 축적이다. 우리 삶의 성패는 대개 한 번의 대재앙적인 사건이나 지구를 뒤흔들 만한 한 번의 결정에서 나온 결과가 아니다(그렇게 보일 때도 있지만). 우리 삶의 성패는 우리가 매일 내리는 작은 결정과 행동에 의해 결정된다.

마찬가지로, 우리가 소외된 사람들을 돌볼 수 있는지, 환경과 조화롭게 사는 법을 배울 수 있는지 같은 문제들에서 진정한 차이를 가져오는 것은, 우리 각자가 개인적인 차원에서 책임감을 가지고 매일 내리는 결정과 행동이다. 개인의 운명이든 공동 운명이든, 거대하고 광범위한 변화를 가져오기 위해서는 CANI의 훈련에 따라 지속적이고 끊임없는 개선에 전념해야 한다! 그것만이 장기적으로 지속될 변화를 만들 수 있는 유일한 길이다.

궁극적인 해결책

국가적으로나 세계적으로나 오늘날 우리가 직면하고 있는 모든 문제의 공통적인 요소가 무엇이라고 생각하는가? 노숙자 급증부터 범죄율 증가, 막대한 예산 적자, 그리고 우리 생태계의 점진적 파괴에 이르기까지 **모든 문제가 인간의 행동에 의해 야기되었거나 발생되었다는 것이다.** 그러므로 이

모든 문제를 해결하는 방법은 우리의 행동을 바꾸는 것이다. (이것은 우리가 어떤 문제를 판단하고 결정하는 방식을 바꿔야 한다는 의미이며, 바로 이 책의 일관된 주제이기도 하다.) 마약이 문제가 아니라 우리의 행동이 문제라는 얘기다. 십대의 임신은 바이러스가 아니라 행동의 결과다. 갱들 간의 싸움도 행동의 문제이고, 핵전쟁도 결국은 행동의 문제다! 핵폭탄을 만든 것이 우리의 결정이었다면, 핵폭탄을 없애는 것도 우리의 결정이다. **이 모든 문제들은 바로 우리 인간이 그렇게 하기로 선택한 행동의 결과다.**

예를 들어 어느 한 개인이 폭력 조직의 일원이 되면, 그 하나의 결정으로 일련의 행동과 문제가 생겨난다. 그가 폭력 조직원의 정체성을 갖게 되면서 조직에 대한 충성심에 최고의 가치를 두는 아주 특별한 행동강령을 따르게 될 것이고, 그로부터 그의 모든 규칙과 행동이 나오는 것이다. 우리의 결정으로 인해 전 세계에 장기적으로 영향을 미친 예로는, 전 세계 수많은 사람의 목숨을 앗아간 만성적 기근과 식량 부족을 들 수 있다. 세계보건기구는 우리가 생산하는 식량이 지구상의 모든 남녀노소를 먹여 살릴 수 있다는 사실을 입증했지만, 여전히 매일 4만 명의 아이들이 기아로 죽는다.* 왜 그럴까? 분명히 우리는 충분한 자원을 가지고 있지만, 식량이 분배되는 방식과 자원이 사용되는 방식에서 무언가 크게 잘못되어 있기 때문이다.

그러면 어떻게 해야 할까? 좋은 소식은 모든 문제의 근원이 우리의 행동(그리고 그 행동이 일어나게 만든 의사결정과정)이라는 사실을 깨닫는다면, 그것을 바꿀 수 있는 것도 우리 자신이라는 사실을 알고 있다는 것이다! 앞서 배운 것처럼, **우리가 절대적으로 통제할 수 있는 것은 우리의 내부세계뿐이**

* Institute for Food and Development Policy. See John Robbins, Diet for a New America, Walpole, New Hampshire: Stillpoint Publishing, © 1987, p.352.

다. 어떤 상황이 우리에게 무엇을 의미하는지, 그 상황에서 무엇을 해야 할지 스스로 결정한다. 그리고 그 결정의 결과로, 외부 환경에 영향을 미치는 행동을 취한다. 우리가 가정, 회사, 공동체에서 취하는 행동들은 일련의 연쇄적 결과를 초래한다. **우리는 행동을 통해 마음속 깊이 간직하고 있는 가치와 신념을 전달한다.** 우리가 취하는 가장 간단한 행동도 대중매체의 세계적인 영향력을 통해 전 세계 사람들에게 영향을 미치며 그들을 감동시킬 수 있는 힘을 가지고 있다.

이것이 인류에게 고무적으로 들릴지 모르지만, 당신은 이렇게 묻고 싶을지 모른다. "세상을 변화시키기 위해 한 사람이 과연 무슨 일을 할 수 있단 말입니까?" 무엇이든 할 수 있다! **당신의 영향력을 제한할 수 있는 것은 당신의 상상력과 헌신뿐이다.** 세계의 역사는 변화를 만들기 위해 특별히 헌신한 소수의 평범한 사람들의 행동으로 일어난 일들의 연대기일 뿐이다. 이들은 모두 아주 작은 일들을 비상하게 잘 해냈다. 무언가 바뀌어야 한다고 생각했고, 그 변화를 만들 사람은 자신이라고 생각했으며, 실제로 할 수 있다고 생각했다. 이들이 바로 우리가 영웅이라고 부르는 사람들이다.

나는 우리뿐 아니라 우리가 만날 모든 사람들이, 비록 단기적으로는 손해처럼 보일지라도, 다른 사람들의 삶을 더 낫게 만들기 위해 대담하고 용기 있는 숭고한 조치를 취할 수 있는 타고난 능력을 가지고 있다고 믿는다. 당신에게는 옳은 일을 할 수 있는 능력, 담대하게 입장을 표명하고 변화를 만들어낼 수 있는 능력이 있다. 문제는 **그 순간이 왔을 때, 당신 자신이 영웅이라는 것을 기억하고 이타적인 생각으로 도움이 필요한 사람들을 기꺼이 도울 수 있느냐** 하는 것이다.

"그것은 내가 자발적으로 한 게 아니라,

그들이 내 배를 먼저 침몰시켰기 때문이다."

-존 F. 케네디, 어떻게 영웅이 되었냐는 질문에 대한 답변

많은 사람이 문제나 도전의 기미만 있어도 피하고 싶어하지만, **어려움을 극복하는 것이야말로 우리의 인격을 형성하는 담금질이다.** 많은 사람은 큰 어려움이나 생명을 위협하는 상황이 생기기 전까지는 자신의 영웅적인 본성을 발견하지 못하고, 다만 다른 선택의 여지가 없기 때문에 그 상황에 잘 대처하기 위해 노력한다. 하지만 다음에 당신이 또 어려운 상황에 처하면, 그 상황을 바꾸기로 결심하고 행동을 취하라. 당장은 아주 작아 보이는 행동이라도 좋다. 그 행동이 어떤 결과를 초래할지 누가 알겠는가? 당신에게서 영웅의 정체성을 찾고 영웅처럼 행동하라.

사람들은 테레사 수녀 같은 사람을 보고 그녀가 영웅적인 기질을 타고났다고 생각한다. 그녀가 놀라울 정도로 영적인 여성이며, 가난한 사람들에 대한 헌신과 사심 없는 기여로 항상 남들과는 다른 사람이었다고 생각한다. 물론 그녀가 특별한 용기와 동정심을 가진 여성인 것은 사실이지만, 그녀에게도 우리 시대의 위대한 공헌자로 자신의 역할을 정의한(자신의 정체성을 규정한) 결정적인 순간이 있었다. 사실 테레사 수녀가 처음부터 가난한 사람들을 돕기로 작정한 것은 아니었다. 실제로 그녀는 20년 넘게 캘커타에서 가장 부유한 아이들을 가르쳤다. 그녀는 자신이 일하는 부유한 동네 주변의 가난한 빈민가를 매일 그냥 지나쳤고, 자신의 작은 영향권 밖으로 벗어나는 일이 없었다.

어느 날 밤 그녀가 길을 걷고 있을 때, 한 여인이 도움을 요청하는 소리를 들었다. 죽어가는 여인이 그녀의 품에 안기는 순간, 테레사 수녀의 삶이 영원히 바뀌었다.

여인의 상태가 심각하다는 것을 깨달은 테레사 수녀는 그녀를 급히 병원으로 데려갔지만, 병원에서는 기다리라는 말만 되풀이할 뿐이었다. 즉각 치료를 받지 못하면 그 여인이 죽으리라는 것을 알았기 때문에 테레사 수녀는 그녀를 다른 병원으로 데리고 갔지만 그곳에서도 기다리라는 말만 들었다. 그 여인의 신분 계급(카스트) 때문에 다른 사람들보다 치료 순위가 밀린 것이었다. 절망에 빠진 테레사 수녀는 그 여인을 자신의 집으로 데려올 수밖에 없었고, 그날 밤늦게 그 여인은 테레사 수녀의 품에서 편안하게 숨을 거두었다.

마침내 테레사 수녀에게 **'운명을 결정짓는 순간'**이 찾아왔다. 그녀는 자신의 손이 닿는 곳에 있는 그 누구에게도 다시는 이런 일이 일어나지 않게 하겠다고 결단했다. 그 순간부터 주변에서 힘들게 사는 사람들의 고통을 덜어주는 데 평생을 바치기로 결심했다. 살든 죽든 그들은 존엄성을 가진 사람들이다. 그녀는 모든 사람이 마땅히 누려야 할 사랑과 존경을 받으며 더 나은 대우를 받을 수 있도록 개인적으로 모든 노력을 다했다.

"지금 이 자리에서, 우리와 뜻을 같이하는 우방들과 우리를 적대시하는 세력 모두에게 공히 선언하노니, 횃불은 이제 미국의 새로운 세대에게 넘어갔습니다. 그들은 금세기에 태어났으며, 전쟁을 통해 단련되면서 평화가 얼마나 힘들고 쓰라린 것인지 알고 있고, 선조의 유산을 자랑스럽게 여기며, 이 나라가 국내는 물론 전 세계에 약속해온 인간의 권리가 서서히 무너지는 것을 결코 좌시하거나 허용하지 않는 세대입니다. 우리가 잘되기를 바라든 아니든, 세계의 모든 나라에게 고하노니, 자유의 생존과 성공을 보장하기 위해서라면 우리는 어떤 대가도 치를 것이며, 어떤 짐도 마다하지 않을 것이며, 어떤 어려움이

있어도 우방을 지지하되 적에 대해서는 끝까지 대항할 것입니다."

– 존 F. 케네디 John F. Kennedy

요즘 사람들은 영웅이 된다는 생각 자체를 꺼리는 것 같다. 아마도 영웅에게 수반될 것이라고 생각되는 책임을 회피하려는 생각일 것이다. 어쩌면 자기중심적인 열망 때문일 수도 있지 않을까? 어쨌든 모든 영웅주의는 거짓이라고 생각해서 그런 건 아닐까? 누구든 완벽한 사람은 없다. 오늘날 우리는 영웅이 될 수 있는 사람들을 알아보지도 못할 뿐 아니라 그나마 있는 영웅들조차 폄하하는 사회에 살고 있다. 병적인 집착으로 그들의 사생활을 속속들이 파헤쳐 행여 어떤 약점이 없는지 찾아내고 마침내 약점을 발견하거나 조작한다. 선거 운동을 벌일 때마다 사람들은 상대 후보자들의 역량을 깎아내리기 위해 총력을 기울인다. 그들은 대법관 후보자가 수십 년 전에 대마초를 피운 적이 있다는 사실을 부각시키며 과거 행동의 사소한 결함의 증거를 집요하게 쫓는다.

우리가 오늘날의 영웅들을 판단하는 기준을 곧이곧대로 과거의 위대한 영웅들에 들이댄다면 우리는 단 한 명의 영웅도 갖지 못할 것이다! 케네디 가문이나 고결한 왕실들도 오늘날 같은 언론의 공세는 견디기 어려웠을 것이다. 우리는 기대가 어긋나는 것이 두려워 처음부터 뭔가 잘못된 것을 찾으려고 애쓰는 것 같다. 그래야 나중에 실망하지 않을 테니까 말이다. 영웅들도 뭔가 약점이 있다는 관점을 갖고 있는 한, 우리는 모두 문제를 가지고 있다는 점을 인정해야 한다. 우리 중 누구도 영웅이 되기에 '충분히 훌륭한' 사람은 없다.

나는 영웅을 다음과 같이 정의한다. 영웅은 가장 힘든 상황에서도 용기 있게 기여하는 사람이다. 영웅은 사심 없이 행동하고 다른 사람들이 기대하는

것보다 더 많은 것을 자신에게 요구하는 사람이다. 영웅은 두려움에도 불구하고 자신이 옳다고 믿는 것을 실행함으로써 역경을 이겨내는 사람이다. 영웅은 현상을 유지하려는 사람들의 '상식'을 뛰어넘는다. 사회에 기여하는 것을 목표로 하는 사람, 기꺼이 모범을 보이려는 사람, 진실한 믿음을 지키며 사는 사람이다. 확실한 결과를 낼 수 있는 전략을 개발하고, 그것을 실현할 때까지 지속적으로 노력하며, 필요에 따라 접근방식을 바꾸고, 지속적으로 행하는 작은 행동의 중요성을 이해한다. 영웅은 '완벽한' 사람이 아니다. 우리 중 누구도 완벽하지 않다. 우리는 모두 실수를 하지만, 그렇다고 해서 삶의 과정에서 우리가 기여하는 바가 무의미해지는 것은 아니다. **영웅주의는 완벽함에서 나오는 것이 아니라 인간다움에서 나온다.**

노숙자 문제

우리의 마음속에 영웅주의의 불똥이 깜빡이고 있다는 것을 알고 있으면서도 그것이 거대한 불꽃이 되기를 기다리기만 한다면, 노숙자 문제 같은 거대한 사회적 이슈를 어떻게 해결할 수 있겠는가? 이런 상황을 변화시키기 위한 첫 번째 해법은 **우리 자신에게 더 높은 기준을 적용하는 것이다.** 지구상에서 가장 부유한 나라에 사는 우리는, 어린이를 포함한 많은 사람이 인간 쓰레기처럼 길거리에 버려지는 것을 더 이상 용납해서는 안 된다고 결단해야 한다.

미국 인구의 몇 퍼센트가 노숙자인지 아는가? 사실 노숙자의 수는 완전히 집계되어 있지 않다. 노숙자의 특성상, 이들은 주소가 없기 때문에 정확한 수치를 산정하기 어렵다. 그러나 일반적으로 인용되는 통계에 따르면 미국 인구 중 적어도 300만 명이 노숙자일 것으로 추정된다. 그러니까 대략 미국인 100명 중 한 명이 거리나 보호시설에서 살고 있는 셈이다.*

이 문제를 해결하기 위한 두 번째 해법은 **우리의 믿음을 바꾸는 것**이다. 이러한 문제들이 이 나라에 만연한 사회적 현상이기 때문에 개인 차원에서 할 수 있는 일은 없다고 생각해서는 안 된다. 이런 학습된 무력감에서 벗어날 수 있는 방법은 개인 차원에서도 얼마든지 변화를 이끌어낼 수 있고, 실제로 모든 위대한 개혁은 헌신적인 개인에 의해 이루어졌다는 믿음을 채택하는 것이다.

우리는 또, 그들이 노숙자가 된 것은 모두 '정신적으로 정상이 아니기 때문'이라는 생각을 바꿔야 한다. 정확한 통계라고는 할 수 없지만, 노숙자의 16%에서 22%가 정신 질환을 앓고 있는 것으로 추정된다. 이 사람들을 진정으로 돕기 위해서는 우리의 고정관념을 깨뜨려야 한다. 노숙자들을 '정신 이상자'로 일반화하는 것은 그들을 돕는 데 전혀 보탬이 되지 않는다. 노숙자의 대부분은 조금만 도움을 받으면 얼마든지 정상적으로 살아갈 수 있는 사람들이다.

그들이 처음에 노숙자가 된 원인은 무엇이었을까? 앞서 언급한 정신 질환 외에 일반적으로 언급되는 이유로는 소득 감소와 맞물린 주거비용의 급등, 마약 또는 알코올 중독, 전통적인 미국 가정의 붕괴 등을 들 수 있다. 이 모든 것이 정당한 이유인 것은 사실이다. 하지만 그 밑바탕에는 믿음체계가 있다. 많은 사람이 어려운 환경 속에서도 마약과 알코올에 중독되지 않

* Snyder, Mitch, and Mary Ellen Hombs, "Homelessness Is Serious," David L. Bender, ed., The Homeless: Opposing Viewpoints, Greenhaven Press, © 1990.

았고, 집을 잃었거나 집세를 낼 만큼 돈을 벌지 못하거나 가정 파괴를 경험했어도 노숙자가 되지 않았다.

그들은 무엇이 달랐을까? **이 모든 것은 그들이 기본적으로 어떤 믿음, 가치, 정체성을 가지고 있었느냐로 귀결된다.** 거리를 떠도는 노숙자들 중에는 자신을 '원래 집이 없는' 사람으로 생각하는 사람들도 있지만, 단지 '일시적으로 집이 없을 뿐'이라고 생각하는 사람들도 있다. 후자의 경우, 해결책을 추구하며 노숙자가 되기 이전의 생활방식으로 돌아갈 방법을 찾는다. **노숙자 개인이 장기적인 변화를 이루려면 정체성의 변화가 있어야 한다.** 이것이 그들의 행동에 지속적인 변화를 만들어낼 수 있는 유일한 방법이다.

나는 1984년부터 나는 뉴욕의 전형적인 빈곤 지구인 사우스 브롱크스South Bronx와 브루클린Brooklyn, 그리고 하와이와 샌디에이고의 노숙자 단체들과 함께 일하면서 이들이 '노숙자'에서 '사회적 기여자'로 변화하는 것을 돕고 있다. 내가 진행하는 〈마스터 프로그램〉 참가자들은 매년 노숙자들과 하룻저녁을 보내며 그들이 변화하고 삶을 바꾸도록 돕는다. 불과 한 시간가량의 교류지만 그 결과는 매우 놀랍다.

놀라운 예로 T.J.라는 젊은 남자 노숙자의 이야기를 소개하겠다. 우리는 그를 2년 전에 처음 만났다. 우리는 함께 저녁이라도 먹으며 삶에 대한 이야기를 나눠보자고 그를 초대했다. 그는 '늘 취한 상태'에 있었다고 말했다. 그는 길거리에서 10년 넘게 살면서 코카인, 메타돈, 암페타민 등에 중독되어 있었다. 세미나 참가자들은 그와 한 시간을 같이 보내면서 그가 자신의 믿음을 바꾸고 새로운 정체성을 뒷받침하는 전략을 개발하도록 도움을 주었다.

오늘날, T.J.는 길거리 생활과 마약을 청산했을 뿐만 아니라 사회에 큰 기여를 실천하고 있다. 그는 현재 텍사스에서 소방관으로 일하고 있다. 게다가 지난 2년 동안 우리 프로그램에 참여하며 불과 몇 년 전의 자신의 처지와 같은 사람들을 찾아 돕는 일을 지원하고 있다.

노숙자들을 인터뷰하면서, 나는 많은 노숙자가 T.J.와 비슷하다는 것을 알게 되었다. 그들은 마약이나 알코올 문제를 가지고 있거나 집을 잃었지만, 그 상황에 대처하는 방법을 모르고 있었다. 그들의 문제도 일반 다른 사람들의 문제와 다르지 않다. 그들은 자신을 제한시키는 신경연상 회로를 가지고 있었고, 변화를 배제하는 가치관을 가지고 있었다. 그들의 규칙은 그들이 앞으로 나아가지 못하게 하고 있었고, 그들의 정체성은 그들을 제한적인 상황과 연결시키고 있었다. 자유가 그들의 가장 높은 가치인 경우가 많기 때문에, 열악한 물리적 환경에도 불구하고 행복을 느끼고 있었다. 결국, 그들은 사회의 규칙을 따를 필요가 없다고 생각하고, 자신들의 규칙이 압박받는 것을 피하는 경향을 보인다. 게다가 그들은 노숙자 집단 전체를 친구 공동체로 삼고 있었고, 자신의 지혜로 생존해 나가고 있다고 생각하기 때문에 스스로 '강한 존재'라고 여긴다. 그리고 자신들이 인격이 그렇게 형성되었다고 생각한다. 나는 한때는 노숙자였지만 지금은 집을 갖고 있는데도 여전히 보호시설에서 사는 사람도 보았다. 그런 사람은 자신의 정체성을 여전히 노숙자라고 생각하기 때문이다.

우정과 보살핌을 통해, 우리는 노숙자들의 가혹한 현실과 그들이 사회로 복귀하는 데 필요한 개인적 책임 문제를 연결하는 가교가 될 수 있다. 우리는 모두 우리가 강력하게 동의하는 감정에 따라 행동한다. 당신이 노숙자와 우정을 쌓으면서 온천이나 극장을 함께 다니며 그에게 새로운 근거 경험을 만들어준다면 어떨까? 새로운 근거 경험은 새로운 믿음과 새로운 정체성을 위한 기초를 제공해준다. 작은 노력이 큰 차이를 만들 수 있다는 것을 명심하라.

수감 제도의 문제

수감 제도에도 불안한 문제가 잠재되어 있다. 현재 수감 제도가 재범률이 무려 82%나 되는 비효율적 제도라는 사실을 모르는 사람은 거의 없다. 1986년 현재 연방 및 주 교도소 수감자들 중 60%가 두 번 이상, 45%가 세 번 이상, 20%가 여섯 번 이상 투옥된 사람들이다.*

지난 5년 동안, 교도소 수감 인구가 계속 늘어나 포화 상태에 다다르면서 수감자의 스트레스도 크게 높아졌다. 이런 상황을 완화하기 위해, 당국은 많은 수감자들에게 200달러를 주고 임시 방면시켰다. 비록 원치는 않았지만 수감 기간 동안 교도소에서 확신감과 안전감에 익숙해 있던 죄수들이 불시에 풀려난 것이다.

하지만 그들은 자신의 의사결정 시스템을 바꾸는 방법을 배우지 못한 상태였다. 그들은 신체적 피해나 성적 학대를 당하지 않기 위해 누군가에게 돈을 지불해야 하는 환경에서 살아왔고, 살아남기 위해서 도둑질을 하거나 폭력 조직에 가담해야 하는 환경에서 살아왔다. 그런 환경에서 그들은 자기 자신이나 세상을 보는 올바른 시각이 제대로 키울 수 없었다. 게다가 야만적인 규칙에 의해 인정받고 명성을 얻게 되는 교도소 사회에서 살아남기 위해 범죄자 정체성을 계속 유지할 수밖에 없는 상황에 내몰린다.

한 전과자의 고백을 들어보자. "나는 석방되자마자 다시 교도소로 돌아갈 생각만 했습니다. 바깥세상에서는 아는 사람이 하나도 없었으니까요. 하지만 교도소 공동체에서는 존경을 한 몸에 받았지요. 나를 위해서라면

* Wright, John W., ed., The Universal Almanac, Andrews and McMeel, © 1989.

기꺼이 누구라도 죽일 수 있는 부하들도 있었고요. 하지만 바깥세상에서 나는 쓸모없는 전과자에 불과합니다." 환경을 통제할 방법이라고는 전혀 없다고 생각하는 상태에서 아는 사람 하나 없는 세상으로 나온 사람들은, 의식적이든 무의식적이든 다시 그들의 '집'(교도소)으로 돌아가기 위해 또 다시 범죄를 저지르는 것이다.

이런 악순환을 끊을 수 있을까? 물론 가능하다. 교도소에 갇혀 있는 것에는 충분한 고통을, 바깥세상에서 사는 것에는 충분한 기쁨을 연결시키면 된다. 우리가 그들을 효과적으로 훈련시켜 이처럼 결합할 수 있다면, 결과는 놀라울 것이다. 최근에 살인미수로 8년을 복역하고 막 풀려난 한 남자와 인터뷰를 했다. 내가 다시 누군가를 죽일 생각이 있느냐고 묻자, 그는 웃으며 말했다.

"고민할 필요도 없소. 누가 내 약을 빼앗는다면 말이오."

"다시 감옥으로 돌아가는 일은 없어야 하지 않겠어요?"

"아니! 수감 생활이 그렇게 나쁜 것만은 아니라오. 감옥에 있으면 다음 끼니를 걱정할 필요도 없고, TV도 맘껏 볼 수 있단 말이오. 그리고 거기서는 내가 왕초였다오. 다른 죄수들을 다루는 법도 잘 알았기 때문에 걱정할 일이라곤 하나도 없었소."

결국 감옥은 그런 범죄자의 소시오패스적 행동을 억제할 수 없다. 그에게 수감 생활은 적어도 고통이 아니었다.

이 사람을 천재적인 위조범의 이야기를 다룬 책《캐치 미 이프 유 캔》Catch Me If You Can의 주인공이자 저자인 프랭크 애버그네일Frank Abagnale의 경험과 비교해보자. 그는 전 세계를 돌아다니며 팬암항공사 조종사, 병원 행정관리자, 루이지애나주 법무장관 보좌관 등을 사칭하면서 사람들에게 수백만 달러를 갈취하는 등, 기괴한 행동으로 세계적 명성을 떨친 인물이다. 하지만 오늘날 프랭크는 은행 보안시스템의 최고 전문가로 지역사회에 기여하고 있다.

무엇이 그를 변하게 만들었을까? 바로 고통이었다. 그는 무모한 사기 행위로 체포되어 프랑스 감옥에 수감되었다. 비록 신체적, 성적 학대를 받진 않았지만, 수감 생활의 고통은 잊을 수 없을 만큼 강했다. 우선 그는 수감 기간 동안 내내 일체의 외부 접촉 없이 어두운 독방에서 완전히 고립된 상태로 지냈다. TV, 신문, 라디오도 없었을 뿐 아니라 다른 수감자나 교도관과 대화도 할 수 없었다. 또 언제 풀려날지도 전혀 알 수 없었다. 그 어두운 독방에서 60일을 있을지 60년 동안 있을지 알 수 없었다.

미래를 예측할 수 없는 고통, 그 불안감은 그가 상상할 수 있는 가장 가혹한 형벌이었고, 그는 이 엄청난 고통을 '지구상의 지옥'과 연결시키며 다시는 감옥으로 돌아오지 않겠다고 맹세했다. 그런 생각을 한 것은 프랭크만이 아니었다. 여기서 우리가 알아야 할 것은 프랑스 교도소는 재범률이 1%밖에 되지 않는다는 사실이다. 실제로 프랑스 교도소에서 죄수 한 명당 지출 비용은 1년에 약 200달러에 불과하다(미국은 죄수 1명당 연간 약 3만 달러를 지출하면서도 재범률 82%가 줄어들 기미도 보이지 않는다는 사실과 비교하면 놀라운 수치다!).

물론 미국이 프랑스의 형사 제도를 따라야 한다고 주장하는 것은 아니다. 내가 말하고 싶은 것은 우리의 수감 제도가 분명히 효과적이지 않기 때문에 다른 방식을 시도할 때가 되었다는 것이다. 죄수들이 감방 동료들에게 구타당하거나 공격당하는 상황이 발생하지 않는 환경을 만드는 것도 중요하지만, 그들이 교도소를 '편안한 집'처럼 생각하게 해서는 안 될 것이다. 나는 그들이 수감 생활을 편안하게 생각하게 해서도 안 되지만, 바깥 생활을 얼마든지 통제할 수 있고 기쁨과 가능성이 있는 경험으로 만들 수 있는 방법을 가르쳐주어야 한다고 생각한다. 그래서 그들이 막상 석방되면, 바깥 생활이 두려움이 아니라 추구해야 하는 경험이 되도록 만들어주어야 한다. 그래서 교도소에 갇혀 있는 것에는 충분한 고통을, 바깥세상에서 사는 것에는 충분한 기쁨을 연결시키게 해주어야 한다. 그렇지 않으면, 그들을 감옥에 가게 만들었던 옛 행동은 결코 변화되지 않을 것이다.

무엇보다도, 수감자들은 자신에게 관심을 가지고 있고, 자신의 삶을 새로운 방향으로 이끌 전략을 제공하기 위해 헌신하는 누군가가 있다는 것을 알아야 한다. 모든 범죄자들이 변화할 준비가 되어 있는 것은 아니지만, 그들이 우리의 관심을 받을 자격이 있는 것만은 분명하다.

"하층 계급이 있는 한, 나는 하층 계급에 속할 것이다.
그들에게 범죄적인 요인이 있다면 나 역시 그 요인 중 하나다.
내 영혼이 갇혀 있는 한, 나는 자유로울 수 없다."
– 유진 빅터 뎁스 Eugene Victor Debs**, 미국의 사회주의자**

그들을 위해 무엇을 할 수 있을까? 간단하지만 심오한 행동 한 가지를 알려주겠다. 자신의 삶을 바꾸기로 결정한 수감자를 한 달에 한 번 방문하기로 약속하는 것이다. 그를 전폭적으로 성원하는 친구가 되어주고, 그가 할 수 있는 선택이 얼마나 많은지 보여주는 것이다. 나는 캘리포니아 치노Chino 교도소의 한 수감자를 위해 자원봉사를 하면서 그와 맺게 된 관계를 결코 잊지 못할 것이다. 그는 나의 도움과 격려를 받으면서 매일 3마일을 뛰었고, 영감이나 교훈을 주는 책을 읽었으며, 마침내 '범죄자'에서 '가치 있는 사람'으로 변하기 시작했다. 2년 후 그가 석방되었을 때 우리가 함께 나눈 유대감과 기여의 감정은 내 인생의 아주 보람 있는 경험이 되었다.

청소년 범죄 문제

성인 범죄도 정말 어려운 문제지만, 청소년들이 범죄에 연루되는 것을 어떻게 막을 것이냐도 우리가 다루어야 할 중요한 문제다. 도심 한복판에서 매일 젊은 폭력배들에 의해 자행되고 있는 무분별한 살인 행위를 어떻게 봐야 할까? 두 폭력 조직(크립스Crips와 블라드스Bloods)의 무자비한 만행이 로스앤젤레스에서 시작되어 전국으로 확산되면서 여러 도시에 엄청난 희생자가 발생했는데도, 문제를 어떻게 해결해야 할지 뚜렷한 방향을 찾지 못하고 있다. 나는 이 문제에 대처함에 있어서 우리가 가장 먼저 해야 할 일은 범죄 집단들이 그들의 규칙에 대해 다시 생각하도록 만드는 것이라고 확신한다. 앞서 내가, 우리의 모든 행동은 무엇을 '반드시 해야 한다'must거나 '절대 해서는 안 된다'must never고 생각하느냐 하는 기본적 믿음에서 비롯되는 것이라고 말한 것을 기억하는가?

나는 최근 음악 잡지 《롤링 스톤》Rolling Stone에서, 조직폭력배들의 일상생활을 다룬 책에서 발췌한 기사를 읽은 적이 있다.* 이 기사는 캠프 킬패트릭Camp Kilpatrick이라는 소년원에서 열린 범죄자 수업에 대해 자세히 설명한다. 왜 사람을 죽였느냐고 묻자 그들은 한 치의 망설임도 없이 37가지나 되는 이유를 나열했다. 그중 몇 가지는 정말 충격적이다. 그저 자기를 기분 나쁘게 쳐다보았다거나, 어디 출신이냐고 물으면서 동전을 달라고 했다거나, 걸음걸이가 보기 싫었다거나, 장난으로 자기 음식에 손을 댔다거나(예를 들어 감자튀김 하나를 가져갔거나), 자기 머리를 이상하게 잘라놓았다거나

* Bing, Leon, "Do or Die," Rolling Stone, September 1991.

등 아주 사소한 이유였기 때문이다.

도대체 이런 규칙들을 누가 따르단 말인가? 이런 비정상적인 규칙들을 따르는 청소년들의 감정이 얼마나 불안할지는 불 보듯 뻔한 일이다. 그런 규칙을 따라 행동하는 한, 사람을 죽일 이유가 누구보다 많을 수밖에 없다. 그나마 다행인 것은, 수업 진행자가 질문의 힘을 이해하고 그들의 완고한 그릇된 믿음을 약화시키고 있다는 것이었다. 그는 그들에게 이렇게 질문했다. "너라면 너희가 제시한 이 이유 중에서 어느 것을 위해 기꺼이 목숨을 내놓을 수 있겠니?" 그러니까 머리를 잘못 깎았다고 해서 사람을 죽이면 너도 같은 이유로 죽을 수 있다, 그래도 사람을 죽이겠느냐고 물은 것이다.

이런 질문이 그들로 하여금 자신들이 그동안 따라왔던 규칙을 재평가하고, 자신들이 사람을 죽인 이유가 정말 그렇게 중요한 것이었는지를 다시 생각하게 만들었다. 수업 진행자가 참석자 모두에게 이 질문을 던지자, 그들은 자신들의 규칙을 근본적으로 바꾸기 시작했다. 이제 그들에게 남을 죽여야 하는 이유는 37가지에서 3가지(정당방위, 가족보호, 조직)로 줄어들었다. 사실 마지막 이유인 '조직을 위해서'는 단 한 명에게서만 나왔는데, 이는 유년기의 그 소년이 '조직'을 자신의 인생에서 가장 중요한 것이라고 생각했기 때문이었을 것이다. 다른 소년들이 그에게 그것도 지우라고 설득하자, 그는 단 한마디로 답했다. "너희는 나를 몰라." 그의 정체성은 자신이 조직과 강하게 연결되어 있다는 확신이었다. 그에게 조직을 포기하는 것은 모든 자아의식을 포기하는 것을 의미했다. 아마도 그의 생애에 유일하게 변하지 않는 것일 것이다.

이런 식의 질문과 대답을 통해서 이 '학교'는 수업에 참가한 많은 소년들을 변화시키고 있다. 이 수업을 받으면서 소년들은 파괴적 믿음의 근거 다리를 약화시켰고, 더 이상 그 믿음을 확신하지 않게 되었다. **믿음, 가치관, 규**

칙, 정체성을 바꾸면 행동이 바뀐다는 것을 기억하는가? 우리는 어떤 환경에서 범죄 집단이 처음 생기는지를 명확하게 규명해야 한다. 이 문제 역시 각 상황에 따라 적절한 방법으로 행동을 수정해줌으로써 다룰 수 있다.

환경 문제

환경은 더 이상 반체제 집단의 반대 집회 구호가 아니라, 국가와 전 세계의 관심사로 떠올랐다. 역사상 유례없는 열대 기후가 4년 연속 이어지면서 지구 온난화에 대한 사람들이 우려도 극도로 높아졌다. 지구 온난화란 이산화탄소의 과도한 배출로 지구가 오존층에 갇혀서 지구 온도가 상승하는 현상이다. 이런 지구 온난화의 주원인은 무엇일까? 그 원인들 중 하나로 에어컨과 분무기 캔에서 나오는 플루오르화탄소fluorocarbons를 들 수 있다. 지구 온난화의 또 다른 주원인은 중남미 열대우림의 무분별한 파괴와 화재로 인한 손실이다. **열대우림은 지구 전체 식물의 80%를 차지하기 때문에 우리 생태계에 매우 중요하다.***

나무들은 우리가 대기로 방출하는 유독 가스인 이산화탄소를 흡수해서 산소로 바꾸어주는 기능을 수행한다. **그러므로 나무야말로 지구를 되살려주는 고마운 존재다. 나무가 없다면, 지구상의 생명은 존재할 수 없을 것이다.** 열대우림 나무들은 또 세계에서 가장 다양한 동물과 곤충들을 위한 환경을 제공해준다. **열대우림을 태우면, 산소를 생산하는 식물들과 동식물들이 사**

* Robbins, John, Diet for a New America.

는 환경이 파괴되고, 엄청난 양의 이산화탄소가 대기 중으로 방출되어 지구 온난화를 가속시킨다.

열대우림이 이처럼 중요한데도 불구하고, 인간은 열대우림을 왜 그렇게 가차 없이 개간하는 것일까? 바로 고통과 기쁨이라는 간단한 문제, 즉 경제적 이유 때문이다. 열대우림 국가들에서는 열대우림을 개간하는 농장주들을 장려하기 위해 막대한 세금 감면 혜택을 준다. 그들은 더 많은 주택을 짓기 위해 열대우림을 개간하는 것일까? 물론 그렇지 않다. 미국으로 수출하는 소고기를 더 많이 생산하기 위해 소들의 방목지를 확장하려는 목적이다. 미국은 소고기의 10퍼센트를 중남미에서 수입한다.* 미국의 수요를 충족시키기 위해, 열대우림은 5초마다 1에이커(1,200평)의 속도로 사라지고 있다.**

열대우림을 방목지로 만드는 것은 비효율적일 뿐 아니라, 인간이 할 수 있는 가장 파괴적이고 근시안적인 결정이다. 우리 생존의 원천을 불도저로 밀어버리는 어리석음을 저지르고 있는 것이다. 열대우림 국가로부터 수입하는 소고기를 사용한 4분의 1파운드(120g)짜리 햄버거 하나를 살 때마다 55평방피트(1.5평)의 열대우림이 파괴된다는 것을 알고 있는가?"*** 열대우림은 한 번 파괴되면 절대 다시 복원할 수 없다. 게다가 현재 열대우림의 파괴로 인해 **매년 1,000종의 생물이 멸종**되고 있는데, 이는 우리 생태계 파괴에도 치명적이다.

그들은 도대체 무엇 때문에 그러는 것일까? 단지 우리 몸에 더 많은 소고

* "Acres, USA," vol 15 #6, June 1985, cited in J. Robbins.

** Robbins, John, Diet for a New America.

*** "The Fate of Our Planet," Robbins Research Report, Fall 1990, Robbins Research International, Inc. © 1991.

기를 공급하기 위해서다. 그렇지만 의학계는 이미 고기의 과다섭취가 미국 성인 사망의 최고 원인인 심장병과 암에 직접적인 관련이 있다고 주장해왔다. 의학계는 미국인 사망자 두 명 중 한 명은 어떤 형태로든 심장병과 관련이 있다는 충격적인 통계를 발표한 바 있는데, 이는 차라리 러시안룰렛 게임에서의 생존 확률이 일반적인 미국 식단을 따를 경우의 생존 확률보다 더 높은 셈이다! **문제는 이런 외부 환경의 파괴가 결국은 우리 자신의 내부 환경파괴로 이어진다는 것이다.**

이제 열대우림의 파괴를 멈춰야 한다는 생각이 드는가? 우리 생태계의 균형을 회복하는 데 도움이 되는 일을 하고 싶은 생각이 드는가? 그린피스 Greenpeace 같은 환경 단체에 재정적 지원을 하는 것 외에, 당신이 할 수 있는 가장 강력한 일은 지구를 혹사시키는 것과 관련된 개인적 행동을 고통에 연결시키는 것이다. 물론 햄버거의 소비를 줄이거나 없애는 것도 그 첫걸음이 될 수 있다. 라부드의 영상이 참치 산업의 불매 운동을 불러일으킨 것처럼, 여기서도 그런 움직임이 일어날 수 있다. 환경파괴는 단지 금전적인 문제가 아니다. 지금 지구 자체가 위태롭다. **당장 오늘 저녁 무엇을 먹을까에 대한 당신의 작은 결정이, 얼마나 많은 이산화탄소가 우리의 대기로 방출되는지, 그리고 얼마나 많은 종의 동식물이 매일 죽어 나가는지에 결정적인 영향을 미친다는 것을 명심하라.**

이 말이 너무 거창하게 들린다면, 당신의 식단 결정이 지역 차원에서 어떤 영향을 미치는지 살펴보자. 아마 당신이 살고 있는 곳도 내가 살고 있는 지역처럼 심각한 물 부족을 겪고 있을 것이다. 사실, 21세기에는 물이 미래의 금으로 불릴 만큼 가장 귀중하고 희소한 자원 중 하나가 될 것이라는 말이 나올 정도다. 물이 대부분을 차지하는 지구에서 정말 그런 일이 일어날까? 물론이다. 그 이유는 이렇게 중요한 자원인 물을 우리가 믿을 수 없을 정도로 형편없이 관리하고 있다는 사실에서 찾을 수 있다.

좀 더 구체적으로 말하자면 앞서 언급한 고기 산업의 문제를 빼놓을 수 없다. 예를 들어보겠다. **육우용 수소 한 마리를 키우는 데 사용되는 물의 양은 구축함 한 대를 띄우기에도 충분한 양이다!*** 캘리포니아에서는 수돗물을 잔디에 직접 주지 않는다든지, 화장실과 샤워기에 유량 제한 장치를 설치한다든지 하는 조치를 취하며 물을 절약하기 위해 나름 애쓰고 있다. 물론 이런 행동들은 중요하지만, 캘리포니아 소고기 1파운드(450g)를 생산하는 데 5,214갤런(2만 리터)의 물을 쓰고 있다는 사실을 알고 있는가?** **이는 당신이 소고기 1파운드를 먹지 않으면 일 년 내내 샤워를 하지 않는 것보다 더 많은 물을 절약할 수 있다는 뜻이다!***** 코넬대학교의 경제학자 데이비드 필즈 David Fields와 그의 조교 로빈 허Robin Hur에 따르면, 주 정부가 관개 보조금의 형태로 축산업자들에게 지급하는 금액을 따져보면, 보조금 1달러당 납세자들에게 7달러 이상의 손실 임금, 더 높은 생활비, 사업 소득 감소를 초래한다.**** 이 모든 것을 고려할 때 물을 절약하기 위해 한 개인이 할 수 있는 가장 좋은 방법은 무엇일까? 바로 고기 소비를 줄이는 것이다.

고기 소비에 관해 당신이 알아야 할 것이 하나 더 있다. **소고기 산업이 미국의 어떤 산업보다 더 많은 에너지를 소비한다**는 것을 알고 있는가?***** 미국

* 'The Browning of America', Newsweek, February 22, 1981, cited in J. Robbins.

** 'The Fate of Our Planet', Robbins Research Report.

*** 이 수치는 한 사람이 분당 15리터의 유속으로 1주일에 5분씩 샤워를 한다고 가정하고, 샤워로 인한 연간 물 소비량을 1만 9,700리터로 계산한 것임. (Robbins, John, Diet for a New America.)

**** Fields, David, and Robin Hur "America's Appetite for Meat Is Ruining Our Water," Vegetarian Times, January 1985.

***** Spencer, Vivian, "Raw Materials in the United States Economy 1900-1977," Technical Paper 47, Dept. of Commerce, Dept. of Interior, Bureau of Mines, cited in J. Robbins.

에서 가축 생산에 사용되는 원자재가 전체 에너지 소비량의 3분의 1을 차지하고 있다. 특히 **소고기 1파운드를 생산하는 데 필요한 화석 연료는, 콩에서 같은 양의 단백질을 생산하는 데 필요한 화석 연료의 39배에 달한다.** 에너지를 절약하고 싶다면, 한 블록 아래에 있는 식당까지 걸어가는 것보다 차를 타고 가는 것이 더 현명할 것이다. 이 산업의 비효율적인 에너지 기준에 따르면, 식당까지 걸어갈 경우 4분의 1파운드의 소고기나 닭고기를 먹어야 섭취할 수 있는 칼로리를 소비할 것이기 때문이다.

원자력 발전소가 걱정되는가? **우리가 육류 소비를 50% 줄인다면, 미국에서 원자력에 대한 의존도를 완전히 없앨 수 있을 뿐만 아니라, 국외 석유 수입 의존도를 상당히 혹은 완전히 줄일 수 있을 것이다.**[******]

또 세계 기아 문제도 언급하지 않을 수 없다. 매년 6,000만 명의 사람들이 기아로 죽어가고 있는 상황에서, 이제 우리가 자원을 얼마나 효율적으로 활용해왔는지에 대한 검토를 더 이상 피할 수는 없다. 다시 한번 강조하거니와, 모든 결정은 그에 따른 결과를 초래한다. 우리가 지구에 미치는 장기적인 영향을 이해하지 못한다면 우리는 여전히 잘못된 결정을 계속 반복하게 될 것이다.

토지의 효율성 차원에서도 소고기의 생산은 심각한 문제를 야기한다. **250파운드(113kg)의 소고기를 생산할 수 있는 면적의 땅에서 4만 파운드(18톤)의 감자를 생산할 수 있다. 한 사람 분의 소고기를 생산할 수 있는 땅에서 160명 분의 감자를 생산할 수 있다는 의미다!**[*******] 소고기 1파운드를 생산하는

****** Robbins, John. Diet for a New America.

******* Department of Agriculture, cited in J. Robbins.

데 사용되는 자원으로 16파운드의 곡물을 생산할 수 있다.* **고기를 먹는 한 사람을 먹여 살리기 위해서는 3.25에이커(4,000평)의 땅이 필요하지만, 유제품을 먹는 채식주의자 한 명을 위해서는 0.5에이커(600평), 완전 채식주의자 한 명을 위해서는 6분의 1에이커(208평)의 땅이면 충분하다.**** 다시 말하자면, **1에이커의 땅에서 육류를 먹는 사람보다 채식하는 사람 20배를 먹여 살릴 수 있다!** 오늘날 매일 4만 명의 아이들이 굶고 있지만, 우리가 자원을 더 효과적으로 관리한다면 그들을 먹여 살리고도 남을 능력이 있다. 모든 미국인이 고기 섭취량을 단 10%만 줄여도, 그만한 양의 가축을 기르는 데 사용되는 자원의 절약으로 1억 명은 먹여 살릴 수 있을 것이다!*** 이는 지구상의 굶주리는 사람들을 모두 먹여 살리기에 충분한 식량이다. 분배의 문제는 분명히 정치적으로 풀어나가야 할 과제지만, 적어도 음식의 분배만큼은 얼마든지 해결할 수 있을 것이다. 하나 더 짚고 넘어가자면, 우리의 식습관 때문에 고갈되고 있는 또 다른 중요한 천연자원으로 표토(表土)도 빼놓을 수 없다. 자연이 1인치의 표토를 만드는 데 500년이 걸리지만, 오늘날 우리는 16년마다 1인치의 표토를 잃어버리고 있다! 200년 전 미국의 땅에는 21인치의 표토가 있었지만, 지금은 6인치밖에 없다.**** 이런 표토의 심각한 손실 원인 중 85%는 가축 생산과 직접적인 관련이 있다.***** 적절한 표토가 없으

* Robbins, John, Diet for a New America.

** Lappe, Frances Moore, Diet for a Small Planet. Ballantine Books. © 1982, cited in J. Robbins.

*** Lester Brown of the Worldwatch Institute, cited by Resenberger, UNICEF, "State of the World's Children," adjusted using 1988 figures from the USDA, Agricultural Statistics 1989, cited in J. Robbins.

**** Hammack, Curtis, "In Plymouth County, Iowa, the Rich Topsoil's Going Fast, Alas," New York Times, July 11, 1980, cited in J. Robbins.

***** Hur, Robbin, Soil and Water Resources Conservation Act—Summary of Appraisal, USDA Review Draft, 1980, cited in J. Robbins.

면, 먹이 사슬은 무너지고 우리의 존재도 위험해진다.

내가 지금까지 살펴본 통계 수치들이나 고기를 먹는 것이 우리 환경에 얼마나 파괴적인 영향을 미치는지 관심을 갖게 된 것은 전적으로 나의 좋은 친구 존 로빈스John Robbins 덕분이었다. 존은 퓰리처상 후보에도 올랐던 《육식의 불편한 진실》(Diet for a New America, 아름드리미디어, 2014)이라는 책을 썼다. 나는 자신들의 일상적인 결정과 행동이 세상에 어떤 영향을 미치는지 알고 싶어하는 모든 미국인의 가정에는 이 책이 있을 것이라고 생각한다.

이 책에서 존이 분명하게 주장하는 것처럼, 오늘 저녁에 무엇을 먹을지에 대한 결정은 단순해 보이지만 심오한 의미를 가지고 있다. 거기서부터 지구상에서 우리 삶의 질을 좌우하는 일련의 사건과 활동들이 시작되기 때문이다. 당신은 "어떻게 한 개인이 그런 큰 문제의 흐름을 바꿀 수 있단 말입니까?"라고 물을지 모른다. 하지만 존은 이것이 국회의사당이나 기업 이사회가 아니라 우리 개개인이 승리를 이끌어내야 할 전투라고 주장한다. "슈퍼마켓의 소비자들은 고기 판매대에 멈춰 서서 파운드당 3.98달러라고 표시되어 있는 소 목살을 집어들 때, 그것이 얼마나 값비싼 눈속임인지 눈치채야 한다. 그 작은 가격표 뒤에는 무참히 잘린 숲, 우리 아이들의 식량과 물, 미래 세대를 위한 표토, 그리고 미래 환경파괴가 숨겨져 있다. 우리는 그 목살을 보면서 '한 줌의 고기를 생산하기에 너무 많은 대가를 치렀음'을 볼 수 있어야 한다. **이 세계를 변화시킬 수 있는 진정한 힘은 슈퍼마켓, 식당, 부엌에서 내리는 우리의 결정에서 나온다."******

****** 'The Fate of Our Planet', Robbins Research Report.

단호한 입장을 취해야 한다

환경 문제에 단호한 입장을 취함으로써, 당신은 자원의 남용을 막을 수 있고 햄버거에 목숨을 거는 대기업들에 분명한 메시지를 보낼 수 있다. 다행히 최근 몇 년, 맥도날드와 칼스 주니어Carl's Jr. 같은 식품 서비스 회사들은 샐러드 바와 대체 식품을 선보이면서 소비자들의 취향 변화에 대응하기 시작했다. 여기에 그치지 않고 맥도날드는 최근 포장용 폴리스티렌 용기 사용을 중단했다. 회사 측은 이로 인해 탄화수소의 발생을 25% 줄이고 측정 가능한 환경 개선 효과를 거둘 수 있을 것으로 추정하고 있다. 당신도 소비자로서 이 책에서 배운 기술을 사용하면 긍정적인 변화를 가져올 수 있다. 원하는 것을 분명히 파악한 다음, **구매력을 지렛대 삼아 기업들로 하여금 파괴적인 패턴을 중단하고 새로운 대안을 찾도록 압박하라. 그리고 그런 기업의 제품과 서비스를 후원함으로써 새로운 행동을 강화하도록 하라.**

올바른 자녀 교육의 필요성 : 모범을 보여라

다른 모든 문제가 그렇지만, 환경 문제 역시 변화를 위해서는 교육과 행동이 필요하다. 하지만 안타깝게도 대부분의 사람이 교육을 학교에서만 받는 것으로 생각한다. 그래서 학교를 졸업하자마자(심지어 졸업도 하기 전에) 배우는 것을 멈춘다! 변화를 만들겠다는 비전을 품은 교사들이 환경 문제를 도외시하는 행정 정책에 대처하려고 나름 노력하지만, 학생들이 직면하고 있는 인격 형성과 현실 문제에 대처할 준비가 되어 있지 않아 학습된 무력감에 빠져 있다.

하지만 우리는 이 책을 통해 우리가 배울 수 있는 훌륭한 모델들을 많이 알게 되었다. 이제 우리가 직접 변화를 보여주어야 할 차례다. 우리는 모두 자녀 교육의 질을 결정하는 데 적극적인 역할을 할 수 있다. 당신의 아이들을 가르치는 교사들은 올바른 질문, 보편적 비유, 경험을 바꿔주는 어휘, 가치관, 규칙, 조건화의 힘을 이해하고 그것들을 제대로 활용하고 있는가? 당신이 이 책에서 배운 내용을 교사들과 공유하는 것도 환경 문제의 변화에 큰 도움이 될 것이다.

그러나 **가장 중요한 것은, 우리 아이들에게 자신들의 행동이 어떤 결과를 가져오는지 가르쳐야 한다는 것이다.** 우리는 아이들에게 그들이 본인 개인뿐만 아니라 지역사회, 더 나아가 세계에 영향을 미칠 수 있다는 것을 가르쳐주어야 한다. **자신들의 작은 행동으로는 세상을 변화시킬 수 없다는 함정에 빠지지 않도록 해야 한다.** 내가 이 책에서 계속 강조하는 것은, **작은 결정과 작은 행동들이라도 꾸준히 행하게 되면 충분히 세상을 바꿀 수 있다는 것이다.**

아이들이 건강한 자존감을 가지고 성장할 수 있도록 돕는 가장 좋은 방법은, 아이들이 일관되게 내린 결정과 행동이 큰 변화를 가져올 수 있다는 것을 직접 보여주는 것이다. 어떻게 그렇게 할 수 있느냐고? **그것이 가능하다는 것을 당신이 모범으로 보여주는 것이다.** 아이들에게 힘을 불어넣어주는 질문을 하고, 당신이 의식적으로 선택한 가치와 규칙에 따라 살고, 지금까지 배운 모든 전략을 사용하면 어떤 일이 벌어지는지를 직접 보여주어라.

또 우리가 기여하는 모습을 자녀들에게 보여주는 것도 좋다. 변화를 보여주기 위해 꼭 거창한 마스터 플랜이 생길 때까지 기다릴 필요는 없다. 우리는 사소한 일을 하고 중요하지 않은 결정을 내리는 순간에도 영향을 미칠 수 있다. 우리의 영웅들도 대부분 지속적으로 행해지는 작은 행동들 뒤에 숨어 있다. 주위를 둘러보라. 사방에 영웅이 있지만, 우리는 그들이 매일 하는 일에 대해 마땅히 해야 할 칭찬조차 하지 않는다. 매일같이 경찰관의 일을 묵묵히 충실하게 하는 사람들은 분명히 영웅이다. 그들은 우리를 보호하고 우리에게 안정감을 주지만, 우리 대부분은 그들을 우리의 적으로 보고 있다. 소방관도 영웅이다. 하지만 우리가 그들의 도움을 받는 비상 상황에 처하지 않는 한, 그들을 영웅으로 보지 않는다. 앰뷸런스 운전사, 119 긴급 구조대, 비상사태 상담원, 그리고 수많은 이름 없는 영웅들도 마찬가지다.

사회에 기여할 준비가 되어 있는 것만으로도 세상을 바꿀 수 있다. 예를 들어 누군가 갑자기 당신 앞에서 심장마비로 쓰러졌는데, 당신이 심폐소생술 응급처치 교육을 받았고 무엇을 어떻게 해야 하는지 알고 있다면 어떤 느낌이 들 것 같은가? 생명이 거의 꺼져가는 상황에서 그 사람의 혈액을 순환시켜 목숨을 구했다면? 내가 분명히 말할 수 있는 것은, 그런 경험을 통해 느끼는 기여감이야말로 당신 인생에서 지금까지 느꼈던 그 어떤 것보다 더 큰 성취감과 기쁨을 줄 것이라는 사실이다. 그것은 당신이 그동안 받은 어떤 칭찬이나, 어떤 재물이나, 어떤 물리적 성취보다도 더 큰 보상을 줄 것이다.

이것은 가장 극적인 예의 일부일 뿐이다. 이 외에도 당신이 기여할 수 있는 방법은 얼마든지 있다! 다른 사람들에게 영감을 주는 사람people- builder이 되어 주변 사람들에게 관심을 기울이고 그들에게 격려와 성원을 보내거나, 그들이 진정 누구인지를 상기시켜주는 것만으로도 영웅이 될 수 있다.

식료품점에서 물건을 살 때도 그저 이 코너 저 코너를 무심히 지나치는 대신, 마주치는 모든 사람에게 쾌활한 미소를 지으며 아는 척한다면 어떨까? 낯선 사람에게 진심 어린 칭찬을 건넨다면 어떨까? 그 순간, 그들의 감정상태도 바뀌어서 그들이 다음에 만나는 사람에게 미소나 칭찬이 이어질 수 있지 않을까? 어쩌면 그들의 자녀에게까지 전해질 수 있지 않을까? 당신의 행동 하나가 연쇄적으로 좋은 효과를 낼 수 있지 않겠는가?

세상을 바꿀 수 있는 간단한 방법들은 얼마든지 있다. 굳이 나가서 누군가의 생명을 구하는 것만이 세상을 바꾸는 것이 아니다. 단지 그들을 웃게 만드는 것이 그들의 생명을 구하는 것일 수도 있고, 그들의 삶을 새롭게 즐기도록 만드는 것일 수도 있다. 오늘 당신이 세상을 바꿀 수 있는 간단한 방법은 무엇일까? 퇴근길에 독거노인의 집에 들러 이야기를 나누는 것도 좋을 것이다. 그 노인에게 "그동안 살아오면서 배운 가장 중요한 인생 교훈을 얘기해주실래요?"라고 묻는다면, 그의 기분이 어떻겠는가? 아마도 당신에게 해줄 말이 엄청 많을 것이다! 또 동네 병원에 들러서 환자들을 방문해 그들의 오후를 즐겁게 해주는 것도 좋을 것이다. 환자의 말에 귀를 기울이는 것 외에는 아무것도 한 일이 없어도 당신은 영웅이 될 수 있다.

그런데 왜 사람들은 다른 사람들을 돕기 위해 그렇게 작은 행동을 하는 것조차 두려워하는 것일까? 아마도 가장 일반적인 이유는, 자신 없는 일을 하는 데서 오는 부끄러움 때문일 것이다. 그들은 거절당하거나 바보처럼 보일까봐 두려워한다. 하지만 당신이 알아야 할 게 있다. **게임에서 이기려면 전력을 다해야 한다는 것이다. 어리석다는 느낌이 들 때도 있고, 안 되는 것처럼 보이는 일을 해야 할 때도 있다. 실제로 안 되면 접근방식을 바꿀 수도 있다.** 이런 것들을 감수하지 않는다면, 어떻게 혁신하고, 성장하고, 진정한 자신을 발견할 수 있겠는가?

"완벽한 하루를 살려면,

당신에게 보답할 수 없는 사람을 위해 무언가를 해야만 한다."

- **존 우든**John Wooden

당신이 전 국민의 삶을 바꾸고 싶다면, 분명히 많은 사람의 가치체계에 영향을 주어야 한다. 주지하다시피 우리의 미래는 젊은이들의 손에 달려 있다. 그들의 가치관이 언젠가는 이 사회 전체의 가치관이 될 것이다. 이 책을 쓸 때, 마침 조지 부시 대통령이 우리에게 특별한 기회를 줄 수 있는 문서에 서명했다. 바로 1990년 전국지역사회봉사법National and Community Service Act으로, 지역사회가 봉사의 기회를 개발하고 확장할 수 있도록 프로그램 자금, 교육 및 기술 지원을 제공하는 내용을 담고 있다. 이 법안은 모든 시민이 자신의 시간, 재능, 에너지를 제공할 것을 권장하는데, 특히 젊은이들을 다양한 프로젝트에 참여시키는 것을 목표로 하고 있다.

젊은이들이 노인이나 신체적 장애가 있는 사람, 암 환자, 문맹자들을 도와주면서 경험하게 될 기여감을 생각해보라. 매일매일의 기여 경험을 통해, 그들 자신의 정체성과 운명이 크게 바뀔 것이다. **사람은 동료 인간의 감사한 행동에 감동을 받으면 그 삶이 영원히 바뀐다.** 많은 젊은이가 이런 경험을 공유한다면 그것이 이 나라에 얼마나 큰 영향을 미치겠는가?

앞으로 당신이 겪게 될 가장 강력한 파급 효과는 당신 안에서 싹트는 기여감이 될 것이다. 우리에게는 이제 단지 고통을 피하고 기쁨을 얻는 정도의 기본적인 동기 이상의 무언가가 필요하다. 나는 우리의 가장 깊은 곳에는, 우리가 옳다고 믿는 일, 우리 자신을 뛰어넘는 일을 하고 싶고, 우리의 에너지, 시간, 감정, 자본을 더 큰 대의를 위해 헌신하고 싶어하는 마음이 있다고 생각한다. 비록 그것이 단기적으로 고통을 주더라도, 우리는 우리 자신의 도덕적이고 영적인 필요를 충족시키기를 원한다. **단지 우리의 심리적인 욕구에 반응하는 것이 아니라, 남들이 기대하는 것보다 더 큰 일을 하고, 남들이 기대하는 것 이상의 사람이 되어야 한다는 도덕적 의무에 반응하는 것이다. 기여감보다 더 큰 개인적 만족감을 주는 것은 없다.** 사심 없이 베푸는 것이야말로 모든 성취감의 근본이라고 할 수 있을 것이다.

이런 프로그램의 진정한 힘은 다른 사람들에게 지속적으로 베풂으로써 우리의 중요한 가치관을 기여에 맞춘다는 데 있다. 이 가치관이 국가적 차원에서 받아들여진다면, 국가의 면모를 바꿀 수 있을 뿐만 아니라 우리의 영향력을 전 세계로 확장시킬 수 있을 것이다. **하지만 정부가 지원하는 프로그램에서만 기여를 할 수 있는 것은 아니다.** 인력과 전문성은 물론 재정적, 물리적 자원이 절실히 필요한 단체들은 너무나 많다. 보상이 없다거나 뭔가 부족한 것을 따지지 미국인 전체가 타인에 대한 기여를 '반드시 해야 하는 일'must로 생각한다면, 그 영향이 얼마나 클지 상상할 수 있겠는가? **이 나라의 모든 사람이(도움을 받아야 할 노약자들을 제외하고) 1주일에 3시간 동안 기여에 참여한다면, 이 나라가 가장 필요한 대의명분에 무려 3억 2천만 시간 이상 인력을 투입할 수 있다는 것을 상상해보라. 만약 1주일에 5시간을 기여한다면, 그 수치는 5억 시간으로 늘어날 것이고, 그 가치는 수조 달러에 달할 것이다!** 우리가 이런 식으로 기여에 전념한다면, 해결하지 못할 사회적 문제가 무엇이 있겠는가?

당신이 다음 중 어느 것이든 한 가지에 기여한다면, 당신이 어떤 사람인지에 대한 인식을 완전히 바꾸고 당신도 영웅이 되는 길로 들어서게 될 것이다.

기여할 수 있는 몇 가지

다음은 당신이 타인을 도울 수 있는 몇 가지 방법들이다. 강조한 것처럼, 작은 시간으로도 큰 변화를 만들어낼 수 있는 일들이다. 지역사회에서 1주일에 몇 시간 또는 한 달에 몇 시간 정도 시간을 내서 다음과 같은 일에 기여할 수 있는지 찾아보라.

정신적, 육체적으로 불편한 사람들을 위한 프로그램

기본 기술 교정 지도

노인 및 어린이 돌봄 활동

선거인 등록 자원봉사

시민 순찰(마을 방범 활동)

도서관 봉사 : 책 정리, 목록 작성

병상 환자에게 책 보내주기

에너지 절약 봉사활동

공원 및 주차 관리 봉사활동

동네 청소

자선 모금 걷기 행사

마약 예방 교육

상담 전화 봉사활동

청소년 선도 프로그램

국제 입양

지역사회 봉사

응급 구조대 보조

건물 미화작업

보육원 프로그램

예술 문화 박물관 봉사활동

교환학생 초대

재활용 프로그램

기여로의 초대

어떻게 하면 노숙자들을 받아들이고, 범죄자들의 마음을 치료하고, 노인들에게 희망을 주고, 젊은이들을 기여에 동참하게 할 수 있을까? 한 가지 흥미로운 기회는 **앤서니 로빈스 재단**을 통해 나와 협력할 수 있다는 것이다. 이 재단은 소외된 사람들에게 지속적으로 다가가 도움을 주는 데 헌신해온 돌봄 전문가 연합체를 만들기 위해 결성된 비영리 단체다. 우리는 어린이, 노숙자, 교도소 수감자, 노인들의 삶에 변화를 주기 위해 적극적으로 노력하고 있다. 우리 사회의 중요한 구성원인 이들에게 영감을 주고, 교육 및 훈련 기회를 마련하고, 자기계발을 할 수 있도록 최고의 자원을 제공하는 데 전념하고 있다. 내가 이 재단을 만든 것은 전적으로 나 자신의 인생 경험 때문이었다.

수년 전 나는 **기여가 의무가 아니라 내가 이 사회에서 받은 것을 돌려줄 기회**라고 생각하게 되었다. 내가 11세 때, 우리 가족은 추수감사절 저녁식사를 할 돈도 없었다. 그런데 한 자선 단체가 우리 집 문 앞에 음식을 가져다 주었다. 그 이후 나는 배고프고 집 없는 사람들을 돕는 일이야말로 내가 평생을 바쳐야 할 사명이라고 생각하게 되었고, 18세부터 매년 추수감사절

마다 가난한 가정에 음식 바구니를 만들어 전해주곤 했다. 내가 치노 교도소 수감자 돕기 프로그램에 참여한 것도 18세 때였다. 나는 이런 지역사회 봉사활동을 통해 자선가로서, 진정한 변화를 추구하는 사람으로서, 헌신적인 사람으로서의 내 정체성을 형성해 나갔다. 그것은 내게 높은 자부심과 성실함을 심어주었고, 다른 사람들에게 더 많은 것을 베푸는 능력을 키워주었다. 그리고 그들에게도 나와 똑같이 하도록 영감을 주었다.

내 책, 테이프, TV 쇼를 통해 내가 전 세계에 알려지면서, 나는 전 세계 사람들로부터 도움을 요청하는 편지를 거의 매일 받는다. 내가 받는 편지 중에서 가장 심오하고 감동적인 변화는 수감자들과 한때 노숙자였던(지금은 더 이상 노숙자가 아닌) 사람들이다. **앤서니 로빈스 재단은 30일짜리 오디오 전집인 〈개인의 무한한 힘〉과 내 첫 책 《무한 능력》을 미국의 모든 교도소에 배포했다.** 이 글을 쓰는 현재에도, 우리는 전국의 각 노숙자 쉼터에도 같은 제안을 하고 있다. 나는 이 책의 저작권 사용료 10%를 이 테이프 제작과 배포를 지원하기 위해 재단에 기부했다. 또 앤서니 로빈스 앤 어소시에츠Anth'ony Robbins & Associates™는 나를 대신해 미국 전역에서 비디오 세미나를 진행하는 프랜차이즈 업체로, 각 지역사회에서 연간 최대 2개 프로그램을 무료로 진행하고 있다. 이 무료 프로그램은 교도소, 노숙자 쉼터, 고등학교, 경로당 등에서 개최된다.

우리와 힘을 합치고 싶다면 재단에 연락해 연간 프로그램 중 하나를 지원할 수도 있다. 우리는 **청소년 리더십 프로그램**Youth Leadership Program, **추수감사절 바구니 부대**Thanksgiving Basket Brigade, **교도소 세미나, 노인을 위한 〈프로젝트 위즈덤〉**Project Wisdom 등을 후원하고 있다.

물론 세상을 바꾸는 일이 우리 재단과 함께하는 방법만 있는 것은 아니다. 당신이 사는 지역사회에도 당신의 도움이 필요한 단체들이 있다. 사실

나는 재단을 만들 때부터 이미 설립되어 있는 지역사회 봉사단체들이 성공할 수 있도록 힘을 실어주는 것을 목표로 삼았다. 재단 직원들은 매달, 그들이 돕는 사람들이 측정 가능한 변화를 이루어낼 수 있게 만드는 훈련을 받는다. 다양한 문제마다 각기 다른 유형의 코칭이 필요하지만, 몇 가지 공통적인 원칙이 있다. 즉 기준을 높이고, 믿음을 바꾸고, 개인적인 성공을 위해 새로운 전략을 개발해야 한다는 것이다. 다른 사람들을 돕기 위해서는 그들의 삶의 질을 즉시 개선할 수 있는 지식을 제공해주어야 한다. 또 학습된 무력감을 극복하고 새로운 정체성을 개발하게 해주어야 한다. 이 모든 것이 내가 가르치는 기술의 근간을 이루는 기능과 전략들이다. 이 프로그램에 참여하는 모든 사람이 이 기술들을 완전히 마스터하기를 바란다.

"성실하고 사심 없는 기여의 힘을 배운 사람만이
인생의 가장 깊은 기쁨, 즉 진정한 성취를 경험할 수 있다."
– 토니 로빈스

신앙과 헌신 외에는 아무런 자원도 없는 알바니아 출신의 수녀가 그렇게 많은 사람의 삶에 긍정적인 영향을 미칠 수 있다면, 우리도 우리 앞에 놓인 어떤 문제든 확실히 대처해 나갈 수 있다. 에드 로버츠가 매일 아침 철로 만든 인공호흡 장치에서 빠져나와, 장애인에 대한 전 국민의 인식과 태도를 바꾸고 방법을 알아낼 수 있다면, 우리도 얼마든지 영웅이 될 수 있다. 한 사람이 혼자서 비디오테이프와 단돈 800달러의 투자로 온 국민을 동원해 돌고래의 죽음을 막을 수 있다면, 우리도 그런 강력한 일을 하지 못하란 법은 없다. 이런 일련의 사건들이 우리를 어디로 이끌지 우리는 알지 못한다. 직관을 믿고 마음을 다 바치면, 기적이 일어나는 것을 보고 놀랄 것이다.

당신이 한 달에 한두 시간만이라도 기여에 참여하기로 약속한다면, 당신의 정체성이 달라질 것이고, 당신이 정말로 다른 사람을 배려하고 변화하기 위해 의도적으로 행동하는 사람이라는 확신을 갖게 될 것이다. 또 당신이 하는 일에도 아무런 문제가 없을 것이다. 진짜 문제가 무엇인지 이미 알고 있기 때문이다. 오늘 주식이 하락했다고 해서 당신이 느낀 분노는, 당신이 다리가 없는 사람을 안아서 침대로 옮겨줄 때, 에이즈 걸린 아기를 당신의 품에 안아줄 때 모두 사라질 것이다.

"정말로 큰 은혜는 작은 선물을 가지고 나타난다.
그리고 친구에게서 오는 모든 것은 더할 수 없이 소중하다."
– 테오크리토스 Theocritus**, 그리스의 목가 시인**

당신이 이 책의 내용을 모두 숙지하고 나면, 문제에 대처하는 능력에 대한 걱정은 크게 줄어들 것이다. 예전에 어려웠던 일도 이제는 쉬워질 것이다. 자신의 문제에 집중했던 에너지를 가족, 지역사회, 그리고 당신 주변의 세상에서 일어나고 있는 일을 개선하는 데 전환하게 될 것이다. 지속적인 성취감을 느끼면서 그렇게 할 수 있는 유일한 방법은 이타적인 기여를 통해서만이 가능하다. **그러니 영웅을 찾지 말고 당신이 직접 영웅이 되라!** 당신이 굳이 마더 테레사가 될 필요는 없다. (물론 원한다면, 할 수 있겠지만!)

하지만 당신의 좌우명은 균형 잡혀야 한다. **완벽함보다는 균형을 이루도록 노력하라.** 사람들은 자신의 삶은 아예 돌보지 않는 자원봉사자이거나, 변화에는 관심이 없고 오직 성취만을 추구하는 물질주의자이거나 둘 중 하나라고 생각하는 흑백 논리의 세계에 살고 있다. 이런 함정에 빠져서는 안 된다. 인생은 주기도 하고 받기도 하는 것이며, 자신을 돌보는 것과 다른 사람을 돌보는 것 사이의 균형이다. 당신의 시간, 돈, 에너지 중 일부를 진정으로 필요로 하는 사람들에게 주되, 당신 자신에게도 기꺼이 베풀어라. 그것은 죄책감을 느낄 일이 아니며 기쁘게 해야 할 일이다. **세상의 무게를 당신 어깨에 홀로 짊어질 필요는 없다. 기여가 어떤 것을 포기하는 것이 아니라는 사실을 깨닫는다면 더 많은 사람이 기여에 참여할 것이다. 그러니 모든 걸 기여해야 한다고 생각하지 말고 할 수 있는 만큼만 하라. 그것도 큰 의미가 있다는 것을 알게 될 것이다.** 모든 사람이 이렇게 생각하고 조금씩 기여에 참여한다면, 한꺼번에 많은 것을 기여하는 사람은 줄어들지라도 도움을 받는 사람은 더 많아질 것이다!

곤경에 처한 사람을 보면, 그들에 비해 당신이 더 복을 받았다는 데 죄책감을 느끼지 말고 그들이 스스로에 대해 새로운 방식으로 생각하도록 작은 일을 할 수 있다는 데 자부심을 가져라. 혹은 그저 당신이 받은 복에 대해 감사나 사랑을 느껴도 좋다. 기여에 평생을 바칠 필요는 없다. 다른 사람을 세심하게 배려하면 그것으로 족하다. 그들에게 힘을 불어넣어주는 질문을 하는 법을 배우고, 새로운 방식으로 그들과 접촉하라. 이러한 기회의 순간들을 포착하면, 기여는 부담이 아니라 기쁨이 될 것이다.

나는 고통 속에서 사는 사람들을 자주 본다. 그들의 삶이 고통스러운 이유는 끊임없이 삶의 불공평함에 집중하기 때문이다. 왜 어떤 아이는 장님으로 태어나 무지개의 경이로움을 경험할 기회도 얻지 못한단 말인가? 평생 누구에게도 상처를 준 적이 없는 사람이 어떻게 강도의 총에 맞아 죽는단 말인가? **우리는 우리에게 일어난 사건의 의미와 목적을 모두 알 수 없다. 그것은 신앙에 대한 궁극적인 시험일 뿐이다.** 우리는 모든 사람이 각각 다른 시간에 각각 다른 교훈을 배우기 위해 이 땅에 살고 있다는 것, 좋은 경험과 나쁜 경험은 우리의 인식일 뿐이라는 것을 믿어야 한다. 당신이 최악이라고 생각했던 경험이 결국에는 최고의 경험이 될 수도 있다. 최악이라고 생각했던 그 경험이 오늘의 당신을 만들었고, 당신을 훈련시켰고, 당신 안의 감수성을 발달시켰고, 당신의 궁극적인 운명의 방향을 설정해주었다. "학생이 준비되면 선생이 나타난다"라는 격언을 아는가? 당신이 선생이라고 생각한다면(모든 것을 안다고 생각한다면) 다시 한번 살펴보라. 당신이 부지런히 가르치는 사람에게서 배울 게 있을 것이다!

"우리의 삶이 시작될 때, 누군가는 우리가 죽어가고 있다는 것을 말해주어야 한다. 그러면 우리는 하루하루 매순간을 최대한 살 수 있다. 행동하라! 당신이 하고 싶은 것이 무엇이든, 지금 당장 행동하라! 내일은 매일 다시 생기니까."

– **마이클 랜던**Michael Landon

이 메시지의 뜻은 **당신이 살아있는 동안 최대한 가치 있게 살아야 한다는 말이다.** 가능한 모든 것을 경험해보라. 자신은 물론 친구들을 돌보라. 충분히 즐기고 열중하고 때로는 괴짜같이 굴어도 좋다. 하고 싶은 대로 해보라. 망쳐도 좋다! 어차피 가야 할 길이면 그 과정을 즐겨라! 실수에서도 배울 게 있다. 문제의 원인을 찾고 그것을 제거하라. 완벽해지려고 노력하지 마라. 인간으로서 좋은 본보기가 될 수 있으면 그것으로 족하다. 끊임없이 자신을 향상시킬 수 있는 방법을 찾아라. CANI의 원칙을 실천하라! 평생 배워야 하는 게 인생이다. 지금 당장 마스터 시스템을 수립하고 인생 게임을 승리로 장식하라. 당신 자신과 남을 배려하는 인간성을 당신의 삶을 이끄는 원칙으로 삼아라. 하지만 인생을 그렇게 심각하게만 보지 마라. 그러면 때로는 어리석을 정도의 천진난만함에서 나오는 즐거움, 그 자연스러운 힘을 잃을 수 있다.

85세가 되어 시를 쓰기 시작했다는 나딘 스테어Nadine Stair는 이 점을 가장 멋지게 표현했다.

> 인생을 다시 살 수 있다면, 다음번에는 더 많은 실수를 저질러봐야지. 여유를 가지고 느긋하게 살아볼 거야. 어쩌면 이번 생애보다 더 바보 같을지도 몰라. 훨씬 덜 심각하게 살 거야. 하지만 더 많은 모험을 하고, 여행도 더 많이 다니며 산과 강을 더 많이 찾을 거야. 아이스크림은 더 많이 먹고, 콩은 좀 줄여야지. 살면서 고생은 더 하게 될지 몰라도 걱정 근심은 줄어들 거야. 물론 매일 매순간 분별력 있게 온 정신으로 살아갈 거야.
>
> 오, 물론 이번 생애에 좋았던 일도 있었지. 내가 다시 생을 산다면, 좋았던 일을 더 많이 할 거야. 사실, 그런 일 외에 다른 일은 하고 싶지 않아. 몇 년 앞을 미리 걱정하며 매일을 사는 대신, 그저 하루하루 그 순간을 즐기고 싶어. 나는 온도계, 보온병, 우비, 낙하산 없이는 어디에도 가지 않을 만큼 그야말로 꼼꼼하게 사는 사람이었지만, 다시 생을 산다면 그러지 않을 거야.
>
> 내가 다시 생을 산다면, 이른 봄부터 늦가을까지 맨발로 살 거야. 춤도 실컷 추고, 회전목마도 실컷 타볼 거야. 그리고 데이지꽃도 한 아름 따야지.
>
> – 나딘 스테어

당신은 어떤 사람으로 기억되고 싶은가? 품격 높은 거인으로 기억되고 싶은가? 지금 당장 그렇게 행동하라! 왜 기다린단 말인가? 하루하루를 인생에서 가장 중요한 날인 것처럼 살아라. 그러면 완전히 새로운 차원의 기쁨을 경험할 것이다. 어떤 사람들은 자신의 에너지를 보존하려고 애쓴다. 그러면 에너지가 더 오래 지속될 것이라고 생각하는 것이다. 당신에 대해 잘 모르지만, 가장 중요한 것은 우리가 얼마나 오래 사느냐가 아니라 어떻게 사느냐 하는 것이다. **닳아서 없어질지언정 녹슬지는 않겠다!** 18세기 순회 설교자 조지 휫필드George Whitefield의 말이다. "산 하나를 넘으면 다음 산이 우리를 기다리고 있다."

나는 창조주가 우리에게 준 가장 큰 선물이 기대감과 긴장감이라고 생각한다. 모든 것이 어떻게 될지 미리 안다면 우리 인생이 얼마나 지루하겠는가! 다행히 우리는 다음에 무슨 일이 일어날지 결코 알 수 없다! 불과 몇 분 후에 당신의 삶의 방향과 질적 수준이 순식간에 바뀌는 일이 일어날 수도 있다. **우리는 변화를 사랑하는 법을 배워야 한다. 확실한 건 모든 것이 변한다는 것뿐이기 때문이다.**

삶을 바꿀 수 있는 것은 무엇일까? 많다. 당신이 이 책을 끝까지 다 읽고 나서 생각에 잠긴 후 내린 몇 가지 결정이 모든 것을 바꿀 수 있다. 친구와 대화하거나, 자기계발 테이프를 듣고 세미나에 참석하거나, 한 편의 영화를 보거나, 또는 당신이 갑자기 뚱뚱해졌거나 몸매에 관심을 갖게 된 경우에도 변화를 일으킬 수 있다. 그런 변화를 각성이라고 부른다. 그러므로 삶에서 일어나는 모든 일은 어떤 식으로든 당신에게 이익이 된다는 것을 깨닫고, 긍정적인 기대감을 가지고 살아라. **그런 긍정적 기대감이 당신을 끝없는 성장과 배움의 길, 영원한 사랑의 길로 이끌 것이다.**

이 책을 마무리하면서 마지막으로, 내가 당신을 한 사람으로서 얼마나 존경하고 감사하게 생각하는지 말해주고 싶다. 비록 우리가 만난 적은 없지만 확실히 그런 느낌이 든다. 그렇지 않은가? 비록 우리가 얼굴을 마주하지는 않았지만 분명히 서로 교감했다고 생각한다. 당신은 내 삶과 기술을 당신과 공유할 수 있게 해주었다. 그것은 내게 멋진 선물이다. 우리가 여기서 공유한 것이 특별한 방식으로 당신을 감동시켰기를 진심으로 소망한다.

당신이 삶의 질을 높이기 위해 이 전략들 중 일부를 사용한다면, 그것만으로도 내게는 큰 행운이다.

나는 우리가 앞으로도 계속 소통하기를 바란다. 당신이 내게 편지를 쓸 수도 있고, 세미나와 재단 행사에서 또는 '우연히' 길을 가다 만날 수 있기를 바란다. 그럴 때 꼭 당신을 소개해주기 바란다. 당신에게서 인생의 성공담을 들을 수 있기를 기대한다.

그때까지 기적이 일어날 것이라는 기대를 버려서는 안 된다. 당신 자신이 그 기적 중 하나일 테니까. 항상 빛을 발하는 자, 선을 위해 힘을 발휘하는 자가 되라. 이제 횃불을 당신에게 넘긴다. 당신의 재능과 열정을 다른 사람과 함께 나누라. 하나님의 축복이 있기를 빈다.

"언젠가, 바람과 파도와 조수(潮水)와 중력을 정복하고 나면
하나님을 위해 사랑의 에너지를 사용해보자.
그러면 인류는 역사상 두 번째로 불을 발견하게 될지니."

– 테야르 드 샤르댕 Teilhard De Chardin

감사의 글

이 프로젝트의 엄청난 규모를 되돌아보니, 마치 미식축구 경기의 마지막 쿼터에 경기장에 달려 들어가 선수들과 작전을 짜고 스크리미지 선line of scrimmage*에서 자신 있게 전진해 50야드 떨어진 엔드존까지 완벽한 나선형 패스를 하며 결승 터치다운을 성공시킨 유명한 쿼터백이 생각난다! 팬들은 환호하고 코치들도 흥분한 가운데 쿼터백은 승리의 영광에 한껏 도취된다. 하지만 그 승리는 팀 전체가 한 노력의 결과였다. 겉으로 보기에는 쿼터백이 대중의 영웅이지만, 인생의 어떤 게임에서든 주인공 뒤에는 다수의 선수가 있다. 그들이야말로 숨겨진 영웅이다. 승리의 영광 뒤에는 보이지 않은 많은 사람의 노력이 있다는 것이다. 지금까지 내 느낌을 제대로 표현하지 못한 적은 없지만, 이렇게 충성스럽고 놀라울 만큼 사심 없이 나를 도와준 가족, 친구, 동료들에 대한 감정을 쓰기 시작하면서 나는 가슴이 벅차오른다. 이 프로젝트는 처음부터 진정한 팀워크로 시작한 일이었기 때문에 그들에 대한 감사함을 전하는 데 순서를 매길 수는 없다.

내 아내, 베키Becky, 어머니, 그리고 네 아이들 자이렉Jairek, 조쉬Josh, 졸리Jolie, 타일러Tyler, 이들의 사랑은 내 힘의 원천이다. 이들보다 더 중요한 것은 생각할 수도 없다.

* 미식축구에서 공격을 시작할 때 공의 위치에서 가상으로 존재하는 선. 공을 뒤로 빼는 일 등을 이 선에서 시작한다. _옮긴이

두 명의 비서 디나 터틀Deena Tuttle과 카렌 리쉬Karen Risch는 놀라운 에너지로 우리가 하는 일이 세상에 변화를 가져올 것이라는 비전을 한시도 잊은 적이 없다. 자신의 남편, 아이들과 떨어져 밤을 지새울 때도, 나를 따라다니며 전국 곳곳을 다닐 때도 항상 명랑하고 든든한 버팀목이 되어주었다. 그들의 변함없는 충실함이 없었다면 이 책은 완성될 수 없었을 것이다.

늘 사람들로 붐비는 세미나장이 있는 도시까지 나와 함께하며 매일 현장에서 열심히 뛰고 있는 현장 영업사원들과 관리자들, 그리고 영상을 사용하는 세미나가 더 효과적이라는 것을 보여준 프랜차이즈 계약사 퍼스널 디벨로프먼트 컨설턴트Personal Development Consultants 여러분의 용기와 헌신에도 감사드린다. 로빈스 리서치 인터내셔널Robbins Research International의 고객 서비스 담당자들에게도 감사를 표한다. 그들은 우리 고객들이 배운 것을 실천하고 새로운 단계로 성장하도록 열심히 격려해주었다.

샌디에이고에 있는 로빈스 리서치 인터내셔널 사무실에 있는 팀원들 모두에게도 감사한다. 이들은 내 영감을 실현하고 그 비전의 진실성을 유지하기 위해 모든 노력을 아끼지 않았다. 그리고 앤서니 로빈스 컴퍼니Anthony Robbins Companies의 모든 파트너와 동료들, 특히 포춘 매니지먼트Fortune Management의 소중한 친구들에게도 감사를 전한다. 이들은 믿을 수 없을 정도로 바쁜 내 일정을 이해해주며 내 마음을 감동시켰다.

내 세미나에 참석한 많은 사람이 이 작업에 기꺼이 동참해주었다. 나 역시 이들에게서 많은 것을 배웠다. 이 책이 계획된 일정대로 출간되도록 2주간 이상 밤을 새워가며 일해준 1991년 세미나 수료반 여러분에게 특별한 감사를 드린다.

또 작가 얼 스트럼펠Earl Strumpell에게도 감사를 표한다. 그는 사랑과 우정, 하루 24시간 내내 헌신을 보여주며 내가 필요로 하는 모든 자원을 얻게 해주고 내게 마음의 평화를 주었다.

내 소중한 친구 로버트 베이즈Robert Bays 박사에게 끝없는 감사를 표한다. 그의 지혜와 무조건적인 사랑은 내가 험한 길을 걸을 수 있게 해주었고, 언제나 꼭 필요한 조언을 아끼지 않았다. 보석 같은 친구 비키 세인트 조지Vicki St. George에 대한 감사도 빼놓을 수 없다.

항상 높은 수준을 유지하는 마이클 허치슨Michael Hutchison과의 인연은 내게 축복이었다. 내 가장 친한 친구 마이클 키즈Michael Keyes, 고맙네 친구야. 자네의 유머와 재치, 관심과 격려에 항상 감사한다네. 앨런Alan, 린다Linda, 조쉬 한Josh Hahn, 이들의 열정과 우정에 대해서도 감사를 표한다. 우리가 모험으로 가득 찬 미래를 오랫동안 함께하기를 바라 마지않는다.

'성 수문장'이라고 불러 마땅한 식구들에게도 고마움을 전한다. 특히 테레사 래넌Theresa Lannon과 엘리자베스 칼피Elizabeth Calfee는 지상 최고의 지원 시스템을 구축해 내 집을 성으로 만들어주었다!

다이렉트 마케팅 회사인 거시 렝커Guthy-Renker Corporation의 훌륭한 친구들, 그레그 렝커Greg Renker, 빌 거시Bill Guthy, 레니 리버만Lenny Lieberman, 욘 슐베르크Jon Schulberg, 존 자호디John Zahody에게 감사한다. 이들은 오디오 마케팅 전문 제작사인 카세트 프로덕션Cassette Productions의 직원들과 함께 지난 2년 동안 내가 설파해온 '개인의 무한한 힘'Personal Power 철학을 담은 오디오 테이프 700만 개를 전 세계 사람들에게 보급하는 데 결정적으로 기여했다. 나는 우리의 우정을 정말 소중히 간직하고 있다.

영감을 주는 전화와 지원을 해준 피터 구버Peter Guber와의 소중한 관계도 마음속 깊이 간직하고 있다.

켄Ken과 마지 블랜차드Marge Blanchard 부부는 우리 부부와 분기별로 한 번씩 만났는데, 이 만남은 우리 모두에게 마법의 원천이었고 이를 통해 서로에 대한 존경심을 더욱 키워나갔다.

마틴Martin과 재닛 쉰Janet Sheen 부부는 열정과 진실성과 헌신의 모범을 보여주었다. 우리의 빛이 되어준 걸 감사하게 생각한다.

앤서니 로빈스 재단Anthony Robbins Foundation의 모든 자원봉사자도 잊을 수 없다. 이들의 끊임없는 헌신으로 노숙자들, 수감자들, 어린이들, 노인들이 새로운 삶을 찾았다. 이들이야말로 정말로 변화를 만들어냈다!

로버트 시알디니Robert Cialdini, 스튜 미틀먼Stu Mittleman, 필 매퍼톤Phil Maffetone, 폴 파일저Paul Pilzer, 존 로빈스John Robbins에게도 감사를 표한다. 이 책을 쓰면서 이들에게서 받은 도움은 사람들의 삶의 질을 높이는 데 중요한 영향을 미칠 것이다.

태권도 사범 이준 님께 허리 굽혀 경의를 표한다. 그의 변함없는 사랑과 지지, 지식은 내게 더 큰 성취를 이루는 영감을 주었다.

우리 피지 휴양소인 나말레 플랜테이션 리조트Namale Plantation Resort의 훌륭한 직원들과 이웃에 있는 비빌레Viville와 나디Nadi 마을 사람들에게도 감사를 전한다. 이들은 우리의 삶이 선물이고 기쁨이며, 행복만이 우리가 살아갈 수 있는 유일한 길이라는 것을 몸소 우리에게 가르쳐주었다.

잰 밀러Jan Miller와 그녀의 유능한 동료들에게도 감사를 표한다. 이들은 유별나기로 소문난 출판업계에서 충실한 연락책이 되어주었다. 딕 스나이더Dick Snyder, 밥 아사히나Bob Asahina, 사라 베일리스Sarah Bayliss가 내게 보여준 신뢰와 믿음에 대해 다시 한번 감사를 전한다.

내가 딛고 일어서도록 어깨가 되어준 거인들, 내 철학, 전략, 기술의 큰 부분을 형성하는 데 도움을 준 스승들께 내 또 다른 책《무한 능력》에서도 이미 감사를 표한 바 있지만 다시 한번 경의를 표한다.

마지막으로 나를 도와준 많은 분께 감사드린다. 캐시 묄러Kathy Moeller,

수지 곤잘레스Suzy Gonzales, 조안 멩Joan Meng, 낸시 밍커스Nancy Minkus, 샤리 윌슨Shari Wilson, 메리 켄트Mary Kent, 발레리 펠츠Valerie Felts, 레이 렌지안Leigh Lendzian, 데이브 폴치노Dave Polcino, 체렐 타란티노Cherrell Tarantino, 마크 램Mark Lamm, 삽화를 맡아준 로버트 모트Robert Mott, 그리고 뉴욕의 프랭클린 타입Franklin Type의 관계자들에게 감사의 말을 전한다.

이들은 불가능이라는 말을 결코 받아들이지 않았다. 우리 모두는 이 프로젝트 동안 기적을 기대했고 실제로 기적을 이루었으며, 그 과정에서 더 성장했고 더 나아졌다. 이 모든 사람들이 내 삶의 거인들이다.

- 토니 로빈스

옮긴이의 글

이른바 자기계발서Personal Development라는 책들이 하루가 멀다 하고 몇 권씩 세상에 쏟아져 나오고 있다. 그만큼 자기계발에 관심 있는 사람이 많기 때문일 것이다.

토니 로빈스의 《네 안에 잠든 거인을 깨워라》는 자기계발서의 고전이다. 이 책을 번역하면서, 거의 모든 분야에서 최신 유행이 고전을 밀어내는 시대에 이 책이 왜 그토록 오랜 세월 동안 고전으로 인정받아왔는지를 알 수 있었다.

목표를 세운 후 즉시 동기부여를 하고 행동해야 한다는 말은 다른 많은 자기계발서에서도 본 듯한 내용이지만, 이 책만의 특징이자 요점을 한 줄로 요약한다면 **"당신의 운명을 결정하는 것은 주어진 환경이 아니라 당신이 내리는 결단이다"**라고 할 수 있을 것이다. 이 책은 '어떻게 하면 결단을 내릴 수 있는지'에 대한 친절하고도 상세한 안내서다.

이 책을 관통하는 메시지는 **"우리를 형성하는 것은 삶의 사건들이 아니라, 그 사건들을 어떻게 받아들이느냐 하는 우리의 믿음이다"**이다. 저자는 우리 같은 보통 사람들도 얼마든지 그런 믿음을 구축할 수 있다고 격려한다. 그리고 구체적인 방법을 제시해준다.

이 책이 다른 자기계발서와 다른 점은 단지 우리가 변화하기 위한 스킬을 알려주는 데 그치는 것이 아니라, 그것이 왜 필요한지(가치관), 우리 안에서 어떻게 작동하는지(심리학), 어떻게 유지하고(동기부여) 실천할 수 있는지(NAC 6단계, CANI 등)까지 친절하게 가르쳐주고 있다는 점이다.

다른 책에서는 볼 수 없는, 오직 이 책에서만 볼 수 있는 몇 구절을 소개한다.

> 목표를 달성하는 것 자체가 우리에게 행복을 가져다주는 것은 아니다. … 핵심 질문은 "우리가 원하는 것을 이루기 위해서 어떤 사람이 되어야 할 것인가?"라는 질문이다. … 그에 대한 대답이 당신이 가야 할 방향을 결정할 것이기 때문이다.

> 영웅은 가장 힘든 상황에서도 용기 있게 기여하는 사람이다. 영웅은 사심 없이 행동하고 다른 사람들이 기대하는 것보다 더 많은 것을 자신에게 요구하는 사람이다. 영웅은 두려움에도 불구하고 자신이 옳다고 믿는 것을 실행함으로써 역경을 이겨내는 사람이다. … 영웅주의는 완벽함에서 나오는 것이 아니라 인간다움에서 나온다.

> 당신이 행복하고 성공하기 위해서는 어떤 규칙이 필요한가? … 당신이 통제할 수 있는 규칙을 만들어라. 기분을 좋게 또는 나쁘게 만들지를 결정하는 것은 외부 환경이 아니라 바로 당신이어야 한다. 기분이 좋아지는 것은 매우 쉽게 만들고, 기분이 나빠지는 것은 매우 어렵게 만들어라.

물론 아무리 훌륭한 내용이 있어도 실천하지 않는다면 무용지물이다. 이 책의 분량은 무려 700페이지가 넘는다. 저자도 본문에서 책을 산 사람 중 1장을 넘긴 사람은 10퍼센트 미만이라며 안타까워했다. 하지만 옮긴이로서

"이 책이 당신 인생에서 위대한 결과를 만들어내는 데 도움을 줄 수 있는 위대한 책"이라는 저자의 말에 전적으로 동의한다는 말씀을 드리고 싶다. 부디 이 책을 손에 든 여러분이 10퍼센트에 속하기를 진심으로 바란다.

-홍석윤